I0627546

LE

PÈRE DE BÉRULLE

ET

L'ORATOIRE DE JÉSUS

PARIS. TYPOGRAPHIE DE E. PLON ET Cie, RUE GARANCIÈRE, 8.

LA MAISON DE L'ORATOIRE.
Rue Saint Honoré.

PÈRE DE CONDREN

L'ORATOIRE DE JÉSUS

1611-1641

PAR

M. L'ABBÉ M. HOUSSAYE

PARIS

E. PLON

LE
PÈRE DE BÉRULLE

ET

L'ORATOIRE DE JÉSUS

1611-1625

PAR

M. L'ABBÉ M. HOUSSAYE

PRÊTRE DU CLERGÉ DE PARIS

PARIS

E. PLON ET Cie, IMPRIMEURS-ÉDITEURS

10, RUE GARANCIÈRE, 10

—

1874

LE
PÈRE DE BÉRULLE
ET
L'ORATOIRE DE JÉSUS

CHAPITRE PREMIER.

ORIGINES DE L'ORATOIRE.

1611.

État de l'Église de France en 1611. — Ignorance du clergé et du peuple. — Superstition. — Pauvreté des églises. — Corruption des ecclésiastiques. — Les évêques. — Difficultés de leur administration. — Les chapitres. — Les abbés commendataires. — Les cures épiscopales. — Entreprises des magistrats. — Désirs de M. de Bérulle. — Entretien avec la Révérende Mère Madeleine de Saint-Joseph. — La marquise de Maignelay. — M. de Bérulle chez l'évêque de Paris. — Il est choisi pour fonder l'Oratoire. — Sa lettre au P. Romillion. — Premiers compagnons de M. de Bérulle. — M. Bence. — M. Gastaud. — M. Metezeau. — M. Bourgoing. — Saint Vincent de Paul. — M. Bourdoise. — M. de Soulfour. — L'hôtel du Petit-Bourbon. — Première journée de l'Oratoire, 11 novembre 1611. — Visite du P. Coton. — Conférence de M. de Bérulle. — Lettres patentes de la Reine mère. — Donation de la marquise de Maignelay.

C'était peu pour M. de Bérulle d'avoir, par la fondation du Carmel, ouvert à tant d'âmes les voies de la plus haute perfection. Depuis sa jeunesse il se sentait pressé d'une ambition plus vaste encore, celle de donner à son Dieu des prêtres dignes de ce nom [1]. La tâche était immense : nul ne le savait mieux que lui. Ses relations avec les principaux évêques de France, ses rapports avec la cour, où se distribuaient les bénéfices, les voyages que lui imposait la supériorité des Carmélites, la renommée de sa vertu qui attirait naturellement vers lui ceux que désolaient les désordres du sanctuaire, tout servait à lui découvrir les plaies profondes, invétérées, de l'Église de France.

Déjà, sans doute, plus d'une main habile et dévouée s'essayait à les guérir. M. de Bérulle applaudissait à ces nobles efforts, et bénissait Dieu d'un commencement de succès. Lié avec les Religieux les plus recommandables de son temps, il voyait, et c'était pour lui une immense joie, la régularité rentrer dans bien des cloîtres, la sainteté même y fleurir. Les Capucins, les Feuillants, les Minimes [2], menaient une vie digne de leurs héroïques fondateurs, tandis que la Compagnie de Jésus offrait à tous les yeux l'exemple de grandes vertus protégées par une incomparable discipline. La plupart des couvents et des abbayes n'en demeuraient pas moins livrés à une honteuse licence [3]. D'ailleurs était-ce des Ordres religieux ou

---

[1] Tout jeune, il avait offert pour contribuer à l'œuvre de la régénération du clergé vingt mille écus de son patrimoine. (*Mémoires manuscrits de la Mère Marie du Saint-Sacrement*, Arch. nat., M. 233.)

[2] Voyez *M. de Bérulle et les Carmélites de France*, ch. IV, p. 156.

[3] On peut voir dans *la Vie du Père Romillion*, par M. Bourguignon (Marseille, 1669, liv. II, ch. XIX, p. 235), comment se célébrait, à l'Isle en Provence, la première messe d'un jeune Religieux ; dans les *Mémoires pour servir à l'histoire de Port-Royal* (Utrecht, 1742, in-12, t. II, p. 274, et *passim*), ce qui se passait à l'abbaye de Maubuisson ; dans l'*Histoire de Berry*, par M. L. de Raynal (Bourges, 1847, t. IV, liv. XI, ch. I, p. 295), ce qu'était l'abbaye de Fontgombault, etc.

monastiques seuls que pouvait venir le salut? N'était-ce
point surtout du clergé séculier, qui, sous la juridiction
des évêques, a la mission de prêcher les vérités de l'Évangile et de conférer la grâce des sacrements? Or, ce clergé
était tombé dans une dégradation que M. de Bérulle,
l'esprit et le cœur tout pleins de la sublimité du sacerdoce, ne pouvait regarder sans une inexprimable douleur.

L'ignorance régnait universellement. Comme les séminaires n'existaient point encore et que les écoles presby-
térales tombaient en ruine, aucune étude sérieuse ne
préparait à la réception des saints ordres ceux qui s'engageaient, en les recevant, à devenir la lumière du monde.
Dès qu'un jeune homme savait assez de latin pour expliquer un évangile de la messe et entendre le bréviaire, on
le jugeait capable d'être élevé au sacerdoce [1]. Ce que devenaient l'administration des sacrements et l'instruction religieuse en de telles mains, il est facile de le concevoir [2].
On trouvait des prêtres qui baptisaient sans faire aucune
onction, qui bénissaient des mariages sans en avoir les
pouvoirs, qui ne savaient même pas la formule de l'absolution, qui se permettaient de changer, d'abréger, de
transposer à leur gré les augustes paroles du plus redoutable des mystères [3]. Voués au mutisme, ces pasteurs
indignes désertaient la chaire : plus de prônes, plus de
catéchisme ; le peuple, privé de toute instruction, ignorait

---

[1] *Traité des Séminaires,* par A. GODEAU, évêque et seigneur de Vence.
Aix, 1660, ch. v, p. 80.

[2] *Histoire du cardinal F. de Sourdis,* par L. W. RAVENEZ. Bordeaux,
1867, ch. iii, p. 23, et *passim.*

[3] C'est saint Vincent de Paul qui l'affirme. (*Saint Vincent de Paul,* par
M. l'abbé MAYNARD. Paris, 1860, t. II, ch. i, p. 11.)

jusqu'aux vérités dont la connaissance est nécessaire au salut, parfois même jusqu'à l'existence de Dieu [1], tandis que la superstition, fille honteuse de l'ignorance, comptait par milliers ses victimes. Observance des jours heureux et malheureux, célébration du sabbat, recours aux philtres, aux maléfices, aux ligatures, les gens du peuple croyaient, faisaient tout ce que leur enseignaient les sorciers. Devins et magiciens pullulaient, se riant des édits portés contre eux. Vainement les évêques, dans leurs statuts synodaux, s'efforçaient de proscrire ce mal horrible [2] : non-seulement les prêtres ne secondaient que mollement les prélats, mais il en était même qui se livraient aux plus abominables superstitions : jusque sur l'autel, Satan régnait parfois [3].

Quel respect pouvait avoir pour les églises, quel zèle pour les relever et les entretenir, un tel clergé! Et cependant, jamais peut-être il n'avait été plus urgent de s'en occuper [4]. Le nombre des paroisses détruites par les calvinistes était incalculable. Les plaines seules de la Beauce en avaient vu disparaître trois cents. Dans toutes les provinces où dominaient les réformés, dans tous les lieux témoins de quelque bataille, les églises étaient dépouillées,

---

[1] *Vie de saint Vincent de Paul,* par L. ABELLY, t. I, ch. I. Dans la nouvelle édition imprimée chez Périsse, 1833, in-12, p. 8, on a cru devoir insérer une note qui déclare l'assertion d'Abelly, répétée par Collet, d'une exagération déplacée. Malheureusement, les faits sont là pour lui donner raison.

[2] *Traité des superstitions qui regardent les sacrements,* par M. J. B. THIERS. Paris, Jean de Nully, 1703, t. I, ch. VI, p. 51-52. — Ch. VIII, p. 70.

[3] *Idem.,* t. III, ch. XV, p. 256. — M. Olier trouva dans le quartier de Saint-Sulpice un autel élevé à Beelzébub. (*Vie de M. Olier,* par M. FAILLON, part. II, liv. II, p. 448, t. I.)

[4] *Essai historique sur l'influence de la religion en France au dix-septième siècle,* par M. PICOT. Paris, 1824, t. I, p. 15.

presque en ruine. Ailleurs, faute d'argent, faute de foi surtout, on laissait les années accomplir librement leur œuvre de destruction. Des verrières défoncées, des autels à moitié brisés, des statues de saints mutilées, des ornements tombant en lambeaux ; voilà l'aspect que présentait la maison de Dieu. Trop souvent, sur le seuil de ces temples misérables, les paroissiens trouvaient le pasteur qui, sans se donner la peine de quitter son surplis, les suivait au cabaret, y causait et buvait avec eux : s'ils avaient pour curé quelque bénéficier plus riche, l'office à peine terminé, ils le voyaient passer au galop, étalant sur sa personne et sa monture le luxe le plus impudent, pressé de se rendre à l'appel des chasseurs, dont on entendait les fanfares dans la forêt voisine [1].

Les mœurs d'un clergé si peu soucieux de ses devoirs étaient ce que l'on pouvait attendre de la licence de l'époque. D'effroyables scandales venaient chaque jour réjouir les réformés et défrayer l'éloquence de leurs ministres. « Le nom de prêtre était devenu synonyme d'ignorant et de débauché » [2], et M. Bourdoise, un ami de M. de Bérulle, n'exagérait rien lorsqu'il s'écriait, outré de douleur : « On peut dire avec vérité et avec horreur que tout » ce qui se fait de plus mal dans le monde est ce qui se fait » par les ecclésiastiques [3]. »

Une chose attristait plus profondément encore M. de

----

[1] *Homélie des désordres des trois ordres*, par CAMUS, évêque de Belley. Paris, 1615, in-8°, p. 34.

[2] *Vie du Révérend Père de Condren*, par le P. AMELOTTE. IIe partie, ch. VII, p. 97. Paris, 1643, in-8°.

[3] *La Vie de M. Bourdoise*, 2e édition. Paris, Morin, 1784, in-12, liv. I, p. 33.

Bérulle que la navrante réalité des scandales présents, c'était la difficulté d'y remédier.

L'épiscopat, en effet, n'était pas innocent de tous ces maux. Sans doute, en l'année 1611, l'Église de France comptait des prélats de foi et de zèle : M. de Gondi à Paris, M. de la Rochefoucauld à Senlis, M. de Joyeuse à Rouen, M. de Sourdis à Bordeaux, M. du Perron à Sens ; à Chartres M. Hurault, à Mâcon M. Dinet, à Belley M. Camus[1], à Luçon M. de Richelieu, s'efforçaient par leurs vertus et leurs œuvres de rendre à l'épiscopat l'autorité qu'il avait perdue. Mais M. de Bérulle le savait bien, ils étaient l'exception. « Les trois quarts des » bergeries et troupeaux sont dépourvus de légitimes et » vrais pasteurs », disait tristement en 1596 l'évêque du Mans[2]. Depuis quatorze ans, Henri IV avait cherché à apporter dans l'Église le bon ordre, comme dans l'État ; mais seul, il ne pouvait suffire à une si difficile entreprise. Lui-même, d'ailleurs, ainsi que le lui reprochait dans son langage figuré un contemporain, ne déployait pas toute la sévérité nécessaire contre les Giezi qui vendaient, et les Simon qui achetaient les dignités ecclésiastiques. Recrutés en grande partie dans la noblesse[3], voués presque de force au service des autels, quand ils étaient cadets de famille ou menacés de quelque infirmité[4], passant brusquement

---

[1] Voyez la Notice placée en tête de *l'Esprit du Bienheureux François de Sales*, dans l'édition donnée par Mgr DEPÉRY. Paris, Gaume, 1840.

[2] Dans PALMA CAYET, *Chron. nov.*, liv. VIII, p. 723.

[3] *Avertissement à Messieurs les députés du clergé sur la décadence de l'Église gallicane*, 1614, p. 56, pièce de 60 pages très-curieuses. C'est un cri douloureux et éloquent.

[4] « Le cardinal de Sourdis, qui estoit l'aisné de tous, fut d'Église à cause qu'il estoit menacé d'épilepsie. » (TALLEMANT DES RÉAUX, *les Historiettes*,

des plaisirs de la cour aux austères devoirs du sacerdoce, sans autre préparation qu'une ordonnance royale due peut-être à d'inavouables sollicitations, souvent nommés évêques avant même que d'avoir reçu les saints ordres [1], ces prélats de rencontre apportaient à l'Église les âmes les moins ecclésiastiques du monde [2]. Leur tenue répondait à leur vocation. On les voyait rarement porter la soutane violette et la croix d'or, «comme s'ils eussent craint», disait l'évêque de Belley [3], « d'être reconnus parmi les gens » de dévotion. » Il en était de si étrangement chatouilleux sur le point d'honneur, qu'on les empêchait à grand'peine d'aller sur le pré croiser le fer avec quelque gentilhomme dont ils s'estimaient les offensés [4]. Habitués à un grand état de maison, persuadés qu'il fallait imposer au peuple par la magnificence de leur train, les meilleurs ne se faisaient nul scrupule de posséder, contrairement aux saints canons, de nombreux bénéfices. Un des prélats les plus recommandables d'alors, le cardinal de Joyeuse, n'en avait pas moins de six [5]. Afin d'obtenir de telles faveurs, les évêques se permettaient de fréquents voyages à

édition Monmerqué et P. Paris, t. II, ch. xciii, p. 338.) Il dut sa promotion à l'influence trop puissante de Gabrielle d'Estrées, sa cousine.

[1] Chiverny avait obtenu promesse de l'évêché d'Orléans pour un de ses fils qui n'était pas encore âgé de seize ans. (*Mémoires de Chiverny*, p. 367 et suiv.)

[2] L'expression est du cardinal de Retz parlant de lui. Elle s'applique à bien d'autres. (*Mémoires*, Ire partie, t. I, p. 90, édit. Feillet, Hachette, 1872.)

[3] *Homélie des désordres des trois ordres.* Paris, 1615, in-8°, p. 35-40.

[4] On sait la singulière aventure du cardinal de Guise, diacre et archevêque de Reims, avec le duc de Nevers, auquel il donna un soufflet, et contre lequel il dégaina. (*Histoire de Louis XIII*, par le P. GRIFFET, 1758, in-4°, p. 294.)

[5] Voyez le chapitre vi de ce volume.

la cour, des séjours prolongés à Paris. Nombre d'entre eux ne se rendaient dans leurs diocèses que pour briguer les voix des provinces et être envoyés aux assemblées générales, où ils se montraient beaucoup moins préoccupés du bien de l'Église que de leurs propres intérêts [1]. Aussi le devoir de la résidence était-il tellement oublié que Henri IV répondant aux remontrances de M. de Villars, archevêque de Vienne, s'en était expliqué de la manière la plus mordante et la plus vive. « Je suis » offensé de la longueur de votre assemblée et du grand » nombre de vos députés. L'on assemble ainsi un grand » nombre de personnes quand on a envie de ne rien » faire qui vaille..... Souvenez-vous que nous allons » entrer en carême, quelles sont vos charges, et que vos » présences sont nécessaires en vos églises. Vous met- » tez par vos longueurs les pauvres curés à la faim et au » désespoir. Je me veux joindre à eux..., je serai chasse- » avant [2]. » Une telle conduite de la part des évêques n'encourageait guère le Roi à pourvoir aux besoins des églises, si délaissées cependant, qu'en 1596, de quatorze archevêchés six étaient sans pasteurs, et de cent évêchés trente ou quarante étaient dépourvus de titulaires, et depuis des années [3]. Avoir un évêque et ne le voir jamais, ou n'en avoir pas, semblait d'ailleurs chose pareille à un peuple malheureux et abandonné. En effet, le résultat était le

[1] *Avertissement à MM. les députés du clergé*, cité plus haut, p. 20.

[2] Discours prononcé aux Tuileries, le 5 décembre 1605. (*Recueil des lettres missives de Henri IV*, par M. BERGER DE XIVREY, t. VI, p. 565.)

[3] Lorsque Richelieu prit possession du diocèse de Luçon, aucun évêque n'y avait paru depuis soixante ans. (*Lettres du cardinal de Richelieu*, publiées par M. AVENEL, t. I, p. 23, note 3.)

même : laissé sans direction, le clergé s'enfonçait de plus en plus dans l'ignorance et le désordre.

Mais comment les évêques instruits, réguliers, fidèles à leurs devoirs, ne s'efforcent-ils point d'apporter un remède efficace à des maux si extrêmes? La raison en est simple et douloureuse. Du jour où un évêque veut prendre en main l'administration de son diocèse, de toutes parts des obstacles presque insurmontables se dressent devant lui. Il est sans pouvoir sur ses prêtres. « La mousse des exemptions, qui a fait tant de mal à » l'arbre de l'Église », comme l'écrivait saint François de Sales, s'est étendue partout [1]. Ce ne sont plus seulement les grands ordres religieux, Frères Prêcheurs, Frères Mineurs, Clercs réguliers, qui se déclarent soustraits à la juridiction de l'Ordinaire : de si sérieux avantages compensent ici les inconvénients de l'exemption, que le saint Concile de Trente a de nouveau confirmé leurs priviléges. Ce sont les Chapitres qui se considèrent maintenant comme exempts, et dans la crainte de voir aboli cet abus déplorable, joignent leurs efforts à ceux de la magistrature pour empêcher en France la publication du Concile de Trente [2]. Leurs prétentions n'ont plus de limite. A Bordeaux, les chanoines de la Primatiale traduisent leur archevêque devant le parlement de Guienne, parce que, de son autorité privée, il a détruit, pour le faire reconstruire, un autel que leur négligence laissait tomber

---

[1] Lettre du 22 août 1614. (*OEuvres complètes de saint François de Sales.* Éd. Vivès, 1858, t. VII, p. 319.)

[2] *Le pouvoir civil au Concile de Trente*, par A. DESJARDINS. Cotillon, 1869, p. 105.

en ruine, et, ce qui est plus grave, ils dénient à M. de Sourdis le droit de nommer à une infinité de cures, lesquelles relèvent, prétendent-ils, du chapitre de Saint-André [1]. La moindre tentative de réforme dans ces provinces sera aussitôt taxée d'attentat à leurs droits par des chanoines ridiculement jaloux de leur autorité. Et il en est ainsi dans la plupart des diocèses.

Ce n'est pas tout. L'abus révoltant de la commende, qui livre le titre d'abbé, avec la plus grande partie des biens d'un monastère, à des ecclésiastiques étrangers à la vie régulière, souvent même à de simples laïques, après avoir amené partout l'abaissement et la ruine des ordres monastiques, a étendu ses ravages jusque sur le clergé séculier [2].

La présentation à la plus grande partie des cures était un des droits dont jouissaient les abbayes. Or ce droit passe avec les abbayes elles-mêmes aux titulaires que leur impose la cour, c'est-à-dire, à des enfants au berceau, aux bâtards des Rois de France, à des gentilshommes laïques, à des capitaines, souvent même à des protestants [3]. Quel soin de tels abbés prendront-ils de pourvoir leurs églises de bons pasteurs? Croit-on que ce sera le souci de Corisande d'Andouins, comtesse de Guiche, qui pos-

---

[1] *Histoire du cardinal de Sourdis*, par W. RAVENEZ, ch. v, p. 51 et suiv.

[2] *Les Moines d'Occident*, par le comte de MONTALEMBERT, 1re édition. Introduction, ch. VII, p. CLXI.

[3] Camus (*Anti-Basilic*, 1644, in-4°) assure que dans son diocèse une abbaye avait pour commendataire un protestant, commandant d'une citadelle voisine. Voyez ce que M. de Raynal dit de l'abbaye de Fontgombault, possédée pendant près de cent ans par des gentilshommes protestants. (*Histoire du Berry*, Bourges, t. IV, liv. XI, ch. I, p. 294.)

sède depuis 1601 l'abbaye de Châtillon, où saint Bernard avait été élevé[1]; la préoccupation du duc de Sully, auquel Henri IV, pour arracher cinquante mille écus destinés à mademoiselle d'Entraigues, trouve fort simple d'octroyer une nouvelle abbaye, quoiqu'il fût déjà pourvu de trois autres[2]? Non-seulement de tels patrons ne se préoccupent nullement de choisir des prêtres respectables, mais, à en croire l'évêque de Luçon, ils n'ont pas honte, pour décrier plus sûrement l'Église, dont ils usurpent les biens, de confier les cures à des prêtres indignes[3]. Il est vrai que par l'édit de décembre 1606 on avait essayé de porter remède à un si criminel abus; mais il en était de cet édit comme de tant d'autres : on trouvait toujours moyen de l'éluder[4].

Restent les paroisses à la nomination des évêques. Là, du moins, ils peuvent exercer leur autorité. Mais ces cures sont d'ordinaire tellement pauvres qu'un homme de médiocre savoir s'offenserait d'y être nommé, et si, par grand hasard, elles ont quelque revenu, les titulaires en recueillent les fruits, mais n'en font pas la charge, qu'ils abandonnent avec des gages insuffisants à des vicaires peu respectés[5].

---

[1] COURTÉPÉE, *Description historique de la Bourgogne*, t. VI, p. 375, cité par le comte de Montalembert.

[2] *Recueil des lettres missives de Henri IV*, par BERGER DE XIVREY, t. V, p. 179. — Sully les rendit en 1611, moyennant récompenses. *Économies royales*, ch. CXLVII, t. II, p. 93.

[3] Remontrances de l'évêque de Luçon, 1615. *Mercure françois*, t. III, p. 93.

[4] Édit de 1606, dans le *Recueil des anciennes lois françaises*, t. XV, p. 311 et 312.

[5] *Mercure françois*, t. III, p. 415.

Indigné de tant d'abus, un évêque essaye-t-il de réduire à la règle un prêtre rebelle, il est rare que celui-ci ne trouve pas un protecteur dans le gouverneur de la province, presque toujours antagoniste de l'évêque, ou dans le parlement, dont les membres, hommes religieux d'ordinaire, mais jaloux d'étendre leur juridiction, s'empressent d'écouter ses plaintes et d'enregistrer ses appels. Gens du Roi et gens de robe, en garde contre un pouvoir dont les souvenirs si récents de la Ligue et les amères déclamations de Richer [1] leur inspirent la terreur, s'efforcent d'étouffer tout conflit, au risque d'empêcher toute réforme. Quand le prélat persiste, ils le somment de comparaître en personne pour rendre raison de ce qu'il s'est acquitté de sa charge, comme s'il était coupable et répréhensible [2]. Alors c'est une succession d'excommunications, de saisies du temporel, d'interdits, d'emprisonnement des gens de l'évêque, qui étonne le peuple, le scandalise, et ruine tout respect pour les deux pouvoirs [3].

Et pourtant, on ne peut laisser périr l'Église de France! Que faire donc pour la relever de ses ruines? Ouvrir des séminaires? Oui, sans doute, c'est le moyen, le seul vraiment efficace, de léguer à l'avenir des générations de prêtres instruits et vertueux. Aussi, depuis le décret porté par le saint Concile de Trente [4], tous les synodes réunis en France ont-ils exprimé le vœu que dans le plus bref

---

[1] Voir le chapitre III de ce volume.

[2] *Avertissement à MM. les députés*, etc., p. 6.

[3] *Histoire du cardinal de Sourdis*, citée plus haut, *passim*.

[4] *Decret. Conc. Trident. de reform.*, sess. XXIII, cap. XVIII.

délai des séminaires fussent créés [1]. Mais, sauf l'antique fondation du vénérable Pierre Perland [2] à Bordeaux, celle plus récente du cardinal de Lorraine à Reims, une tentative de Gaspard Dinet à Mâcon, une autre à Carpentras [3], établissements fort imparfaits d'ailleurs, le vœu des Conciles était demeuré stérile. Pour former des prêtres, il faut des prêtres : où les trouver?

Tel était depuis longtemps l'objet des réflexions de M. de Bérulle. Témoin attentif et attristé de tant de maux, il y cherchait un remède, demandant sans relâche au ciel la lumière, à la terre des hommes de bonne volonté. Si profonde et si générale que fût la corruption, il ne pouvait croire que l'Église n'offrît point un prêtre capable de se dévouer à cette œuvre des œuvres. Il avait espéré d'abord que ce serait François de Sales, puis César de Bus [4], puis quelque disciple de saint Philippe de Néri [5]; tous ont décliné ses offres. Il faut maintenant qu'il prenne lui-même la direction de l'œuvre, ou qu'il renonce à la voir jamais se réaliser.

Pour exciter le courage de M. de Bérulle, les amis qui le pressent de fonder la nouvelle société lui montrent le succès comme assuré. Neveu du président Séguier, auquel la Reine mère avait de récentes obligations [6], il pouvait

---

[1] *Vie de M. Olier*, par M. FAILLON, 2ᵉ édition, t. I, préface, page XIV. Voyez aussi ODESPUNG, *Concilia novissima Galliæ*. Paris, 1646, in-fol.

[2] Il mourut saintement en 1453.

[3] *Saint Vincent de Paul*, par l'abbé MAYNARD, t. II, p. 8 et 10.

[4] Voyez *M. de Bérulle et les Carmélites*, ch. XIII, p. 398.

[5] Ce fut dom Sans de Sainte-Catherine qui se chargea de cette négociation, laquelle n'aboutit pas. Voyez une lettre de lui datée de Rome du 13 novembre 1609. (Arch. nat., MM. 233.)

[6] Voyez *Histoire de la vie du duc d'Épernon*, par M. GIRARD. Paris, 1730, in-12, t. II, liv. VI, p. 337.

compter sur l'appui de la cour. La marquise de Maignelay, qui s'était jetée à ses pieds pour obtenir son consentement, lui offrait tout l'argent nécessaire[1] ; madame
Acarie affirmait que la Compagnie à laquelle il songeait
manquait à l'Église, et qu'il était dans les vues de Dieu
qu'il s'employât à la fonder[2]. La Mère Madeleine de Saint-
Joseph enfin, poursuivant le même but, redoublait de
prières auprès de Notre-Seigneur, d'instances auprès de
son saint ami[3].

Il n'avait pu se décider encore, lorsqu'un jour, s'entretenant au parloir avec la Mère Madeleine, il sentit tout à
coup son cœur rempli d'une incroyable effusion de l'Esprit de Dieu, et comme changé en un autre homme, il ne
put retenir le cri du Prophète : *Annuntiate inter gentes
studia ejus*[4]. En même temps, il vit dans ces paroles tout
ce que Dieu attendait de la nouvelle Congrégation ; comment elle devait manifester et faire entendre aux fidèles
le grand dessein de l'Incarnation du Verbe, et tous les
mystères accomplis en sa personne sainte durant le cours
de trente-trois ans ; comment aussi « elle devoit conduire
» les âmes pieuses à ces mesmes mistères, afin qu'estant
» plongées dans les fontaines du Sauveur, elles bussent
» d'une si féconde source et fussent remplies de la grâce

---

[1] P. Bourgoing, *Oraison funèbre*, citée par le P. Batterel. (*Vie
manuscrite*, t. I, liv. II, nᵒ 6.)

[2] *Annales de la maison de l'Oratoire*, in-fol., p. 5. (Arch. nat.,
MM. 623.)

[3] *Extrait de la déposition du Révérend Père Bourgoing pour le procès
sur la vie et les mœurs de la Vénérable Mère Madeleine de Saint-Joseph*,
du 3 mars 1647. (Arch. du monastère de l'Incarnation.)

[4] Annoncez parmi les nations ses conseils. (Ps. ix, 12.)

» et de la céleste douceur qui s'y trouve. » M. de Bérulle, tout perdu en Dieu, achevait ces mots, lorsque la Mère Madeleine, saisie du même esprit et pénétrée de la même lumière : « Qu'est-ce que j'entends ? » s'écria-t-elle à son tour, « je suis toute hors de moy de ce que vous me dites. » Oh ! si je pouvois contribuer à cette œuvre par la perte » de ma vie, je ne l'épargnerois pas. Que tardez-vous ? Ne » soyez plus maintenant en doubte. Est-ce que vous atten- » dez des indices plus certains de l'appel et du comman- » dement de Dieu [1] ! » M. de Bérulle se rendit. Le Carmel venait de donner l'Oratoire à l'Église.

Tandis que, dans le parloir des Carmélites, Dieu faisait entendre ses volontés à son serviteur par l'inspiration intérieure de la grâce et par la parole si puissante de la Mère Madeleine, la marquise de Maignelay suppliait son frère, l'évêque de Paris, d'user de son autorité vis-à-vis de M. de Bérulle. « C'est l'unique moyen de le soumettre », lui dit-elle, « vous ne devez point hésiter à l'employer. » M. de Gondi, universellement respecté pour la pureté de ses mœurs et la sincérité de son zèle [2], avait à cœur de faire fleurir la piété dans son diocèse. L'établissement des Carmélites rue Saint-Jacques et rue Chapon, des Capucines rue Saint-Honoré, des Minimes à la place Royale, des Carmes déchaussés au faubourg Saint-Germain, té-

1 *Extrait de la déposition du Révérend Père Gibieuf pour le procès de la vie et mœurs de la Vénérable Madeleine de Saint-Joseph*, du 30 avril 1647. (Arch. du monast. de l'Incarnation). HABERT, liv. II, ch. I, p. 320, suppose que la première pensée de l'Oratoire vint à M. de Bérulle dans la prière, en récitant le verset *Annuntiate*; la déposition du P. Gibieuf est tellement explicite qu'elle ne permet aucune hésitation.

2 Tallemant lui-même n'en dit pas de mal. (*Les Historiettes*, édit. Monmerqué et Paulin Paris, t. VII, p. 367.)

moignait assez de sa sollicitude pour les Ordres religieux [1]. Il désirait plus vivement encore la réforme du clergé séculier. Aussi n'eut-il pas de peine à suivre le conseil de madame de Maignelay, et il manda M. de Bérulle.

Le saint prêtre crut devoir exposer une fois encore à son évêque les raisons qu'il avait de douter de lui-même. Mais lorsque M. de Gondi, après les avoir réfutées, lui eut enjoint, au nom de l'obéissance canonique, de se soumettre, M. de Bérulle, sans insister davantage, se jeta aux genoux de son supérieur, lui demanda sa bénédiction, et déclara qu'il était prêt à faire tout ce qu'il lui commandait. Il le pria seulement de vouloir bien assembler chez lui quelques docteurs éclairés, et quelques Religieux d'expérience et de vertu, afin qu'il pût conférer avec eux des moyens les plus propres à faire réussir l'œuvre projetée. Dans cette assemblée, à laquelle assistèrent entre autres le P. Coton et le docteur Duval, M. de Gondi, après avoir exposé les grands avantages que l'Église et l'État retireraient du projet en question, ajouta qu'il ne connaissait personne qui fût aussi capable que M. de Bérulle de le conduire selon les règles de la sagesse et de la prudence chrétiennes, car depuis longtemps l'Église de France n'avait point produit une lumière si éclatante, et il serait déplorable de la laisser davantage sous le boisseau. Tous répondirent qu'en donnant son avis M. de Gondi avait exprimé le leur.

[1] *L'Histoire généalogique de la maison de Gondi*, par Corbinelli, Paris, Coignard, 1705, in-4°, t. II, p. 112 et suiv., ne donne que des dates. Voyez *Gallia christiana*, t. VII, p. 171, et en tête du *Rituale Parisiense*, la Notice sur les évêques et archevêques de Paris.

M. de Bérulle tenta alors de partager l'honneur qu'on venait de lui déférer. Admirateur des vertus du vénérable curé d'Aumale, M. Gallemant, il le conjura de ne point refuser à la congrégation qui se formait le secours de son expérience et de son zèle. M. Gallemant, fatigué, infirme même, ne put se rendre au désir de M. de Bérulle [1].

Obligé de garder pour lui seul la supériorité, le pieux fondateur espérait du moins rencontrer des coopérateurs qui, formés par un homme de Dieu, viendraient en aide à sa jeunesse. Il crut les avoir trouvés en la personne des PP. Pierre de Bermond et Jacques Deretz. Ces deux ecclésiastiques appartenaient à la Congrégation de l'Oratoire de Provence. Envoyés à Paris pour aider mademoiselle de Sainte-Beuve dans la fondation des Ursulines, ils venaient sans cesse à l'hôtel de Saint-André, où ces Religieuses habitaient [2]. C'était dans le voisinage des Carmélites, et tout auprès de M. de Bérulle, qui les avait fréquentés assidûment. Par eux et par le dire de tous, il connaissait la sainteté de leur supérieur, le P. Romillion. Ce grand serviteur de Dieu, calviniste ardent d'abord, puis apôtre presque aussitôt que néophyte, s'était consacré entièrement à l'instruction du pauvre peuple. Après avoir travaillé avec César de Bus, il s'était séparé de lui au mo-

---

[1] Le P. Batterel, l'abbé Goujet (*Vie manuscrite*), et Tabaraud, qui copie ce dernier, disent que M. Gallemant s'excusa sur son âge. Il n'était cependant pas un vieillard : né en 1559, il n'avait alors que cinquante et un ans. C'est aussi par erreur qu'on le fait curé d'Aubervilliers. Il ne quitta sa cure d'Aumale pour celle de Notre-Dame des Vertus qu'en 1618. (*Chroniques de l'Ordre des Carmélites*, t. III, p. 144.)

[2] M. de Bérulle avait même été consulté par le P. de Bermond, alors travaillé de peines intérieures très-cruelles. *Lettre autographe du P. de Bermond*, du 22 juillet 1611. (Arch. nat., M. 221 D.)

ment où l'instituteur de la Doctrine chrétiennecrut devoir exiger des vœux de ses disciples. L'œuvre du P. Romillion n'avait point souffert de cette pénible séparation, et il gouvernait plusieurs maisons florissantes en Provence, lorsque M. de Bérulle lui écrivit pour implorer son aide [1]. Dans cette lettre, d'une simplicité et d'une humilité touchantes, il exposait d'abord au P. Romillion comment, malgré tous ses efforts, il se voyait transformé en fondateur par la volonté de son évêque. «Je vous supplie très-affectueusement, lui disait-il, de » trouver bon qu'il y ait une entière et parfaite associa- » tion entre vous et nous, entre votre œuvre et celle-ci » que l'on nous fait entreprendre par deçà, et que tous » deux, bien qu'en lieus différants, et avec quelque petite » diversité, nous soyons conduits et liez par ensamble d'un » mesme esprit de charité, de former à la gloire de Jésus- » Christ une institution salutaire de prestres en leurs saints » offices et ministères. » Il demandait en même temps au P. Romillion si, en vertu de cette association, il n'aurait pas pour agréable de « lui préter le P. Deretz » et quelques autres avec lui, afin d'en recevoir assistance dans les commencements [2]. Le même jour, il écrivait à madame de la Fare, à Avignon [3], la priant « de disposer » le bon P. Romillion à ce qui estoit désiré de luy ». Étonné de ne pas recevoir de réponse, M. de Bérulle prit de nouveau la plume; même silence. Il ne se l'expliquait

[1] *La Vie du Père Romillion, prêtre de l'Oratoire de Jésus et fondateur de la Congrégation des Ursulines en France,* par M. BOURGUIGNON, prêtre de Marseille. A Marseille, chez Claude Garcin, 1669, in-8º.

[2-3] Copie du temps. (Arch. nat., M. 228.)

pas, lorsqu'au mois d'août il apprit que ses lettres s'étaient perdues : « Nostre supérieur », lui écrivait le P. de Bermont, « m'a donné charge de vous en aduer- » tir, vous priant de sa part de croire que luy et toute » nostre Congrégation est vouée à vostre service, et qu'il » estimeroit résister au Saint-Esprit, s'il ne s'efforçoit de » seconder vostre zèle, et donner (autant qu'il luy sera » possible) toute satisfaction à vos charitables désirs [1]. »

Quand M. de Bérulle reçut cette réponse, les choses étaient trop avancées pour qu'il eût la liberté de sur-seoir à l'exécution d'un projet déjà tant de fois ajourné. Il lui fallut donc commencer avec les éléments qu'offrait Paris. Douze docteurs de la Faculté de théologie lui avaient donné leur parole. Deux d'entre eux seulement lui restèrent fidèles : M. Bence et M. Gastaud.

M. Bence était originaire de Rouen. Aussi ardent à approfondir par l'étude les vérités de la foi que constant à y chercher la règle de ses actes et de sa vie, il était, depuis douze ans, docteur de la maison et société de Sorbonne. La générosité de son désintéressement, la pureté de son zèle, son expérience des choses de Dieu, une rare connaissance des saintes Écritures, le rendaient une acquisition précieuse pour une congrégation nais-sante [2].

---

[1] Lettre autographe du P. de Bermond, datée du jour de saint Pierre aux Liens, 1611. (Arch. nat., M. 228.)

[2] *Mémoires domestiques*, 11ᵉ partie, p. 35. (Arch. nat., M. 220 B.) On a du P. Bence les ouvrages suivants : 1º *Manuale in sanctum J. C. D. N. Evangelium.* Lyon, 1626, in-12 ; 2º *Manuale in omnes D. Pauli Episto-las, et in septem canonicas,* Lyon, 1628. Ces deux ouvrages ont eu plu sieurs éditions. 3º *Méthode sur la manière de lire utilement l'Écriture*

Docteur de Sorbonne, comme M. Bence, M. Jacques Gastaud avait quitté Niort, sa patrie, pour se fixer à la Rochelle, où il s'employait à la réforme du clergé avec une vigueur admirable, que facilitait son titre d'official et de grand vicaire du diocèse de Saintes. Il n'eut pas plus tôt appris le dessein de M. de Bérulle, qu'il accourut se ranger sous sa conduite. Plein de foi, la main toujours ouverte pour donner, mais habitué au commandement, M. Gastaud mêlait à de grandes qualités un attachement à son sens propre, une susceptibilité même qui parfois en ternissaient l'éclat et rendaient son commerce difficile [1].

A M. Bence et à M. Gastaud se joignit bientôt un jeune licencié de la Société de Navarre, M. Paul Metezeau. Né à Paris, d'une famille originaire de Dreux, il n'avait en 1611 que vingt-huit ans; mais déjà remarquable par l'élévation de son esprit et l'étendue de ses connaissances, il l'était plus encore par un zèle tout apostolique, une piété aussi large qu'intime, et l'attrait tout-puissant qui ne lui laissait trouver de repos et de bonheur que dans la contemplation des états et des mystères de Jésus-Christ. Aussi, quoiqu'il en coûtât à son cœur, il se sépara de frères tendrement aimés pour venir prendre place dans la petite société qui commençait à se grouper autour de M. de Bérulle [2].

---

sainte. Lyon, in-12. — Voyez aussi *Bibliothèque des écrivains de l'Oratoire ou Histoire littéraire de cette Congrégation*, par M. Adry, de l'Oratoire, 1790, t. I, p. 94. (Bibl. nat., manuscrit fr., 25,681.)

[1] *Mémoires domestiques*, p. 52. (Arch. nat. M. 220 C.). — TABARAUD, *Vie de M. de Bérulle*, t. I, liv. III, ch. I, p. 150. — Lettre XX, à un prêtre de l'Oratoire, dans les *OEuvres du cardinal de Bérulle*, édition de 1657, in-fol., p. 745.

[2] *Mémoires domestiques*, p. 52. (Arch. nat., M. 220 C.) — TABARAUD, *Vie*

Le quatrième compagnon du jeune fondateur appartenait à une ancienne famille du Nivernais établie à Paris depuis la fin du quinzième siècle, et bien connue dans la robe. Doué d'une santé robuste qui résistait à sa prodigieuse application au travail, d'une mémoire étonnante, de la plus heureuse facilité pour les sciences, François Bourgoing avait hérité de ses pères une fermeté dans le caractère que sa haute piété tempérait à propos pour l'empêcher de dégénérer en rigueur. Bachelier en théologie, il avait eu d'abord la pensée de se présenter au doctorat, dont il eût facilement conquis les palmes. Mais il nourrissait depuis sa plus tendre enfance une autre et meilleure ambition. «Prêtre par son zèle, par la gravité de «ses mœurs, par l'innocence de sa vie, avant que de l'être» par l'imposition des mains de l'évêque, dès qu'il eut reçu le caractère du sacerdoce, il ne songea plus qu'à en exercer les fonctions. La petite cure de Clichy, aux portes de Paris, était le théâtre de son zèle, lorsqu'il apprit que M. de Bérulle, son parent ou son allié, pensait à établir « une institution qui avait pour son fondement le désir » de la perfection sacerdotale ». Sans plus délibérer, M. Bourgoing accourut vers le serviteur de Dieu, qui le reçut à bras ouverts, et se chargea même de lui trouver un successeur dans sa cure [1].

---

du cardinal de Bérulle, t. I, liv. III, ch. 1, p. 151. Moréri (éd. de 1759), art. METEZEAU. — Le P. Metezeau parle d'un seul frère qui lui restait en 1627. C'était Clément Metezeau, architecte des bâtiments du Roi et l'un des inventeurs de la fameuse digue de la Rochelle. Voyez l'*Exercice intérieur de l'homme chrestien* (et non pas *de l'homme intérieur*, comme dit à tort Moréri), par le P. PAUL METEZEAU, prêtre de la Congrégation de l'Ordre de J. C. N. S. Paris, Sébastien Huré, 1627.

[1] *Mémoires domestiques.* (Arch. nat., M. 220 C.) — TABARAUD, t. II,

Ce successeur était un saint. On l'appelait M. Vincent. Il y avait plus de deux ans que M. de Bérulle et saint Vincent, attirés par un même amour pour les membres souffrants de Jésus-Christ dans les salles de l'hôpital de la Charité, s'y étaient rencontrés pour la première fois [1]. Leurs âmes se lièrent dès lors si étroitement, que Vincent de Paul voulut se mettre sous la conduite de M. de Bérulle [2]. Ce fut en la présence de son nouveau directeur que Vincent s'entendit un jour accuser par l'un de ses compatriotes, le juge de Sore, d'un vol de quatre cents écus : « Dieu sait la vérité », avait simplement répondu le saint calomnié ; et tant de paix dans l'opprobre avait augmenté encore l'admiration que ressentait déjà pour lui le guide de son âme. Nommé, peu de temps après, aumônier de la reine Marguerite, saint Vincent venait chercher sur les hauteurs du faubourg Saint-Jacques un air plus vivifiant et plus pur que celui que l'on respirait à la petite cour de la rue de Seine. Marguerite, toujours jeune, malgré les années, en vraie Valois qu'elle était, menait de front bien des choses, dont l'alliance confondait le bon sens et la foi de son jeune aumônier. Il ne comprenait pas qu'on dotât des couvents, et qu'on ne payât pas ses dettes ; qu'à des entretiens subtils sur la dévotion, succédassent, sans transition, des propos qu'il ne pouvait entendre [3]. Sa place ne lui semblait pas là. Déjà d'ailleurs,

liv. VII, ch. II, p. 215 et suiv. — BOSSUET, *Oraison funèbre du P. Bourgoing.* (*OEuvres complètes*, édit. Vivès, t. XII, p. 645.)

[1] *Saint Vincent de Paul*, par M. l'abbé MAYNARD. Paris, Bray, 1860, t. I, ch. IV, p. 71.

[2] *Idem, ibidem*, p. 66.

[3] M. Sainte-Beuve, au tome VI de ses *Causeries du lundi*, p. 199, a apprécié avec équité le caractère de Marguerite.

dans un mouvement de charité héroïque, il avait attiré sur
son âme, pour en délivrer un docteur de ses amis, la plus
douloureuse des tentations; sa foi si pure était non pas
troublée, mais éprouvée [1]; enfin il voulait apprendre ce
que Dieu réclamait de son zèle, et s'y préparer : autant
de motifs suffisants pour le décider à quitter la reine Marguerite, et à se fixer auprès de M. de Bérulle. Il vint donc,
non dans le but de s'agréger à sa congrégation, saint
Vincent de Paul n'y avait jamais pensé ; mais afin de lui
ouvrir plus librement son cœur, de lui faire connaître
plus complétement ses penchants et ses inclinations [2].
M. de Bérulle reconnut aussitôt que Vincent était appelé à de grandes choses. Il lui prédit même que Dieu
se servirait de lui un jour pour former une nouvelle congrégation de prêtres dont les travaux seraient bénis du
ciel [3]. Et comme pour le disposer à une mission si grande,
il résolut de l'appliquer au ministère paroissial. Vincent
n'accepta qu'avec peine un fardeau sous le poids duquel
il craignait de succomber. Mais M. de Bérulle tint ferme,
et le 13 octobre M. Bourgoing signait la résignation de sa
cure de Clichy en faveur de Vincent de Paul [4].

Attiré comme saint Vincent vers M. de Bérulle par le
désir de puiser à son école l'esprit sacerdotal, le célèbre
M. Bourdoise était venu se joindre à la congrégation nais-

---

[1] *Vie de saint Vincent de Paul*, par L. ABELLY, liv. I, ch. VI.

[2] COLLET, *Vie de saint Vincent de Paul*, in-8°, 1748, liv. I, p. 35.

[3] ABELLY, liv. 1, ch. VII. Dans sa lettre au pape Clément XI, pour solliciter la canonisation de Vincent de Paul, le P. de la Tour, sixième
général de l'Oratoire, s'exprime en ces termes : *Berullius velut futurorum
Deo sic donante, præscius, instituendæ postmodum sacræ congregationis
Missionum auctorem ac fundatorem præsalutavit Vincentium.*

[4] COLLET, op. cit., p. 36, note.

sante. C'était un homme de foi, de vie austère et pénitente, ardent à la réforme du clergé, absolu en ses jugements, incapable de ménagements, d'une verve intarissable
dans ses reproches et ses reparties. Né en 1585, au diocèse
de Chartres, orphelin de bonne heure, il avait conçu dès
sa plus tendre enfance une si haute idée de ce que devait
être un ecclésiastique, il avait été si profondément indigné
de l'abaissement, du mépris universel dans lequel vivait le
clergé, par sa faute, qu'il résolut de tout faire pour le
relever aux yeux du peuple [1]. Son zèle était admirable, et
sa grande charité et religion lui devenaient au besoin
lumière [2]. Malgré le peu d'attrait de M. Bourdoise pour
les considérations dogmatiques, malgré sa piété assez portée
au dehors, les singularités mêmes où se laissait trop souvent
emporter son amour pour le rétablissement de la discipline et l'observation des saintes cérémonies de l'Église,
M. de Bérulle aurait ouvert avec joie les portes de l'Oratoire à un homme d'une vertu si recommandable, mais
M. Bourdoise entendait en un sens un peu étroit la réformation du clergé. Il estimait qu'avant tout il fallait s'établir
dans une paroisse et en faire vivre les prêtres en commun.
Aussi, quand il sut que M. de Bérulle pensait à réunir
d'abord sa congrégation dans une maison particulière,

[1] *La Vie de M. Bourdoise, premier prêtre de la communauté de Saint-
Nicolas du Chardonnet.* Paris, Fournier, 1714, in-4°. Au livre I, p. 56,
est racontée une conférence entre M. de Bérulle, saint Vincent de Paul et
M. Bourdoise. M. Sainte-Beuve (*Port-Royal*, 2ᵉ éd., t. I, p. 9) la rapporte.
Je ne l'insère pas ici, me défiant un peu, je l'avoue, de ces discours, qui
me semblent arrangés après coup.

[2] L'expression est de M. Sainte-Beuve et très-juste. (*Port-Royal*, t. I,
liv. II, ch. III, p. 418.)

malgré son estime pour le fondateur de l'Oratoire, rien ne put le retenir, et il le quitta.

Il en fut de même, mais pour une cause bien différente, de M. de Soulfour. Ce pieux gentilhomme, fort estimé par saint François de Sales et par madame Acarie, avait reçu de M. de Bérulle le plus cordial accueil[1], et il comptait se joindre à ses premiers disciples, lorsque le cardinal de la Rochefoucauld, chargé de présenter au Pape, de la part du nouveau Roi, le compliment d'obédience, voulut l'attacher à sa maison. Ce fut un coup providentiel. Arrivé à Rome, M. de Soulfour s'occupa, avec autant d'intelligence que de zèle, à préparer la reconnaissance par le Saint-Siége de la nouvelle société. Il fit mieux encore. Tout le désir de M. de Bérulle, comme il l'écrivait à son ami, eût été de ne « commencer ce petit œuvre qu'après une assidue » et longue prière en ces saints lieux » . M. de Soulfour le remplaça, et offrit, au nom de son supérieur, la congrégation à Jésus et à Marie, dans tous les sanctuaires où ils sont plus religieusement honorés.

Tandis que M. de Bérulle adressait ces pieuses recommandations à M. de Soulfour[2], il habitait toujours les dehors du monastère des Carmélites, et cherchait un logis plus grand où il pût se retirer avec ses premiers compagnons. De l'autre côté de la rue Saint-Jacques, presque en face du couvent de l'Incarnation, s'élevait une maison nom-

---

[1] Dans les *Études religieuses, historiques et littéraires, par les Pères de la Compagnie de Jésus*, XIIIᵉ année, 4ᵉ série, t. I, p. 365 et 368, se trouvent deux lettres inédites de saint François de Sales à M. de Soulfour. Une autre, p. 362, est sans doute adressée à son père.

[2] Cette lettre est du 16 août 1611. (HENVÉ, *Vie manuscrite*, IIᵉ partie, ch. I.)

mée anciennement le fief de Valois, ou le Petit-Bourbon. Des princes de ce nom, elle avait passé au médecin de
Louise de Savoie, Jean Chapelain, puis à ses héritiers. M. de
Bérulle fit à ceux-ci des propositions qu'ils acceptèrent.
Il ne s'éloignait pas de ses chères Carmélites. Le lieu était
silencieux, retiré. Des couvents en formaient le seul voisinage, et des champs à perte de vue en étaient, d'un côté du
moins, l'unique et tranquille horizon [1].

C'est dans cette modeste demeure que, le 10 novembre,
M. de Bérulle entra, suivi de MM. Bence, Gastaud, Metezeau et Bourgoing, auxquels se joignit M. Caron, curé de
Beaumont, au diocèse de Beauvais [2]. Le soir, après le
repas, M. de Bérulle convint avec ses compagnons que la
journée commencerait dorénavant par l'oraison, et que
l'on mangerait en commun. Il n'insista pas, « laissant le
» reste à la piété d'un chacun », puis tous se retirèrent
pour prendre leur repos et se préparer dans le silence
à la grande solennité du lendemain.

Le 11 novembre 1611, tout au dehors était encore plongé
dans la nuit ; mais déjà les cloches annonçaient par leurs

[1] On peut se faire facilement une idée de la situation de cette maison
en consultant le plan de Quesnel et de Nicolay. La maison du Petit-Bourbon fut détruite plus tard, lorsque l'on construisit sur le même emplacement le monastère du Val-de-Grâce. (*La Vie de la Vénérable Mère
Marguerite d'Arbouze, abbesse et réformatrice de l'abbaye royale du Val-
de-Grâce...*, par M. CL. FLEURY. Paris, 1685, in-8°, ch. XVII, p. 109. — *Description de Paris*, par PIGANIOL DE LA FORCE, 1742, t. V, ch. XVII, p. 360.)

[2] Cet ecclésiastique ne demeura que fort peu de temps à l'Oratoire, d'où
il fut obligé de se retirer pour quelque infirmité corporelle. (Pièce imprimée
de 6 pages, s. l. n. d., intitulée : *De l'institution de la Ve Congrégation des
Révérends Pères de l'Oratoire de Jésus*.) — Il est tout à fait probable que
saint Vincent de Paul vint habiter au Petit-Bourbon avec M. de Bérulle,
jusqu'à l'époque de son installation comme curé de Clichy, laquelle n'eut
lieu que le 2 mai 1612. (COLLET, *Vie de saint Vincent de Paul*, in-4°, t. I,
liv. I, p. 36.)

joyeuses volées la fête du plus grand évêque de l'Église de
France, saint Martin, lorsque M. de Bérulle et ses premiers
disciples, impatients de prévenir le jour, se réunirent dans
la chapelle improvisée du Petit-Bourbon. A la gravité de
leur attitude, à la profondeur de leur recueillement, à
une émotion qu'ils ne pouvaient contenir, il était facile
de deviner ce qu'en cette heure solennelle le souverain
Prêtre opérait dans l'âme de ses fidèles serviteurs. Ils n'é-
taient point seuls, et le moment de la communion arrivé,
M. de Bérulle aperçut devant lui M. de Marillac, madame
d'Autry, madame Acarie, et la marquise de Maignelay,
qui venaient, en recevant Jésus-Christ, le remercier de
l'accomplissement de leurs désirs. Si la Mère Marie des
Anges et la Mère Madeleine de saint Joseph étaient
absentes de corps, elles étaient présentes de cœur et
d'âme à une fête que leurs conseils et leurs prières
avaient depuis longtemps préparée.

Au dîner, qui eut lieu vers midi, M. de Bérulle présida
et récita le *Benedicite*, M. Gastaud servit, et M. Bourgoing fit la lecture. M. de Bérulle leur dit alors que
l'usage à l'Oratoire de Rome était, avant de sortir de
table, de faire ce que l'on appelait « la proposition »,
c'est-à-dire, de poser sur la sainte Écriture des questions
auxquelles chacun répondait. Pour lui, ajouta-t-il, il lui
semblait plus convenable de ne se livrer à cet exercice
que lorsqu'ils se trouveraient tous ensemble, après le
repas. Cet avis fut adopté. On convint également que le
sujet de ces conversations serait un texte de l'Écriture,
un cas de conscience, un trait de l'histoire ecclésiastique,
ou quelque question de piété.

Tandis qu'ils étaient ainsi réunis, le P. Coton, cet ami si sûr de M. de Bérulle, les vint voir et embrasser. Il les trouva uniquement occupés des moyens de faire revivre dans le clergé la piété des anciens jours, et s'en entretenant avec une foi, une chaleur qui le ravirent. Ils ne parlaient de rien moins que de passer les mers, pour aller évangéliser les infidèles : « Ce sera », leur répondit le P. Coton, « quand il y aura des évêques et des curés. » A quoi ils repartirent qu'ils ne cherchaient point les bénéfices et les dignités ecclésiastiques, et que, fidèles au précepte de l'Apôtre, ils n'aspiraient point à dominer dans l'Église, mais seulement à la servir [1]. Le P. Coton fut extrêmement édifié, et il les quitta, joyeux de voir se réaliser, avec la prophétie de madame Acarie, un de ses vœux les plus chers [2].

Sur les quatre heures du même jour, M. de Bérulle fit une conférence de piété. Il traita des sentiments d'humilité et d'anéantissement dont devaient être remplis ceux qui entraient au service de Dieu : il en était si pénétré lui-même, qu'il faisait passer aisément dans l'âme de ses frères les grâces dont débordait son cœur. Sa seule peine était l'obligation où il se voyait de les présider ; et se rappelant le prêtre vénérable avec lequel il avait eu le bien de con-

---

[1] *Neque ut dominantes in cleris, sed forma facti gregis ex animo.* I. Petr. v, 3.

[2] *Mémoire manuscrit du* P. BOURGOING. Il en existe une copie (faite en 1676 par le P. Saumaise de l'Oratoire) aux Archives nationales, M. 215, anc. class. — *La Vie du Père Coton, de la Compagnie de Jésus,* par le R. P. J. d'ORLÉANS, de la même Compagnie. Étienne Michallet, 1668, in-4º, liv. III, p. 172. Le P. Coton, dans une lettre datée de Lyon, du 4 août 1618, citée par Du Verdier, *Vie des cardinaux illustres,* in-fol., p. 542, disait que «l'institution de la Congrégation de l'Oratoire étoit une nouvelle créature qui manquoit à l'Église ».

verser en Espagne : « Oh ! si nous avions au milieu de
» nous le saint prêtre Avila [1] », disait-il, « nous nous jet-
» terions à ses pieds. Là, nous apprendrions les desseins
» de Dieu sur nous, et il nous suffirait seul [2]. »

Le lendemain, le réveil eut lieu à quatre heures, et
aussitôt après le lever, l'oraison en commun. On récita
Prime au chœur, le matin ; dans l'après-midi, les Vêpres ;
le soir, Matines suivies des litanies et d'une demi-heure
d'oraison [3]. On continua ainsi, sans aucun changement
dans le costume et sans aucun office public. Toute l'occupation de ces vertueux ecclésiastiques au-dedans était la
prière, au dehors les catéchismes dans les environs de
Paris, et les confessions dans les paroisses de la capitale.
Une seule fois, ils sortirent tous ensemble pour se rendre
à pied à Saint-Denis [4]. Ils offrirent la Congrégation à
l'Apôtre de la France, puis revinrent par Notre-Dame des
Vertus, le pèlerinage préféré de M. de Bérulle. Ils y chan-
tèrent, devant l'image de la très-sainte Vierge, les litanies
composées en son honneur, la suppliant de prendre leur
société sous sa maternelle protection.

Cependant Dieu favorisait manifestement une œuvre
entreprise uniquement pour sa gloire. La Reine mère,
comprenant combien était nécessaire la Congrégation
nouvelle, demanda au Roi et obtint, dès le mois de

---

[1] Sur Julien d'Avila, voyez *M. de Bérulle et les Carmélites de France*,
ch. xi, p. 336.

[2] P. Bourgoing, *Oraison funèbre du cardinal de Bérulle*.

[3] A partir de Pâques 1612, M. de Bérulle remplaça les Matines par les
Complies. (P. Bourgoing, *Mémoire manuscrit*, cité plus haut. — *Annales*,
in-fol., p. 7. Arch. nat., MM. 623.)

[4] Ce fut après Pâques de l'année 1612.

décembre 1611, des lettres patentes qui autorisaient son érection à Paris, et l'honoraient du titre de fondation royale [1]. Suivant ces lettres de permission, Marie de Médicis fit expédier les siennes, en date du 2 janvier 1612 [2]. Elle y exprimait son espoir de voir enfin, par l'influence de cette pieuse Compagnie, renaitre la pureté de la religion « et sincérité des mœurs qui ont » rendu cy-devant la France si recommandable, et sou- » uentes fois invité le ciel d'en prendre la protection » contre tant de violens efforts desquels elle a esté agitée, » (et qui) se trouuent auiourd'huy tellement corrompues » et deprauées, que si l'on n'y apporte quelque ordre et » réformation, il est à craindre que ce qui reste de piété » se dissipe entièrement, et qu'alors Dieu retire les grâces et » bénédictions dont elle est ordinairement accompagnée. » Puis après avoir déclaré la Congrégation de fondation royale, « avec faculté de jouir des mesmes droits, fran- » chises et priviléges concédés aux autres maisons ecclé- » siastiques de ce royaume, fondées par les Roys deffunds», la Reine en finissant exhortait tous les catholiques « d'ay- » der et contribuer à l'advancement de ce bon œuvre, afin » qu'il parvienne d'autant plus tost à sa perfection, » et qu'ils puissent recueillir les fruits qu'ils en doivent » espérer. »

La marquise de Maignelay n'avait pas attendu cette exhortation de la Reine pour donner à la Congrégation une preuve éclatante de sa générosité. Dès le jour où les

---

[1] Les lettres patentes se trouvent dans le troisième tome du *Mercure françois*, 2ᵉ édit. Paris, 1617, p. 216 et suiv.

[2] *Idem*, p. 288 et suiv. Les pièces originales sont aux Archives, M. 225.

premières lettres patentes avaient été obtenues, la sœur de
M. de Gondi, « reconnaissant dans la nouvelle fondation
» l'accomplissement de tous ses désirs », avait fait don à
M. de Bérulle de la somme de cinquante mille livres tournois, à la seule charge d'être participante aux prières de
la Congrégation, et de jouir des autres grâces et priviléges
de fondatrice, tant pour elle que pour madame de Candale, sa fille, et ses descendants [1].

A ces faveurs des grands se joignaient, pour animer le
zèle de M. de Bérulle, les encouragements des plus vertueux prélats.

M. le cardinal de Joyeuse aimait à se trouver avec les
solitaires de l'hôtel du Petit-Bourbon pendant leurs heures
de récréation, et à s'édifier dans leur commerce : il voulait déjà leur confier la direction de jeunes clercs dont il
payait les frais d'études à Paris [2]. Du fond de la Savoie, de ce
cher Annecy dont il ne pouvait se séparer, le bienheureux
évêque de Genève encourageait M. de Bérulle en sa sainte
entreprise. Faisant allusion à plusieurs lettres qui s'étaient
perdues : « En toutes, lui mandait-il, ie m'essayois de vous
» tesmoigner l'ardent desir que i'aurois de rendre quelque
» sorte de service pour l'érection, institution et avance-
» ment de vostre Congrégation, laquelle i'estime devoir
» estre une des plus fructueuses et apostoliques œuvres
» qui ayent été faites en France il y a longtemps : mais,
» Monsieur, ie vois bien que ie n'aurai pas ce bonheur d'y

---

[1] *Annales*, in-fol., p. 9. (Arch. nat., MM. 623.) La marquise de Maignelay
se réserva les priviléges, mais abandonna le titre de fondatrice à la Reine
mère, ainsi que le remarque le P. Batterel, *Vie manuscrite*, liv. II,
n° 29.

[2] *Id., ibid.*

» contribuer chose quelconque, sinon mes bons souhaits
» et mes vœux. Car quant à l'hôtel de Nemours, il n'en
» faut nullement parler[1]. » Une lettre du saint évêque
à madame Acarie exprimait les mêmes éloges et les mêmes
regrets.

Ainsi, dès le commencement de l'année 1612, les disciples de M. de Bérulle étaient à l'étroit dans l'hôtel du
Petit-Bourbon, et devaient chercher une demeure plus
vaste.

Chaque jour en effet leur amenait de nouvelles recrues,
et dans un prochain avenir, une société florissante se proposait de faire alliance avec eux, et d'accepter leurs
usages, leur supérieur et leur nom. Ce fut le P. Romillion lui-même qui voulut en apporter l'assurance au
fondateur de l'Oratoire. Touché du désir exprimé par
M. de Bérulle dans de nouvelles lettres, que « Dieu
» moyennât quelque sujet pour qu'ils se pussent entrevoir
» et communiquer de bouche plus particulièrement », sans
se laisser effrayer par la longueur du chemin et l'épuise-
ment de ses forces, il résolut de se rendre à pied à Paris,
et se mit bientôt en route. De Lyon, où il s'arrêta afin de
visiter ses filles les Ursulines, il écrivit au supérieur de
l'Oratoire que regardant son désir comme un commandement, il serait bientôt auprès de lui, pour lui soumettre
en sa personne celle de tous les particuliers et le corps
même de la Congrégation.

---

[1] HABERT (liv. II, ch. III, p. 353) donne une partie de cette lettre,
dont l'original est conservé au Carmel de la rue d'Enfer. Le P. Sommer-
vogel l'a publiée intégralement dans les *Études historiques et littéraires,
par des Pères de la Compagnie de Jésus.* XIII⁰ année, 4⁰ série, t. I, p. 366,
ainsi que la lettre adressée à madame Acarie.

La joie qu'éprouvèrent ces deux grands serviteurs de Dieu fut extrême, lorsqu'il leur fut donné de converser ensemble et de mettre en commun les lumières et les grâces que le ciel leur avait si abondamment départies. M. de Bérulle approuva fort l'addition faite aux règlements de l'Oratoire de Rome par le P. Romillion. Il avait décidé que les maisons déjà établies, ou celles qui s'établiraient à l'avenir, auraient « une parfaite communication et » correspondance spirituelle et temporelle », et que les sujets changeraient de demeure, selon les besoins des maisons et l'ordre des supérieurs. Ils tombèrent aussi d'accord sur une question capitale, celle du caractère purement ecclésiastique du nouvel institut, dans lequel, par une conséquence logique, on ne devrait faire aucun vœu. Puis ils conclurent l'union de toutes les maisons sous un même supérieur, aussitôt que celle de Paris serait établie par une bulle du Pape.

Sur un point cependant ils eurent peine à s'entendre. M. de Bérulle voulait déférer au P. Romillion la supériorité : il s'appuyait sur ce que le supérieur de l'Oratoire de Provence était son ancien dans le sacerdoce ; que sa congrégation, établie depuis environ douze ans, possédait déjà dix maisons, et comptait un bien plus grand nombre de prêtres que la petite société qui venait de naître à Paris. Mais, à cette proposition, le P. Romillion demeura d'abord tout interdit, puis, à peine remis de son étonnement, il se défendit avec une fermeté inflexible : M. de Bérulle dut céder, et lui promettre même que, aussitôt l'union conclue, il pourrait se retirer en une maison de Provence pour s'y disposer à la mort. L'espérance de n'avoir bientôt plus qu'à obéir remplit d'une inexprimable consolation cet humble prêtre. Ses vœux étaient comblés. Il se hâta de quitter Paris, refusant même de se rendre à la cour, où la Reine mère désirait le voir, et il revint à Aix, attendre l'accomplissement des promesses de M. de Bérulle [1].

Tout semblait donc sourire au nouvel établissement. La cour le prenait sous sa protection, et, ce qui valait mieux encore, les saints le bénissaient. Rien cependant n'était fini, Rome n'avait point parlé.

[1] Tous ces détails sur le voyage du P. Romillion ont échappé au P. Batterel. Ils se trouvent dans *la Vie du Père Romillion*, par M. BOURGUIGNON, prêtre de Marseille. (A Marseille, chez Claude Garcin, 1699, petit in-8°, liv. III, ch. x, p. 325 et suiv.) M. Bourguignon ne commet qu'une erreur, celle de placer le voyage du P. Romillion en 1611. Comme le P. Romillion partit sur une lettre de M. de Bérulle, et que M. Bourguignon possède la lettre de M. de Bérulle du 5 février 1611, il en conclut que le voyage eut lieu cette même année. La lettre inédite du P. de Brémond que je cite plus haut, nous apprend qu'au mois d'août la lettre du 5 février n'était pas parvenue au P. Romillion, et qu'il en attendait une autre de M. de Bérulle. Le récit de M. Bourguignon, du reste, suppose que le P. Romillion trouva l'Oratoire déjà établi à Paris. Or, l'Oratoire ne l'était pas à l'époque où M. Bourguignon place le voyage. Mais je ne vois aucune raison de le reculer jusqu'en 1613, comme le suppose Moréri (art. ROMILLION).

CHAPITRE II.

LA BULLE D'INSTITUTION.

1612-1613.

Supplique de la Reine mère au Pape. — Les cardinaux Mellini, Arigoni,
Lancelotti, désignés pour l'examiner. — Agitation des esprits en France;
entreprises de Richer et de ses disciples contre l'autorité du Pape. —
Objections des cardinaux commissaires au projet de M. de Bérulle.—
Réponses de celui-ci. — Lettres à M. de Soulfour. — Dispositions
bienveillantes de plusieurs évêques de France. — M. de Bérulle rend
compte de son dessein à quelques prélats. — Discours qu'il leur tient.
— Peines de M. de Soulfour. — On envoie à M. de Bérulle le projet de
bulle. — Ses observations. — Bulle *Sacrosanctæ*, 10 mai 1613. — Com-
ment M. de Bérulle conçoit l'Oratoire. — Liaison qu'il doit avoir à
Jésus-Christ. — A la très-sainte Vierge. — Règles et usages prescrits par
M. de Bérulle pour resserrer cette union. — Mort de madame de
Gourgues, 28 mai 1613.

Dès le 19 août 1611, la Reine mère et M. de Gondi
avaient fait demander au pape Paul V une bulle d'institution
en faveur de l'Oratoire[1]. La supplique rédigée au nom de la
Reine par M. de Bérulle expliquait avec une telle précision la manière dont il convenait de dresser la bulle, les
instances de Marie de Médicis étaient si pressantes, que
l'on se flattait d'un prompt succès.

M. de Bérulle fut bientôt détrompé. La supplique avait
été remise entre les mains de deux cardinaux, Mgr Mellini[2] et Mgr Arigoni. Ils l'examinèrent avec le soin que réclamait une affaire de cette gravité, peut-être aussi avec

---

[1] *Annales*, p. 15. (Arch. nat., MM. 623.)

[2] Dans le *Dictionnaire des Cardinaux* publié par l'abbé MIGNE, et dans
Moréri, il n'est fait mention que de Jean Garcias Mellini, évêque de
Rhodes, mort en 1606. Faudrait-il lire 1616 ?

la défiance que leur inspiraient la nouveauté du projet et la patrie de son auteur. Mgr Pompée Arigoni surtout, fort dévoué à l'Espagne, dont il avait autrefois plaidé les affaires, en qualité d'avocat consistorial [1], se montra si difficile, que M. de Bérulle désira et obtint, grâce aux bons offices du nonce Ubaldini, qu'on lui substituât Horace Lancelotti, récemment promu au cardinalat [2].

Ce changement ne produisit pas le prompt résultat que s'en étaient promis les amis de l'Oratoire. A Rome, où l'on connaissait par la nonciature tout ce qui se passait en France, on se montrait inquiet, et à bon droit, des agitations dont l'Université de Paris était le théâtre. Le syndic Richer, profitant de la minorité du Roi, spéculant sur toutes les passions populaires et parlementaires qu'exaspéraient les souvenirs de la Ligue et l'assassinat de Henri IV, ne prenait plus la peine de dissimuler ses attaques contre le Saint-Siége. Lors des thèses fameuses soutenues le 27 mai 1611 chez les Jacobins, un de ses disciples avait osé qualifier d'hérétique la doctrine qui soutient la supériorité du Pape sur le Concile : et cela en présence du nonce. Puis, sous prétexte de défendre son ami, Richer luimême venait d'entrer en lice par la publication d'un opuscule intitulé : *De ecclesiastica et politica potestate,* lequel était une nouvelle insulte au Saint-Siége. Il est vrai que les huit évêques de la province de Sens, réunis à Paris, sous la présidence de M. du Perron, avaient porté du livre une censure publiée dans toutes les chaires de la capitale [3]. Il

---

[1] BAYLE, *Dictionnaire critique*, art. ARIGONI.

[2] Il venait d'être nommé cardinal-diacre du titre de Saint-Sauveur *in Lauro.* (*Dictionnaire des Cardinaux*, p. 1123 et 1771.)

[3] 13 mars 1612.

est vrai aussi que l'on faisait espérer au nonce, pour le retenir en France, d'où il menaçait de s'éloigner, la déposition de Richer. Mais Richer n'était point seul, Ubaldini le savait et l'écrivait à sa cour [1]. Celle-ci se demandait naturellement s'il était sage de choisir, pour approuver une compagnie de prêtres séculiers tout dévoués aux évêques, le moment où un trop grand nombre d'ecclésiastiques français, soutenus par la magistrature, se montraient si animés contre les prérogatives du Saint-Siége, et rêvaient, avec le syndic de la faculté de théologie, une aristocratie épiscopale, destinée à ruiner l'autorité pontificale [2]. Ne voulant pas cependant répondre par un refus formel, les cardinaux Mellini et Lancelotti tàchaient de gagner du temps.

Les mêmes événements faisaient naître chez M. de Bérulle une conviction opposée. Essayer de fonder une congrégation directement soumise au Saint-Siége, c'était, à ses yeux, tenter une entreprise impossible. Car dans l'état de surexcitation où les menées de Richer et des protestants entretenaient les esprits, une telle société se verrait aussitôt suspectée et attaquée par l'Université, le Parle-

---

[1] Voyez la *Vie d'Edmond Richer...*, par A. BAILLET. Liége, 1714, in-12. C'est une apologie constante de Richer. — *Histoire ecclésiastique du dix-septième siècle* (par E. DU PIN). Paris, Balard, 1714, in-8°, t. I, p. 384 et suiv., ouvrage très-favorable à Richer. — *Mémoires chronologiques et dogmatiques* du P. DAVRIGNY, S. J., 1739, in-12, t. I, p. 178 et suiv. Tous ces faits sont présentés avec autant de précision que d'intérêt dans l'*Histoire de l'Université de Paris, au dix-septième et au dix-huitième siècle*, par C. JOURDAIN, membre de l'Institut. (Hachette, 1862, in-fol., t. I, ch. III, p. 67 et suiv.) La condamnation de Richer est imprimée dans ODESPUNG, *Concilia novissima Galliæ*, in-fol. Paris, 1646.

[2] Fleury lui-même abandonne Richer. Voyez le *Discours sur les libertés de l'Église gallicane* dans les *Nouveaux opuscules* de l'abbé FLEURY. Paris, Nyon, 1807, in-12, p. 30.

ment, et cette immense quantité de gens qui étudient les questions graves dans les pamphlets et les nouvelles à la main. Par une de ces habiletés aussi détestables que grossières, mais auxquelles, hélas ! le peuple se laisse toujours prendre, on agitait sans cesse devant lui le couteau ensanglanté de Ravaillac, en lui répétant que le Pape et les Jésuites avaient sinon armé la main de l'assassin, au moins approuvé son infâme attentat. Sous les piliers des Halles et dans la grande salle du Parlement ; sur les bancs de l'Université et dans les escaliers du Louvre, on se passait « l'arrêt de la cour contre le livre de Mariana, « l'Anti-Coton, la Prosopopée de l'Université de Paris » ; on dévorait ces pages pleines de fiel, calomnieuses, ordurières, parfois spirituelles, éloquentes même, et nombre de gens croyaient sur parole l'auteur du « Tocsin », lorsqu'il s'écriait : « France, il est temps que le tocsin batte fort et sans cesse » en tous les cœurs de tes enfants, pour esueiller et don- » ner l'alarme à ceux qui te doivent défendre, puisque le » cardinal Bellarmin, jésuite, autant impudemment que » injustement, a choisi ceste nuict de la minorité de ton » Roy pour donner l'escalade à ta souveraineté et pour » mestre le pétard aux portes de ta majesté toujours in- » violée [1]. » Ces propos de la rue étaient appuyés par les arrêts de la cour et les déclamations en Sorbonne de Richer, traduites du latin en français pour la plus grande commodité du public [2]. Dans un pareil état de choses, ce

[1] Entre autres ouvrages de ce genre, on peut voir un curieux livre intitulé : *Recueil de plusieurs escrits publiez touchant les Jésuites, depuis la mort de Henry le Grand, jusques au premier jour de cette année* 1611... *Pour estrennes de l'an* MDCXI.

[2] C'est ainsi que ses protestations contre sa déposition se trouvent tout

qui paraissait possible et nécessaire, c'était d'entourer les évêques de prêtres instruits et pieux qui ne leur donnassent aucun ombrage, puisqu'ils leur seraient entièrement soumis, et qui, en même temps, formés à la plus filiale obéissance envers le Saint-Siége, combattissent par leur enseignement et leur conduite les déplorables doctrines de Richer et de ses disciples.

Après bien des mois d'attente, M. de Bérulle reçut enfin du nonce un mémoire que lui adressaient les cardinaux Mellini et Lancelotti. Toutes les objections que soulevait à leurs yeux son projet s'y trouvaient développées. Il était facile d'y répondre.

L'utilité de la nouvelle société semblait d'abord douteuse aux deux cardinaux. Pour la leur démontrer, M. de Bérulle se contenta de tracer à grands traits le triste tableau de l'état du clergé en France, et de montrer comment par sa dépendance des prélats et sa soumission au Pape, l'Oratoire offrirait l'exemple de l'obéissance hiérarchique ; par la sûreté de sa doctrine, combattrait la licence des opinions en vogue ; par son zèle, remédierait à la tiédeur et à l'inutilité de tant d'ecclésiastiques[1] ; par la perfection sacerdotale enfin, et par la direction des séminaires, lutterait contre le débordement des mœurs dans le clergé.

Mais à supposer que la nouvelle société soit utile, est-elle possible? continuaient les deux cardinaux. Vous voulez la soumettre aux évêques, comment dès lors lui assurer

au long dans une plaquette intitulée : *Recueil de plusieurs actes remarquables de l'histoire de ce temps.* Paris, MDCXIII.

[1] *L'inutilité des ecclésiastiques*, expression familière à M. de Bérulle, et qui se retrouve dans Bossuet : « Leur inutilité, leur ignorance nous les « a fait mépriser. » Il parle des pasteurs indignes. (IVe *Sermon pour le jour de Pâques*, deuxième point, édition Vivès, t. X, p. 184.)

une forme fixe? Ne voyez-vous pas qu'un évêque aura toujours la liberté de modifier l'œuvre de son prédécesseur?
Aussi, répondit M. de Bérulle, la nouvelle congrégation
ne relève-t-elle des évêques que pour l'exercice des fonctions du ministère, nullement pour la conduite et la direction du corps, lequel ne dépend que du Pape. Et cette
double dépendance, bien loin d'être une contradiction,
ajoutait-il en répondant à la troisième difficulté soulevée
par les cardinaux, s'accorde parfaitement, et grâce à elle
l'Oratoire se trouve lié à l'ordre hiérarchique tout entier,
aux évêques et au Pape. Comme l'écrivait M. de Bérulle au cardinal de la Rochefoucauld : « Cette compa-
» gnie, moyenne entre les séculiers et les réguliers, doit
» nécessairement avoir quelque chose des uns et des autres,
» et ce tempérament se trouve dans cette dépendance du
» Pape pour les statuts et dans la soumission aux prélats,
» pour l'exercice de nos fonctions. Vous savez le peu de
» pouvoir qu'ont nos évêques de France sur les ecclésias-
» tiques séculiers pour les employer hors des charges de
» lucre et d'honneur que nous leur abandonnons volon-
» tiers, et sur les religieux pour les contenir et les empê-
» cher, au lieu que cette congrégation désire se rendre
» religieuse d'esprit et d'intention, et se soumettre aux pré-
» lats, quant à l'employ des fonctions. C'est un secours
» qui pourra être d'usage à ceux qui voudront de nous, et
» qui ne peut porter préjudice à ceux qui n'en voudroient,
» puisqu'il est en leur pouvoir de nous appeler, au lieu
» qu'il n'est pas au nôtre de travailler, s'ils ne nous appel-
» lent et ne nous employent [1]. »

[1] Lettre de M. de Bérulle au cardinal de la Rochefoucauld, du 18 jan-

Passant ensuite à un autre ordre d'idées: Pourquoi, demandaient Mgrs Mellini et Lancelotti, puisque vous prenez le même titre que les disciples de saint Philippe de Néri, ne point adopter leur règle? Parce que, répondait M. de Bérulle, ce qui est excellent pour l'Italie peut être moins bon pour la France. On comprend que dans l'Italie, partagée entre plusieurs petits États souverains, l'indépendance des maisons les unes des autres, telle que la pratique l'Oratoire de saint Philippe de Néri, soit très-conforme aux besoins du pays, tandis qu'en France, où toutes les provinces obéissent à un pouvoir unique, il semble naturel qu'une congrégation comme l'Oratoire relève d'un seul chef. N'est-il point d'ailleurs bien difficile parfois de trouver dans chaque maison un chef capable de la conduire, chose nécessaire pourtant si chaque maison est laissée à elle-même? Ne vaut-il pas mieux les unir et donner ainsi au supérieur la liberté de choisir dans tous les corps les sujets, et de les placer selon leurs aptitudes et les besoins de la compagnie?

Restait une dernière difficulté. M. de Bérulle avait insisté pour que le Pape, par la bulle d'institution, lui accordât le pouvoir de fonder non-seulement la maison de Paris, mais toutes celles qui dans la suite lui seraient offertes en France. La raison qu'il donnait à M. de Soulfour de sa demande, c'est « qu'on n'a pas toujours ni argent tout » prêt, ni députés, ni crédit, ni loisir pour traiter avec » Rome, et y demander de nouvelles bulles pour chaque

vier 1612. (BATTEREL, liv. II, n° 33.) — TABARAUD, t. 1, liv. III, ch. II, p. 157-158, l'a arrangée.

» maison qu'il faudra fonder [1]. » Les cardinaux commissaires avaient peine à accepter cette clause, parce qu'on ne voyait pas, disaient-ils, où M. de Bérulle trouverait les revenus nécessaires à ces nouveaux établissements. La maison de Paris étant de fondation royale, répondit M. de Bérulle, ce serait faire injure à la libéralité de la Reine mère que de mettre en question si elle veillerait à sa subsistance [2], déjà assurée, d'ailleurs, par plus de trente mille écus, dus à la générosité de différents particuliers. Quant aux maisons futures, on était bien résolu à n'en accepter aucune sans les avoir pourvues d'un revenu suffisant, soit qu'on l'obtînt des fondateurs, soit qu'il fût donné par les membres de la congrégation, lesquels jouissant de leur patrimoine, et ayant presque tous de l'aisance, pouvaient travailler sans lui être à charge. D'ailleurs, ajoutait M. de Bérulle, non plus dans sa réponse aux cardinaux, mais dans une lettre confidentielle à M. de Soulfour : « Faites, » s'il vous plaît, considérer à ces messieurs-là que ne vou- » lant nous établir nulle part que du vouloir des évêques » et appelés d'eux, c'est leur faire tort, et non pas à nous, » et ne pas se fier à eux, que de prétendre nous obliger » d'obtenir un nouveau pouvoir pour entrer dans leurs » diocèses, comme si leur agrément ne suffisait pas. » Et dans l'inquiétude que lui causait l'irritation des esprits en France, avec toute la franchise de son dévouement pour le Saint-Siége, il priait M. de Soulfour de représenter aux cardinaux « que ces rigueurs et ces sujétions donnent

[1] 4 janvier 1612. Cette lettre est ainsi rapportée par le P. Batterel, liv. II, p. 33.
[2] M. de Bérulle avoue néanmoins que la Reine n'avait encore rien donné. (BATTEREL, hic.)

» sujet aux évéques de se passer des Romains le plus
» qu'ils peuvent, et de rechercher en eux-mêmes ce qu'on
» leur fait acheter si cher; ce qui diminue d'autant la
» liaison qui doit être entre le Saint-Siége et eux, surtout
» en France, où l'on tient qu'en vertu de l'ancien droit
» nos évéques ont le pouvoir de faire beaucoup de choses
» que Rome se rend difficile à leur accorder [1]. »

Cependant nombre d'évéques se montraient chaque jour
plus favorables à M. de Bérulle. M. de Bourgneuf, évéque
de Nantes, « l'un des plus doctes et plus vertueux prélats
» de France [2] », offrait aux Oratoriens une maison, des revenus et sa bibliothèque, estimée six mille écus : il songeait
même à se retirer parmi eux. M. de Richelieu, qui, malgré
son désir de ne point s'éterniser dans « le plus crotté des
» évéchés de France [3] », l'administrait avec autant d'intelligence que de vigueur, sollicitait M. de Bérulle d'accepter
la conduite du séminaire de Luçon [4]. M. de la Rochepo-
say, évéque de Poitiers, lui proposait la cure de Sainte-
Opportune, à laquelle était attachée la chaire de théologie
de l'Université [5]. Mais, pour passer des traités définitifs,
tous attendaient que le Saint-Siége eût approuvé le nouvel
institut.

[1] Lettre de M. de Bérulle à M. de Soulfour, 24 juin 1612. (BATTEREL,
liv. II, n° 33.)

[2] Lettre de M. de Bérulle à M. de Soulfour, du 18 janvier 1612. (BAT-
TEREL, liv. II, n° 33.) — Charles II de Bourgneuf de Cucé, évéque de
Nantes, du 31 août 1598 au 17 juillet 1617. (*Dictionnaire de statistique
religieuse*, IIe part., col. 400.)

[3] Lettre (XX) à madame de Bourges, avril 1609. (*Lettres du cardinal
de Richelieu*, publiées par M. Avenel, in-4°, t. I, p. 23.)

[4] RICHELIEU, *Mémoires*, éd. Petitot, t. V, p. 61. — Lettre à M. le
Coigneux, sept. 1611. (*Lettres*, t. I, p. 69.)

[5] *Recueil de pièces pour servir à l'histoire de Port-Royal*, Utrecht,
in-12, p. 127.

D'autres évêques, qui ne voyaient pas clairement l'utilité de la congrégation naissante, ou qui doutaient de son
avenir, trouvaient un nouvel argument à l'appui de leurs
préventions dans la difficulté que Rome mettait à se prononcer en sa faveur. Quelques-uns de ces derniers, de
passage à Paris, eurent la pensée de mander M. de Bérulle,
afin de se rendre compte par eux-mêmes de son esprit et
de ses projets. Pénétré du plus religieux respect pour ceux
qui ont reçu la plénitude du sacerdoce, le pieux fondateur
s'empressa de répondre à un appel qui ne pouvait être un
ordre. Il commença par leur représenter humblement
qu'en tout ceci il n'agissait que par la volonté expresse de
son supérieur, M. l'évêque de Paris. Les prélats insistèrent, et lui dirent que puisqu'il vivait déjà en communauté,
avec le dessein de travailler à la réforme du clergé, il
devait avoir des règles, et qu'il les leur fît connaître. A
cette demande, M. de Bérulle, qui n'en avait encore rédigé
aucune, se sentit un peu interdit. Mais se remettant aussitôt,
il tira de sa poche le Nouveau Testament, l'ouvrit au hasard,
et tomba sur ces paroles de saint Paul, qu'il lut à haute voix :
« *Modestia vestra nota sit omnibus hominibus : Dominus enim*
» *prope est. Nihil solliciti sitis, sed in omni ratione et obsecra-*
» *tione, cum gratiarum actione petitiones vestræ innotescant*
» *apud Deum* [1] ». « Voilà ma règle », ajouta-t-il en fermant le livre. Les évêques, édifiés de la réponse, ne lui
posèrent plus aucune question, et l'exhortèrent même à
continuer l'œuvre qu'il avait si heureusement commencée.

[1] « Que votre modestie soit connue de tous les hommes. Le Seigneur
est proche. Ne vous inquiétez de rien ; mais dans toutes vos prières et vos
supplications, que vos demandes soient présentées à Dieu avec des actions de
grâces ». *Philipp.*, iv, 5. 6.

De retour à l'hôtel du Petit-Bourbon, M. de Bérulle raconta à ses confrères l'entretien qu'il venait d'avoir avec les évêques, son embarras pour leur répondre, et le secours inattendu qu'il avait trouvé dans le texte de saint Paul. Puis, commentant ces paroles, il leur fit voir qu'elles étaient comme une règle indiquée par Dieu même, puisque, dans leur laconisme, elles contenaient toutes les maximes de la vie sacerdotale. Retenue et gravité dans le maintien, la démarche, les rapports avec le monde ; détachement des biens de la terre ; ferveur toujours croissante dans l'oraison et l'oblation du sacrifice : n'étaient-ce point là les traits auxquels on devait les reconnaître, et qui légitimaient leur titre de Prêtres de l'Oratoire de Jésus [1] ?

A Rome, pendant ce temps, M. de Soulfour poursuivait sa négociation avec une patience invincible. Après avoir mis le ciel dans ses intérêts par de continuelles prières aux autels des Apôtres et aux tombeaux des martyrs, il allait visiter les cardinaux chargés de rédiger la bulle, répondait à leurs difficultés, puis informait exactement M. de Bérulle de ses craintes et de ses espérances. Celui-ci le remerciait, mais à la manière des saints : « Je ne » puis me résoudre à vous faire des excuses, lui disait-il, » des peines que nous vous donnons. Puisqu'il a plu à » Dieu de vous disposer de le servir avec nous, il est bon » que vous ayez part à la croix et aux souffrances, comme » j'espère que vous l'aurez à la consolation qui est jointe

---

[1] Ce nom en effet n'était ni une dénomination populaire, venant du petit oratoire où se réunissait d'abord la nouvelle communauté, ni un emprunt fait à la société fondée par saint Philippe de Néri. C'était un titre du choix de M. de Bérulle, destiné à exprimer l'union que devaient avoir ses disciples aux prières et aux adorations de Jésus-Christ.

» au service d'un aussi bon maître qu'est Jésus-Christ.
» Il faut, en une œuvre semblable, que les uns sèment et
» labourent, et que les autres moissonnent et partagent le
» fruit de leurs travaux[1]. » De son côté, M. de Soulfour
tâchait de rassurer M. de Bérulle, en lui expliquant les
motifs qui retardaient toujours l'expédition de la Bulle.
« Ils sont dans ce pays-ci », lui écrivait-il le 3 août 1612,
« si rebutés de toutes les mauvaises affaires et des diffé-
» rends à régler qui leur naissent tous les jours au sujet
» de la multitude d'Ordres et de congrégations toujours
» en guerre avec leurs supérieurs ou entre elles, qu'ils au-
» roient voulu pouvoir abolir une partie de celles qui sont
» déjà établies, loin de songer à en ériger de nouvelles[2]. »
M. de Soulfour disait vrai, mais il ne cachait pas néanmoins que la pierre d'achoppement aux yeux des cardinaux était toujours cette obéissance partagée entre le Pape
et les évêques. Par leurs longueurs, les cardinaux espéraient réduire M. de Bérulle à mettre sa congrégation dans
la dépendance absolue du Saint-Siége. C'était mal le connaître. Il se borna à rédiger un nouveau mémoire, où il
répétait avec plus de force et d'insistance les arguments
déjà exposés dans le premier, et il attendit. Sa constance
fut couronnée de succès. Le cardinal Borghèse, neveu du
Pape, lui fit enfin savoir par le nonce que la bulle ne tarderait pas à être expédiée conformément à ses intentions ;
on lui communiqua même le projet, et il eut la liberté d'y
faire ses observations. Elles se réduisirent à une seule, et
de peu d'importance[3].

1 BATTEREL, *Mémoires domestiques*, IIe part., p. 38.
2 Lettre du 3 août 1612. (BATTEREL, liv. II, n° 38.)
3 On avait mis dans le projet que les prêtres de l'Oratoire ne s'établi-

Sur deux points, cependant, Paul V s'écartait des vues de M. de Bérulle. Le fondateur de l'Oratoire avait demandé que les statuts et règlements qu'il comptait donner à sa congrégation fussent soumis à l'examen et à l'approbation de l'évêque de Paris ; mais il désirait que ce prélat ne pût le faire qu'en vertu d'une commission du Saint-Siége, mentionnée dans la bulle d'institution. Le Pape jugea plus à propos d'accorder à M. de Bérulle lui-même le pouvoir de dresser ces statuts et règlements, sous la réserve d'en obtenir du Saint-Siége la confirmation. Dans sa supplique, M. de Bérulle avait excepté des fonctions de l'Oratoire « celles qui regardent l'instruction de la jeu-» nesse dans les belles-lettres, ou qui engageraient ses » sujets dans des grades ou dans une juridiction temporelle » et contentieuse. » Il craignait pour ses disciples la dissipation presque inséparable de la direction des colléges : il appréhendait que le goût des belles-lettres ne diminuât en eux celui qu'ils devaient avoir pour l'Écriture sainte et pour la théologie. On n'avait point tenu compte de ces exceptions. Ainsi Rome accordait non-seulement plus qu'il ne demandait, mais même ce qu'il ne désirait pas[1]. Adorant la volonté de Dieu dans celle du Vicaire de Jésus-Christ, M. de Bérulle se tut et accepta.

raient dans les villes qu'avec l'approbation des Ordinaires (*ab ordinariis locorum*); il représenta qu'il serait mieux de mettre avec l'approbation des évêques (*ab episcopis*), afin d'éviter l'équivoque qui pourrait faire étendre le terme *ordinariis* jusqu'aux curés d'une ville. On se rendit à sa demande. De son côté, il accéda au désir qui lui fut exprimé de supprimer le vœu d'obéissance aux évêques auquel il voulait engager ses disciples, et consentit qu'on restreignît le sens du mot *obedientia* à la dépendance pour les fonctions ecclésiastiques, ce qui fut fait.

[1] GOUJET, p. 61-62. — TABARAUD, liv. II, ch. II, t. I, p. 164 et suiv.

La bulle que l'on sollicitait depuis deux ans ne se fit plus attendre : le 10 mai 1613 elle fut publiée. Paul V y approuve la nouvelle société sous le nom de *Congrégation de l'Oratoire de Notre-Seigneur Jésus-Christ en France*. Le Pape dit que la fin du nouvel institut est d'honorer et d'imiter Notre-Seigneur Jésus-Christ, de le prendre pour modèle dans son esprit d'oraison, d'avoir pour lui une dévotion spéciale et supérieure à celle du commun des fidèles. Il ajoute que cet institut est purement ecclésiastique, qu'il doit se composer de prêtres et d'aspirants au sacerdoce que ne liera aucun vœu solennel, et de personnes destinées à les servir. Le Pape déclare ensuite que les fonctions de la nouvelle société pourront s'étendre à tout ce qui est propre et essentiel à l'exercice du ministère ecclésiastique, et nommément à la conduite des séminaires ; que les membres de cette congrégation ne dépendront que des seuls évêques pour lesdites fonctions ; mais que tout le reste, les statuts, la forme du gouvernement, ce qui concerne l'office divin, la conduite du corps et des particuliers, la discipline intérieure, sera soumis à l'autorité du Souverain Pontife, et sous lui, à celle de M. de Bérulle. Paul V entend qu'en vertu de cette bulle la Congrégation de l'Oratoire puisse s'établir dans tous les lieux où elle sera appelée du consentement des évêques. Enfin, il confirme M. de Bérulle dans sa qualité de supérieur général, et l'établit instituteur et premier supérieur, « avec » pleine et entière faculté, puissance et autorité de faire et » exécuter toutes et chaque chose que peuvent faire et » exécuter tous les autres instituteurs des ordres approu- » vés, et tout ce qui est laissé au pouvoir de tous les supé-

» rieurs, même généraux, soit de droit ou par l'usage, soit
» par privilége ou autrement[1]. »

Pour comprendre l'importance que M. de Bérulle avait
attachée aux différents points spécifiés dans la bulle d'institution, il ne faut pas perdre de vue la trempe particulière de son esprit. Jamais en effet, chez le jeune fondateur,
une disposition pratique n'était autre chose que l'application d'un principe dogmatique. Si donc il avait insisté
avec tant d'énergie, au risque de compromettre l'existence
de son œuvre, pour que l'Oratoire fût soumis aux évêques,
pour que l'absence de tout vœu solennel le distinguât
essentiellement des Ordres monastiques et religieux, ce
n'était pas seulement parce qu'il se rendait un compte très-
exact des besoins de la société et de l'état des esprits en
France en l'année 1611. Sa pensée s'élevait plus haut, et
remontant jusqu'à Jésus-Christ, il cherchait dans l'institution même du sacerdoce l'idée première et le sublime
idéal de sa compagnie.

L'Église, disait-il, est divisée en deux parties, toutes
deux saintes, mais dont l'une reçoit la sainteté, tandis que
l'autre la communique, le peuple et le clergé, « et dans
» les temps plus proches de sa naissance, de ces deux
» parties sortoient les troupes des vierges, des confesseurs,
» des martyrs, qui bénissoient l'Église, remplissoient la
» terre, peuploient le ciel, et répandoient en tout lieu
» l'odeur de la sainteté de Jésus. » Mais avec les années le
relâchement est venu, et c'est dans le peuple qu'il s'est
introduit d'abord. « Et lors d'entre le peuple quelques-
» uns se sont retirés pour conserver à eux-mesmes la

---

[1] Voyez le texte de la bulle aux *Pièces justificatives*, n° II.

» sainteté propre à tout le corps, et ç'ont été les moines,
» lesquels, selon saint Denys, sont la partie du peuple
» la plus haute et plus parfaite, qui étoient régis par les
» prêtres en la primitive Église, recevant d'eux la direc-
» tion et perfection de la sainteté, à laquelle ils aspiroient
» par-dessus le commun... Lors le clergé, composé de pré-
» lats et de prêtres, portoit hautement gravées en soy-
» mesme l'authorité de Dieu, la sainteté de Dieu, la
» lumière de Dieu... Dieu unissant en un mesme ordre
» authorité, sainteté et doctrine, et unissant ces trois per-
» fections en l'ordre sacerdotal, en l'honneur et imitation
» de la sainte Trinité où nous adorons l'authorité du Père,
» la lumière du Fils, et la sainteté du Saint-Esprit, divi-
» nement liées en unité d'essence. » Peu à peu la tiédeur et
l'ignorance se sont glissées du peuple dans le clergé; alors,
ce qui était uni à l'origine, s'est trop souvent divisé par
le malheur des temps. « L'authorité est demeurée aux pré-
» lats, la sainteté aux religieux, et la doctrine aux acadé-
» mies, Dieu, en ce divorce, conservant en diverses parties
» de son Église ce qu'il avoit uny en l'estat ecclésiastique. »
Or, pourquoi des prêtres se réunissent-ils sous le nom
de compagnie de l'Oratoire ? « Pour reprendre leur héri-
» tage, pour rentrer en leurs droits, pour jouir de leur suc-
» cession légitime, pour avoir le Fils de Dieu en partage,
» pour avoir part à son esprit, et en son esprit à sa lumière,
» à sa sainteté et à son authorité, communiquée aux
» prélats par Jésus-Christ, et par eux aux prêtres [1]. »

C'est de cette conception grande et simple que tout le

---

[1] *Lettres aux Pères de l'Oratoire*, lettre XXVI, éd. de 1657, p. 750. —
Cette lettre fut adressée vers 1612 au P. Quarré, à Poligny.

reste découle. Pour obtenir le résultat immense qu'il poursuit, une réforme complète du clergé, M. de Bérulle se borne à lui rappeler ses origines, à le ramener sans changement, sans adjonction, à la pureté de son institution.

Aussi l'Oratoire, différent en cela des Ordres religieux, ne reconnaîtra d'autre patron principal que Jésus-Christ, « l'auteur de la prétrise, et le chef des prêtres ».

On ne s'y proposera pas l'imitation, l'adoration d'une vertu, d'un état particulier du Sauveur, ainsi qu'il se pratique dans les monastères, où les Chartreux honorent son silence, les Franciscains sa pauvreté, les Frères. Prêcheurs sa science, les Carmes sa contemplation : on s'efforcera d'entrer dans l'universalité des sentiments de Celui que Tertullien appelle le Prêtre universel, *catholicum Patris Sacerdotem* [1].

On n'y sera lié par aucun vœu solennel de religion, non certes que M. de Bérulle ne professât la plus haute estime pour ces saints engagements, lui qui avait pendant tant d'années désiré et sollicité inutilement l'habit religieux [2]; mais il était frappé de voir que Notre-Seigneur n'eût demandé de vœux ni aux Apôtres, ni aux évêques, ni aux prêtres; et dans cette disposition du Sauveur, il adorait la liberté souveraine avec laquelle il choisit les prêtres comme il lui plaît, et ne se laisse pas choisir par eux. Et se laissant entraîner par le mouvement habituel de sa pensée, de même, disait-il, que dans l'union sublime de la Divinité avec l'humanité en la substance du

___

1 *Recueil des statuts de la Congrégation de l'Oratoire de Jésus.* Paris, L. Roulland, sans date, 1re partie, ch. II, art. VI, p. 68.

2 *M. de Bérulle et les Carmélites de France,* ch. II, p. 102, ch. VI, p. 196.

Verbe, il n'y a point d'autre lien que l'amour qui unit les deux natures, ainsi entre Jésus-Christ et le prêtre qui s'engage à imiter ses vertus et sa vie en entrant à l'Oratoire, aucun autre lien n'est nécessaire que celui de la charité. Rien, en effet, après la sainte humanité du Seigneur, n'est grand comme le sacerdoce [1]. Il est l'origine de toute la sainteté répandue dans l'Église, de telle sorte que, sans lui, le monde de la grâce ne pourrait subsister : il ne reconnaît pour fondateur que le Saint des saints, le Verbe incarné lui-même : il est Jésus-Christ se survivant à travers les âges, et achevant par la main de ses prêtres l'œuvre dont il a posé les fondements aux jours de sa vie mortelle. Le prêtre, suivant une expression familière à M. de Bérulle, « est un instrument conjoint à l'humanité glorifiée » du Sauveur [2] ».

Dès lors, l'idée de la perfection se confond dans son esprit avec la notion même du sacerdoce. Pour conduire le prêtre au sommet de la sainteté, il suffit de lui faire comprendre, aimer, adorer l'étendue et l'intimité de son union avec Jésus-Christ.

Le caractère distinctif des prêtres de la nouvelle congrégation est donc la profession qu'ils font d'être dévoués, consacrés, liés à Jésus-Christ, comme à leur chef, comme

---

[1] *Nihil esse in sæculo excellentius sacerdotibus, nihil sublimius episcopis.* (S. AMBROS., lib. *De dignit. sacerd.*, c. III.)

[2] Voyez *Lettres aux prêtres de   ratoire*, lettre LVIII, p. **769**. Ce mot de M. de Bérulle, qui revient plusieurs fois dans ses livres, n'est du reste qu'un écho de l'énergique langage des Pères. On en peut voir de nombreuses citations dans un beau livre : *Traité du Sacerdoce et du sacrifice de Jésus-Christ*, par le R. P. D. LÉONARD DE MASSIOT, religieux bénédictin, Poitiers, **1708**, in-4º, et dans M. TRONSON, supérieur de Saint-Sulpice, *Forma cleri*, Paris, **1669**, 3 vol. in-12.

au souverain Prêtre avec lequel ils ne forment qu'un seul Prêtre, étant rendus participants de la même onction, et cette participation à son onction divine, cette appartenance à son humanité, les séparent du commun des hommes, de toutes les créatures, d'eux-mêmes, les approprient à la personne du Verbe, les consacrent avec son humanité, et par elle à la gloire de l'auguste Trinité[1]. Nourri de saint Thomas, « en qui on entend toute l'École[2] », et dont il tenait à honneur d'être l'humble et fidèle disciple, M. de Bérulle savait parfaitement que le principe sur lequel reposait tout son dessein, et qui s'illuminait à ses yeux de clartés plus pures encore que celles de la théologie, était enseigné par tous les docteurs. Il se rappelait ce passage de la « Somme » où saint Thomas établit avec sa netteté magistrale que le prêtre étant essentiellement un médiateur dont la mission est de distribuer au peuple les dons divins et d'offrir à Dieu le sacrifice du peuple, Jésus-Christ, Homme-Dieu, est excellemment prêtre[3]. En liant sa congrégation au sacerdoce de Jésus-Christ, en ne voulant lui donner d'autres règles que celles qui ont été léguées par le souverain Prêtre, il la liait donc à la sainte humanité du Verbe, il donnait pour base à sa société le mystère des mystères, celui qui « enclôt Dieu et l'homme », et les réduit à la plus adorable unité, le mystère de l'Incarnation.

Aussi la pensée unique, on peut le dire, de M. de Bérulle, était de porter ses frères à regarder Jésus, à imiter Jésus, à vivre dépendants de Jésus, à se laisser, dans le

---

[1] *Statuts*, etc., p. 50.

[2] BOSSUET.

[3] *III*, *quæst.* XVI, art. 2, corp.

plus riche des dénûments, envahir, pénétrer, transformer par la vie même de Jésus. Cette haute et forte doctrine, il ne se contentait pas de l'inculquer en toutes circonstances, d'y revenir dans toutes ses exhortations, il la rendait sensible, il lui donnait un corps par les dévotions et les solennités dont il établissait l'usage à l'Oratoire.

Tout, en effet, dans l'existence d'un Oratorien, lui rappelle le Verbe incarné. Aux fêtes nombreuses qui font de l'année ecclésiastique une continuelle méditation de la vie du Sauveur, M. de Bérulle songe dès lors à en joindre de nouvelles, dont l'objet est ou Notre-Seigneur lui-même, comme « la solennité de Jésus », qui rend hommage à ses trois naissances[1], et l'adore en tous ses mystères et en tous ses états ; ou des saints que leur intimité avec Jésus-Christ rend plus vénérables au cœur de M. de Bérulle, saint Siméon, sainte Anne la prophétesse, saint Joseph d'Arimathie, sainte Madeleine surtout, « le choix le plus rare de » l'amour de Jésus, le plus digne objet de ses faveurs, » le chef-d'œuvre de ses grâces[2]. »

Chaque jour l'Oratorien devra réciter ou chanter les litanies de Jésus et les oraisons qui les suivent. Il ne manquera jamais de dire, avec une foi ardente, cette courte mais substantielle prière : « Faites-nous la grâce, nous » vous en supplions, Seigneur, de célébrer sans cesse cette

---

[1] *L'Office de Jésus, pour le jour et l'octave de sa fête, qui se célèbre dans la Congrégation de l'Oratoire de Jésus,* le XXVIII janvier... Paris, Pralard, in-8º. — Cette édition, latin-français, est fort soignée et contient des notes marginales pleines de science et de piété.

[2] *Propre de l'Oratoire. — Élévation à Jésus-Christ Notre-Seigneur sur la conduite de son esprit et de sa grâce vers sainte Madeleine,* éd. de 1657, ch. I, p. 369.

» ineffable et divine vie du Verbe dans l'Humanité et de
» l'Humanité dans le Verbe de vie[1]. » Trois fois, dans la
journée, il se présentera devant son Sauveur, pour lui
rendre ses devoirs intérieurs d'adoration, de charité,
d'oblation de lui-même et de toutes ses actions[2]. Et pour
faciliter ce commerce ininterrompu de prières avec Jésus-
Christ, il devra méditer continuellement sa parole, portant toujours sur lui le Nouveau Testament, et ne laissant
jamais la nuit venir sans en avoir lu un chapitre avec
une attention et un respect religieux.

Mais comme à un Dieu anéanti dans la chair, la chair
elle-même doit par la pénitence protester de sa soumission, le prêtre de l'Oratoire jeûnera la veille de toutes les
fêtes de Jésus, il s'abstiendra de viande pendant tout l'A-
vent, il s'imposera des mortifications particulières chaque
vendredi, il y pratiquera l'humiliation et le silence en
l'honneur du silence et des humiliations de son Dieu[3].

Les Ordres religieux ont leurs armoiries : celles des
Frères Prêcheurs rappellent le songe mystérieux de la
mère de Dominique, celles des Carmes, le zèle dont brû-
lait Élie leur père. Pour blason, l'Oratoire prend les
noms de Jésus et de Marie, et ces noms sacrés par la
couronne d'épines qui les entoure montrent au disciple de
M. de Bérulle qu'en se consacrant au service de Jésus et de
Marie, il s'engage à vivre dans les épines et sur la croix[4].

---

[1] *Fac nos quæsumus, hanc ineffabilem ac divinissimam vitam Verbi in Humanitate et Humanitatis in Verbo vitæ jugiter celebrare.* Cité par M. FAIL-
LON, *Vie de M. Olier*, p. III, liv. 1, ch. VIII, p. 251. — Cette prière a été insérée dans la collecte du jour de la *Fête de Jésus*.

[2] *Recueil des statuts*, Ire partie, ch. III, art. IV, v. 79.

[3] *Recueil des statuts*, Ire partie, ch. III, art. VI, p. 90.

[4] « Cette congrégation a pour armes les noms de Jésus et de Marie :

Jamais on n'avait professé vis-à-vis de la très-sainte Vierge une dépendance plus absolue qu'à l'Oratoire, et pouvait-il en être autrement? les prêtres ne continuent-ils pas, à travers le monde, l'œuvre de Marie? Comme elle, ils enfantent, comme elle, ils offrent au Père éternel, comme elle, ils donnent aux hommes le Verbe incarné, et c'est par elle qu'ils reçoivent de toutes les grâces celle qui rappelle le plus l'incomparable privilége de la maternité divine, la grâce du sacerdoce. Aussi M. de Bérulle établit-il une fête spéciale destinée à célébrer les grandeurs de Marie; il ordonna que chaque jour on chanterait ou l'on dirait les litanies [1]. Il y ajouta même une oraison qui relève admirablement la dignité sublime de la Mère de Dieu, le plus beau de tous ses titres, celui sous lequel plusieurs fois par jour le prêtre de l'Oratoire honorait Marie. Il ne devait même commencer aucune action de quelque importance sans la lui avoir offerte, protestant ainsi de son respect, de son amour, de sa filiale et irrévocable dépendance vis-à-vis de celle qui a porté en ses chastes entrailles le Fils de Dieu.

Le Fils de Dieu! tel est le mot qui se retrouve sans cesse sur les lèvres de M. de Bérulle, qui est au fond de toutes ses pensées, qui est la fin de toutes ses démarches. Former des prêtres qui, par leur fidélité à leur institution primitive et leur union au Prêtre éternel, expriment et rendent sen-

---

d'azur en champ d'or, l'écu entouré d'une couronne d'épines de sinople. » (*Histoire des Ordres monastiques, religieux et militaires*, par HÉLYOT. Paris, Coignard, 1721, in-4º, t. VIII, VIᵉ part., ch. x, p. 63.)

[1] Comme Clément VIII en avait recommandé la récitation tous les mercredis à Henri IV, en l'art. XI de son *Absolution*, M. de Bérulle n'y voulut rien changer.

sible Jésus-Christ, voilà toute son ambition. Paul V vient
d'y donner une consécration qui ne peut venir que du successeur de saint Pierre. A M. de Bérulle, maintenant, de
répandre sur ses frères dans le sacerdoce la vie de Jésus
qui déborde de son âme.

Au moment même où le fondateur de l'Oratoire apprenait par la nonciature que son institut avait reçu la souveraine approbation du Saint-Siége, et où il sentait peser
de tout son poids sur ses épaules le fardeau de la supériorité, Notre-Seigneur, pour le consoler, daigna lui montrer, dans une lumière miraculeuse, avec quelle promptitude il exauçait ses prières. Ce fut auprès du lit de douleur
où gisait à Paris sa cousine germaine, la fille de madame
d'Autri, cette jeune et courageuse présidente de Gourgues,
dont tout Bordeaux connaissait la sainteté.

M. de Bérulle s'était toujours senti attiré vers mademoiselle d'Autri. Alors qu'elle était toute petite, il ne la rencontrait jamais chez sa mère ou chez sa tante sans la bénir.
Quand l'enfant était devenue jeune fille, à cet âge aimable
et périlleux où le monde et Jésus-Christ se livrent dans
un cœur de dix-huit ans de secrets et si redoutables
combats, il avait été son guide fidèle. Ne la croyant pas
appelée à la vie religieuse, quelque désir qu'elle en manifestât, il avait approuvé son mariage avec un homme de foi,
d'honneur, d'antique probité, M. Antoine de Gourgues, et
lui-même avait voulu consacrer leur union. M. de Gourgues
comprit quel trésor Dieu lui confiait en ce jour. Bénis
dans leur mutuelle tendresse par la naissance d'une enfant
à laquelle ils donnèrent le nom de Marie, et qu'ils
dédièrent à sainte Thérèse, ils offrirent, eux aussi, leur

sacrifice au Seigneur. Sous le souffle de la grâce, leur amour déjà saint se transforma en une céleste amitié. Ils s'appelaient frère et sœur : Dieu et ses Anges leur en reconnaissaient le droit. Dans leur foi ardente et capable de toutes les immolations, ils songeaient même, si jeunes encore, à se séparer pour le temps, afin d'être plus étroitement unis dans l'éternité. M. de Gourgues pensait à entrer dans la Compagnie de Jésus ; madame de Gourgues espérait revêtir bientôt l'habit de sainte Thérèse.

A des désirs si purs madame de Gourgues joignait les œuvres. Sa passion pour la pauvreté égalait son amour pour les pauvres. On avait vu la jeune et noble femme essayant, mais en vain, de dissimuler sous des haillons d'emprunt son rang et sa distinction ; tendant, pour recevoir l'aumône, une main qui la trahissait, entreprendre et poursuivre, les pieds ensanglantés par la marche, le lointain pèlerinage de Notre-Dame de Garaison [1]. « Serons-nous » point obligés un jour à demander l'aumône pour l'amour » de Dieu? » disait-elle à son mari, devenu le confident des généreuses aspirations de son âme. Le président l'admirait en silence, et respectant dans un être si cher les opérations de Dieu, il n'osait pas s'opposer aux macérations dont son amour pour Jésus-Christ accablait sans relâche un corps trop délicat.

De loin comme de près, M. de Bérulle conduisait madame de Gourgues. On avait remarqué cependant en

---

1 « Notre-Dame de Garazon ou Garaison, qui est à six lieues de Tarbes, chef-lieu de la province de Bigorre, sur la frontière du diocèse d'Auch. » *La Triple couronne de la Mère de Dieu*, par le R. P. Poiré, de la Compagnie de Jésus, t. I, traité I, ch. XII, 33, p. 357. Paris, Lanier, 1858.

elle, depuis un voyage à Paris qui lui avait permis de conférer longuement avec son vertueux parent, un redoublement de ferveur. En cette année 1613, elle revint au lieu de sa naissance, qui devait être celui de sa mort. Minée par une fièvre lente, atteinte d'une inflammation au poumon, elle demeura cinq mois couchée sur le même côté, souffrant de terribles douleurs, mais laissant voir sur son visage amaigri une paix si céleste, qu'on était tenté d'envier son bonheur. Dans les derniers jours d'avril, son état empira, et madame Acarie, sa cousine, la prévint que l'heure approchait. La joie d'aller voir « le beau pays », comme elle disait en son aimable langage, ne l'empéchait point d'éprouver une double peine, celle de ne pas mourir sous l'habit de sainte Thérèse, et celle de n'être point assistée à sa dernière heure par M. de Bérulle, alors en voyage. Mais Dieu la consola par le retour de M. de Bérulle, et par les indulgences de l'Ordre, qu'en sa qualité de fondatrice elle reçut des trois supérieurs des Carmélites. Les yeux fixés sur un portrait de sainte Thérèse, que lui avait envoyé la Mère Madeleine de Saint-Joseph, et sur son crucifix, s'entretenant avec M. Bence de l'Oratoire, ou avec M. de Bérulle, elle appelait, de toutes les ardeurs de son cœur, le moment de sa réunion suprême à Jésus-Christ. Les médecins avaient pensé à lui ouvrir le côté ; l'espérance de cette opération la remplissait de joie : «Mon » Père », disait-elle à M. Bence, « priez bien Dieu que les » médecins concluent qu'on m'ouvre le côté, afin que je » meure dans cette conformité avec Notre-Seigneur Jésus-» Christ. » Mais l'heure de la mort prévint celle de l'opération. Elle avait conjuré M. de Bérulle de lui obtenir la grâce de la paix dans ses derniers moments : sa prière fut pleinement exaucée. Un peu avant de rendre le dernier soupir, se tournant vers M. de Bérulle : « Mon cousin », dit madame de Gourgues, « je ne manquerai point de demander » à Dieu toutes les choses dont vous et ma cousine m'avez » chargée. » Et comme madame Acarie s'inquiétait de savoir si rien ne lui faisait peine : « Rien », répondit la jeune mourante, « je ne fus jamais si contente que je suis » de me voir si proche d'un si grand bien. » Peu de temps après elle expira. Elle avait vingt-trois ans [1].

Onze heures du soir venaient de sonner ; tous ceux qui avaient assisté à une si belle et si douce fin se retirèrent, M. de Bérulle seul resta. Il se sentait obligé de ne point quitter ce corps vaincu par la mort avant d'avoir assuré à son âme le triomphe de la vie. Comme Jacob, il lutta pour elle jusqu'à l'aurore, prosterné dans la prière. A quatre heures du matin, il se leva et partit. Madame de Gourgues était au ciel.

Madame d'Autri l'ayant supplié d elui dire, quelques jours après, s'il croyait que sa chère fille fût encore en purgatoire, il lui répondit aussitôt : « Oh ! qu'elle n'y a » guère esté ! Aussitôt qu'elle eut rendu l'esprit, je connus » qu'elle avait besoin de moi et que j'étais obligé de » demeurer auprès de son corps à prier pour elle, et j'y » demeurai tant, que je sentis qu'elle n'en avait plus af- » faire, ce qui fut à quatre heures du matin. » A la même heure, un Père Jésuite de grande vertu, qui avait connu madame de Gourgues à Bordeaux, crut la voir monter au

---

[1] Habert de Cerisy, liv. II, ch. iv, p. 365 et suiv. — *Chronique de l'Ordre des Carmélites en France*, t. II, p. 422 et suiv. et p. 50.

ciel au milieu d'une troupe de Carmélites. C'était le 28 mai 1613.

M. de Bérulle pouvait affronter les combats de la terre. De nouveau, il venait d'éprouver que Dieu était avec lui.

CHAPITRE III.

M. de Bérulle avait lieu de bénir le ciel. Il voyait l'existence de la Congrégation désormais assurée. La Reine
mère s'en était déclarée la fondatrice; le Parlement avait
enregistré sans difficultés ses lettres patentes et celles du
Roi [1]; l'évêque de Paris ne cherchait pas à cacher ses sympathies pour une œuvre qui honorait son épiscopat [2]; le
Saint-Père, enfin, par la bulle *Sacrosanctæ*, venait de conférer à la nouvelle communauté un titre, une existence
et des droits. A Paris, depuis le 15 août 1613, jour où
l'on y avait commencé les offices publics, la chapelle du

---

[1] 4 septembre 1126.

[2] « Le consentement de M. Silvius de Pierre-Vive, chanoine de Notre-
Dame, chancelier de l'Église de Paris et vicaire général de Monseigneur
l'évêque, est du 20 août. » (*Annales*, p. 11.)

Petit-Bourbon était trop étroite pour la foule qui s'y pressait. Chaque dimanche, alors même que ni le Roi ni la Reine ne venaient par leur présence exciter la curiosité, plus de trente carrosses stationnaient à la porte de la maison de l'Oratoire [1]. Tant ces pieux ecclésiastiques, par le sérieux de leurs prédications, la gravité de leur maintien, une dignité et une ferveur trop rares dans les saintes cérémonies de l'Église, avaient promptement conquis l'estime et la confiance des gens de bien !

Déjà, cependant, la calomnie s'attaquait au maître et à ses disciples, et une guerre ouverte leur était déclarée par l'Université. L'entrée à l'Oratoire d'un des membres de la Faculté de théologie, M. Bertin, en avait été l'occasion.

M. Claude Bertin, fort jeune encore et docteur depuis 1609 seulement, s'était déjà acquis une grande notoriété en Sorbonne par de brillantes études, l'amitié du syndic Richer, son attitude enfin lors de la discussion fameuse dont le couvent des Jacobins avait été le théâtre. Dans la chaleur de la dispute, il s'était laissé entraîner jusqu'à taxer d'hérétique l'opinion de ceux qui soutiennent la supériorité du Pape sur le Concile, comme contraire, affirmait-il, aux décrets des Pères de Constance [2]. Mgr Ubaldini, nonce du Pape, et le cardinal du Perron, présents à cette discussion, avaient été choqués et à bon droit des qualifications dont usait le jeune docteur [3], qui avait même dû

---

[1] *Premier Discours sur le premier siècle de l'Oratoire,* manuscrit. Voyez Pièces justificatives, n° I.

[2] Dans leurs IVe et V^e sessions. La supériorité du Pape sur le Concile ne fait plus de doute pour tout catholique depuis les définitions du saint Concile du Vatican. Au dix-septième siècle, la question n'était point tranchée.

[3] *Histoire de Paris au dix-septième et au dix-huitième siècle,* par CH. JOURDAIN. Paris, 1862, in-fol., liv. I, ch. III, p. 62.

les adoucir sur-le-champ. M. Bertin ne tarda pas à revenir sur des affirmations si absolues. Plein de foi, profondément pieux, il ne lui coûtait pas d'avouer qu'il s'était trompé. Modéré par principes et par tempérament, il avait été entraîné à son insu, ainsi qu'il arrive parfois aux esprits les plus éloignés des extrêmes, quand les doctrines et les hommes ne leur sont pas assez connus. Il n'avait vu que les excès d'un parti, et pour les combattre il s'était laissé entraîner par les passions d'un autre. Mais lorsque Richer eut publié son opuscule *De ecclesiastica et politica potestate*, la lecture de ce factum, des réponses qui y furent faites, commença à ouvrir les yeux à M. Bertin [1]. Les protestations motivées des plus excellents professeurs, de M. Filesac, de M. de Gamaches, de M. Isambert, de M. Duval; la condamnation solennelle de cet ouvrage par M. du Perron, archevêque de Sens, et les huit évêques de sa province (3 mai 1612) [2], achevèrent de détacher du parti de Richer le jeune docteur. Les manières hautaines, l'humeur batailleuse, l'insupportable roideur du syndic, ne pouvaient manquer d'ailleurs de le rebuter. A la fois bienveillant et fin, M. Bertin ne désirait employer sa rare sagacité qu'au service de la vérité et pour le bien de la paix. Sa politique était toute tempérée de charité, et la conquête des âmes le grand mobile et l'unique objet de son ambition. Il rompit avec son ancien maître et vint se

---

[1] La réfutation dont le P. Jacques Sirmond est l'auteur avait pour titre : *Jacobi Cosmæ Fabricii notæ stigmaticæ ad magistrum triginta paginarum.* Le factum de Richer n'avait que 30 pages dans la première édition. — Voyez *Histoire ecclésiastique du dix-septième siècle* (par DUPIN). Paris, A. Pralard, 1714, in-8°, t. I, p. 38.

[2] *Mercure françois*, année 1612, p. 312. — *Mémoires chronologiques et dogmatiques*, par le P. DAVRIGNY, 1739, in-12, t. I, p. 178.

présenter à l'Oratoire, où M. de Bérulle le reçut avec joie.

A cette nouvelle, Richer ne se contint plus, et sa violence, qui était extrême, ne lui permit pas de juger sainement les choses. D'une grande austérité de mœurs, d'un réel savoir, travailleur infatigable, le syndic de la Faculté de théologie mettait au service d'idées fausses, de doctrines erronées et dangereuses, une volonté de fer et une indomptable persévérance. Il n'atteignait jamais un but, il le dépassait toujours. Ligueur dans sa jeunesse, il était devenu bientôt royaliste, et la passion qui l'avait poussé autrefois à glorifier l'assassin de Henri III, lui faisait poursuivre maintenant, avec un égal acharnement, ceux qui, en d'autres temps, auraient paru modérés auprès de lui [1]. Les religieux des différents Ordres, les Pères Jésuites surtout, avaient trouvé en Richer un adversaire redoutable, non-seulement par l'audace de ses affirmations, l'habileté de ses manœuvres, mais encore par la faveur dont il jouissait au Parlement. Tel était l'homme que l'entrée de M. Bertin à l'Oratoire rendit l'ennemi déclaré de M. de Bérulle et de sa congrégation.

L'Oratoire était une communauté; son fondateur passait pour l'ami des Pères Jésuites, de M. du Val, de M. du Perron; les doctrines qu'on y professait étaient opposées à celles que l'ancien syndic s'efforçait de faire prévaloir, trois motifs bien suffisants pour exciter sa colère

[1] *La Vie d'Edmond Richer, docteur en Sorbonne,* divisée en quatre livres, par feu ADRIEN BAILLET, bibliothécaire de M. le président de Lamoignon. Liége, 1714, in-12. C'est une apologie sans mesure de Richer. — L'*Histoire ecclésiastique du dix-septième siècle,* citée plus haut, consacre à Richer une notice, t. 1, p. 377 à 425, qui contient des pièces intéressantes, mais est rédigée avec une extrême partialité. — Richelieu juge Richer comme il le mérite. (*Mémoires,* t. I, p. 136 et suiv.)

contre le nouvel institut, alors même qu'un de ses plus chers disciples ne l'eût pas quitté afin d'entrer à l'Oratoire. Cet abandon de M. Bertin coïncidait en outre avec la déposition de Richer, qui, sur les ordres de la cour, fut remplacé dans le syndicat par M. Filesac (25 août)[1]. M. de Harlay de Chanvallon, abbé de Saint-Victor, qui obtint cet ordre, était lié avec M. de Bérulle. Dès lors, se laissant aller à toute la violence de son imagination, Richer se représenta la maison de Sorbonne comme déjà ruinée par l'Oratoire, où soixante docteurs, disait-il, allaient bientôt s'enfermer, et il ne négligea rien pour grouper autour de lui les gens décidés à la lutte. Néanmoins, sa première prise d'armes ne fut pas heureuse. Le nouveau syndic, M. Filesac, M. du Val et quelques-uns des docteurs les plus zélés, ayant proposé aux membres de la Sorbonne de vivre désormais en commun, à l'imitation des ecclésiastiques réunis à l'hôtel du Petit-Bourbon, leur projet fut adopté ; en sorte que Richer eut la douleur de voir offrir pour modèles à la Sorbonne ceux qu'il travail-

---

[1] *La Vie d'Edmond Richer*, liv. III, p. 220 et suiv. Pour comprendre les démarches de Richer, il faut se rappeler quelle était au dix-septième siècle la constitution de l'Université. Elle renfermait quatre Facultés : 1ᵐ La Faculté des arts, divisée en quatre nations, celles de France, de Picardie, de Normandie et d'Allemagne ; 2º la Faculté de théologie, composée de docteurs qui n'appartenaient à aucune société et de docteurs faisant partie de sociétés particulières, dont les plus célèbres étaient la maison et société de Sorbonne et la maison de Navarre ; 3º la Faculté de droit civil et canonique ; 4º la Faculté de médecine. Le chef de la Faculté des arts et de l'Université était le Recteur, lequel appartenait toujours à la Faculté des arts, était toujours nommé par elle et non par les autres Facultés. Élu de trois mois en trois mois et souvent continué, il avait une telle autorité sur toutes les Facultés, qu'il pouvait faire cesser les actes publics et interdire les leçons. Agent de la Faculté de théologie, le syndic veillait à la doctrine et à la discipline.

lait avec tant d'ardeur à bannir outrageusement de son sein.

Informé des dispositions de Richer, M. de Bérulle fit tout ce qu'il put pour l'éclairer et l'adoucir. Parmi les docteurs les plus recommandables, se trouvait un Anglais nommé Guillaume Bishop, qui avait M. de Bérulle en grande vénération. Il se rendit chez l'ancien syndic, et s'efforça de lui persuader qu'il se méprenait complétement sur l'esprit du nouvel institut : que si le fondateur de l'Oratoire était l'ami et l'élève des Pères Jésuites, sa congrégation n'en demeurait pas moins complétement différente par son objet et sa constitution de la Compagnie de Jésus : qu'on ne voyait pas dès lors de quel intérêt pouvaient être pour l'Université, la poursuite, l'expulsion d'une société de prêtres séculiers réunis dans le seul but de se rendre plus dignes par leur vie du sacerdoce dont ils étaient revêtus [1]. M. Bishop échoua dans sa mis-

---

[1] *Vie de Richer*, liv. III, p. 232 et suiv. La visite de M. Bishop et celle de M. Bertin y sont racontées fort au long. Je n'en insère pas ici le récit intégral, parce que son exactitude me semble douteuse. Je me suis borné à en extraire ce qui m'a paru certain, d'après les renseignements fournis sur la disposition des esprits par les pièces les plus authentiques. — Un premier motif pour contester la certitude de tous les détails de l'entretien est tiré de ces détails eux-mêmes. Les violences qu'on y prête à M. de Bérulle contre les Jésuites ne sont pas dans son caractère; c'eût été, d'ailleurs, de sa part, une bien étrange imprudence que de se confier à un homme tel que Richer. Comment, enfin, à une époque où sa communauté naissait à peine, aurait-il pu songer à s'unir avec l'Université contre la Compagnie de Jésus, lui qui n'avait pas voulu se charger de la direction des colléges, et l'avait exclue dans sa supplique au Pape des fonctions de son institut? — Un second motif pour n'user qu'avec circonspection des renseignements que fournit la *Vie de Richer*, est l'animosité que l'auteur y témoigne en toute circonstance contre M. de Bérulle, et qui a porté plusieurs critiques à n'y pas voir l'œuvre de Baillet, quoiqu'elle porte son nom. Comment expliquer en effet que cet écrivain, qui, dans sa *Vie de Descartes* (2 vol. in-4°, 1691), parle de M. de Bérulle avec tant de

sion conciliatrice. Quelques jours après, M. Bertin tenta de son côté une démarche. Elle ne pouvait être bien accueillie. Non-seulement M. Bertin avait cessé de fréquenter son ancien maître, mais il avait complétement abandonné les opinions de Richer. Il venait même de signer avec M. du Val, le 8 janvier 1613, l'approbation de l'*Epitome des Annales de Baronius* par M. de Sponde, ouvrage où les disciples de Richer trouvaient des propositions qu'ils dénonçaient au public, et contre lesquelles ils essayaient d'animer encore le Parlement [1]. A ce crime, M. Bertin en joignit un autre. Il crut devoir, dans son entretien, faire allusion au crédit dont jouissait M. de Bérulle auprès de la Reine mère et des plus intègres magistrats. Déjà profondément irrité par la vue d'un disciple infidèle, Richer éclata à ces mots en violentes récriminations contre M. Bertin, en grossières injures contre le supérieur et tous les membres de l'Oratoire. Il comprenait parfaitement quelle lutte allait engager contre son système subversif de la hiérarchie catholique, une société appuyée sur le Saint-Siége, favorisée par l'épiscopat, hautement protégée par

respect et d'admiration, le traite si mal dans sa *Vie de Richer?* De deux choses l'une : ou Baillet est l'auteur des deux ouvrages, et alors quelle valeur accorder à des jugements aussi contradictoires? ou bien la *Vie de Richer,* composée en 1692, mais publiée seulement après la mort de Baillet, a été modifiée par l'éditeur, qui, néanmoins, a laissé en tête le nom de Baillet, et alors quelle créance mérite un ouvrage interpolé par un écrivain qui n'a pas osé dire son nom? Dupin, qui écrivait en 1708, ne parle pas dans sa notice sur Baillet de la *Vie de Richer.* Il n'en connaissait donc pas le manuscrit. (*Bibl. des aut. ecclésiast. du dix-septième siècle,* t. IV, p. 238 et suiv.) L'abbé Goujet, qui l'avait vu, atteste qu'il différait de l'imprimé en plusieurs endroits. (*Vie du card. de Bérulle,* liv. II, vers la fin.)

[1] Voyez *Quelques propositions recueillies de l'Epitome des Annales ecclésiastics* (sic) *du R. C. Baronius,* faite par M. Henri DE SPONDE, prêtre romain... Paris, chez La Noue, l'an 1613, petit in-4° de 54 pages.

la cour, faisant profession de se tenir dans ce milieu
exact et difficile à garder, qui satisfaisait à la fois Rome
par la pureté des doctrines et la simplicité de l'obéissance,
et le gouvernement par un éloignement constant pour des
opinions dont la discussion ne sert presque jamais qu'à
soulever de stériles et redoutables orages. Mais rien n'est
plus propre que la modération à irriter certains esprits.
Richer voulait la guerre, et il avait résolu de la pousser
à outrance.

Il le prouva bientôt. Les Pères de l'Oratoire, qui avaient
pris leurs degrés en Sorbonne, s'étant rendus à l'assemblée du 1er avril, Richer ne les eut pas plus tôt aperçus qu'il demanda qu'on les déclarât déchus de leurs droits
et priviléges de docteurs ou bacheliers en théologie, à
partir du jour de leur entrée à l'Oratoire, proposition qu'il
réitéra dans l'assemblée du *prima mensis* de mai. Vainement on lui représenta que ceux qu'il dénonçait n'étaient
que de simples prêtres, que leur nouvelle dénomination
ne changeait rien à leur état, et qu'ils ne cessaient pas
d'être toujours membres du clergé séculier; Richer persista
dans sa demande, et avec tant de vigueur, que la Faculté
céda en partie à ses instances. Dans l'assemblée du 2 mai
1613, elle consentit à nommer des commissaires devant lesquels les dénoncés se présenteraient par députés,
pour être interrogés sur leur nouvel état.

M. de Bérulle et M. de Gondi, Richer le savait sans
doute, étaient alors absents de Paris. Mais comme l'é-
vêque se trouvait aux environs, dans une terre de sa famille, à Villepreux, les Pères l'avertirent de ce qui se tra-
mait contre eux, et lui demandèrent conseil. Le prélat

leur répondit aussitôt : « Je suis d'avis, si Messieurs de la
» Faculté vous appellent, qu'un couple de docteurs d'i-
» celle, qui sont parmi vous, y comparoissent, et sur ce
» qui sera proposé, vous les assuriez que vous n'avez nulle
» constitution qui vous sépare ou vous interdise les
» fonctions de quelque corps ecclésiastique que ce puisse
» être; qu'en votre qualité (nouvelle) vous vous sentirez
» heureux de rendre à la Faculté le service que vous luy
» avez voué, tant qu'elle l'aura pour agréable; que votre
» retraite n'est que pour vous y rendre plus utiles, ainsy
» qu'à la gloire et au service de Dieu; et si on vous re-
» quiert plus particulièrement comme on m'écrit que vous
» le serez, si vous êtes séculiers ou réguliers, quelles sont
» vos règles et constitutions, si vous êtes approuvés du
» Pape ou de l'évêque, je crois que vous devez répondre,
» que cela n'est point du fait de la Faculté, et n'importe
» qu'à moy, qui dois répondre des assemblées ecclésias-
» tiques qui se font dans mon diocèse. Ce sont les propo-
» sitions que l'on me mande qui doivent vous être faites,
» sur lesquelles ayant appris que vous désiriez mon avis,
» j'ai cru devoir vous donner celuy-cy [1]. »

C'est le 16 mai que M. de Gondi écrivait cette lettre à
« Messieurs de la Congrégation ». La lettre leur fut-elle
remise trop tard, ou ne se crurent-ils pas en droit de protester contre la sommation qu'ils avaient reçue? Toujours
est-il que le lendemain 17, les Pères Jean Bence et Claude
Bertin comparurent devant la Faculté. Le doyen, M. Roguenaut, leur adressa en latin les questions suivantes :

---

[1] BATTEREL, liv. II, n° 56. Les *Annales*, p. 13, disent que la lettre de
M. de Gondi était du 10.

« Messieurs, êtes-vous venus ici avec la permission de votre supérieur? — Notre supérieur n'est pas en ce moment à Paris; mais il agréera et approuvera notre démarche et nos réponses. — La Faculté désire savoir si vous faites partie de cette nouvelle société que l'on appelle, dans le public, la Congrégation de l'Oratoire? — Par la grâce de Dieu, nous y avons été appelés et nous en faisons partie. — Cette Congrégation est-elle approuvée par le Saint-Siége? — Nous n'avons pas encore reçu son approbation et nous l'aurons bientôt. Mais nous avons déjà celle de notre révérend seigneur l'évêque de Paris. — Votre Congrégation est-elle reçue en France par l'autorité royale? — Oui. — Avez-vous, sur ce sujet, des lettres du Roi? — Nous en avons. — Ont-elles été enregistrées au Parlement? — Oui. — Montrez-nous les lettres du Roi et l'enregistrement au Parlement. — Nous ne les avons pas apportés. — Est-ce une congrégation de réguliers ou de séculiers? — De séculiers. — Avez-vous une règle ou quelques statuts à l'aide desquels vous puissiez prouver que vous êtes des séculiers et non pas des réguliers? — Tout notre institut le prouve; nous n'avons aucune règle ou statuts écrits, mais seulement des usages et des coutumes, et nous vivons sous l'obéissance d'un supérieur. — Lui êtes-vous lié par un vœu d'obéissance? — Nullement. — Vous voulez jouir des droits et priviléges attachés au doctorat et au titre de membres de l'Université de Paris? — Nous voulons et désirons ardemment rendre nos services à la Faculté, jouir de nos droits de docteurs dans l'Université de Paris, et remplir tous les devoirs imposés par cette Faculté. Nous affirmons hautement que rien dans notre congrégation ne s'oppose à l'accomplissement des devoirs de la Faculté [1]. »

M. Bence et M. Bertin signèrent leur déclaration, ainsi que le doyen Roguenaut; puis on alla aux voix. Le parti de Richer était peu nombreux. Toute la maison de Navarre opina en faveur des Pères de l'Oratoire, ainsi que la plupart des membres de la Sorbonne. Il fut donc décidé à une grande majorité que les Pères Bence et Bertin, et autres de la même congrégation, continueraient à être « ré-» putés vrais docteurs, capables des prérogatives attachées » à leurs grades et à leur titre, et que la Faculté les recon-» naissait pour ses membres. » On leur donna acte de cette conclusion le même jour, 17 mai 1613. Richer avait proposé qu'avant de conclure on exigeât du P. de Bérulle une déclaration formelle que rien dans son institut n'était un obstacle à la profession de docteur. Son but était si évidemment de gagner du temps, afin d'en profiter pour augmenter, à l'aide d'intrigues, le nombre de ses partisans, que la Faculté rejeta sa proposition, taxée même par certains de grave inconvenance. Néanmoins, M. de Bérulle, qui ne désirait que la paix, informé, dès son retour à Paris, de la nouvelle exigence de Richer, donna la déclaration qu'il demandait, et dans les termes les plus clairs et les plus précis. Il l'envoya le jour même en Sorbonne, où elle fut reçue avec un universel applaudissement, le 31 mai [2].

Richer, qui ne s'attendait point sans doute à cette con-

---

[1] D'ARGENTRÉ, *Collectio judiciorum Sacræ Facultatis Universitatis Parisiensis*, in-fol., Paris, 1733, t. II, p. 87 et suiv.

[2] Batterel donne cette attestation, liv. II, n° 59.

cession, jugea bien que la conclusion du 17 mai serait infailliblement confirmée dans l'assemblée du 1er juin. Abandonné par la Faculté de théologie, il chercha dans la Faculté des arts des partisans plus zélés ou plus complaisants. Le recteur de l'Université était alors Jean Saulmont, homme faible, et dont la déférence pour Richer dégénérait en servilité. Celui-ci n'eut pas de peine à lui persuader qu'il devait convoquer les trois autres Facultés, celles des arts, de médecine et de droit, et les mettre en état de former une opposition à la conclusion de la Faculté de théologie. Saulmont se rendit. L'assemblée fut convoquée. Richer, dans un discours long et véhément, s'efforça de faire partager à ses auditeurs la violence et l'amertume de ses préjugés. Jamais, à l'en croire, il ne s'était présenté de congrégation que l'Université dût craindre autant que l'Oratoire. Les autres Ordres, disait-il, sont composés de Religieux, lesquels étant liés par des vœux, ne peuvent enlever aux suppôts de l'Université ni les prérogatives qu'ils possèdent ni les bénéfices qu'ils espèrent. Il n'en est pas de même des compagnons du P. de Bérulle, capables, en leur qualité de prêtres séculiers, de posséder toutes sortes de bénéfices, et les charges des colléges et de l'Université. L'évêque de Paris, qui s'est déclaré leur protecteur, les autres prélats du royaume sous l'obéissance desquels ils font profession de vivre, pour capter leur faveur, les préféreront à tous les autres. Pénitenciers, théologiens, curés, grands maîtres, proviseurs, principaux de collége, régents, administrateurs d'hôpitaux, directeurs de communautés, ils seront bientôt partout. L'Oratoire ne semble institué que pour ravir aux pauvres qui travaillent dans l'Université, ce que l'avidité des Jésuites leur laissait encore à glaner; et il sera facile à M. de Bérulle de s'emparer de toute la maison de Sorbonne et de toute l'Université, ce qui n'a pas été possible aux Jésuites. Richer ajouta que si les Pères de l'Oratoire demeuraient tranquilles possesseurs du doctorat, ils ne manqueraient pas de répandre dans la Faculté les doctrines enseignées par la bulle *In cœna Domini,* attentat grave à l'autorité du Roi, car cette bulle soustrait les ecclésiastiques à la juridiction des magistrats. Puis il conclut et fit conclure au recteur et à tous ses suppôts assemblés qu'on formerait opposition, au nom de l'Université, à la dernière délibération de la Faculté de théologie; que celle-ci ne pourrait plus délibérer séparément sur cette affaire, et qu'elle serait sommée de répondre aux trois autres Facultés pour agir avec elles de concert [1].

La conclusion fut adoptée, et Saulmont la fit signifier le lendemain, 1er juin, au syndic de Sorbonne; celui-ci n'en ayant tenu compte, M. Saulmont, sans avoir prévenu, vint en Sorbonne pour y donner lecture de la conclusion. Mais comme il s'élançait à la place du doyen, et voulait présider, il fut accueilli par des sifflets et des huées, et obligé de fuir honteusement. On ne voulut pas même mentionner sur les registres son arrivée, ni l'objet de sa démarche [2]. Cette scène produisit cependant un résultat favorable aux entreprises de Richer. Marie de Médicis avait fait dire à la Faculté par son confesseur, le P. Roger, grand vicaire général des Augustins, qu'elle souhaitait

---

[1] *Vie de Richer,* liv. III, p. 224. — BATTEREL, liv. II, n° 60.
[2] BATTEREL, liv. II, n° 61.

que ce même jour la conclusion du 17 mai fût confirmée
en Sorbonne. L'apparition subite du recteur causa un tel
trouble, que la délibération fut renvoyée au *prima mensis*
de juillet.

Le recteur profita de cet intervalle pour porter ses
plaintes au Parlement. Il réclamait d'abord une réparation
égale à l'injure qu'il avait reçue; il demandait ensuite que
deux conseillers se transportassent avec lui à l'assemblée du
prima mensis suivant, pour lui obtenir audience sur la proposition qui avait été le motif de sa démarche. Le Parlement n'eut égard qu'à sa première requéte. Il décida sur
la seconde : « Que le sieur Saulmont ne pourroit proposer
» de vive voix chose aucune touchant les prétres de l'Ora-
» toire, dans l'assemblée prochaine; ains que s'il préten-
» doit et désiroit quelque chose à cet égard, il seroit tenu
» de le bailler par écrit, pour être communiqué à la Faculté,
» laquelle, après en avoir délibéré, bailleroit pareillement
» ses réponses par écrit, pour, le tout communiqué au pro-
» cureur général et vu par la cour, y être pourvu ainsi
» qu'il appartiendroit [1]. » (26 juin 1613.)

Le 1er juillet suivant, le recteur s'étant présenté, Jean
Filesac, alors syndic, suivi des anciens de la Faculté,
alla au-devant de lui, le pria d'oublier ce qui s'était
dit et fait le 1er juin, et exhorta les assistants à manifester
en toutes choses leur respect pour la dignité du recteur.
Saulmont se déclara satisfait, et demanda acte de cette
réparation. Après quoi Filesac se démit du syndicat et se
retira de l'assemblée, suivi de beaucoup de docteurs.

A peine était-il sorti qu'on introduisit M. de l'Aubes-

---

[1] *Recueil imprimé de plusieurs actes remarquables,* in-4°, **1613.**

pine, évêque d'Orléans [1]. Muni des ordres du Roi, il fit observer en peu de mots et avec une grande politesse à l'assemblée, qu'elle avait à délibérer sur cette simple question : « Le nom seul de prêtre de l'Oratoire est-il un motif pour dépouiller du titre et des droits de docteur des hommes à qui on les avait accordés auparavant? » — « Je » n'en dirai pas davantage sur ce sujet », ajouta-t-il, « je ne » vous représenterai pas même que ceux dont il s'agit sont » très-chers au Roi et à la Reine, de peur de donner quelque » entrée à l'envie et de rendre odieux des ecclésiastiques » qui ne veulent que la justice [2]. » Il est vrai que les ordres du Roi dont il donna aussitôt communication n'avaient nul besoin de commentaire. Le Roi y disait que la Congrégation de l'Oratoire était sous sa protection spéciale ; qu'il l'avait en affection singulière, et cela pour plusieurs considérations importantes au bien de l'Église et de l'État : qu'il entendait donc que les docteurs de la Faculté conservassent, en y entrant, tous les droits attachés à leurs degrés : c'était d'ailleurs l'intérêt de la Faculté elle-même, qui s'assurait, par cet acte de justice, le concours d'ecclésiastiques de mérite et l'accroissement de la bienveillance royale [3]. Lecture faite de ces ordres, M. de l'Aubespine se retira dans une salle voisine, pour ne point gêner par sa présence la liberté des suffrages.

Aussitôt Richer prit la parole, et soutint hautement que la Faculté ne pouvait délibérer, attendu qu'elle était sans

---

[1] Gabriel de l'Aubespine était évêque d'Orléans depuis 1604. C'était un des prélats les plus savants d'alors. Voyez *Bibliothèque ecclésiastique des auteurs du dix-septième siècle*, Paris, Balard, 1708, t. I, p. 469 et suiv.

[2] Cette harangue latine se trouve dans les *Annales*, p. 20.

[3] BATTEREL, liv. II, n° 65.

syndic, M. Filesac ayant abdiqué, et sans doyen, M. Roguenaut étant absent. On répondit que celui-ci était suffisamment remplacé par Hugues Burlat, président d'office,
doyen de droit, et pouvant en exercer les fonctions par privilége d'ancienneté, même en présence du sieur Roguenaut; ce que d'ailleurs il avait déjà fait, sans aucune opposition de la Faculté, en deux circonstances semblables.
Mais Richer et ses adhérents étaient décidés à ne rien entendre. L'assemblée dégénérait en tumulte. Cela durait
depuis une heure et demie; on fit prier M. de l'Aubespine
de rentrer. Le calme se rétablit peu à peu. Quand il fut
complet, le prélat, qui était accompagné de deux notaires
royaux chargés de rédiger la délibération, ordonna à
M. Burlat de faire délibérer et de recueillir les voix.
M. Burlat obéit, et somma « les sages maîtres » de dire
leur avis.

Sur soixante-deux opinants, les prêtres de l'Oratoire
eurent quarante-huit suffrages. Quatorze docteurs seulement s'étaient prononcés contre eux. Mais ceux-ci ne se
regardèrent pas comme battus, et, stimulés par Richer, ils
formèrent contre la conclusion que l'on venait de voter
une nouvelle opposition. Ils y répétaient qu'on n'aurait
pas dû délibérer en l'absence du syndic et du doyen ordinaire, qu'à l'assemblée avaient manqué nombre de docteurs
qui n'eussent pas été de l'avis des quarante-huit; que les
ordres du Roi et la présence du prélat commissaire avaient
diminué la liberté des suffrages; qu'il s'était trouvé à
l'assemblée plus de Religieux qu'on n'avait coutume d'en
voir, et qu'on les avait mandés exprès pour se procurer un

plus grand nombre de voix favorables [1]. Comme plusieurs de ces raisons étaient dénuées de preuves, et les autres de nulle valeur, on n'y eut aucun égard, et l'opposition fut regardée comme non avenue. Quelques jours après, le 11 du même mois de juillet, la Faculté de droit revenant à des sentiments plus équitables, déclara qu'elle se conformait à la décision de la Faculté de théologie, et reconnut qu'on ne pouvait pas frustrer un docteur des droits attachés à sa qualité pour le seul fait d'être entré à l'Oratoire [2].

Tout ce qu'il y avait de sensé et de judicieux dans Paris pensait de même. Mais Richer, une fois engagé dans une affaire, n'était pas homme à reculer. Vaincu en Sorbonne, il espéra triompher au Parlement. Par ses conseils, le recteur présenta une nouvelle requête à l'effet d'obtenir que Burlat et ses adhérents fussent tenus de comparaître à la grand'chambre pour y rendre compte de leurs procédés et y voir annuler leur décision. La Faculté répondit par un mémoire propre à dissiper tous les griefs, tant il exposait avec simplicité et clarté les faits incriminés [3]. Aussi était-on en droit d'attendre du Parlement un jugement définitif et favorable. Il ne fut précisément ni l'un ni l'autre. La cour «appointa [4]» l'affaire, et elle prononça, le 15 juillet, que quant au principal différend concernant les prêtres de l'Oratoire, elle verrait le procès-verbal (de

---

[1] M. de Bérulle, dans un mémoire apostillé de sa main, que le P. Batterel a vu, ne convient pas de ce fait. (BATTEREL, liv. II, n° 69.)

[2] GOUJET, *Vie manuscrite*, p. 76.

[3] Batterel en donne l'analyse, liv. II, n° 72.

[4] C'est-à-dire, ordonna que les parties mettraient leurs pièces sur le bureau pour être jugées sommairement. (*Dictionnaire de l'Académie*, au mot APPOINTEMENT.)

l'assemblée du 1ᵉʳ juillet), « et ce que les parties voudroient
» mettre par devers elle, pour ce fait et communiqué au
» procureur général du Roy, ordonner ce qu'il appartien-
» droit, faisant cependant deffences, jusqu'à ce qu'autre-
» ment fût ordonné, tant au recteur qu'au collége de
» Sorbonne, de faire sur ce aucune délibération [1].

Par cet arrêt, le Parlement, il était facile de le voir,
avait voulu prendre un moyen terme. Il lui répugnait de
condamner Richer, dont les doctrines, si favorables aux
envahissements de la jurisprudence séculière, étaient en
grand honneur chez beaucoup de magistrats. Il ne désirait
nullement désobliger une congrégation naissante, dont le
fondateur avait pour oncle un de ses présidents, M. Séguier,
et qui était trop ostensiblement protégée par le Roi et la
Reine mère pour que l'intérêt, chez quelques-uns, ne servît
pas la même cause que la justice. Néanmoins, cet arrêt
portait un réel préjudice aux Pères de l'Oratoire. Ils
auraient pu se pourvoir contre un pareil jugement : ils
préférèrent s'y soumettre. L'unique démarche qu'ils se
permirent fut de se présenter avec deux notaires à
l'assemblée de la Faculté du 1ᵉʳ août suivant, et d'y
protester que, s'ils discontinuaient à l'avenir de paraître
en Faculté, c'était par le seul amour de la paix et pour
ne point donner lieu à de continuelles divisions, mais
sans que leur retraite pût préjudicier à leurs droits [2].
M. de Bérulle s'était donné beaucoup de peine [3] afin de
sauvegarder les intérêts des siens. A partir de ce moment,

---

[1] D'ARGENTRÉ, *Collect. judic.*, t. II, ch. II, p. 13.
[2] D'ARGENTRÉ, *Collect. judic.*, t. II, ch. II, p. 85.
[3] DUPIN, *Histoire de Louis XIII*, t. I, p. 423, chez Montalant.

d'accord avec ses disciples, il résolut de ne plus s'occuper de cette affaire, qui de sa part n'eut point d'autre suite.

Un succès incomplet ne fit au contraire qu'exciter l'ardeur de Richer; il voulut enlever à ses adversaires jusqu'à l'espoir de se voir rendre un jour la justice qui leur était pour le moment déniée, et malgré l'arrêt qui venait d'être rendu, malgré la défense qui y était portée de délibérer sur cette affaire, il dressa, dès le 14 du mois, un nouveau statut, qu'il engagea Gabriel Saulieu, prieur de Sorbonne, à faire adopter dans sa maison. On y déclarait : 1° que ceux qui ont quitté la maison et société de Sorbonne pour passer dans la Congrégation de l'Oratoire, sont *ipso facto* déchus de tous les droits et priviléges de la société et privés de voix active ou passive, sans espérance d'être rétablis ; 2° que la même peine sera décernée contre ceux de ladite maison et société que l'on nomme en Sorbonne *socii* ou *hospites,* qui entreront soit dans la même Congrégation, soit dans toute autre où l'on vit sous un chef commun, si, après trois mois de séjour, sommés d'en sortir, ils ne se retirent point; 3° enfin, que tous ceux qui postulent pour être admis dans la maison et société de Sorbonne préteront serment qu'ils n'ont point dessein de passer ensuite dans ces nouveaux Ordres [1]. Ce statut, injuste en lui-même, contraire à l'arrêt du Parlement, fut reçu cependant par la Sorbonne. Le Parlement n'y mit aucun obstacle : le triomphe de Richer ne lui déplaisait pas.

La passion, une fois lancée, ne s'arrête plus. Il ne suffisait pas d'avoir exclu de la Sorbonne les Pères de

---

[1] La formule de ce serment en latin est dans BATTEREL, liv. II, n° 76.

l'Oratoire, il fallait les perdre complétement dans l'opinion. Pour atteindre ce but, les partisans de Richer n'eurent pas honte de recourir aux libelles les plus calomnieux. Un certain Pierre Cosmier, du diocèse d'Angers, écrivain d'ailleurs fort méprisable, fit imprimer à Caen, en 1614[1], un factum dont le titre seul est une injure : « Avertissement aux perturbateurs de l'Université de Paris. » C'est, bien entendu, sur les Pères de l'Oratoire que retombe la responsabilité des troubles arrivés à leur occasion. Que sont-ils du reste ? Des gens qui n'ont cherché, en se retirant de la Sorbonne, qu'à la faire passer pour une maison mal réglée, qui espèrent en imposer à la foule par une modestie affectée, une manière inusitée de se vétir, la nouveauté de leurs offices et de leur chant ; qui, avec de belles paroles de paix, sont en vérité semblables à ces essaims d'abeilles qui, sorties récemment de leurs ruches, remplissent l'air de leurs bourdonnements. Le pamphlétaire termine en les exhortant, puisqu'ils ne peuvent demeurer tranquilles, à aller rejoindre les Pères Jésuites et prêcher la foi avec eux chez les Topinambous. Pierre Cosmier eut des imitateurs. Pendant quelques mois, les pamphlets en vers et en prose firent fureur ; mais à en croire un contemporain, « ce furent » flots de calomnie qui, après tous leurs efforts, se rendirent » en écume[2]. » M. de Bérulle n'eut pas à se repentir de les avoir méprisés.

Il fut plus sensible à une attaque qu'il ne pouvait prévoir et qu'il ne méritait pas davantage. Un prêtre de la

---

[1] Du moins, le titre en portait l'indication : *Epistola commonitoria ad Academiæ Parisiensis perturbatores.* P. C. P. A. Cadomi, in-8º.

[2] *Mercure françois*, 2ᵉ édit., année 1613, p. 292.

Doctrine chrétienne, le P. Deschamps, était venu à Paris, dans l'espoir d'y établir sa congrégation. Comme le nonce du Pape et M. de Gondi se montraient fort peu favorables à son projet, il s'imagina que M. de Bérulle fomentait sous main leur opposition. Sans chercher à s'en éclaircir davantage, il décria partout le supérieur de l'Oratoire, écrivant jusqu'à Rome que c'était un ambitieux et un intrigant, ennemi de toute œuvre dont il n'était pas l'instigateur. L'accusation du P. Deschamps était si peu fondée que, au moment même où il s'exprimait avec tant d'amertume sur le compte de M. de Bérulle, celui-ci songeait à un plan de réunion de la société de la Doctrine chrétienne avec l'Oratoire : projet que n'encouragea pas du reste Dom Sans de Sainte-Catherine, et qui ne put aboutir [1].

M. de Bérulle connaissait le prix des souffrances ; il savait que toutes les œuvres de Dieu naissent et se développent à l'ombre de la croix : il laissa dire. Si, d'ailleurs, les hommes calomniaient ses intentions et insultaient à son ouvrage, Dieu le protégeait manifestement et choisissait cette heure même pour lui amener, des bancs de l'Université, un jeune étudiant destiné à être la plus douce gloire de l'Oratoire naissant.

Il se nommait Odet de Saint-Gilles. D'une bonne noblesse de province, neveu de l'évêque d'Avranches, M. Péricard, qui le destinait à l'Église, il était venu étudier à Paris, et n'avait pas tardé à imiter les tristes exemples que lui donnaient beaucoup de ses condisciples. Comme il entendait souvent parler de l'Oratoire, la curio-

---

[1] *Lettres de Dom Sans de Sainte-Catherine à M. de Bérulle*, 13 sept. 1614—15 mars 1615. (Arch. nat., M. 216.)

sité le prit de constater par lui-même la vérité des éloges qu'on lui en faisait. La chose était facile, un de ses cousins venait d'entrer dans la Congrégation ; il n'avait qu'à l'aller trouver. M. de Saint-Gilles se rendit en effet à l'hôtel du Petit-Bourbon. C'est là que le ciel l'attendait. Il fut si touché des discours de son parent, qu'il résolut de faire une retraite sous la direction de M. de Bérulle. Elle dura quinze jours, et il en sortit tout à Dieu. L'obligation d'acquitter ses dettes put seule le décider à retourner dans le monde pour quelque temps encore. Mais il commença dès lors à y mener la vie la plus solitaire et la plus pénitente, occupant dans la maison de Sorbonne une modeste chambre que lui prêtait un pieux bachelier, nommé M. de Condren. M. de Bérulle, témoin de sa fidélité, abrégea le temps de son épreuve, il acquitta le reste de ce qui était dû par Odet de Saint-Gilles, et celui-ci entra à l'Oratoire le mercredi des cendres 1613.

M. de Saint-Gilles ne fut pas plus tôt revêtu de l'habit de la cléricature qu'il sembla changé en un homme nouveau. Il ne vivait plus que pour Jésus-Christ, dont il ne pouvait, ni le jour, ni la nuit, quitter l'autel ; et en même temps qu'il réduisait son corps en servitude par une guerre implacable, son âme, dont rien ne retardait l'essor, jouissait d'une paix que la terre ne donne pas. M. de Bérulle était ravi de tant de grâces et d'une si belle fidélité : « Les » voyes les plus saintes et les plus esleuées », disait-il à ses confrères, « dont je me sens obligé, selon Dieu, de faire » ouverture à notre confrère de Saint-Gilles, lui sont si » faciles et si aplanies, qu'il semble qu'elles soient pour luy

» un chemin tout frayé et tout battu..... Ce bon confrère
» est un géant, et nous ne sommes que des nains auprès
» de lui.» Et se ressouvenant de ce qui se passait à la Cour :
» Dieu le traite, » ajoutait-il, « ainsi que les princes font
» leurs favoris, qu'ils élèvent tout d'un coup sans les faire
» passer par les degrés ordinaires de la fortune [1]. »

Au couvent de l'Incarnation vivait alors, on se le rappelle, une admirable Religieuse, Sœur Catherine de Jésus. Presque du même âge que M. de Saint-Gilles [2], objet, comme lui, des prévenances les plus miséricordieuses et les plus tendres de Jésus-Christ, la terre était pour elle un exil, que la joie d'y souffrir pour son Époux lui rendait seule supportable. La jeune Carmélite et le jeune sous-diacre ne s'étaient jamais vus ; mais leurs âmes se connurent, et M. de Bérulle, qui n'ignorait pas quelle force puisent dans leur union deux cœurs dont le Fils de Dieu est l'unique amour, bénit des liens formés par Jésus-Christ même. Il voyait avec bonheur ces enfants de son âme s'aider par de continuelles prières, se soutenir par de mutuels sacrifices, s'animer dans leur vol vers le ciel. Le ciel en effet allait bientôt s'ouvrir.

M. de Saint-Gilles tomba malade. A cette nouvelle, Sœur Catherine de Jésus redoubla de pénitences, de prières, de supplications. Le mal empirait toujours, et elle ne tarda pas à apprendre qu'il fallait renoncer à l'espoir de conserver celui dont elle se sentait si véritablement la sœur en Jésus-Christ. Quelle que fût sa soumission à la volonté de

---

[1] HABERT, liv. II, ch. VI, p. 401. — LERAT, liv. II, ch. IX.
[2] Née le 16 avril 1589, Sœur Catherine de Jésus avait alors vingt-cinq ans, et M. de Saint-Gilles vingt-trois.

Dieu, elle ne put dominer à ce moment une vive douleur. Interrompu trop tôt dans sa course, M. de Saint-Gilles pourrait-il atteindre à la perfection, dont un plus long séjour sur la terre lui aurait permis de gravir les sommets ? Pleine de confiance en son Sauveur, Sœur Catherine se tourna vers lui. Elle savait quelles semences admirables de grâce il avait jetées dans l'âme de M. de Saint-Gilles. Elle le conjura, puisqu'il le rappelait avant l'heure, de lui donner avant le temps aussi une pleine maturité. M. de Bérulle faisait les mêmes prières, et toute sa congrégation se joignait à lui : quant à la conservation d'une vie si précieuse, averti par une lumière prophétique, il avait refusé de la demander au ciel.

M. de Saint-Gilles mourut. C'était le 7 août 1614, à midi. Le même jour, Sœur Catherine de Jésus était en oraison, lorsque tout à coup elle le vit apparaître. Il la remercia de ses prières, lui annonça qu'elles étaient exaucées ; qu'il entrait dans la gloire et en un lieu très-éminent : vision dont fut également favorisée la Mère Madeleine de Saint-Joseph, tandis qu'on offrait le saint Sacrifice pour le jeune Oratorien au couvent de l'Incarnation [1].

M. de Bérulle donna aussitôt avis de cette grande perte

[1] Cette double vision est rapportée par HABERT (liv. II, ch. vi, p. 403-404), lequel l'a lue dans les Mémoires contemporains. La première est racontée dans la *Vie de Sœur Catherine de Jésus*. Paris, Fiacre Dehors, 1628, in-12, p. 80. Cette vie, écrite par la Mère Madeleine de Saint-Joseph, est précédée d'une dédicace à la Reine par le P. de Bérulle. La seconde vision telle que je la rapporte (car Habert y ajoute une circonstance particulière), se trouve dans *la Vie de la Mère Magdeleine de Saint-Joseph*, par un prêtre de l'Oratoire de Notre-Seigneur Jésus-Christ. Paris, Pierre le Petit, 1670, in-4º, liv. II, p. 471 ; elle a pour auteur le P. Sénault, lequel a apporté à ce travail un scrupule d'exactitude théologique loué par Bossuet. — Voyez aussi le P. CLOYSAULT, *Recueil des vies..*, t. I. (Bibl. nat. Fr. 20,942.)

à ses confrères de Dieppe [1]. « Dieu disposoit M. de Saint-
» Gilles à cette mort », dit-il, « par les faveurs qu'il lui a
» données depuis le premier jour de son entrée dans nostre
» Congrégation jusqu'au dernier. Si cet accident ne nous
» estoit adoucy par la puissance et suavité de la providence
» de Dieu, il nous causeroit beaucoup de regret pour la
» perte d'un si bon sujet et qui estoit de si grande espé-
» rance. » Ses espérances étaient réalisées. Rappelé à la
première heure, le jeune ouvrier avait emporté une
gerbe aussi pleine que s'il eût travaillé jusqu'au soir.
M. de Bérulle donna à Sœur Catherine de Jésus le chapelet
d'Odet de Saint-Gilles, il confia ses restes mortels aux Carmélites, qui l'ensevelirent dans leur chapelle de Saint-
Denys, et la Congrégation oublia sa douleur pour se
réjouir d'avoir envoyé au ciel, en sa personne, le
précurseur, les prémices et l'ange tutélaire de tous ceux
qui après lui auraient le bonheur de mourir au sein de
l'Oratoire [2].

Tant de vertus n'étaient pas connues de Paris seulement : le bruit s'en répandait au loin et attirait à l'Oratoire
des sympathies chaque jour croissantes. Le cardinal de

[1] Quelques Oratoriens habitaient déjà Dieppe, mais leur établissement
n'eut lieu que le 14 septembre de la même année. *Annales*, p. 23. —
M. Vitet (*Histoire de Dieppe*, Paris, Gosselin, 1834, Ire partie, § XXIV,
p. 145) place la fondation du collége au 8 janvier 1616.

[2] *L'Oratoire de France au dix-septième et au dix-neuvième siècle*, par
le R. P. A. Perraud, IIe part., ch. II, p. 243. — Batterel, *Mém. dom.*,
IIe partie. (Arch. nat., M. 220.) — La chapelle de Saint-Denys dont il
s'agit ici était-elle dans l'église des Carmélites, ou dans la crypte qui s'é-
tendait au-dessous et où l'on croyait que saint Denys avait célébré les divins mystères? C'est ce que je n'ai pu éclaircir. — Le portrait d'Odet de
Saint-Gilles a été gravé par Mariette, in-24, avec cette inscription : *Ode-
tus S. Ægidii Protofrater Cong. Orat. D. N. I. C. in Galliis, œtatis
suœ 23, in brevi tempore explevit tempora multa.*

Joyeuse, qui avait déjà confié à la Congrégation la direction
d'un séminaire où il entretenait à Paris vingt-cinq ou trente
clercs, remit le 14 septembre de cette année trente mille livres entre les mains de M. de Bérulle, à la charge d'envoyer
à Dieppe huit personnes « tant ecclésiastiques que frères
» servans ». Les calvinistes, nombreux dans cette ville,
y avaient un temple, un cimetière : ils étaient actifs et
remuants. C'est pourquoi M. de Joyeuse voulait établir à
Dieppe des prêtres capables de travailler à l'extirpation de
l'hérésie et de soutenir les catholiques par l'instruction et
par l'exemple [1]. M. de Bérulle, sachant que les Pères Jésuites désiraient cet établissement, avait d'abord songé à
décliner les offres du cardinal ; mais, devant ses instances
et celles du gouverneur de la ville, M. de Villers-Hou-
dan, il dut céder.

Une fondation plus importante, et au foyer même du
calvinisme, se préparait à la même époque, grâce à la
générosité et à la foi de M. Gastaud, qui en entrant dans
la Congrégation lui avait résigné ses bénéfices : ils étaient
si considérables que l'Oratoire recevait ainsi la direction
de tout le service religieux dans la Rochelle. Le Pape approuva la donation par une bulle du 5 octobre, et dix
Oratoriens partirent pour cette maison, où Notre-Seigneur devait être si fidèlement servi [2].

---

[1] *Annales*, p. 23. — Vitet, *Histoire de Dieppe*, p. 144.

[2] Ces bénéfices étaient venus entre les mains de M. Gastaud par suite
de circonstances assez étranges. Les catholiques de la Rochelle ayant
demandé en 1605 le rétablissement du service divin, l'évêque de Saintes,
M. Cornu de la Courbe, ordonna que les cinq curés de la ville feraient
conjointement le service divin dans l'église de Sainte-Marguerite; que cette
Compagnie jouirait de tous les droits des chapitres autrefois existants à la
Rochelle; que M. Gastaud serait le receveur de ce chapitre, et comme

En même temps, M. de Bérulle traitait d'une autre fondation, qui peut-être souriait davantage encore à sa piété.
Un Oratorien de Notre-Dame de Grâce en Provence, le
P. André Tod, originaire de Dieppe, se trouvait à Paris
dans l'été de 1614. Frappé du spectacle qu'offrait l'hôtel
du Petit-Bourbon, il écrivit à son supérieur, le P. Mou-
ton, « qu'ayant souvent visité la Congrégation et compa-
» gnie de l'Oratoire, assisté à leurs offices, vu et reconnu
» la suave odeur de dévotion qu'ils répandent partout par
» leur conversation et vie exemplaire, il prioit ses con-
» frères d'examiner s'il ne seroit pas à propos pour eux de
» faire union avec elle. » La proposition plut au supérieur
et à sa communauté. Ils en écrivirent au P. Tod, qui
était en route et ne reçut pas la lettre. Mais de retour à
Notre-Dame de Grâce, il rendit plus vifs encore leurs
désirs, par tout ce qu'il leur rapporta de la ferveur des
prêtres de Jésus-Christ. Chargé de pressentir M. de Bérulle, il en reçut, en date du 23 juin 1614, une réponse
où le supérieur de l'Oratoire lui disait tenir à bénédiction
que la première maison qui se liait avec la sienne fût spécialement dédiée au culte de Marie. Les confrères du P. Tod
ayant adressé le 25 septembre à M. de Bérulle leur demande
formelle d'union, celui-ci leur envoya, le 15 janvier suivant, ce petit écrit, où l'on sent déborder toute son âme, et
qui révèle à chaque ligne le lieu qu'habitait sa pensée [1] :

tel aurait le tiers du revenu : règlement qui fut homologué au Parlement
et enregistré au présidial de la Rochelle. Mais M. Gastaud étant entré
à l'Oratoire, obtint du Pape, avec le consentement de tous les bénéficiers,
que ces différents bénéfices fussent unis à la Congrégation à la charge d'établir à la Rochelle une maison composée de dix prêtres. (*Annales*, p. 24.)

[1] Batterel, *Mém. domest.*, IIe partie. (Arch. nat., M. 220, cote C,
p. 58.)

« Nous, Pierre de Bérulle...., en l'autorité qu'il a plu
» à Dieu nous confier sur cette Congrégation, et par le pou-
» voir qui nous a été donné de Sa Sainteté, en l'honneur
» de l'unité du Fils de Dieu avec le Père et le Saint-Esprit
» et en l'honneur de l'union de ce même Fils unique de
» Dieu avec la nature humaine, source de l'union de
» nature, de grâce et de gloire que Dieu veut avoir avec
» nous en la terre et au Ciel ; et encore en l'honneur des
» liaisons ineffables de Jésus-Christ Notre-Seigneur avec
» sa très-sainte Mère ; nous faisons union de laditte mai-
» son de Notre-Dame de Grâce à la Congrégation de l'Ora-
» toire de Notre-Seigneur Jésus-Christ, érigée en France,
» et à la maison de l'Oratoire de Jésus, érigée à Paris, et
» à toutes les autres qui s'érigeront cy-après, et voulons
» que laditte maison soit tenue et censée entre nous la
» seconde maison de cette Congrégation, c'est-à-dire la
» première après celle de Paris, et qu'en toutes les assem-
» blées générales ou particulières, où les rangs des maisons
» seront observés, le supérieur d'icelle tienne le second
» lieu après celle de la maison de Paris, avant tous les
» autres supérieurs des maisons particulières, suppliant
» Notre-Seigneur Jésus-Christ et sa très-sainte Mère qu'en
» l'honneur du lien ineffable de la Divinité avec l'huma-
» nité par le mystère de l'Incarnation et des liaisons inef-
» fables du Fils de Dieu avec sa très-sainte Mère, il leur
» plaise de bénir, accroître et confirmer saintement ce lien
» de paix et d'union que nous établissons entre nous par
» les présentes [1]. »

[1] *Annales*, p. 26-27. (Arch. nat., MM. 623.)

Richer pouvait interdire l'entrée de la Sorbonne aux disciples de M. de Bérulle ; mais il n'était pas de force à arrêter l'essor d'une société qui, à la suite de son fondateur, plaçait si haut le type de sa perfection et la règle de sa vie.

CHAPITRE IV.

M. DE BÉRULLE VISITEUR DES CARMÉLITES.

1614-1616.

Bref de Paul V, 8 septembre 1606. — Ses inconvénients. — Nouveau
bref de Paul V, 17 avril 1614, qui nomme M. de Bérulle visiteur. —
Entrée de madame Acarie au Carmel d'Amiens. — Première visite du
grand couvent, 16 août 1614. — Les Religieuses et le noviciat. — Acte
de visite. — M. de Bérulle se rend à Pontoise. — Réunion des états
généraux. — Déclaration du tiers état. — Mécontentement du Nonce.
— Intervention de M. de Bérulle. — Il donne l'habit à madame Acarie,
8 avril 1615. — Élection au grand couvent de Sœur Marie de Jésus
(marquise de Bréauté). — M. de Bérulle visite le monastère de Chalons,
celui de Dôle. — M. Jean Lejeune. — Fondation de l'Oratoire à Tours,
27 septembre 1615. — M. de Bérulle dédie à la Reine la Vie de saint
Charles Borromée. — Double conversion. — Visite du monastère de
Tours. — Voyage à la Rochelle, Saintes, Bordeaux. — Retour à Paris.

Tandis qu'en France, malgré les efforts de ses adversaires, l'Oratoire prenait chaque jour un nouvel accroissement, à Rome, le Souverain Pontife, prévoyant quels services l'Église pouvait attendre de M. de Bérulle, s'empres-
sait de lui donner, avec une marque éclatante d'estime, la
plus douce récompense que dans son zèle pour les Carmélites le saint prêtre pût ambitionner.

On se rappelle que Clément VIII, par la même bulle qui
établissait supérieurs de ces Religieuses MM. Gallemant,
du Val et de Bérulle, avait ordonné qu'il y aurait un visiteur chargé de l'inspection des monastères, lequel serait le
commissaire général des Carmes déchaussés [1], et jusqu'à

---

[1] Comme le remarque fort justement M. de Marillac (*De l'érection et*

l'établissement des Carmes en France, le prieur des Chartreux. Les Chartreux ayant décliné cette commission,
Paul V, successeur de Clément VIII, avait réglé, par son
bref du 8 septembre 1606, que les trois supérieurs généraux des Carmélites présenteraient deux sujets à son nonce
en France, lequel choisirait l'un des deux pour être visiteur ; que le visiteur serait nommé pour trois ans, avec la
faculté d'être continué dans sa charge pour trois autres
années ; enfin que cette forme de gouvernement subsiste-
rait, « encore que lesdits Frères déchaussés eussent par
» aduenture à présent des couvents à Paris ou autres lieux
» en France, ou vinssent à y en avoir par après [1]. » C'était
révoquer expressément le pouvoir de visite attribué aux
Carmes par Clément VIII.

Les inconvénients du nouveau règlement ne tardèrent
pas à se faire sentir. Le changement triennal du visiteur
semblait exclure une conduite uniforme, et exposait la dis-

---

institution..., ch. i, p. 6), il ne peut s'agir ici que du commissaire général
des Carmes d'Espagne : 1º Parce que le général de la Congrégation d'Italie
porte le titre de *præpositus generalis,* et non pas celui de *commissarius
generalis* employé par la bulle; 2º parce que la bulle de Clément VIII est
de 1603, et que la défense faite aux Carmes d'Italie de gouverner les Religieuses, le monastère de Gênes excepté, ne fut révoquée par Paul V qu'en
1610. (*La Vie de saint Jean de la Croix*, par le R. P. DOSITHÉE DE
SAINT-ALEXIS, Carme déchaussé. Paris, in-4º, t. II, liv. IX, p. 239 et 254.)

[1] *Etiamsi dicti fratres Carmelitæ discalceati nunc forsan Parisiis vel in
aliis civitatibus ceu locis regni Galliarum conventus obtineant, vel in pos-
terum assequantur.* Voyez *De l'érection et institution de l'Ordre des Religieuses de Notre-Dame du Mont-Carmel, selon la réformation de saincte
Thérèse en France, des troubles et différends excitez en cet Ordre, et du
iugement rendu par nostre Saint Père le Pape sur iceux. A Messeigneurs les
illustrissimes et révérendissimes Cardinaux de la Rochefoucauld et de
Retz. Par Messire* MICHEL DE MARILLAC*, conseiller du Roy en son conseil
d'Estat. A Paris, chez Edme Martin, rue Saint-Jacques, à la Corne de cerf,
MDCXXII, ch. v, p. 38.*

cipline elle-même à de fâcheuses variations. Madame Acarie, consultée par les supérieurs et par M. de Marillac, jugea nécessaire d'en informer le Pape, et approuva le mémoire que l'on dressa à ce sujet [1]. Après en avoir pris connaissance, Paul V résolut de rendre le visiteur des Carmélites perpétuel, et de commettre cette charge au P. de Bérulle et à ses successeurs, dans la fonction de supérieur général de la Congrégation de l'Oratoire. Tel fut l'objet de son bref du 17 avril 1614.

Après y avoir exposé rapidement l'état des choses à partir de Clément VIII jusqu'à son temps, Paul V continue : « Ayant érigé depuis peu en France la Congrégation des » clercs appelée de l'Oratoire, et sur icelle érigé et insti- » tué pour supérieur général notre cher fils Pierre de Bé- » rulle, homme dont la piété et la probité de vie nous sont » très-recommandables par des témoignages dignes de foy, » et sachant que ladite Congrégation est composée de prêtres » remarquables par leur piété et par leur doctrine, gens » graves par leurs mœurs ainsy que par leur âge, zélés » d'ailleurs envers la Religion et le Saint-Siége, et qu'elle » fait de grands fruits dans la vigne du Seigneur, en sorte » qu'il y a tout lieu d'espérer que ledit Pierre et ses succes- » seurs, dans la charge de supérieur général de ladite Con- » grégation, s'emploieront aux fonctions de la visite et cor- » rection dè l'ordre des Carmélites avec un grand fruit » spirituel pour les abbesses, prieures et couvents de ces » ordres, si nous luy commettions cette charge. Nous donc, » de notre propre mouvement, non à l'instance dudit Pierre, » ou de la Congrégation, ou des abbesses, prieures, cou-

1 *De l'érection et institution...*, etc., p. 42.

» vents du susdit Ordre[1], et de notre science certaine, pou-
» voir et autorité apostolique, révoquons et annulons par
» la teneur des présentes le pouvoir accordé cy-devant à
» notre Nonce, le Cardinal (Maphée Maffeo), et à celuy
» qui dans la suite serait notre Nonce en France, de dé-
» puter, confirmer et révoquer les visiteurs dudit ordre des
» Carmélites. Et en outre, nous soumettons et assujettis-
» sons à perpétuité, sous le bon plaisir du Saint-Siége
» apostolique, le susdit monastère des Carmélites et tous les
» autres, tant jusqu'à présent érigés en France que ceux
» qui cy-après s'y érigeront, au soin, visite, correction et
» supériorité dudit Pierre et de celuy qui, selon le temps,
» sera supérieur général de la Congrégation de l'Oratoire[2]. »

Et comme s'il avait prévu l'avenir, le Saint-Père, dans
une longue énumération de tous les droits et de tous les
devoirs du P. de Bérulle, lui reconnaissait le pouvoir
de visiter lesdits monastères, abbesses, prieures, religieuses, tant dans le chef que dans les membres, de s'informer diligemment des vie, mœurs, façons de faire et discipline de chacune, de corriger, réformer tout ce qu'il
connaîtrait en avoir besoin, d'établir même de nouveau
tout ce qui ne serait point contraire aux canons et insti-
tuts réguliers de l'Ordre ; de réprimer par les censures
et autres peines ecclésiastiques, et par tous les remèdes con-

---

[1] Ces paroles prouvent que M. de Bérulle et les Religieuses n'avaient rien
sollicité, mais non pas que les supérieurs Gallemant et du Val, que madame
Acarie et M. de Marillac n'avaient rien demandé. Le témoignage de ce dernier est formel (*Op. cit.*, ch. vi, p. 42). Les *Chroniques de l'Ordre des Carmélites*, t. I, p. 159, et BOUCHER, liv. III, p. 230, note K, ne me semblent
pas sur ce point complétement exacts.

[2] BATTEREL, liv. II, n° 83. — Sur Maffeo Barberini (depuis Urbain VIII),
voyez ch. XIII.

venables, de droit et de fait, celles qu'il trouvera délinquantes et rebelles, sans faire cas des appellations; d'ajouter même, s'il le fallait, la peine de l'interdit, et d'implorer le bras séculier, si besoin était, et ce nonobstant toutes lettres apostoliques et autres constitutions [1].

Lorsque le bref qui modifiait si heureusement le gouvernement des Carmes fut communiqué à M. de Bérulle, celle qui avait énergiquement insisté pour l'obtenir ne se trouvait plus à Paris. C'est dans un Carmel de province où elle était allée cacher sa sainteté, que madame Acarie apprit une nouvelle qui répondait à tous ses désirs.

Depuis la mort de M. Acarie, enlevé par une maladie courte et cruelle au mois de novembre de l'année précédente, rien ne retenait plus la sainte veuve dans le monde que le règlement de quelques affaires. Il lui tardait de se donner à l'Époux immortel de son âme, et d'ouvrir en même temps le ciel à celui dont elle avait été la joie et la couronne sur la terre. Mais quand il fallut décider de sa vocation, une lutte s'engagea entre elle et M. du Val. Fidèle aux ordres de sainte Thérèse, elle n'ambitionnait que le rang et le titre de Sœur converse, et réclamait comme un privilége d'être envoyée dans le monastère le plus pauvre. M. du Val ne pouvait se résoudre ni à éloigner de Paris celle dont les lumières éclairaient si souvent les supérieurs du Carmel, ni à placer au-dessous des Sœurs de chœur la femme admirable qui, par sa sainteté, n'était inférieure à aucune. Mais la postulante insistait. M. du Val, craignant de résister à la volonté de Dieu, lui

____

[1] Il est très-important de transcrire ici tout au long ces dispositions du bref. On en verra plus tard la raison.

promit d'en conférer avec M. de Bérulle [1]. Celui-ci n'avait point oublié la vision de Saint-Nicolas du Port. Il conclut qu'il fallait laisser madame Acarie suivre en liberté un attrait qui venait du ciel. Puis on choisit pour sa résidence le couvent d'Amiens, à la fondation duquel M. Acarie avait contribué. Transportée de joie à la nouvelle de son admission chez les Carmélites, comme s'il lui eût été possible d'en douter un seul instant, elle visita quelques sanctuaires pleins de souvenirs pour son cœur, fit ses adieux à de rares amis, et le 13 février, jour des Cendres, quitta Paris pour n'y plus rentrer. Le triste état de sa santé ne lui permettait pas de supporter la voiture, on la fit voyager en litière : Edmond de Messa, si longtemps son fidèle serviteur, maintenant confrère de l'Oratoire, l'accompagnait. M. de Bérulle apprit par lui les moindres circonstances de ce voyage, durant lequel madame Acarie, toute perdue en Dieu, ne sortait de la contemplation et de l'extase que pour entrer en des abaissements plus étonnants aux yeux de ses compagnons, que les faveurs mêmes dont elle était prévenue. La peine de n'avoir pu la conduire lui-même à Amiens fut adoucie pour M. de Bérulle par l'espoir de la retrouver bientôt, lors de la visite de tous les couvents.

Il commença cette visite par le premier monastère de l'Ordre, où il se rendit le 18 août 1614. La Mère Madeleine de Saint-Joseph, réélue prieure par le consentement unanime de ses filles, y achevait alors son second triennat, et

---

[1] *La Vie admirable de Sœur Marie de l'Incarnation*, par le docteur DU VAL, 3ᵉ édit. Paris, Taupinart, liv. I, ch. XIV, p. 319. — *La Vie chrestienne de la Vénérable Sœur Marie de l'Incarnation*, par le R. P. D. HERVÉ, prêtre de l'Oratoire, Paris, Méturas, 1666, liv. XIII, ch. II, p. 527.

la Mère Marie de Jésus, sous-prieure [1], se préparait sans le savoir, sous la fortifiante direction d'une sainte, à lui succéder un jour. M. de Bérulle examina dans le plus grand détail l'état du monastère. Puis il se fit rendre compte par chaque Religieuse de ses dispositions. Après la Mère Madeleine de Saint-Joseph, le modèle de toutes les Sœurs par son héroïque détachement et son union sublime avec Jésus-Christ, après la Mère Marie de Jésus, qui d'un regard éclairé par l'amour, pénétrait plus profondément chaque jour dans les mystères du Sauveur, M. de Bérulle vit passer successivement devant lui toutes ces âmes en qui le Saint-Esprit opérait tant de merveilles.

Sœur Marie des Anges, dont l'obéissance réglait tous les mouvements, ne put, cette fois, s'interdire, comme elle l'avait fait si souvent, le plus grand bonheur que lui offrit désormais la terre, celui de s'entretenir de Jésus avec son fils devenu son père [2]. Madame d'Autri, dont les deux filles, madame de Gourgues et mademoiselle Séguier, étaient maintenant l'une au ciel, l'autre au Carmel, et qui avait échangé son nom contre celui de Sœur Marie de Jésus-Christ [3], vint se montrer à son neveu telle qu'elle était : loyale, généreuse, sensible encore au point d'honneur, attachée parfois à son propre sens, malgré des efforts magnanimes pour se vaincre, et un courage incroyable dans l'acceptation des reproches, des humiliations que

---

[1] Sur la Mère Marie de Jésus (marquise de Bréauté), voyez *M. de Bérulle et les Carmélites*, ch. VIII, p. 234, ch. XII, p. 368; et les *Chroniques des Carmélites de France*, t. II, p. 18.

[2] Sur Sœur Marie des Anges (madame de Bérulle), voyez *M. de Bérulle et les Carmélites*, ch. XII, p. 403, et les *Chroniques des Carmélites*, t. , p. 516.

[3] Depuis le 8 novembre de l'année précédente.

M. de Bérulle multipliait avec une implacable persévérance [1]. D'une nature moins haute, longtemps dominée
par des habitudes plus molles, la sœur du cardinal de la
Rochefoucauld, madame de Chandenier (Sœur Marie de
Saint-Joseph), trouvait aussi, dans l'obligation de se plier
à la règle, la matière d'un continuel sacrifice. Mais elle
était si pénitente, si obéissante ; elle avait pour Jésus-Christ
au Saint-Sacrement un amour si tendre ; elle se réfugiait
auprès de la Mère Madeleine avec une simplicité si filiale,
que M. de Bérulle, admirant tant de générosité et de persévérance chez une femme qui avait passé quarante-huit
ans dans toutes les délicatesses de la cour, lui prodigua
les plus paternels encouragements.

Pour Sœur Marie de Saint-Jérôme, elle n'avait conservé
aucun lien avec le monde, qui ne lui avait jamais inspiré
que du dégoût. Depuis son entrée au Carmel, où elle était
venue offrir à Dieu un cœur de dix-huit ans, dont aucun
souffle n'avait terni la pureté, elle s'avançait d'un pas
sûr dans les voies de la plus haute perfection. M. de
Bérulle put reconnaître en l'entendant, combien était
fondé le jugement de la Mère Marie de Jésus, qui la com-
parait à ces anciennes Religieuses suscitées par le ciel pour
commencer les Ordres ou les réformer [2].

A la suite de Sœur Marie de Saint-Jérôme, M. de Bérulle

---

[1] Sainte Thérèse n'agissait pas autrement avec les âmes généreuses
(Voyez *la Vie de la Vénérable Mère Anne de Jésus*, par le P. ANGE MAN-
RIQUE, p. 262), et la Mère Anne de Jésus n'était pas moins soigneuse de
mortifier ses novices. — Sur Sœur Marie de Saint-Joseph, voyez *M. de
Bérulle et les Carmélites*, ch. XVII, p. 508, et les *Chroniques de l'Ordre
des Carmélites*, t. I, p. 554.

[2] *Chroniques de l'Ordre des Carmélites*, t. I, p. 518.

vit venir à lui Sœur Marie de la Croix, connue dans le monde sous le nom de mademoiselle Deschamps. Un jour, pendant son noviciat, la Mère Isabelle des Anges [1] l'ayant aperçue, ne put s'empêcher de s'écrier : « La niña es muy » linda! » Que cette petite est jolie! A travers ses traits, elle avait vu son âme. Cette innocente séduction, Sœur Marie de la Croix l'exerçait sur toutes ses compagnes. Son air, son maintien, sa parole, tout en elle attirait irrésistiblement. Il lui suffisait de laisser s'épancher son âme, pour remplir les autres de Jésus-Christ. M. de Bérulle, qui estimait la jeune Religieuse, elle n'avait encore que trente et un ans, « un des esprits les plus fermes et les » plus déliés de l'Ordre, » se promettait de l'employer avant peu. « Elle saura bien démêler les affaires embrouillées » , disait-il. Sa vie était un grand exemple. D'une fidélité à la règle qui ne se démentait jamais, d'une mortification d'autant plus méritoire qu'elle immolait un corps exténué, Sœur Marie de la Croix justifiait le nom qu'elle portait par son amour aussi tendre que généreux pour Jésus crucifié [2].

Nulle ne marchait d'un pas plus ferme et plus rapide dans cette âpre voie que Sœur Marguerite du Saint-Sacrement. Chez elle, la haine de la chair était devenue une passion qui lui avait fait oublier parfois les limites de la prudence, et sa soif des humiliations était si ardente qu'elle prenait à tâche de se ruiner dans l'estime de ses compagnes. Elles n'en demeuraient pas moins sous le charme austère de sa vertu. Mais madame Acarie, qui ne connaissait les états intérieurs de sa fille que par le compte

[1] Lors du séjour qu'elle fit au grand couvent en 1610.
[2] *Chroniques de l'Ordre des Carmélites*, t. II, p. 454-463.

que celle-ci lui en rendait, en avait été si effrayée avant son départ de Paris, qu'il avait fallu, pour la rassurer, le témoignage des Religieuses du grand couvent, et surtout un mot échappé à Sœur Marguerite et qui révélait toute son expérience des voies de Dieu. M. de Bérulle ne s'y était jamais trompé; mais cette visite lui montra, plus beaux encore, les trésors dont le ciel se plaisait à enrichir l'âme de Marguerite [1].

Sœur Catherine de Jésus lui parut supérieure encore à elle-même. Depuis son entrée au Carmel, malgré des souffrances physiques qui n'étaient rien auprès des douleurs dont l'accablait l'amour divin, elle avait mené une vie angélique, soutenue par des visions fréquentes, tellement absorbée en Dieu, qu'elle était tout étonnée ensuite de se retrouver parmi ses Sœurs, soupirant après la mort afin d'aller jouir plus tôt de la vue de son Sauveur. Néanmoins, au moment où M. de Bérulle fit la visite, elle commençait à être élevée à un état plus extraordinaire et plus sublime encore. Consacrée à l'enfance de Jésus-Christ, abandonnée sans réserve à sa conduite, elle demeurait sans lumière dans l'esprit pour se regarder ou pour considérer son Dieu, sans consolations dans le cœur parmi des épreuves très-cruelles, tant le divin Époux était jaloux de cacher au monde et à elle-même, pour la réserver à lui seul, cette âme qu'il associait aux secrets les plus intimes de sa vie [2].

---

[1] *La Vie de la Mère Marguerite Acarie, dite du Saint-Sacrement,* écrite par M. T. D. C. (Tronson de Chennevières.) Paris, A. Vuarin, 1689, in-8°, ch. VI, p. 70-71. Je cite plus bas le mot auquel je fais allusion.

[2] *La Vie de Sœur Catherine de Jésus,* par le commandement de la Reyne mère du Roy, à Paris, chez Fiacre Dehors, 1628, in-12, p. 46 et 49.

M. de Bérulle, que le spectacle de vertus si héroïques pouvait rendre difficile, jugea le noviciat digne de tout ce qu'il venait d'admirer. Il est vrai qu'à la tête de ces jeunes Religieuses se trouvait l'amie de Sœur Marguerite Acarie, sœur Anne du Saint-Sacrement [1]. Pour porter ses filles vers Notre-Seigneur, cette fervente et sage maîtresse mettait tout en œuvre. A des entretiens pleins de lumière et de grâce sur les mystères, elle joignait, afin de soulager l'esprit, des cérémonies simples et émouvantes, et pour dompter la chair, de rigoureuses mortifications. La veille des fêtes, elle faisait jeûner les novices au pain et à l'eau, puis elle les conduisait pieds nus à travers les cloîtres et les jardins, vers l'ermitage consacré au mystère ou au Saint dont on célébrait la mémoire. Avec l'agrément de la prieure, elle avait institué la pieuse cérémonie qui se renouvelait chaque année le dimanche des Rameaux. Après le *Benedicite,* la porte du réfectoire s'ouvrait, et trois Religieuses, dont l'une portant un grand crucifix, s'avançaient lentement. Couvertes de leurs longs voiles noirs, elles chantaient d'un ton grave et triste quelques strophes de la Passion, tandis que la prieure distribuait à la communauté des sentences écrites sur des billets en forme de croix. Mais ce qui mieux encore que les plus émouvantes cérémonies animait la ferveur des novices, c'était l'exemple de la pénitence de Sœur Anne du Saint-Sacrement, de son amour immense pour Jésus-Christ, de sa prudence, vraiment surprenante chez une si jeune Religieuse ; c'était sous

---

[1] Mademoiselle de Viole. Voyez *M. de Bérulle et les Carmélites,* ch. xiv, p. 426.

des dehors sévères une douceur, une tendresse qui la rendait toute-puissante [1].

Avant de se retirer, M. de Bérulle laissa, comme souvenir de son passage, une admirable ordonnance [2]. Le dessein qu'il s'y propose est surtout de rappeler aux Sœurs deux obligations spéciales à leur Ordre. « La première est d'honorer » d'un honneur et dévotion particulière la très-sainte » Vierge Marie, Mère de Dieu et Souveraine sur tout ce » qui appartient à son Fils en la terre et au ciel. La » seconde est d'offrir leurs prières, leurs actions et leur » pénitence, à la divine majesté pour les besoins de l'Église, » épouse du Fils de Dieu en la terre. » Il insiste d'autant plus sur ces deux points qu'il y voit comme la marque distinctive du Carmel. Aussi ordonne-t-il aux maîtresses des novices « de mettre dans leurs esprits un zèle d'amour » et d'honneur à la très-sainte Mère de Jésus, et un esprit » de charité envers l'Église » ; aux professes, « d'oublier » leurs pensées particulières pour y substituer ces deux » dévotions principales et essentielles à l'Ordre. »

Par de tels enseignements, M. de Bérulle ne faisait que leur inculquer l'esprit même de sainte Thérèse ; il leur montrait la sagesse du gouvernement de la Mère Madeleine, qui ne cessait de les inviter à cette double dévotion : il répondait aux attraits de ces grandes âmes, si vraiment

---

[1] *Chroniques de l'Ordre des Carmélites*, t. IV, p. 158 et suiv.

[2] « Jésus Maria. Ordonnance de la première visite que i'ai faicte en ce monastère de Paris, dit de l'Incarnation de Jésus-Christ Notre-Seigneur qui fut le 18 août 1614. » « Cette ordonnance, qui fut dictée par M. de Bérulle et qui est signée de lui, se trouve dans un précieux manuscrit, intitulé « *Les Eslections et les Visites de ce monastère de l'Incarnation, scis au fauxbourg Sainct-Iacques à Paris.* » J'en dois la communication à la bienveillance des Mères du premier couvent, auxquelles il appartient.

filles de la Sainte Vierge et de la sainte Église[1]. Pour que dans ces « petits colombiers de la Vierge », comme disait sainte Thérèse, règne une union plus étroite encore à Marie, il ordonne de faire fréquemment l'office ou. les mémoires de la très-sainte Vierge, de sonner l'*Angelus* avant même l'oraison; il veut que toutes les Sœurs aient soin d'offrir leurs premières et dernières actions et pensées à Jésus-Christ et à la Vierge, « finissant et » commençant le jour par ceux à qui leurs jours et leur » vie appartiennent ». Après quoi il leur recommande une dévotion spéciale à saint Joseph et à saint Jean-Baptiste, à cause de l'union de ces grands Saints avec Marie, et à sainte Madeleine, afin « qu'elle les introduise toutes dans » les voyes d'amour et d'intériorité où elle a été si éminente » et singulière, et où elle a reçu de Dieu et de son Fils » unique Jésus-Christ Nostre-Seigneur tant de puissance » et privilége. » Puis, après être entré dans les détails les plus minutieux sur la vie qu'elles mènent et les vertus qu'elles doivent pratiquer, il les exhorte en finissant, « à honorer par ces voyes Jésus-Christ Notre-Seigneur et » sa très-sainte Mère, à laquelle elles doivent appartenir » toutes à jamais, si elles correspondent à l'institution de » cet Ordre, à leurs obligations spéciales, et aux volontés » particulières de Dieu sur leurs âmes. »

Dès le mois suivant, M. de Bérulle se rendit à Pontoise, second couvent des Carmélites; sa visite coïncida avec les

---

[1] *Chemin de la perfection*, ch. i et ii. (*OEuvres complètes de sainte Thérèse*, in-8º, t. III, p. 7-21.) — *Vie de sainte Thérèse*, par le P. de Ribera, liv. II, ch. i. Paris, Lecoffre, in-8º, p. 94. — *Vie de la Révérende Mère Madeleine de Saint-Joseph*, liv. I, ch. xlii, p. 280; — liv. II, ch. xiii, p. 530; — ch. vii, p. 559.

élections. La Mère Marie de la Trinité, cinquième professe de l'Ordre [1], alors à Rouen, fut élue : mais parce qu'elle ne pouvait venir sur-le-champ, M. de Bérulle et M. du Val ordonnèrent à la Mère Agnès, prieure déposée, de continuer ses fonctions, « ce qu'elle fit avec sa prudence » et charité ordinaire [2] ». Comme le couvent était d'une grande régularité, que M. du Val y dirigeait tout, M. de Bérulle se renferma strictement dans ses fonctions de visiteur, et revint à Paris. Les sept autres monastères de France se réjouissaient déjà de sa visite et se préparaient à recevoir les grâces qui y étaient attachées, lorsqu'une circonstance des plus graves interrompit brusquement ses voyages.

Les états généraux, réclamés depuis si longtemps et avec tant d'instance, venaient de s'ouvrir. Le clergé y comptait 140 députés, dont 5 cardinaux, 7 archevêques, et 47 évêques [3]. Les intérêts du Carmel, aussi bien que ceux de l'Oratoire, exigeaient en un tel moment la présence de M. de Bérulle à Paris. Il y trouvait l'évêque de Luçon, M. de Richelieu, déjà préoccupé d'attirer les Pères de l'Oratoire en son diocèse; M. de l'Aubespine, qui leur ménageait un établissement à Orléans [4]; l'évêque d'Angers, Charles Miron, désireux de leur confier le pèlerinage de Notre-Dame des Ardilliers, près de Saumur [5]; le cardinal de

---

[1] Madame Sevin, veuve de M. du Coudray. (Voyez *M. de Bérulle et es Carmélites*, ch. XIV, p. 413.)

[2] *Histoire des Carmélites de Pontoise* (Manuscrit de ce couvent), ch. XXI, p. 237. — *Chroniques de l'Ordre des Carmélites en France*, t. II, p. 143.

[3] 14 octobre. *Mercure françois*, t. III, p. 29.

[4] *Annales.* Arch. nat., MM. 623, p. 28.

[5] Son consentement est du 11 février.

Joyeuse, qui, après avoir établi la Congrégation à Dieppe [1],
se montrait rempli de bienveillance pour les Carmélites de
Rouen. Avec M. Cyrus de Thiart, M. de Bérulle pouvait
s'entretenir du monastère de Châlons ; avec l'évêque
nommé de Langres, M. Sébastien Zamet, de ce couvent
de Dijon où s'étaient succédé les plus saintes prieures
de l'Ordre. Toutefois, sa sollicitude pour les deux congrégations dont il était le supérieur cessa bientôt d'être le
principal motif de son séjour prolongé à Paris. Au couvent
des Grands-Augustins [2] se débattaient les questions les
plus redoutables ; on pouvait tout craindre, si la modération ne finissait point par triompher. Telle était dès lors
l'autorité de M. de Bérulle, que, sans autre mission que la
confiance de tous, il contribua puissamment, par ses
démarches et ses conseils, à conjurer le péril.

Les états étaient assemblés depuis deux mois, lorsque
le tiers ordre fit lire le premier article du cahier de Paris.
Cet article, décoré du titre ambitieux de « loi fondamen-
» tale », proclamait : « Que le Roi de France, tenant sa
» couronne de Dieu seul, il n'y a puissance sur terre,
» quelle qu'elle soit, spirituelle ou temporelle, qui ait au-
» cun droit sur son royaume pour en priver les personnes
» sacrées des Rois, ni dispenser ou absoudre leurs sujets
» de la fidélité ou obéissance qu'ils lui doivent, pour quel-
» que cause ou prétexte que ce soit. » On ajoutait que
l'opinion contraire, à plus forte raison « celle qu'il soit loi-
» sible de tuer et déposer les Rois, s'élever et se rebeller
» contre eux, secouer le joug de leur obéissance pour quel-

[1] 14 septembre. (*Annales*, p. 23.)
[2] C'est là que se tenaient les séances des états généraux.

» que occasion que ce fût », serait déclarée impie et détes-
table, et que « s'il se trouvoit aucuns livres ou discours
» écrits par étranger, ecclésiastique ou d'autre qualité, qui
» contînt proposition contraire directement ou indirecte-
» ment à ladite loi fondamentale, seroient les ecclésiastiques
» du même ordre établis en France obligés d'y répondre,
» les impugner et contredire incessamment, sans respect,
» ambiguïté, ni équivocation, sur peine d'être punis du
» même châtiment comme fauteurs des ennemis de l'État.»

La chambre ecclésiastique, tout en déclarant « qu'elle
» étoit prête à signer un article de commune main et intel-
» ligence, qui seroit mis sur les portes des villes et des
» maisons, et inscrit en lettres d'or dans son cahier, pour
» proclamer la défense de toucher à l'oint du Seigneur »,
protesta contre cette étrange prétention du tiers état de
trancher des questions théologiques. La noblesse partagea
l'avis du clergé, et le 2 janvier, M. du Perron, suivi des
députés des deux ordres, se rendit dans la chambre du
tiers pour essayer de le ramener à des sentiments plus
modérés. Mais le président Miron répondit que la compagnie ne pouvait se départir de son article, et qu'il reste-
rait dans le cahier [1].

M. de Bérulle était inquiet. Et comment ne l'être pas?
Le Parlement, comme le prouva son arrêt rendu le même
jour ; les calvinistes, ainsi que le soupçonnait M. du Perron ; les partisans de Richer, quoique celui-ci affectât de
déclarer l'article parfait en soi, mais inopportun [2] ; tous

----

[1] *Histoire de France sous Louis XIII*, par M. Bazin, 2e édition. Paris,
Chamerot, in-12, liv. III, ch. I, p. 167 et suiv.

[2] *La Vie d'E. Richer*, p. A. Baillet. Liége, 1712, liv. III, p. 259.

ceux en un mot qui évoquaient volontiers le spectre de la Ligue pour faire triompher leurs préjugés contre l'autorité de l'Église, semblaient s'être donné le mot. Au point où en étaient les choses, le clergé, l'eût-il voulu, ne pouvait plus reculer.

Le nonce, M. de Bérulle le savait par l'auditeur Scappi, ne cachait pas son profond mécontentement. Quelques mois plus tôt, on avait fait brûler à Paris, par la main du bourreau, l'ouvrage de Suarez : *Defensio fidei catholicæ*, composé sur l'ordre du Pape et honoré par lui du bref le plus élogieux[1]. On prétendait maintenant définir les limites des deux puissances par l'autorité de laïques et de gens du palais, lesquels, disait Richelieu, « mesurent d'ordinaire » la puissance du Roi par la forme de sa couronne, qui étant » ronde, n'a point de fin[2]. » Le Saint-Siége ne pouvait accepter une telle situation, et Ubaldini parlait de quitter la France[3].

C'est alors que M. de Bérulle, dont le nonce et le car-

---

[1] *Mémoires chronologiques et dogmatiques* (du Père DAVRIGNY), 1739, t. I, p. 195 et suiv. Ce qui froissait particulièrement le Parlement, les gens du Roi et le tiers état, était sans doute la doctrine renfermée dans le troisième livre, spécialement au chapitre II, où le grand théologien traite de l'origine du pouvoir politique. Il ne sera peut-être pas superflu de transcrire sa conclusion : « Ex quibus tandem concluditur nullum regem vel monarcham habere, vel habuisse (secundum ordinariam legem) immediate a Deo, vel ex divina institutione politicum principatum, sed mediante humana voluntate et institutione. » (SUAREZ, *Opera omnia*, Vivès, 1854, in-4º, t. XXIV, p. 209.)

[2] *Testament politique*, ch. II, sect. IX.

[3] Il faut lire les détails de cette affaire dans la savante *Histoire des états généraux* de M. PICOT, t. III, p. 855 et suiv., p. 508 et suiv. J'ai pu aussi consulter un remarquable travail, demeuré malheureusement inédit par la mort de son auteur, M. Gilbert : *Les états généraux et le gouvernement de France*, ouvrage que l'Académie des sciences morales et politiques a couronné en 1870. J'en suis réduit à effleurer le sujet.

dinal du Perron estimaient également la sagesse, mit tout en œuvre pour empêcher un éclat dont les suites pouvaient être désastreuses. Ses prières, ses conseils ne furent point inutiles. Bientôt on lui remit la copie d'un arrêt par lequel le Roi, séant en son conseil (6 janvier), déclarait « éuocquer à sa propre personne » les différends survenus en l'assemblée des trois ordres sur l'article de l'un d'eux ; faisait « expresses inhibitions et deffenses ausdits estats » d'entrer en aucune nouvelle délibération sur ladite ma- » tière », et à sa cour « d'en prendre aucune jurisdiction ny » cognoissance, ny passer outre à la signature, prononcia- » tion et publication de ce qui a été délibéré en icelle ledit » iour second de ce présent mois [1]. » Le clergé ne s'étant pas montré satisfait, le Roi, par une nouvelle concession, manda au tiers état d'avoir à lui envoyer l'article ; ce qui équivalait à sa suppression et mettait fin aux débats. On apporta, le 16 février, à la chambre du clergé et à celle de la noblesse, deux brefs du Pape qui félicitaient l'une et l'autre de leur zèle pour la liberté de l'Église. Le 23, les états présentèrent leurs cahiers : après quoi, découragés par les lenteurs de la cour, les députés quittèrent Paris.

---

[1] Aucun des historiens du P. de Bérulle ne parle de la part qu'il prit à cette grave affaire. Leur silence est d'autant plus étrange que le P. Lejeune, dans son panégyrique du cardinal de Bérulle (*Le Missionnaire de l'Oratoire...*, IVe part., Tolose, 1667, p. 218 et suiv.), y revient par deux fois, p. 1289 et 1286, et qu'en outre, dans les papiers de M. de Bérulle qui étaient conservés à l'Oratoire, se trouve une copie du temps ayant pour titre : *Extrait des requêtes du Conseil d'Estat sur le différend d'un article proposé en chambre du tiers estat* (Arch. nat., M. 216), pièce dont je cite les principaux passages dans le texte et qui est une preuve matérielle des soins que M. de Bérulle donna à cette négociation. Je ne puis expliquer le silence des historiens que par leurs préjugés et le regret qu'ils éprouvaient sans doute à trouver dans leur fondateur une opinion si différente des leurs.

Libre enfin, M. de Bérulle ne pensa plus qu'à reprendre le cours de ses visites interrompues et à les pousser jusqu'en Franche-Comté. Un nouveau monastère s'élevait à Dôle, depuis le 16 août de l'année précédente. Pour répondre aux vœux du fondateur, le capitaine Béreur, et aux prières de ses filles, Sœur Louise de Jésus (madame Jourdain) s'y était rendue, abandonnant bien à regret son cher couvent de Dijon [1]. A peine installée, elle avait conquis déjà des disciples à l'Oratoire : aussi M. de Bérulle lui écrivait-il : « J'ai reçu vos lettres, et encore que » je diffère d'y répondre, ie vous prie ne laisser pourtant » d'escrire ou de rescrire. Car ie ne néglige pas ce que » vous ne mandez, mais i'estime estre obligé de le considérer » dérer beaucoup et recommander à Dieu et à sa sainte » Mère avant de rien entreprendre en la naissance de ma » congrégation. Je commence à incliner à un establisse- » ment à la Comté. Vous en pouvez assurer M. Béreur et » mesdemoiselles ses filles. » Et il ajoutait : « Je vous » prie de recommander à la Sainte Vierge le lieu où elle et » son Fils veulent un établissement, Dôle ou Besançon ou » Poligny, et me mandez vos pensées. » Dans cette lettre, où M. de Bérulle témoignait à la Mère Louise une confiance si bien justifiée par sa prudence, son esprit et sa sainteté, il lui annonçait en finissant « qu'il feroit, incon- » tinent après Pasques, un voyage exprès à Dôle et à Poli- » gny pour prendre résolution [2].

Mais plus encore que Dôle, Amiens avait des droits à sa

---

[1] *Chroniques de l'ordre des Carmélites en France*, t. II, p. 447
[2] Lettre du 8 février (peut-être janvier) 1615, autographe inédit, conservé au monastère des Révérendes Mères Carmélites de Beaune.

visite. Là, depuis une année, madame Acarie offrait à toutes les Sœurs le modèle achevé de la perfection religieuse. Un amour pour la pauvreté qui lui faisait ambitionner des vêtements qu'on n'aurait osé donner à personne ; une mortification que ne pouvaient diminuer ses cruelles et incessantes maladies ; une obéissance à la règle et aux supérieurs qui ne connaissait point de bornes ; une humilité dont les anéantissements semblaient incompréhensibles aux témoins de son héroïsme : telles étaient les vertus qui attiraient sur la sainte novice les dons de Dieu les plus rares. Des parfums célestes, des accords angéliques, des visions, des extases multipliées, abrégeaient pour cette âme bienheureuse les heures de l'exil et lui permettaient de goûter par moments les joies de la patrie. Elle n'en était que plus petite à ses propres yeux. « J'ai l'habit de religieuse, disait-elle, mais je n'en ai point les œuvres. » Elle s'estimait indigne même du voile blanc. M. de Bérulle en jugea bien autrement, et il se réserva la consolation de l'en revêtir. La cérémonie de la profession fut fixée au mercredi de la semaine de la Passion, 8 avril 1615, en la fête de saint Albert, patriarche de Jérusalem. Madame Acarie était malade et hors d'état de se lever. On dut porter son lit dans une des chambres de l'infirmerie qui donnait sur l'église. Elle communia, puis M. de Bérulle reçut ses vœux en présence de la communauté : elle en prononça trois fois la formule suivant l'usage [1], d'une voix très-distincte, et en signa l'acte de sa main. Rien ne peut donner l'idée

---

[1] *Manuel des offices divins à l'usage des Carmélites.* Poitiers, Oudin, 1870, IIe part., ch. II, p. 183. — *Vie de la bienheureuse Sœur Marie de l'Incarnation*, par BOUCHER. Paris, 1816, in-8°, liv. IV, p. 393. *Pièces justificatives*, p. 543.

des transports de son amour à la vue de ce voile blanc, objet de tous ses désirs, symbole de sa donation totale à Jésus-Christ. Les paroles du psaume LXXXII : « Je chanterai éternellement les miséricordes du Seigneur », se retrouvaient sans cesse sur ses lèvres. Sa vie n'était plus qu'une action de grâces. M. de Bérulle quitta le monastère du Saint-Esprit[1], ravi de tout ce qu'il venait d'y entendre et d'y voir, et revint à Paris, rappelé par les élections du grand couvent.

Le 25 mai était le jour où la Mère Madeleine de Saint-Joseph devait, d'après la règle, être déposée, et ses filles ne pouvaient s'habituer à la pensée de perdre une prieure si sainte et si aimée. Émue de leur douleur, elle s'efforçait de les consoler, en élevant leurs cœurs au-dessus de la terre ; elle les conjurait d'immoler la volonté propre au bon plaisir de Dieu. Avec un accent où la force prêtait un charme de plus à la douceur, blâmant affectueusement leurs larmes : « Vous êtes filles, il est vray, disait-elle, » mais vous êtes filles de Dieu, et vous ne devez pas vous » laisser aller à toutes ces tendresses comme filles , mais estre » fortes et courageuses comme filles de Dieu[2]. » Puis elle pria et fit beaucoup prier, afin que Dieu lui-même dirigeât les votes des Religieuses. Ses vœux furent exaucés. La Mère Marie de Jésus, qui avait été sous-prieure pendant tout le temps de sa supériorité, fut élue en sa place. C'était continuer la Mère Madeleine dans sa charge que de la remplacer par une si grande Religieuse, celles de toutes qui

---

[1] C'est sous ce titre qu'avait été érigé le monastère d'Amiens. (*Chroniques des Carmélites en France*, t. II, p. 368.)

[2] *La Vie de la Mère Magdeleine de Saint-Joseph*, liv. I, ch. xxi, p. 124.

était entrée le plus avant dans son âme : c'était assurer au monastère de l'Incarnation le précieux avantage d'une conduite uniforme. Car si la Mère Madeleine, dans sa joie de n'avoir plus qu'à obéir, rendait à sa nouvelle supérieure les mêmes respects que la dernière des novices, la Mère Marie de Jésus ne se regardait, en présence de son ancienne prieure, que comme une enfant ; elle en avait la confiance et la docilité : en tout, elle prenait ses conseils et ne pouvait rien lui cacher [1]. Jours heureux, mais courts. Dans sa sollicitude pour tous les couvents du Carmel, M. de Bérulle n'estimait pas juste de réserver au seul monastère de l'Incarnation les biens qui découlaient du gouvernement de la Mère Madeleine, et il allait bientôt soumettre la tendresse de ses filles aux douleurs de la séparation. Pour lui, il prit aussitôt la poste et se rendit en toute hâte à Châlons, où d'autres élections, importantes aussi, allaient avoir lieu.

Depuis quatre années environ, ce monastère, dont la ferveur égale à la pauvreté causait l'admiration du vertueux M. de Brétigny, était gouverné par la Mère Thérèse de Jésus [2]. Amie de cœur et d'âme de la Mère Louise, dont elle avait été la sous-prieure à Dijon, et qu'elle remplaçait dans la supériorité de Châlons, la Mère Thérèse était digne de cette intimité. Une communion de chaque instant et de tout son être aux souffrances inconnues du Fils de Dieu la réduisait à un crucifiement vraiment universel, et moins encore par ses paroles

---

[1] *Chroniques de l'Ordre des Carmélites en France*, t. II, p. 27.

[2] Ce monastère fut fondé sous le titre de la Sainte Vierge et de saint Joseph le 27 décembre 1610. La Mère Louise de Jésus, chargée de la fondation, n'y demeura que neuf mois ; la Mère Marie de Jésus la remplaça. (*Chroniques de l'Ordre des Carmélites en France*, t. II, p. 471.)

que par ses exemples, elle entraînait ses filles à sa suite
sur les sommets du Calvaire, d'où, parfois, la nue se déchirant, il leur était donné de soupçonner la gloire du ciel.
Fières et heureuses d'une telle mère, les Carmélites tremblaient qu'on ne la leur enlevât. Aussi, lorsqu'en présence
de M. de Bérulle on procéda à de nouvelles élections, leurs
votes unanimes continuèrent-ils la Mère Thérèse dans la
charge de prieure. Mieux que personne, M. de Bérulle, qui
avait voulu payer sa dot lorsqu'elle avait pris l'habit au
couvent de Dijon en 1605, connaissait le mérite de la
Mère Thérèse, et ne pouvait consentir à se priver de son
concours. Avant de ratifier son élection, il spécifia donc
que, dans le cas d'une fondation à Besançon, elle ou sa
sous-prieure en serait chargée [1].

C'est à Dôle que devait se conclure cette affaire et plusieurs autres. La Mère Louise de Jésus, dont M. de Bérulle
mettait sans cesse en œuvre la rare capacité et l'infatigable
dévouement, rentrée à Dijon après la fondation de Châlons, n'avait point tardé, on se le rappelle [2], à quitter cette
ville pour Dôle, où elle venait d'ériger le monastère de
Sainte-Madeleine. Ce couvent, que M. de Bérulle trouva
florissant, avait pour fondateur un brave officier, M. Béreur.
Veuf et déjà âgé, cet homme de bien mettait toute sa joie
dans ses deux filles. A la prière de la plus jeune, il avait
généreusement donné les fonds nécessaires pour établir les
Carmélites dans son pays; mais il ne pouvait se résoudre à
lui accorder l'autorisation de prendre elle-même l'habit de

---

[1] 5 juin 1615. *Chroniques de l'Ordre des Carmélites*, t. I, p. 473;
t. III, p. 66.

[2] Voyez plus haut, p. 109.

sainte Thérèse : la sœur aînée encourageait son père dans sa résistance. M. de Bérulle les vit et triompha de leur affection. Le monastère de Sainte-Madeleine put bientôt ouvrir ses portes à mademoiselle Béreur, et Sœur Louise de Jésus lui donna avec l'habit son propre nom [1]. Bien loin d'en vouloir à M. de Bérulle, qui venait de lui enlever sa chère fille, le bon vieillard s'occupa, de concert avec lui et avec la prieure de Dôle, du moyen d'envoyer une colonie du Carmel à Besançon. Ensemble, ils examinèrent à quels prêtres on pouvait confier la conscience des Sœurs, et dans quel quartier de la ville leur couvent devait s'élever. La foi vive et agissante de M. Béreur ne bornait pas ses générosités au Carmel. Lui et « mesdemoiselles ses » filles» voulaient contribuer à l'établissement d'une maison de l'Oratoire. M. de Bérulle, désireux de s'étendre dans la Comté, hésitait entre Besançon, Poligny et Dôle. « Votre » maison et l'Université me feroient désirer Dolle », disait-il à la Mère Louise, « mais ne sachant si c'estoit la volonté de » Jésus et de sa Mère, et ne voulant rien que pour eux et » par eux [2] », il n'osait prendre résolution. On conçoit qu'il inclinât vers cette dernière ville. L'Oratoire lui devait déjà, grâce au conseil de la Mère Louise, un sujet bien remarquable.

On l'appelait Jean Lejeune. Fils d'un conseiller au Parlement de Dôle, mais privé de son père dès le bas âge, il avait été préparé, par les exemples de sa mère, aux vertus qui font les vrais prêtres, et par ses récits, à la vigueur de

---

[1] Ce fut après le départ de M. de Bérulle, le 15 septembre 1615. (*Chroniques*, t. II, p. 534.)

[2] Lettre de M. de Bérulle à la Mère Louise de Jésus, 8 février 1615.

caractère qui fait les citoyens. C'était sa joie d'entendre à la veillée cette femme forte lui raconter comment les magistrats de Dôle, se voyant refuser une satisfaction qui leur était due, avaient déposé leur robe rouge, déclarant que désormais, par leur vêtement noir, ils porteraient le deuil de leur autorité méprisée. Se sentir l'héritier de tels hommes est une grande grâce ; elle s'alliait chez Jean Lejeune à une piété rare, à des connaissances déjà étendues. Il achevait ses études théologiques à l'université de Dôle, et il était même pourvu d'un canonicat dans l'église d'Arbois, lorsqu'il s'ouvrit de ses désirs de perfection et d'apostolat à une sainte Ursuline, Anne de Saintonge, et à la Mère Louise de Jésus. Toutes deux lui parlèrent de l'Oratoire, et, sur les assurances de la prieure des Carmélites, il partit pour Paris. M. de Bérulle le reçut avec une joie extrême, et découvrant dans son âme la semence des plus héroïques vertus, il la cultiva avec autant de vigilance que de tendresse. Quelques mois seulement s'étaient écoulés depuis l'entrée de Jean Lejeune à l'Oratoire, lorsqu'il fut atteint d'une fièvre pourprée. On craignait la contagion, et on défendit à tous, sauf au médecin et au confrère qui le servait, l'entrée de sa cellule. Ceci se passait au commencement de l'année 1615. M. de Bérulle, quoique fort préoccupé alors des affaires de l'Église et de l'État, ne manqua pas un seul jour de venir visiter son cher fils, de le consoler, de le servir de ses propres mains, poussant l'humilité et la charité jusqu'à faire lui-même son lit [1].

---

[1] M. TABARAUD (*Vie du P. Lejeune*, Limoges, Barbou, 1830) suppose que Jean Lejeune entra à l'Oratoire en 1614, et il dit en même temps que sa vocation fut décidée par M. de Bérulle, qui s'était rendu à Dôle pour

M. de Bérulle remercia la Mère Louise de lui avoir envoyé un ecclésiastique si plein de promesses, et il lui donna ses pouvoirs pour l'admission de nouveaux membres. La Franche-Comté semblait préparer à l'Oratoire, avec des ouvriers d'élite, une abondante moisson.

Tandis qu'à Dôle la Mère Louise de Jésus travaillait si heureusement à l'établissement de l'Oratoire, la Mère Madeleine de Saint-Joseph s'en occupait à Tours avec non moins de succès.

Les craintes des Mères du grand couvent s'étaient réalisées dès le mois de juillet. Les supérieurs ayant jugé à propos de retirer, pour le bien de l'Ordre, plusieurs Religieuses de la maison de Tours, M. de Fontaines manifesta un vif regret de cette décision. On pensa alors que le plus sûr moyen de le satisfaire et d'établir dans ce couvent la même perfection que dans celui de Paris, était d'y envoyer

y faire la visite des Carmélites. M. de Bérulle n'ayant été à Dôle qu'en 1615, il faut choisir entre les deux affirmations contradictoires de Tabaraud. C'est en 1614 que M. Lejeune entra à l'Oratoire. 1° Il y était pendant la tenue des états généraux, puisque ce fut alors que M. de Bérulle le soigna. (*Discours funèbre sur la vie et la mort du Révérend Père Lejeune*, par C. RUBEN. Limoges, Barbou, 1674, p. 90. — LEJEUNE, *Sermon XXIX de l'éminent Cardinal de Bérulle*, dans les *Panégyriques*, Tolose, 1667, p. 1246.) Or, c'était à la fin de l'année 1614, et tout au commencement de 1615. 2° Les anciens registres de la Congrégation le portent comme entré en 1614. (Arch. nat.) Mais alors pourquoi l'intervention des Carmélites de Dôle? Parce que ce fut la Mère Louise de Jésus qui détermina M. Lejeune à entrer à l'Oratoire. Le 8 février 1615, M. de Bérulle écrit à la Mère Louise (autographe de Beaune): « Je suis fort satis- » fait des deux que vous nous avez envoyés. » Or, je trouve à cette date deux Francs-Comtois entrés à l'Oratoire; l'un est le P. Lejeune, l'autre est le P. Jean Courvoisier, originaire de Poligny. (Arch. nat., M. 220, p. 106.) Les historiens ont conservé le souvenir de l'intervention des Carmélites, et confondant une année avec l'autre, ont retardé mal à propos, jusqu'à la visite du couvent de Dôle, l'entrée du P. Lejeune. Moréri, qui fixe la date de 1613, ne cite aucune autorité et n'en pouvait pas citer.

pour quelques mois la Mère Madeleine. Elle obéit, et quoique percluse de douleurs, et travaillée intérieurement par des peines très-cruelles, elle se consacra tout entière à l'œuvre qu'on lui confiait [1]. En même temps, avec son tact habituel, elle disposait en faveur de l'Oratoire les gens de bien de la ville qui la vénéraient. Depuis quelques mois déjà, à sa sollicitation et à celle de M. de Fontaines, les PP. Jérôme Beauquemard et François Aubert étaient venus se loger auprès des Carmélites. Par leurs prédications, leur assiduité au confessionnal, leurs travaux apostoliques dans les campagnes environnantes, ils avaient conquis l'estime publique [2]. Aussi, lorsque après une courte halte à Orléans, dont le peuple lui parut « peu disposé à profiter des » petits labeurs » de sa compagnie, M. de Bérulle vint à Tours, il trouva aplanies toutes les difficultés que l'on croyait d'abord fort grandes. Les habitants eux-mêmes étaient étonnés, et disaient que, « de mémoire d'homme, ne s'estoit » résolue d'affaire en leur corps de ville avec un si grand » consentement. Car l'assemblée estant fort solennellement » convoquée et fort grande, il ne s'en estoit trouvé un seul » qui n'eût conclu favorablement [3] » .

Afin de hâter l'établissement, M. de Fontaines s'inscrivit pour un don de six mille livres [4]. M. de Bérulle dédia la maison « à la vie languissante du Fils de Dieu en la

---

[1] *La Vie de la Mère Magdeleine de Saint-Joseph*, liv. I, ch. XXI, p. 125-127. Les causes du départ de la Mère Madeleine sont indiquées plus exactement dans *la Vie de la Mère Marguerite du Saint-Sacrement*.

[2] Arch. nat., MM. 623, p. 30.

[3] Lettre de M. de Bérulle au Père Gibieuf, du 10 septembre 1615. (Arch. nat., M. 234-238, ancien classement.)

[4] Arch. nat., MM. 623, p. 30. Le Roi autorisa l'établissement de Tours par lettres patentes du 27 septembre.

» croix. » — « O quelle vie ! » disait-il, « ô quelles langueurs ! ô
» quelles souffrances ! ô quels effets ordonnés pour cette vie-
» là, par cette vie-là ! Si nous pouvions faire un monde en
» l'honneur d'un si grand et si divin suiet, nous le devrions
» faire ! Et ie me tiens heureux du moyen et de la pensée
» que Dieu nous donne de lui dédier et offrir une mayson
» en l'honneur spécial de chose tant mémorable et tant
» honorable [1]. » C'est de Saumur, où il se trouvait le
10 septembre, que M. de Bérulle écrivait en ces termes à
M. Gibieuf. Depuis près d'un an, il était question de confier à l'Oratoire la chapelle de Notre-Dame des Ardilliers.
L'évêque d'Angers, Charles Miron, avait donné son consentement le 11 février, et les habitants de Saumur y
avaient souscrit le 30 avril. Néanmoins M. de Bérulle dut
quitter cette ville sans avoir rien conclu. Il gagna Nantes,
dont l'évêque et le grand vicaire, M. Louytre, étaient
les dévoués protecteurs de la Congrégation, et revint aussitôt à Paris [2].

Depuis son retour de Rome, M. de Soulfour, maintenant prêtre de l'Oratoire, occupait ses loisirs, par le

---

[1] Lettre du 10 septembre, citée plus haut.

[2] Dans sa lettre du 10 septembre, M. de Bérulle dit qu'à son passage
à Tours il n'a rien fait pour les Carmélites, « ayant remis le tout au
» retour. » Mais la visite n'eut lieu que le 9 novembre [(*Archives des Carmélites de Tours*). Or il me semble impossible que M. de Bérulle ait passé
deux mois à Nantes et à la Rochelle. Il y a plus, deux documents paraissent
indiquer sa présence à Paris pendant ce laps de temps ; d'abord la dédicace
de *la Vie de saint Charles Borromée* à la Reine, qui est datée de Paris,
3 novembre ; ensuite un acte passé par M. de Bérulle, stipulant au nom de
la Congrégation et empruntant 1,200 livres à M. de Marillac le 23 septembre. (Arch. nat., MM. 236, *Annales*, p. 30.) Je suppose donc que,
contrairement aux intentions exprimées dans sa lettre du 10 septembre,
M. de Bérulle brusqua son retour à Paris, et après un séjour de quelques
semaines, reprit de nouveau le chemin de la Touraine.

conseil de son supérieur, à la traduction de deux ouvrages
italiens. L'un était une vie de saint Charles Borromée, par
Giussano ; l'autre, un recueil de sermons sur les devoirs des
prélats, par l'évéque de Casale[1]. Lorsque le premier de ces
livres fut imprimé, M. de Bérulle jugea naturel de l'offrir
à la Reine mère, et c'est ce qu'il fit dans une belle et large
dédicace. Après avoir exposé à Marie de Médicis à combien
de titres ce livre lui appartenait, puisqu'il avait pour objet
un saint dont elle était parente, et pour auteur un prêtre
d'une congrégation dont elle était la fondatrice, il convie
les évêques à étudier la vie d'un si grand homme, parmi les
vertus duquel il a soin de distinguer son « respect singulier
» envers le Saint-Siége », allusion manifeste aux derniers
événements, et « une vigilance et résidence perpétuelle
» sur leur troupeau» ; leçon fort utile, en l'année 1615, aux
prélats français. Puis, dans sa légitime fierté d'appartenir
à une Église qui produit de tels prêtres, M. de Bérulle
présente hardiment ce saint des derniers temps, cet homme
puissant en œuvres, aux regards des protestants, chez lesquels « il n'y a non plus de sainteté que de vérité », et
« dont la foy est une foy sans œuvres, tant elle est ré-
» formée; » et revenant à la Reine, il lui adresse en terminant ces graves paroles : « Honorez-le, Madame, car la
» grandeur des Saints surpasse la grandeur des Roys, plus
» que le ciel ne surpasse la terre, et leurs cendres mêmes
» sont vénérables aux Roys. Priez-le, car la charité luy
» donne vouloir, et sa qualité luy donne pouvoir d'obtenir
» de Dieu ce qui sera convenable pour l'estat de vostre

Arch. nat., M. 220, cote C, p. 40. — MORÉRI, art. SOULFOUR.

» ame, pour la prospérité de nostre Roy, pour le bien de la
» France. Imitez-le, car c'est un exemple rare et domes-
» tique qui vous sollicite et convie puissamment et souëfve-
» ment de tendre à la perfection de la vertu royale et
» chrestienne, afin qu'étant coniointe en la terre à ce grand
» saint par le sang et la nature, vous lui soyez coniointe
» au ciel par la grace et la gloire. »

Tandis que M. de Bérulle parlait un si ferme langage à
la Reine, il mettait toutes les industries de sa charité au
service d'une victime de la Cour et du monde. C'était une
dame parfaitement belle, d'un esprit vif et plein d'agrément. Son instinctif dégoût pour tout ce qui abaisse lui
prêtait un charme de plus et paraissait devoir sauvegarder
sa vertu. Elle avait accoutumé de dire qu'elle demandait
à Dieu de la préserver de tout péché, un seul excepté.
« Pour celui-là, » ajoutait-elle, « je l'ai en telle horreur que je
» m'en garderai bien moi-même. » Il lui restait à apprendre
quelle fragile défense l'honneur, même le plus délicat et
le plus vaillant, oppose aux entraînements du cœur. Elle
cut le malheur d'inspirer une passion que son devoir et sa
dignité lui défendaient de partager. Après avoir lutté longtemps, trahie par elle-même, elle succomba. Mais fière
jusque dans sa chute, elle n'eut désormais qu'un souci :
conserver dans l'estime des hommes cet honneur qui
n'existait plus aux yeux de Dieu. Vainement une très-
grave maladie, la clouant sur la croix, vint réveiller en elle
avec les sentiments d'une foi toujours vivante, la crainte
des éternels châtiments. Elle ne pouvait se résoudre à
chercher la paix dans l'aveu de sa faute. En même temps,
cette infortunée apprit que l'auteur de tant de maux ne

l'épargnait pas dans ses discours, et la haine succédant alors à l'amour, mit le comble à son supplice. Plusieurs Religieux de grande vertu, appelés successivement auprès d'elle, avaient vainement essayé de faire rentrer l'espérance dans ce cœur ulcéré. On se tourna vers M. de Bérulle, qui reçut d'abord le même accueil que ses prédécesseurs. Rien ne put lasser son courage. S'apercevant que sa présence donnait quelque relâche à cette malheureuse, il passait à son chevet des jours sans nourriture et des nuits sans sommeil. Enfin, l'ennemi fut obligé de fuir, la grâce rentra dans ce cœur naturellement élevé, et qui, broyé par le repentir, se dilata dans la charité. Avant que la pécheresse, devenue une grande pénitente, quittât une terre arrosée de ses larmes, M. de Bérulle voulut qu'elle rendît son amitié à celui dont elle n'aurait jamais dû accepter l'amour. Il vint donc, conduit par le serviteur de Dieu. A la vue de cette femme autrefois si spirituelle et si belle, maintenant méconnaissable et agonisante, il fut rempli d'une telle émotion, que se jetant aux pieds de M. de Bérulle, il lui fit la confession de toute sa vie [1]. Douloureuse histoire qui, en révélant de nouveau au supérieur de l'Oratoire les amertumes, les désenchantements et les hontes dont le monde est rempli, lui rendait plus doux encore le spectacle des vertus qui s'épanouissaient au Carmel. Les âmes prédestinées qui l'habitaient réclamaient sa visite. Il quitta Paris au plus tôt, et dès le 9 novembre il était à Tours.

La prieure qu'on y avait envoyée de Paris était la

---

[1] HABERT DE CERISY, liv. II, ch. v, p. 383 et suivantes.

Mère Marie de Saint-Gabriel, Religieuse de beaucoup d'esprit et de courage, mais un peu sévère ; aussi lui avait-on donné pour sous-prieure la Mère Marguerite du Saint-Sacrement. Soutenue encore par l'autorité pénétrante de la Mère Madeleine de Saint-Joseph, qui se trouvait avec elle à Tours, l'admirable fille de madame Acarie n'avait point tardé à conquérir la confiance des Religieuses. La visite de M. de Bérulle, qui fut longue, car, commencée le 9 novembre, elle ne se termina que le 14, acheva d'établir dans le monastère une discipline sans laquelle la ferveur des commencements se dissipe rapidement. Dans l'acte de visite écrit de sa main, M. de Bérulle signale avec précision et bannit avec fermeté les défauts qu'il a remarqués parmi les Sœurs. Il ordonne que « les » usages et observances de cette mayson seront resduites » à l'ordinaire de cette sainte religion, et que tout ce qui » est d'estranger et d'inuention priuée en sera osté. » Il recommande le silence, et déclare que «celles qui y man- » queront cy-après seront notées de quelque pénitence » particulière, pour remettre en vigueur cette sainte obser- » vance très-utile à conserver la présence de Dieu en l'âme » et sa sainte opération. » Il insiste pour que « l'esprit de » charité, simplicité, obéissance, soit établi et renouvellé » dedans les Sœurs, n'y ayant rien désormais, ny en leurs » pensées deuant Dieu, ny en leurs actions et parolles deuant » les Sœurs, qui ne ressente ces dispositions intérieures. » Mais surtout il veut que « la déuotion envers la très-sainte » Vierge Marie soit grandement cultiuée et soigneusement » augmentée dedans les âmes. Et qu'à cet effet, iusques » au temps de la prochaine visite, chaque Sœur fleschira

» le genoulx une fois le soir devant la très-sainte Vierge,
» en ses dévotions particulières, 1° pour rendre hommage
» aux grandeurs et souuerainctés de la très-sainte Mère de
» Dieu ; 2° pour luy offrir son estre et son estat, sa vie et
» ses actions ; et 3° pour la supplier qu'elle daigne la dis-
» poser à luy rendre l'honneur et l'amour spécial qu'elle
» requiert de ses filles et servantes en la terre, et lui faire
» part de l'appartenance singuliere en laquelle elles
» doiuent entrer en cette qualité; » et il ajoute que
« chaque Sœur aura soin de communier une fois le
» moys pour l'accomplissement des désirs de la très-
» sainte Vierge sur la terre, pour l'établissement de son
» honneur dedans les âmes, et notamment dedans cet
» Ordre[1]. »

La visite de Tours achevée, M. de Bérulle se dirigea
vers la Rochelle. Aux environs de cette ville demeurait
une dame de grande piété, qui, ayant entendu parler de
l'expérience de M. de Bérulle dans les voies intérieures,
désirait lui ouvrir son âme. Elle n'eut pas besoin de lui
exposer son état : il prévint ses demandes par ses paroles,
et lui fit voir ainsi combien il était rempli de l'Esprit de
Dieu, qui connaît, avant même qu'ils les expriment,
les pensées des hommes. L'établissement que l'Oratoire
possédait à la Rochelle était considérable, et M. de Bérulle
n'eut qu'à bénir Dieu qui lui avait offert le moyen de
l'honorer dans le boulevard même du calvinisme. De la
Rochelle, il vint à Saintes, tellement décidé à n'y point
faire de séjour, qu'il avait défendu à un homme dont il

---

[1] *Pièce originale*. (Archives des Carmélites de Tours.)

était accompagné de parler de sa présence à l'abbesse de Notre-Dame ni à ses Religieuses. Mais étant monté à l'autel pour célébrer, il en redescendit dans des pensées toutes différentes, et se fit incontinent conduire à l'abbaye. Là, il eut avec les Religieuses, mais surtout avec l'abbesse et avec M. Despruets, son confesseur [1], un entretien manifestement béni du ciel, et quand ils se quittèrent, ils sentirent qu'entre leurs âmes Notre-Seigneur venait de former des liens que l'éloignement ne pourrait relâcher, que la mort elle-même serait incapable de rompre.

Bordeaux appelait M. de Bérulle. Dans le monastère de Saint-Joseph, il allait retrouver, tout vivant encore, le souvenir de sa fondatrice, la jeune présidente de Gourgues, et sous le gouvernement de la Mère Isabelle des Anges une communauté régulière et fervente. Vénérée dans tout Bordeaux, exerçant sur les gens les plus haut placés de la ville le même ascendant que sur ses Sœurs, « la vaillante Espagnole [2] » ne se servait de son crédit que pour rétablir la paix dans nombre de familles divisées. Mais bien qu'un emploi si digne d'un cœur tout brûlant de charité lui donnât quelque consolation, la pieuse prieure en souffrait cependant, parce qu'il l'arrachait à sa chère solitude et lui attirait les applaudissements du monde. Aussi souhaitait-elle d'aller en une ville où « il » n'y eût point de parloir pour elle ». Instruit de ses désirs, M. de Bérulle, que l'on pressait alors de fonder un monastère à Toulouse, résolut de confier cette mission à

---

[1] Évêque de Saint-Papoul en novembre 1636. (*Dictionnaire de statistique religieuse*, Migne, col. 384.)

[2] *M. de Bérulle et les Carmélites de France*, ch. XI, p. 345.

la Mère Isabelle. C'était assurément imposer une grande épreuve au monastère de Saint-Joseph; mais l'esprit des Religieuses y paraissait si excellent, M. de Bérulle voyait dans la Mère Marie de la Trinité, professe de Rouen, une prieure si capable de continuer les traditions de la Mère Isabelle, qu'il crut pouvoir faire cette faveur à Toulouse sans trop nuire à Bordeaux [1].

Dans l'espace de quatorze mois, M. de Bérulle avait visité les monastères de Paris, de Pontoise, d'Amiens, de Châlons, de Dôle, de Tours, de Bordeaux. Partout il avait trouvé florissantes la piété, la pauvreté, l'obéissance. Partout il avait admiré, se détachant sur ce fond commun de la régularité religieuse, quelque merveille plus délicate de la grâce. Ce fut donc la joie et la consolation dans le cœur qu'il rentra à Paris, où le rappelaient les intérêts de sa Congrégation [2].

[1] *Chroniques de l'Ordre des Carmélites*, t. II, p. 421. — *La Vie de là Mère Isabelle des Anges.* Paris, Vitré, 1668, ch. xii , p. 118 et suiv.; ch. xiii, p. 120.

[2] Janvier 1616.

CHAPITRE V.

LA MAISON DE LA RUE SAINT-HONORÉ.

1616.

Accroissement de l'Oratoire.— Tentatives infructueuses du P. de Bérulle pour acquérir l'hôtel de Nemours, l'hôtel de la Monnaie, l'hôtel de Matignon. — Il achète l'hôtel du Bouchage, 20 janvier, et ouvre au public la chapelle. — Les cérémonies, le chant des offices, la messe à l'Oratoire. — Exemples du P. de Bérulle et de ses premiers disciples. — Conseils qu'il donne pour la prédication. — Ce qu'elle était à cette époque. — Ce qu'elle devient à l'Oratoire. — Le P. de Bérulle ne prêche pas lui-même. — Ses conseils pour la direction. — Préparations qu'apportent les Oratoriens à ce ministère.— Journée d'un prêtre de l'Oratoire. — Le lever, l'oraison, l'étude, la récréation. — Austérité de vie. — Conférences du P. de Bérulle à ses confrères. — Perfection qu'ils doivent acquérir. — Moyens d'y parvenir que leur offre l'Oratoire. — Leur obéissance. — Entrée de MM. Gault dans la Compagnie (10 juin). — Le P. Gibieuf est nommé supérieur de la maison de la rue Saint-Honoré.—Nouveaux établissements en province. — M. de Richelieu.

L'hôtel du Petit-Bourbon convenait bien à une congrégation naissante. Sur les hauteurs du faubourg Saint-Jacques, dans le voisinage des Carmélites et des Chartreux, on trouvait le silence et la solitude; car l'abord était assez difficile pour lasser les visiteurs importuns et décourager les curieux. Toutefois, ce ne pouvait être qu'un établissement provisoire. La maison devenait trop étroite pour loger les disciples de M. de Bérulle, dont le nombre s'élevait déjà à soixante environ. Il avait fallu, pour ce motif, autoriser les supérieurs de Notre-Dame de Grâce, de Dieppe, de la Rochelle et d'Orléans, à admettre, sur l'avis des plus anciens prêtres de leur communauté, les sujets qui se présenteraient. Cette mesure n'était pas sans inconvénient [1]. D'ailleurs, la congrégation une fois constituée, il convenait qu'elle descendît vers la ville et que le peuple recueillît le fruit des vertus qu'elle avait cultivées dans la solitude. Prêtres avant tout, les Oratoriens, en se sanctifiant, voulaient travailler pour les âmes. Il était temps de le prouver.

Dès la fin de 1611, M. de Bérulle avait pensé qu'il serait facile d'acquérir l'hôtel de Nemours, grâce à l'intervention de saint François de Sales [2]. Son espoir ayant été déçu, il put croire, en 1613, qu'il s'établirait dans l'hôtel de la Monnaie. Mais au mois de juillet, les lettres patentes accordées par le Roi à la prière de sa mère n'avaient pas encore reçu d'exécution. Les gens de la Monnaie, furieux de déloger et d'être transférés au vieil hôtel d'O, derrière Saint-Thomas du Louvre, faisaient mille avanies aux Pères de l'Oratoire, lorsque ceux-ci se hasardaient à visiter leur future habitation. Ils leur montraient, sur les vitres peintes, des renards affublés d'un costume qui rappelait celui de la nouvelle compagnie, et que quelque artiste huguenot avait représentés mangeant force images. Cela amusait les badauds de Paris, et faisait rire dans sa retraite le grave du Plessis-Mornay [3]. Fatigué des difficultés sans nombre qu'on apportait à l'exécution des ordres du Roi, le P. de

---

[1] *Annales de la maison de l'Oratoire*, grand in-fol., p. 30. (Arch. nat., MM. 623.)

[2] Lettres de saint François de Sales à M. de Bérulle et à madame Acarie du 26 janvier 1612. (*Études historiques, religieuses et littéraires, par des Pères de la Compagnie de Jésus*, XIII[c] année, t. 1, p. 366.)

[3] BATTEREL, *Mém. dom.*, liv. II, n° 93. — *Mercure françois*, t. III, année 1613, p. 291. — *Lettres de M. du Plessis-Mornay*, in-4°, t. I, p. 528, lettre du 13 juillet 1613.

Bérulle n'insista point, et l'hôtel de la Monnaie, au grand contentement de ses habitants, conserva son ancienne destination. Le supérieur de l'Oratoire jeta alors ses vues sur l'hôtel de Matignon. Henri IV, après l'avoir acheté pour en abattre une partie qui entravait la continuation de la grande galerie du Louvre, avait donné le reste au président Jeannin. Par un contrat passé le 15 juillet 1613 avec ce grand ministre, le P. de Bérulle acheta l'hôtel de Matignon au prix de dix-huit mille livres. Mais, l'acquisition faite, il renonça, on ne sait pour quel motif, à s'y établir [2].

Les difficultés qu'il rencontrait partout ne laissaient pas que de préoccuper le P. de Bérulle. Aussi, toujours fidèle à se tourner du côté du ciel, pour en obtenir le secours dont il avait besoin, ordonna-t-il à ses disciples de redoubler de prières. Chaque semaine ils descendaient en pèlerinage à l'abbaye de Saint-Victor, afin d'y implorer, dans la chapelle souterraine de Notre-Dame de Bonne-Nouvelle, la Vierge miséricordieuse qui avait préparé une si pure demeure au Verbe incarné. Chaque jour, un Oratorien y offrait le saint sacrifice pour cette intention [2]. Le ciel semblait sourd à leurs supplications, et M. de Bérulle ne pouvait s'empêcher de dire doucement à un de ses con-

---

[1] *Topographie historique du vieux Paris*, par C. BERTY, in-fol. Paris, 1860, t. I, ch. II, p. 80. — Il ne faut pas confondre cet hôtel de Matignon avec un autre du même nom, rue Saint-Dominique, lequel ne fut construit qu'en 1648. (PIGANIOL, t. VII, p. 125.)

[2] BOURGOING, *Mémoires manuscrits*, cités par Batterel, liv. II, n° 96. — LEBAT, *Vie manuscrite*, liv. II, ch. x. — Sur la chapelle de Notre-Dame de Bonne-Nouvelle, voyez *la Triple couronne de la Bienheureuse Marie, Mère de Dieu*, par le R. P. FRANÇOIS POIRÉ. Paris, Lanier, 1858, in-8°, t. I, traité I, ch. XII, p. 377. — *Notre-Dame de France*, par M. le Curé de Saint-Sulpice. Plon, 1861, t. I, ch. II, p. 41.

frères : « Le bon Jésus ne nous tient-il pas une grande
» rigueur? Il y a quatre ans que nous lui demandons inces-
» samment qu'il nous loge, et il ne nous exauce point. »

Sur ces entrefaites, on vint lui proposer l'achat d'une
maison située dans le quartier Saint-Honoré, et appelée
tour à tour l'hôtel du Bouchage et l'hôtel de Montpensier,
du nom de ses propriétaires. Les bâtiments étaient considérables et en bon état, l'enclos suffisant, le prix abor-
dable. Un triste souvenir, il est vrai, planait sur cette
maison. Gabrielle d'Estrées l'avait louée autrefois, et là,
un jour que Henri IV venait voir la favorite, il avait été
frappé par Châtel. Ce motif n'était point suffisant pour
empêcher le P. de Bérulle de s'y établir, et le contrat fut
passé avec la duchesse de Guise, le 20 janvier 1616, au
prix de soixante et dix mille écus[1]. De peur que l'affaire
ne fût encore traversée, on observa un si grand secret,
que l'achat fut conclu, la communauté établie, ce qui
demanda encore une semaine, et le service divin commencé, avant que l'on connût dans Paris le dessein
qu'avait le P. de Bérulle de l'acquérir[2].

On comprend en effet que cet achat déplût à des esprits
qu'effrayaient les succès de l'Oratoire. Si, malgré l'éloignement, la foule se portait à l'hôtel du Petit-Bourbon, que

---

[1] *Topographie historique du vieux Paris*, t. I, ch. ii, p. 53 et p. 29.
L'hôtel du Bouchage avait été construit par Henri de Joyeuse, comte du
Bouchage, et agrandi encore par son frère le cardinal. Plus tard il fut
habité par la fille de Henri de Joyeuse, Henriette-Catherine, qui avait
épousé Henri de Bourbon, duc de Montpensier. L'hôtel s'appela alors hôtel
de Montpensier. Lorsque le P. de Bérulle se présenta pour acheter cette
maison, la duchesse de Montpensier était mariée en secondes noces à Charles
de Lorraine, duc de Guise, fils de celui qui avait été assassiné à Blois.

[2] HABERT, liv. II, ch. vii, p. 411.

serait-ce maintenant que la nouvelle congrégation s'établissait dans un quartier commerçant, populeux et riche, où les premières familles de France avaient leur demeure ? La rue Saint-Thomas du Louvre était déjà célèbre par l'hôtel de Rambouillet, que M. d'Angennes songeait dès lors à faire rebâtir [1], et par l'hôtel de la Vieuville [2]. Une étroite allée séparait seule la maison de l'Oratoire de l'hôtel de Saint-Pol. Dans les alentours habitaient MM. de Mortemart, de Souvré, de Schomberg [3]. Les enclos de l'hôtel du Bouchage rejoignaient le Louvre. De leurs cours et de leurs cellules, les Pères pouvaient entendre le bruit des armes, les tambours battant au champ, la voix des officiers, les cris du peuple saluant de ses vivat le trop jeune héritier de Henri IV. Étrange contraste avec le silence du faubourg Saint-Jacques et le voisinage du grand couvent !

A peine arrivé dans ce lieu jusque-là si profane, le P. de Bérulle songea à élever une chapelle [4]. Dans sa hâte qu'elle fût construite, il voulut animer les ouvriers par son exemple. On le voyait charger les manœuvres et porter gaiement la hotte sur ses épaules. Tous ses disciples tinrent à honneur de mettre avec lui la main à un si saint ouvrage.

[1] *La Jeunesse de Madame de Longueville*, par V. COUSIN, 1re éd., ch. II, p. 129. — *Topographie du vieux Paris*, par BERTY, t. 1, p. 106. L'hôtel de Rambouillet fut reconstruit en 1618. C'était autrefois l'hôtel d'O, où il avait été question de transférer la Monnaie. (PIGANIOL, t. II, p. 258.)

[2] Acheté en 1620 par Charles d'Albert, duc de Luynes, dont il prit le nom, puis celui d'hôtel de Chevreuse.

[3] *Topographie du vieux Paris*, t. I, p. 10, 12, 14, 20, 37, 46. Voyez aussi le *Plan de Gomboust*.

[4] L'église de l'Oratoire subsiste encore ; mais ce sanctuaire, où les disciples du P. de Bérulle ont offert le divin sacrifice, prié, prêché, donné l'exemple de tant de vertus pendant près de deux siècles, appartient maintenant aux protestants.

Trois mois suffirent pour l'achever, et, dès les premiers jours de mai, on put y commencer l'office divin [1]. Le peuple accourut [2]. Il trouvait là tout ce qui le frappe et le touche : au chœur, une tenue digne de la majesté de Dieu qu'on y adore ; dans la chaire, une prédication d'une gravité toute nouvelle ; au tribunal de la pénitence, le zèle, le désintéressement, la prudence, la douceur qui attirent les âmes et les retiennent.

Les hautes et sublimes idées que Dieu donnait à M. de Bérulle sur tous les mystères de la religion lui inspiraient pour l'église, et pour le chœur qui en est la partie la plus excellente, une vénération qu'il avait communiquée à ses disciples. Aussitôt que la cloche s'était fait entendre, ils quittaient leur chambre, passaient en silence dans la sacristie, où M. de Bérulle ne permettait pas qu'on parlât, l'appelant « l'antichambre du Seigneur [3] », et, disposés par le recueillement aux saintes fonctions qu'ils allaient remplir, ils se rendaient à leur stalle. Revêtus de leurs surplis à larges manches, immobiles, abîmés en Dieu, ils éprouvaient une joie que trahissait leur visage, à passer des heures dans ce lieu, « le plus saint, le plus doux, le plus » auguste de leur maison, le lieu du séjour de Dieu avec » les hommes, de la conversation des hommes avec Dieu [2]. »

[1] *Annales*, p. 312 et suiv. (Arch. nat., MM. 226.) *Topographie historique du vieux Paris*, par C. BERTY, t. I, ch. II, p. 53.

[2] *Mémoires domestiques*, par le P. BATTEREL, IIe partie, p. 134 et suiv. (Arch. nat., M. 220.)

[3] LEBAT, *Vie manuscrite*.

[4] BÉRULLE, *Œuvres complètes*, éd. de 1657, p. 778. Voyez aussi *Du saint office au point de vue de la piété*, par un directeur du séminaire de Saint-Sulpice. Paris, Poussielgue, 1867, Ire partie, titre IV, p. 224.

A la manière dont ils psalmodiaient et chantaient, il était facile de reconnaître que, dociles aux enseignements de leur supérieur, ils entendaient s'acquitter divinement d'un ministère qu'ils estimaient divin. Non-seulement, en effet, ils se regardaient dans cette auguste fonction comme députés par toute la création pour rendre à Dieu les adorations auxquelles il a droit, mais encore, dans un sentiment où on ne sait ce qui domine, de la conviction de leur néant ou de la joie de leur grandeur sacerdotale, ils ne se voyaient que comme les instruments de Jésus-Christ. Depuis l'Incarnation, se disaient-ils pour s'abaisser et se grandir à la fois, toute la religion est renfermée en un Dieu adoré et un Dieu adorant, et nul hommage n'est agréé du Père s'il n'a son origine au cœur de son Fils, et s'il n'est formé par lui sur les lèvres de ses prêtres, par lesquels c'est encore lui et lui seul qui adore [1].

Aussi M. de Bérulle voulait-il que tout en ses disciples témoignât aux anges et aux hommes des sentiments dont ils étaient pénétrés. Le bon ordre ne leur permettait pas, lorsque l'office était public, de le réciter tout entier à genoux, selon la coutume de M. de Bérulle en son particulier, ni de s'arrêter entre chaque heure comme les anciens Pères du désert, afin de renouveler leur attention, ce qui était encore son usage [2]. Mais leur gravité, leur application rendait fructueuse pour leurs âmes une fonction si édifiante pour le peuple. Dans leur vigilance, ils allaient jusqu'à s'interdire de prêter au chant une atten-

----

1 BÉRULLE, *OEuvres complètes*, lettre LXVI, p. 772, et *passim*.
2 LERAT, *Vie manuscrite*.

tion qui eût pu dégénérer en plaisir. Ils ne se permettaient pas un seul mouvement capable d'altérer en eux la majesté qui convient aux oints du Seigneur [1]. La foi déchirant pour M. de Bérulle tous les voiles, ses frères lui apparaissaient dans le chœur comme placés entre l'enfer et le ciel, réparant par leur ferveur dans la louange la fureur des démons dans le blasphème, et faisant entendre un écho fidèle, quoique affaibli, des adorations et des cantiques qui retentissent au ciel [2].

Mais s'il exigeait de ses disciples et de lui-même une attention si continuelle et si austère, il avait à cœur de la rendre aisée aux fidèles qui fréquentaient la chapelle de l'Oratoire. D'après les conseils du premier maître de la musique du Roi, un chanoine de Péronne entré récemment dans la Congrégation, et auquel on adjoignit bientôt M. Bourgoing, M. de Bérulle fit psalmodier en chœur quelques heures canoniales. Puis, encouragé par le succès, il chargea l'ancien chanoine de composer le chant des Litanies de Jésus et de la Sainte Vierge et celui des Vêpres et des Complies. On le trouva si harmonieux, que bientôt on mit également en musique l'*Exaudiat*, le *Rorate*, le *Miserere*, et les autres parties de l'office. Des basses, des violes, des voix choisies d'hommes et même d'enfants, formaient un chœur à la tribune, tandis qu'en bas les Pères en faisaient un autre avec leur chant nouveau. La musique du Roi et

---

[1] M. de Bérulle était sévère sur ce point, et un jour qu'un de ses Pères (le P. Morin), incommodé par une mouche, avait fait un geste pour la chasser, il lui en adressa, rentré à la sacristie, une sérieuse réprimande.

[2] *Première lettre aux Mères Carmélites.* Une pensée analogue appliquée à l'oblation du Saint sacrifice a inspiré un tableau exécuté par les ordres de M. Olier. (*Vie de M. Olier*, 2ᵉ éd., t. II, liv. II, note 2 *bis*, p. 342.)

celle de M. le duc de Nevers, qu'on tenait pour la meilleure de la capitale, se rendaient souvent à l'Oratoire. La chapelle devint trop petite pour la foule qui s'y pressait, et bientôt les disciples de M. de Bérulle furent connus dans tout Paris sous le nom de « Pères au beau chant [1] ». Des esprits chagrins ne laissèrent point échapper cette occasion de critiquer le nouvel institut. Un auteur anonyme et nullement musicien lui reprocha amèrement de consacrer à louer Dieu des voix d'enfants [2]. Certain de ne point être en opposition avec la sainte antiquité [3], pouvant même alléguer à ses contradicteurs l'exemple du grand réformateur de l'Église, saint Charles Borromée [4], M. de Bérulle ne répondit pas, et continua à user de cet innocent stratagème pour retenir plus longtemps les gens du monde au pied des autels de Jésus-Christ [5].

[1] *Mémoires domestiques*, IIe part., p. 134 et suivantes (Arch. nat., M. 220.)

[2] *Epistola commonitoria ad Academiæ Parisiensis perturbatores*, P. C. P. A. *Cadomi*, 1616.

[3] Voyez SAINT THOMAS, 2^a 2^æ *quæst.* XCI, art. 2; le *Traité de l'office divin*, par le R. P. THOMASSIN. Paris, Rouland, 1700, in-8°, Ire part., ch. XXIV, p. 452 et suiv.; le *Traité du respect dû aux églises*, par le P. COLLIN. Paris, Denonville, in-12, 1761, ch. XIII, p. 220 et suiv. Bossuet écrivait à madame de Béringhen le 9 décembre 1691 : « J'avoue, Madame, » que j'aurai beaucoup de joie de toutes les mesures que vous pourrez » prendre pour rétablir à Farmoutiers la beauté du chant, qui est la seule » chose qui manque au service, tout plein d'ailleurs de piété. » (*OEuvres complètes*, éd. Vivès, t. XXVIII, p. 485.) Toutes les raisons qu'allèguent ces auteurs en faveur du chant ecclésiastique peuvent s'appliquer à l'emploi de voix d'enfants.

[4] *Vie de saint Charles Borromée*, par GIUSSANO, liv. II, ch. II; liv. VIII, ch. II.

[5] Le P. François Bourgoing, qu'il ne faut pas confondre avec le troisième général de l'Oratoire, s'occupa beaucoup de chant; néanmoins Batterel pense qu'avant lui la musique était déjà introduite à l'Oratoire. On a du P. Bourgoing : 1° *Brevis psalmodiæ ratio ad usum presbyterorum Cong. Orat.*, auct. *Francisco Bourgoing, ejusdem Congregationis presby-*

L'autel, c'est là surtout qu'il fallait voir ces prêtres pénétrés de la grandeur de leur sacerdoce et du sacrifice qui en est l'acte le plus élevé. A l'heure précise, rendant hommage par leur exactitude religieuse à la dépendance que le Verbe incarné avait toujours professée pour les moments de Dieu, se répétant comme lui : *Venit hora*[1], ils s'avançaient « plus semblables à des anges qu'à des hommes ». Oublieux d'eux-mêmes, ils priaient alors pour l'Église et pour la France, pour leur supérieur et pour leur compagnie, pour ceux dont ils avaient reçu des bienfaits. Puis, poussés par une charité plus élevée encore, ils demandaient au Père éternel l'accomplissement de tous les désirs de Jésus-Christ et de sa très-sainte Mère. Chaque mois, le prêtre de l'Oratoire offrait le divin sacrifice à ces saintes intentions[2]. On peut s'imaginer quelle était la

---

tero. Paris, Billard, 1634, in-8°; 2° *Le David françois, ou la Sainte psalmodie pour tout le clergé;* 3° *Le David françois, ou Traité chronologique,* IIe part., par le P. Bourgoing, de l'Oratoire. Paris, Boulanger, 1641, in-8°. — Richard Simon, dans ses *Lettres,* t. II, p. 67, l'accuse d'avoir mis les psaumes et quelques cantiques sur les airs de diverses chansons connues, ce qui est tout à fait improbable. Comment en ce cas le P. Mersenne aurait-il approuvé si hautement le livre de chant du P. Bourgoing, et désiré que sa musique fût approuvée partout? (Sans doute dans son *Livre de l'harmonie universelle, contenant la théorie et la pratique de la musique,* 2 vol. in-fol.) Et, en effet, dans la plupart des bréviaires modernes, on adopta quelques-uns des chants du P. Bourgoing. Voyez *Bibliothèque des écrivains de l'Oratoire ou Histoire littéraire de cette Congrégation,* par M. Adry, de l'Oratoire, 1790, t. I, p. 188 (Bibl. nat., Manuscrits, 25681), et Batterel, *Mémoires domestiques,* Ire part. (Arch. nat., M. 220.)

[1] Ce mot revient souvent dans saint Jean. — Batterel, *Premier discours sur le premier siècle de l'Oratoire,* n° 6. (Arch. nat., MM. 645, in-4°.)

[2] *Recueil des statuts de la Congrégation de l'Oratoire de Jésus.* Paris, chez Lambert Roulland (sans date), in-12, t. I, ch. III, art. VII, p. 94. — Outre ces huit messes que chaque Oratorien disait tous les mois, il en disait trois autres à la nouvelle de la mort d'un membre de la Congrégation.

ferveur de ces hommes pour qui Jésus-Christ au tabernacle était si visiblement « la manne du désert, l'agneau de » l'exil, le pain du voyage », qui en lui seul cherchaient leur « victime de propitiation, leur hostie de louange, leur » sacrifice d'actions de grâces, le prix par lequel on obtient » tout du Père [1] », et qui n'avaient plus qu'un désir, celui d'être consommés en Jésus-Christ. Une si généreuse aspiration, portant avec elle sa récompense, arrachait de douces larmes au P. Gibieuf, tout le temps que son Sauveur reposait devant lui [2]. Pour le P. de Bérulle, on eût dit que sa prière était exaucée, et qu'aussitôt revêtu des ornements sacerdotaux, il ne vivait plus sur la terre. Tout appliqué aux mystères de Jésus-Christ, il était transformé en lui, et la clarté divine qui inondait alors son âme illuminait et transfigurait ses traits. Les faveurs dont le ciel le favorisait durant la sainte messe, la violence de son amour pour le Dieu qu'il tenait alors entre ses mains, ne lui permettaient pas de se priver du bonheur de célébrer : souvent malade, prévoyant qu'il ne pourrait attendre jusqu'au jour, il se relevait au milieu de la nuit, malgré le frisson de la fièvre, et montait à l'autel. Il lui fallait toujours se faire violence pour en descendre. Encore y restait-il si longtemps, qu'après de vains efforts pour n'y point demeurer deux ou trois heures, il prit le parti de ne plus célébrer en public [3]. Rentré à la sacristie, il consacrait à

[1] BÉRULLE, *OEuvres de controverse.— Discours sur l'Eucharistie, passim.*
[2] *Recueil des vies de quelques prêtres de la Congrégation de l'Oratoire de Jésus-Christ Notre-Seigneur,* par le R. P. CLOYSAULT, 3 vol. in-fol., manuscrit. (Bibl. nat., fr. 20942, t. I, p. 162.)
[3] BATTEREL, *Premier discours sur le premier siècle de l'Oratoire,* n° 6. — LERAT, *Vie manuscrite,* IIIᵉ part., ch. II.

son action de grâces un temps considérable, et aucune affaire, si pressante qu'elle fût, n'était capable de la lui faire abréger. Un jour, au moment où il allait la commencer, on vint l'avertir qu'un prince demandait à lui parler. Il se mit en prière, y demeura aussi longtemps que de coutume, puis allant trouver celui qui l'attendait : « Monseigneur », lui dit-il en l'abordant, « ne trouvez pas » mauvais si je vous ai fait attendre, j'étais engagé, par » mon ministère, à parler à un prince infiniment plus grand » que vous ; je n'ai pu le quitter plus tôt. » Ses disciples, avec lui, regardaient comme le meilleur moment du jour celui où ils portaient le Seigneur Jésus dans leur cœur. Les grâces que le P. Bourgoing recevait alors étaient si grandes, que, ne pouvant se contenir, il était obligé de se retirer en quelque lieu solitaire, et là, prosterné par terre, il laissait son cœur s'épancher en soupirs pendant des heures qui lui semblaient des instants [1]. Alors, aussi heureux que le P. Bourgoing, le P. Gibieuf fondait en larmes de joie et de reconnaissance, ou par son immobilité laissait deviner, malgré lui, les mystères que Jésus-Christ accomplissait en son âme [2]. La vue seule des compagnons du P. de Bérulle était pour les fidèles qui fréquentaient leur petite église un saisissant exemple.

Il n'est point surprenant que de tels prêtres trouvassent un auditoire attentif et recueilli lorsqu'ils montaient en chaire, ce qui arrivait souvent. Le dimanche, le vendredi, à toutes les fêtes, il y avait sermon, et presque chaque

[1] P. Cloysault, t. II, p. 2.
[2] P. Cloysault, t. I, p. 162.

jour, des instructions familières, des grands et petits catéchismes, des conférences dialoguées.

Là se faisaient déjà entendre et le P. Bourgoing, « qui
» preschoit si saintement les mystères de Jésus-Christ, qu'il
» avoit si bien médités[1] », et le P. Metezeau, qui préludait
dès lors à ses triomphes oratoires[2], et le P. Gibieuf, qui
ne se servait plus de la science que pour pénétrer plus
humblement dans les mystères de Jésus–Christ. Déjà, dans
le confrère Senault, remarquable par sa piété et sa
modestie, le P. de Bérulle devinait un grand talent de
parole[3]; déjà charmé par la foi ardente et communicative du P. Lejeune, il saluait en lui le missionnaire de
l'Oratoire[4]. Formés par leur supérieur, tous portaient
dans la chaire de vérité une autorité, une simplicité, un
sérieux qui depuis longtemps ne s'y rencontraient plus.

« Les prédicateurs », répétait souvent le pieux fondateur,
« sont les témoins de Jésus. Qu'ils rapportent ce qu'ils ont
» vu, ce qu'ils ont ouy de sa sainte parole. » Et il ajoutait :
« C'est à sa parole et non au langage humain que Dieu ac-
» corde son efficace. » Il voulait donc qu'ils citassent peu
les auteurs payens, peu les philosophes, que même leurs
extraits des Pères de l'Église fussent rares et brefs, quoique
dans leurs discours on sentît circuler le suc vivifiant de la

---

[1] Bossuet, *Oraison funèbre du R. P. Bourgoing*, OEuvres complètes,
éd. Vivès, t. V, p. 648.— Voyez l'appréciation de M. Jacquinet, qui me
semble exacte. (*Des Prédicateurs du dix-septième siècle avant Bossuet.*
Paris, Didier, 1863, t. III, p. 139.)

[2] P. Cloysault, cité par Batterel, p. 65. (Arch. nat., M. 220.)

[3] P. Cloysault, t. II, p. 276.

[4] *Discours sur la vie et la mort du P. Jean Lejeune*, par M. Ruben,
cité plus haut, p. 116.

tradition. L'Écriture sainte, telle était la source à laquelle ils devaient sans cesse revenir [1] et puiser, bannissant impitoyablement ces fleurs depuis longtemps flétries, sous lesquelles une rhétorique précieuse et ridicule s'obstinait à cacher la simple et mâle beauté de l'Évangile.

Or, c'était là toute une révolution. Les sermons d'alors, quand ils ne dégénéraient point en de véhémentes invectives contre les hérétiques, ne contenaient guère qu'une morale extraite des auteurs payens. Plutarque, Pline, Sénèque surtout, étaient les grandes autorités sur lesquelles s'appuyait l'éloquence du prédicateur. Et quelle éloquence ! Le cœur en était absent, et l'esprit du plus mauvais aloi s'y mêlait à une dépense prodigieuse et bien superflue d'imagination sans règle et de mémoire sans choix. Comme s'il n'avait pas suffi aux orateurs de leurs propres lectures pour amasser les lourds matériaux qu'ils portaient ensuite en chaire, des recueils nombreux d'un succès toujours assuré offraient à qui voulait les ouvrir, les comparaisons, les métaphores, les anecdotes les plus inattendues, les plus alambiquées, les mieux faites pour écraser en pure perte l'attention du plus courageux auditeur [2]. Dans les sermons, il était question de tout. La médecine, l'astronomie, la jurisprudence, l'histoire naturelle, les souvenirs de la fable et de l'antiquité grecque et romaine, y usurpaient ouvertement la place de l'Évangile. Pierre de Besse ne pouvait se décider à montrer Jésus-

---

[1] BATTEREL, *Premier Discours sur le premier siècle de l'Oratoire.*

[2] Voyez sur ces recueils : *Des Prédicateurs du dix-septième siècle avant Bossuet,* par P. JACQUINET. Didier, 1863, t. III, p. 122, et sur l'état de la chaire en ce temps : *Les Orateurs sacrés à la cour de Louis XIV,* par M. l'abbé HUREL. Didier, 1872, t. I, ch. III, p. 178.

Christ s'avançant au-devant de Judas, sans avoir cité
d'abord : Scævola, Porsenna, « le fidèle Zopyre » et Codrus;
il croyait honorer le Sauveur en l'appelant « le vrai
» Persée, le vrai Bellérophon qui a fait mourir la Méduse
» de la mort [1] ». Le P. Gaspard de Seguiran, le même que
le P. de Bérulle avait eu pour professeur au collége de
Clermont, et que le président d'Ormesson, aussi son élève,
appelait un prédicateur célèbre [2], jugeait utile, pour démontrer la gratuité de la grâce, de faire intervenir les divi-
nités les moins présentables de l'Olympe. A en croire le
P. Coton, le paradis serait « un palais royal, où les pla-
» nètes servent de galeries, le firmament de salle basse,
» le premier mobile de chambre, le cristallin d'anti-
» chambre, et l'empyrée de cabinet [3]. » M. Camus, rebelle
aux conseils de son saint ami l'évêque de Genève et à ceux
du P. de Bérulle [4], ne se distinguait pas par un goût plus
châtié : il fallait que les états généraux assemblés aux
Augustins fussent doués d'un grand sérieux pour avoir
pu entendre sans rire toutes les métamorphoses auxquelles
les condamnait le trop imaginatif orateur, dans les trois
homélies prononcées l'année précédente en présence [5] du
clergé, de la noblesse et du tiers état [5].

---

[1] *De la prédication sous Henri IV,* par M. l'abbé LEZAT. Didier, 1872,
ch. IV, p. **92.**

[2] Voyez *M. de Bérulle et les Carmélites de France,* ch. II, p. **101,**
note **4**; et JACQUINET, op. cit., p. **52.**

[3] *Sermons sur les principales et plus difficiles matières de la foy.* Paris,
1617, p. **325.** (Cité par M. Jacquinet, p. **71**).

[4] BATTEREL, *Vie manuscrite,* liv. II, n° **100.**

[5] *Homélie des trois simonies, des trois fléaux des trois estats de France.*
— *Homélie des désordres des trois ordres de cette monarchie,* haranguée
en l'assemblée des états généraux du Royaume, en l'église des Augustins,
à Paris, le 5ᵉ dimanche après l'Épiphanie. Paris, 1615, in-8°.

Tel était le mal que les Oratoriens ne cessaient de combattre. Le P. de Bérulle, qui voulait, d'accord avec le Concile de Trente, que les sermons fussent courts [1], exigeait qu'ils fussent pleins de doctrine, mais simples. Quoique son génie fût enclin aux plus hautes conceptions de la métaphysique et de la théologie chrétiennes, il ne permettait pas à ses disciples de porter dans la chaire des idées trop abstraites. « Meslez », écrivait-il à l'un d'eux, « parmy les pensées élevées que vous avez, des pensées » plus morales, plus communes et plus utiles, et vous » rabaissez à la portée du peuple. » Et il lui conseillait de lire la Rhétorique de Grenade, auteur dont il faisait un grand cas.

Mais s'il exigeait qu'on fût simple, il entendait qu'on fût digne. Lui toujours si grave, lui sur les lèvres duquel on voyait à peine s'égarer un sourire, il ne comprenait point que la plaisanterie osât se risquer en un lieu où le triomphe de l'orateur est d'arracher des larmes à son auditoire. Autre réforme difficile à accomplir devant un peuple habitué aux licences des prédicateurs de la ligue et de leurs survivants : car en 1616 ils se permettaient encore d'étranges choses [2]. Le P. de Bérulle tint ferme, et réussit.

Il est vrai que par la haute estime qu'il inspirait à ses disciples pour le ministère de la parole, par les graves dispositions où il s'efforçait de les faire entrer, il faisait plus

---

[1] *Annuntiando eis cum brevitate et facilitate sermonis.* Conc. Trid., sess. V, *De reform.*, cap. II.

[2] Voyez *les Prédicateurs de la Ligue*, par C. LABITTE, 1841, et *De la Prédication sous Henri IV*, par M. l'abbé LEZAT.

pour la réforme de la chaire qu'en essayant de donner, à la manière d'un professeur, des préceptes de goût et des exemples de style. « *Pro Christo legatione* » *fungimur* [1] », leur répétait-il sans cesse, saint Paul à la main. Continuateurs de l'œuvre de Jésus-Christ, à travers les âges, ils devaient s'en acquitter comme lui-même le ferait en leur place. Car Jésus-Christ n'est point seulement l'objet de leur prédication, il en est l'auteur et le principe. « A présent », disait-il, qu'il « est dans le ciel, et » qu'il cherche un esprit, un cœur, une langue pour » annoncer sa parole et sa vérité aux âmes, donnez-lui » votre esprit, votre cœur, votre langue pour devenir son » organe, pour servir à ses saintes opérations et le faire » glorifier... Que ce soit lui qui parle plutôt que vous. » Aussi, tout en leur recommandant l'étude, insistait-il particulièrement sur la prière : «La première disposition est » celle de la charité et de l'oraison, celle de la science ne » vient qu'après [2]. » N'est-ce point en effet l'amour et non la connaissance qui attire et fait régner dans l'âme des prédicateurs, qui met sur leurs lèvres et engendre dans l'esprit de leurs auditeurs, le Seigneur Jésus? C'était parmi les disciples du P. de Bérulle à qui pratiquerait le mieux de si sages conseils. Le P. Bourgoing ne montait jamais en chaire sans avoir consacré, soit dans sa chambre, soit devant le très-saint Sacrement, un long temps à la prière, et il disait hautement qu'il y recevait plus de lumières et plus de forces en un quart d'heure d'oraison

[1] II Cor. v, 20.
[2] Bérulle, *OEuvres*, lettre LXII, éd. de 1657, p. 772.

que dans une étude approfondie de plusieurs jours. A la prière il joignait toujours le jeûne et la mortification, surtout lorsqu'il préchait contre le péché ou sur la pénitence. Il châtiait alors son corps avec tant de rigueur, que le frère dont il était accompagné ne put s'empêcher de lui dire qu'il en faisait trop et qu'il tomberait malade : « Mon frère », lui répondit le pieux Oratorien, « il vaut mieux être » malade que réprouvé. *Castigo corpus meum et in servitutem* » *redigo, ne forte cum aliis prædicaverim ipse reprobus effi-* » *ciar* [1]. » Et il se mit à lui commenter ce grave avertissement de saint Paul, ajoutant que les prédicateurs faisaient si peu de fruit dans les âmes, parce qu'ils se bornaient à prêcher la pénitence, sans la pratiquer d'abord eux-mêmes [2]. Mais c'est principalement la mortification intérieure, le renoncement à tout amour-propre, une intention droite et pure que le P. de Bérulle recommandait avec instance aux prédicateurs. L'un d'eux étant venu lui demander sa bénédiction avant que d'aller prêcher, le trouva occupé à laver la vaisselle, selon sa coutume les jours de fête. « Ayez grand soin », lui dit alors le saint prétre, « de la disposition intérieure dans laquelle on doit » annoncer la parole de Dieu. » Et montrant du doigt un confrère employé à la cuisine : « Peut-être que ce garçon » qui lave les escuelles avec nous rendra plus de gloire à » Dieu en faisant une chose si petite, que vous en pres-» chant, car ce sont nos dispositions et non nos actions

---

[1] « Je châtie mon corps et le réduis en servitude, de peur qu'après » avoir prêché l'Évangile aux fidèles, je ne sois moi-même réprouvé. » (I Cor. IX, 27.)

[2] CLOYSAULT, t. II, p. 12-13.

» qui honorent Dieu, et il regarde le cœur de ceux qui le
» servent, et non ce qu'ils font ou ce qu'ils disent [1]. »
Un de ses confrères qui venait de prêcher la Passion lui
rendait compte de son sermon avec l'air assez satisfait de
lui-même : « Ah ! mon Père », s'écria-t-il par plusieurs
fois, « que je voudrois que la Passion du Fils de Dieu
» achevât de nous faire mourir à nous-mêmes [2] ! » Il n'entendait pas cependant que cette mortification intérieure
se traduisît au dehors par des manières trop austères. L'un
des meilleurs prêtres de la congrégation, homme très-
pénitent et de mœurs antiques, à force de sévérité pour
lui-même, en laissait déborder quelque peu sur autrui. Le
P. de Bérulle l'ayant su, lui demanda de s'humaniser
dans ses entretiens avec le prochain, de peur de le rebuter,
et l'engagea à adorer beaucoup, dans cette intention,
l'humilité, la douceur et la modestie de Jésus-Christ. On
lui dit qu'un autre, emporté par son zèle, reprenait sans
aucun ménagement les ecclésiastiques ; il le rappela à la
modération, et le conjura de s'attacher désormais « plus
» à les exhorter qu'à les confondre [3]. »

A des leçons si judicieuses sur la prédication évangélique rien n'eût manqué, si le P. de Bérulle y eût joint
ses exemples. Mais lui, qui ne passait jamais de semaine
sans faire plusieurs entretiens de piété dans sa maison
et aux Carmélites, et qui, plein de Jésus-Christ et
de ses mystères, était en état de parler avec tant d'abondance, d'efficace et de dignité, ne consentit jamais

[1] HABERT, liv. III, ch. VII, p. 733.
[2] HERVÉ, *Vie manuscrite*, liv. II, ch. VIII.
[3] BÉRULLE, *OEuvres*, lettre LVI, IIIᵉ partie, p. 768.

à monter en chaire, quelque instance qu'on lui en
fit. Ce ne pouvait être impuissance; ce n'était point timi-
dité; son humilité eût accepté volontiers un échec : c'était
obéissance à un attrait supérieur au sujet duquel il avait
consulté la Mère Madeleine de Saint-Joseph. La réponse
de la vénérable prieure ayant été conforme à ses propres
lumières, il s'était condamné volontairement au silence. Mais, pour prendre part néanmoins au travail
de ses frères, il les accompagnait souvent lorsqu'ils
allaient prêcher aux villages, dans les prisons et les paroisses de Paris. Il ne dédaignait pas alors de porter leur
surplis et leur bonnet carré, ni de se tenir au bas de la
chaire, où, par son silence et sa modestie, il préchait aussi
efficacement que celui qui y montait. Un jour qu'il accompagnait ainsi le P. Bourgoing à Saint-Nicolas des Champs, il
fut abordé dans la rue par un de ses parents, qui lui demanda
s'il devait prêcher. «Non», répondit-il, «j'accompagne seu-
» lement le Père que voici. » A ces mots son parent ne put
retenir sa surprise de le voir en cet état qui lui convenait
si peu; mais l'humble prêtre repartit aussitôt que n'étant
pas digne d'annoncer Jésus-Christ au peuple, il révérait
du moins ceux qui avaient reçu ce don, et tenait à grand
honneur de leur rendre quelques offices. Sur quoi, il salua
et continua son chemin. Du reste, il avait accoutumé de
dire que, pour la prédication, le moindre des confrères de
la compagnie lui était bien supérieur. « Dieu demande
» de moi plus d'œuvres que de paroles[1] », disait-il. Il
demandait aussi des œuvres à ses disciples, et une de

---

[1] Batterel, *Vie manuscrite*, liv. II, n° 103.

celles auxquelles il les appliquait avec le plus grand soin était la direction.

Consacré depuis de longues années à ce difficile ministère, le P. de Bérulle avait reçu du ciel, sur sa grandeur et sur les devoirs qu'il impose, des lumières qu'il partageait avec ses frères. Il ne cessait pas de leur inspirer pour les âmes un respect et une charité aussi profonde que religieuse. « Chaque âme », leur disait-il, « doit être considérée » comme un effet de la puissance divine qui la crée, » comme un obiet de sa sapience qui la conduit, comme » un subiect de sa sainteté qui doit reluire et opérer en » elle par la grâce. » Il leur montrait comment, rachetée par le sang de Jésus-Christ, nourrie de sa substance, vivant de sa vie, unie même à son corps, chaque âme devait être « une image vive et une portion sainte et » sacrée de Jésus en la terre ». Aussi leur recommandait-il sans cesse « de considérer Jésus-Christ dans les âmes, et » les âmes en Dieu [1] », et, animés par ces pensées de la foi, de se dépenser pour elles avec les prévenances de la charité la plus tendre, avec les ardeurs du zèle le plus fort. Il voulait que leur parole fût humble, charitable, retenue; qu'ils écoutassent les défauts d'autrui, comme s'ils étaient les leurs, s'en humiliant profondément devant Dieu.

Non content que ses Pères fussent aux ordres de ceux qui les demanderaient, il les excitait à descendre à la chapelle, afin d'y attendre les pénitents auprès de leur

---

[1] *Mémorial de quelques poincts seruant à la direction...,* dressé par Monseigneur l'illustrissime et révérendissime cardinal de Bérulle. Paris, Fiacre Dehors, 1632, in-32; p. 18, 19, etc.

confessionnal. « Quoi! » s'écriait-il, « les confesseurs au-
» raient-ils donc moins d'ardeur à attendre les pécheurs
» pour gagner le paradis, que les marchands en ont à
» attendre tous les jours qu'on vienne acheter leur mar-
» chandise, et cela pour gagner un intérêt temporel[1] ! »
Et il ajoutait : « Les prêtres sont les anges visibles; ils
» doivent donc imiter les anges gardiens et quitter comme
» eux le ciel, c'est-à-dire les délices de la vie intérieure et
» de l'étude, pour servir les âmes[2]. »

Une fois entré au tribunal, le prêtre ne devait plus
avoir, pensait-il, aucun souci de la terre. Si les fidèles
avaient besoin de conseils dans leurs difficultés temporelles, ce n'était point l'affaire du directeur, mais de
quelque laïque intègre et prudent. Il interdisait donc formellement à ses disciples d'entrer dans l'intérieur des
familles, de s'insinuer dans leur secret, de régler leur
domestique, de s'entremettre pour des mariages, de
conseiller des dispositions testamentaires ; toutes choses
où il est trop facile à un prêtre de chercher son propre
intérêt ou celui de sa compagnie : les exemples n'en
étaient pas rares alors[3]. A plus forte raison bannissait-il,
comme étant étrangère au ministère du directeur, toute
immixtion dans les affaires publiques : « Contentez-vous »,
disait-il à ses Oratoriens, « de donner aux grands des
» maximes générales qui les conduisent dans les conseils

<hr>

[1] LERAT, *Vie manuscrite*, liv. I, ch. VII.
[2] Lettre CXVIII.
[3] Voyez, en adoucissant la note que force toujours Camus, son livre
intitulé : *Le Directeur spirituel désintéressé selon l'esprit du B. François de
Sales, évesque et prince de Genève, instituteur de l'Ordre de la Visitation
Sainte-Marie,* par JEAN-PIERRE CAMUS, évesque de Belley. Paris, Fiacre
Dehors, 1632, in-12.

10

» et actions publics, de donner aux chefs de famille des
» règles générales pour bien conduire leur ménage, sans
» vous mêler tant du détail et du particulier. N'ayez point
» d'autres desseins que les desseins de Jésus, et imitez
» Jésus qui ne s'est point mêlé des affaires du monde,
» mais s'est contenté de donner cette maxime générale :
« Rendez à César ce qui est à César, et à Dieu ce qui est
» à Dieu. » Conformez-vous aussi aux Apôtres, qui n'ont
» eu d'autre soin que d'obéir aux puissances séculières et
» d'annoncer Jésus [1]. » Son expérience le lui avait appris :
plus le confesseur était fidèle à ces règles prudentes et
évangéliques, plus le pénitent prenait confiance en lui et
consentait à le suivre dans les voies de la perfection chrétienne. Or, travailler sans cesse à produire, à enraciner, à
faire grandir Jésus-Christ dans les âmes, telle était pour le
P. de Bérulle la direction.

Toutefois, il n'avait garde d'oublier qu'avant de jeter
la semence, il faut remuer la terre, en arracher les herbes
parasites et vénéneuses, y tracer de larges et profonds
sillons. Il voulait donc qu'on recommandât aux âmes l'abnégation, comme une condition indispensable de l'union
avec Jésus-Christ ; il voulait qu'on s'appliquât prudemment
à crucifier les passions, avant de conduire les âmes dans
les voies plus relevées de la dévotion, se défiant avec raison
de cette piété tout extérieure qui a ses heures et ses jours
pour l'exercice de la prière, la réception des sacrements,
l'assistance aux offices, mais qui n'en trouve pas pour
combattre les passions et terrasser la vanité. « Notre

---

[1] LERAT, *Vie manuscrite*, liv. I, ch. VIII.

» vie », disait-il, « doit être vie et mort tout ensemble, mort
» à nous-même, au monde et au péché, vie à Dieu et à Jésus.
» Si nous séparons la vie de la mort, nous sommes en dan-
» ger de trouver une autre sorte de mort dans la vie, le
» péché dans la grâce, les ténèbres dans la lumière, par
» orgueil, par erreur et par amour-propre[1]. »

Cette forte base posée, il voulait que le directeur
observât avec soin les desseins de Dieu sur chaque âme,
étudiât les mouvements de la grâce pour s'y accommoder, et se défendît toujours de ces méthodes « étroites
» et particulières », qui ont la prétention de conduire tous
les esprits par le même chemin. Mais, persuadé que l'é-
tude est insuffisante pour faire connaître les volontés de
Jésus-Christ sur les âmes, il ne cessait d'inculquer à ses
prêtres un moyen plus sûr. « Abaissons-nous en nous-
» mêmes », disait-il, « car nous ne sommes rien en regard
» d'un ouvrage si grand. Invoquons Dieu fréquemment, car
» il est la fin et le principe de cet œuvre. Commettons-nous
» à sa providence, car elle doit régir et bénir nos conseils
» et actions. Recherchons sa conduite, car elle est promise
» et nécessaire. Préparons-nous à la grâce et nous dispo-
» sons à estre instruments vivants et animés de l'esprit
» de Jésus, pour opérer les œuvres de Jésus en la terre[2]. »
Au tribunal comme en chaire, comme à l'autel, la condition est toujours la même ; pour que Jésus-Christ gran-
disse, il faut que l'homme s'abaisse, il faut que le prêtre
ne soit plus rien qu'un canal par lequel passent les eaux

---

[1] LENAT, *ibidem*.
[2] *Mémorial de quelques poincts servant à la direction des supérieurs.*

du ciel sans s'y arrêter, une parole qui s'évanouit après avoir enfanté la pensée, un vêtement sous lequel se cache et se laisse deviner Jésus-Christ.

Les premiers Oratoriens étaient si persuadés de ces maximes, qu'on les trouvait sans cesse aux pieds de Jésus-Christ. Le temps des offices, de la prédication, de la confession, était trop court à leur gré. Pendant le jour, pendant la nuit, ils venaient visiter Celui qui possédait complétement leur pensée et leur cœur. Là, agenouillés à côté du P. de Bérulle, ils récitaient lentement leur bréviaire; là, ils sollicitaient la bénédiction du Maître avant de sortir, et venaient le saluer en rentrant; là, absorbés dans le souvenir de ses mystères, unis à ses états, offrant au Père les devoirs de religion dont la très-sainte âme du Fils est le foyer toujours brûlant, ils se plaignaient comme le P. Lejeune, en versant des larmes, de ne point aimer Celui qui les avait aimés jusqu'à la mort[1]. L'obéissance pouvait seule les arracher d'un lieu où la foi leur montrait derrière les voiles du tabernacle, couché comme en un autre Bethléhem, le Dieu que le matin leurs lèvres avaient engendré.

Tout, du reste, à l'Oratoire leur parlait du Verbe incarné et s'unissait pour faire de chacune de leurs journées et de leur vie entière une incessante communion à Jésus-Christ.

Non-seulement chaque Oratorien en entrant dans la congrégation a fait choix, d'accord avec son directeur, de quelqu'un des mystères de la vie de Jésus auquel il se pro-

---

[1] BATTEREL, *Premier Discours sur le premier siècle de l'Oratoire.*

pose d'être plus spécialement dédié; la chambre qu'il occupe est elle-même consacrée à un de ces mystères; l'image en est fixée au mur, et il lui suffit de jeter les yeux sur elle, pour se renouveler dans les sentiments d'adoration et d'amour que lui doit inspirer la pensée des états et des actes de Jésus-Christ [1]. Aussi respecte-t-il sa cellule comme la propriété de Jésus, comme un lieu destiné à recevoir ses grâces et son esprit, à parler avec lui par l'oraison ou à travailler pour lui par l'étude [2]. Les objets simples et pauvres qui se trouvent dans sa chambre portent, avec les noms de Jésus et de Marie, l'empreinte de la couronne d'épines, souvenir de divines douleurs, symbole de toutes celles que le Maître a promises à ses fidèles disciples. Telle est la demeure de l'Oratorien.

C'est là que, dès quatre heures du matin, il entend le son de la cloche. Sa première pensée est pour le Fils de Dieu qu'il adore, « entrant par l'Incarnation dans l'usage » de la vie humaine, ou sortant du tombeau pour posséder » une vie conforme à la gloire et à la sainteté de son » Père. » La soutane qu'il revêt l'avertit « d'enfermer au- » tant Jésus-Christ en son âme, que son corps est enclos » dans ce vêtement », et une pensée si haute donne à tout son maintien, alors même que les anges seuls le re- gardent, la gravité qui sied au représentant d'un Dieu.

La cloche se fait entendre de nouveau. Convaincu que l'oraison doit être « un des principaux, plus ordinaires et » familiers exercices d'un prêtre, et lequel même est re-

---

[1] BATTEREL, *Premier Discours sur le premier siècle de l'Oratoire.* (Arch. nat., MM. 645.)

[2] BÉRULLE, *OEuvres de piété*, CXCII, p. 725.

» présenté par le nom de l'Oratoire qu'il porte », l'Oratorien s'y rend avec le désir de contempler, à l'imitation des Apôtres et de la très-sainte Vierge, la vie du Fils de Dieu. Quelle que soit l'action extérieure ou la disposition intérieure, la parole ou l'œuvre de Jésus-Christ qu'il se propose de méditer, il commence par l'adoration. Car toutes les actions, toutes les paroles, toutes les démarches, tous les moments de Jésus sont adorables, puisqu'ils appartiennent à une personne divine. Il continue par la donation, car devenu à un titre nouveau l'héritage et la propriété du Sauveur, il doit le reconnaître par un acte libre et répété. Comment ensuite le cœur du prêtre ne s'épancherait-il pas en actions de grâces aux pieds du Dieu qui a tout fait pour lui? Comment à tant d'amour ne pas répondre par l'amour? et comment l'aimer d'un amour véritable, sans désirer avec passion que sa vie et ses actions soient connues et aimées, sans y travailler de toute l'ardeur de son âme? Désirs infructueux, travail stérile, si Jésus-Christ n'y donne sa bénédiction. Aussi, comme les actions du Fils de Dieu sont de vives sources de grâces, l'Oratorien le conjure non-seulement d'en répandre dans son cœur quelques gouttes, mais encore d'en rendre participantes la communauté et toute la sainte Église de Dieu; car, fidèle aux enseignements de M. de Bérulle, il sait qu' « en » l'oraison il faut solliciter pour tous, et qu'on doit re- » chercher la gloire de Dieu universellement ». Avant que l'heure s'achève, il demande pardon des fautes commises, il remercie des grâces reçues, il sollicite la force de retenir et de pratiquer ce que l'oraison lui a fait entendre. Puis il termine en jetant un regard sur cette nouvelle journée qui commence, « afin de voir comment il » la pourra mieux passer que les autres », apportant de jour en jour quelque amendement à sa vie. Toutefois, s'il quitte le lieu de l'oraison, il ne renonce pas jusqu'au lendemain à un si saint exercice. Il s'y retrempe de nouveau durant la journée, et le P. Gibieuf, qui consacre quatre heures à la méditation, quels que soient ses travaux [1], compte parmi ses confrères de nombreux imitateurs.

La sainte messe dite ou entendue, chacun remonte dans sa chambre, et le travail commence. La forme en peut varier, mais le but en est toujours la connaissance de Jésus-Christ ; le principe, l'amour de Jésus-Christ. Souvent l'Oratorien s'arrêtera pour dominer son ardeur naturelle de savoir et pour se renouveler, par des actes d'adoration, d'humiliation et de charité, dans le dessein de ne voir en toutes choses que le Verbe incarné. Aux saintes lettres surtout il demande de lui montrer Jésus-Christ. Une lecture assidue, réfléchie, lui rend familier le texte sacré ; chaque jour, à genoux et tête nue, il en lit un chapitre. Avant de fermer le livre inspiré, il le baise respectueusement, en disant : *Hæc sunt verba sancta.* Son Nouveau Testament ne le quitte jamais, non-seulement parce qu'il le considère « comme une précieuse » relique qui contient les paroles mêmes du Verbe de » vie [2] », mais parce qu'il veut mettre à profit tous les moments pour s'en servir [3]. Ainsi fait le P. de Bérulle : lors-

---

[1] CLOYSAULT, t. I, p. 158.

[2] Je trouve la même expression dans sainte Gertrude. Voir *la Vie et les révélations de sainte Gertrude...*, nouvellement traduites par D. J. MÉGE. Paris, Billaine, 1671, in-8º, liv. IV, ch. LIV, p. 642.

[3] BATTEREL, *Discours sur le premier siècle de l'Oratoire*, nº 7.

qu'on vient lui ouvrir la porte de quelque hôtel ou de quelque couvent, on le trouve lisant l'Évangile ou saint Paul [1]. Dans son amour pour le Testament de Jésus-Christ, le P. Gibieuf le porte souvent sur son cœur, et demande instamment à ses confrères qu'on le mette avec lui dans son cercueil [2]. Pénétré de vénération pour les saintes Écritures, tous en cherchaient vraiment « la lettre par » l'étude, l'esprit par l'oraison, la profondeur par la re- » traite, l'efficace par la pratique, la fin par la charité, à » laquelle tout se termine et qui est l'unique trésor du » chrétien [3]. »

L'heure du dîner est venue. La nourriture est saine, mais commune. Jamais on ne fait réflexion sur les plats servis. Attentif à la lecture de la table, ne s'occupant de ce qu'il mange que pour se mortifier [4], le disciple du P. de Bérulle a hâte de sortir du réfectoire pour se rendre à la chapelle. En y entrant il dit : *Et Verbum caro factum est, et habitavit in nobis* [5], afin de se rappeler la demeure et conversation du Fils de Dieu parmi les hommes.

Écoutant ensuite, comme si elle était adressée à lui-même, la douce parole du Sauveur à ses Apôtres : « Venez et reposez-vous un peu [6] », il doit chercher avec des dispositions semblables aux leurs le relâche dont il a besoin. La conversation même est soumise à une certaine

---

[1] *Mémoire manuscrit de la Mère Marguerite du Saint-Sacrement.* (Arch. nat., M. 233.)

[2] CLOYSAULT, t. I, p. 164.

[3] BOSSUET, *Oraison funèbre du P. Bourgoing*, éd. Vivès, t. XII, p. 646.

[4] Voyez ce que le P. Cloysault dit du Père Gibieuf, t. I, p. 159 ; — du P. J. B. Gault, t. I, p. 329 ; — du P. Guillaume Dodo, t. I, p. 186.

[5] JOANN., i, 14.

[6] *Venite scorsum in desertum locum, et requiescite pusillum.* MARC, vi, 31.

règle. L'enjouement peut s'y glisser, mais les jeux d'esprit, les propos inutiles n'y ont point de place. Tout s'y dit avec simplicité et abandon, mais avec un sérieux, un recueillement, un charme austères. Ce sont en effet les entretiens de Jésus-Christ que l'Oratorien se doit proposer d'honorer alors ; en même temps qu'il profite de ces courts moments de repos pour resserrer les liens de la charité fraternelle. Dans cette cour de la maison de Saint-Honoré, à deux pas du Louvre, ces hommes qui ont renoncé à tout, qui ne songent qu'à établir en eux et dans leurs frères le règne de Jésus-Christ, mettent en commun des trésors de science, d'érudition, de piété. S'entretient-on de quelque fait de l'histoire ecclésiastique ? M. Gault, un nouveau venu, la possède à fond, et peut l'examiner sous toutes ses faces avec le P. Bertin, qui a lu et relu le long in-folio de M. de Sponde [1]. S'agit-il de discuter quelque point de théologie dogmatique ou morale ? les docteurs de Sorbonne sont en nombre : si le P. Metezeau ou le P. Bertin veulent par trop exalter la liberté humaine au détriment du souverain domaine de Dieu, les PP. Bourgoing, Gibieuf, Gastaud, les forcent à s'incliner devant l'autorité de saint Augustin. L'Écriture sainte trouve dans les PP. Bence et Charles Dorron [2] d'habiles interprètes, et à leurs explications du texte, chacun des Pères peut joindre les pensées que fait naître une lecture assidue des pages inspirées. Le P. de Bérulle préside à ces entretiens,

[1] Voyez plus haut, chap. III, p. 68.

[2] On a du P. Charles Dorron : 1° *Pia Exercitia ex S. Scriptura a Patribus et liturgiis deprompta*, par C. Donnox. Paris, 1650, in-12. 2° *Jésus-Christ dans les Escritures*, par le R. P. Ch. Donnox. Paris, Vitré, 1650, in-4°. (Voyez *Bibliothèque des écrivains de l'Oratoire*, par le P. Adry. Paris, 1790, Bibl. nat., fr., 25681.)

il y prend part, il jouit de voir ses disciples, fidèles à la triple dignité de chrétiens, de prêtres, de membres de l'Oratoire, porter jusque dans les heures de délassement et de repos le culte du Verbe incarné. Et c'est pourquoi il n'a pu se décider à leur permettre les jeux même les plus innocents. Il veut que, ayant l'honneur de tenir la place de Jésus-Christ sur la terre, ils ne se laissent aller à rien de petit, de puéril, d'indigne de la majesté de leur caractère [1]. Le pieux M. de Soulfour ne pensait pas autrement. Néanmoins, avec sa bonhomie charmante, qu'il semblait avoir dérobée à saint François de Sales, son ami, il trouvait qu'au sortir de table, se jeter aussitôt dans des questions de théologie, de critique historique, même de piété, c'était ne tenir pas assez de compte des exigences de ce pauvre corps, qu'il faut bien un peu ménager, puisque l'on a un si continuel besoin de ses services. Il plaida auprès du P. de Bérulle les intérêts des têtes fatiguées, et obtint par grâce quelques instants de repos plus complet : c'est ce que l'on appela agréablement à l'Oratoire « le quart d'heure de M. de Soulfour [2]. »

Dès que la récréation est terminée, les Pères remontent dans leur chambre. Le travail et la prière remplissent le reste du jour, qui s'achève comme il avait commencé, au pied de l'autel et dans le fortifiant souvenir de Jésus-Christ.

La nuit cependant n'est pas pour tous le signal du repos. Il en est qui ont obtenu la permission de passer de longues heures à la chapelle devant le très-saint Sacrement.

---

[1] BATTEREL, *Premier Discours sur le premier siècle de l'Oratoire*, n° 9.
[2] BATTEREL, *Premier Discours sur le premier siècle de l'Oratoire*, n° 7.

D'autres, espérant que personne à cette heure ne sera témoin de leur pénitence, affligent leurs épaules de sanglantes disciplines, se livrent à des veilles prolongées, et lorsque le sommeil l'emporte enfin, s'étendent sur la dure sans dépouiller le cilice.

Dans ces mortifications comme dans tout le reste, le P. de Bérulle est le modèle de ses frères. D'une complexion délicate, travaillé par de fréquents accès de fièvre, de pénibles catarrhes, des affections sur les yeux, il est également incommodé par le froid et la chaleur, le jeûne et la veille ; mais il ne s'en montre pas moins sévère pour son corps. Fidèle à la résolution qu'il a prise lors de sa retraite de Verdun. il ne laisse point passer un seul jour sans s'imposer quelque pénitence intérieure ou extérieure. Il se chauffe à peine, il se nourrit de ce qu'il trouve. Comme il se disposait un jour à partir en voyage, il demanda du pain, qu'il se mit à manger debout et à la hâte. Ses disciples voulaient au moins le faire asseoir. « C'est bien assez » , leur dit le P. de Bérulle, « que le corps ayt une partie de ce » qu'il demande, et il nous faut garder, autant qu'il nous » est possible, de donner à la nature deux ayses à la fois. » Son lit, sa table, sa chambre, sont les plus pauvres de la maison. Le cilice est son vêtement habituel, il le porte durant une année entière jour et nuit [1] ; une ceinture de

---

[1] Le P. de Bérulle écrivit même à ce sujet à la Mère Madeleine de Saint-Joseph : « J'ay proposé de porter le cilice un an entier, jour et nuict ; » je doubte sy cette année est escoulée ; mais j'experimente d'assez grandes » incommoditez ; je vò prie de recommander la chose à Jésus-Christ Notre- » Seigneur et à sa très-sainte Mère ; et me mander ce qu'ils vous auront » donné pour me conseiller en cela, car j'aime mieux suivre le sens et l'ad- » vis d'autruy que le mien. » Cité dans la déposition du R. P. Bour-

fer enfonce de durs piquants dans ses reins, et au pied de son crucifix, sous les coups répétés de la discipline, il mêle son sang à celui de Jésus-Christ [1].

Il est facile de comprendre combien une telle vie servant de commentaire à une doctrine admirable, rendait pénétrante et efficace la parole du P. de Bérulle. Dans ses conférences il rappelait sans cesse à ses disciples que la Congrégation ayant pour but de former à la perfection sacerdotale tous ceux qui en font partie, ils doivent, s'ils n'ont pas conservé une grande innocence, se montrer pendant toute leur vie de véritables pénitents. La perfection du sacerdoce, ajoutait-il, suppose la perfection de tous les autres états que le sacerdoce sanctifie; les prêtres et les aspirants à la prêtrise sont donc tenus de renoncer de cœur et d'affection au monde, à toutes les choses du monde, à eux-mêmes, et d'embrasser ce qui est de la plus étroite perfection. Comme il n'y a rien de plus grand dans le sacerdoce que le sacrifice, la plus douce joie des prêtres de l'Oratoire sera de s'approcher du tabernacle et de rendre les âmes dignes de s'en approcher elles-mêmes. De cette union à Jésus-Christ naîtra naturellement un amour immense pour la sainte Église; un zèle infatigable à instruire les ecclésiastiques et à convertir le peuple; une religieuse fidélité dans l'imitation de Jésus-Christ en tous ses états et tous ses mystères; un irrésistible besoin de coopérer à son œuvre, de se consumer pour la gloire de son Père et pour la sanctification de tous les membres de

___

going pour le procès sur *la Vie et mœurs de la Vénérable Mère Madeleine de Saint-Joseph*, du 3 mars 1647. (Manuscrit du premier monastère.)

[1] HABERT, liv. III, ch. XI, p. 810.

son corps mystique [1]. Ayant appris qu'au dire de certaines personnes, les prêtres de l'Oratoire n'étaient pas obligés à vivre aussi parfaitement que les Religieux, il entra dans une sainte indignation, et prenant pour sujet de sa conférence ces paroles : « Vous ne savez quel est » votre esprit » [2], « Quoy », s'écria-t-il sous l'empire de la plus profonde émotion, « serait-il possible que Nostre » Seigneur eust désiré une si grande perfection en tous les » Ordres religieux, et qu'il ne l'eût point désirée en son » Ordre, qui est celuy des prêtres? Car c'est son Ordre, » l'ordre qu'il a institué luy-même [3]. »

Puis, descendant dans le détail, il montrait à ses confrères en quoi consistait cette perfection. « Leur vie doit » être », disait-il, « parfaite en ses intentions, ne cherchant » que Dieu et non soy-mesme : ne prétendant que le » ciel et non la terre, ne se réservant aucun droit qu'à » posséder Jésus, et appartenir à luy et à sa très-sainte » Mère, négligeant tous les autres droits, comme s'ils » n'étoient point, ou ne les conservant que pour l'intérêt » de Jésus et de sa sainte Mère. » Leur vie, continuait-il, doit être une vie soumise par la dépendance vis-à-vis des supérieurs; une vie réglée par l'observance fidèle des usages et des statuts de la Compagnie; une vie fraternelle par le soin d'entretenir la charité avec tous; une vie édifiante par le constant désir de donner de bons exemples; une vie laborieuse, par l'emploi chrétien et sacerdotal de

[1] *Recueil des statuts de la Congrégation de l'Oratoire de Jésus.* **1**re part., ch. II, art. 11, p. 55 et suiv.

[2] *Nescitis cujus spiritus estis.* (LUC, IX, 55.)

[3] HABERT, liv. II, ch. II, p. 347.

tous leurs moments ; une vie intérieure enfin par leur fidélité à tout faire en vue de Dieu.

Et parce que son esprit et son cœur n'étaient jamais satisfaits s'il ne ramenait tout à Jésus-Christ : La perfection de notre vie, disait-il, adore la perfection de la sienne ; notre soumission, son assujettissement volontaire à toutes les bassesses de l'humanité ; notre culte pour la règle, le soin qu'il avait d'observer les moments de Dieu ; nos rapports fraternels avec le prochain, son divin commerce avec les Apôtres ; les bons exemples que nous donnons, ceux qu'il a prodigués lui-même ; notre vie intérieure enfin, sa vie cachée en Dieu son Père. « Le lien » véritable de cette congrégation », concluait-il, « est la » charité et le dessein formé de tous ceux qui y sont » appelez de tendre courageusement à la perfection de la » vie évangélique et non aucun vœu solennel. C'est pour- » quoy leur vie, qui doit être singulière intérieurement, est » commune extérieurement : ce qui est un trait de ressem- »blance de plus avéc le Seigneur Jésus [1]. »

D'autres fois, leur montrant la très-sainte Vierge comme le modèle achevé des vertus sacerdotales : « La Congréga- » tion », disait-il, «doit être dans les mêmes dispositions que » la Sainte Vierge après l'ascension de son Fils, c'est-à-dire » dans un double regard qui nous doit continuellement » occuper : un regard d'adoration, de désir, d'amour et » d'union vers Jésus-Christ dans le ciel, et un regard d'af- » fection, de secours, de zèle, d'application vers l'Église,

---

[1] *Recueil des statuts...*, Ire part., ch. i, A. 2. p. 14 et suiv. S. Thomas, III^a, *Quæst.* xl, art. 1 et 2.

» qu'elle ne cessait d'assister de ses prières et de ses con-
» seils [1]. »

Telles étaient les conférences du P. de Bérulle. On sentait, en l'entendant, qu'il n'avait d'esprit, de cœur, de volonté, que pour tendre vers Jésus-Christ, qu'il n'avait de satisfaction qu'à ouïr parler, ou à parler lui-même de Jésus-Christ, que s'il aimait la solitude, c'était pour se tenir avec Madeleine aux pieds de Jésus-Christ, que s'il rompait le silence, c'était pour attirer et lier ses frères à Jésus-Christ [1].

Uniquement attentifs à Jésus-Christ, qui était à leurs yeux non-seulement l'objet, mais le principe de tous leurs devoirs, les disciples de M. de Bérulle semblaient suspendus à ses lèvres. Il était beau de voir ces hommes plus anciens que lui dans le sacerdoce, dont la science avait obtenu sur les bancs de l'école de légitimes applau-dissements ; qui pouvaient prétendre à de hautes dignités dans l'Église, écouter avec une vénération humble et joyeuse, recueillir comme des oracles les moindres paroles de leur jeune supérieur, et, sur un mot de lui, se porter à tout ce qu'il pouvait désirer. A côté de ces prêtres émi-nents accouraient chaque année des jeunes hommes pleins de foi et d'ardeur : c'était Lejeune, déjà dévoré du zèle des âmes, et qui se préparait dans la retraite et la péni-tence aux travaux de l'apostolat ; Courvoisier, dont la

____

[1] Je trouve ces belles paroles dans l'exemplaire manuscrit du P. Cloy-sault, conservé à la Bibl. nat., t. 11, p. 81. C'est une addition à la vie du P. Perrin et qui doit être de la main du P. Batterel. Il est vrai qu'on ne donne ces paroles que comme ayant été prononcées en 1629, mais elles expriment bien la pensée habituelle de M. de Bérulle.

[2] Le P. Gibieuf, cité par le P. Batterel, *Discours sur le premier siècle de l'Oratoire*, n° 2.

piété faisait souvenir d'Odet de Saint-Gilles [1] ; Brice, qui
avec son patrimoine fondait à l'Oratoire l'œuvre des Missions [2] ; Guillaume Dodo, d'une austérité prodigieuse [3], et
tant d'autres. Cette année 1616 vit entrer dans la Congrégation deux frères, dont le P. de Bérulle connaissait déjà
toute la vertu. On les nommait MM. Gault.

Eustache et Jean-Baptiste Gault étaient nés à Tours.
Après avoir fait leurs humanités à Lyon, leur rhétorique
à la Flèche chez les Jésuites, leur théologie en Sorbonne, sous MM. de Gamaches et du Val, ils étaient
partis pour l'Italie. Rome, où ils soutinrent avec éclat des
thèses de théologie, accueillit de la manière la plus flatteuse les deux inséparables frères. Ils n'y demeurèrent pas
longtemps ; jaloux de joindre à la science que l'on puise
dans les livres l'expérience que le commerce des hommes
peut seul donner, ils avaient visité, en observateurs curieux
et réfléchis, la Suisse et une partie de l'Allemagne. Ils
rentraient en France, heureux de toutes les connaissances
qu'ils avaient amassées et du bon usage qu'ils en prétendaient faire, car ils étaient décidés à se consacrer à Dieu,
lorsqu'ils apprirent la mort de leur père. Celui-ci laissait
des affaires assez embarrassées ; mais sa veuve, une vaillante chrétienne, ne se laissa point abattre. Soutenue
par une foi admirable, elle parvint à tout mettre en ordre,
et, poussant jusqu'au bout le sacrifice, « elle voulut con-

[1] Les *Annales* (p. 31) font mourir le P. Courvoisier le 24 février 1616.
C'est une erreur. Il mourut le 26 septembre 1618, âgé de vingt-cinq ans.
(Voyez BATTEREL, *Mémoires domestiques*, p. 206, Arch. nat., M. 220,
et ADRY, *Histoire littéraire*, t. II, p. 287.) Le P. de Bérulle écrivait du
P. Courvoisier, le 29 septembre 1618 : « Sa piété n'étoit pas commune. »
[2] Voyez plus bas, p. 166.
[3] CLOYSAULT, *Vies manuscrites*, t. I, p. 186-187.

» duire elle-même sa double victime à l'autel. » Elle suivit ses deux fils à Paris, et les vint offrir de ses propres mains au P. de Bérulle. Ce grand homme fut ému de tant de générosité. Il ne put s'empêcher de dire à madame Gault que, depuis qu'il s'était rencontré à Tours avec ses fils, il avait conçu pour eux une véritable affection, mais que le présent qu'elle en faisait à Dieu augmentait de beaucoup la bonne opinion qu'il en avait conçue.

Madame Gault quitta le parloir sans verser une larme. Mais peu de jours après, comme elle était dans la chapelle de l'Oratoire, elle vit ses deux, fils entrer avec leurs confrères. Le changement d'habit, leur modestie, « la touchèrent alors si vivement, que son pauvre cœur, » vaincu de tendresse, ne put s'empêcher de fondre en » larmes. » Elle voulut cacher ses pleurs, elle n'y réussit pas. Quelques dames de condition qui se trouvaient à côté d'elle s'en aperçurent, et s'étant approchées pour en savoir le sujet, elle leur répondit « que n'ayant que deux fils, Dieu » venoit de les lui oster pour les consacrer à son service, » et que les voyant dans le chœur, sa consolation étoit si » grande, qu'elle ne pouvoit refuser ce peu de larmes au » bonheur et à l'excès de la joie qu'elle en recevoit [1]. » Le P. de Bérulle n'eut pas besoin d'une longue épreuve pour connaître quel présent Dieu venait de faire à sa compagnie. Chez Eustache, « homme de tête, d'un caractère » mûr et judicieux, fertile en expédients et plein d'intelli- » gence », le P. de Bérulle devinait un supérieur futur pour

---

[1] CLOYSAULT, *Vies manuscrites*, t. I, p. 335. Le P. Cloysault fait entrer M. Gault à l'Oratoire en 1615, les *Annales* (Arch. nat., MM. 623), le 15 juin 1616 ; mais le P. Cloysault ne fait pas autorité pour les dates.

11.

la Congrégation où il ne faisait que d'entrer. En Jean-Baptiste, dont il modérait à grand'peine les effrayantes austérités, dont il admirait l'esprit de religion, l'amour pour la prière, il saluait un Saint.

La conduite d'âmes si diverses en leurs aptitudes et leurs grâces, mais toutes avides d'embrasser la perfection sacerdotale, exigeait un temps considérable : la correspondance de M. de Bérulle était immense, ses voyages étaient incessants. Pour faire face à tous ses devoirs, il résolut de se décharger de la supériorité de la maison de Paris, et de ne plus s'occuper des intérêts matériels de la Congrégation, qu'il entendait d'ailleurs assez mal. Le 16 février de cette année, il nomma le P. Gibieuf supérieur, et le P. Nicolas de Soulfour procureur « chargé de la poursuite et administration des affaires de la Congrégation [1] ». Ces deux choix étaient excellents. Rompu aux affaires, d'une grande politesse, joignant la distinction d'un gentilhomme aux manières graves et humbles de sa profession, le P. de Soulfour avait toutes les qualités réclamées par les fonctions importantes et délicates qui lui étaient commises. Pour le P. Gibieuf, sa fidélité à la grâce en avait fait un homme nouveau. Lors de son entrée à l'Oratoire, une passion démesurée de savoir, « cette dé-» mangeaison, de disputer de tout que les subtilités de » l'école inspirent », obscurcissaient encore ses solides qualités. Mais bientôt, touché des entretiens du P. de Bérulle, animé par ses exemples, il entra dans une horreur si vigoureuse de lui-même, qu'en peu de temps il fut transformé. Son unique passion était d'étudier Jésus-

----

1 *Annales*, p. 31. (Arch. nat., MM. 623.)

Christ, de méditer ses mystères, de les exprimer en sa vie. Il était devenu humble, pieux, fervent, docile et mortifié. Son goût pour la retraite, l'oraison et le silence, lui rendait insupportable tout entretien, si l'on n'y parlait de Dieu et de Jésus-Christ. Il en était assez rempli désormais pour le donner et le répandre. M. de Bérulle n'hésita pas, et le mit en sa place[1].

Tout Paris commençait à connaître les Oratoriens; car ce n'était pas dans leur chapelle seulement qu'on les voyait, qu'on les entendait. Ils allaient, avec la permission des curés, confesser dans les paroisses, surtout à l'époque des grandes fêtes, où, disait M. de Bérulle, « il est plus à propos que le peuple assiste aux divins » offices qui s'y célèbrent que non pas ailleurs[2]. » Chaque semaine ils faisaient le catéchisme aux enfants de l'hôpital de la Trinité, dans le quartier Saint-Denis[3]. A toutes les solennités de l'année, ainsi que les dimanches de l'Avent et du Carême, ils se rendaient à l'Hôtel-Dieu, donnaient une instruction et distribuaient des aumônes, dont la libéralité d'un Oratorien, M. Étienne Brice, les avait faits dépositaires. Auprès de la maison de l'Oratoire, dans la rue Saint-Germain, se trouvait une prison, nommée le « For l'Évêque », parce qu'elle était le siége de la juridiction épiscopale[4] : plusieurs fois par mois, les disciples de M. de Bérulle y allaient évangéliser les détenus[5].

---

[1] Le P. Cloysault, cité par BATTEREL, *Mémoires domestiques*, IIe partie, p. 64. — *Annales de la maison de l'Oratoire*, p. 33.

[2] Lettre VI, *OEuvres complètes*, p. 739.

[3] Sur l'hôpital de la Trinité, voyez *Description de Paris*, par PIGANIOL DE LA FORCE, t. III, p. 222 et suiv.

[4] *Forum Episcopi*. Voyez PIGANIOL, t. II, p. 75 et suiv.

[5] Fondation de « noble homme Claude Peljay, conseiller du Roy et

Là ne s'arrêtait point leur zèle : ils se répandaient aux environs de Paris, pour prêcher, confesser, visiter les pauvres, et leur faire d'abondantes aumônes. Puis, quand approchaient les grandes solennités de Pâques, de la Toussaint, de la Pentecôte, de Noël, ils choisissaient quelque village plus abandonné que les autres, s'y installaient, et pendant quinze jours donnaient, dans un esprit vraiment apostolique, les exercices de la mission. Se regardant comme les continuateurs de Jésus-Christ, « le premier missionnaire envoyé de Dieu, son Père, au monde, aux pécheurs et aux pauvres », ne cherchant qu'à faire connaître et aimer Jésus-Christ ; le considérant en même temps comme le principe toujours agissant qui devait les diriger, ils étaient d'autant plus puissants en œuvres et en paroles, qu'ils regardaient Jésus-Christ dont ils parlaient plus encore que le peuple auquel ils s'adressaient [1]. Dans cette lutte contre l'ignorance et le vice, ils ne négligeaient aucun des stratagèmes innocents qui attirent la foule et la retiennent ; et les enfants se pressaient volontiers autour de la chaire de ces bons Pères, qui leur distribuaient libéralement des livres et des chapelets [2].

» maître ordinaire en sa chambre des comptes », du 14 janvier 1613. (*Annales*, p. 13. Arch. nat., MM. 623.)

[1] « *Direction pour les missions qui se font par la Congrégation de Notre-Seigneur Jésus-Christ*, contenant les advis nécessaires afin de les rendre fructueuses. » Paris, A. Vitré, 1646, in-12, p. 8 et suiv.

[2] Fondation de M. Étienne Brice, prêtre de la Congrégation, du 11 octobre 1613. (*Annales*, p. 22.) Le P. Bourgoing, dans l'ouvrage cité plus haut, et dont il a rédigé la préface, dit en parlant des missions : « Cet employ » ne nous est pas nouveau, puisqu'il est nay avec nostre Congrégation et » qu'il a commencé dès son establissement ; et mesme auparavant il estoit » peu ou beaucoup moins en usage ; quoyque d'autres depuis, par une » saincte émulation, l'ayent heureusement amplifié. » Aussi le cardinal de Richelieu, dans ses *Mémoires* (t. I, p. 161), dit-il « que cet Institut avoit

De leur maison de la rue Saint-Honoré, les Pères de la
nouvelle Congrégation emportaient dans les établissements
que l'Oratoire possédait en province un zèle tout apostolique, et qui ne tardait pas à produire les plus heureux
fruits. Le bruit s'en répandait à l'entour, et les évêques, en
grand nombre, conjuraient le P. de Bérulle d'envoyer à
leurs peuples de si bons ouvriers. Il ne pouvait satisfaire
à toutes les demandes. Cependant, la dernière moitié de
l'année 1616 vit l'Oratoire s'établir successivement à
Langres, où le réclamait le nouvel évêque, M. Sébastien
Zamet [1], et à Lyon, dont l'archevêque, M. de Marquemont, originaire de Paris, attaché d'abord à la personne
de M. du Perron, lié maintenant avec saint François de

» pour fin le secours des évêques en l'instruction des pauvres âmes qu'ils
» faisoient état d'aller catéchiser dans les paroisses champêtres. » Quoiqu'en
parlant ainsi Richelieu veuille se donner une arme contre M. de Bérulle,
il n'en reste pas moins qu'une des œuvres auxquelles se consacra l'Oratoire à son origine fut l'œuvre des missions. Seulement, ce n'était pas
son but principal, et dès lors le P. de Bérulle ne put accepter la proposition que M. de Gondi lui fit en 1617 par l'intermédiaire de saint Vincent de Paul, de faire des missions dans ses terres de cinq ans en cinq
ans. (*La Vie de saint Vincent de Paul*, par M. Collet. Nancy, 1748,
in-4º, t. I, liv. II, p. 112.) Il est regrettable que les historiens de saint
Vincent de Paul n'aient point parlé des efforts courageux tentés par l'Oratoire avant l'admirable institution de l'œuvre des missions.

[1] M. Zamet était évêque de Langres depuis le 30 octobre 1615. (*Dictionnaire de statistique religieuse*. Migne, 1851, in-4º, p. 247.) On sait le rôle
important qu'il joua dans les affaires de Port-Royal (*Port-Royal*, par
Sainte-Beuve, t. I, p. 329 et suiv.) — L'établissement de l'Oratoire à
Langres est du 13 août. (*Annales*, p. 3. Arch. nat., MM. 623.) L'acte
fut passé entre M. Zamet et M. de Bérulle, en l'étude de Mᵉ Potdevin,
notaire au Châtelet de Paris. Le P. de Bérulle s'y engageait à fournir pour
la ville de Langres huit directeurs de l'Oratoire, moyennant la somme de
trois mille livres tournois, outre les bâtiments affectés à la fondation. Il
existe une copie de cet acte dans les archives de Chaumont (fonds du grand
séminaire de Langres, 3ᵉ liasse). J'en dois communication à l'obligeance de
M. Louis Collin, archiviste du département de la Haute-Marne.

Sales [1], connaissait le P. de Bérulle, et avait grand désir d'occuper ses disciples dans son religieux diocèse. En même temps, Richelieu, qui, depuis un mois à peine, était entré au Conseil, en qualité de secrétaire d'État du ministère de la guerre et des affaires étrangères, passait un nouveau contrat avec le P. de Bérulle, et confiait aux Pères de l'Oratoire, qui travaillaient déjà dans son diocèse, la direction du séminaire de Luçon [2]. Outre le désir sincère de se former ainsi un clergé régulier et édifiant, il n'était point fâché sans doute de manifester hautement son estime pour une congrégation dont la Reine mère, à qui il devait toute sa fortune, se déclarait si ouvertement la protectrice [3].

C'est ainsi que l'Oratoire grandissait dans la retraite, le silence, l'étude, la prière continuelle, l'exercice de toutes les vertus. Attachés au Saint-Siége par le fond de leurs entrailles, liés à l'épiscopat par une obéissance qui leur semblait une conséquence naturelle du sacrement

[1] Denis-Simon de Marquemont fut nommé archevêque de Lyon en 1612. (Voyez son article dans MORÉRI.) Saint François de Sales en fait un grand éloge. (*OEuvres complètes*, éd. Vivès, lettre CXLV, t. VII, p. 29 et suiv.) L'établissement de l'Oratoire à Lyon est du 3 décembre.

[2] Le contrat passé avec l'Oratoire par l'évêque de Luçon est du 14 décembre 1616. (*Annales*, p. 31.) — Richelieu, dans ses *Mémoires* (liv. V, p. 61), dit positivement qu'il fut un des premiers à demander des Pères de l'Oratoire dans son diocèse. Dans une lettre de 1612 à M. de Béthune (*Lettres du cardinal de Richelieu*, t. I, p. 84), il parle « de Messieurs de » l'Oratoire, qui sont depuis cinq ou six mois establis à Luçon, qui se » doivent employer à l'instruction des curés. » Ce qui, soit dit en passant, réfute l'allégation des Mémoires de Richelieu reprochant à l'Oratoire d'avoir manqué à sa vocation principale, l'instruction du peuple des campagnes. La première de toutes était la formation du clergé. — Le contrat de 1616 eut donc pour objet la direction du séminaire de Luçon.

[3] Voyez à ce sujet la remarquable notice de M. Avenel sur le premier ministère de Richelieu. (*Lettres de Richelieu*, t. I, p. 188 et suiv.)

qu'ils avaient reçu, ne prétendant à rien dans l'Église, qu'à venir en aide aux pasteurs par leurs propres travaux, ou par la formation de jeunes clercs, les disciples du P. de Bérulle joignaient à un travail incessant sur eux-mêmes, un perpétuel souci de la conversion et du salut des âmes. Le bien qu'ils s'efforçaient de faire au peuple par la gravité de la tenue, le sérieux de la prédication, la sagesse de la direction, était récompensé par leur avancement rapide dans toutes les vertus, et le soin qu'ils prenaient de développer en eux-mêmes la vie de Jésus-Christ donnait à leurs fonctions, à leurs discours, à leurs conseils, une irrésistible puissance. En eux, on voyait unies ces choses qui n'atteignent leur perfection qu'en se fortifiant l'une par l'autre, la science et le zèle, la prudence et l'élan, la raison et la foi, parce que, à l'exemple de leur fondateur, silence et parole, action et contemplation, vie extérieure et vie intérieure, existence tout entière, en un mot, était réglée par une loi unique, et tendait vers un objet unique : Jésus-Christ[1].

[1] Le lecteur aura sans doute remarqué qu'à partir du chapitre V, je donne le titre de Père à M. de Bérulle et à ses disciples. Je ne puis mieux faire pour expliquer ce changement de nom, que de transcrire une page dés *Annales de la maison de l'Oratoire* (Arch. nat. MM. 623, p. 25) : « Vers la » fin de cette année (1614), M. de Bérulle, qui jusqu'ici nous avoit appelés » *Messieurs*, a jugé à propos que nous changions ce nom en celui de Pères, » nom plus conforme à notre caractère, le seul ou le plus commun dont les » fidèles ont si longtemps appelé les Prêtres et les Evêques, nom qui ex- » prime mieux l'esprit de bonté et de charité dont nous devons être péné- » trés envers les chrétiens, qui sont nos enfants; nom qui ne présente pas, » comme celui de Monsieur, une sorte d'idée de domination et d'empire, ni » l'esprit du siècle qui l'a mis à la mode dans le clergé. M. de Bérulle auroit » même voulu, pour éviter la vanité qui suit les grands noms, que chacun » de nous supprimant celui de sa famille, on ne se fût appelé que de son » nom de baptême, et pour donner l'exemple il s'est fait appeler pendant » quelque temps le Père Pierre, mais cela n'a pu passer en usage. »

CHAPITRE VI.

RAPPORTS AVEC LA COUR ET LES PRINCES.

1616-1618.

Faveur croissante du maréchal d'Ancre. — Arrestation du prince de Condé.
—Nouvelle guerre civile.—Déclaration du Roi contre le duc de Nevers,
17 janvier 1617.— Richelieu. — Inquiétudes du P. de Bérulle. — Son
entrevue avec le maréchal d'Ancre. — Mgr Bentivoglio, nonce du Pape.
— Entretien du P. de Bérulle avec lui. — Confidences de Richelieu.—
Le P. Suffren. — Négociations avec le duc de Nevers. — Le P. de
Bérulle visite le couvent de Châlons-sur-Saône et se rend à Nevers. —
Mort du maréchal d'Ancre (24 avril 1617). — Voyage à Riom. —
Retour à Paris. — M. de Luynes. — Conseils que lui donne Bentivoglio. — Le P. de Bérulle voit M. de Luynes. — Il est nommé commissaire pour la restauration du Saint-Sépulcre (5 août 1617). — Progrès
de l'Oratoire. — Établissement de Rouen. — Fondation de nouveaux
monastères du Carmel.— Orléans, Paris, Bourges, Saintes. — Histoire
de la comtesse de Candale. — Le P. de Bérulle choisi pour arbitre
(février 1618). — Mort de la duchesse de Nevers (8 mars). — Henri de
Lorraine et ses abbayes. — Le P. de Bérulle est chargé par le Pape de
l'administration temporelle de ses bénéfices. — Manière dont il s'en
acquitte. — Sa démission.

Tandis que dans la maison de la rue Saint-Honoré tout
respirait l'ordre, le silence et la paix, au dehors il n'était
bruit que de conjurations et de guerre. Cette année 1616,
si heureuse pour le P. de Bérulle, s'il eût été touché des
seuls intérêts de sa Congrégation, lui paraissait bien triste
lorsqu'il jetait les yeux sur la France. Le refus de la Cour
de tenir aucun compte des doléances exprimées par les
états généraux avait fourni un premier prétexte à la levée
d'armes des princes du sang et de la noblesse : la faveur

croissante de Concini leur en avait offert bientôt un second. C'était chose scandaleuse vraiment que les honneurs et les biens dont on accablait cet étranger. Marquis d'Ancre, gouverneur de Normandie, maréchal de France, Concini, avec un million de livres de revenu, des hôtels, des palais, étalait le luxe le plus insolent. Son âme d'ailleurs était vulgaire. Soupçonneux, léger, changeant, essayant de se faire craindre parce qu'il ne pouvait se faire aimer, trop vain pour ne point afficher son influence, trop faible pour en user à propos, il avait à la Cour quelques créatures, il n'y comptait pas un seul homme d'honneur attaché à sa fortune [1]. Les princes le détestaient, moins par souci de la chose publique que par douleur de voir entre ses mains des dignités et des richesses mieux placées, pensaient-ils, entre les leurs. « Le temps des Rois est passé, » celui des grands et des princes est venu, il nous faut » bien faire valoir [2]. » Tel avait été leur premier mot à la nouvelle de la mort de Henri IV. Concini, favori de la Reine, leur semblait un usurpateur, et le peuple crut à la sincérité de leurs déclamations. Que les millions fussent cependant accordés au maréchal ou aux princes, la différence n'était pas grande pour le tiers état, destiné à payer toujours. Il ne s'en aperçut que plus tard.

En dehors des partis et au-dessus d'eux, parce qu'il connaissait les fautes de tous et ne demandait rien à aucun, le P. de Bérulle était triste et inquiet. Il voyait l'autorité de la Reine mère, sa bienfaitrice, avilie ; l'État, qu'il appelait « l'œil du monde et le cœur de l'Église », profondément

---

[1] SULLY, *OEconomies royales*, t. VIII, p. 396.
[2] *Mémoires de Richelieu*, éd. Petitot, t. I, p. 395 et suiv.

ébranlé; l'Église elle-même menacée à la fois par les ré-
clamations impérieuses des huguenots, les empiétements
du Parlement, les concessions politiques de la noblesse. Il
savait qu'à Loudun, la question toujours grosse d'orages
des rapports de l'Église et de l'État avait été soulevée de
nouveau[1]. La Cour s'était tirée de cette difficulté et
de bien d'autres en distribuant six millions aux rebelles,
et en accordant cinq places de sûreté à Condé; puis,
pour faire expier à celui-ci son triomphe, elle l'avait
fait conduire à la Bastille. A la nouvelle du défi qu'on
leur jetait, les ducs de Vendôme, de Mayenne, de
Bouillon et de Nevers s'étaient cantonnés dans leur gouvernement, décidés à imposer leurs conditions à la Cour.
La Reine, elle aussi, résolue à la lutte, venait de lever
trois armées commandées par le duc de Guise, le maréchal de Montigny, parent de M. de Bérulle[2], et le comte
d'Auvergne.

Sur ces entrefaites parut une déclaration du jeune
Roi. Après avoir énuméré tous ses griefs contre le duc
de Nevers, il le déclarait, lui et ses adhérents, « désobéis-
sants, rebelles, perturbateurs du repos public et criminels
de lèse-majesté », lui laissant cependant quinze jours après
la publication de ladite déclaration « pour reconnaître sa
faute[3] ». On n'avait point coutume d'entendre un tel langage. C'est qu'auprès de la Reine se trouvait depuis quelques mois un homme qui n'était pas un ambitieux vulgaire;

[1] Bazin, *Histoire de France sous Louis XIII*, 2ᵉ éd., t. I, liv. V, ch. i,
p. 242.

[2] Voyez Le Laboureur, *Additions aux Mémoires de Castelnau*, et la
Généalogie de la famille de Bérulle, par le chevalier de Courcelle.

[3] *Mercure françois*, t. IV, 1617, p. 31.

qui aspirait au pouvoir, mais pour l'exercer ; dont la fierté et le génie se révoltaient à la vue de l'autorité royale méconnue et abaissée, et à qui il tardait d'entrer en lutte avec la noblesse féodale. Il avait attaqué ses empiétements au nom de l'Église lors des états généraux [1] : maintenant, au nom du Roi, il entendait la réduire au devoir. Secrétaire d'État depuis le 25 novembre, chargé du portefeuille de la guerre, de celui des affaires étrangères depuis le 29 [2], Richelieu était l'instigateur de ces mesures énergiques, et probablement le rédacteur de la déclaration du Roi contre le duc de Nevers.

Vérifiée au Parlement le 17 janvier, cette déclaration acheva d'abord d'irriter les esprits. Le duc de Nevers n'avait pas assurément le droit de lever les armes contre le Roi ; mais il était puissant et populaire. Oncle du duc de Longueville, beau-frère du duc du Maine, lié intimement avec le duc de Bouillon et avec le prince de Condé, il avait su se faire une grande situation. On oublia sa faute pour n'en regarder que le prétexte, et le maréchal d'Ancre, que les princes dans leurs remontrances au Roi ne manquaient pas de représenter « comme la seule cause de tous les » maux et de tous les désordres, comme l'ulcère qui avoit » presque gâté et infecté tout le corps de l'État [3] », parut plus odieux que jamais.

La duchesse douairière de Longueville, sœur du duc de Nevers, voyant l'aversion universelle qu'inspirait Con-

---

[1] Voyez son discours dans le *Mercure françois*, t. III, p. 404 et suiv.

[2] *Lettres du cardinal de Richelieu*, t. I, p. 188.

[3] 4 février 1617. *Recueil de pièces concernant l'histoire de Louis XIII.* Paris, F. Montalant, 1716, in-12, t. II, p. 13.

cini, pensa qu'il était temps encore de conjurer une guerre et de ménager un accommodement. Elle connaissait le P. de Bérulle, elle savait son crédit à la Cour, son influence sur la Reine, elle remit les intérêts du duc entre ses mains[1].

Loin de se laisser aveugler par son dévouement et sa reconnaissance pour la Reine, le supérieur de l'Oratoire déplorait la faveur outrageante qu'elle accordait à Concini. Comme les princes, il voyait dans cet homme la cause de tous les malheurs de la France. Un jour, prenant par le bras un Père de la Congrégation : « Il y a plus de six » mois », lui dit-il, « que ie me sens obligé de la part de Dieu » à luy demander qu'il oste ceux qui troublent la France, » et ie crains qu'il n'en tombe quelque esclat sur vne autre » teste[2]. » Par ces mots, il voulait désigner la Reine. Il avait gémi dans la prière ; l'occasion s'offrait d'agir ouvertement. Il se rendit au Louvre.

Ce fut devant Marie de Médicis que le P. de Bérulle parla au maréchal. Les airs dédaigneux et hautains du favori, son insupportable suffisance, l'appui que lui prêtait sa protectrice, n'étaient point capables d'intimider le supérieur de l'Oratoire. Fort de sa conscience, celui-ci reprocha hautement à Concini de sacrifier le repos public à des querelles particulières. Il trouvait déplorable, ne craignit-il pas d'ajouter[3], que les princes, après avoir bien mérité de la France par leurs services et par ceux de leurs ancêtres, fussent réduits, à cause d'un étranger, à de pareilles extré-

---

[1] BENTIVOGLIO, dépêche du 27 janvier 1617 (*Lettere diplomatiche di Guido Bentivoglio*. Torino, 1852, 2 vol. in-12, t. I, p. 72.

[2] HABERT, liv. II, ch. XIII, p. 515.

[3] Mémoire manuscrit de M. de Bérulle, maître des requêtes, neveu du cardinal. (Arch. nat., M. 233.)

mités. Comme on devait s'y attendre, le maréchal ne fut pas convaincu; mais la Reine se laissa toucher, et autorisa le P. de Bérulle à négocier avec le duc de Nevers.

Quelques semaines avant cette entrevue, arrivait à Paris, pour remplacer Mgr Barberini, promu au cardinalat, le nouveau nonce, Mgr Gui Bentivoglio[1]. D'un esprit aussi vif que cultivé, laborieux, insinuant, habile, modéré, sinon par nature, au moins par calcul, avec une apparence assez frêle, mais pleine de distinction, il possédait tout ce qu'il fallait pour plaire à la cour la plus remuante, la plus spirituelle et la plus polie d'alors. En passant à Lyon, il s'était fait renseigner par l'archevêque, M. de Marquemont, sur les changements survenus dans le ministère et sur les mouvements des partis. Il en rapportait une opinion un peu rapidement faite, mais très-favorable à l'évêque de Luçon, dont il vantait à sa cour « les connaissances, l'é- » loquence, le zèle pour la religion », et même « la » bonté[2]. » Il était décidé à travailler de tout son pouvoir à un arrangement entre la Reine mère et les princes, lesquels, le duc de Nevers surtout, étaient très-protégés par le Saint-Siége. A Paris, il trouvait à la nonciature un auditeur fort au courant des affaires, Mgr Scappi, ami du P. de Bérulle, dont il avait cherché à soutenir les intérêts en Sorbonne contre les entreprises de Richer[3]. Scappi ne pouvait que confirmer le nonce dans les sentiments d'estime que lui avait déjà inspirés pour le supérieur de l'Ora-

---

[1] Bentivoglio était arrivé à Paris le 15 décembre 1616.

[2] Il vescovo di Lusson, prelato che se ben giovane è de' più eminenti di Francia per lettere, eloquenza, bontà e zelo di religione come V. S. Ill. sa. Lyon, le 2 décembre 1616. (*Lettere diplomatiche*, t. I, p. 51.)

[3] *La Vie d'E. Richer*, par A. BAILLET. Liége, in-12, liv. II, p. 190.

toire son universelle réputation. « C'est un homme de
» noble famille », écrivait à Rome Bentivoglio dès son arrivée, « d'exemplaire bonté, de beaucoup de lettres, non
» moins prudent dans les choses temporelles que dans les
» choses ecclésiastiques, dans lesquelles, par diverses
» œuvres de piété, il a acquis en ce royaume une très-
» grande réputation, et particulièrement en instituant la
» Congrégation de l'Oratoire, qui chaque jour va croissant
» en nombre et en estime [1]. »

Aussi, lorsque le P. de Bérulle se présenta à l'hôtel de
la nonciature, Bentivoglio lui fit un accueil où à la courtoisie caressante du prélat italien se mêlait un sentiment
plus élevé et plus solide. Ils entrèrent aussitôt en conférence sur la marche à suivre, et jugèrent que le plus sage
expédient serait d'envoyer Scappi au duc de Nevers, dont
l'indignation était augmentée encore par la déclaration
royale du 17 janvier. On essayerait d'abord de le calmer et

---

[1] Questo è il sign. di Berul, uomo di nobil sangue, sacerdote d'esem-
plar bontà, di molte lettere, di non minor prudenza nelle cose temporali
che zelo nelle ecclesiastiche, nelle quali con diverse opere di pietà egli ha
acquistato in questo regno grandissima fama, e particolarmente con l'aver
instituito le Congregazioni degli Oratorii, che ogni dì in queste van crescendo
di numero, e di opinione. (Bentivoglio, dépêche du 27 janvier 1617.) —
Jusqu'ici on ne connaissait l'intervention de M. de Bérulle dans les affaires
du duc de Nevers et ses rapports avec le maréchal d'Ancre et le duc
de Luynes, que par la relation manuscrite de M. de Bérulle, maître
des requêtes. (Arch. nat., M. 233.) Le P. Batterel ne cite point d'autre
autorité. La publication récente des lettres de Bentivoglio, faite à Turin
en 1852, prouve que le neveu du cardinal n'a rien exagéré. J'espérais trouver des traces écrites des négociations, qui, aux yeux du nonce, eurent
une réelle importance. Mes recherches aux Archives et à la Bibliothèque
nationale ne m'ont rien fait découvrir, et je n'ai pas été plus heureux aux
archives des Affaires étrangères. Le volume où sont réunis les documents
concernant l'année 1617 ne m'en a fourni aucun ayant trait aux tentatives faites par le P. de Bérulle. D'où je conclus qu'il agissait avec l'agrément de la Reine, mais sans caractère officiel.

de l'amener ainsi prudemment et de loin à un accommodement. Mais le consentement de la Reine et du ministre
était nécessaire. On ne put l'obtenir. Il fallut donc se contenter de l'intermédiaire de la duchesse de Longueville,
ressource tout à fait insuffisante. Le P. de Bérulle savait
en effet que le duc de Nevers se montrait fort refroidi pour
sa sœur, blessé qu'il était de sa présence à la Cour. En refusant ainsi au P. de Bérulle, après l'avoir autorisé à traiter, les moyens sans lesquels il ne pouvait conduire la négociation à bonne fin, la Reine se laissait-elle entraîner à
sa passion personnelle contre les princes, ou subissait-
elle l'ascendant du favori, soutenu des conseils virils du
nouveau secrétaire d'État? Richelieu voyant le nonce favorable à un accommodement, n'avait garde devant lui d'y
paraître contraire. Il disait même à Scappi en profonde
confidence, et en exigeant de lui un serment dont il espérait bien la violation, que son avis n'avait pas été de
prendre contre le duc de Nevers et ses adhérents les mesures auxquelles on venait de s'arrêter. Il y voyait de
grands inconvénients, de grands périls même, affirmait-il,
quoique, en habile ministre qu'il se montrait déjà, il se hâ-
tât d'ajouter que le succès final des armées du Roi, son
maître, ne faisait aucun doute[1]. L'évêque de Luçon était-
il bien sincère? Il est permis d'en douter. Ce qui est sûr,
c'est qu'il se trouvait dans une position très-délicate. Les
intérêts de sa fortune, liée à celle du maréchal d'Ancre, sa
reconnaissance envers la Reine mère, sa protectrice, le
sentiment profond qu'il avait dès lors de l'autorité royale

---

[1] BENTIVOGLIO, dépêche du 1er février 1617. (*Lettere diplomatiche*, t. I,
p. 77.)

et de ses droits, autant de motifs à ses yeux pour agir avec vigueur et s'il le pouvait pour écraser les rebelles. Mais il savait d'autre part que le nonce, l'ambassadeur d'Espagne, les catholiques enfin étaient favorables au duc de Nevers. Or, à ce moment, tout en faisant de secrètes avances à l'Allemagne luthérienne, Richelieu affectait de se dire l'ami du duc de Monteleone et l'humble serviteur du Roi d'Espagne; et quoique satisfait au fond des entreprises de Lesdiguières, il le désavouait pour plaire à Rome, dont il espérait bien dans l'avenir recevoir le chapeau [1]. Déjà il voulait compter jusque dans le sacré collége, sinon des créatures, du moins des obligés, et le cardinal Ubaldini, revenant de France avec un brevet de conseiller du Roi et une pension annuelle de douze mille livres [2], devait, pensait-il, rendre bon témoignage de lui. Était-ce le moment de s'aliéner le successeur d'Ubaldini en se montrant le promoteur d'une politique que Bentivoglio eût désapprouvée? Prudent et ferme, il laissa entendre qu'il subissait seulement des mesures qu'en réalité il avait conseillées; et quinze jours après sa conversation avec Scappi, il contre-signait une déclaration probablement rédigée par lui, laquelle était une éloquente et très-vive réponse au manifeste du duc de Nevers [3].

Les espérances d'accommodement perdaient chaque jour du terrain. Le P. de Bérulle ne s'en consolait pas. Dans une visite qu'il rendit au nonce, il jugea avec la plus

---

1 *Lettres de Richelieu*, t. I, p. 192-193.

2 *Id.*, lettre CLXIII, note 4, p. 198-199.

3 La déclaration du Roi se trouve dans le *Recueil de pièces concernant l'histoire de Louis XIII*. Paris, Montalant, 1716, in-12, t. II, p. 37 et suivantes; elle est datée du 18 février et contre-signée « DE RICHELIEU ».

grande sévérité les résolutions de la Cour. Il venait d'apprendre par le duc de Guise, dont il était le confesseur, que le duc de Mayenne ayant offert d'écrire une nouvelle lettre si la première ne paraissait point assez soumise, les ministres avaient rejeté cette offre : « Ce que l'on veut », poursuivit le P. de Bérulle en s'animant, « c'est la guerre, » et la ruine des princes [1]. » Par eux-mêmes, les princes ne méritaient, à vrai dire, qu'un intérêt modéré. Ils coûtaient cher à la France, et depuis six ans M. de Nevers et M. de Guise avaient à eux seuls reçu de la cour trois millions trois cent mille livres [2]. Mais telle n'était pas la question. Le Roi devait-il engager une lutte qui menaçait d'être terrible ? Car les princes, poussés au désespoir, allaient sans doute contracter avec les protestants des engagements aussi redoutables pour l'Église que favorables à l'extension de l'hérésie, et afin de les attirer plus sûrement à eux, livrer peut-être aux huguenots des places dans leurs gouvernements [3].

Les craintes du P. de Bérulle n'étaient point chimériques, elles reposaient sur des faits. Dans le Limousin et la Guyenne, madame de Bouillon excitait les protestants aussi bien que les catholiques à prendre les armes pour la délivrance du Roi et de M. le Prince. Dans les Cévennes, deux gentilshommes de « la religion », Assas et Andrieux, aidés par les fonds que leur envoyait le duc de Savoie,

---

[1] Bentivoglio, dépêche du 1er février 1617. (*Lettere diplomatiche*, t. I, p. 78.)

[2] *Lettres de Richelieu*, lettre CLXV. Instructions de M. Schonberg, t. I, p. 232.

[3] Bentivoglio, dépêche du 1er février 1617.

12.

madame de Bouillon, et, ajoutait-on, la pieuse duchesse de Nevers elle-même, levaient des troupes et tenaient la campagne[1]. Qui pouvait affirmer que cette étincelle n'allumerait pas un vaste incendie? A la cour, l'animation était extrême. Non content de confisquer les biens du duc de Nevers, les ministres avaient discuté sérieusement s'il ne serait pas opportun de l'exécuter en effigie.

Essayer à pareille heure de ramener à la modération une femme, une Italienne, une Reine offensée, était chose bien hasardeuse. Le P. de Bérulle et le nonce ne désespérèrent pas cependant. Celui-ci, persuadé que le confesseur de la Reine pourrait utilement servir à leurs pacifiques desseins, manda le P. Suffren, et lui représenta quels dangers courait sa royale pénitente, si elle persistait à pousser les princes à l'extrémité. Mais le P. Suffren accueillit assez froidement les avances du nonce. Il se retrancha invariablement dans la même réponse : « la Reine ne gardait » l'autorité entre ses mains que par scrupule de conscience, » sans quoi elle se hâterait de s'en démettre. » « Opinion » simple, assurément, plus que sage », écrivait à sa cour Bentivoglio, incapable, malgré toute son intelligence, de comprendre qu'on fût tenté de quitter le pouvoir sans y être forcé[2].

Réduits à leurs propres ressources, le nonce et le P. de

---

[1] *Mémoires concernant les affaires de France sous le régime de Marie de Médicis* (par PHÉLIPEAUX DE PONTCHARTRAIN). A la Haye, 1720, t. II, p. 279 et suivantes.

[2] Senso di semplicita senza dubbio piuttosto che di prudenza. (BENTIVOGLIO, dépêche du 14 février. *Lettere,* p. 87.) Il est de fait que Marie de Médicis aimait infiniment à offrir sa démission à son fils : c'était son *ultimatum* quand on essayait de résister à ses volontés. Le P. Suffren pouvait fort bien croire à la sincérité de ses offres.

Bérulle voulurent essayer d'un nouveau moyen. Madame
de Montpensier avait pour intendant un conseiller d'État,
François de Montholon, dévoué au duc de Nevers, dans la
maison duquel il avait d'abord exercé quelque charge, et
ami du P. de Bérulle[1]. On convint que M. de Montholon
tâcherait d'obtenir du duc le licenciement de ses troupes
et une lettre de soumission. A ces deux conditions, la paix
semblait encore possible. Mais après avoir écrit et reçu
bien des lettres, le P. de Bérulle se vit contraint d'avouer
à la Reine l'inutilité de ses efforts. M. de Nevers et les
autres princes, persuadés que le maréchal d'Ancre ne cherchait à les désarmer que pour les écraser plus sûrement,
maintenaient leurs conditions. Tant l'exemple récent du
prince de Condé impressionnait tous les esprits !

La guerre éclata donc. Le maréchal de Montigny ayant
fait sa jonction avec les troupes commandées par MM. de
Villeroy, d'Alincourt, de Saint-Chaumont et de Saint-Gé-
rand, s'approcha de Nevers et l'investit. La Reine, qui
voyait l'insuccès des démarches de M. de Montholon et
qui, tout en refusant des concessions inévitables, ne voulait
pas se donner l'odieux de rompre la négociation, jugea
que le P. de Bérulle obtiendrait peut-être davantage de
madame de Nevers, et elle lui ordonna de se rendre auprès
de la duchesse.

Afin de ne point donner l'éveil, le P. de Bérulle
couvrit sa mission d'un prétexte fort plausible, celui
de la visite du Carmel, et il se rendit à Châlons-sur-
Saône. Là, dans le pauvre monastère « de la Vierge et de

---

[1] Il est question de M. de Montholon dans la *Vie de Richer*, par
A. BAILLET.

Saint-Joseph », il retrouva les vertus qui, dix-huit mois auparavant[1], l'avaient si doucement consolé. Sous le gouvernement de la Mère Anne du Saint-Sacrement, les Carmélites de Châlons se montraient toujours les dignes filles de leur première Mère, Sœur Louise de Jésus (madame Jourdan). N'ayant conservé d'autre souvenir du monde que ce qu'il en fallait pour le recommander à Dieu, elles ignoraient ses divisions et ses troubles, retirées et cachées qu'elles étaient en Jésus-Christ. Pendant quatre jours, le P. de Bérulle se consacra tout entier à l'examen du monastère. Il entendit les Religieuses, donna à chacune les avis que réclamait son état, et laissa à toutes un acte de visite qui, dans son laconisme, rendait un tacite hommage à la régularité de ce fervent monastère. Le temps pressait : le P. de Bérulle dut quitter les filles de sainte Thérèse, si heureuses dans leur solitude et leur silence, pour se rendre, à travers les corps d'armée épars dans la campagne, jusqu'à Nevers, où la duchesse se défendait encore contre l'armée du Roi[2].

Le pieux négociateur venait d'arriver sous Nevers, lorsque tout à coup le bruit se répandit dans la ville que le maréchal d'Ancre était mort. Conseillé par l'inquiète ambition de Luynes et par sa propre animosité, le jeune Roi

---

[1] Voyez plus haut, ch. IV, p. 112.

[2] Acte de visite du monastère de Châlons fait le 9-12 avril 1617 (pièce originale appartenant aux Révérendes Mères Carmélites du monastère de Châlons). Cette date est corroborée par les *Chroniques*, t. II, p. 474, qui, parlant des élections du 17 janvier 1617, indiquent les mêmes Religieuses que le P. de Bérulle trouva en charge au mois d'avril. Je place cette visite avant le voyage à Nevers, puisque le P. de Bérulle apprit sous Nevers la mort du maréchal d'Ancre, et que dès le commencement de mai il était de retour à Paris, d'après une dépêche du nonce Bentivoglio. (Dépêche du 16 mai.)

avait fait assassiner le favori de sa mère sur le pont du Louvre (24 avril). Ce tragique événement ne surprit pas le P. de Bérulle ; ses pressentiments, des lumières supérieures peut-être l'y avaient préparé. Mais il en profita pour presser la duchesse de se soumettre. Son ennemi mort, la vengeance de madame de Nevers était satisfaite, et l'habileté la plus vulgaire lui commandait de déposer les armes. Elle ouvrit les portes de la ville et se rendit sans condition.

La mission du P. de Bérulle n'avait plus d'objet. Il quitta Nevers ; mais au lieu de rentrer aussitôt à Paris, il poussa jusqu'à Riom, dont il se trouvait à plus de moitié chemin. Cette ville lui avait offert un collége, et il voulait traiter de cet établissement. Durant le court séjour qu'il fit à Riom, il parla de ses chères filles du Carmel avec une admiration si communicative que les habitants réclamèrent pour leur ville l'honneur d'une fondation, et qu'un conseiller du présidial et de la sénéchaussée, le sieur Murat, en voulut faire lui-même tous les frais [1].

A peine revenu à Paris, le P. de Bérulle trouva ses inquiétudes justifiées. En ordonnant l'exécution du maréchal d'Ancre, en livrant sa veuve, Éléonor Galigaï, au bourreau, le jeune Roi n'avait pas cédé à un mouvement de colère passager et irréfléchi. Déjà capable de dissimulation, il nourrissait depuis longtemps son projet, il en mesurait les conséquences. Ce qu'il voulait, c'était régner. Aussi, dans la crainte que sa mère ne lui reprochât ses actes, ou ne fût tentée de ressaisir le pouvoir, il lui avait fait entendre que

____

[1] *Chronique de l'Ordre des Carmélites*, t. III, p. 287.

sa place n'était plus au Louvre, et le 4 mai, accompagnée d'un brillant cortége, elle avait quitté Paris pour se retirer à Blois. Au favori de la Reine, lâchement assassiné, succédait, dans une fortune presque égale, le favori du Roi. Marie de Médicis avait sacrifié les princes au premier ; au second Louis XIII sacrifiait sa mère.

L'exil de la Reine causa une peine fort vive au P. de Bérulle. Il devait beaucoup à Marie de Médicis, et chez lui la reconnaissance survivait aux bienfaits. Il redoutait d'ailleurs les conséquences déplorables pour l'Église et pour l'État de ces incessantes révolutions. Sans confondre M. de Luynes avec le maréchal d'Ancre, il ne pouvait se dissimuler que c'était toujours un favori, et un favori bien puissant. Comment, en effet, un Roi de quinze ans et demi ne se laisserait-il point gouverner par un homme aux conseils et à la hardiesse duquel il devait le pouvoir absolu ? Luynes, d'ailleurs, ne négligeait rien. Sous une apparence frivole, il nourrissait une ambition sérieuse [1]. Sans se laisser étourdir par sa fortune, il comprit la nécessité de se faire des partisans. Il importait que les gens d'Église lui fussent favorables. Aussi s'empressa-t-il de témoigner au nonce du Pape, avec les plus bienveillantes dispositions, une confiance flatteuse.

Bentivoglio profita des ouvertures de M. de Luynes pour représenter au favori de quelle utilité lui serait une personne, vertueuse et dévouée, capable d'alléger par ses avis le poids de sa responsabilité. Luynes répliqua qu'il était tout disposé à suivre un si sage conseil, et qu'il

---

[1] Voyez les articles de M. Cousin sur le connétable de Luynes dans le *Journal des Savants*.

recevrait avec joie des mains de Son Excellence la personne qu'elle lui désignerait. Quoique le choix du nonce fût déjà arrêté, craignant qu'une réponse trop prompte ne fît soupçonner quelque intrigue concertée à l'avance, il se tut et attendit que Luynes revînt à la charge. Alors seulement Bentivoglio l'engagea à voir le P. de Bérulle, « homme » des plus éminents de France, par son zèle, sa doctrine, » sa bonté, et son habileté à traiter les affaires ». Luynes parut fort satisfait du choix suggéré par Bentivoglio, et il fut convenu que le supérieur de l'Oratoire viendrait le trouver au plus tôt [1].

Le P. de Bérulle répondit avec la plus courageuse franchise à la confiance qu'on lui témoignait. M. de Luynes devait, dit-il, user de son ascendant sur le Roi pour en obtenir deux mesures : l'élargissement de M. le Prince, le retour de la Reine mère [2]. Par la délivrance de Condé, il enlevait aux grands tout nouveau prétexte de mécontentement; par le rappel de la Reine Marie de Médicis, il s'assurait la fidélité du duc d'Épernon, ce vieil ami de la Reine; faute de quoi il ne tarderait pas à se rendre odieux lui-même, le peuple se lassant à la longue de voir captif le premier prince du sang, et la veuve de Henri IV exilée.

Luynes sut entendre des conseils si peu conformes à ses pensées; mais il ne s'y rangea pas. Il poursuivit au contraire sa politique, éloignant des charges importantes toutes les créatures de la Reine mère. Le P. Coton lui-

---

[1] « Il padre Berul, soggetto dei più eminenti di Francia, per zelo, » dottrina, bontà e destrezza in trattar negozii. » BENTIVOGLIO, dépêche du 16 mai 1617. (*Lettere diplomatiche*, t. I, p. 119.)

[2] HABERT, liv. II, ch. XIII, p. 516.

même ne fut pas protégé contre des intrigues de cour par le touchant souvenir de l'amitié de Henri le Grand, et il dut céder au P. Arnoux la charge de confesseur et de prédicateur du jeune Roi. Une disgrâce si imméritée toucha vivement le P. de Bérulle, dont l'amitié pour le P. Coton devenait de jour en jour plus étroite. Il offrit l'hospitalité au confesseur de deux Rois, maintenant si tristement abandonné que ses confrères mêmes, les Pères Jésuites de la maison professe de Saint-Louis, n'osaient le recevoir [1]. Le P. de Bérulle ne pensa pas non plus devoir interrompre ni ses rapports avec l'aumônier de la Reine, Richelieu, bientôt exilé, ni avec son confesseur le P. Suffren, qui le tenait au courant des dispositions de la royale prisonnière et des chances d'accommodement que l'habileté de Luynes laissait entrevoir de temps à autre [2].

Cependant le Roi et son favori saisissaient toutes les occasions de témoigner au P. de Bérulle leur estime et leur confiance. On se rappelle que Henri IV, informé de l'état déplorable auquel était réduite l'église du Saint-Sépulcre, avait ordonné, pour subvenir aux frais de sa réparation, une quête dans tous les diocèses du royaume, et avait nommé le P. de Bérulle dépositaire des offrandes conjointement avec son ami M. de Marillac. La quête fut commencée sans grand succès et interrompue tout à coup par la mort tragique du Roi. Durant la régence, les affaires de l'intérieur

---

[1] Voyez Pièces justificatives, n° V. *Mémoire des PP. Jésuites au cardinal de Richelieu.* Voyez aussi dans *les Carmélites de France et le cardinal de Bérulle,* courte réponse à l'auteur des *Notes historiques,* par M. l'abbé HOUSSAYE; Plon, 1873, in-8°, un choix de lettres inédites du P. Coton.

[2] Lettre autographe du R. P. Suffren à M. de Bérulle du 14 octobre 1618. (Arch. nat., M. 232.)

absorbaient trop les esprits pour qu'on ne négligeât pas les affaires du dehors. On ne pensa point à la Terre sainte jusqu'en 1617. Louis XIII, charmé de faire acte d'autorité en continuant les œuvres commencées par son père, donna le 5 du mois d'août de la même année des lettres patentes portant nomination de commissaires, chargés de veiller à la réception et à l'emploi des aumônes. C'étaient M. le cardinal de la Rochefoucauld, le duc de Nevers, l'archevêque de Tours, premier aumônier; l'évêque de Paris, qui avait la charge de maître de l'oratoire du Roi; le marquis de Brèves, qui n'était pas en grande faveur, mais qui le premier avait engagé le feu Roi à s'occuper de l'état désolé des Lieux saints; plusieurs secrétaires des commandements; M. de Marillac enfin, auquel le Roi associa son « cher et bien aymé le sieur de Bérule, » supérieur de la Congrégation de l'Oratoire[1]. » On recommença donc les quêtes, avec un zèle qui en faisait espérer beaucoup de fruit. Mais la France était bien agitée, bien épuisée par la guerre. Les offrandes ne montèrent qu'à la somme de dix mille livres. Un résultat si modique attrista d'autant plus le P. de Bérulle, qu'il avait espéré, grâce à la nouvelle œuvre, pouvoir enfin réaliser le projet qui lui tenait depuis longtemps au cœur, celui d'ouvrir un hospice à Jérusalem et d'y envoyer quelques Pères de sa Compagnie, « plus pour honorer Notre-Seigneur en ces saints » lieux par présence et par souffrance, que par désir d'y » pouvoir beaucoup servir[2]. » Le Pape, consulté par lui,

---

[1] *Mercure françois*, t. V, année 1617, p. 88 et suivantes.

[2] BÉRULLE, lettre CXCIII, au baron de Sancy, p. 870, *OEuvres complètes.*

avait approuvé son dessein ; il se flattait d'obtenir aisément l'approbation du Roi. Le baron de Harlay-Sancy, frère de la marquise de Bréauté, et ambassadeur à Constantinople, aurait certainement appuyé sa demande auprès de la Porte. Mais M. de Harlay-Sancy fut bientôt rappelé, et l'occasion que le P. de Bérulle avait cru entrevoir lui échappa de nouveau.

C'est à la France que le fondateur de l'Oratoire devait se consacrer tout entier. Il ne se passait pas d'années, de mois, que de nouveaux disciples ne vinssent grossir les rangs de sa Compagnie, et de nouveaux établissements offrir un champ plus étendu à leur zèle. A Auch, l'archevêque, Léonard de Trapes, s'efforçait d'établir les disciples du P. de Bérulle [1]. A Mâcon, l'évêque, Gaspard Dinet [2], leur donnait son séminaire. Peu s'en était fallu que le P. Gastaud ne réussît dans sa négociation à Poitiers, où l'on offrait à la Congrégation la cure de Sainte-Opportune [3]. A la vue de ce rapide accroissement de l'Oratoire, Religieux, curés et magistrats se communiquaient leur effroi, parfois même unissaient leurs efforts pour conjurer le péril auquel ils se croyaient exposés par une société de prêtres vivant en commun, dans la dépendance des évéques. Rouen se distingua dans cette lutte mesquine.

La ville avait désiré l'établissement de la Congrégation, également souhaitaité par l'archevêque, François de Harlay de Chanvallon, le même qui, alors abbé de Saint-

____

[1] BATTEREL, *Mémoires manuscrits*, liv. II, n° 13. Le diocèse d'Auch avait grandement besoin de réforme.

[2] L'acte du 6 février 1617 se trouve aux Archives nationales. (M. 254.)

[3] BÉRULLE, lettre autographe du 23 janvier. (Arch. nat., M. 234.)

Victor, avait si bien servi les Pères de l'Oratoire en Sorbonne dans leurs démélés avec l'Université[1]. Le Roi, non
content de leur rendre le plus bel hommage dans ses lettres
patentes, leur avait donné l'hôpital royal de Saint-Louis
pour l'habiter et y tenir la place de chapelains. Toutes les
difficultés semblaient donc aplanies, lorsque vingt-deux
curés de la ville formèrent opposition à l'enregistrement
des lettres patentes. L'avocat général du parlement, M. de
Wiquel, fit naturellement tous ses efforts pour assurer la
victoire aux curés. Comme il terminait son réquisitoire
par une série de questions sur l'état, l'origine, l'esprit,
les règles de la nouvelle Compagnie, l'utilité dont elle pouvait être pour le public, choses, ajoutait-il, « sur quoi les-
» dits Pères n'ont encore rien produit, car tout ce que l'on
» sait d'eux c'est qu'ils se nomment les « prêtres de l'Ora-
» toire » , le P. de Bérulle répondit par une déclaration
courte et péremptoire. Il affirma que les membres de la
Congrégation n'étaient pas des Religieux, mais des
« prêtres vivant en commun, suivant l'institution primi-
» tive du clergé, qu'ils n'avoient point d'exemption de la
» juridiction des ordinaires et qu'ils n'en prétendoient au-
» cune. Qu'ils faisoient profession, au contraire, de dé-
» pendre d'eux, de n'être employés que par eux, sous eux
» et pour eux : qu'ils ne prétendoient faire aucune fonc-
» tion dans les paroisses que du consentement exprès des
» curés, et que dans leur propre église ils n'en faisoient
» aucune qui fût publique aux heures de l'office paroissial,
» autant que cela se pouvoit. Que partout ils exhortoient
» les fidèles à se rendre assidus aux offices de leur paroisse,

1 Voyez plus haut, ch. III, p. 66.

» surtout les dimanches. Tel est », concluait-il, « l'état géné-
» ral de la Congrégation. » Quant aux statuts particuliers,
il certifiait que les prêtres de l'Oratoire faisaient profession
d'observer ceux du diocèse où ils se trouvaient et les règles
du droit commun sur la vie exemplaire que doivent mener
les ecclésiastiques, puis il traçait en quelques traits une
image exacte de la vie intérieure et de la journée d'un
Oratorien [1]. Satisfait de cette déclaration, le parlement
enregistra les lettres patentes que le Roi avait accordées
(16 août 1617). On y inséra seulement quelques modifications assez peu nécessaires : les unes concernaient les
droits des curés, que les Pères de l'Oratoire n'avaient jamais
eu le dessein de méconnaître ; d'autres regardaient les suc-
cessions des familles, mieux préservées encore par le désintéressement bien connu de ces vertueux prêtres, que par
des dispositions légales, toujours faciles à éluder.

Plusieurs villes suivirent l'exemple du parlement de
Rouen. « MM. de Troyes », où l'Oratoire s'établissait
la même année, sous le vocable du Saint-Esprit [2], exigè-
rent une semblable déclaration. L'inconvénient n'était
pas bien grand ; il s'agissait seulement de répéter les
mêmes choses. D'ailleurs, les prêtres de l'Oratoire ne pouvaient que gagner à être connus pour ce qu'ils étaient.

En même temps que l'Oratoire, le Carmel continuait à
s'étendre, et sans soulever pour M. de Bérulle autant de
difficultés. Le 25 mars 1617, Sœur Marie du Saint-Sacre-

---

1 GOUJET, *Vie manuscrite*, p. 101.

2 J'ai compulsé avec soin les papiers de l'Oratoire de Troyes, conservés
aux archives de cette ville, carton 245. Je n'y ai rien trouvé ayant trait au
P. de Bérulle.

ment, professe de Pontoise, avec cinq compagnes, arrivait à Orléans, où la générosité d'une pieuse demoiselle leur offrait la pauvre et étroite maison bientôt célèbre par le gouvernement de Sœur Marie de Jésus, l'aimable fille de madame Acarie [1]. Ce fut la Mère Madeleine de Saint-Joseph que le P. de Bérulle choisit pour la fondation plus importante d'un second monastère à Paris. Catherine de Gonzague et de Clèves, veuve de Henry d'Orléans, duc de Longueville, voyant son fils menacé de devenir contrefait, avait eu recours aux prières de Sœur Marie de l'Incarnation pour obtenir du ciel sa guérison, et s'était engagée par vœu, si elle était exaucée, à établir un second monastère de Carmélites à Paris. Le jeune duc de Longueville fut guéri, et dès l'an 1616, sa mère signa le contrat de fondation. On avait projeté d'acheter l'hôtel de Châlons, situé sur la paroisse Saint-Nicolas des Champs; l'évêque fit tant de difficultés, qu'on résolut de se contenter d'abord d'une maison de la rue Chapon. La Mère Madeleine dédia le nouveau couvent à la sainte Mère de Dieu, et y entra au jour de sa Nativité. Les Carmélites étaient si vénérées dans tout Paris, qu'en arrivant à leur humble maison elles trouvèrent les habitants du quartier réunis pour leur faire honneur et témoigner publiquement leur joie de les posséder parmi eux (8 septembre) [2]. Vers la même époque, la Mère Isabelle de Jésus-Christ partait de Paris pour la fondation de Bourges, avec

---

[1] *Chronique de l'Ordre des Carmélites*, t. III, p. 183. Les Révérendes Mères d'Orléans m'ont permis d'examiner les papiers qu'elles possèdent; ils ne donnent aucun détail sur cette fondation.

[2] *La Vie de la Révérende Mère Magdeleine de Saint-Joseph*, liv. 1, ch. xxii et xxiii, p. 137 et suiv. Voyez aussi Arch. nat., L. 1046.

cinq Religieuses du couvent de Pontoise. Le lieutenant criminel leur donna l'hospitalité jusqu'à ce que le monastère de la rue Saint-Ambroise, dû aux libéralités de madame de Bongly, veuve de M. de Rhodes, fût entièrement disposé[1]. Dans le même mois, la baronne de Rabaines, née Gourgues, obtenait la fondation de Saintes, et le P. de Bérulle signait de sa main l'obédience de Mère Isabelle des Anges, première prieure de ce nouveau monastère[2]. Mais vainement le serviteur de Dieu essayait-il de se concentrer dans ses devoirs de visiteur des Carmélites et de supérieur de l'Oratoire, les grands imploraient sans cesse son secours ou son intervention. C'est ainsi qu'au commencement de l'année 1618, son nom, mêlé déjà à tant de choses, le fut à une déplorable histoire qui défrayait alors tous les entretiens de la cour et de la ville.

La marquise de Maignelay, cette généreuse bienfaitrice du Carmel et de l'Oratoire[3], avait, en 1611, accordé la main de sa fille Anne, duchesse d'Hallwin, au fils aîné du duc d'Épernon, Henry de Nogaret de la Valette, comte de Candale. Le brillant courage de ce jeune seigneur, ses talents, la noblesse de sa maison, semblaient justifier le choix de madame de Maignelay. Elle ne tarda pas néanmoins à s'en repentir. A peine marié, M. de Candale délaissait sa femme, sous prétexte d'aller guerroyer en

---

[1] *Histoire du Berry*, par M. L. DE RAYNAL. Bourges, Vermeil, 1847, in-8°, t. IV, liv. XI, ch. I, p. 292. — *Chroniques des Carmélites*, t. III, p. 14.

[2] *Chroniques...*, t. III, p. 230. Dans *la Vie de la Mère Isabelle des Anges*, Paris, Vitré, 1658, in-12, il n'est fait nulle mention de la fondation de Saintes.

[3] Sur la marquise de Maignelay, voyez *M. de Bérulle et les Carmélites de France*, ch. VII, p. 233.

Turquie : de retour en France, et quoique premier gentilhomme de la chambre du Roi, il prenait les armes contre
Louis XIII, et, apostat en même temps que rebelle, il embrassait le calvinisme [1]. La douleur de madame de Maignelay fut extrême. Outragée dans sa foi de catholique,
elle se sentait atteinte dans sa dignité de mère. L'ambition n'était pas d'ailleurs, à en croire le bruit public, la
seule idole à laquelle M. de Candale sacrifiait ses croyances
et son honneur. On prétendait que de tous les ministres
huguenots, le plus puissant sur son esprit était la duchesse
Henri de Rohan, cette belle Marguerite de Béthune à laquelle M. de Bérulle avait enlevé M. de Laval au moment
où elle allait l'épouser [2]. Pour lutter contre la séduisante
calviniste, les charmes de la vertu ne suffisaient pas, et madame de Candale, disgraciée de la nature, n'en offrait point
d'autres [3]. Désespérant de ramener jamais à elle le fils vio-
lent et romanesque du duc d'Épernon, la duchesse d'Hallwin, au mois de décembre 1617, présenta requête pour
obtenir l'annulation de son mariage.

Néanmoins, dans un dernier espoir de rapprochement,

---

[1] P. Anselme, t. III, p. 914. — *Biographie universelle de Michaud*,
nouv. édit., Paris, 1854, t. VI. Dans l'*Histoire de la vie du duc d'Épernon*,
par Girard, Paris, Montalant, 1730, in-12, liv. VI, p. 393, les faits sont
à peine indiqués : on sent que l'ouvrage est écrit par un ami de la maison.
Mais ce qui est curieux, c'est la manière dont l'auteur de *la Vie admirable
de la marquise de Magnelais* (sic) touche à cette scandaleuse histoire,
et parle de M. de Candale : « C'estoit un ieune seigneur de grand cœur, qui
» auoit de grands auantages; mais, comme le soleil, il auoit des taches... »
Paris, Brion, 1666, in-12, ch. XIII, p. 213.

[2] Marguerite de Béthune, fille de Maximilien de Béthune, duc de Sully,
avait épousé Henri II, duc de Rohan, pair de France, prince de Léon,
comte de Porrhoet. — Voyez *M. de Bérulle et les Carmélites de France*,
ch. XIII, p. 393.

[3] Tallemant des Réaux, *les Historiettes*, édit. Monmerqué, Paris, Techener, t. III, p. 413.

les parties, au mois de février, convinrent de choisir des arbitres; on s'arrêta à M. de Bérulle et à son oncle M. Seguier. Les intérêts des deux familles se trouvaient ainsi représentés, M. Seguier étant l'ami du duc d'Épernon, et M. de Bérulle celui de la marquise de Maignelay [1]. Aussi le nonce Bentivoglio, qui prenait grand intérêt à cette affaire, la croyait-il en voie d'accommodement. Mais, de la part de M. de Candale, il fallait s'attendre aux aventures les plus imprévues. Il venait de rentrer dans l'Église, d'obtenir le pardon de son père, d'accepter l'arbitrage de M. de Bérulle et de M. Seguier, lorsque tout à coup, après une première réunion, il enleva brusquement madame de Candale et partit au milieu de la nuit. De Châteauroux, la malheureuse duchesse écrivit à sa mère pour lui demander aide et protection. Comme la noblesse ne cherchait qu'un prétexte de tirer l'épée, et que les amis de la marquise de Maignelay, d'une part, ceux du comte de Candale, de l'autre, commençaient à se compter, le Roi prit madame de Candale sous sa protection, et lui envoya, pour la faire respecter, un exempt avec quatre archers de ses gardes écossais.

La mission conciliatrice du P. de Bérulle avait échoué, et la demande d'annulation allait bientôt recevoir son effet. Dans cet hôtel du faubourg Saint-Honoré [2], rendu

---

[1] Arnauld d'Andilly, d'ordinaire très-exact, n'indique qu'à la date du 8 mars le choix fait par les parties de M. de Bérulle et de M. Seguier. (*Journal inédit d'Arnauld d'Andilly*, publié par Halphen. Paris, Techener, 1868, in-8°, p. 354 et 356.) Mais Bentivoglio en parle déjà dans sa dépêche du 14 février. (BENTIVOGLIO, *Lettere diplomatiche*, t. I, p. 265.)

[2] Cet hôtel était situé auprès des Capucins. C'est là que plus tard, Retz, neveu de madame de Maignelay, faisait des distributions intéressées aux *nécessiteux*, « gens... plus considérables que tous les autres dans les émo-» tions populaires », dit-il. (*Mémoires*, Ire part., Hachette, 1872, in-8°, t. I, p. 167.)

si cher aux pauvres par les libéralités de madame de Maignelay, le P. de Bérulle avait pu voir de nouveau quelles misères et quelles amertumes le monde cache trop souvent sous les plus brillants dehors.

Durant le même mois, sur la rive opposée de la Seine, l'hôtel de Nevers [1] offrait au serviteur de Dieu un spectacle bien différent. Atteinte d'une fièvre continue dont on ne pouvait triompher, la duchesse de Nevers se mourait. Fille du duc de Mayenne, Catherine de Lorraine s'était montrée fidèle à la foi des Guise, et sa vertu avait toujours été la gardienne de sa beauté. Toute jeune encore (elle n'était âgée que de trente-trois ans), déjà mère de six enfants [2], elle montra en face de la mort un courage dont ne furent point surpris ceux qui l'avaient vue l'année précédente sur les remparts de Nevers, et une piété simple et profonde qui consola grandement le P. de Bérulle [3]. Comme elle s'était engagée par vœu à entrer au Carmel si Dieu rappelait à lui avant elle M. de Nevers, elle demanda par grâce d'être au moins ensevelie avec l'habit de la Sainte Vierge [4]. Tandis que la cour prenait le deuil,

---

[1] L'hôtel de Nevers s'élevait sur l'emplacement occupé depuis par l'hôtel de Conti (aujourd'hui la Monnaie). PIGANIOL DE LA FORCE, *Description de Paris*, t. VII, p. 221.

[2] *Histoire généalogique et chronologique de la Maison royale de France*, par le P. ANSELME, in-fol., 3e édit., t. III, p. 490. L'une de ses filles était Anne de Gonzague, depuis la princesse Palatine. Le P. de Bérulle avait béni son berceau, Bossuet devait immortaliser sa mémoire. Voyez BOSSUET, éd. Vivès, t. XII, p. 534.

[3] Le P. de Bérulle écrit le 2 mars au P. Bertin « qu'il a lui-même » veillé cette nuict madame de Nevers, qui est en très-grand danger de » mort. » Et il ajoute : « Plaise à Notre-Seigneur Jésus et à sa très-sainte » Mère la conserver pour les siens et pour les bonnes œuvres qu'elle est bien » disposée d'accomplir. » (Lettre autographe. Arch. nat., M. 234.)

[4] 8 mars 1618. *Journal inédit d'Arnauld d'Andilly*, p. 354.

13.

que dans les chaires de Paris et de la province reten-
tissaient les louanges de la duchesse, dont le cœur était
porté aux Grandes Carmélites, le P. de Bérulle rendait
grâces à Dieu d'une si sainte mort; heureux de voir les
grands eux-mêmes envier à leur dernière heure la paix
dont jouissaient dans leur solitude les filles de sainte
Thérèse.

Des parents proches de la duchesse de Nevers impo-
saient, vers la même époque, une difficile et triste tâche au
P. de Bérulle. On se rappelle qu'en 1616 le cardinal de
Joyeuse était mort à Avignon. Ce prélat, de mœurs irré-
prochables et d'une grande piété, qui donnait à sa famille
dans un testament rendu public les conseils les plus édifiants [1], laissait, ce qui était moins exemplaire, six abbayes
vacantes, celles de Fécamp, de Saint-Martin de Pontoise,
du Mont-Saint-Michel, de Notre-Dame de Chambons, de
Laulne et de Juilly. D'après le concordat, le Roi avait la
nomination aux bénéfices. Le duc de Guise et la duchesse,
propre sœur du cardinal [2], profitèrent de leur crédit pour
obtenir de Louis XIII que la riche dépouille du défunt
demeurât dans leur maison, et Paul V, ne sachant pas
résister aux Guise, accorda les bulles qu'on sollicitait de
lui. Ainsi un enfant de deux ans à peine devenait un des
plus riches bénéficiers du royaume [3]. Il fallait cependant

[1] *Mercure françois*, t. IV, p. 446.

[2] La duchesse de Guise était Henriette-Catherine de Joyeuse, comtesse
du Bouchage. Voyez plus haut, ch. IV, p. 129.

[3] Henri de Lorraine-Guise était né le 4 avril 1614 (P. ANSELME, t. II,
p. 90), et il était pourvu des abbayes avant la bulle de 1616 qui nomme le
P. de Bérulle à l'administration temporelle des abbayes. Le P. Anselme se
trompe donc en n'assignant que trois abbayes au jeune Henri de Lorraine.
Le P. Batterel a vu le compte de six. En ce qui concerne particulièrement

pourvoir au gouvernement spirituel et à l'administration temporelle des abbayes tombées en des mains si débiles. Par une bulle du mois d'août 1616 [1], le Pape chargea les prieurs claustraux de la direction spirituelle des bénéfices, jusqu'à ce que le prince Henri eût atteint l'âge de recevoir la tonsure. Quant à l'administration du temporel, il la confia au P. de Bérulle et à son successeur dans la charge de général de l'Oratoire. Chaque année le P. de Bérulle, devait rendre compte de sa gestion à l'évêque de Paris, et ce prélat avait ordre de lui assigner une pension de six mille livres sur les revenus de ces bénéfices.

Le supérieur de l'Oratoire, qui n'avait accepté que par déférence pour le Pape une mission si peu en rapport avec ses aptitudes et ses goûts, y apporta la sagesse, le désintéressement, la fermeté qu'on devait attendre de sa conscience. Dans l'impossibilité de connaître par lui-même les besoins des lieux où les bénéfices étaient situés, il choisit dans chacun des personnes de probité et de vertu, capables de le seconder ; puis, à la tête de cette administration considérable, il mit le P. Gastaud, docteur de Sorbonne, très-versé dans les matières bénéficiales, et en qui il pouvait avoir la plus entière confiance [2].

Il n'était point tranquille cependant. Si canonique que fût l'usage qu'il faisait du revenu des abbayes, quelque

l'abbaye de Juilly, la suite des abbés porte Henri de Lorraine à partir de 1616. Voyez *Histoire de Juilly*, par HAMEL. Douniol, Paris, 1868, t. II, ch. II, p. 80.

[1] J'ai vainement cherché cette bulle (que Batterel a vue) dans le *Bullarum amplissima collectio Romæ*, 1754, in-fol. Elle ne s'y trouve pas.

[2] Le P. de Bérulle avait fait recevoir un prieur et quelques moines de Cluny dans l'abbaye du Mont-Saint-Michel, et il était à la veille de faire de même à Fécamp lorsqu'il se démit de cette lourde administration.

peine qu'il se donnât pour rétablir dans ces monastères la régularité, la violation des règles lui semblait un mal supérieur au peu de bien qu'il pouvait faire. Il distribuait, il est vrai, d'abondantes aumônes aux pauvres, aux prêtres indigents, aux Irlandais et aux Anglais exilés. Les Minimes, les Capucins, les Religieux de la Merci, les Pères Jésuites avaient eu une large part dans ses distributions. L'Oratoire seul, quoiqu'alors plusieurs de ses maisons fussent réduites à une extrême nécessité, n'avait rien reçu [1]. Mais ces biens de l'Église, qu'allaient-ils devenir entre les mains du jeune prince? Le P. de Bérulle ne put se faire une plus longue violence, et, malgré les prières du P. Coton [2], il écrivit à Rome pour obtenir d'être déchargé d'une si lourde responsabilité. « Dieu m'oblige à d'autres choses », disait-il dans cette lettre, « et je trouve plus à propos de » me démettre (de l'administration des abbayes) entre les » mains de Sa Sainteté, afin qu'elle y pourvoie selon l'as- » sistance du Saint-Esprit. Ne faites donc, s'il vous plaît, » aucune ouverture de voies particulières de pourvoir à » ces bénéfices, ni de dispenser le petit prince, pour les » tenir avant l'âge prescrit par les Canons. Je ne désire

[1] Les PP. Jésuites reçurent mille écus une première fois (lettre autographe de M. de Bérulle à Richelieu. Pièces justificatives, n° VI), et une autre somme dont le P. Coton le remercie. (Voyez dans *les Carmélites de France et le cardinal de Bérulle*, *courte réponse à l'auteur des Notes historiques*, Plon, 1873, in-8°; Pièces justificatives, n° II, lettre du 8 août 1618.) — Quant au P. de Bérulle, il ne toucha la pension de six mille livres assignée par le Pape que deux ans avant sa mort. (BATTEREL, *Mémoires manuscrits*, liv. II, n° 128.) C'est par erreur que M. Hamel, d'ordinaire si exact, parle de trente mille livres accordées aux PP. Jésuites.

[2] « C'est un grand mal que vous vous démettiez du soin desdits béné- » fices, mais vous ne faites rien sans grandes raisons, les importunitez en » sont causes possibles. » (Lettre du R. P. Coton, citée dans la note précé- dente.)

» point entrer là dedans, ni qu'aucun des nôtres y entre.
» Nous ne devons pas être auteurs d'un pareil relâchement
» dans l'Église. C'est bien assez de tolérer celui que le
» temps y a déjà fait, qui dispense, à ce que l'on dit, à
» l'âge de sept ans pour les princes... Enfin, je ne dois
» ni ne veux me mêler de tout cela. Il me suffit de laisser
» à Sa Sainteté d'en ordonner ce qu'elle jugera être plus à
» propos [1]. »

Le prêtre qui tenait un tel langage pouvait se montrer à la cour et fréquenter les grands. Il était au-dessus de leurs faveurs et de leurs séductions.

---

[1] Lettre du 10 octobre 1618. — Cet Henri de Lorraine, comblé des biens de l'Église, plus tard archevêque de Reims, donna tous les scandales imaginables.

CHAPITRE VII.

L'ORATOIRE ET LE CARMEL.

1618-1619.

M. de Condren entre à l'Oratoire, 17 juin 1617. — Son portrait. — Ses vertus. — Son intimité avec le P. de Bérulle. — Mécontentement du docteur du Val, qui se tourne contre l'Oratoire. — La Bienheureuse Sœur Marie de l'Incarnation et la Vénérable Mère Madeleine de Saint-Joseph. — Entrevue de Pontoise. — Mort de la Bienheureuse Sœur de l'Incarnation, 18 avril 1618. — Seconde visite du grand couvent. — La Mère Marie de Jésus (marquise de Bréauté). — Mademoiselle de Bains (Sœur Marie-Madeleine de Jésus). — Le monastère de la rue Chapon. — Visite de Tours, juin 1618. — Progrès de l'Oratoire. — M. Hugues Quarré et l'établissement de Poligny. — L'Oratoire demandé en Lorraine. — Il s'établit à Nancy. — Affaire de Saint-Louis des Français. — M. Bertin part pour Rome. — Intérêt que prend à la négociation le nonce Bentivoglio. — Saint François de Sales à l'Oratoire, 11 novembre 1618. — Ce que l'Oratoire fait pour le Carmel. — Il facilite les établissements. — Il y attire des sujets. — Il y prêche. — Ce que le Carmel fait pour l'Oratoire. — Il aide à son extension, — à sa sanctification. — Le même esprit dans l'Oratoire et dans le Carmel. — La doctrine du P. de Bérulle puisée dans les Pères et dans sainte Thérèse.

Sept années s'étaient à peine écoulées depuis la fondation de l'Oratoire. Le P. de Bérulle avait eu la joie d'y voir accourir bien des prêtres pressés de se donner à Jésus-Christ; mais nul, parmi eux, n'égalait un jeune docteur de Sorbonne qui, entré tout récemment dans la Congrégation, l'étonnait déjà par la profondeur de sa doctrine et l'excellence de ses vertus. Sa vie, dont le P. de Bérulle connaissait l'histoire, était un tissu de grâces si merveilleuses, qu'on pouvait facilement préjuger celles que lui réservait l'avenir.

Charles de Condren [1], ainsi se nommait le jeune Oratorien, était de bonne maison. Son père, un brave gentilhomme de Picardie, que Henri IV avait fait gouverneur de son château de Monceaux, ne voyait rien de supérieur à la profession des armes : il y destina son fils dès le berceau, bien que, dans un premier mouvement, il l'eût offert à Dieu, et de peur que les caresses et les chansons des femmes ne vinssent amollir son courage, il ne le laissait porter que par des hommes, le plus souvent par des soldats. Sous cette forte discipline, l'enfant donna de bonne heure des preuves d'intrépidité qui charmèrent Henri le Grand. Beau, bien fait, apte à tous les exercices du corps, il était néanmoins plus riche des dons de l'esprit. Sa mémoire tenait du prodige : il n'oubliait rien de

[1] J'ai consulté sur le P. de Condren les ouvrages suivants : *La Vie du P. Charles de Condren, second supérieur général de la Congrégation de l'Oratoire de Jésus*, divisée en deux parties, composée par un prestre. Paris, H. Saru, 1643, in-4º. L'auteur est le P. Amelotte, qui n'était pas encore de l'Oratoire quand il l'écrivit. Ouvrage excellent, quoique d'un style vieilli et fatigant. — *La Vie du P. Charles de Condren*, par l'abbé Pin. Paris, Guyot, 1858, in-12. C'est la vie de M. Amelotte dont on a rajeuni le style, mais en y faisant trop souvent des changements, même lorsque M. Amelotte rapporte des paroles du P. de Condren. — *La Vie du P. de Condren* dans le 2e vol. de l'*Histoire du cardinal de Bérulle*, par Tabaraud. Paris, Adrien Égron, 1817, p. 194 et suiv. — La notice très-intéressante que consacre à ce grand homme le R. P. Perraud (*L'Oratoire au xviie et au xixe siècle*). — *Le Recueil des vies de quelques prêtres de la Congrégation de l'Oratoire de Jésus-Christ Notre-Seigneur*, par le P. E. Cloysault. (Bibl. nat., fr. 20942.) — *Bibliothèque des écrivains de l'Oratoire ou Histoire littéraire de cette Congrégation*, par M. Adry, t. II, p. 69. (Bibl. nat., fr. 25681-25687.) Enfin les œuvres imprimées du P. de Condren : *Recueil de quelques discours et lettres du R. P. Charles de Condren*. Paris, A. Vitray, 1643, in-8º, réimprimé à Paris chez Léonard en 1668, et beaucoup plus complet sous le titre : *Lettres et Discours du R. P. Charles de Gondren* (sic), in-12. — *L'Idée du sacerdoce et du sacrifice de Jésus-Christ, donnée par le R. P. de Condren*. Paris, J. B. Coignard, 1677, in-8º (on sait que Quesnel en fut l'éditeur). — Il existe à la Bibliothèque Mazarine un recueil de discours inédits du P. de Condren, sous les nos **2186, 2206, 2219.**

ce qu'il avait une fois appris, et il apprenait en se jouant. Son intelligence, ouverte à tout, passait sans efforts de l'étude des lettres à celle des sciences les plus abstraites. Son jugement était aussi droit que son imagination était cultivée. Mûr avant la saison, il avait commencé, disait-on, dès l'âge de deux ans et demi à entrer en pleine conscience de ses actes ; mais la gravité rare qui chaque jour prenait en lui un nouvel accroissement, n'ôtait rien à l'agrément de sa société. A force de bonté, il se faisait pardonner son intelligence, et nul de ses jeunes compagnons ne pensait à devenir son rival, tant on était heureux d'être appelé son ami.

Des qualités naturelles si rares étaient rehaussées par les grâces les plus excellentes. Tandis que les enfants de son âge épelaient à peine les premiers rudiments de la religion, Charles de Condren en comprenait la sublimité, et son regard, d'une innocence angélique, éclairé par une lumière céleste, lui montrait la voie où il devait marcher. Le sacrifice lui apparut dès lors comme le centre de la religion, comme le devoir le plus essentiel de la créature envers son Créateur ; déjà, gémissant d'être une hostie si infirme et si incapable par ses limites de rendre à Dieu l'hommage infini auquel il a droit, il se réjouissait que le Père eût trouvé en son Fils la seule victime digne de lui, et il s'efforçait de devenir hostie avec Jésus-Christ pour être offert par ses mains à l'auguste Trinité.

Aussi les regards du jeune gentilhomme se portaient-ils vers le sacerdoce comme vers le but suprême de ses efforts. Il se sentait appelé à cet état, qui lui paraissait sur la terre la plus haute expression de l'état d'hostie, et il se préparait dans le silence, par la contemplation et par le travail, à devenir, en même temps qu'une victime, un digne sacrificateur de Jésus-Christ. M. de Condren, craignant que son fils ne se donnât à l'Église, lui interdisait toute autre étude que les mathématiques ou l'art militaire. Pour tromper la vigilance paternelle, le saint jeune homme eut recours à une ruse innocente : la moitié de sa paillasse vidée lui servit de bibliothèque. La nuit venue, il en tirait quelque volume de théologie et se plongeait dans cette fortifiante lecture ; d'autres fois, dès les premières heures du jour, l'arquebuse sur l'épaule, saint Thomas ou saint Augustin sous le bras, il disparaissait dans les taillis. Quand il se croyait en sûreté, il déposait son arme et ouvrait son livre, à moins que dominé par quelque attrait supérieur, il ne se laissât aller à l'esprit qui le sollicitait. Dans un bienheureux oubli du monde et de lui-même, il s'élevait alors jusqu'au sein du Père, dont il adorait en tremblant les divines perfections, et ne redescendait sur la terre que pour chercher dans le Verbe incarné sa lumière et sa paix. Il fallait cependant rentrer à Monceaux. Le gibier était abondant sous les hautes futaies et dans les épais fourrés. Chemin faisant, le jeune théologien abattait de nombreuses pièces, et au retour son père souriait d'aise en pensant à l'avenir militaire d'un chasseur si consommé.

Bientôt, M. de Condren signifia à son fils qu'il eût à partir pour l'armée. Mais Dieu, qui destinait le jeune gentilhomme à sa propre milice, lui envoya une maladie des plus graves. Le danger où il voyait son cher fils rappela au gouverneur de Monceaux ses promesses.

Aussi, quand le jeune malade lui eut affirmé qu'il serait guéri s'il obtenait la permission d'entrer dans les ordres, le vieux soldat se rendit, et la maladie disparut en effet.

Aussitôt M. de Condren revêtit la soutane et revint à Paris. Là, après avoir renoncé à son droit d'aînesse, pour pratiquer plus parfaitement la pauvreté évangélique, il se livra à l'étude de la théologie avec un tel applaudissement de tous, que M. du Val et M. de Gamaches, ses maîtres, protestaient n'avoir jamais vu tant de science alliée à tant de vertu.

La consécration sacerdotale allait ajouter des grâces plus efficaces encore à celles dont surabondait déjà l'âme de M. de Condren. « Tous reçoivent le caractère et la » puissance de la prêtrise par les saints ordres », disait-il, «plusieurs en reçoivent la grâce, mais peu en reçoivent » l'esprit [1]. » Pour lui, il avait déjà reçu l'esprit du sacerdoce, avant même d'avoir été revêtu de sa puissance et marqué de son caractère. Ordonné prêtre après un an de préparation solitaire à la campagne, il fit encore une retraite de vingt et un jours avant d'immoler pour la première fois à l'autel son Dieu devenu sa victime. Puis, tout rempli de l'esprit des anciens jours, il alla se jeter aux pieds de son évêque, Mgr Hennequin, pour apprendre ce qu'il devait faire. Le prélat n'était pas accoutumé à voir les ecclésiastiques de bonne maison solliciter, non quelque riche bénéfice, mais un humble travail. Il prit pour des termes de politesse les protestations d'obéissance de M. de Condren, et lui répondit par des civilités. Libre de

_____

[1] *La Vie du P. Charles de Condren* (par AMELOTTE), in-4°, Ire partie, ch. IX, n° 3, page 49.

disposer de lui-même, M. de Condren, déjà docteur de Sorbonne, revint à Paris, et tout en continuant ses études théologiques, quoique sans cesse malade, il se livra au ministère de la prédication. Durant les années précédentes, on l'avait entendu à Saint-Nicolas du Chardonnet, à Saint-Honoré, à Saint-Médard, à la Madeleine. Prêtre, il donna sa préférence aux plus déshérités, et parcourut en apôtre les misérables villages des environs de Paris.

Au milieu de ces saintes occupations, il cherchait toujours sa voie. L'amour de la pauvreté l'attirait vers les Franciscains : son goût croissant pour le silence et la solitude, vers les Chartreux. Mais Dieu avait sur lui d'autres vues.

Tandis qu'il étudiait en Sorbonne, il avait donné asile sous son toit à celui qui devait être la première et la plus douce gloire de l'Oratoire, M. Odet de Saint-Gilles [1]. Par cet angélique jeune homme, par la renommée universelle, par une lumière supérieure, le P. de Bérulle avait connu le rare mérite de M. de Condren peu de temps avant son retour à Paris. Aussi, depuis trois ans, il ne cessait de le demander au ciel pour sa congrégation. Non content de prier lui-même, il faisait prier. De toutes les maisons de l'Oratoire, de tous les couvents du Carmel, montait vers Dieu la plus ardente supplication : elle allait être exaucée.

Dans les premiers jours de juin 1617, le P. de Bérulle reçut la visite d'un ecclésiastique qui venait solliciter la faveur d'entrer en retraite sous sa direction : c'était M. de Condren. Accueilli avec une vénération contenue à grand'peine par le serviteur de Dieu, il ne trouva pas

____
[1] Voyez plus haut, ch. III, p. 82 et suiv.

d'abord auprès de lui la lumière qu'il venait chercher. Huit jours se passèrent dans le froid et l'obscurité. De la majesté divine retirée, ce semble, loin de lui, il ne distinguait plus, à travers un nuage épais et triste, que la sainteté dans ce qu'elle a de plus écrasant : et cette vue, jointe à celle de sa misère étalée à ses regards, lui causait d'inexprimables tourments. Toujours calme et soumis cependant : « Il n'importe pas », disait-il, « de quelle » manière ie sois traité (par mon Dieu), pourvu que ie lui » rende mes devoirs. Celui qui est hostie avec Jésus-Christ » ne doit vivre qu'en esprit de mort, il ne doit point at- » tendre de ioye qu'après sa consommation ; et s'il en a » devant qu'il soit dans le feu divin , ce ne doit estre qu'en » l'amour de la croix et dans l'espérance d'estre immolé [1]. » Le P. de Bérulle admirait la clairvoyance de sa foi dans de si profondes ténèbres et cette paix inébranlable au milieu des flots soulevés. Il était ravi d'entendre M. de Condren lui dire qu'en de tels accidents il faut respecter le sommeil de Jésus : « C'est assez qu'il soit avec nous dans la nacelle », ajoutait le pieux retraitant ; « bien qu'il dorme, son cœur » ne laisse pas de veiller. » Mais enfin, le huitième jour, la nuée se déchira, et un rayon du ciel illumina son âme. A cette clarté divine, il vit se dérouler tout le dessein de Dieu : sa retraite lui apparut comme une image de la vie présente ; triste nuit durant laquelle il faut porter sa croix ; lieu d'exil qui est le pays de la foi et non celui de la vision. En même temps le Seigneur lui faisait entendre que sa vie n'avait été jusqu'alors que ténèbres en comparaison des clartés dont il voulait l'inonder, qu'elle se passerait à l'Ora-

[1] *La Vie du P. de Condren*, IIe part., ch. II , page 13.

toire et s'écoulerait dès lors comme un jour pur et tranquille. M. de Condren se remit aussitôt entre les mains de
M. de Bérulle.

Le supérieur de l'Oratoire, si maître qu'il fût de ses im-
pressions, si sobre d'éloges qu'il se montrât d'ordinaire,
ne put dissimuler sa joie. « Il a plu à Dieu », écrivait-il à un
Père de la Congrégation, « de nous donner M. de Condren,
» qui est de très-grande considération et un des rares es-
» prits que j'aie connus. Il est doué d'une grande humilité,
» douceur et modération d'esprit. Je vous prie d'en louer
» Notre-Seigneur et sa très-sainte Mère. » C'était le
17 juin 1617. Le 25 novembre suivant, M. de Condren
prenait l'habit.

En voyant de plus près son nouveau disciple, le P. de
Bérulle sentit croître encore l'estime qu'il lui avait vouée.
Il le regardait comme un saint et l'honorait comme tel :
quand il passait devant sa cellule, il en baisait le seuil
avec respect : déjà il songeait à se mettre lui-même sous
la direction du plus jeune de ses fils. « M. de Condren »,
disait-il avec admiration à ses confrères, « a eu l'esprit de
» l'Oratoire dès son berceau. »

M. de Condren apportait en effet à la Congrégation des
trésors de doctrine et de grâce. Pénétré comme le P. de
Bérulle, pour la personne de Jésus-Christ, d'un immense
amour, il avait choisi dans la multiplicité des titres et des
états intérieurs du Fils de Dieu celui qui devrait être l'objet perpétuel de la dévotion des prêtres, le titre et l'état
d'hostie. Au mystère de l'Incarnation, il adorait surtout
Jésus-Christ en qualité de victime des hommes et de Dieu,
et ce qui l'attachait à l'autel, c'était surtout d'y voir cet

Agneau sans tache devenu, par son immolation incessamment renouvelée, le centre immortel de toute la religion. Mais ce n'était pas assez pour M. de Condren d'aller à Jésus-Christ par des actes fatalement passagers et qui laissent d'ailleurs subsister un abîme entre le cœur et l'objet de son amour. Sentant la vie divine couler à pleins bords dans le lit creusé en son âme par le plus universel anéantissement, il se réjouissait de ne faire qu'un avec Jésus-Hostie, dont il avait mangé à l'autel « la chair vivi- » fiante », dont il avait bu « le sang encore tout chaud par » son amour et tout plein d'esprit et de grâce [1]. » Se regardant comme une partie de cette victime universelle, il tressaillait à la pensée qu'ensuite de cette alliance, ou plutôt de cette unité, il pouvait, lui créature bornée et misérable, rendre des hommages infinis à l'infinie majesté de son Dieu.

On conçoit ce que cette doctrine, qui mettait en pleine lumière un des plus grands aspects du mystère de l'Incarnation, ajoutait encore à tout ce que le P. de Bérulle enseignait déjà sur la sublimité du sacerdoce et de ses fonctions. Elle n'était point, d'ailleurs, chez M. de Condren une spéculation stérile. Sa vie était le commentaire de sa parole : il rapportait tout à cette maîtresse pensée. S'il aimait la pauvreté, c'est parce qu'elle convient à la victime, qui ne doit rien posséder en propre ; s'il se montrait si grand zélateur du silence, c'est qu'il se rappelait celui de l'adorable victime sous la main cruelle des tondeurs ; s'il laissait le premier venu lui dérober des heures entières, c'est qu'il estimait que la victime ne s'appartient plus ;

____

[1] Bossuet, *Exposition de la doctrine catholique*, art. XI.

s'il refusait d'écrire, c'est qu'il croyait qu'uni à l'éternelle victime il devait avec elle demeurer caché en Dieu. Aussi se laissait-il conduire comme s'il n'avait pas eu de volonté propre. Le fondateur de l'Oratoire s'était empressé d'appliquer ce prêtre incomparable à tous les travaux du ministère pastoral : à la confession, à la prédication, à la controverse avec les hérétiques. Dès la fin d'août 1618, par le mandement de M. l'évêque de Paris et sur les instances de M. de Montmorency, le P. de Condren était envoyé en mission dans un village où l'on comptait quatre cents huguenots[1]. Après plusieurs mois passés dans ces saints exercices, le P. de Bérulle, quelque pénible que dût être pour lui l'éloignement d'un ami si fidèle et si saint, jugea que le bien de la Compagnie exigeait l'élévation du P. de Condren à la supériorité, et le chargea de la fondation de Nevers. Animé du même esprit que le P. de Bérulle, ou plutôt poussé par l'esprit de Jésus-Christ, le nouveau supérieur traça en deux mots la règle de conduite qu'il entendait observer : « Je ne souhaiterai jamais que » nos maisons soient tout à fait accommodées, de peur que » l'aise de la chair ne produise la paresse et l'orgueil de » l'esprit. Je me donneray tousiours de garde de faire servir » l'Église à l'Oratoire, au lieu de faire servir l'Oratoire à » l'Église[2]. » Belles maximes que sa vie ne démentit jamais.

Tout s'achète en ce monde. Le P. de Bérulle dut bientôt expier, par une nouvelle persécution, le bonheur que lui causait l'entrée de M. de Condren à l'Oratoire.

---

[1] BÉRULLE. Lettre autographe au P. Bertin, du 27 août 1618. (Arch, nat., M. 230).

[2] Dans sa *Vie*, IIe part., ch. IX, p. 117.

Des divergences dans la conduite des Carmélites, le chagrin de voir la Sorbonne donner tant de sujets à l'Oratoire, la crainte que la nouvelle congrégation ne nuisît à la Compagnie de Jésus : tous ces motifs, quelques autres encore, avaient déjà refroidi les rapports entre le P. de Bérulle et M. du Val, lorsque ce dernier apprit que M. de Condren quittait la Sorbonne et entrait à l'Oratoire. Or, M. de Condren était pour M. du Val ce qu'était M. Bertin pour le syndic Richer, un disciple et un ami. M. du Val ne se contint plus. Dans sa douleur, oubliant ses anciennes luttes, il tenta un rapprochement avec Richer. Comme la passion est habile à couvrir de spécieux prétextes des actes qu'en eux-mêmes la conscience désavouerait, il se dit sans doute que ce ne serait pas acheter trop cher la conversion de l'irascible docteur que de lui sacrifier l'Oratoire. M. du Val en fut pour ses avances. Revenant alors vers la partie la plus saine de la Faculté, il s'unit à un docteur, d'ailleurs pieux, savant et recommandable, M. Filesac [1]. Il représenta, dans trois mémoires dont il fit courir des copies, qu'il était de l'honneur de la maison et société de Sorbonne de s'opposer définitivement à la désertion de ceux de ses membres qui passaient à l'Oratoire. Leur conduite, disait-il, était un public affront à la Sorbonne; car, par leur empressement à quitter cette maison, ils laissaient supposer qu'on n'y pouvait mener une vie régulière et ecclésiastique; ils exposaient ainsi à un réel péril les vraies doctrines. Si, en effet, tous les gens de bien de la Faculté l'abandonnaient, avant peu l'on ne trouverait plus personne pour

____

[1] Voyez la lettre autographe du P. de Bérulle au P. Bertin, du 10 octobre 1618. (Arch. nat., M. 230.)

lutter contre Richer et ses adhérents. M. du Val déclarait en finissant que dans le cas où ces désertions continueraient, on serait contraint d'avoir recours au Saint-
Siége, afin d'en obtenir un statut qui les défendit.

A cette brusque attaque, le P. de Bérulle répondit par
un Mémoire justificatif : il remarquait d'abord que l'on
faisait beaucoup de bruit pour peu de chose, puisque depuis sept ans que l'Oratoire était fondé, douze docteurs
seulement y étaient entrés : que d'ailleurs, au moment où
ces docteurs avaient demandé à faire partie de sa congrégation, la plupart ne demeuraient point en Sorbonne,
n'habitaient même point Paris : M. Gibieuf était théologal à Bourges ; M. Bence, grand vicaire à Langres ; MM. Jacques Gastaud et Charles Géraud fixés à la Rochelle ; d'autres encore dans des positions analogues. « Au surplus »,
ajoutait le Mémoire, « on quitte tous les jours la Sorbonne
» pour aller demeurer au milieu de sa famille, ou dans un
» bénéfice qu'on aura brigué, et mener dans ces lieux une
» vie douce et commode, sans que personne y trouve à
» redire et sans encourir aucun risque de perdre ni ses
» droits ni ses grades. Un nombre bien moindre se retire
» dans l'Oratoire pour y mener une vie régulière et sacer-
» dotale, et l'on n'oublie rien pour s'y opposer. Vous di-
» riez que tout est perdu. » Quant à l'argument tiré des
dangers du « richérisme », il était facile de le renverser. La
Société de Navarre, aussi zélée que la Sorbonne pour le
maintien des saines doctrines, ne poursuit pas sous ce prétexte les Pères de l'Oratoire sortis de son sein ; au contraire, elle les admet et les favorise. Au lieu de les chasser
outrageusement, que la Sorbonne reconnaisse leurs droits,

14.

et ils viendront combattre avec elle les déplorables opinions de l'ancien syndic. La menace du recours au Saint-Père n'est pas bien effrayante, concluait l'auteur du Mémoire, car le Pape, informé de la vérité, ne consentira jamais à priver, sur de si vains prétextes, les membres de la maison de Sorbonne de la liberté dont ils ont toujours joui, celle de demeurer où il leur convient.

Cette réponse, répandue dans le public, produisit un excellent effet. Mais comme il était possible que les amis de M. du Val s'efforçassent d'inspirer des préventions à Rome, le P. de Bérulle remit au nonce, qui le fit parvenir au Pape, un Mémoire particulier où il exposait les plaintes et les menaces de ses adversaires, les motifs qui les faisaient agir, et ce qu'il avait à dire pour sa justification. Le Mémoire eut un plein succès, et le statut demandé ou du moins désiré par M. du Val ne fut point donné[1]. Ainsi battu à Rome, M. du Val remporta bientôt en France une douloureuse victoire sur M. de Bérulle.

Depuis bien des années déjà, le supérieur de l'Oratoire, poussé par un attrait tout-puissant, avait rédigé pour son usage et pour le bien de quelques âmes confiées à ses soins, une formule de vœu ou plutôt d'oblation au Fils de Dieu et à sa très-sainte Mère. Plusieurs Carmélites lui paraissant attirées à une union plus étroite avec le Verbe incarné, il avait consenti à leur communiquer le petit écrit. Le P. de Bérulle n'ignorait pas le vœu de perfection ajouté par sainte Thérèse à ses vœux de religion, et il s'autorisait peut-être de son exemple pour permettre à quelques-unes de ses

----

[1] Batterel, *Vie manuscrite*, liv. II, nᵒˢ 77 et 78.

filles un vœu particulier, en accord avec les attraits de
leur grâce [1]. Il ne s'imaginait pas qu'on pût trouver coupable, ni même étrange, une dévotion qu'il rencontrait à
toutes les pages de saint Paul, puisqu'il ne lui donnait
d'autre fondement que Jésus-Christ. Quoiqu'il ne se pro-
posât de livrer cet écrit qu'à très-peu de personnes, en
leur recommandant le secret, et avec toutes les précau-
tions propres à prévenir les embarras de conscience,
il avait pris le soin de soumettre d'abord cette élévation
au P. Coton et au P. Suffren, de la Compagnie de Jésus,
« personnes assez connues et assez recommandables en la
» France pour leur doctrine et pour leur piété signalée. »
Tous deux l'avaient approuvée dans les termes les plus
chaleureux [2].

Mais bientôt des indiscrets et des curieux eurent con
naissance de cet écrit; on s'en procura des copies tron-
quées et inexactes; les Pères Carmes ou leurs amis s'empressèrent de faire grand bruit au sujet des dévotions
soi-disant nouvelles qu'on introduisait dans l'Ordre. M. du
Val en fut averti. Depuis son éclat en Sorbonne surtout, il
se trouvait vis-à-vis de M. de Bérulle dans une position
pénible, aggravée encore par le genre d'esprit et la trempe
de caractère des deux supérieurs. Théologien positif et
canoniste, M. du Val n'avait rien de cet élan, de cette
conception dogmatique vigoureuse, large, de ces vues

---

[1] *Maxime arduum votum emisit efficiendi semper quidquid perfectius
esse intelligeret.* (Brev. Rom., in festo S. Teresiæ, lect. V.)

[2] Bérulle, *Narré sur les Élévations*, n° III, p. 260, édit. de 1637. —
Lettre du P. Coton du 14 août 1621. (*Les Carmélites de France et le car-
dinal de Bérulle, courte réponse à l'auteur des Notes historiques,* par
M. l'abbé Houssaye. Pièces justificatives, n° II, pièce VI, p. 102.)

mystiques et pratiques à la fois qui rendaient l'apôtre du Verbe incarné si puissant sur les âmes. On comprend facilement l'accueil que dut faire à cette formule de vœu, inexactement transcrite peut-être, un des supérieurs du Carmel, jaloux de veiller à sa garde, un docteur sévère par principes, intéressé, sans en avoir conscience, à trouver des erreurs ou quelque abus de pouvoir dans la pièce qu'on lui présentait [1].

M. du Val était lié de tout temps, on se le rappelle, avec madame Acarie. Bien loin de diminuer, l'influence qu'il exerçait sur elle n'avait fait que s'accroître depuis que, quittant le monastère d'Amiens, la Bienheureuse était venue se fixer dans celui de Pontoise, dû en grande partie aux libéralités de M. du Val, et sur lequel il avait toute autorité. Le P. de Bérulle ne tarda pas à s'apercevoir que Sœur Marie de l'Incarnation partageait au sujet de l'écrit contesté le sentiment de M. du Val. Comme tous les hommes dont l'esprit s'est développé dans l'étude solitaire et la contemplation, le P. de Bérulle tenait fortement à ses idées. Néanmoins, l'humilité qui le mettait toujours en garde contre ses propres lumières aurait pu obtenir de lui qu'il gardât le silence sur quelques-unes de ses pensées ou en atténuât l'expression, s'il se fût trouvé seul : mais il ne l'était pas. Ce que madame Acarie avait été pour sa jeunesse, la Mère Madeleine l'était pour son âge mûr, un confident de tous les instants, le plus assuré des conseils. Dieu lui faisait cette grâce de voir toujours à ses côtés une

---

[1] M. du Val affirme n'avoir connu que l'oblation à la très-sainte Vierge. Son attitude n'est pas nette dans cette affaire. Voyez une lettre autographe et inédite de lui à M. Cospeau, évêque de Nantes, Pièces justificatives de ce volume, n° IV, 5.

Sainte pour le soutenir dans la lutte. Toutefois, la sainteté de ces admirables femmes différait de caractère. Madame Acarie avait été suscitée de Dieu pour préparer l'établissement du Carmel en France par l'appui des grands, par le discernement des vocations, par l'impulsion pleine de vigueur imprimée aux âmes qui aspiraient à la vie religieuse ; par l'exemple d'une prudence supérieure, d'une vertu héroïque, d'une générosité qui ne reculait devant aucun sacrifice. Mais depuis son entrée dans l'Ordre, elle prenait à tâche de se renfermer dans l'obéissance, comme pour se dédommager des conseils qu'elle avait dû si souvent donner en sa vie[1]. On avait même profité de ces dispositions si humbles de la Bienheureuse pour essayer de l'attirer vers les Pères Carmes, ce à quoi elle s'était énergiquement refusée, en déclarant que la volonté de Dieu était que les Carmélites de France demeurassent soumises à leurs trois supérieurs. Néanmoins, ces luttes lui avaient causé une fatigue et des souffrances qu'elle confia à son fidèle ami, M. de Marillac[2] : elle n'aspirait qu'au silence et à

---

[1] Madame Acarie demandait un jour à sa fille, la Vénérable Mère Marguerite du Saint-Sacrement, ce qu'elle pensait qui fût nécessaire pour sa propre perfection ; la Mère Marguerite lui répondit de son ton gai et résolu : « Il vous faut bien mortifier ; car, comme vous avez tant enseigné » les autres, et que vous avez agi selon vos inclinations quoique très- » bonnes, il y a pourtant de votre propre jugement dans vostre fait, et » c'est ce que vous avez besoin de faire mourir en vous. » (*La Vie de la Vénérable Mère Marguerite Acarie, dite du Saint-Sacrement*, écrite par M. T. D. C. (Tronson de Cuennevières). Paris, A. Vuarin, 1669, in-8°, ch. VI, p. 71.)

[2] Lettre de M. de Marillac datée du jour de Pâques 1621. Copie du temps. (Arch. nat., M. 216, n° 55.) On trouvera cette lettre importante, ainsi qu'un acte capitulaire des Carmélites de Pontoise, reproduits intégralement dans le travail cité plus haut, *les Carmélites de France et le cardinal de Bérulle...*, IIe partie, § I, p. 38 et 39.

l'oubli. Autres étaient la mission et la grâce de la Mère Madeleine. Appelée à propager le Carmel en France, et à adapter l'esprit de sainte Thérèse au génie de notre nation, sa sainteté se distinguait par un caractère plus doctrinal que celle de madame Acarie. Elle avait sur les grandeurs du Verbe incarné et de sa très-sainte Mère des vues qui confirmaient celles du P. de Bérulle : l'un et l'autre sortaient de l'oraison où Jésus-Christ les avait attirés à lui par la même voie, avec le désir de lier les âmes à leur Sauveur par une profession totale d'irrévocable servitude.

Plein de ces idées, affligé de l'opposition que lui faisaient M. Gallemant et M. du Val [1], ce dernier surtout, dont on se passait dans le public des lettres peu bienveillantes pour le supérieur de l'Oratoire ; triste à la pensée qu'on avait indisposé Sœur Marie de l'Incarnation elle-même contre lui, le P. de Bérulle vint à Pontoise. L'amitié si ancienne qui le liait à madame Acarie, les travaux qu'ensemble ils avaient entrepris pour l'établissement du Carmel, une confiance jusqu'alors réciproque et sans réserve, tout semblait autoriser le P. de Bérulle à lui parler avec abandon de ses peines, à lui ouvrir son cœur. Mais lorsqu'il commença à se plaindre des procédés de MM. Gallemant et du Val, madame Acarie, se souvenant uniquement qu'elle était devenue Sœur Marie de l'Incarnation, le voulut interrompre : « Permettez-moi », lui dit-elle, « que ie » ne parle point contre mes supérieurs, ils sont serviteurs » de Dieu comme vous l'estes aussy : et moy, qui suis-ie ?

____

[1] Il y eut des difficultés entre M. Gallemant et l'Oratoire. Je ne suis pas arrivé à les préciser.

» Ce qu'ils maintiennent est juste ». Le P. de Bérulle espérant la convaincre, continua à parler, et longtemps. Cependant la Mère Marie de Saint-Joseph, qui craignait pour
la Sœur Marie de l'Incarnation, déjà malade, la fatigue
d'un entretien aussi animé, essaya de le rompre en venant
lui offrir de prendre un peu de nourriture. La discussion
continuait toujours. Retirée dans une pièce voisine pour en
attendre la fin, la Mère Marie de Saint-Joseph crut entendre
le P. de Bérulle dire à madame Acarie « qu'elle estoit un
» petit esprit trompé, qui n'avoit fait que du mal en tout ce
» qu'elle s'estoit entremise ». La conversation cessa, et M. de
Bérulle quitta le monastère. Sœur Marie de l'Incarnation
était émue ; elle répéta à plusieurs reprises les reproches
qu'elle venait d'essuyer, ajoutant que tout cela était vrai
et qu'elle en convenait. Elle fit prévenir aussitôt M. du
Val. Quand ce dernier arriva, elle se trouvait déjà fort mal.
Au sortir de l'infirmerie, où elle lui raconta cette scène
douloureuse, M. du Val rencontrant la Mère prieure :
« Ma Sœur, où en sommes-nous ? » lui dit-il. « Eh bien, Dieu
» veut que la bonne Sœur et moy nous endurions. Faut-il
» pas souffrir, faut-il pas endurer, puisque Dieu le veut ?
» Mais quelles paroles ! quelle violence ! où en sommes-
» nous [1] ? » Rentré à Paris, M. de Bérulle pensait tristement

---

[1] M. Boucher (*Vie de la Bienheureuse Marie de l'Incarnation*, liv. IV,
p. 432 ; Paris, 1816, in-8°) raconte cette explication du P. de Bérulle
avec la Bienheureuse Marie de l'Incarnation d'après les *Annales* manuscrites
du monastère de Pontoise. Il en a un peu modifié les termes, mais en conservant le sens intact. J'ai préféré m'en tenir, pour les paroles citées, au
texte même des *Annales de Pontoise* que j'ai eues entre les mains. M. de
Bérulle n'y est pas nommé ; mais, ainsi que le remarque M. Boucher, il
n'est pas douteux que ce soit de lui qu'il est question. Il n'est pas possible de douter davantage qu'à cette époque il y ait eu une explication
pénible entre M. de Bérulle et la Bienheureuse. Mais les paroles mêmes

à sa dernière entrevue avec Sœur Marie de l'Incarnation : il voyait une union qui se confondait avec les premiers souvenirs de sa jeunesse, sinon brisée, au moins gravement atteinte : il se rendait compte des manœuvres employées pour éloigner de lui celle dont l'affection ne lui avait jamais manqué : il se reprochait sans doute l'amertume de ses propres paroles, infidèles expressions de sa pensée, lorsqu'il apprit qu'une vie si précieuse, deux fois accordée à ses prières, venait de s'éteindre, et que madame Acarie était morte sans qu'il se trouvât auprès d'elle pour recevoir son dernier soupir (18 avril 1618). Ainsi Dieu permet parfois qu'entre les âmes les plus saintes et les cœurs les plus unis par sa grâce, il y ait de douloureux malentendus, des ruptures déchirantes. On dirait qu'il veut montrer alors les limites et l'impuissance des créatures même les meilleures, et le soin jaloux avec lequel il travaille sans relâche à détacher de la terre des cœurs qu'il a créés pour lui seul, et qu'il a rachetés de son propre sang.

que la Mère de Saint-Joseph attribue à M. de Bérulle sont-elles parfaitement exactes? Indisposée contre le visiteur, n'a-t-elle pas pu, sans le vouloir, forcer un peu l'expression de ses reproches? — Ce qui est certain, c'est que cet entretien, qui ne put être longtemps ignoré, n'altéra pas les sentiments de vénération voués à M. de Bérulle par des âmes d'une sainteté non commune et d'un dévouement à la mémoire de madame Acarie qui ne s'est jamais démenti. Je me contenterai de citer M. de Marillac et surtout les deux filles de madame Acarie. Celles-ci, en effet, nonobstant cette explication si douloureuse de leur mère avec le P. de Bérulle, ont rendu à la sainteté de celui-ci le plus éclatant témoignage. (Voyez leurs deux *Mémoires manuscrits* dont je parle aux Pièces justificatives de mon premier volume.) En ce qui concerne la Mère Marguerite du Saint-Sacrement, il est certain que son genre d'esprit était fort différent de celui de sa sainte mère. Le propos cité plus haut en est une preuve, et les *Annales de Pontoise,* dans le récit d'une visite que fit à ce monastère la Mère Marguerite, le remarquent, si ma mémoire ne me trompe pas. Je prie le lecteur qui voudra s'éclairer de lire la lettre écrite par M. du Val quatre ans après cette triste entrevue. (Pièces justificatives, n° IV, 5.)

Maxime Lalanne, sc

F.cois Liénard Imp Paris

LE GRAND COUVENT.
Rue Saint Jacques.

Un mois à peine après la sainte mort de madame Acarie, le P. de Bérulle se rendit au couvent de l'Incarnation,
afin d'y faire sa seconde visite (11 mai). L'ordonnance
qu'il laissa témoigne autant de la sollicitude du visiteur
pour ces âmes d'élite, que de leur générosité. Après avoir
rappelé comment la vie qu'elles mènent « les lie à Dieu
» par intériorité, entre elles par société, à l'Ordre par ré-
» gularité », il ramène à ce triple chef tous les conseils
qu'il leur donne, faisant passer à travers les prescriptions
les plus humbles le souffle vivifiant de l'amour de Jésus-
Christ. C'est en ce nom béni, et « à l'imitation de la Bien-
» heureuse Mère Thérèse de Jésus », qu'il les supplie de se
rendre très-exactes aux moindres observances, aux plus
minimes détails de la vie religieuse et intérieure : car
n'est-il pas juste, ce sont les derniers mots de son ordonnance, d'honorer ainsi « l'assuietissement très-humble et
» très-exact de Jésus-Christ Notre-Seigneur aux plus basses
» et plus petites conditions de la nature humaine [1] ? »

Les âmes auxquelles le P. de Bérulle s'adressait com-
prenaient ce langage. Formées d'abord par la Mère Madeleine de Saint-Joseph, elles retrouvaient maintenant les
mêmes vertus dans leur nouvelle prieure, la Mère Marie de
Jésus. Chaque jour on voyait cette aimable Mère grandir en
humilité, en mortification, en douceur. Le charme de sa
parole était incomparable. Lorsque, les mains jointes, les
yeux levés vers le ciel, elle entretenait ses filles des voies
intérieures ou des mystères de Jésus-Christ, c'était avec
tant de clarté et d'onction, il y avait dans son accent quel-

---

[1] *Iesus ✝ Maria. Ordonnances de la seconde visite que i'ai faite en ce
couvent, le onzième mai* 1618. (Manuscrit du grand couvent.)

que chose de si ému et de si pénétrant, qu'il était facile de juger que l'Esprit de Dieu pouvait seul lui dicter de tels discours. Pour elle, tremblant qu'on ne lui fît honneur des grandes choses qu'elle disait, elle avait soin d'avertir qu'elle les tenait du P. de Bérulle, de la Mère Madeleine de Saint-Joseph et de madame Acarie. D'autres fois, « une » bonne âme », assurait-elle, « m'a fait entendre que Dieu » lui avoit donné cette pensée. » Ruse inutile, qui ne servait qu'à augmenter la vénération des Religieuses du grand couvent pour leur chère et admirable prieure [1].

Tant de vertus chez la Mère et les filles étaient récompensées par les vocations nouvelles que le Carmel voyait sans cesse éclore. Nulle ne fut plus douce au P. de Bérulle que celle de mademoiselle de Bains [2].

Mademoiselle de Bains était fille de M. de Lancry, seigneur de Bains, Boulogne et autres villes de Picardie, gentilhomme ordinaire de la chambre du roi Henri IV, et de dame Catherine de la Porte-Vessine, d'une ancienne fa-

---

[1] Sur la Mère Marie de Jésus, voyez *M. de Bérulle et les Carmélites de France*, ch. XII, p. 368, et dans ce volume, ch. IV, p. 97, 111. *Les Fondations*, manuscrit du grand couvent, t. II, p. 332 et suiv. M. Cousin a publié cette *Vie de la marquise de Bréauté*, ainsi que la lettre circulaire sur sa mort, signée : SOEUR AGNÈS DE JÉSUS-MARIA (Mademoiselle de Bellefonds), dans *la Jeunesse de madame de Longueville*, 5e édit., Append. VI, p. 433 et suiv. Cette *Vie* se trouve aussi dans les *Chroniques de l'Ordre des Carmélites*, t. II, p. 10.

[2] Je n'ai pu découvrir la date précise de l'entrée de mademoiselle de Bains au Carmel. Mais ce fut certainement dans les derniers mois de l'année 1618. Nous savons, en effet, par les *Chroniques*, qu'elle prit l'habit le 20 mars 1619, « le temps des épreuves étant abrégé ». Comme il était ordinairement de six mois, on se contenta probablement d'un postulat de quatre mois. Ce qui confirme ce sentiment, c'est que les *Chroniques* disent ailleurs qu'elle avait un peu plus de vingt ans à l'époque où elle quitta le monde. Or, comme elle était née le 25 janvier 1598, il résulte que si elle n'était entrée qu'en mars 1619, elle aurait eu vingt et un ans.

mille d'Anjou. Calvinistes l'un et l'autre, ils avaient été convertis par M: de Bérulle, et madame de Bains, dans sa gratitude, avait promis au jeune apôtre d'offrir à la Sainte Vierge, en lui donnant le nom de Marie, l'enfant qu'elle portait alors [1].

Des Ursulines, où elle ne passa que peu de temps, mademoiselle de Bains fut dès l'âge de douze ans envoyée à la Cour, où Marie de Médicis lui accorda une place parmi ses demoiselles d'honneur. Madame de Bains espérait ainsi assurer l'avenir de sa fille : elle ne regardait que le port, fermant volontairement les yeux sur les périls de la traversée. Dangereuse pour tous, elle l'était surtout pour mademoiselle de Bains.

A l'enfance avait succédé la jeunesse, et la beauté de l'aimable fille d'honneur de la Reine était devenue si parfaite que les plus excellents artistes sollicitaient la faveur de la peindre, « pour faire valoir leurs pinceaux ». Quelque ignorante qu'elle fût de ses rares avantages, elle finit bientôt par « se regarder des mêmes yeux que le » public » : elle s'habitua innocemment à des triomphes qu'elle devait moins encore à l'agrément de ses traits qu'au charme de son commerce. Son esprit était solide, judicieux, capable des plus grandes choses; son cœur noble, tendre, généreux, constant pour ses amis; ses discours, ses manières, tout en elle respirait une modestie pleine de grâce et une douceur vraiment enchanteresse. Tant de qualités fixèrent les regards de toute la Cour, et nombre de seigneurs des plus qualifiés, le marquis de Fontenay, le

<hr>

[1] *M. de Bérulle et les Carmélites de France,* ch. III, p. 139 et 140.

duc de Bellegarde, M. de Saint-Luc [1], briguèrent l'honneur de sa main. Elle ne pouvait se décider. Sans le savoir, elle avait des vues plus hautes : il lui fallait Dieu pour époux. Un nuage qui passa dans un ciel si pur lui laissa voir quelles ombres se mêlent à tous les bonheurs d'ici-bas : elle en conçut tant de chagrin qu'étant entrée avec la Reine au grand couvent, elle ouvrit son cœur à la Mère Madeleine, et lui parla de son dégoût du monde. A cette confidence de la brillante fille d'honneur de la Reine, la sage prieure répondit en souriant qu'elle ferait bien, néanmoins, de profiter des partis qui se présentaient : conseil vague qui ne déplut pas à mademoiselle de Bains. Déjà blessée peut-être, elle n'était point morte au monde, dont elle acceptait encore l'encens et les faveurs.

Le P. de Bérulle n'avait jamais perdu de vue mademoiselle de Bains. Il priait sans cesse pour elle, et quand il se rendait à la Cour, il tâchait de la rencontrer et de lui tenir quelques propos de piété. Il sut bientôt ses désirs, qui allaient toujours croissant. Elle n'entrait plus au monastère de l'Incarnation sans être poursuivie de l'idée qu'un jour, dépouillée de ses élégantes parures, elle y vivrait revêtue du saint habit, perspective qui souvent la rendait heureuse, mais parfois aussi la faisait frémir. Dans son anxiété, elle consulta le P. de Bérulle, qui jugea bon d'attendre encore, et la laissa partir pour Blois avec la Reine mère. La mort subite d'une jeune femme de ses amies, un discours du P. Suffren qui lui sembla un avertissement du ciel, furent les coups décisifs portés par Dieu à cette grande âme. Étonnée et attendrie, la Reine se rendit à

______

[1] Timoléon d'Espinay Saint-Luc, qui fut maréchal de France en 1628.

ses instances après avoir éprouvé sa fermeté. Mademoiselle de Bains partit de Blois accompagnée d'un Religieux minime, le P. des Granges, de madame de Saint-Martin, sous-gouvernante des filles d'honneur, et d'un gentilhomme de la Cour. Arrivée à Paris, elle alla droit aux Carmélites, espérant y entrer sans être reconnue. Par malheur le marquis de Bréauté, qui attendait sa mère, entrevit la future Religieuse, et apercevant à la porte le carrosse de la Reine, il ne douta plus que la jeune femme qui venait d'en descendre ne fût mademoiselle de Bains. Ce que M. de Bréauté seul avait vu, tout Paris le sut bientôt. La nouvelle s'en répandit en province. Frappée comme d'un coup de foudre, madame de Bains accourut, et ne parlait de rien moins que de déférer l'affaire au Parlement. Quelle belle occasion pour M. Servin de débiter contre les Ordres religieux un de ses longs et pesants réquisitoires! Il en était déjà ravi. Mais le cardinal de Retz s'entremit, et calma l'irritation, facile à comprendre, de la pauvre mère, plus intéressante encore si à la douleur de perdre une telle fille, ne se fût jointe la tristesse de voir s'évanouir tout à coup des rêves d'ambition longtemps caressés.

Pendant plusieurs jours la Cour et la ville se pressèrent au parloir du grand couvent. Ni les regrets ni les reproches ne purent triompher de la douce et inébranlable fermeté de la jeune postulante. Sœur Madeleine de Jésus, le seul nom auquel répondît désormais mademoiselle de Bains, à peine revêtue de la livrée du Carmel, fit de tels progrès qu'ils surpassèrent les espérances qu'avaient conçues d'elle la Mère Marie de Jésus et le P. de Bérulle. C'était chose admirable que dans ce passage subit de la Cour au cloître, on ne pût découvrir en elle le moindre vestige de son premier état de vie. Elle recevait avec une simplicité si charmante et exécutait avec une fidélité si courageuse les enseignements de la Mère prieure, qu'au bout de quelques semaines elle pouvait déjà être citée à toutes les Sœurs comme le plus touchant modèle de l'humilité, de l'obéissance et de la mortification religieuses. De son « petit cou- » vent », la Mère Madeleine de Saint-Joseph s'associait à la joie du premier monastère. Tandis qu'elle bénissait Dieu de la nouvelle victoire remportée sur le monde par le P. de Bérulle, on lui apporta le portrait d'une jeune fille d'honneur de la Reine. Sans la nommer, bien qu'elle l'eût parfaitement reconnue, elle se fit un amusement de montrer cette toile à la communauté assemblée. A cette vue, toutes les Religieuses se sentirent pressées d'adresser à Dieu les plus ferventes prières, « afin qu'il » ne laissât point dans le monde ce chef-d'œuvre de la » nature, digne de lui seul », et qu'il en gratifiât le Carmel. Sœur Geneviève de Saint-Bernard s'offrait déjà à la divine majesté pour souffrir tout ce qui lui plairait en échange d'une si grande grâce, lorsque la Mère Madeleine, souriant et frappant sur l'épaule de sa pieuse et vaillante compagne, lui apprit que la bonté de Dieu avait prévenu ses désirs, que mademoiselle de Bains était entrée au Carmel, et qu'il ne fallait penser qu'à demander sa persévérance [1].

[1] C'est par erreur que dans le texte donné par M. Cousin on lit Sœur Marie de Sainte-Thérèse, fille de madame Acarie. (*La Jeunesse de madame de Longueville*, 5ᵉ édit., Appendice, p. 469.) Des trois filles de madame Acarie, aucune n'a porté ce nom ; et nous savons par ailleurs que la Sœur Geneviève de Saint-Bernard avait accompagné la Mère Madeleine de Saint-Joseph au petit couvent.

Ce monastère de la Mère de Dieu, où l'on avait un sentiment si délicat et si fier de la beauté des œuvres du Créateur et de ses droits sur elles, renfermait des âmes dignes de celles qui faisaient la gloire du couvent de l'Incarnation. Là, à côté de Sœur Catherine de Jésus, dont l'existence était un miracle perpétuel, de Sœur Geneviève de Saint-Bernard, en qui l'on reconnaissait le sang et la grâce de madame Acarie, le P. de Bérulle voyait Sœur Jeanne de Jésus unir à la plus exacte observance la plus inépuisable charité [1].

Sœur Jeanne de Jésus n'appartenait pas, comme mademoiselle de Bains, à la première noblesse du royaume ; elle sortait d'une de ces vieilles familles de robe où la vertu était plus solide que séduisante, mais où les caractères virilement trempés ne reculaient devant aucun des sacrifices réclamés par l'honneur ou par la foi. Frappée dans sa plus chère affection dès l'âge de vingt-cinq ans, madame Thiersault, c'était le nom que Sœur Jeanne portait dans le monde, s'était dès lors consacrée sans réserve à Jésus-Christ. La pénitence austère de cette vraie veuve, qui, tous les vendredis, s'acheminait du fond du Marais vers Saint-Étienne du Mont la haire sur les épaules et les pieds nus ; sa générosité, qui l'avait portée à offrir sa maison à

____

[1] Sur Sœur Jeanne de Jésus, voyez *Chroniques de l'Ordre des Carmélites*, t. III, p. 200. On dit dans cette *Vie* que Sœur Jeanne de Jésus prit l'habit le 5 octobre 1617, et que saint François de Sales, alors évêque de Genève, prêcha. C'est une erreur. Saint François de Sales n'arriva à Paris qu'au mois de novembre 1619. J'avais d'abord pensé que les *Chroniques* s'étaient trompées sur la date de sa prise d'habit ; mais elle est confirmée par l'extrait du registre des décès (Manuscrit du grand couvent), qui porte : « L'an 1653 ; Sœur Jeanne de Jésus est décédée le 3 décembre, âgée de quatre-vingt-dix ans, dont elle avait passé trente-sept en religion. » J'avoue ne savoir où placer le discours de saint François de Sales.

la Mère Madeleine pour y établir le petit couvent : toutes ses vertus si éminentes étaient surpassées encore par la plus délicate, la plus ingénieuse, la plus universelle charité. La marquise de Maignelay, un bon juge en matière de dévouement, une amie de madame Acarie et de madame Jourdain, déclarait n'avoir jamais rien vu de comparable à la charité de madame Thiersault. Après avoir longtemps honoré Jésus-Christ dans ses membres souffrants, elle obtint l'honneur de le servir lui-même en revêtant sa livrée. Elle avait cinquante-trois ans, et laissait dans le monde une fille mariée, un fils Oratorien et un autre Jésuite. Toujours habile à discerner les esprits, la Mère Madeleine respecta la grâce de Sœur Jeanne de Jésus, et voulut que du fond de sa solitude elle continuât à soulager ses chers pauvres. Son recueillement n'en était pas moins parfait. Elle avait une telle dévotion pour le mystère de l'Incarnation, qu'elle ne manquait point de se relever à minuit pour se prosterner et baiser la terre en souvenir du moment béni où le Fils de Dieu s'était uni à la nature humaine dans le sein de la Bienheureuse Vierge Marie. Avec une naïveté charmante, elle priait son bon ange de la réveiller : ce à quoi il ne manqua jamais, disait-elle.

Les couvents de province étaient dignes de ceux de Paris. Cette année, le P. de Bérulle en visita plusieurs. A Tours, où il se rendit d'abord, il présida aux élections qui se firent le 19 juin. La Mère Marguerite du Saint-Sacrement fut élue prieure, et on lui choisit pour sous-prieure la Mère Marguerite de la Sainte-Trinité, Religieuse dont l'éminente vertu avait frappé le P. de Bérulle, alors qu'elle appartenait au grand couvent. Il avait autorisé et béni l'étroite amitié de ces deux grandes âmes. Appelées à porter ensemble le fardeau de la supériorité, elles trouvèrent dans leur union une consolation, une force extraordinaires, et bien loin que leur charité pour toutes les Sœurs fût refroidie par cette intime affection, la communauté ne tarda pas à en recueillir les heureux fruits. Comme Marguerite du Saint-Sacrement et Marguerite de la Trinité ne cessaient des'exciter mutuellement à la perfection religieuse, d'en inculquer les maximes en les pratiquant les premières, on sentait circuler dans toutes ces âmes le souffle puissant de la grâce qui les portait simplement aux plus héroïques sacrifices, et était pour leur visiteur la preuve évidente des faveurs dont Dieu comblait le Carmel de France[1]. A la fin de septembre, le P. de Bérulle se trouvait à Lyon. Le monastère de Notre-Dame de Compassion, fondé par M. Charles d'Alincourt, marquis de Villeroy, et par madame Jacqueline de Harlay de Sancy, sœur de la Mère de Bréauté, avait gardé de la Mère Madeleine de Saint-Joseph, sa première prieure, un impérissable souvenir. Là, comme dans les autres villes du royaume, des filles de la meilleure noblesse donnaient au monde l'exemple du détachement de la terre, de l'oubli d'elles-mêmes, et par la sainteté de leur vie étonnaient d'abord, mais conquéraient bientôt l'admiration de tous.

En même temps qu'il visitait les monastères du Carmel, le P. de Bérulle se rendait compte par lui-même de l'état de la Congrégation. Dans aucune ville, Paris excepté, elle

---

[1] *La Vie de la Vénérable Mère Marguerite Acarie, dite du Saint-Sacrément*, écrite par M. T. D. C. (TRONSON DE CHENNEVIÈRES). Paris, Vuariu, 1679, in-8°, ch. VII, p. 73 et suiv.

15.

n'était aussi florissante qu'à Lyon : là, en une seule
année, vingt ecclésiastiques, « et quelques-uns d'espé-
» rance », comme disait, avec sa modération ordinaire, le
P. de Bérulle, avaient pris l'habit. A Tours, le nombre
des Pères était suffisant. Nantes recrutait de bons et solides
sujets, et la maison d'Orléans, dont les commencements
avaient été assez laborieux, venait d'acquérir de « jeunes
légistes fort doctes [1]. » Cette même année voyait l'Oratoire s'établir dans la Comté, dans la Lorraine et à Rome.

Durant l'année précédente, le P. de Bérulle avait reçu
une lettre qui lui arrivait du fond de la Bourgogne, de la
petite ville de Poligny. Le théologal du chapitre était un
homme pieux et distingué, un docteur en théologie,
Jean Hugues Quarré [2] ; il avait entendu faire l'éloge
de l'Oratoire, et, de concert avec plusieurs ecclésiastiques,
docteurs et chanoines de la Franche-Comté, il songeait
à entrer dans la Congrégation et à l'introduire dans le
pays. M. Quarré demandait au P. de Bérulle quelle voie
il devait prendre pour réussir dans son dessein ; il le priait
en même temps de lui marquer en quoi consistait l'esprit
de la Congrégation, quel en était le but, et ce qui la distinguait de la Société de Jésus.

Dans sa réponse, le P. de Bérulle satisfit à toutes ses
demandes, mais s'étendit plus particulièrement sur la dernière. « Nous différons », dit-il, « des Jésuites, principale-
» ment en trois articles. Premièrement : en ce qu'ils sont

---

[1] Lettres autographes du P. de Bérulle au P. Bertin, du 2 mars et du
14 mars 1618. (Arch. nat., M. 224.)

[2] Sur le P. Quarré, voyez BATTEREL, |Mémoires domestiques, IIe part.
(Arch. nat., M. 220.) — P. CLOYSAULT, Vies, t. II, p. 299. Bibl. nat., Mss.,
fonds français, 20942.

» réguliers et que nous ne le sommes pas, en sorte que
» plusieurs vertueux ecclésiastiques, qui ne se sentent pas
» appelés à la religion, quoiqu'ils aspirent à la perfection
» qu'exige d'eux leur état, peuvent se retirer parmi nous,
» et rester tout ce qu'ils étoient. Vous, par exemple, Mon-
» sieur », dit-il en s'adressant à M. Quarré, « vous pouvez
» demeurer chanoine et théologal, faisant les fonctions de
» vos charges dans Poligny, et ne laisser pas d'être tou-
» jours un des nôtres. Il en seroit de même d'un doyen,
» d'un curé ; et cette ouverture, qui met l'esprit de perfec-
» tion dans le clergé, sans effort, sans violence, sans obli-
» ger de se séparer du corps des ecclésiastiques, n'est pas
» une petite utilité à qui sauroit bien la considérer. » En
second lieu, les Pères Jésuites sont soumis immédiatement
au Saint-Siége, qui leur a accordé de grands priviléges, ce
qui explique comment plusieurs évéques, jaloux de leur
propre autorité, montrent peu de zèle à les employer. « Pour
» nous », continue-t-il, « nous sommes sous la main et sous
» la conduite des évéques, ce qui donne aux Ordinaires un
» corps de réserve, composé d'honnétes ecclésiastiques
» qui, dans la vie commune, se préparent à les mieux
» servir qu'ils ne seroient capables de faire s'ils ne
» vivoient pas en commun ; et cela sans faire craindre les
» inconvénients des autres communautés, chez qui on ne
» voit pas assez le cœur, l'esprit et les maximes ecclésias-
» tiques. » Il indiquait enfin une troisième différence.
Adonnés principalement à l'instruction de la jeunesse
dans les colléges, les Pères Jésuites se livraient assez tard
aux fonctions ecclésiastiques. « Il n'en est pas de méme
» parmi nous ; plusieurs ne s'appliquent point du tout à ces

» sciences prophanes; beaucoup en ont même de l'éloigne-
» ment, respirant une vie plus ecclésiastique et plus dégagée
» des importunités de l'école. »

A l'égard des statuts, sur lesquels le théologal l'avait aussi interrogé, il répète en partie ce qu'il avait dit dans les déclarations déjà envoyées sur le même sujet à quelques évêques, et il termine en rendant grâces à Dieu des bénédictions abondantes qu'il daigne verser sur l'Oratoire. « Dans » l'espace de quatre ans qu'il y a », dit-il, « depuis que le Pape » a institué la Congrégation, nous avons déjà deux maisons » dans Paris, l'une à la ville, l'autre dans l'un des fau- » bourgs. Nous sommes, outre cela, établis à Tours, à » Nantes, à Dieppe, à la Rochelle, à Mâcon, à Langres, » demandés à Bordeaux, à Toulouse et en Lorraine, où » un seigneur du pays nous met à quatre lieues de » Verdun [1]. »

M. Quarré fut satisfait de cette réponse, et en 1618, ayant obtenu toutes les permissions nécessaires, il commençait à Poligny l'établissement qu'il avait projeté, lorsqu'il tomba dangereusement malade. Dans ce triste état, il crut voir un homme qui le prenait par la main et lui disait « d'avoir courage, qu'il n'en mourroit point »; en effet, il fut aussitôt rétabli. Étant venu ensuite à Paris, il reconnut dans le P. de Bérulle, qu'il n'avait jamais vu, les traits de celui dont la prédiction avait été si promptement réalisée. M. Quarré se plaisait à raconter cette histoire, bien propre à augmenter la vénération dont il était pénétré pour son nouveau supérieur.

---

[1] BATTEREL, *Vie manuscrite*, liv. II, n⁰ˢ 133-134.

L'établissement de la Congrégation en Lorraine ne se fit pas aussi aisément qu'à Poligny, quoiqu'il eût été décidé par le duc Henri II lui-même. Ce prince, aussi religieux que magnifique, ne se contentait pas d'orner de monuments superbes sa bonne ville de Nancy, il cherchait à réformer le clergé, et encourageait généreusement quiconque mettait la main à cette œuvre sainte. Le vénérable Pierre Fourier avait trouvé auprès de lui protection et faveur [1]. Le P. de Bérulle rencontra l'une et l'autre plus tôt même qu'il ne l'eût désiré. L'ordonnance du duc Henri, en date du 30 janvier 1618, appelait à la fois l'Oratoire à Nancy, à Phalsbourg, à Étain, à Marcheville et à Metz. Le P. de Bérulle n'avait point assez de sujets pour faire face à tant de fondations ; d'ailleurs, à Nancy même, l'établissement projeté rencontrait bien des obstacles. Le prince voulait unir la cure de Notre-Dame à la maison qu'il donnait à l'Oratoire ; mais les chanoines de l'église primatiale, qui nommaient à la cure, firent valoir leur droit. Pour lever cette difficulté, le duc Henri leur abandonna la nomination des canonicats qui venaient à vaquer dans leur église durant le mois d'avril. Contents de ce dédommagement, les chanoines consentirent à ce que le prince désirait. Cet accord, qui devait aplanir toutes les difficultés, en fit naître d'autres fort imprévues. La Congrégation n'était point sans adversaires ; le bien qu'on voulait lui faire excita la jalousie. On répandit dans le public les bruits les plus calomnieux, avec l'espoir qu'ils arrive-

---

[1] *Histoire de la réunion de la Lorraine à la France*, par M. le comte d'Haussonville. Lévy, 1860, t. I, ch. vi, p. 100. — *Le Bienheureux Pierre Fourier*, par madame la vicomtesse de Flavigny. Plon, 1873, in-8°, *passim*. — Batterel, *Vie manuscrite*, liv. II, n° 135.

raient jusqu'aux oreilles du duc de Lorraine, et lui inspire-
raient de l'éloignement pour le nouvel institut. Le P. Bertin,
qui avait été envoyé à Nancy, souffrait beaucoup de la position qu'on y faisait à l'Oratoire; aussi le P. de Bérulle lui
venait-il en aide par des lettres fréquentes : il lui montrait
la Congrégation souvent contredite dans les autres fondations, finissant presque toujours cependant par triompher.
« Mais il faut commencer », lui écrivait-il, « en indigence et
» pauvreté spirituelle et temporelle, et en confiance en
» Jésus et en Marie, qui conduiront leur ouuraige iusques
» à la fin. » Et quelques jours après : « Il faut prier, pâtir
» et espérer, ce sont trois ingrédiens des œuvres de Dieu...
» Portez la croix de Jésus », ajoutait-il, « nous ne sommes
» dignes que de la croix du bon larron au plus, mais c'est
» grâce et miséricorde particulière que d'estre participant
» de celle du Fils de Dieu. Ayez plus de sentiment de cette
» vérité que des labeurs que vous portez... et plus d'espé-
» rance en Dieu que de crainte et inquiétude dans la vue
» des défauts d'autrui que vous appercevez. Dieu est en
» l'œuvre, n'en doutez point, s'il vous plaist [1]. » En effet,
rien ne put ébranler la résolution du duc Henri II ni celle
de M. de Marcheville, et l'Oratoire fut définitivement
établi en Lorraine.

Mais le P. Bertin n'était pas destiné à jouir du fruit de
son travail : une nouvelle fondation, et des plus importantes,
le réclamait. Sur une lettre pressante de son supérieur, il
quitta Nancy et prit le chemin de Rome.

La plupart des États catholiques possédaient alors dans

---

[1] Lettre autographe d' P. de Bérulle au P. Bertin, mars 1618. (Arch.
nat., M. 224.)

l'enceinte de la Ville éternelle une église réservée à leurs nationaux : celle que la France y avait depuis le milieu du quinzième siècle s'appelait Saint-Louis des Français. C'était un beau monument, situé sur l'emplacement des Thermes d'Alexandre Sévère, et que de nombreuses donations avaient enrichi depuis un siècle surtout [1]. Le temporel de cette église, aussi bien que celui de l'hôpital qui en dépendait, était géré par vingt-quatre administrateurs, presque tous laïques. Le spirituel était confié à un même nombre de prêtres, dont douze devaient être Français, six Lorrains, six Savoyards, tous à la nomination des administrateurs temporels. Ceux-ci, pour la plupart, banquiers, marchands, petits officiers de la « Daterie [2] », se montraient peu scrupuleux dans leurs choix. Aussi le clergé de Saint-Louis était-il universellement décrié. Les gens de bien en gémissaient et cherchaient un remède à ce mal invétéré, lorsque la pensée vint à quelques-uns d'appeler à Rome les prêtres de l'Oratoire. Dom Sans de Sainte-Catherine, général des Feuillants, M. l'abbé d'Aumale, Henri de Sponde, l'abréviateur de Baronius [3], communiquèrent cette idée à M. de Marquemont, archevêque de Lyon, alors ambassadeur du Roi. Le prélat entra dans leurs vues, et M. de Sponde s'empressa de le faire savoir au P. de Bérulle.

---

[1] *Mémoire historique sur les institutions de France à Rome*, par Monseigneur PIERRE LA CROIX. Paris, imprimerie de V. Goupy, 1868, in-8º, ch. v, p. 35 et suiv.

[2] Tribunal à Rome où l'on s'adresse pour les expéditions qui regardent les bénéfices ou les dispenses de mariage.

[3] Henri de Sponde, né en 1568 à Mauléon de Soule, abjura le calvinisme en 1595, fut nommé évêque de Pamiers en 1626, et mourut en 1643 à Toulouse.

Cette ouverture ne fut pas accueillie par le supérieur de l'Oratoire sans quelques hésitations. Le chancelier de Sillery les fit cesser, et se chargea d'obtenir l'agrément du Roi. Paul V ayant en même temps donné son consentement, les Pères Bertin et de Soulfour furent envoyés aussitôt à Rome pour travailler à la conclusion de cette affaire : elle ne devait pas se terminer aussi facilement qu'on s'en était flatté.

Les administrateurs temporels de Saint-Louis tremblaient de perdre leur poste; les chapelains, de ne pouvoir conserver le leur qu'à la condition de vivre selon la règle. Dans l'espoir d'éviter ce double malheur, ils publièrent contre les Oratoriens des mémoires où les injures tenaient lieu de raisons. En présence d'une opposition si violente, malgré la protection de l'archevêque de Lyon, qui les logeait dans son palais, le P. Bertin et le P. de Soulfour, convaincus qu'ils ne triompheraient jamais de leurs adversaires, supplièrent leur supérieur de les rappeler en France. Celui-ci ne fut pas de leur avis : il les exhorta à prendre patience et à se diriger par les conseils de quelques amis sûrs qu'ils avaient à Rome, mais surtout, leur écrivait-il, « recourez au bon ange de la Congrégation, à » saint Gabriel, et à saint Michel, l'ange de l'Église, qu'il » leur plaise choisir demeure à notre petite Congrégation » en cette ville. Car puisque Dieu nous a conduits, je n'es- » time pas que vous deviez retourner sans effet [1]. » Le P. de Bérulle était d'autant plus certain que malgré tous les obstacles la fondation réussirait, qu'il ne l'avait nul-

[1] Lettre autographe au P. de Soulfour, du 1er mai 1618. (Arch. nat., M. 230, fol. 2.)

lement cherchée. Aussi recommandait-il au P. de Soulfour et au P. Bertin de compter beaucoup moins sur leurs propres efforts que sur l'intervention du ciel. « En l'extrémité » de l'orage », écrivait-il le 20 juillet, « les nautonniers ont » plus à pâtir, à prier, et à deppendre de la Providence de » Dieu, que non pas à conduire le vaisseau [1]. »

Cependant à Paris on s'étonnait de tant de difficultés et de retards. Le Roi et ses principaux ministres avaient pris l'affaire à cœur et entendaient qu'elle réussit. Le jour de l'Assomption, M. le chancelier [2], M. le commandeur de Sillery et M. de Puisieux [3], étant venus assister aux Vépres dans l'église de l'Oratoire, M. de Puisieux donna les meilleures espérances au P. de Bérulle [4]. En même temps, le nonce du Pape, Mgr Bentivoglio, qui depuis le mois d'octobre de l'année précédente appuyait chaleureusement le projet, y revenait avec insistance. Il parlait dans ses dépêches « du bon exemple donné par les Pères » de l'Oratoire et de leur progrès chaque jour plus grand » sous le gouvernement de M. de Bérulle, sujet remar- » quable par ses vertus, et dont il avait déjà entretenu sa » Cour [5]. » Il ne se lassait pas de répéter qu'à ses yeux cette affaire était d'une haute importance pour le service

---

[1] Lettre autographe au P. Bertin, du 20 juillet 1618. (Arch. nat., M. 230, fol. 3.)

[2] C'était alors Guillaume du Vair, évêque et comte de Lisieux.

[3] Pierre Brulart, vicomte de Puisieux et de Sillery, seigneur de Marines et de Berny, disgracié en 1624, mourut en 1640, universellement respecté.

[4] Lettre autographe au P. Bertin, du 16 août 1618. (Arch. nat., M. 230, fol. 4.)

[5] Credo che ciò sarà di gusto grande a Sua Santità per il buon esempio che danno di sè questi Padri in Francia, e per il progresso che ogni di fanno maggiore in queste provincie sotto il governo del signor di Berul, soggetto di quelle virtù che ho rappresentate in diverse occasioni. BENTIVOGLIO, dépêche du 11 octobre 1617. (*Lettere diplom.*, t. 1, p. 200.)

de la religion et du Siége apostolique en France. « Les
» Pères de l'Oratoire », écrivait-il le 23 mai, «ont fait en peu
» de temps de grands progrès et en feront chaque jour de
» plus grands : car ils ont déjà été reçus en beaucoup de
» villes et des principales, et ils sont appelés maintenant
» en diverses autres parties de la France. Si on perd cette
» occasion, peut-être que les politiques d'ici ne voudront
» pas qu'ils s'établissent à Rome dans une autre maison
» qui ne dépendrait pas de la France [1]. » Ces raisons, les
misérables motifs sur lesquels on s'appuyait pour combattre
le nouvel établissement, frappèrent Paul V, et il donna un
bref par lequel il prescrivait que dans l'église de Saint-
Louis il y aurait toujours six Pères de l'Oratoire de
France, envoyés par leur Général, et qui vivraient en
société avec les autres prêtres. Cette nouvelle fit un tel
plaisir à Mgr Bentivoglio, qu'il écrivit aussitôt à M. de
Sponde : « Je dois vous remercier des bons services que
» vous avez rendus aux prêtres de l'Oratoire de France
» dans l'affaire de Saint-Louis, et je vous en suis d'autant
» plus obligé que vous avez agi en cela conformément à ce
» que j'avois fait moi-même. J'espère que cette affaire nous
» fera un jour honneur à tous deux, et que la suite des
» temps fera voir de quelle conséquence il est d'avoir su
» unir étroitement, par le moyen de cette résidence, cette
» Congrégation au Saint-Siége, et réciproquement le Saint-
» Siége à la Congrégation [2]. »

---

[1] Questi Padri dell' Oratorio in poco tempo hanno fatto quei progressi
grandi, e sono per farli ogni dì maggiori. BENTIVOGLIO. Dépêche du 23 mai
1618. (*Lettere diplom.*, t. I, p. 317.)

[2] BENTIVOGLIO, lettre du 6 novembre 1618, citée par Batterel. (Liv. II,
n° 141.)

Tandis que Mgr Bentivoglio écrivait cette lettre, Paris était en fête : le prince Maurice, cardinal de Savoie, y faisait son entrée; il venait remercier Louis XIII de l'assistance accordée par lui au Roi de Piémont et mettre la dernière main à l'alliance projetée entre le prince de Piémont Victor-Amédée, son frère, et la princesse Chrestienne, seconde sœur de Louis. Parmi les personnages de marque dont se composait le brillant cortége du cardinal, se trouvait l'aumônier de la future Reine, le Bienheureux François de Sales. A peine arrivé, l'aimable et saint évêque se voyait assailli de visites et de demandes. Déjà il avait promis à M. de Montholon, marguillier de Saint-André des Arts, de prêcher l'Avent dans cette église. Néanmoins, quand on vint le solliciter, en son hôtel de la rue de Tournon [1], de donner à l'Oratoire le Panégyrique de saint Martin, quoiqu'il n'eût que trois jours pour se préparer, il accepta avec cette grâce qui ne le quittait jamais [2].

Le bruit s'en répandit dans Paris, et le 11 novembre, anniversaire de la fondation de l'Oratoire, la petite chapelle de la rue Saint-Honoré fut de bonne heure envahie par la Cour et la ville. Le Roi et les deux Reines, plusieurs évêques, nombre de docteurs, une foule de gentilshommes et de grandes dames, s'y étaient rendus, impatients d'en-

---

[1] C'était l'ancien hôtel du maréchal d'Ancre qui était devenu depuis sa mort l'hôtel des Ambassadeurs.

[2] *Vie de saint François de Sales*, par M. HAMON, curé de Saint-Sulpice. Paris, 1854. t. II, liv. VI, p. 179. — Ni M. Hamon, ni Charles-Auguste de Sales (éd. Vivès, t. II, liv. IX, p. 134), ni M. Pérennès (t. II, liv. VII, ch. XII, p. 351), ni le *Mercure françois*, ne donnent la date exacte de l'arrivée du cardinal de Piémont à Paris. Ce qui est certain, c'est que le 5 novembre saint François de Sales était à Étampes, d'où il datait une lettre, et le 9 à Paris. (*OEuvres complètes*, éd. Vivès, t. III, p. 370-372.) Il est à croire qu'il arriva à Paris le 6 novembre.

tendre le saint prélat. La presse était telle que, l'heure du sermon venue, il fut impossible de frayer un passage au prédicateur. Pour arriver jusqu'à la chaire, il dut passer par la fenêtre. Son auditoire, le plus intelligent assurément que pût avoir un orateur, s'attendait à trouver dans le discours de l'évêque de Genève cette délicatesse, cette grâce, cette force toute tempérée d'onction, ce charme inexprimable enfin qui avaient ravi les lecteurs de l' « In- » troduction à la vie dévote ». Mais François de Sales, pensant que l'occasion était belle pour s'abaisser dans l'estime de tant de personnes toutes prêtes à l'admirer, après un exorde éloquent, tourna court et se borna à raconter simplement la vie de saint Martin. Pendant ce récit, il entendait murmurer à ses oreilles : « Voyez un » peu ce montagnard, comme il parle bassement ! C'était » bien la peine de venir de si loin pour nous dire ce qu'il » dit, et exercer la patience de tout le monde. » Il savourait ces mépris comme d'autres les éloges, et quand, le sermon terminé, ses amis eux-mêmes le blâmèrent : « Que » voulez-vous », répondit-il agréablement, « on ne peut » attendre d'un arbre des montagnes autre chose que des » fruits sauvages. »

Paris offrait à François de Sales un spectacle dont il se montra vivement frappé : « La piété y a fait des pro- » grès tels que j'en suis confondu », disait-il[1]. Dans cette œuvre de transformation, la part du Carmel et de l'Ora-

----

[1] « Solamente che ho trovato Parigi con tanto accrescimento di devo- » zione che è un stupore. » Lettre à M. H. Scaglia, du 9 novembre 1618. (*OEuvres complètes de saint François de Sales*, éd. Vivès, t. VII, p. 372.)

toire était grande. Aussi l'évêque de Genève se rap-
pelait-il avec joie les instances que seize ans plus tôt il
faisait auprès de son jeune ami M. de Bérulle pour le
décider à accepter la charge de supérieur des Carmélites et
à fonder une congrégation de prêtres séculiers. De Paris,
le bien avait rayonné dans les provinces. Le Carmel
comptait maintenant vingt et un monastères [1], et l'Oratoire
au moins dix-neuf maisons. A la vue d'un pareil résultat,
saint François de Sales sentit croître encore son estime
pour l'homme de Dieu qui, d'une main ferme et sûre,
gouvernait ces deux grandes familles.

Le P. de Bérulle, il est vrai, supérieur à la fois de
l'Oratoire et du Carmel, ne pouvait disposer, pour chacune
des deux Congrégations, du temps qu'il leur aurait consacré s'il n'eût eu la direction que d'une seule. L'inconvénient était réel, mais compensé par d'incontestables
avantages. De ce double pouvoir réuni dans les mêmes
mains, de cette direction large et forte, résultait au dehors une rare puissance d'expansion, au dedans un
échange incessant de mérite et de vie.

Rien n'était touchant comme le besoin que les deux
Congrégations semblaient avoir l'une de l'autre. A peine
appelé dans une ville, l'Oratoire y travaillait à l'établissement des Carmélites, et les Carmélites, du fond de leur
solitude, avaient à cœur de faire connaître l'Oratoire.
C'est à la Mère Madeleine de Saint-Joseph que le P. de
Bérulle devait la maison de Tours [2]; à la Mère Marie de la

[1] La vingt et unième fondation est celle de Nantes, du 12 octobre 1618.
(*Chroniques de l'Ordre des Carmélites*, t. III, p. 272.)

[2] Voyez plus haut, ch. IV, p. 117.

Trinité, celle de Rouen ; à la Mère Louise de Jésus, les demandes que lui adressaient la Comté et la Lorraine[1]. De son côté, il s'employait sans relâche au développement du Carmel. Bordeaux n'avait pas oublié que la fondatrice de son premier monastère était une cousine du serviteur de Dieu, madame de Gourgues[2]; Riom, sans lui, n'aurait de longtemps connu les filles de sainte Thérèse[3], et il n'était pas étranger aux abondantes aumônes dont madame de Chandenier, sa parente, venait de soulager fort à propos la détresse du grand couvent[4].

Ce ne sont pas les seuls liens qui existent entre les deux communautés. Dieu se sert des Carmélites pour montrer la route de l'Oratoire, et des Oratoriens pour indiquer la montée du Carmel. La Mère Marie de Jésus amène au P. de Bérulle le baron de Sancy, son frère, et par lui son oncle, le P. de Morainvilliers[5]. Sœur Jeanne de Jésus lui donne l'un de ses fils, M. Thiersault[6]. A Toulouse, les cinq filles du président de Rességuier, revêtues de l'habit de la Sainte Vierge, ont sans doute leur part dans l'entrée de leur frère à l'Oratoire[7]. De Tours, docile à la voix de sa fille, qui, après avoir été offerte par lui, l'offre à son tour à Dieu, le vénérable M. de Fontaines vient se ranger sous la discipline de M. de Bérulle, et ajouter aux mérites

---

[1] Voyez plus haut, ch. IV, p. 109.

[2] Voyez plus haut, ch. II, p. 57. *M. de Bérulle et les Carmélites de France*, ch. XVII, p. 495.

[3] Voyez plus haut, ch. VI, p. 183.

[4] Elle donna dix-huit mille livres. (*Histoire manuscrite des Carmélites de Pontoise*, ch. XXI, p. 399.)

[5] Voyez plus bas, ch. XI.

[6] *Chronique de l'Ordre des Carmélites*, t. III, p. 201.

[7] Voyez plus bas, ch. IX.

de son premier sacrifice la gloire du sacerdoce[1]. Dans cette donation mutuelle, les Pères de l'Oratoire ne veulent pas se laisser vaincre. Les noms des PP. de Soulfour et Doron se lisent sur les registres des vêtures du grand couvent[2]. A Lyon, une des Religieuses les plus excellentes qu'ait formées la Mère Madeleine lui a été conduite par un Père de l'Oratoire[3]. Le P. de Bérulle, à lui seul, a introduit dans le Carmel, après les avoir préparées pendant des années, la plupart des Religieuses qui en sont aujourd'hui les pierres vivantes. Là, cachée sous le voile noir, il retrouve sa tante, madame d'Autri ; sa nièce, mademoiselle Séguier ; sa mère enfin, dont la sainteté est une des gloires du monastère de l'Incarnation. Ainsi, par une délicate et touchante attention de la Providence, qui récompensait dès la terre leur sacrifice, et semblait vouloir imprimer une sanction publique à l'étroite et indissoluble union de leurs âmes, M. de Bérulle s'entendait donner le nom de Père par M. de Fontaines, tandis que madame de Bérulle appelait mademoiselle de Fontaines sa Mère.

Les deux Congrégations se viennent en aide d'une manière plus intime encore. Plus les âmes sont jalouses de la gloire de Dieu et de leur propre sanctification, plus elles sont affamées de la parole évangélique ; aussi était-ce une joie au Carmel que l'annonce d'un sermon. Mais les prédi-

---

[1] Il est certain que M. de Fontaines se retira à l'Oratoire, reçut l'ordre de la prêtrise, et y mourut. Il n'est pas aussi sûr qu'il fut Oratorien.

[2] Voyez la liste des Religieuses dans *la Jeunesse de madame de Longueville*, par V. Cousin, 5ᵉ édition, Appendice III, p. 355-356. — Est-ce à la mère de M. Doron ou à une autre Religieuse que se rapporte la lettre XLIV du P. de Bérulle, édit. de 1657, in-fol., p. 762?

[3] *Vie de la Mère Magdeleine de Saint-Joseph*, in-4°, Iʳᵉ partie.

cateurs sont rares qui préfèrent à un auditoire nombreux, à l'éclat d'une grande chaire, à un succès retentissant, l'assemblée de vingt à trente Religieuses, immobiles, assises à terre, leur grand voile baissé, derrière une froide grille. Quand ils viennent, trop souvent ignorants de la vie des Carmélites, de leurs aspirations, de leurs grâces, ils débitent devant elles un sermon qui ne les touche que si le Prédicateur invisible[1] refait à leur usage et récite à l'oreille de leur cœur un discours fort différent de celui qu'elles ont entendu. Grâce à l'Oratoire, elles ont le double bonheur d'entendre souvent la parole, et une parole appropriée à leurs besoins. Le P. de Bérulle n'est pas le seul qui vienne leur rompre ce pain fortifiant; il leur est distribué par le P. Bourgoing, par le P. Gibieuf, par le P. Metezeau, et tant d'autres remplis des mêmes doctrines, formés par le même maître. La maison de la rue Saint-Honoré seule a pris l'engagement de donner cinquante prédications par an au monastère de l'Incarnation[2]. En province comme à Paris, dans les villes où une maison de l'Oratoire s'élève près de leur monastère, les Carmélites sont assurées de trouver le même secours.

Et ce n'est pas le seul. Le choix des confesseurs, chose toujours grave, l'est particulièrement quand il s'agit de Religieuses, et de Religieuses cloîtrées. Si elles s'adressent à des prêtres séculiers, trop souvent elles rencontrent des ecclésiastiques, même parmi les meilleurs, habiles à résoudre les cas de conscience, habitués à appliquer les

[1] *Is qui intus est.* SAINT AUGUSTIN.

[2] En vertu d'un legs fait par M. Peljay. (*Annales de la Congrégation de l'Oratoire.* Arch. nat., MM.)

règles d'une morale sage et évangélique ; mais qui , ayant peu étudié les mystères de la grâce dans les âmes, se bornent à les absoudre après quelques conseils dont la généralité même diminue singulièrement l'efficacité. Si elles recourent aux Religieux, elles échappent à cet écueil, mais pour en rencontrer parfois un autre. Trop souvent, en effet, au lieu de s'inspirer de l'esprit du Carmel, ils cherchent instinctivement à faire prévaloir l'esprit de leur Ordre. Et alors, hésitantes entre les avis du confesseur et les exhortations de la prieure, qui a grâce pour les conduire, elles éprouvent un vrai tourment. C'est pour obvier à ce grave inconvénient que sainte Thérèse avait si vivement désiré que les Carmes pussent être les confesseurs de ses filles, mais il ne lui était jamais venu à la pensée que l'on pût confier à tous les Carmes indistinctement une mission si délicate[1]. Or, en 1618, le choix était d'autant plus difficile que ces Religieux étaient moins nombreux en France, où ils ne possédaient encore que trois couvents, ceux de Paris,

---

1 « J'attache une grande importance à ce qu'il soit établi à perpétuité » que les confesseurs de nos Religieuses ne seront point leurs supérieurs. » C'est là un point si essentiel dans les monastères de Carmélites, que, » quelque utile que je juge comme vous qu'elles se confessent aux Religieux, » je préférerais néanmoins que les choses restassent telles qu'elles sont et » qu'elles ne pussent point se confesser à eux, que de voir chaque confesseur devenir le supérieur des Religieuses. « (Lettre au P. Gratien, *Lettres de sainte Thérèse*, traduction du P. Bouix, t. III, p. 275-276.) On ne voit pas bien de prime abord comment concilier avec ces paroles les suivantes, attribuées à la Mère Anne de Saint-Barthélemy : « Bien que Votre » Seigneurie me dist son sentiment sur les affaire des Carmélites, je m'estonne fort qu'elle se porte à croire que nos Religieuses seront mieux gouvernées par d'autres que par nos Pères ; cela n'est point mon opinion : » *Car bien que les Carmes déchaussés de France soient ieunes, V. S. croye* » *que les novices qui viennent de faire leur profession, sçavent plus ce* » *que c'est de religion que tous les autres.* » Lettre du 14 octobre 1620, citée par le P. LOUIS DE SAINTE-THÉRÈSE. (*Abrégé de l'establissement des Carmélites de France*, in-fol., sect. II, ch. LI, p. 146.)

16.

de Charenton et de Lyon [1]. On savait en outre, à n'en pas
douter, qu'une fois directeurs des Carmélites, ils cherche-
raient à s'ingérer dans leur gouvernement, dont le Saint-
Siége les avait cependant exclus. Peut-être aussi, en lisant
les écrits des Pères Carmes, « l'Instruction des novices » et
« la Discipline claustrale », par exemple, les Carmélites de
France trouvaient-elles que la spiritualité du P. Jean de
Jésus-Maria n'était point tellement un écho de celle de sainte
Thérèse qu'on ne pût signaler quelque différence entre
l'une et l'autre [2]. Quoi qu'il en soit, elles bénissaient Dieu
du secours que leur offrait l'Oratoire. Les Oratoriens
savaient quelle réserve doit garder le confesseur des Carmélites, afin de sauvegarder l'autorité spirituelle de la
prieure [3]; et comme la théologie enseignée à la maison de
la rue Saint-Honoré n'était autre que celle dont sont

[1] La fondation de Lyon est du 19 mai 1619 seulement, si on entend par
ce mot la prise de possession publique de leur église par les Carmes; mais
ils étaient déjà établis à Lyon depuis plus d'un an. La fondation de Charenton est de 1617. (*Annales des Carmes déchaussés de France*, par le
R. P. LOUIS DE SAINTE-THÉRÈSE, Carme déchaussé. Paris, Ch. Angot, 1666,
in-fol.; liv. I, ch. XXXI, p. 92 et suiv.; ch. XLIII, p. 113 et suiv.) Ce
furent les Carmes déchaussés de Charenton qui exécutèrent les panneaux
de stuc pour le Trianon de porcelaine (c'est le nom qu'on donna à ce petit
palais) construit en 1670 et détruit en 1687 afin de faire place au grand
Trianon. (Voyez *Magasin pittoresque*, année 1857, t. XXV, p. 173.) Le
P. Louis de Sainte-Thérèse, qui écrit en 1666 et s'étend sur la vie édifiante
des novices de Charenton, ne dit rien de leur talent pour la peinture, si
bien apprécié par Louis XIV quatre ans plus tard, en 1670.

[2] *Disciplina claustralis sive practica actuum vitæ religiosæ...*, auct.
R. P. JOANNE DE JESU-MARIA. Coloniæ, MDCXVJ, in-18. — *L'Instruction
des novices*, Paris, chez Robert Fouet, MDCXII. Réimprimée à Bruxelles
chez Harnou, 1872, in-12, avec une notice sur Jean de Jésus-Maria, lequel mourut le 28 mai 1615. On trouve la liste, incomplète d'ailleurs,
de ses œuvres dans le *Nomenclator literarius recentioris theologiæ catholicæ*,
uct. H. HURTER. S. J. OEniponti, 1872, t. I, p. 334.

[3] *La Vie de la Mère Madeleine de Saint-Joseph*, Ire part., ch. XXXII,
p. 196.

remplis les écrits de sainte Thérèse, les exhortations des disciples du P. de Bérulle au confessionnal et en chaire était le vivant commentaire des règles du Carmel.

Ici encore, il se fait un touchant et précieux échange. Le sermon à peine achevé, le prédicateur redevient auditeur; il se rend à la grille du parloir, et là il écoute humblement les conseils de celles qu'il vient d'évangéliser. Animée du même esprit que sainte Thérèse, la Mère Madeleine rappelait aux fils de M. de Bérulle, aussi bien qu'aux évêques, les vrais principes de la prédication. Elle les suppliait de ne point altérer la pureté de la parole de Dieu, par un mélange affecté de choses profanes et curieuses, de ne s'attacher pas tant à la délicatesse qu'à la force du discours, de chercher moins à contenter un auditoire qu'à le toucher, et de n'avoir en vue que le salut des âmes et la gloire de Jésus-Christ; puis, pour peu que ses interlocuteurs la pressassent par leurs respectueuses questions, elle entrait dans des considérations si hautes sur les mystères du Sauveur et sur les vérités les plus sublimes de la foi, qu'ils en étaient confondus [1]. Aussi lui

[1] Il ne faut pas oublier que les prieures avaient la liberté entière de choisir les confesseurs extraordinaires et les prédicateurs (*Règle primitive et constitutions des Religieuses de l'Ordre de Notre-Dame du Mont-Carmel, selon la réforme de sainte Thérèse*, ch. VI, 2. Poitiers, Oudin, 1835, in-32, p. 137). Le P. de Bérulle, on le verra plus loin, leur imposait si peu les Oratoriens, que dans plusieurs villes, à Bourges et à Bordeaux notamment, il leur avait donné pour confesseurs ordinaires des Pères Jésuites, et dès que commencèrent les troubles dans l'Ordre, il y apporta une discrétion plus grande encore. « Je vous supplie d'escrire fortement à Tours, » Dieppe, Neuers, Orléans et ailleurs, que nos Pères aillent peu aux Carmé- » lites et ne soient nullement leurs confesseurs ordinaires, en se meslant de » leurs affaires temporelles ny autres, si ils ny sont appellez par la supé- » rieure. » Lettre autographe adressée au P. Gibieuf, 10 oct. 1620. (Arch. nat., M. 216, D. 59.)

soumettaient-ils leurs livres comme leur parole, sûrs de trouver auprès d'elle, avec les plus judicieux conseils, les plus pures lumières. La Mère Madeleine n'était point la seule dont les Oratoriens vinssent souvent solliciter les instructions. Il fallait que la Mère Marie de la Croix fît violence à son humilité et revît les écrits du P. Bourgoing[1]. La Mère Marie de la Trinité, la Mère Louise de Jésus, et bien d'autres qu'il serait trop long de nommer, venaient ainsi en aide, avec une simplicité digne de leur humilité, aux prêtres modestes et saints qui les consultaient[2].

A cette école, l'Oratoire apprenait ce que n'apprennent pas les livres, recevait ce que ne donne pas l'étude. Si, en effet, le prêtre, par la vertu de son sacerdoce et la fidélité aux grâces de son état; si le théologien, par la certitude de ses principes et l'évidence des conclusions qu'il en déduit, arrive à la science des mystères de la vie divine dans les âmes, souvent d'humbles et ferventes femmes en ont une expérience plus délicate et plus étendue. La vie que l'on mène au Carmel, les sacrifices qu'il a fallu subir pour y entrer, l'âme qu'on y vient offrir à Dieu, âme plus apte à la contemplation que celle de l'homme; sans doute aussi une récompense promise aux héritières des femmes qui, dans l'abandon de tous les disciples, osèrent suivre Jésus-Christ jusqu'à la croix, autant de causes d'un fait que le P. de Bérulle savait s'être toujours produit dans l'histoire, et que sans cesse il constatait lui-même. Il regardait donc comme une grâce inestimable la facilité

---

1 Voyez les *Chroniques des Carmélites*, t. II, p. 455.

2 Lettre autographe du R. P. de Bérulle à la Mère Louise de Jésus à **Dôle**, du 8 février **1615**. (Appartient aux Mères Carmélites de Beaune.)

pour ses disciples d'être les témoins des opérations les plus pures du Saint-Esprit dans les âmes. La théologie qu'on étudiait à l'Oratoire donnait à ces premiers Pères la science ; les Carmélites étaient leur vivante expérience.

Et ces saintes filles priaient, jeûnaient, se mortifiaient dans la solitude, pour qu'au milieu du monde les Oratoriens fissent connaître et aimer Jésus-Christ. Elles estimaient que, devant prier et s'immoler sans relâche pour le clergé, afin que, suivant le vœu de sainte Thérèse, « Dieu » donnât aux prédicateurs et aux théologiens un mâle cou- » rage et une vertu éminente [1] », il était bien juste que leurs supplications eussent pour premiers objets ceux de qui elles recevaient tant de biens.

On parlait d'ailleurs de faveurs extraordinaires qui prouvaient à quel point le ciel avait pour agréable cette union. Comme la Sœur Catherine de Jésus, la Mère Madeleine de Saint-Joseph connaissait les desseins de Dieu sur l'Oratoire et le Carmel, et en rendait au Seigneur de continuelles actions de grâces. Ce lui était une joie sans égale de voir, sous une mâle et surnaturelle discipline, prêtres et Religieuses ne connaître pour aller à Dieu, d'autre voie que celle qui est tout ensemble la lumière et la vie, le Verbe incarné [2].

---

[1] Sur l'esprit apostolique du Carmel, voyez SAINTE THÉRÈSE, *Œuvres complètes*, édit. P. du Bouix, t. III : *Chemin de la perfection*, ch. I, p. 8, et surtout ch. III, p. 21 et suiv. ; sa *Vie écrite par elle-même*, ch. XXXVIII. — Voyez aussi *Vie de sainte Thérèse*, par F. DE RIBERA, traduction du P. Bouix, liv. II, ch. I, p. 94 et 95. — En priant comme elles le faisaient pour la France, les Carmélites n'étaient pas moins fidèles à l'esprit de leur sainte Mère. Voyez le ch. I du *Chemin de la perfection*, et comparez-le avec le ch. XLII (de la première partie de la *Vie de la Mère Madeleine*, p. 230) : « Comme Dieu donna la Mère Magdeleine pour esclave à ses peuples. »

[2] *Ego sum via, et veritas, et vita.* (JOANN. XIV, 6.)

En leur montrant sans relâche une route qui lui paraissait si ouverte et si droite, le P. de Bérulle ne croyait pas mériter le titre de novateur ; il se sentait au contraire l'héritier des Pères et des Saints. Dans ses plus hautes pensées sur l'Incarnation du Verbe ; dans la variété infinie de vues dont ce mystère adorable récompensait l'assiduité de son regard ; dans les conclusions qu'il en tirait pour les âmes confiées à sa conduite, il n'y avait, pensait-il, rien de lui. Il demeurait un témoin. Là était sa force. Lorsque les Oratoriens lisaient ses lettres, recueillaient ses conseils, écoutaient avec avidité ses discours, il leur semblait entendre comme un écho de toute la tradition, et quand à la grille du Carmel il adressait la parole aux Carmélites, elles retrouvaient sur ses lèvres les oracles de leur Mère, la séraphique Thérèse de Jésus.

Nourri de la plus pure substance de l'Écriture et de la Tradition, double forme de la parole de Dieu, le P. de Bérulle réalisait dans la dévotion qu'il prêchait et professait lui-même, l'union réclamée au deuxième siècle par l'auteur de l'« Épître à Diognète », lorsqu'il demandait que dans l'âme humaine, ce paradis de Dieu, à côté de l'arbre de la connaissance s'élevât toujours l'arbre de la vie[1]. Admirable et nécessaire alliance que M. de Bérulle trouvait chez les Pères grecs et, parmi les latins, chez saint Léon[2]

---

[1] *Facti paradisus deliciarum... In hoc enim loco lignum cognitionis et lignum vitæ plantatum fuit... neque enim vita sine cognitione, neque cognitio tuta sine vita vera. (Epist. ad Diognet.*, cxi). *Patrologie grecque*, édit. Migne, t. II, col. 1186. Cette épître, dont on ignore l'auteur, fut composée sous le règne de Trajan, entre 98 et 107. (Voyez la *Patrologie*, par Moehler. Paris, 1843, t. I, p. 178 et suiv.)

[2] Je trouve saint Léon rarement cité par M. de Bérulle, mais on sait que le fondateur de l'Oratoire s'inspire des Pères plus qu'il ne les

et saint Augustin surtout, saint Augustin, « l'aigle des
docteurs [1] ». Il voyait, même au plus fort des luttes
soulevées par l'arianisme et le pélagianisme, les saints
Pères mêler, dans leurs discours au peuple, la science
à la piété, et unir, dans leurs écrits polémiques, la piété
à la science, tant leur cœur débordait de tendresse pour
la personne adorable de Jésus-Christ, de reconnaissance pour les bienfaits de sa grâce! A partir du moyen
âge seulement, les deux arbres qui jusqu'alors con-
fondaient leurs rameaux sont transplantés à quelque
distance l'un de l'autre : l'arbre de la science reste aux
mains des scolastiques ; les mystiques presque seuls cul-
tivent l'arbre de la vie [2]. Dans le jardin qui lui est confié,
le P. de Bérulle aspire à voir s'élever l'un et l'autre. Aux
scolastiques, il emprunte la précision des termes, l'exactitude de l'analyse, la logique des déductions ; aux Pères,
il demande la flamme, l'onction, la doctrine de la vie. Il
ne lui suffit pas d'un Christ qui soit objet de science, il lui
faut un Jésus qui soit principe de vie. S'emparant de tout
ce qu'enseigne l'École sur la personne adorable du Verbe,
sur l'union de la nature divine avec la nature humaine en
Jésus-Christ, sur la communication de vie qui s'opère entre
l'une et l'autre, sur le mystère du Christ, comme parle

nomme. Or, la forme de sa pensée, et jusqu'à la cadence sévère de sa
phrase commençant et finissant par une idée, rappelle celle de saint Léon.

[1] *Discours des Grandeurs de Jésus.*

[2] Il est vrai que le plus grand des scolastiques a uni les deux choses,
mais dans des écrits distincts. La forme même adoptée par saint Thomas
est purement scientifique. Quand il veut cultiver la mystique, il abandonne cette forme, en partie du moins. L'allure de saint Bonaventure est
plus libre. C'est que dans ces deux admirables génies, chez l'un le scolastique domine avec la raison, chez l'autre le mystique avec le cœur.

saint Paul [1], il applique le regard de l'amour à des mystères contemplés jusque-là, ce semble, par le seul regard de la science. Puis, donnant à l'étude de la grâce une direction nouvelle, laissant de côté les questions débattues dans l'École, cherchant dans les paroles du Fils de Dieu, avec saint Augustin pour guide, une lumière trop négligée, il voit surtout dans la grâce un état divin, dont le caractère propre est de lier étroitement les hommes à la sainte humanité du Sauveur [2]. Cette liaison n'est pas seulement originelle, en ce sens que l'on doit le bienfait de la grâce aux mérites du Verbe incarné; elle est actuelle, parce que les âmes chrétiennes vivent de sa vie divinement humaine et humainement divine, laquelle leur est communiquée par l'Esprit-Saint, et en fait d'autres Jésus-Christ. C'est ainsi qu'il ramène tout à Celui qui est le principe et la fin de tout, même en son humanité, puisque tout découle de Lui et tout retourne à Lui, par un flux et un reflux incessant. *Omnia in ipso constant* [3].

A l'imitation de leur maître, plongés sans cesse dans la lecture silencieuse et recueillie de l'Écriture et des Pères, cherchant bien moins la lumière qui éclaire que celle qui échauffe, les Oratoriens trouvent à toutes les pages du Nouveau Testament [4], enseigné par Jésus-Christ et ses

---

[1] *Mysterium Christi.* (*Coloss.* iv, 3.) Il serait très-facile de montrer dans saint Thomas (*Sum. Th.* IIIᵃ part., *De Incarn.*) les principes de toute la doctrine spirituelle du P. de Bérulle.

[2] Le P. Thomassin, dans les *Dogmata theologica*, n'a fait que développer les principes posés par le P. de Bérulle. (Voyez *De Incarnatione Verbi*, t. III, de l'édit. Vivès, liv. VI, spécialement les admirables chapitres vii, viii, ix.)

[3] *Coloss.*, ch. i, p. 17.

[4] Et de l'Ancien qu'ils étudiaient dans le but d'y trouver Jésus-Christ,

Apôtres, la dévotion que prêche leur supérieur. Sans doute elle est sublime, puisqu'elle a pour objet le mystère des mystères, et les rapports les plus intimes de Jésus-Christ avec l'âme humaine; mais elle est simple aussi, car elle repose tout entière sur les principes les plus élémentaires de la foi.

Si cette grande spiritualité semblait admirablement appropriée à des hommes voués par état à l'étude de Jésus-Christ et de ses mystères, elle ne l'était pas moins à des femmes qui, nourries de la lecture de sainte Thérèse, se montraient si remplies de son esprit. En les ramenant continuellement aux pieds de Jésus-Christ, le P. de Bérulle se montrait en effet le fidèle disciple de la réformatrice du Carmel. On aurait peine à trouver dans les écrits de sainte Thérèse une page où ne se lise pas le nom du Sauveur; il n'en est pas, du moins, d'où sa pensée soit absente. Sa doctrine a d'ailleurs toute la précision que pourrait apporter, en des matières si délicates, le plus exact théologien. Elle sait que nos hommages ne sauraient plaire à Dieu que par Jésus-Christ, et que par Jésus-Christ seul la gloire nous est méritée et départie. Elle ne comprend pas la spiritualité qui oserait trouver dans la sainte humanité du Sauveur un obstacle à l'essor de l'âme vers la Divinité; bien plus, cette prétention ne saurait être exempte, à ses yeux, d'un secret orgueil, inconscient peut-être, mais toujours périlleux; elle y voit en outre une grande ignorance des conditions de la nature humaine : «Nous ne sommes pas des anges», dit-elle avec ce bon sens suprême qui n'est pas un des traits les

qui en est la fin, *finis legis Christus* (Rom. x, 4). Voyez à ce sujet THO-MASSIN, *De adventu Christi*, t. VI.

moins frappants de son génie, « nous avons un corps : vou-
» loir se faire des anges, c'est folie. » A notre pensée, il faut
un appui créé, et cet appui n'est autre que la sainte humanité de Jésus-Christ[1]. Mais elle aussi ne se contente pas
d'adorer en Jésus-Christ le médiateur qui demande, et
le Dieu qui accorde la grâce. Il ne lui suffit pas de chercher dans le ciel ou de trouver dans le tabernacle, pour
en faire l'objet de sa contemplation, Celui dont elle dit
« que le véritable amant de Jésus-Christ aime partout son
» bien-aimé, et l'a partout présent à son souvenir[2]. »
Elle aspire à une union plus intime. « Mystique papil-
lon », comme elle s'appelle, elle veut mourir avec saint
Paul, pour que Jésus-Christ, communiquant une vie
divine à son âme, la fasse vivre par Lui, en Lui. Et plus
elle avance en âge et en perfection, plus aussi éclatent
joyeux et redoublés les cris de son amour pour la sainte
humanité du Sauveur[3].

Le P. de Bérulle ne fait que donner à la doctrine de
sainte Thérèse la forme de son génie, de sa nation et de
son temps. Il creuse en théologien, il expose avec une
logique toute française ; il est moins mystique et plus
moraliste, parce que l'heure est moins aux états extraor-

---

[1] SAINTE THÉRÈSE, *Vie écrite par elle-même*, traduction du P. Bouix, ch. XIII, p. 383, et *passim*.

[2] Id., *Livre des fondations*, ch. VI, p. 89.

[3] *Lettres*, t. II, p. 10, 11, 15. Il ne peut entrer dans le plan de ce livre de rapporter tous les passages où sainte Thérèse affirme sur ce point sa doctrine ; elle est si claire, que Bossuet dans ses *Mystici in tuto*, p. I, art. III, ch. VII, p. 635 (*OEuvres complètes*, éd. Vivès, t. XIX), s'appuie avec confiance sur l'autorité de la Sainte. Voyez aussi le *Catéchisme de sainte Thérèse, contenant toute la doctrine nécessaire pour la vie spirituelle*, par le R. P. THOMAS DE SAINTE-MARIE, Carme déchaussé (Rouen, 1683. Instruction X, p. 36 et suiv.), et *Vie de sainte Thérèse*, par le R. P. DE RIBERA, traduite par le P. Bouix, Paris, 1868, in-8°, liv. IV, ch. VII. p. 423, et *passim*.

dinaires, quoiqu'il en rencontre encore bien souvent sur son chemin [1]. Mais la pensée est la même, et les Carmélites ne s'y trompent pas. Ce recours incessant à Jésus-Christ ne leur semble point un attentat à la liberté de l'esprit qui souffle en elles : elles n'y voient point un obstacle aux grâces que Dieu leur réserve, et dont le P. de Bérulle sait aussi bien que nul autre respecter la merveilleuse diversité [2].

De ce culte pour le Verbe Incarné découle, par une bienheureuse et inévitable conséquence, le culte pour sa Mère, la Vierge Marie. Sainte Thérèse avait recommandé avec les accents les plus touchants la dévotion envers Marie, la maîtresse, la Reine du Carmel, à celles qui peupleraient « les petits colombiers de la Vierge », comme elle appelait les nouveaux monastères. Le P. de Bérulle y revient sans cesse, et jamais avant lui la langue française n'avait célébré dans un style si précis, avec une telle ampleur, les grandeurs incompréhensibles de la Mère de Dieu. Jamais on n'avait lié les âmes à elle avec un sentiment plus profond de ses droits, fondé sur une conception

[1] Je trouve à ce sujet les lignes suivantes dans un écrit manuscrit du P. Gibieuf, de 1645, cité par le P. Batterel. « M. de Bérulle s'est trouvé » souvent dans de grandes inquiétudes au sujet de quelques personnes » qui étoient dans des états extraordinaires ; il tâchoit alors de les en tirer » autant qu'il pouvoit, il en déroboit la connoissance à tout le monde et à » elles-mêmes, autant qu'il étoit en lui, et il prioit beaucoup pour elles, crai-» gnant les illusions du démon. » (*Mémoires domestiques*, IIe part., Arch. nat., M. 220, cote C.)

[2] Il serait facile de recueillir dans les lettres et les autres œuvres de M. de Bérulle de nombreux passages qui prouvent qu'en portant les âmes à Jésus-Christ il n'entendait pas plus que sainte Thérèse enchaîner leur liberté. On peut s'en convaincre en lisant des lettres inédites dont j'ai été assez heureux pour découvrir les originaux aux Archives de la Seine-Inférieure. Voyez Pièces justificatives, n° III.

plus haute de sa dignité, et cela non plus simplement dans des effusions du cœur, mais dans des discours pleins de raison, de doctrine, et dont l'hérésie elle-même ne pouvait ébranler les bases sans nier ses propres principes ; car, avec une inexorable logique, il ramenait toujours tout à l'unique fondement, au Verbe incarné. Là encore il se sent soutenu des conseils et de l'autorité de la Mère Madeleine de Saint-Joseph, qui ne désirait rien tant que de voir la Mère de Dieu honorée avec le plus filial amour dans le Carmel, et « les desseins du P. de Bérulle accomplis sur ce sujet[1] ». Ces desseins étaient hautement encouragés par un ami fidèle, un Religieux saint et plein d'expérience, le P. Coton. « J'adore, loue et remercie l'éternelle » Providence », écrivait-il, cette même année 1618, au P. de Bérulle, « de ce qu'il luy a plu vous choisir (selon » la prédiction que m'en auoit fait plusieurs années aupa- » vant la sainte âme de Sœur Marie de l'Incarnation), » pour establir un Ordre qui manquoit à l'Église, et de » ce que vous insinués en iceluy et dans la famille de la » Bienheureuse Térèse la particulière déuotion (qu'il est » très-iuste de se trouuer en une partie de l'Église mili- » tante) enuers les mystères de l'œconomie en chair du » Verbe divin, mystères qui comprennent en premier chef » l'union incomparable de l'humanité à la Divinité, en se-

---

1 *Vie de la Mère Magdeleine de Saint-Joseph*, II⁰ part., ch. XIII, p. 544. Ce fut elle qui décida le P. Gibieuf, de l'Oratoire, à écrire un livre plein de doctrine : *La vie et les grandeurs de la Très-Sainte Vierge, Mère de Dieu...*, par le P. Guillaume GIBIEUF, docteur en théologie, prêtre de la Congrégation de l'Oratoire de Jésus-Christ Notre-Seigneur. Paris, chez Joseph Cottereau, 1637, 2 vol. in-8⁰. Il serait superflu de rapporter ce que sainte Thérèse enseigne de la dévotion envers la très-sainte Vierge. Voyez les *Acta S. Theresiæ*. Bruxelles, Gran, 1845, in-fol. *Index moralis*, au mot *Maria*.

» cond lieu les prééminences de la très-sainte Vierge
» Mère[1]... »

Tel était l'enseignement donné au Carmel et à l'Oratoire : telle était cette dévotion dans laquelle les docteurs retrouvaient à chaque mot les pensées des saints Pères, et les filles de sainte Thérèse goûtaient avec bonheur la spiritualité de leur mère. Doctrine assez simple pour que tous pussent y puiser ; assez large pour que la liberté de l'Esprit de Dieu n'y rencontrât jamais d'entrave ; assez haute pour que les âmes sollicitées par les plus sublimes attraits y pussent prendre leur repos. C'était l'œuvre de Dieu.

Mais rien en ce monde, l'œuvre du ciel moins que le reste, n'est à l'abri des attaques. Déjà, dans l'ombre, la guerre se préparait contre le P. de Bérulle ; les événements politiques seuls en retardèrent de quelques mois la fatale explosion.

[1] Lettre autographe et inédite du P. Coton, 8 août 1618. (*Les Carmélites de France et le P. de Bérulle,* courte réponse à l'auteur des *Notes historiques.* Plon, 1873. Pièces justificatives, n° II, p. 95.) Le P. Coton ajoute : « Et en troisiesme la spirituelle alliance de Jésus avec Marie-Mag- » delaine. » J'aurai occasion de revenir sur ce point en parlant des élévations à sainte Madeleine dans le troisième et dernier volume de cette histoire. (*Le Cardinal de Bérulle et le cardinal de Richelieu,* ch. i.)

CHAPITRE VIII.

TRAITÉ D'ANGOULÊME.

1619.

Négociations infructueuses du P. Arnoux auprès de la Reine mère. — Elle s'évade du château de Blois (22 février 1619). — Émotion du duc de Luynes. — La Cour se décide à négocier. — Hésitation dans le choix des députés. — On s'arrête à M. de Béthune et au P. de Bérulle. — Celui-ci demande et obtient le rappel de Richelieu. — Le P. de Bérulle arrive à Angoulême. — Retour de l'évêque de Luçon. — Le P. de Bérulle revient à Paris (5 avril), et repart pour Angoulême (9 avril). — Le cardinal de la Rochefoucauld. — Nouveau voyage du P. de Bérulle à Paris (27 avril). — Ses espérances. — Il rentre à Angoulême (8 mai). — La Reine se résout à la paix. — Nouvelles difficultés. — Louis XIII à Amboise. — Le P. de Bérulle vient l'y joindre. — Quatrième voyage à Angoulême (2 juin). — Lettre de M. de Luynes. — La Cour d'Angoulême. — — L'évêque de Luçon. — Mademoiselle de Gadagne. — Saint François de Sales. — Vertus pratiquées par le P. de Bérulle durant cette négociation. — Ruccelaï. — Duel du marquis de Richelieu. — Le P. de Bérulle revient à Tours. — M. d'Andilly. — Cinquième et dernier voyage du P. de Bérulle à Angoulême. — Entrevue de Coucières (5 septembre). — Réconciliation de la mère et du fils. — Désintéressement du P. de Bérulle.

Si absorbé que fût le P. de Bérulle par le gouvernement de l'Oratoire et du Carmel, il n'était point homme à oublier son pays. Plein de reconnaissance pour la Reine, il déplorait son exil prolongé, les mauvais traitements qu'on lui faisait subir, les insinuations odieuses à l'aide desquelles M. de Luynes et ses créatures excitaient la colère du jeune Roi contre sa mère. Il redoutait surtout que, sous prétexte de venir en aide à la veuve de Henri IV, les grands ne prissent les armes, et qu'une nouvelle guerre civile n'éclatât bientôt.

On ne lui demandait pas encore d'agir, il se contentait
de prier. Un instant il put se croire exaucé. Le P. Arnoux,
confesseur de Louis XIII, était parti pour Blois, chargé
d'une mission auprès de la Reine. Dès le 22, il était de
retour [1], et trois semaines après, on remettait au P. de
Bérulle une longue lettre datée de Blois, écrite par le
P. Suffren, et dans laquelle le confesseur de la Reine remerciait le supérieur de l'Oratoire de ses prières, lui rendait
compte de la négociation du P. Arnoux, et lui donnait
les meilleures espérances. « Comme Dieu s'est montré
» admirable », disait-il en finissant, «à faire ce calme après
» une si furieuse tempeste, et lorsque les hommes tenoient
» les affaires pour désespérées et perdues! Le P. Arnoux
» a pris cest affaire à cœur, et espérons qu'il en viendra à
» bout. C'est une obligation que notre Compagnie a en
» Dieu de se servir de ce bon Père, qui est un membre de
» notre corps, pour une si importante entreprise. » Le
P. Suffren ne se flattait pas néanmoins « d'aler si tost à
» Paris; il comptoit seulement sur plus de liberté et plus
» de tesmoignage d'amour que deuant [2]. » Dans la lettre
fort courte dont le Roi avait chargé le P. Arnoux, les
« tesmoignages d'amour » étaient pourtant bien froids, et
ils se terminaient par cette phrase significative : « Vous
» devez désirer que désormais on sache que je puis et veux

[1] *Journal inédit d'Arnauld d'Andilly...*, publié par A. HALPHEN. Paris,
Techener, 1857, p. 380. M. Cousin, dans ses articles sur le *Connétable de
Luynes*, écrit Arnould, je ne sais pour quel motif. Car les lettres autographes du confesseur du Roi sont signées Arnoux; (Archives des affaires
étrangères.) Voyez aussi *Revue des questions historiques*, 7e année, octobre
1872, p. 528.

[2] Lettre autographe du R. P. Suffren au . de Bérulle, Blois, 14 octobre
1618. (Arch. nat., M. 232, G. I.)

» régner seul [1]. » M. de Luynes consentait à traiter : il ne tenait pas à conclure.

Le P. de Bérulle ne s'y trompa point. Aussi ne conçut-il pas grand espoir des « soumissions » que l'on imposa à la Reine, et qu'elle remit par écrit au P. Arnoux, le 3 novembre. Tant de vexations rendaient son sort plus intéressant ; le peuple oubliait ses fautes pour ne voir que ses malheurs ; les ennemis de Luynes s'agitaient, et parvenaient à nouer dans l'ombre une vaste intrigue, dont le favori, ébloui par sa fortune, ne soupçonna pas l'existence, et où il se laissa surprendre assez misérablement.

Le samedi 23 février 1619, le Roi, qui, depuis les premiers jours du Carême, était parti pour Saint-Germain, chassait avec les princes de Piémont dans la forêt, lorsque sur les quatre heures du soir un courrier, bientôt rejoint par deux autres, lui apporta la nouvelle que la Reine mère, dans la nuit du 21 au 22 février, s'était enfuie du château de Blois, qu'elle avait passé à Montrichard, où l'archevêque de Toulouse l'attendait avec vingt chevaux, et qu'escortée par le duc d'Épernon, à la tête d'un gros de cavalerie, elle s'était dirigée sur Loches [2].

Dans le premier moment, le Roi ne sut pas dissimuler son indignation, ni le duc de Luynes son effroi. Un complot tramé avec tant d'habileté, exécuté avec tant d'audace, n'allait-il pas du même coup ruiner le favori et

---

[1] *Journal inédit d'Arnauld d'Andilly*, p. 380. Voyez *Mémoires de Richelieu*, édit. Petitot, t. I, p. 512. *Fontenay-Mareuil*, p. 424. *Pontchartrain*, p. 268. (Édit. Michaud et Poujoulat.)

[2] *Mercure françois*, t. V, p. 157. — Bentivoglio dit cent chevaux, dans sa dépêche du 27 février. Il annonce cet événement par une épigramme qui conserve malheureusement son actualité : « La Francia in somma non può » star senza continue novità. » (*Lettere diplom.*, t. II, p. 92.)

ébranler l'État? « Ne sachant que dire ni que faire »,
Luynes manda sur l'heure le chancelier et le président
Jeannin. « Ils n'étoient pas apprentifs en telles affaires » ;
ils s'étonnèrent moins que lui. Rassuré par leurs avis, et
par les offres de service qu'il recevait de toutes parts,
Luynes se remit peu à peu, « et n'espargnant ni le bon
» visage ni les belles paroles, ramena dès le lendemain
» le Roi à Paris [1]. »

La nouvelle de l'évasion de la Reine s'y était rapidement divulguée, et M. de Bérulle fut un des premiers à
l'apprendre ; il en saisit toute la gravité.

Arrivé au Louvre, le Roi tint aussitôt conseil, et les avis se
partagèrent. Le duc de Mayenne, appuyé par MM. de Vendôme, de Longueville, de Guise, et ce qui est plus étrange,
par le cardinal de Retz, opina énergiquement pour la
guerre [2]. Le chancelier et le garde des sceaux semblaient
eux-mêmes pencher de ce côté. Seul, le président Jeannin
combattit le parti de la violence par les solides raisons
que lui fournissait l'expérience du passé, avec la vigueur
que lui inspirait son amour de la chose publique. Il ramena à son opinion les deux vieux ministres, et ceux
qui dans le conseil et à la Cour avaient le plus de probité. Ensemble, ils démontrèrent au Roi la nécessité
d'entrer en négociation avec la Reine, et ils ne crai-
gnirent pas d'ajouter que bien loin de pousser à bout le
duc d'Épernon, il fallait le comprendre dans le traité de

---

[1] *Mémoires de Fontenay-Mareuil*, collection Michaud et Poujoulat,
IIe série, t. V, p. 186.

[2] Bentivoglio explique d'une manière assez peu honorable pour le cardinal de Retz son attitude dans le conseil. Dépêche du 27 février.
(*Lettere diplomatiche*, t. II, p. 101.)

paix que l'on cherchait à conclure. Mais Luynes, qui commençait à reprendre ses esprits, et qui se croyait soutenu, voulait saisir cette occasion de consommer la perte de son rival : il poussait le Roi à la guerre, et Louis XIII, impatient d'entrer en campagne, répondait vivement aux pacifiques exhortations du nonce : « Avant cinq ou six » jours, je veux être hors de Paris [1]. »

Les trois anciens ministres s'efforcèrent néanmoins de modérer ses résolutions; ils connaissaient mieux que Luynes l'état vrai des esprits : ils savaient que si quelques ennemis personnels du duc d'Épernon, quelques gentilshommes impatients de tirer l'épée, quelques serviteurs fidèles et indignés du Roi l'excitaient à se faire rendre par les armes l'obéissance à laquelle il avait droit, les plus honnêtes gens, sans approuver les démarches de la Reine, blâmaient bien plus amèrement encore celles du favori. Les partisans de la paix étaient nombreux, actifs, désintéressés, et, chose rare, ils parlaient haut et ferme. Le cardinal de la Rochefoucauld, grand aumônier de France, insistait sur la nécessité d'un accommodement; le P. Arnoux, confesseur du Roi et du favori, au risque d'être éconduit par ses puissants pénitents, leur prêchait la réconciliation du haut de la chaire, les y sollicitait dans le secret de la confession; le nonce du Pape, observateur attentif et fin des personnes et des choses, s'était d'abord tenu sur la réserve dans la crainte de commettre son autorité [2]; mais voyant bientôt l'opposition que le Parlement,

---

[1] BENTIVOGLIO, deuxième dépêche du 27 février 1619 (datée du 1 par erreur évidente). *Lettere dipl.*, t. II, p. 101.

[2] BENTIVOGLIO, dépêche du 2 mars. (*Lettere diplom.*, t. II, p. 185.

le peuple, la France entière manifestaient pour la guerre, il agissait ouvertement, et venait supplier le Roi de rendre son amitié à la Reine [1]; enfin, le duc de Bouillon, qu'on avait consulté, moins peut-être pour obtenir son avis que pour réussir à le compromettre, avait fait une réponse aussi habile que la question qu'on lui posait. « Cette affaire », écrivait-il au Roi, « demandait à être traitée avec douceur, » et les résolutions violentes ne serviraient qu'à aigrir le » mal. »

Luynes le comprit, et céda [2]. Toutes les mesures nécessaires pour une vigoureuse résistance avaient d'ailleurs été prises ; les gouverneurs de province et de place avaient reçu des ordres énergiques ; le comte de Schomberg, avec quelques régiments, était en mesure de tenir tête au duc d'Épernon. On était prêt pour la guerre : on pouvait traiter de la paix [3].

Restait le choix des négociateurs. On songea d'abord au cardinal de la Rochefoucauld ; mais sa dignité, qui l'avait fait rechercher, le fit bientôt abandonner. Il parut peu convenable pour le Roi d'envoyer à la Reine mère, dans les circonstances présentes, un si grand personnage, et on désigna à sa place M. de Béthune. Soit que celui-ci demandât alors à n'entreprendre le voyage d'Angoulême que comme second de M. de la Rochefoucauld [4], soit que

---

[1] Si conosce chiaramente che la Francia non vuole (la guerra) anzi che la detesta fra madre e figliuolo. (BENTIVOGLIO, dépêche du 27 février 1619, t. II, p, 101. — Dépêche du 6 mars, t. II, p. 105.)

[2] Voyez M. COUSIN, *Journal des savants*, mai 1861 (*le Duc et Connétable de Luynes.*)

[3] *Mémoires de Henri, duc de Rohan*, liv. I, p. 514.

[4] Lettre du comte de Béthune à M. de Pontchartrain. (*Négociation commencée au mois de mars de l'année 1619 avec la Reine Marie de*

M. de Luynes espérât qu'un ecclésiastique obtiendrait plus facilement la confiance de Marie de Médicis, un nouvel avis lui substitua le P. Arnoux. Mais celui-ci, plus ardent qu'habile, et plus honnéte que prudent, ayant refusé net de partir s'il ne portait à la Reine les satisfactions qu'elle réclamait, Luynes, irrité, ne voulut plus en entendre parler, et revint à M. de Béthune[1].

Frère puîné de Maximilien de Béthune, duc de Sully, Philippe de Béthune, comte de Selles et de Charost, s'était déjà acquis dans plusieurs négociations un grand renom de prudence et d'habileté. Intègre, ferme, religieux, ami et défenseur de la Compagnie de Jésus[2], ayant une assez haute opinion de son propre mérite et le plus vif désir d'agrandir sa maison, il était naturellement désigné au choix de la Cour. Néanmoins, Louis XIII ne le chargea pas seul de la négociation : il commanda au P. de Bérulle de l'accompagner.

Cet ordre du Roi n'étonna personne. Le général de l'Oratoire avait conquis la vénération de tous ceux dont on remettait les intérèts entre ses mains, du Roi et de Luynes, de la Reine mère et du duc d'Épernon. Celui-ci, qui par son influence pouvait décider à son gré de la paix ou de la guerre, était uni à M. Séguier par une vive et étroite

---

Médicis..., par M. le comte de BÉTHUNE, *et continuée par M. le cardinal de la Rochefoucauld.* Paris, A. Vitré, 1673, in-fol.)

[1] Dépêches de Bentivoglio du 6 et du 13 mars 1619. (*Lettere diplom.,* t. II, p. 108 et 109.)

[2] Lettre du R. P. Arnoux à M. le comte de Béthune, du 13 mars 1619. (*Négociation...,* p. 107.) Durant le cours de la négociation, la confiance de Louis XIII pour M. de Béthune semble s'être un peu refroidie: Levassor, qu'il ne faut citer qu'avec précaution, mais qui a eu connaissance de bien des pièces, le dit expressément. (*Histoire de Louis XIII,* t. II, p. 87.)

amitié. Choisir pour négociateur un neveu du président était, de la part de la Cour, presque une avance[1]. Poussé par un mouvement intérieur, dont il se défiait d'autant moins que ses goûts y étaient plus opposés, à s'entremettre dans cette négociation, le P. de Bérulle accepta simplement, sans présomption comme sans faiblesse, la charge qu'il n'avait pas sollicitée.

On s'empressa de le mettre au courant de la négociation. Des Mémoires avaient été rédigés pour M. de Béthune, par M. de Pontchartrain, et lus en conseil le 5 mars[2] : ils lui furent communiqués. Déageant reçut ordre de dresser des instructions particulières et de les lui remettre. Le Roi lui fit savoir en même temps qu'il n'en devait donner connaissance aux autres députés que « iusques à certain point[3] ». Aussi Bentivoglio, instruit de ce caractère particulier à la mission du P. de Bérulle, écrivait à sa Cour : « Il ira » comme de lui-même ; on devinera facilement le contraire ; » mais, en fait, on peut espérer beaucoup de sa négocia- » tion, parce qu'il n'a pas moins de prudence que de » piété, et sans doute la Reine, comme aussi d'Épernon, » l'écoutera volontiers. Quant à Béthune, il appréciera » fort de l'avoir auprès de lui[4]. »

Avant d'entamer sa négociation, le P. de Bérulle songea prudemment à en préparer la réussite. Il savait

---

[1] *Mémoires de M. Déageant, envoyés à M. le cardinal de Richelieu...* A Grenoble, chez Philippe Charruys, 1668, p. 205. — *Histoire de la vie du duc d'Épernon,* par M. GIRARD. Paris, Billaine, 1663, in-12, t. II, liv. III, p. 418.

[2] Ces *Mémoires* se trouvent dans *Négociation,* citée plus haut.

[3] *Mémoires de M. Déageant,* p. 206.

[4] BENTIVOGLIO, dépêche du 13 mars. (*Lettere diplom.,* t. II, p. 111.)

quels étaient les plus grands obstacles à la paix dans la cour d'Angoulême; quelle déplorable influence exerçait sur la Reine mère l'abbé Ruccelaï, intrigant méprisable, mais d'une habileté tout italienne, tête du complot dont le duc d'Épernon avait été le bras. Il fallait avant tout ruiner son crédit; nul ne parut plus capable au P. de Bérulle de supplanter cet Italien dans l'esprit de Marie de Médicis, que son aumônier, l'évêque de Luçon, Richelieu. De concert avec le P. Joseph, le supérieur de l'Oratoire communiqua cette pensée au duc de Luynes [1]. Bien que l'évêque de Luçon eût été traité en ennemi, qu'on l'eût exilé, d'abord dans son diocèse, puis à Avignon, il avait su, pendant sa disgrâce, conserver d'anciennes amitiés, en contracter de nouvelles, laisser entendre à Luynes qu'il serait heureux de le servir, et persuader à tous que, dans son éloignement, l'ancien ministre était surtout devenu homme d'Église. Le favori n'était pas convaincu, mais son jeu était double. S'il redoutait une réconciliation complète qui, par le retour de la Reine mère à la Cour, eût renversé sa fortune, il désirait réduire le duc d'Épernon à déposer les armes et Marie de Médicis à signer un accommodement; or nul ne lui paraissait plus apte que l'évêque de Luçon à prendre autorité sur l'esprit de la Reine et à l'incliner à la paix. Le résultat principal une fois obtenu, M. de Luynes comptait sur les ressources de son esprit pour briser dans l'avenir l'instrument incommode et dangereux auquel il recourait dans le

---

[1] *Mémoires de Richelieu*, liv. XX, édit. Petitot, t. V, p. **61**. — Voyez aussi *le Véritable P. Joseph*, nouv. édit., à Saint-Jean de Maurienne, 1750, t. I, p. **147**.

présent. Ainsi rassuré par la conscience de sa propre valeur, il fit expédier le 10 mars à l'évêque de Luçon la permission ou l'ordre de rejoindre la Reine[1].

Deux jours après, le comte de Béthune s'acheminait vers Angoulême. En route il reçut un billet du P. Arnoux : « Je me resiouys », lui écrivait-il, « du prompt partement » de M. de Bérulle, qui vous doit suiure bientost, lequel » estant grand seruiteur de Dieu, apportera la bénédic- » tion à l'œuure selon la promesse que l'Écriture fait à » ceux qui sont de la sorte[2]. » Le P. de Bérulle avait laissé partir l'envoyé officiel du Roi, pour conserver à sa mission un caractère plus intime, plus propre à lui concilier la confiance de la Reine. Mais dès le lendemain (13 mars), il se dirigeait en poste vers Angoulême[3].

A cheval, sans escorte, avec un de ses confrères pour tout compagnon, le P. de Bérulle s'avançait absorbé dans la pensée de Dieu. Tantôt il méditait sur les mystères accomplis dans ce mois de mars, le plus beau des mois à ses yeux, parce qu'il avait été le témoin de l'Incarnation

---

[1] M. Avenel a remarquablement analysé et défini cette politique du duc de Luynes dans l'article intitulé : *L'évêque de Luçon et le connétable de Luynes.* (*Revue des questions historiques*, V[e] année, 1870, t. IX, p. 77 et suiv.)

[2] *Négociation*, etc., p. 80. Il y a une faute d'impression pour la date.

[3] Les dates des différents voyages du P. de Bérulle sont rapportées avec une rare exactitude dans le *Journal inédit d'Arnauld d'Andilly*, publié par A. HALPHEN. Paris, Techener, 1857, p. 411 et suiv. J'ai pu, grâce à ce document inconnu du P. Batterel, éviter quelques erreurs commises par ce consciencieux historien. M. Bazin, qui ne nomme qu'une fois le P. de Bérulle, le fait partir seulement le 9 avril, en même temps que le cardinal de la Rochefoucauld. Il ne donne d'ailleurs aucun détail sur sa mission. (*Histoire de France sous Louis XIII*, 2e édit. Paris, 1846, t. I, liv. V, ch. III, p. 351.)

et de la mort du Fils de Dieu [1]; tantôt, laissant son âme s'épancher en de rares paroles : « O grand Dieu, faites-» nous miséricorde! « s'écriait-il, « ô Jesus! ô Marie! » Puis il rentrait dans le silence. Parfois, son unique compagnon, moins amoureux de la solitude, essayait de lui faire remarquer les objets qu'ils rencontraient dans leur course rapide. Un jour, voyant un héron s'enlever à peu de distance, il le lui montra. « Eh bien! loué soit Dieu qui » l'a créé! » repartit le P. de Bérulle, plus attentif au Créateur qu'à ses œuvres, et il ne détourna seulement pas la tête [2]. Mais lorsqu'il apercevait quelqu'un de ces calvaires élevés par la piété des peuples sur le bord des chemins, il arrêtait sa monture, mettait pied à terre, s'agenouillait, puis, soulagé par ce témoignage extérieur de l'amour de Dieu dont débordait son âme, il remontait à cheval et continuait sa route. Ainsi préparé par la pratique d'un recueillement de tous les instants, portant dans son cœur son Dieu, que chaque matin il avait immolé à l'autel, le P. de Bérulle passa à travers les corps de troupes répandus dans la campagne, et entra dans Angoulême [3].

A peine arrivé, il apprit de M. de Béthune l'accueil courtois fait par la Reine à l'ambassadeur de son fils, mais aussi l'état d'irritation dans lequel elle se trouvait. Le duc d'Épernon, au contraire, montrait des dispositions conciliantes: il était venu trouver M. de Béthune et lui deman-

---

[1] C'est une pensée qui revient plusieurs fois dans les écrits du P. de Bérulle.

[2] *Mémoires manuscrits du Frère Gabriel de l'Annonciation.* (Arch. nat., M. 233.)

[3] Le P. LERAT, *Vie manuscrite*, liv. III, ch. I.

der par quelle démarche il pourrait espérer de conquérir les bonnes grâces de Sa Majesté. D'autres, plus intéressés sans doute à prolonger la rupture entre le fils et la mère, ne négligeaient rien pour rendre le P. de Bérulle suspect et odieux à Marie de Médicis : « C'est », lui disaient-ils, « un homme gagné par M. de Luynes, qui l'a choisi pour » vous tromper par ce masque de dévotion. » Mais la Reine, après quelques instants de réflexion, leur répondit : « Non, ie ne puis auoir cette croiance de luy : ie me sou- » uiens auoir ouï dire au feu Roi qu'il n'auoit pas dans » son royaume un [plus homme de bien que luy, et qu'il » ne luy auoit jamais pu persuader de prendre aucune ré- » compense de sa main[1]. » Rassurée par ce souvenir, la Reine reçut avec une grande bonté le P. de Bérulle. Il était chargé pour elle d'une lettre de Bentivoglio[2], dans laquelle le nonce la suppliait de croire tout ce que dirait le P. de Bérulle comme s'il le disait lui-même, et d'accepter, dans l'intérêt de la France et de la Religion, les propositions du Roi.

Mais la Reine était trop profondément blessée pour se rendre si aisément. Après s'être répandue en plaintes amères contre les procédés employés à son égard, elle protesta que jamais elle ne séparerait sa cause de celle du duc d'Épernon. Elle lui devait la vie, disait-elle : il n'était accouru qu'à sa demande; et grâce à lui seul, elle avait pu s'échapper de Blois. Maintenant on voulait traiter, et, pour arriver à la réduire, on levait des armées. « Je

---

[1] *Mémoires manuscrits de M. de Bérulle*, maître des requêtes, p. **2**. (Arch. nat., M. **233**.)

[2] La lettre de Bentivoglio est dans BATTEREL, *Vie manuscrite*, liv. III, nº **21**.

» suis sortie de prison par la fenétre », répondait-elle à toutes les propositions, avec un accent qui ne manquait ni d'éloquence ni de fierté, « je n'aurai garde d'y rentrer » par la porte! Et si on veut le combat, je saurai me mon- » trer, et les balles me frapperont la première[1]. »

Malgré ses emportements, et quoiqu'elle ne parût pas disposée, d'après de telles paroles, à voir le Roi, elle semblait désirer de faire à Sa Majesté d'importantes communications. M. de Béthune, soupçonnant que ces secrets si graves n'étaient que des plaintes et des récriminations contre le ministère, déclara qu'il n'avait point sur ce sujet d'ordre du Roi. Vainement M. de Béthune et le P. de Bérulle unirent leurs efforts pour persuader à la Reine que le Roi, à sa prière, ferait grâce au duc d'Épernon, qu'en outre il lui accorderait, si elle le voulait, quelque bonne place de sûreté dépendant d'elle absolument. Excitée par ses confidents, mécontente peut-être de l'accueil sévère fait au duc d'Épernon par M. de Béthune, froissée de son refus maladroit d'entendre ses plaintes, la Reine persista à ne pas s'expliquer davantage[2].

Les dispositions de Marie de Médicis, la connaissance plus exacte que les négociateurs avaient acquise de la petite cour d'Angoulême, tout contribuait à redoubler leur impatience de voir enfin apparaître l'évêque de Luçon. Ce n'était certes pas le désir d'arriver vite qui man-

---

[1] Dépêche de Bentivoglio du 27 mars 1619. (*Lettere*, t. II, p. 113.)

[2] « En cela on trouva qu'il avoit fait très-grande faute, pour ce qu'il » pouvoit ouïr et dire à la Reyne qu'il ne voïoit nulle apparence de parler » de cela au Roy, etc..... Et néanmoins escrire le tout au Roy ». (*Journal inédit d'Arnauld d'Andilly*, p. 415.) Voilà une réticence mentale, ou il n'y en a pas.

quait à Richelieu. A peine avait-il reçu la lettre du Roi,
que, sans se laisser effrayer par la rigueur de la saison,
l'abondance des neiges, la difficulté des chemins, il était
parti en poste. Mais, entre Vienne et Valence, il s'était
vu arrêter par un capitaine de M. d'Alincourt : plus loin,
il avait dû s'écarter de la route pour éviter le comte de
Schomberg, qui tenait la campagne et ignorait sa mission.
Enfin, le mercredi saint, 27 mars, il arrivait à Poitiers[1].
Le P. de Bérulle l'y attendait, ayant cru prudent de venir
à sa rencontre pour l'instruire de l'état des négociations
et le prévenir des intrigues ourdies contre lui[2]. Richelieu
n'eut pas besoin d'un long séjour pour constater la vérité
des avis que lui avait donnés le P. de Bérulle. Dans tout
l'entourage de la Reine, la marquise de Guercheville
seule lui était favorable. Le duc d'Épernon, M. de Chanteloube, Ruccelaï surtout, le traitaient en rival, et essayaient de le faire passer aux yeux de leur souveraine
pour un ennemi déguisé. Mais ils n'étaient pas de force à
lutter contre l'habileté de Richelieu. Ils avaient cru le perdre en l'éloignant du conseil de la Reine, en sollicitant
pour Ruccelaï la place de chancelier, réservée d'abord par
Marie de Médicis à l'évêque de Luçon. Bien loin de se
plaindre, celui-ci conjura la Reine de ne pas songer à
récompenser ses services, et se fit un mérite à ses yeux
d'un si rare désintéressement. En même temps, le P. de
Bérulle remontrait à Marie de Médicis qu'elle ne pourrait jamais conclure d'accommodement véritable, si elle

---

[1] *Mémoires de Richelieu*, liv. X, p. 533.
[2] *Mémoires du P. Gibieuf*, ap. BATTEREL, *Vie manuscrite*, liv. III, n° 28.

ne rendait toute sa confiance à Richelieu[1]. Elle n'eut pas de peine à suivre un avis si conforme à ses inclinations secrètes, et l'évêque de Luçon devint son principal conseiller.

Néanmoins les conférences n'aboutissaient pas. A Angoulême, on ne se relâchait d'aucune prétention ; à Paris, on maintenait obstinément les mêmes offres. Le comte de Béthune, jugeant que ses pouvoirs n'étaient point assez explicites pour traiter, sollicita et obtint du P. de Bérulle qu'il se rendît auprès du Roi, afin de lui exposer les difficultés nouvelles de la négociation et de prendre ses commandements[2].

Le P. de Bérulle, en arrivant à Paris (5 avril)[3], apprit que le Roi, qui désirait sincèrement la paix, venait de désigner un nouveau négociateur, le cardinal de la Rochefoucauld. Bentivoglio avait vivement insisté pour que l'on confiât au grand aumônier cette mission, que le P. Arnoux pressait M. de la Rochefoucauld d'accepter. « Toute » la chrestienté vous regarde » , disait-il ; et il ajoutait : « M. de Bérulle vous dira tout. » En effet, le P. de Bé-

---

[1] C'est Déageant qui l'affirme (p. 212), et son témoignage a d'autant plus de poids que ses *Mémoires* sont dédiés à Richelieu.

[2] Le P. de Bérulle était porteur de la lettre suivante : «Quelque chose » que ie peux alléguer et remonstrer à ladite dame, ie n'en peus tirer » d'autre résolution, ce que iugeant de conséquence par les suites à l'inté- » rest qu'a V. M. que les choses se portent à un accommodement, ou que » du moins elle fust éclaircie de ce qu'elle en peut et doit attendre, ie me » suis résolu de prier Monsieur de Bérulle d'aller trouver V. M., lequel » ayant eu connoissance de tout ce qui s'est passé de deça, et s'y estant » vtilement employé et auec toute l'affection d'un sujet de sa qualité, pourra » parfaitement l'informer du détail de plusieurs choses qui méritent selon » mon sens de luy estre représentées : afin qu'après y auoir fait la reflexion » que V. M. iugera à propos, elle m'honore de ses commandements, que » i'exécuteray tousiours avec toute la soumission que ie dois. D'Angou- » lesme, ce 2 avril 1619. » (*Négociation*, p. 124.)

[3] *Journal inédit d'Arnauld d'Andilly*, p. 412.

rulle était « pleinement informé », selon l'expression de
M. de Béthune à M. de Pontchartrain [1]. Il put donc
rendre compte au Roi de l'état de la négociation avec
la plus grande sincérité. La Reine mère, toujours en garde
contre M. de Luynes, refusant de venir à la Cour, il ne
restait plus d'autre expédient pour la conclusion de la
paix que d'offrir à Marie de Médicis un lieu sûr, le gouvernement d'Anjou, par exemple, où elle pût se retirer,
jusqu'à ce qu'un arrangement définitif fût conclu. Cette
proposition ne laissa pas que d'être assez sérieusement
combattue. Plusieurs des conseillers du Roi trouvaient,
non sans raison, bien périlleux de remettre ainsi entre
les mains de la Reine, dont on ne connaissait pas les intentions, des places de sûreté avec des garnisons dépendant d'elle, dans un gouvernement situé au milieu de la
France. Le P. de Bérulle insista. Il affirma que la Reine
mère songeait uniquement à sa propre sûreté et à sa liberté ;
que par cette concession on triompherait de ses soupçons,
et qu'on préparerait ainsi la voie à un solide accommodement : il ajouta que le duc d'Épernon était bien disposé, et
que, si on n'en venait pas aux armes, la paix pourrait être
bientôt conclue : il appuya avec énergie sur ce dernier
point, montra comment la guerre porterait partout le désordre et profiterait aux seuls huguenots, qui déjà commençaient à s'agiter, et, après avoir offert leurs services au
Roi, n'attendaient que le premier coup de canon pour
tourner leurs armes contre Sa Majesté [2].

---

[1] Lettre de M. de Béthune à M. de Pontchartrain. (*Négociation*,
p. 118.)

[2] Dépêche de Bentivoglio, du 10 avril. (*Lettere diplom.*, t. III, p. 117.)

On se rendit à l'avis du P. de Bérulle. Des instructions rédigées dans ce sens et lues au conseil du Roi, le 8 avril, furent remises au cardinal de la Rochefoucauld. Il lui était recommandé de toujours conférer de ses négociations avec M. de Béthune : « Sy le sieur de Bérulles se retrouue en » mesme temps à Angoulesme (les deux envoyés du Roi), » ils luy en donneront aussy congnoissance pour l'assurance » que Sa Majesté prend de ses bonnes intentions et de » son zele et affection au bien de son service, et au conten- » tement de ladite dame Royne, et au repos et tranquilité » de ce royaume[1]. »

Le P. de Bérulle, arrivé le 5 avril à Paris, repartit en poste le 9 pour Angoulême. Il précédait de quelques jours le cardinal de la Rochefoucauld[2], et apportait au comte de Béthune une lettre du Roi, destinée à ménager sa susceptibilité naturellement émue par l'envoi d'un nouvel ambassadeur. Cette lettre se terminait par ces mots : « Parce que (mon cousin le cardinal de la Rochefoucauld) » ne pourra pas se rendre si tost par delà que ie l'eusse » souhaité, i'ay desiré que le sieur de Bérulle y retournast » pour, auec vous, travailler cependant à disposer, autant » qu'il en sera possible, la Reyne, madite dame et mère, à

---

[1] *Mémoires de la part du Roy à M. le cardinal de la Rochefoucauld,* 8 avril. Ces mémoires portent le n° 3 dans un curieux Recueil de pièces originales, appartenant à M. Feuillet de Conches, qui, avec la plus affectueuse obligeance, a bien voulu me le confier.

[2] Les *Mémoires pour servir au Journal domestique* (Arch., MM. 626) font partir le cardinal de la Rochefoucauld en même temps que le P. de Bérulle; c'est une erreur. La lettre du Roi à M. de Béthune le prouve clairement. Arnauld, toujours si exact, ne donne pas la date du départ de M. de la Rochefoucauld : il dit seulement (p. 416) que le cardinal arriva le 19 à Angoulême. Une lettre du Roi (pièce 7, dans le recueil de M. Feuillet de Conches), datée du 13 avril, ferait croire que le cardinal ne partit que le 14.

» receuoir les asseurances de ma bonne volonté et de la
» singulière affection que i'ay enuers elle, sur ce qui luy
» sera porté et proposé par mondit cousin le cardinal de la
» Rochefoucauld. Ie me remettray donc sur ledit sieur de
» Bérulle de vous en entretenir plus particulièrement[1]. »

De concert avec M. de Béthune, le P. de Bérulle s'efforçait de disposer l'esprit de la Reine mère aux ouvertures qui allaient lui être faites, et de gagner à la cause de la paix les plus honnêtes gens de sa cour, M. de Chanteloube en particulier [2], lorsque le 19 avril le cardinal fit son entrée à Angoulême.

Après avoir supplié la Reine de voir dans son ambassade une nouvelle preuve de l'affection du Roi et de son désir de conclure enfin une paix assurée, M. de la Rochefoucauld commença par promettre à Marie de Médicis la plus entière liberté, l'intention de Sa Majesté étant « qu'elle
» puisse aller, venir, séiourner et demeurer en toute liberté
» et sécurité en telles des maisons et chasteaux dé luy ou
» d'elle qu'elle vouldra, ou en telles villes et lieux de son
» royaume que bon luy semblera, sans exception ni réser-
» vation quelconque ». Puis il ajouta que le Roi, pour preuve de la sincérité de ses intentions, en échange du gouvernement de Normandie, jusqu'à présent possédé par elle « plustôt pour en porter le nom que pour en faire
» aucune fonction, lui vouloit bien commettre effectuelle-
» ment la charge et le gouvernement d'une province à
» laquelle elle puisse commander soubs son autorité et

---

[1] « Escrit à Paris, ce 8ᵉ jour d'avril 1619. » (*Négociation*, p. 154.)
[2] LEBAT, *Vie manuscrite*, liv. III, ch. I.

» mesme luy donner dans icelle la garde de quelques » places pour s'y retirer quand bon lui semblera. » Le gouvernement que lui offrait le Roi était celui d'Anjou, « avec le chasteau d'Angers, pour le faire garder par telles » personnes qu'elle y vouldra nommer à Sa Majesté. » La Reine accepta les offres du Roi, mais en réclamant un passage sur la Loire. On avait bien prévu à Paris cette demande : aussi le cardinal de la Rochefoucauld devait-il lui proposer le Pont-de-Cé ou le château de Chinon, ou s'il n'était pas possible d'obtenir qu'elle se contentât de ces deux places, le Pont-de-Cé, Chinon et Angers ensemble. Mais Marie de Médicis refusa ces passages comme peu sûrs, les ponts étant en bois, et elle demanda Nantes ou Amboise, qui avaient des ponts de pierre sur la Loire [1].

C'est pour traiter de cette nouvelle exigence que le P. de Bérulle reprit encore une fois le chemin de Paris. Il arriva le 27 avril au soir au faubourg Saint-Jacques, et se présenta le lendemain à Saint-Germain [2]. Le conseil, après une longue discussion, conclut que le Roi s'en tiendrait à ses premières offres. Pendant que l'on rédigeait les lettres qu'il devait emporter, le P. de Bérulle se rendit chez le nonce. Il lui confia ses espérances, fondées d'une part sur le crédit croissant de l'évéque de Luçon, de l'autre sur les désirs du duc d'Épernon, d'éviter une guerre qui pouvait ruiner sa fortune, et de conclure une paix qui lui semblait désastreuse pour le favori. Bentivoglio, fort satisfait de ces nouvelles, aurait voulu que le

---

[1] Bentivoglio, dépêche du 6 mai. (T. II, p. 134.)
[2] *Journal inédit d'Arnauld d'Andilly*, p. 419.

P. de Bérulle remit à la Reine mère, au duc d'Épernon et à l'archevêque de Toulouse, des brefs du Pape que l'on venait de recevoir à la nonciature. Mais sur les ordres formels de Louis XIII, M. de Bérulle se chargea seulement de la lettre du Saint-Père pour la Reine; encore devait-il laisser supposer à Marie de Médicis que le Roi et les ministres en ignoraient l'existence. Il ne lui était permis que d'exprimer de vive voix, au duc d'Épernon et à l'archevêque de Toulouse, les vœux du nonce pour la conclusion de la paix [1].

Dès le 4 mai, le P. de Bérulle repartit pour Angoulême, « sy bien informé des intentions du Roy », qui l'avait chargé d'une lettre pour sa mère [2], et porteur de « dépesches sy » amples », que le secrétaire d'État Phélypeaux se contentait d'écrire un simple billet de politesse au cardinal de la Rochefoucauld [3]. Dans la crainte que l'on ne revînt sur certaines concessions, le P. de Bérulle avait désiré et obtenu d'emporter avec lui la « déclaration du Roi », et, une fois en possession de cette pièce importante, il s'était dirigé vers Angoulême en toute hâte, prenant même des chemins détournés, afin que si de la Cour on envoyait des courriers porteurs d'ordres contraires, il ne pût être rejoint par eux [4]. Trois jours après, le Roi en personne quittait Saint-Germain, et s'acheminait à petites

---

[1] BENTIVOGLIO, dépêche du 6 mai. (T. II, p. 133.)

[2] En date du 3 mars 1619. Il en existe une copie aux Archives. (M. 232, G. 2.)

[3] Lettre autographe du 3 mai 1619. (*Recueil de M. Feuillet de Conches*, p. 111.)

[4] L'abbé GOUJET, *Vie manuscrite*, p. 132. *Mémoires manuscrits de M. de Bérulle*, maître des requêtes. (Arch. nat., M. 233.)

18. .

journées vers Orléans [1]. Le même jour, 7 mai, le P. de Bérulle arrivait à Poitiers, et s'y arrêtait pour voir M. de Monthelon. Il lui apprit comment le Roi, après avoir pris les avis des princes, ducs et grands officiers de la couronne, s'en tenait à ses premières offres. « Je porte commandement à MM. les entremettans de » conclure la paix si la Reine accepte (ces conditions), » dit-il, « et à M. de Mayenne de se retirer : sinon à ceux-là » de se retirer et à cellui-ci de pousser outre, et ne lui don- » nerai que trois jours pour s'en resoudre [2]. » Le lende- main il était à Angoulême. Il exposa à la Reine le résultat de son voyage et lui remit la lettre du Roi, qui la tou- cha; mais le refus absolu d'Amboise la piqua fort. Néan- moins, après s'être confessée et avoir communié, elle déclara « qu'elle se vouloit donner la paix et à autrui », se réservant seulement de l'annoncer à ses amis avant que de faire expédier les déclarations accoutumées [3]; puis tout à coup, changeant d'avis, elle en voulut répandre partout la nouvelle. Sur ses ordres, le P. Suffren annonça en chaire que « la paix estoit achevée »; un *Te Deum* solennel, auquel Marie assista, fut chanté dans la cathédrale, et toute la ville retentit des plus joyeuses acclamations [4]. A quelle influence venait de céder la Reine? On peut croire que l'évêque de Luçon, rentré depuis peu de jours au con-

[1] *Journal inédit d'Arnauld d'Andilly,* p. 419-420, au mardi 7 mai. « Grande faute en ce voyage », dit d'Arnauld.

[2] Bibliothèque nationale, Mss., fonds (Béthune, ancien 9300), 3805, pièce 21.

[3] Bibliothèque nationale, Mss., fonds (Béthune, ancien 3805), 9300, pièce 22. Voyez aussi *Recueil de M. Feuillet de Conches,* pièce 14.

[4] *Journal inédit d'Arnauld d'Andilly,* p. 420. — BENTIVOGLIO, dépêche du 24 mai. (T. II, p. 137.) — *Actions de grâces,* etc. Paris, Bacot, 1619.

seil sur les instances du duc d'Épernon, ne fut pas étranger
à la résolution de Marie de Médicis. Il voyait les affaires
de la Reine empirer chaque jour, ses troupes hors d'état
de supporter la lutte contre celles du Roi [1] : il voulait la
paix, et il pensa peut-être que le moyen le plus certain de
la conclure était de la brusquer. Peut-être aussi Marie de
Médicis se persuada-t-elle qu'ainsi elle paraissait donner
la loi plutôt que la recevoir, et qu'elle rejetait sur son fils
tout l'odieux de la guerre, dans le cas où Louis XIII mon-
trerait un moindre empressement à la terminer [2].

Quoi qu'il en soit, trois jours après cette déclaration
publique, le cardinal de la Rochefoucauld et le comte
de Béthune remettaient à Marie de Médicis, signés
d'eux, les articles portés par leurs pouvoirs (30 avril).
On y lisait : 1° Que le Roi permettait à la Reine sa
mère de disposer de toutes les charges de sa maison; de
demeurer en tel lieu du royaume qu'il lui plairait de
choisir, avec la jouissance de ses revenus et la collation de
toutes les charges et bénéfices dépendant du domaine
dans toutes les terres dont elle avait l'usufruit. 2° Que le
Roi traiterait favorablement comme ses autres sujets ceux
qui avaient assisté la Reine dans sa retraite de Blois, et
nommément le duc d'Épernon et ses enfants. 3° Qu'on
accorderait une amnistie générale à tous ceux qui avaient
pris les armes pour elle, et que tous les emprunts qu'elle
avait été obligée de faire depuis sa sortie de Blois seraient
acquittés par le Roi. 4° Que l'on ferait enregistrer dans

---

[1] « Annibal étoit aux portes », dit-il. *Mémoires de Richelieu*, liv. X,
p. 546.

[2] *Vie de Marie de Médicis*, par la présidente D'ARCONVILLE, 1774, t. II,
p. 574.

tous les parlements une déclaration qui confirmerait les articles du traité [1]. On conclut en même temps avec le duc d'Épernon un accord particulier qui comprenait six articles, par lesquels le Roi s'engageait à oublier le passé et à conserver au duc toutes ses charges et tous ses appointements [2]. Il y en eut un autre plus secret avec l'évêque de Luçon. Luynes lui fit promettre pour récompense de ses services le chapeau de cardinal : promesse coûteuse à l'orgueil du favori, s'il n'avait compté sur son habileté pour l'éluder [3].

Cependant le Roi, qui avait reçu dès le 14 à Orléans la nouvelle de la signature du traité d'Angoulême, résolut de se rapprocher de la Reine. Il vint coucher le 16 à Blois et se rendit le 17 à Amboise, afin d'y passer les fêtes de la Pentecôte et de « se tenir préparé à tout événement [4] ». Il n'était pas en effet sans inquiétude. La Reine mère avait dit à MM. de la Rochefoucauld et de Béthune que dans quatre ou cinq jours elle leur ferait connaître si elle acceptait l'offre du gouvernement d'Anjou en place de celui de Normandie, avec Angers, Chinon et le Pont-de-Cé ; ou bien si elle se tiendrait à ce qu'elle avait. Sous cette hésitation le conseil du Roi soupçonna quelque nouvelle intrigue, et trouva mauvais que M. de la Rochefoucauld, conformément aux instructions portées par le P. de Bérulle,

---

[1] Les dix articles se trouvent dans le *Mercure françois*, t. V, année 1619, p. 200.

[2] *Histoire de Louis XIII*, par le P. GRIFFET, in-4°, t. I, p. 247.

[3] M. Avenel en donne les preuves. (*Revue des questions historiques*, 5e année, t. IX, p. 111.)

[4] Bibliothèque nationale, Mss. fonds Béthune, 3805, pièce 22. — *Recueil de M. Feuillet de Conches*, pièce 14.

eût ordonné à M. de Mayenne, qui commandait les troupes royales, de se retirer. Le Roi manda donc au cardinal de venir le trouver, afin de conférer avec lui [1].

La Cour s'effrayait à tort. Malgré ses hésitations, la Reine voulait sincèrement la paix : le P. de Bérulle en était si convaincu, qu'il ne se hâta même pas de se rendre à Amboise. Ayant rencontré chemin faisant le cardinal de Sourdis, il accepta l'offre que lui fit l'archevêque de Bordeaux de monter dans son carrosse, et c'est sans doute en s'entretenant avec lui de l'Oratoire, récemment appelé dans son diocèse, et des Carmélites, qui y possédaient déjà deux maisons, que le P. de Bérulle arriva à Amboise [2]. Ces courses continuelles, un si long séjour à la Cour, l'obligation de vivre dans ce foyer de passions et d'intrigues, étaient pour sa foi la matière d'un sacrifice sans cesse renouvelé. Aussi s'en plaignait-il au P. Bertin. « Les occupations qu'il a pleu à » Dieu nous donner parmy les misères de la France, me » donnent si peu de loysir d'estre à moy et à nos petites » affaires, que ie nescriz ce mot que pour conseruer » nostre charité mutuelle, et non pour satisfaire à vos dé- » sirs et à vos besoins, que ie supplie la bonté de Dieu de » vouloir remplir par elle-mesme, puisque c'est à mon » aduis elle-mesme qui mapplique ailleurs pour un peu de » temps. Voyant la paiz conclüe et publiée par la grâce » de Dieu, ie m'estimois en repos. Mais on me renuoye » encores, et le suiet de mon renuoy mérite d'estre re-

[1] *Journal inédit d'Arnauld d'Andilly*, p. 421.

[2] *Journal inédit d'Arnauld d'Andilly*, p. 423. — Lettre autographe du P. de Bérulle à M. de Gourgues, communiquée par M. Leroy. Le cardinal de Sourdis se rendait alors à Paris. (*Histoire du cardinal de Sourdis*, par L. W. RAVENEZ, 1867, ch. XXII, p. 388.) — BENTIVOGLIO, dépêche du 24 mai. (*Lettere diplom.*, t. II, p. 187.)

» commandé à Nostre-Seigneur Jésus-Christ et à sa très-
» sainte Mère [1]. »

Après avoir vu luire à ses yeux l'espérance de la liberté, le P. de Bérulle devait donc y renoncer de nouveau. Il quitta Amboise, et se rendit à Tours avec le Roi.
Là, de nouvelles difficultés surgirent. La Reine mère avait
envoyé le comte de Brenne porter une lettre de sa main
à son fils : la lettre, toute pleine de récriminations, blessa
Louis XIII; et le comte de Brenne, dans l'antichambre du
Roi, commit l'inutile insolence de ne point saluer M. de
Luynes. Le Roi laissa partir M. de Brenne, et confia sa
réponse au P. de Bérulle, qui dut reprendre pour la quatrième fois le chemin d'Angoulême (2 juin) [2].

La lettre était conçue dans les termes les plus pressants : « Il est temps de finir », disait le jeune Roi
à sa mère, « et il n'est déjà que trop tard pour le bien et
» le repos de mes sujets, et pour votre propre liberté, que
» vous ne pouviez recouvrer avec plus de sûreté et de con-
» sentement pour vous, que par les offres que je vous ai
» faites et répétées si souvent, et que je vous fais encore à
» présent par le sieur de Bérulle, dont la prudhommie,
» sagesse et fidélité vous sont assez connues. Et croyez que
» j'accomplirai de bonne foi et avec une volonté immuable
» tout ce que je vous ai promis et accordé [3]. » M. de
Luynes avait prié M. de Bérulle de remettre en même
temps à la Reine mère une lettre de sa main. Après s'être

---

[1] Lettre autographe du P. de Bérulle. (Arch. nat., M. 2325.)

[2] *Journal inédit d'Arnauld d'Andilly*, p. 425.

[3] *OEuvres mêlées du président Jeannin*, lettre du 31 mai. — GOUJET,
Vie manuscrite, p. 134.

excusé de son retard à lui écrire par la crainte qu'il avait
eue de lui déplaire : « Je hazarde », ajoutait-il humblement,
« cette supplication sur la parole du sieur de Bérulle, qui
» m'assure que Vostre Majesté ne l'auroit point pour dés-
» agréable..... » Et il terminait par ces mots: « Je m'arrête
» court, laissant le plus important à ce bon Père, pour le
» faire entendre à Vostre Majesté [1]. »

On sentait bien à la Cour qu'après toutes les amertumes
dont elle avait été abreuvée, la Reine mère, nonobstant
les plus chaleureuses protestations, devait conserver contre
le duc de Luynes, son rival et son persécuteur, des préventions invétérées. Il importait de les dissiper. Dans
ce but, le P. de Bérulle était autorisé à proposer à Marie
de Médicis une entrevue avec le prince de Piémont, son
nouveau gendre. Luynes n'ignorait pas quelle profonde et
légitime indignation elle avait ressentie de la conclusion
d'un mariage pour lequel elle n'avait même pas été consultée : il comptait sur la présence du prince pour adoucir
l'irritation de cette plaie qui saignait encore ; il espérait
que la parole de Victor-Amédée servirait de caution à la
sincérité de son propre retour et de celui du Roi.

Marie de Médicis accepta volontiers l'entrevue qu'on lui
offrait. Très-reconnaissante de la lettre du Roi, elle n'hésita pas à blâmer l'attitude que M. de Brenne s'était
permise vis-à-vis du favori, et elle s'empressa de dés-
avouer ce qui dans sa lettre à son fils avait pu lui déplaire.
Elle raconta même, pour sa justification, comment trois
semaines auparavant Ruccelaï lui avait préparé une mi-

---

[1] Arch. nat., M. 232. — Archives des affaires étrangères.

nute qu'elle avait refusée de signer, d'après le conseil de l'évêque de Luçon ; mais que ce rusé Italien surprenant sa bonne foi, avait apporté ensuite à sa signature cette même lettre comme s'il l'eût modifiée [1].

La corde la plus délicate à toucher était toujours celle des rapports avec M. de Luynes. Quelque flattée que fût Marie de Médicis de voir le favori protester qu'il lui était redevable de sa fortune, elle trouvait la lettre que lui avait remise le P. de Bérulle trop vague sur l'article qui lui touchait davantage au cœur, sa promesse de ne plus la desservir auprès du Roi. Le P. de Bérulle s'en aperçut, et sans faire connaître à la Reine qu'il devinait sa pensée, il écrivit au cardinal de Retz pour le prier d'engager le duc de Luynes à envoyer une lettre plus précise, plus positive encore. La tâche ingrate de réconcilier la mère avec le favori du fils, semblait réservée au P. de Bérulle : il écrivait de sa main des minutes que signait ensuite M. de Luynes ; puis il composait, ou tout au moins corrigeait les réponses de la Reine. Fragiles réconciliations que celles dont un négociateur fait tous les frais, et qui, désavouées par des passions toujours vivaces, n'ont de racines que dans l'intérêt du moment [2] !

Trompé par un double désir, celui de la paix et celui de

---

[1] *Journal inédit d'Arnauld d'Andilly*, p. 427.

[2] J'ai trouvé aux Archives des affaires étrangères l'original d'une lettre de M. de Luynes à la Reine, en date du 13 juin 1619, dont la copie est aux Archives nationales, parmi les papiers de M. de Bérulle (M. 232, G., p. 6). Dans le même carton est la lettre de la Reine en réponse à celle de M. de Luynes, avec des propositions de changement, de la main du P. de Bérulle. Or, aux Archives des affaires étrangères il existe une copie de cette lettre, telle que la Reine l'envoya : les modifications proposées par le P. de Bérulle ont passé dans le texte.

la retraite, le P. de Bérulle, ces concessions une fois obtenues de part et d'autre, se flattait de recouvrer bientôt sa liberté; mais le Roi, toujours inquiet des irrésolutions de Marie de Médicis, lui ordonna de rester auprès d'elle. Le P. de Bérulle dut donc se résigner, et prolonger son séjour au milieu des plaisirs d'une cour qui rivalisait avec celle du Roi.

Malgré ses préoccupations, le duc d'Épernon faisait bonne contenance et menait joyeuse vie. Dans l'intervalle de deux dépêches d'où pouvaient sortir les horreurs de la guerre civile, on courait le cerf; on dansait à la veille de prendre les armes. La table du libérateur de la Reine était toujours servie avec profusion, et en s'y asseyant, le cardinal de la Rochefoucauld, le comte de Béthune, les princes de Piémont, se demandaient si c'était bien un sujet rebelle qui traitait les envoyés du Roi avec tant de magnificence[1]. Plus d'une fois sans doute le P. de Bérulle, si austère, dut accepter d'y prendre place : il trouvait une compensation à son sacrifice dans les entretiens d'un jeune secrétaire du duc d'Épernon, dont l'esprit, le goût, les connaissances le charmaient, et qui, alors à peine connu, quoique maniant déjà sa langue comme pas un des écrivains d'alors, compta le serviteur de Dieu parmi ses premiers protecteurs. On le nommait M. de Balzac[2].

Dans un milieu si peu conforme à ses attraits, Dieu ménageait de temps à autre au P. de Bérulle des conso-

---

[1] *Histoire de la vie du duc d'Espernon*, par M. GIRARD, à Paris, chez Lovys Billaine, 1663, in-12, t. II, liv. VIII, p. 417.

[2] Voyez *Histoire de la littérature française*, par F. GODEFROY. Paris, Gaume, 1859, in-8°, t. 1, p. 417 et suiv. — BATTEREL, *Vie manuscrite.*

lations. L'évêque de Luçon, quelque appliqué qu'il fût à pousser sa fortune temporelle, ne négligeait pas les intérêts spirituels de son diocèse. En attendant de devenir cardinal, il se rappelait qu'il était évêque, et n'en oubliait pas tous les devoirs. D'Angoulême, il veillait à la formation de son clergé, à l'instruction de son peuple. Depuis plusieurs années déjà il avait fondé une maison d'Oratoriens : il désirait y voir un supérieur et un prédicateur, et il en conférait avec le P. de Bérulle. Celui-ci écrivit par deux fois au P. Gibieuf sur ce sujet, le pressant d'envoyer à Luçon un de ses confrères. « Il n'y a plus moyen d'y faire » auoir patience », lui mandait-il ; trait significatif qui peint bien cet homme, impérieux dans le gouvernement de son église comme il le sera bientôt dans celui de l'État [1].

Non loin de cet évêque à la figure grave, fine, hautaine, le P. de Bérulle avait remarqué auprès de la Reine une de ses filles d'honneur, dont l'âme plus noble encore que la naissance allait bientôt rechercher son conseil et son appui. Mademoiselle de Gadagne venait d'être l'héroïne involontaire d'une aventure où sa vertu s'était montrée dans tout son éclat, et qui faisait l'entretien de toute la Cour. Un soir qu'elle se baignait dans la Charente, elle aperçut de loin quelques gentilshommes qui se promenaient sur le rivage. La mort lui parut préférable au supplice de leurs regards, et s'abandonnant au courant, elle promit à Dieu, s'il lui conservait la vie, de la consacrer pour toujours à son service. Ses compagnes heureusement purent appeler au secours. Elle était déjà sans connais-

---

[1] Lettre autographe du 7 juin 1619. (Arch. nat., M. 234, D. 2.)

sance. On la rapporta chez la Reine, et à force de soins
on parvint à la ranimer. Tant d'héroïsme était bien fait
pour ajouter un nouvel attrait à toutes les grâces de la jeunesse et de la plus parfaite distinction. Elle avait dix-sept
ans, et on se disputait sa main. Dans l'excès de la passion,
un jeune gentilhomme menaça de se tuer à ses pieds si,
par une parole, elle ne lui donnait quelque espoir. Sa
prudence et sa force eurent raison de ce fougueux adorateur. Il ne lui en tardait pas moins de dérober aux regards
du monde des charmes qui lui attiraient tant de soucis.
Le P. Suffren, confesseur de la Reine, était le confident
de ses désirs; au P. de Bérulle fut réservée la joie de les
satisfaire, en lui ouvrant les portes du Carmel [1].

Une autre consolation fut alors ménagée au pieux négociateur. Le 14 juin, arrivait à Angoulême le prince de Piémont, marié depuis quelques mois à Madame Chrestienne
de France, sœur du Roi [2]. Dans la suite de la jeune princesse se trouvait son grand aumônier, François de Sales. La
Reine mère fit si bon accueil au prince, elle lui témoigna
tant de confiance, qu'il prolongea son séjour auprès d'elle,
grandement désireux de hâter par ses conseils la conclusion
de la paix [3]. Pendant dix jours, l'évêque de Genève demeura
à Angoulême. Là, comme à Paris, on se disputait le bonheur de le voir et de l'entendre. Marie de Médicis lui rappelait sa première visite à la Cour du vivant du feu Roi, et

<hr>

[1] *Chroniques de l'Ordre des Carmélites*, t. IV, p. 208. — *Annales
manuscrites du monastère d'Amiens.*

[2] Le mariage eut lieu le 10 févrjer 1619 : elle était âgée de treize ans,
jour pour jour. (*Mercure françois*, t. V, 1619, p. 86.)

[3] *Journal inédit d'Arnauld d'Andilly*, p. 427-430. — *Fontenay-Mareuil*,
p. 448. — *Pontchartrain*, p. 286.

le comblait des témoignages de sa vénération [1]. Pour le P. de Bérulle il était bien doux de retrouver, à une pareille heure, en un tel lieu, un si saint ami, de lui ouvrir son cœur, de l'entretenir des progrès de l'Oratoire et du Carmel, de l'entendre parler avec ce charme dont il avait le secret de ses chers monastères de la Visitation et de sa pauvre église d'Annecy, de la conversion des pécheurs, de la perfection des justes, du règne de Jésus-Christ : entretiens vraiment célestes, et tels que la Cour n'a pas coutume d'en entendre. Si heureux cependant que fussent ces deux grands hommes de converser ensemble, ils avaient hâte de se séparer. « Je fais le noviciat de la Cour, mais je n'y » ferai jamais profession », écrivait saint François de Sales à la baronne de Chantal [2] ; et le P. de Bérulle racontant au président de Gourgues, son parent, ses tentatives inutiles pour recouvrer sa liberté : « Ie ne suis point encores à » moy », lui confiait-il tristement ; « ie supplie Nostre-Sei- » gneur de conduire cette affaire à sa perfection et me » donner le moyen de satisfaire à mes obligations, que ie » n'oublie pas parmy les obligations extraordinaires et un » peu étrangères à ma profession, esquelles, depuis trois » moys, iay esté employé fort inopinément pour moy [3]. »

François de Sales, plus favorisé que le P. de Bérulle, quitta Angoulême le 24 ; celui-ci devait y demeurer bien des semaines encore. Pour ranimer son courage, il se répétait que nul homme ici-bas n'est nécessaire, et que du moment où

---

[1] *Vie de saint François de Sales*, par M. le curé de Saint-Sulpice, t. II, ch. vii, p. 27. — Perennès, t. II, liv. VII, ch. xiii, p. 375.

[2] Perennès, *Op. cit.*, t. II, p. 372.

[3] Lettre autographe du 10 juin 1616 (communiquée par M. G. Leroy).

Dieu l'applique à une œuvre, le ciel se charge de veiller sur des intérêts que l'obéissance même à la grâce le contraint de négliger. Dans ses lettres au P. Gibieuf, si pleines de sollicitude pour le gouvernement de l'Oratoire, de lumières sur les aptitudes de ses différents membres, de discernement pour les choix qu'imposent aux supérieurs les besoins particuliers de chaque pays, il revient sans cesse sur son impuissance. « Je n'oublie pas les besoins (de la Congrégation) », dit-il, « mais le bon plaisir de Dieu est d'y faire recognoistre mon » inutilité. Sa volonté soit faite au ciel et sur la terre[1]. » En s'exprimant ainsi, il ne pense pas seulement à l'Oratoire, il songe au Carmel et aux âmes qu'il conduit. Il a fallu interrompre ses visites commencées : il ne peut plus écrire aux prieures qui le consultent, ni diriger les Sœurs qui se confient à lui. La marquise de Maignelay elle-même, cette amie généreuse dont rien n'ébranlera jamais le dévouement, ne reçoit plus de ses nouvelles. « Je ne lui escris point, car ce ne seroit que compliment » qui ne doit estre exercé entre nous, et vous estes présent », — c'est au P. Gibieuf qu'il s'adresse, — « pour satisfaire » aux vrays besoins de son âme[2]. » Ce qui le soutenait, c'était la conviction inébranlable que la bonté divine pourvoirait en son temps « à tous les manquements causés » par son absence ». Aussi la prière était-elle son universel, son continuel recours. Il ne cessait de prier et de faire prier Jésus-Christ, sa sainte Mère et les saints Anges pour les besoins de la Congrégation, pour ceux du Car-

---

[1] Lettre autographe du 7 juin. (Archives nationales, M. 234, D. 2.)
[2] Lettre autographe du 14 juillet 1619. (Arch. nat., M. 234, D. 2.)

mel, pour le bien de la paix. Pas un seul jour depuis trois mois, malgré de si pénibles voyages, il n'avait manqué de monter à l'autel. Au sacrifice de la messe, il joignait les plus ardentes supplications, soutenues de toutes les vertus qui en assurent l'efficacité. Sa mortification paraissait à l'austérité de ses repas, à la retenue de ses regards, aux pénitences dont il affligeait son corps; sa charité, aux consolations que recevaient de sa bouche les pauvres prisonniers; son humilité, au plus vigilant oubli de lui-même, à une lutte implacable contre tous les mouvements de la nature. S'étant rappelé un soir qu'il avait réprimandé avec quelque vivacité le confrère qui l'accompagnait, il ne se permit pas de repos avant de s'être jeté à ses pieds, de lui avoir demandé pardon en l'embrassant, et de l'avoir lui-même débotté [1]. Une vertu si éclatante ne pouvait rester cachée. Aussi, quelque soin qu'il prît de s'abaisser aux yeux de tous, il était poursuivi par la vénération universelle. Dans la campagne, dans les rues d'Angoulême, le peuple accourait sur son passage. Ces braves gens qui payaient les frais d'une guerre sans profit pour eux et sans gloire pour la France, le voyant revenir d'Amboise, de Tours, fatigué, tout couvert de poussière, absorbé dans la pensée de Dieu et dans celle de son pays, se disaient l'un à l'autre avec un naïf et reconnaissant espoir : « Voilà le saint Père qui nous » apporte la paix [2]. »

Ce n'était point en effet sa faute si la conclusion de cette paix se faisait toujours attendre. Il fallait triompher de tant

[1] *Mémoires manuscrits du P. Gabriel de l'Annonciation.* (Arch. nat., M. 233.)

[2] *Id., ibid.*

d'intrigues, déjouer de si vils complots! Tant d'intérêts
se trouvaient en présence : si vivaces encore étaient
les passions qu'il fallait calmer! A côté de gentilshommes difficiles sur le point d'honneur, et d'un caractère
impérieux, mais honnêtes comme M. de Chanteloube [1],
dont le P. de Bérulle était parvenu à s'assurer le concours,
il voyait un misérable, l'abbé Ruccelaï, chercher uniquement à prolonger la lutte, à éloigner la Reine de ses
plus dévoués serviteurs, dans l'espoir de la dominer
seul. Marie de Médicis avait raconté elle-même au
P. de Bérulle les criminelles extravagances de cet Italien.
Follement épris de la Reine, il avait été jusqu'à solliciter la charge de son chevalier d'honneur, tout prêt à jeter
bas l'habit ecclésiastique, pour revêtir le pourpoint de
gentilhomme et ceindre l'épée : il avait aussi proposé à
Marie de Médicis d'abandonner le duc d'Épernon, auquel il
avait voué depuis quelque temps une haine mortelle : il lui
conseilla même de passer en Angleterre pour épouser Sa
Majesté Britannique [2]. La Reine comprit enfin qu'elle ne
pouvait garder plus longtemps auprès d'elle un intrigant
si méprisable et si dangereux. Lui-même sentit que son
rôle était terminé. Il quitta Angoulême, et dans l'espoir
de tirer profit de sa trahison, il vint offrir ses services à
M. de Luynes : son grand confident, le marquis de Mosny,
l'avait précédé de quelques jours [3].

Le P. de Bérulle se réjouissait de voir, grâce au départ

---

[1] LERAT, *Vie manuscrite*, liv. III, ch. I.

[2] BENTIVOGLIO, dépêche du 24 août 1519. (*Lettere diplomatiche*, t. II, p. 164.)

[3] *Mémoires de Richelieu*, t. I, liv. X, p. 458 et suiv. Ruccelaï arriva à la Cour le 11 juillet. (*Journal inédit d'Arnauld d'Andilly*, p. 437.)

de Ruccelaï, la confiance de la Reine se reporter tout entière sur l'évêque de Luçon, lorsqu'un accident bien inattendu faillit éloigner d'Angoulême l'ancien secrétaire d'État. Usant de son influence, il avait partagé tous les gouvernements dont la nomination dépendait de la Reine mère entre ses parents et ses amis. Le Pont-de-Cé et Chinon avaient été donnés au vicomte de Bétancourt et à M. de Chanteloube, Angers au marquis de Richelieu. Ce dernier choix indigna le marquis de Thémines, qui provoqua en duel le frère de l'évêque de Luçon. Une première et une seconde fois on parvint à séparer les deux adversaires; mais le 8 juillet, s'étant rencontrés dans une rue proche de la citadelle, ils dégaînèrent et fondirent l'un sur l'autre. Au second coup d'épée, Richelieu eut la poitrine traversée : à peine s'il eut le temps de recommander son âme à Dieu et de recevoir l'absolution, que lui donna le P. de Bérulle, accouru en toute hâte sur le lieu du combat[1]. Dans le premier moment, l'évêque de Luçon témoigna une extrême douleur et un complet éloignement pour les affaires; il ne parlait de rien moins que de quitter la Cour. Le P. de Bérulle, qui estimait sa présence désormais superflue pour arriver à la conclusion définitive de la paix, et qui croyait à la sincérité de ses protestations, l'engagea vivement à exécuter son dessein et à se retirer dans son évêché[2]. Mais bientôt Richelieu trouva la force de do-

---

[1] Telle est la version de Richelieu. (*Mémoires*, t. I, liv. X, p. 556.) Arnauld croit que le P. de Bérulle arriva lorsque le marquis n'était plus. Je n'ai trouvé la date de cette rencontre que dans le *Journal inédit d'Arnauld d'Andilly*, p. 437.

[2] *Mémoires de Richelieu*, t. V, liv. XX, p. 62. Richelieu dit que ce fut lors de son deuxième ou troisième voyage à Angoulême, et après le départ

miner cette douleur si grande, et de sauvegarder cette fortune si méprisée. Le marquis de Thémines ayant quitté la cour d'Angoulême, il fit donner sa charge de capitaine des gardes à M. de Brézé, son beau-frère; son oncle, le commandeur de la Porte, reçut le gouvernement d'Angers, et comme il craignait qu'en vertu des ordonnances contre les duels, les biens de son frère ne fussent confisqués, il engagea la Reine mère à réclamer pour elle les bénéfices de cette confiscation au Roi, qui la lui accorda. Il se flattait que, pour prix de ses services, Marie de Médicis lui rendrait bientôt les biens de son frère.

Au milieu de tous ces dissentiments intérieurs, la conclusion définitive de la paix demeurait comme en suspens. Le Roi tenait à une entrevue avec sa mère, et la Reine, qui par moments semblait disposée à y consentir, revenait sur ses premières promesses, ou tout au moins en reculait indéfiniment l'exécution. « Acheminez-vous de par deçà, » ie vous supplie au plus tôt », lui écrivait le Roi en lui envoyant M. de Montbazon, « et me donnez ce contente- » ment que nous revenions ensemble à Paris [1]. »

Mais la Reine s'imaginant que son retour dans la capitale serait un triomphe pour le favori, s'y refusait absolument. Puis naissaient d'autres incidents. Deux capitaines des gardes du Roi l'avaient suivie à Angoulême; elle

de Ruccelaï, que le P. de Bérulle lui donna ce conseil. Il me semble que ce dut être au moment de la mort du marquis de Richelieu, alors que l'évêque de Luçon disait lui-même: « J'eusse quitté la partie, si je n'eusse autant con- » sidéré les intérêts de la Reine que les miens m'étoient indifférents. » (T. I, liv. X, p. 556.) Le P. de Bérulle eut le tort de le croire, et Richelieu ne le lui pardonna jamais.

[1] Cette lettre est du 17 juillet. Elle se trouve dans le *Mercure françois*, t. VI, 1619, p. 300.

19.

exigeait qu'ils fussent réintégrés dans leur compagnie, ce que de Luynes déclarait impossible. Voyages et lettres se multipliaient sans succès. Le président Jeannin suivait de près le duc de Montbazon ; le P. Joseph allait du P. Arnoux à Richelieu [1] ; le cardinal de Retz écrivait billets sur billets au P. de Bérulle [2] ; tous semblaient désirer avec la plus vive ardeur une complète réconciliation. On n'y parvenait pas. Quel était donc l'ennemi secret et puissant du repos public qui faisait tout échouer au moment où l'on croyait tout conclure? Voilà ce qu'avec tous les gens de bien se demandait le P. de Bérulle. Était-ce l'évêque de Luçon, intéressé, prétendait-on à Tours, à prolonger les mésin-telligences pour se rendre plus nécessaire, et garder sur la Reine un pouvoir désormais incontesté? Était-ce au contraire, ainsi qu'on l'affirmait à Angoulème, le duc de Luynes, désireux d'une paix qui désarmait d'Épernon, mais inquiet d'une réconciliation qui, par le retour de la Reine, l'aurait placé en présence de Richelieu? Selon qu'il s'entretenait avec le P. Joseph ou avec M. de Montbazon, le P. de Bérulle entendait suspecter tour à tour le favori du Roi ou le conseiller de la Reine. En réalité, quel profit pouvait trouver l'ambition réfléchie et pratique de l'évêque de Luçon à demeurer le confident d'une princesse sans crédit? N'avait-il pas tout intérêt au contraire à la rap-procher de cette Cour, où il espérait bien, tôt ou tard, res-

---

[1] A en croire l'auteur du *Véritable P. Joseph* (à Saint-Jean de Maurienne, 1750, II\u1d49 part., p. 149), le P. Joseph aurait seul tout décidé. On sait ce qu'il faut rabattre de cette allégation; mais il est certain que le célèbre Capucin travailla efficacement à la conclusion de la paix.

[2] Ils se trouvent dans les papiers du P. de Bérulle aux Archives nationales.

saisir au conseil la place que le triomphe du duc de Luynes lui avait fait perdre[1]?

Quoi qu'il en soit des intrigues qui se tramaient dans l'ombre, et dont Marie de Médicis, à son insu peut-être, était le jouet, elle persistait à réclamer le rétablissement des deux capitaines dans leurs grades. Dans l'espoir d'obtenir du Roi cette dernière concession, le P. de Bérulle n'hésita pas à entreprendre de nouveau le voyage de Tours avec le duc de Montbazon.

Tours n'était plus ce que l'avait vu le P. de Bérulle, lorsqu'il y rencontrait pour la première fois mademoiselle de Fontaines, maintenant si célèbre sous le nom de Mère Madeleine de Saint-Joseph, ou lorsqu'il venait y faire la visite du monastère dont la Mère Marguerite du Saint-Sacrement était prieure. C'était bien toujours la même ville, assise nonchalamment sur les rives de la Loire, justement fière des flèches de Saint-Martin et des tours de Saint-Gatien, ces deux bijoux auxquels Henri IV voulait faire faire un écrin. Mais quel changement dans son aspect intérieur! On ne rencontrait plus dans les rues que gentilshommes en armes, ou grandes dames masquées. La Cour était au complet. De toutes parts, les princes et les seigneurs accouraient pour offrir leurs services au Roi. Louis XIII les traitait magnifiquement, et en attendant l'issue des négociations, chasses, ballets, comédies et festins se succédaient sans relâche. Les routes de Duretal, du Lude, de la Flèche, d'Amboise, d'Azay-le-Rideau, étaient sillonnées par les

---

[1] M. Avenel soutient contre M. Cousin que Richelieu désirait sincèrement la paix : je partage son sentiment.

plus brillantes cavalcades. Il fallait bien s'amuser, puisqu'on ne pouvait se battre [1].

Étrange destinée pour un homme de la trempe du
P. de Bérulle de ne quitter une Cour que pour en trouver
une autre, de demeurer pendant des mois dans un lieu où
les intérêts et les passions, les plaisirs et les affaires,
absorbent et dévorent tant de vies! Il rencontrait souvent dans les antichambres du Roi un jeune homme,
déjà habile à se faire des amis, dont il connaissait la
famille, et dont, comme le saint évêque de Genève, il
estimait la vertu et l'esprit, M. d'Andilly. Depuis plus de
quinze ans déjà, admis au conseil des finances, M. Robert
Arnauld d'Andilly suivait la Cour, où il était fort remarqué [2]. Un jour, le P. de Bérulle lui raconta qu'ayant présenté à Marie de Médicis une lettre du Roi dont il était
porteur, la Reine, après l'avoir lue, se prit à pleurer, et
comme il lui demandait avec surprise ce qui avait pu l'affliger dans sa mission : « C'est tout le contraire », lui avait-
elle répondu, « car c'est de joie et non pas de douleur
» que je pleure, parce qu'ayant depuis mon éloignement
» reçu tant de lettres du Roi, voici la première que j'ai
» reçue de mon fils. — Et cette lettre », demanda M. d'Andilly, « ne commençait-elle pas par : « Ainsi » ? — Oui » ,
repartit le P. de Bérulle fort étonné, « mais comment le
» pouvez-vous savoir ? — Je le puis bien savoir », reprit
M. d'Andilly, « puisque je l'ai faite. » Et là-dessus, il lui

<hr>

[1] Voyez Bassompierre, *Journal de ma Vie*, édit. de la *Société de l'histoire de France*. Paris, Renouard, 1873, t. II, p. 144.

[2] Il y était entré à seize ans. (Varin, *la Vérité sur les Arnauld*. Paris,
1847, t. I, ch. II, p. 9.)

conta à son tour qu'étant encore à Saint-Germain, comme lui M. de Bérulle se préparait à partir pour Angoulême, M. Déageant le vint prier de faire la lettre que le Roi devait copier de sa main pour la Reine mère : ce qu'il fit aussitôt. Sur quoi le P. de Bérulle ayant félicité M. d'Andilly, l'embrassa et le quitta [1].

Le serviteur de Dieu poursuivait cependant sa négociation : le résultat en inquiétait vivement M. de Béthune, et à peine M. de Bérulle avait-il quitté Angoulême qu'il lui proposait « un expédient pour l'accommodement des » choses ». « Puisque ce que l'on allègue de delà », lui disait-il, « pour ne point restablir ceux du régiment des » gardes, est que il n'y a point d'apparence que le Roi ait » auprès de luy des personnes qui ont abandonné son ser- » vice, Sa Majesté peut renvoyer ces deux compagnies-là » à Metz, où elles étoient, où aussi bien il en faudroit » envoyer deux autres. » Le surlendemain, le comte de Béthune écrivait un nouveau billet au P. de Bérulle, le suppliant de lui mander de ses nouvelles, dont il « étoit affamé ». On avait répandu des bruits inquiétants dans Angoulême. « Je suis en crainte », disait l'envoyé du Roi, « que vous n'ayez reçu la bonne chère que votre affection » au public mérite [2]. » Les craintes de M. de Béthune ne se réalisèrent pas. Ce que Bentivoglio, confident du duc de Luynes, déclarait inadmissible [3], fut accordé par le Roi, et le P. de Bérulle reprit cette route d'Angoulême, déjà

---

[1] *Mémoires de messire Robert Arnauld d'Andilly*, écrits par lui-même. Hambourg, 1734, Iʳᵉ part., p. 138.

[2] Lettre autographe de M. de Béthune. (Arch. nat., M. 232, G.)

[3] BENTIVOGLIO, dépêche du 30 juillet 1619. (T. II, p. 159.)

tant de fois parcourue, avec la joie d'avoir réussi dans sa mission. Les dispositions étaient excellentes autour de la Reine. L'évêque de Luçon travaillait sincèrement à un accord définitif : persuadé qu'une lettre du P. Arnoux ferait impression sur l'esprit de Marie et triompherait de ses dernières hésitations, il s'adressa directement à lui. « Monsieur », lui écrivit-il, « nous auons tous pour but la » gloire de Dieu, le bien de la France, et le contentement » de Leurs Majestés. Nous sçavons parfaitement comme » vous vous employez pour venir à ces fins. Ceux qui sont » de deça taschent aussy dy trauailler en ce qu'ils peuuent. » Vous en receurez un tesmoignage en ce que les bons Pères » Suffrant, Bérule et Joseph et moy ayant iugé une lettre » de vous nécessaire, nous enuoyons exprès pour l'auoir. » Le R. P. Suffrant vous enuoye la substance [1]. » Le P. Arnoux n'eut garde de se refuser à la demande de Richelieu. Dans une lettre datée du 22 août, il déclara à la Reine qu'en sa qualité de confesseur du Roi et du duc de Luynes, il connaissait la sincérité de leurs intentions. « J'ose », ajoutait-il, « y engager ma foy [2]. »

Tant d'assurances, appuyées de vive voix par M. de Montbazon, décidèrent la Reine, et, le 29 août, suivie de dix carrosses à six chevaux et escortée de cinq cents cavaliers, elle partit d'Angoulême. Le duc d'Épernon l'accompagna jusqu'aux limites de son gouvernement. Avant de se séparer de son libérateur, Marie de Médicis lui remit un « diamant de trente-six mille écus ». « Je vous le

---

[1] Archives des affaires étrangères. (La lettre n'est pas datée.)

[2] Cette lettre se trouve dans BATTEREL, *Vie manuscrite*, liv. III, n° 48.

» donne », lui dit-elle gracieusement, « comme la chose du
» monde la plus durable, et afin que ce soit une marque à
» la postérité du service que vous avez rendu à une Reine[1]. »
Plusieurs gentilshommes qui ne se souciaient point de
s'aventurer à la Cour prirent congé de Marie de Médicis
en même temps que le duc d'Épernon, et coururent s'enfermer dans leurs châteaux, voulant voir la tournure que
prendraient les événements. Cependant, la Reine, accompagnée de ses dames d'honneur, du duc de Montbazon,
de l'évéque de Luçon, du P. de Bérulle, de M. de Marillac et de plusieurs autres, arrivait à Poitiers, qui s'était
paré pour la recevoir et lui avait dressé des arcs de
triomphe. Les carrosses du Roi y attendaient ses ordres.
Elle envoya à son fils l'évéque de Luçon, qui reçut le
meilleur accueil. A Châtellerault, elle trouva un envoyé
de Louis XIII; à Sainte-More, le cardinal de Retz et le
P. Arnoux. Enfin, le 5 septembre, elle arriva à Coucières,
maison du duc de Montbazon, à trois lieues de Tours.

A peine y était-elle, que le duc de Luynes avec MM. de
Praslin, de Bassompierre, de Schomberg, de Créquy,
escortés de plus de trois cents chevaux, accouraient pour la
complimenter. Bientôt on annonça l'approche du Roi. La
Reine régnante, huit princes et ducs, autant de princesses
et de duchesses, avec un grand nombre de seigneurs et
de dames, lui faisaient un cortége le plus brillant du
monde. On s'arréta. Le duc de Montbazon vint au-devant
du Roi et le conduisit par le bois dans les allées où se
trouvait la Reine mère. Marie de Médicis s'avança plus de

---

[1] *Journal inédit d'Arnauld d'Andilly*, p. 445.

trente pas au-devant de Louis. « Monsieur mon fils. que
» vous vous estes faict grand depuis que ie ne vous ay
» veu ! — Je suis creu, Madame, pour votre service »,
repartit le Roi. Ils s'embrassèrent par trois fois. Marie pleurait, Louis avait les yeux humides [1]. Témoin de cette scène,
le P. de Bérulle en fut vivement touché et l'écrivit au Roi.
« Quoique ie naye rien contribué », lui disait-il, « à la bonne
» intelligence de Vostre Majesté et de la Reine sa mère, qui
» n'est deue qua leur bon naturel et au simple éloignement
» de ceux qui par artifices plus que diaboliques traversoient
» leurs bonnes intentions, ie commettrois un crime à mon
» aduis, si ioubliois et ne réputois au plus grand bonheur
» qui me soit arrivé (dans toute ma vie d'auoir vu) la ten-
» dresse auec laquelle il a pleu à Vostre Majesté demander
» pardon à la Reyne des fautes qu'elle n'auoit commises,
» dont elle estoit du tout innocente ; (de vous auoir vus)
» à genous tous deux, baignés de larmes ; (d'auoir entendu)
» la Reyne pardonner très volontiers à ceux qui l'avoient
» perséquutée, et prier Dieu que si le nom seul de Vostre
» Majesté, si l'ombre de Vostre Majesté sous laquelle ils
» l'avoient fait souffrir requeroit quelque peine, il pleust à la
» bonté de Dieu de la faire tomber sur elle et non sur vous.
» (Un tel spectacle) ne doit-il pas toucher le cœur de la
» France, servir d'exemple à la postérité, et estre un tes-
» moignage perpétuel de votre mutuelle innocence [2] ? » Les

[1] *Mercure françois*, t. VI, année 1619, p. 301. — *Pontchartrain,*
p. 408. — *Journal inédit d'Arnauld d'Andilly,* p. 447. — *Journal de Jean
Héroard,* publié par MM. SOULIÉ et DE BARTHÉLEMY. Paris, 1858, t. II,
p. 236.

[2] Archives nationales, M. 232, G. 15. C'est un brouillon autographe du
P. de Bérulle. J'ai dû changer une phrase de place et ajouter quelques mots
entre parenthèses, ainsi que le fait BATTEREL, liv. III.

réceptions terminées, toute la Cour reprit le chemin de la ville. La Reine mère descendit à l'hôtel de la Bordesière, où le Roi vint de nouveau la visiter le lendemain. Puis les réceptions recommencèrent. Princes et princesses, prélats et dignitaires de l'État, gentilshommes et grandes dames, s'empressèrent d'apporter au Roi, à la Reine, au favori, compliments et hommages.

Dans cette foule, où la joie prenait, selon les intérêts et les passions de chacun, des formes si diverses, on ne vit pas celui qui depuis cinq mois travaillait avec un invincible courage à la conclusion de la paix. Lorsque le prince de Piémont, le cardinal de Savoie, son frère, les plus grands personnages de la Cour vinrent frapper à la porte de sa demeure pour lui offrir leurs félicitations, il n'y était pas. Le Roi et la Reine mère témoignèrent par plusieurs fois le désir de le voir : on ne le trouva point. Caché au fond d'un confessionnal, chez les Carmélites de Tours, il y passa toute cette journée de fête dans le jeûne le plus rigoureux et une prière continuelle [1].

Non content de travailler à se faire oublier lui-même, il eût voulu qu'on ne songeât point à sa famille, ou du moins que son frère refusât toutes les faveurs de la Cour; mais celui-ci ne se crut pas tenu à un désintéressement aussi rigide, et obtint une charge de maître des requêtes [2]. Comme il était allé saluer le duc de Luynes et le remercier : « Le Roi de très-bon cœur

---

[1] *Mémoires manuscrits du P. Journeaux.* (Arch. nat., M. 233.)

[2] Cette charge se trouvait vacante par la mort de M. de Saint-Hilaire, beau-frère de M. de Bérulle. Celui-ci demandait la survivance en faveur des héritiers; le Roi la lui accorda pour lui-même.

» vous donne l'office », lui dit le favori, « sans que vous soyez
» obligé d'en faire part aux autres héritiers. Je ne saurois
» assez me louer des bons offices que j'ai reçus de Monsieur
» votre frère, et mon déplaisir est que, refusant toutes les
» grâces du Roi, je ne serai jamais en état de le pouvoir
» obliger [1]. »

Si le P. de Bérulle n'eut pas assez de pouvoir sur son frère
pour l'empêcher d'accepter cette charge, il s'interdit du
moins toute demande et ne voulut rien recevoir pour sa Congrégation, quoiqu'à cette époque ses besoins fussent extrêmes, et que la maison de Tours en particulier se trouvât dans
une grande nécessité. L'exemple de quelques supérieurs
empressés à profiter de la joie universelle pour obtenir de
la Cour quelques avantages, ne changea pas ses résolutions.
Un jour, le P. Arnoux étant venu le trouver : « Voici, mon
» Père », lui dit-il, « une belle occasion de faire quelque
» bonne affaire pour vous et pour nous. Il ne s'en présente
» pas tous les jours. Il faut profiter de celle-ci que Dieu
» nous envoie. » Mais le P. de Bérulle lui répondit que
n'ayant regardé que Notre-Seigneur dans cette réconciliation, il se tenait assez satisfait de l'avoir accomplie, et
qu'il ne pensait plus qu'à se renfermer dans les devoirs de
sa vie ordinaire [2].

Dieu lui rendait la liberté, il avait hâte d'en jouir et de
retourner à ces deux grandes familles qui depuis plus de
six mois gémissaient de son absence.

[1] *Mémoires manuscrits de M. de Bérulle, maître des requêtes.* (Arch.
nat., M. 233.)

[2] P. GIBIEUF, *Mémoires manuscrits*, cités par BATTEREL, t. III,
liv. III, n° 53.

CHAPITRE IX.

TROUBLES DANS LE CARMEL ET NÉGOCIATIONS POLITIQUES.

1619-1620.

Le calme commençait à renaître dans la capitale de la Touraine : les deux cours venaient de quitter ses murs. Le Roi avait pris le chemin de Compiègne, où l'attiraient les grandes chasses d'automne ; la Reine mère était partie pour Chinon, où elle comptait attendre que la ville d'Angers, qui lui préparait une entrée magnifique, fût prête à la recevoir. Retenu à Tours par les intérêts de sa Congrégation, le P. de Bérulle y passa quelques jours encore.

Depuis l'année 1612, où le R. P. Romillion, instituteur et chef de l'Oratoire de Provence, était venu à Paris pour conférer avec le P. de Bérulle et lui offrir de se ranger, lui et les siens, sous son autorité, les vœux du vénérable prêtre n'avaient pu se réaliser. Il avait alors essayé de donner à son institut une forme assez semblable à celle de l'Oratoire de France, en établissant une communication spirituelle et temporelle entre les diverses maisons, sous la dépendance d'un même chef. Mais de Rome, on fit observer au P. Romillion que dans la Congrégation de saint Philippe de Néri, à laquelle il appartenait, les maisons devaient être indépendantes les unes des autres, et que sous aucun prétexte on ne pouvait y introduire la subordination réciproque. Cette réponse mit un terme à toutes les hésitations. Antoine Mérindol, médecin du Roi, qui comptait un frère et un cousin parmi les Oratoriens de Provence, fut chargé de reprendre les négociations déjà entamées avec le P. de Bérulle. Celui-ci répondit avec une grande délicatesse aux ouvertures qu'on lui faisait par une lettre en date du 17 février 1617. Au mois de juin suivant, dans une assemblée réunie à Aix par le P. Romillion, l'union des deux Congrégations fut décidée en principe. On en dressa le projet, et le P. Mérindol se rendit à Lyon afin d'en conférer avec le P. Bourgoing, auquel le P. de Bérulle avait donné ses pleins pouvoirs. Puis le P. Romillion réunit les supérieurs de toutes les maisons de Provence, Aix, Marseille, Arles, Frontignan, Pézénas, Malaval, Saint-Joire, Perthuis, la Ciotat, et leur proposa l'union à la maison de Paris[1]. Sur leur consentement unanime, en date du 29 juillet 1619, le P. Deretz et le P. Mérindol furent députés auprès du P. de Bérulle, avec mission de tout conclure. Ils étaient chargés pour le général de l'Oratoire d'une lettre dans laquelle le P. Romillion le faisait ressouvenir de ses promesses d'autrefois, et le suppliait d'assurer la paix à ses derniers jours en le déchargeant de la supériorité.

Le P. de Bérulle ne consentit point à se priver du concours si apostolique du P. Romillion. « Je n'accepte », lui mandait-il, « l'autorité que vous voulez recognoistre en » nous que pour en user avec tout le respect que mérite la » grâce que vous avez eüe pour édifier (ces maisons) et la » patience dans les travaux passez. Je me remets de tout » cela en vous, comme si l'union n'estoit point conclüe, et » n'en désire pas mesme aucune cognoissance, non plus » qu'auparavant, me réseruant seulement le soin de prier » Dieu qu'il vous dirige en ce sien œuvre, et qu'il nous » unisse tous d'esprit en son service. C'est tout l'usage » que je désire auoir en cette action, de laquelle ie rends » grâces à la Trinité sainte, à Jésus-Christ Notre-Seigneur » et à sa très-sainte Mère[2]. » Deux jours après avoir écrit

---

[1] Le P. Batterel, *Vie manuscrite*, t. I, liv. III, n° 56, n'indique que huit maisons de Provence comme unies à l'Oratoire. M. Bourguignon en cite neuf, y compris Perthuis, dont le P. Batterel ne parle pas. (*La Vie du P. Romillion*, Marseille, 1669, in-4°, liv. III, ch. VIII, p. 335.)

[2] Arch. nat., M. 228. Copie du temps. — *Vie du P. Romillion*, ch. XI, p. 342. — Cette lettre est datée du 19 septembre dans la copie des Archives, et du 29 dans la *Vie du P. Romillion*. Mais le 29 le P. de Bérulle n'était plus à Tours, puisque nous avons un billet de lui à la Mère Madeleine, daté de Saumur, 24 septembre. (Arch. nat., M. 216, C. 65.) La vraie date est donc le 19 septembre.

cette lettre, le P. de Bérulle signait l'acte d'union, qui donnait à l'Oratoire de France, avec neuf maisons nouvelles, des prêtres déjà formés à toutes les vertus sacerdotales (21 septembre).

Aussitôt cette importante affaire terminée, le P. de Bérulle prit la route de Saumur. A l'extrémité d'un des faubourgs de cette ville, sur les bords de la Loire, au pied de hautes collines que couronnaient des vignobles et des bois, s'élevait l'antique chapelle de Notre-Dame des Ardilliers[1]. Sa position seule semblait inviter au recueillement, rendu plus facile encore par le souvenir de toutes les grâces accordées dans le pieux sanctuaire aux serviteurs de Marie. Depuis plusieurs années, des Pères de l'Oratoire avaient la garde de cette célèbre église : le P. de Bérulle leur adjoignit un riche et généreux ecclésiastique d'Angers, M. Goezeau[2]. Après de si longs mois passés dans les agitations de la Cour, le supérieur de l'Oratoire jouissait de se retrouver au milieu de ses fils et bénissait la très-sainte Vierge de l'heureuse issue de ses négociations : il croyait à la durée de la paix. « Nostre occupation dans » les affaires publiques n'a pas été inutile », écrivait-il à la Mère Madeleine de Saint-Joseph, « et il semble que Dieu » y ait donné bénédiction. Iusques à présent les deux » partis sont fort contents de nous. J'ai couppé le plus tôt » que i'ay pu pour vacquer à nos maisons, et je suis parti » de Tours pour aller à Saumur, à Luçon, à la Rochelle,

---

[1] *La Vie de F. Elzéar de Vire, Capucin, et de la Mère Élisabeth de Sainte-Anne, son espouse,* par Dom Joseph le Chevalier. Paris, in-12, 1695, liv. I, ch. xii, p. 76.

[2] Il fut reçu le 23 septembre 1619. (Arch. nat., MM. 626, fol. 14.) Sur l'établissement de Notre-Dame des Ardilliers, voyez plus haut, ch. iv, p. 104.

» à Bordeaux et peut-estre à Tolose avant l'hiver. Ie ne
» puis estre de retour à Paris que dans six semaines. Ie
» loue Dieu de ses miséricordes continuelles sur vos âmes,
» et de la grâce qui vous est communiquée. I'aymerois
» mieux y seruir et incomparablement mieux que dans les
» occupations où i'ay esté depuis quelques mois. Ie les
» tolère comme pénitence, et souhaite les précédentes
» comme choses où il semble que l'ame retrouve la vraie
» vie [1]... »

De Saumur, le P. de Bérulle se rendit à Luçon, dont
Richelieu lui avait si souvent recommandé les intéréts
durant leur séjour commun à Angoulême; puis à la Rochelle, où l'Oratoire possédait un établissement considérable. La vue du bien opéré par ses disciples ne suffisait
pas pour consoler le P. de Bérulle : le triomphe de l'hérésie, maîtresse de cette grande ville, lui était une
continuelle douleur, et il en gémissait sans cesse devant
Dieu. Un matin, comme il s'apprêtait à célébrer (il était
même sur le point de monter à l'autel), il entendit intérieurement ces paroles prophétiques : « En tes jours tu
» verras cette ville réduite à l'obéissance de l'Église. »
La même voix lui commanda de dire la messe de la Nativité, ce qu'il fit aussitôt, soit qu'ainsi Jésus-Christ voulût lui marquer la seconde naissance qu'il désirait avoir
en tant d'âmes : soit qu'il entendît montrer par là qu'une
entreprise tentée sans succès par des rois puissants devait relever et dépendre de l'enfance de Jésus [2]. Récom-

---

[1] Lettre du P. de Bérulle, datée de Saumur, 24 septembre 1619. Il en
existe une copie aux Archives nationales, M. 216, C. 65; celle que donne
BATTEREL (liv. III, n° 55) est très-incorrecte et incomplète.

[2] HABERT, liv. II, ch. XIII, p. 519.

pensé de tous ses travaux par une grâce si rare, le P. de Bérulle, plein d'espoir dans l'avenir, fit ses adieux à la Rochelle, et vers la mi-octobre arriva à Toulouse.

Parmi tous les monuments dont la capitale du Languedoc s'enorgueillissait à juste titre, l'un des plus populaires était la vaste et élégante église élevée, dans la première moitié du quinzième siècle, en l'honneur de la Sainte Vierge, et connue sous le nom de Notre-Dame de la Dalbade [1]. Douze prêtres, dont l'un avait le titre et les fonctions de curé, et les autres le nom et la charge de vicaires, vivaient des revenus de ce riche bénéfice, mais étaient loin d'offrir les exemples qu'on était en droit d'attendre d'eux. Depuis longtemps déjà on murmurait contre les scandales donnés par les « prêtres à la douzaine », surnom peu respectueux sous lequel ils étaient connus dans le public, lorsque le P. Paul Metezeau vint occuper la chaire de l'église métropolitaine de Saint-Étienne. Le grand succès qu'il obtint inspira la pensée à messire Jean le Mazuyer, président au Parlement, et à M. Jean de Rudelle, vicaire général de l'archevêque de Toulouse, Nogaret de la Valette, fils du duc d'Épernon, d'offrir à la congrégation de l'Oratoire la cure de la Dalbade. « Ils en ouvrirent le pro- » pos aux plus notables paroissiens et ouvriers de ladicte » église : ce qui fut trouvé bien par la Compagnie [2]. » Les délibérations des paroissiens avaient eu lieu le 14 septembre 1618 et le 25 avril 1619. Le 23 juillet de cette même année, les Pères Jacques Gastaud, Paul Metezeau

---

[1] *Semaine catholique de Toulouse*, année 1862, article de M. l'abbé Carrière. — Le nom de la Dalbade vient du latin *dealbata*, blanche.

[2] Guillaume de Catel, *Mémoires de l'histoire du Languedoc*. Toulouse, Arnauld Colomès, 1633, in-fol., p. 269.

et Robert Philippe, députés par le P. de Bérulle, passèrent l'acte d'acceptation, « auec promesse expresse de
» luy faire ratifier la présente concorde dans les deux moys
» prochains [1]. »

Le P. de Bérulle arrivait en retard de quelques semaines. Dans l'intervalle, certaines difficultés avaient
surgi; il suffit de sa présence pour tout aplanir, et l'affaire
fut conclue à son grand contentement. « Cet establisse-
» ment est nécessaire et très important, et à mon advis
» (il) satisfera aux provinces voisines. Ie l'estime beau-
» coup plus et les esprits aussi..... que ie ne faisois aupa-
» ravant », écrivait-il au P. Gibieuf, montrant par là qu'il
ne professait pas une moins haute estime pour Toulouse
que son illustre ami saint François de Sales [2]. Aussitôt il
manda au P. Bertin de poursuivre l'union de la Dalbade
à la Congrégation, et il s'empressa de pourvoir de ses
meilleurs sujets la nouvelle maison; déjà il lui destinait
pour supérieur le P. Bourgoing [3], « personnage plein de
» mérite et de bon exemple », disait M. de Catel [4].

Il est vrai que Toulouse et le parlement de cette ville
en particulier, avaient bien des droits à la gratitude du
P. de Bérulle. L'établissement de l'Oratoire était dû à

[1] L'acte est conservé aux Archives de la Haute-Garonne, série II, *Oratoriens*, registre 136.

[2] « I'ay toute ma vie grandement prisé la ville de Tholose, non pour sa
» grandeur et noblesse, mais, comme dit saint Chrysostome de son Constan-
» tinople, à cause du service de Dieu qui y est si constamment et religieu-
» sement maintenu. » *OEuvres complètes de saint François de Sales*, édit.
Vivès, lettre CVII (10 janvier 1614), t. VII, p. 244.

[3] Lettre autographe du P. de Bérulle au P. Gibieuf, datée de Toulouse
20 octobre 1619. (Arch. nat., M. 234, D. 2.)

[4] *Op. cit.*, p. 206.

20.

un président, M. le Mazuyer ; c'était un président aussi, M. de Rességuier, qui, non content d'accepter le titre et les charges de fondateur du monastère des Carmélites, avait permis à cinq de ses filles de prendre l'habit de sainte Thérèse. Ce petit couvent, situé dans le voisinage de Saint-Sernin, à l'ombre des « corps saints » qu'on y conserve en si grand nombre, se distinguait par sa ferveur autant que par sa pauvreté. Là se trouvait, depuis le mois de décembre 1618, une des prieures les plus renommées de l'Ordre par l'élévation de son esprit, la solidité de son jugement, les grâces dont le ciel la comblait : la Mère Marie de la Trinité, dans le monde, madame du Coudray [1]. Successivement professe à Paris, sous-prieure à Amiens et à Rouen, prieure pour peu de temps à Pontoise avant de le devenir à Bordeaux, elle avait, durant l'exercice de ses charges, grandi sans cesse en vertus sous les yeux du P. de Bérulle. A Toulouse, elle lui parut se surpasser elle-même. Le dénûment de la maison, le petit nombre des Religieuses, rien ne fut capable d'abattre le courage de cette vraie fille de sainte Thérèse. Les contre-temps les plus fâcheux, les affaires les plus épineuses, lui servaient de moyens pour s'unir à Dieu ; et

---

[1] Sur la Mère Marie de la Trinité (Sevin du Coudray), voyez *la Vie de la Vénérable Mère Isabelle des Anges.* Paris, Vitré, 1658, in-12, ch. XIII, p. 126, 132. — *Chroniques de l'Ordre des Carmélites en France*, t. III, p. 5 ; t. IV, p. 52 et suivantes. — *Fondation du monastère de Toulouse* (manuscrit de ce couvent). — *M. de Bérulle et les Carmélites de France*, ch. XIII, p. 443. Il ne faut pas confondre la Mère Marie de la Trinité (du Coudray) avec la Mère Marie de la Trinité dont nous parlerons plus bas, qui était professe de Rouen et fut prieure de Bordeaux après madame du Coudray. J'ai fait des recherches inutiles pour découvrir son nom de famille.

dans cette union elle puisait des lumières et une force
qui finissaient toujours par la rendre victorieuse. Quand le
P. de Bérulle visita « le monastère de la Mère de Dieu
et de sainte Thérèse », il vit l'influence qu'exerce une
prieure lorsqu'il suffit à ses filles de la regarder pour
apprendre non-seulement leur devoir, mais la perfection
religieuse dans tout son héroïsme.

Vers la fin d'octobre le P. de Bérulle quitta Toulouse
pour se rendre à Bordeaux. Préoccupé de l'agitation
sourde et continue que les Pères Carmes s'efforçaient
d'entretenir et de propager dans le Carmel, il voulait enlever du monastère de Saint-Joseph un ecclésiastique qui
servait dans l'ombre les desseins de ces Religieux. C'était
un prêtre flamand, du nom d'Adrien Smith, autrefois curé
de Bruges, où il menait la vie la plus scandaleuse. Pour
se soustraire à la justice de l'archiduc, qui allait l'enfermer à perpétuité dans la prison des prêtres coupables
et incorrigibles, il s'était d'abord réfugié en Hollande,
où il avait été rejoint par la complice de ses désordres,
et on s'attendait à apprendre son apostasie. Il se cacha
pendant quelque temps, se fit oublier, et vint on ne
sait comment à Bordeaux. Sans s'informer de son passé,
M. de Sourdis l'attacha à sa maison, et, en guise d'appointements, lui donna logis et entretien chez les Carmélites, à la charge de les confesser [1]. Le P. de Bérulle,

---

[1] Io sono restato meravigliato che i detti Padri si vagliano di quel sacerdote mandato a Roma da quei pochi monasterii di Religiose del loro Ordine
che vorriano separarsi dal corpo della loro unione, e sottomettersi al governo delli stessi Religiosi, poichè questo sacerdote che è fiammingo mentre
che io era in Fiandra fu costretto a fuggirsi di Brugia dove egli era curato
per non volersi ritirare da un concubinato pubblico che era di scandalo

instruit des antécédents de cet homme, avait tout fait pour lui enlever des fonctions dont il était si indigne, mais sans pouvoir y réussir. Dès son arrivée à Bordeaux, il s'entendit avec un riche et vertueux ecclésiastique, qui se chargea de pourvoir aux dépenses du sieur Smith pendant trois ou quatre mois, puis il « fit desloger ce dernier à l'heure mesme ».

En agissant de la sorte, le P. de Bérulle n'excédait pas ses droits, il remplissait son devoir. Mais du même coup il se faisait deux ennemis : Smith, qui, furieux de voir dévoiler l'ignominie de son passé, comptait bien, le visiteur des Carmélites parti, satisfaire sa vengeance ; et l'archevéque, blessé moins peut-être de l'acte d'autorité du P. de Bérulle, que du reproche de légèreté qu'on pouvait trop justement adresser à son administration. M. de Sourdis venait du reste de rentrer à Bordeaux, dans des sentiments fort différents de ceux qu'il témoignait au supérieur de l'Oratoire sur la route d'Angoulême à Amboise, alors qu'il se félicitait si hautement d'établir sa Congrégation dans son diocèse. Il y avait quatre mois à peine de cette rencontre, long espace de temps pour la persévérance du cardinal. Dans l'inter-

---

grande a tutta quella città. Egli se ne fuggì in Olanda con la concubina, e colà si trattenne per qualche tempo menando sempre una vita cattivissima in modo che si dubitò ch'egli fosse per apostatare dalla religione cattolica, e mi ricordo che si procurò di fargli metter le mani addosso, ma non fu mai possibile..... Ed io non ho scritto prima a V. S. Illma questi particolari per non aver prima saputo chi fosse il detto sacerdote, il quale si chiama Adriano Smith. (BENTIVOGLIO, dépêche du 31 janvier 1621. *Lettere diplomat.*, t. II, p. 409.) — Voyez aussi P. de Bérulle, lettre autographe du 31 janvier 1621 (Arch. nat., M. 216, n° 53), et lettres autographes du P. Bertin (Arch. nat., M. 216). La part prise dans les troubles du Carmel par ce malheureux n'est niée par personne.

valle, il s'était rendu à Paris, où les Pères Carmes, qui connaissaient le caractère de l'archevêque, n'avaient pas eu beaucoup de peine à le gagner à leur cause [1].

Après un mois d'assez pénible séjour, le P. de Bérulle s'éloigna de Bordeaux, pressé de gagner Limoges. Il y visita « le monastère de la Sainte-Mère de Dieu et de Saint-Joseph », érigé depuis le 16 décembre de l'année précédente, et le trouva tel qu'il devait être sous le gouvernement de la Mère Isabelle des Anges. A Limoges devait aussi se fonder, cette année même, une maison de l'Oratoire. Elle était due, comme le couvent des Carmélites, aux libéralités de M. Benoît, conseiller et trésorier de France. Une des filles de ce magistrat, jeune veuve de dix-huit ans, fort belle, et qui avait déjà donné son consentement pour un second mariage, sentant tout à coup une volonté supérieure à la sienne la pousser dans le cloître, avait rompu les liens brillants et chers qui l'attachaient au monde, et pris l'habit. Le P. de Bérulle vit la courageuse novice, puis M. Benoît « et sa dévote famille, qu'il connoissoit et honoroit dès » longtemps, ayant eu familière habitude avec feu M. Be- » noist, le docteur de Sorbonne. » Mais quoiqu'il eût Limoges en singulière estime, disait-il, « pour l'antique » probité qui y relluyt [2] », il y demeura peu de jours ; et , descendant, à travers les châtaigneraies dépouillées par décembre, vers la vaste plaine qui s'étend jusqu'à Tours, il arriva enfin à Paris au commencement de janvier 1620.

---

[1] Le P. Denis de la Mère de Dieu était compatriote de M. de Sourdis.

[2] J'ai trouvé ces détails dans trois lettres autographes non datées du P. de Bérulle à M. Benoist. J'en dois la communication à M. l'abbé Gay, auquel je me permets d'exprimer ici toute ma gratitude ; elles appartiennent aux Révérendes Mères Carmélites de Limoges.

Fatigué par neuf mois de voyages, par des préoccupations incessantes, il était en droit d'espérer un peu de paix. La guerre, une guerre acharnée, l'attendait.

Il en connaissait depuis longtemps le principal auteur. C'était le provincial des Carmes, le P. Denis de la Mère de Dieu. Né à Bordeaux, d'une vieille famille de Périgord, le P. Denis, intelligent, passionné, entier en toutes choses, avait débuté dans la vie par une jeunesse des plus orageuses. Éclairé subitement sur la gravité et la honte de ses désordres, il s'était jeté, sans balancer, dans le cloître. La tentation l'y poursuivit sous une autre forme, non moins douloureuse : il en triompha. Mais il était sorti de cette lutte en proie à une mélancolie profonde, qu'aggravaient encore d'incessantes et pénibles infirmités ; avec une volonté qui, dans ce long combat contre Satan et la chair, avait contracté l'habitude de ne fléchir jamais. De toutes ses passions maintenant domptées, on eût dit qu'une seule demeurait en lui, celle d'étendre et d'exalter son Ordre : passion vigoureuse qui se confondait dans son âme avec la reconnaissance pour les bienfaits qu'il y avait reçus de Dieu [1]. Il est facile de comprendre à quels excès

---

[1] Sur le R. P. Denis de la Mère de Dieu, voyez *Annales des Carmes déchaussés de France et des Carmélites qui sont sous le gouvernement de l'Ordre*, par le R. P. LOUIS DE SAINTE-THÉRÈSE, Carme déchaussé, visiteur général. Paris, C. Angot, 1666, in-fol., liv. I, ch. LVIII, p. 148 et suiv. — *Les Fleurs du Carmel cueillies du parterre des Carmes déchaussés de France*, par le R. P. PIERRE DE LA MÈRE DE DIEU, Carme déchaussé. A Anvers, chez Marcelin Parys, 1670, in-4º, ch. VIII, p. 64 et suiv. Ce n'est guère que la reproduction de l'article du P. Louis de Sainte-Thérèse. Ces deux ouvrages sont écrits dans le but non dissimulé de glorifier les entreprises des Pères Carmes en France : le P. Pierre de la Mère de Dieu surtout attaque ouvertement et à plusieurs reprises le Carmel de France. — Les faits publics et les dépêches secrètes de Bentivoglio prouvent l'exacti-

des caractères de cette trempe peuvent se porter presque ingénument. Convaincu que l'autorité exercée sur les Carmélites par les supérieurs français était un attentat aux droits des Carmes, il n'eut de cesse que la guerre leur fût déclarée. Ni la promesse par laquelle il s'engageait, le 2 février 1610, à ne s'ingérer jamais dans le gouvernement des Carmélites, ni le Bref de 1614, par lequel le Pape nommait le P. de Bérulle visiteur des Carmélites de France, ne purent lui faire tomber les armes des mains. M. de Marillac avait abusé de sa faiblesse, pensait-il, en lui demandant une déclaration qu'il ne pouvait refuser, et quant au Saint-Père, il avait été évidemment mal informé. Aussi le P. de Bérulle, que sa charge de visiteur et son autorité mettaient plus en vue, fut-il exposé à tous les coups du provincial et de quelques-uns de ses Religieux. Au temps où Mgr Ubaldini représentait le Saint-Siége en France, le P. Denis écrivait déjà des lettres si injurieuses contre le fondateur de l'Oratoire, que le nonce l'avait obligé à lui en demander pardon. Depuis lors, dans l'épître placée en tête d'une traduction de l'espagnol, il avait encore attaqué le saint prêtre ; la Sorbonne l'ayant menacé de censure, il s'était tiré de ce mauvais pas en promettant de supprimer l'épître incriminée [1]. Mais ses convictions demeuraient les mêmes ; et, non moins insinuant que passionné, il déployait autant d'habileté que de persévérance dans cette lutte déplorable.

tude des appréciations et des récits contenus dans la correspondance du P. de Bérulle avec le P. Bertin, le P. Gibieuf, M. de Marillac. Je citerai du reste mes sources au fur et à mesure.

[1] Lettre autographe du P. de Bérulle au P. Bertin, du 14 février 1620. (Arch. nat., M. 216, n° 66.)

Du couvent des Carmes se répandaient journellement les bruits les plus propres à troubler les monastères établis. Tantôt on prétendait que les Carmélites de France ne possédaient point les véritables Constitutions de l'Ordre, et il fallait que la Révérende Mère Anne de Jésus elle-même rétablît la vérité des faits contre des disciples si passionnés [1]; tantôt on affirmait que la Sœur Marie de l'Incarnation avait de son vivant exprimé le regret que les Carmélites ne fussent pas soumises aux Religieux, ce qui était tellement faux que peu de temps avant son décès elle avait fait dire à la Mère Élisabeth, une Religieuse favorable aux Carmes, « de ne plus penser à ces choses-là [2] ». On allait plus loin encore : malgré le témoignage rendu par tous à la vertu admirable, à la sainteté même qui florissait dans les monastères de France, on osait prétendre que les Carmélites soumises à l'autorité du P. de Bérulle n'étaient point vraiment Religieuses, mais bien et dûment excommuniées, et qu'on ne les pouvait absoudre de leurs péchés [3]. Toutefois ces menées plus ou moins ténébreuses ne suffisaient point à la nature ardente du P. Denis. Une occasion se présenta de lutter en plein soleil. Il se garda bien de la laisser échapper.

On touchait à la fin de l'année 1611, lorsque les supé-

---

[1] *Histoire générale du monastère de Saint-Joseph des Carmélites de la ville de Pontoyse.* Manuscrit, p. 205 et suiv.

[2] Lettre de M. de Marillac, du jour de Pâques 1621 (copie). (Arch. nat., M. 216, n° 55.) On la trouvera dans *les Carmélites de France et le cardinal de Bérulle,* IIIe part., § 1, p. 38. — A cette époque on écrivait souvent Élisabeth pour Isabelle. Il s'agit de la Mère Isabelle de Jésus-Christ, prieure de Bourges.

[3] Lettre autographe du P. de Bérulle au P. Bertin. (Arch. nat., M. 216, n° 66.)

rieurs français reçurent la visite d'une demoiselle Julienne de Karemar, dame de Largouët, laquelle venait leur offrir de fonder un monastère de Carmélites au fond de la Bretagne, dans la ville de Morlaix. Elle avait obtenu du conseil de ville la permission de s'établir avec quelques pieuses filles, « ès maisons, jardins et franchises qui sont près et à l'en- » tour de l'église de Notre-Dame de la Fontaine. » Les supérieurs français ne furent point d'avis d'accepter ses offres. Ils savaient que mademoiselle de Karemar avait été obligée de quitter le couvent des Capucines « comme incapable de religion »[1]. N'était-ce point aller directement contre les enseignements les plus formels de sainte Thérèse que de la recevoir à la profession, et de lui donner le titre de fondatrice? Repoussée de ce côté, elle s'adressa aux Révérends Pères Carmes. Ceux-ci ne firent pas tant de difficultés, et les Pères Denis et Bernard, en compagnie de mademoiselle de Karemar, partirent pour Morlaix. L'évêque de Tréguier, M. Cornulier, qui ignorait sans doute la situation de ces Religieux, donna son consentement, aussi bien que l'assemblée de ville, à la fondation projetée. En même temps les amis des Pères Carmes obtenaient, affirmaient-ils, que le Roi, par une lettre du 3 mars, sollicitât lui-même du Pape l'autorisation pour eux d'accepter le gouvernement du nouveau monastère[2].

[1] Même lettre. Le P. de Bérulle ne dit pas que mademoiselle de Karemar se soit adressée aux supérieurs français, mais M. de Marillac l'affirme, et en donne une raison péremptoire, c'est qu'à cette époque les Carmes n'étaient pas encore établis officiellement en France. (Ch. viii, p. 121.)

[2] *De l'érection et institution de l'Ordre des Religieuses de Notre-Dame du Mont-Carmel*, par M. Michel DE MARILLAC, conseiller du Roi en son Conseil d'Estat... Paris, Edme Martin, 1622, ch. viii, p. 120 et suiv. —

A tout le moins, Louis XIII n'y tenait pas beaucoup, puisque deux mois après, le 20 mai, il mandait à l'évêque de Tréguier, qu'il avait à la vérité permis l'établissement de ce monastère, mais à la condition qu'il fût conforme aux autres monastères de France. Nonobstant cette opposition, le P. Denis de la Mère de Dieu et le P. Joseph de Sainte-Marie partirent pour la Flandre, y prirent trois Religieuses dans les couvents de Bruxelles et de Tournay, et arrivèrent à Paris le 17 octobre.

En l'absence du P. de Bérulle, le nonce veillait sur les droits des supérieurs français. Les ordres de Rome étaient d'ailleurs formels. Aux plaintes des cardinaux de la Rochefoucauld et de Retz, le cardinal Millino avait fait la réponse la plus péremptoire : « Je n'ay pas manqué de » représenter au P. Général des Carmes deschausséz ce » qu'il vous a pleu me faire entendre de particulier du mo- » nastère de Morlaix, et est demeuré d'accord avec moy » d'ordonner que l'on ne face aucune nouveauté, et que » l'on ne passe point plus avant en cette affaire, comme » aussi est l'intention de Sa Sainteté [1]. » Toutefois, quand Bentivoglio essaya, vers la fin de novembre, de faire entendre raison aux Pères Carmes, il échoua complétement. A toutes ses observations, ils répondirent qu'il était trop tard pour reculer; que les Religieuses venues de Flandre étaient déjà arrivées en Bretagne; qu'ils n'avaient

Annales des Carmes déchaussés de France, par le R. P. Louis de Sainte-Thérèse (cité plus haut), ch. LII, p. 132 et suiv. Ces deux ouvrages sont écrits dans l'esprit le plus opposé, et c'est pourquoi je les ai sans cesse contrôlés l'un par l'autre. A ces deux ouvrages, il faut joindre les documents conservés aux Archives nationales, L. 1046, 2e liasse, cote C. — L. 1047.

[1] Marillac, *Op. cit.*, p. 133.

point d'ailleurs reçu de leur général l'ordre de tout suspendre dont leur parlait le nonce; que dès lors ils s'en tenaient à sa première lettre du 26 avril, par laquelle il attestait que le 5 du même mois le Pape lui avait donné de vive voix la faculté d'instituer un monastère de Religieuses à Morlaix, seule pièce qu'ils produisissent à l'appui de leur prétention [1].

Cette réponse, transmise par le nonce à MM. de la Rochefoucauld et de Retz, leur causa un très-vif déplaisir. Était-ce eux ou le cardinal Millino que l'on prétendait jouer en cette affaire? Les Carmes n'avaient-ils plus aucun souci de leur parole? Car ils ne pouvaient avoir oublié l'acte par lequel ils avaient solennellement promis, avant de s'établir en France, de ne pas s'ingérer dans le gouvernement des Carmélites. Les deux cardinaux avaient apporté copie de cet acte, et le laissèrent entre les mains du nonce pour qu'il l'expédiât à Rome [2]. Quel mépris en outre de

[1] Inutile de faire observer que le P. Louis de Sainte-Thérèse ne donne pas ces détails. (*Annales*, liv. I, ch. 53.) Il parle même, p. 134, d'une bulle envoyée en Franc, emais sans en donner le texte. Si elle eût existé : 1º Le cardinal Millino dès le 26 octobre n'aurait pas écrit, au nom du Pape, dans un sens diamétralement opposé ; 2º les Pères Carmes en auraient donné connaissance au nonce Bentivoglio. Or, ce dernier n'en dit pas un mot dans ses dépêches. Il ne parle que « d'un simple rescrit, fait d'après un mémoire présenté » sur cette affaire à Sa Sainteté, lequel rescrit, on suppose, avoit été fait par « leur général. » Questi Religiosi non hanno facoltà bastante dalla Santità di nostro Signore di far quella fondazione, poichè non si è veduto altro che un semplice rescritto fatto in un memoriale dato a S. S. sopra il medesimo negozio, il quale rescritto si presuppone che sia stato fatto dal lor generale. (Di Parigi, li 18 dicembre 1619.) *Lettere diplom.* t. II, p. 250.

[2] I due cardinali m'hanno parlato di nuovo di questo negozio e m'hanno comunicato una promessa che gli stessi Religiosi fecero prima di stabilirsi in Francia di non essere per ingerirsi in governi di monache dell' Ordine, come V. S. Illma vedrà da una copia ch' io gliene mando qui annessa. Onde, ai medesimi cardinali par molto strano che, non ostante questa promessa, si mostrino così fermi questi Religiosi di voler passar innanzi nella detta fondazione. *Id., ibid.*

toutes les règles que d'entreprendre cette fondation sans pouvoir suffisant, c'est-à-dire avec un simple rescrit! Bentivoglio insistait donc auprès de sa Cour pour obtenir que les supérieurs des Carmes désavouassent formellement leurs Religieux.

Un nonce qui, loin d'appuyer leurs demandes, les combattait aussi vigoureusement, ne pouvait passer aux yeux des Carmes pour un prélat respectable; son honnêteté même leur paraissait douteuse. Non contents d'avoir représenté Bentivoglio comme le grand ami du P. de Bérulle et du docteur du Val, afin de rendre suspecte son impartialité, ils osèrent parler de son intimité avec M. Servin et avec le docteur Richer, les deux hommes les plus compromis en Sorbonne et au parlement par la violence de leur opposition au Saint-Siége : en d'autres termes, le nonce du Pape, gallican déguisé, trahissait lâchement les intérêts dont on lui avait confié la défense. Si grossière que fût la calomnie, elle parut assez grave à Bentivoglio pour qu'il crût devoir la réfuter. « Tout le monde sait », écrivit-il, « ce qu'est le P. de Bérulle, et combien lui » doit en France la religion et surtout le Siége apostolique, » pour avoir fondé ici tant de congrégations de prêtres qui » sont comme autant de séminaires de ministres de la reli» gion fidèles au Saint-Siége, et par-dessus tout auprès des » évêques, ce qui est le plus grand besoin actuel. Aussi, » une des plus grandes espérances qu'on puisse avoir de » voir se restaurer la discipline ecclésiastique dans le clergé » séculier, repose principalement sur ces congrégations » de Pères de l'Oratoire, qui à présent sont répandues » dans toutes les villes et les lieux principaux du royaume.

» Quant au docteur du Val, plût à Dieu que nous en eus-
» sions beaucoup comme lui en Sorbonne! L'amitié donc
» ne me fait pas parler en cette affaire, mais le zèle du
» service de Dieu, de la religion et du Siége apostolique. »
Il ajoutait qu'il était si peu l'ennemi des Pères Carmes,
qu'il avait choisi pour confesseur le P. Denis de la Mère
de Dieu, actuellement leur provincial. Sans donc se laisser intimider par les insinuations perfides et les calomnies
répandues dans le public, le nonce tint ferme, et dès le
12 février 1620, revenant sur un mot qu'il avait déjà dit,
il annonçait un schisme tout près d'éclore parmi les Carmélites, si au mal on n'apportait immédiatement le remède [1].

[1] Certo, è cosa notabile il veder che questi buoni Padri scalzi vogliono
vincer in ogni modo la pugna, che già mi scrisse V. S. Ill.ma in questo
negozio di Morles in Bretagna, ma non la vinceranno perchè il Re vi si
mostra di già apertamente contrario, seguitando in ciò il consiglio dei
due cardinali predetti, e delle altre persone di zelo e prudenza che veg-
gono che in capo a quattro giorni avremmo un scisma fra queste Religiose,
poichè le une vorebbono restar sotto il governo presénte dei preti, le
altre passar sotto quello dei Padri con altri scandali ed inconvenienti gran-
dissimi, e quà gli umori son troppo facili e mobili per sè medesimi senza che
se ne debba dar loro maggior occasione; io so bene che si dolgono di me questi
buoni Padri, ma se non fossero le considerazioni pubbliche a me non impor-
terebbe che questa fondazione di Morles si facesse più in un modo che in
un altro. Dicono che io sono grande amico del Padre Berul e del dottor
Duval che hanno la direzione principale delle monache sopradette, e di più
vogliono, che io sia amico di Servino e di Riscer, e di tanti altri quà di
simil farina. Ognun vede chi sia il Padre Berul e quanto gli deve la religione in Francia e particolarmente la Sede Apostolica avendo egli fondate
qua tante congregazioni di sacerdoti che sono come tanti seminari di minis-
tri fedeli della religione alla S. S. e massime appo i vescovi, dov 'è il maggior nostro bisogno. Onde una delle maggiori speranze che si possa aver
qua di veder ristaurarsi la disciplina ecclesiastica nel clero secolare si può
metter principalmente in queste congregazioni dei Padri dell' Oratorio, che
ormai son diffuse per tutte le città e luoghi più principali del regno. Quanto
al dottor Duval, piàcesse a Dio, che n'avessimo nella Sorbona molti como
lui, e V. S. Ill.ma sa quel che io gliene ho scritto in diverse occasioni,

Rome, cependant, ne se hâtait pas d'agir, et les Pères Carmes continuaient à affirmer plus ouvertement de jour en jour leurs prétentions. Ce n'était plus assez pour eux d'obtenir la supériorité du couvent de Morlaix, ils s'adressèrent au conseil du Roi pour réclamer la direction de tous les monastères de Carmélites érigés en France. Repoussés à l'unanimité par le conseil, ils se tournèrent du côté du parlement ; mais comme leur mémoire devait être remis d'abord entre les mains du procureur général du Roi, celui-ci prévint le nonce des conséquences que pourrait avoir la poursuite. Il était à craindre, en effet, que « le » parlement ne s'introduisît volontiers dans cette affaire, » comme il faisait d'ordinaire pour toutes les affaires ecclé- » siastiques [1]. » Les cardinaux de Retz et de la Roche-foucauld se montrèrent grandement scandalisés de la manière d'agir des Pères Carmes, et le nonce avouait « ne » pouvoir comprendre comment ils en étaient venus à cette » extrémité de recourir à des magistrats séculiers pour ob- » tenir d'eux le gouvernement spirituel des Religieuses. » Mandé par Bentivoglio, le prieur des Carmes prétendit qu'ils ne demandaient pas la direction des Religieuses, qu'ils avaient seulement réclamé d'être entendus avant l'enregistrement des lettres patentes du Roi ; mais le nonce ne fut pas convaincu : d'autres renseignements lui confirmaient le fait de la demande [2].

---

l'amicizia dunque non mi muove in questo negozio, ma il zelo del servizio di Dio, della religione, e della Sede Apostolica. BENTIVOGLIO, lettre chiffrée du 12 février 1620, *Lettere diplomatiche*, vol. II, p. 292 et 293.

[1] BENTIVOGLIO, *Lettere diplomatiche*. Dépêche du 26 février 1620, t. II, p. 294.

[2] Io per me non so pensare con che spirito questi Religiosi scalzi

Tout Paris murmurait des prétentions et de la conduite des Pères Carmes, lorsque le nouvel évêque de Tréguier, Guy Champion, loin de ratifier la promesse de son prédécesseur, Pierre Cornulier, promu au siége de Rennes, déclara que la fondation était contraire à la volonté du Roi et à la sienne. Les Carmes furent bien obligés de s'arrêter ; néanmoins, ils continuèrent, ainsi que leurs Religieuses, à demeurer dans la ville et à y avancer « leur » dessein, en promettant toujours d'exhiber leurs pou- » voirs ». Seulement ils changèrent de faubourg, afin d'échapper à la juridiction importune de l'évêque de Tréguier [1].

siano venuti a così fatta risoluzione, la quale potevan ben credere che sarebbe stata mal sentita generalmente da tutti i buoni. E certo è cosa strana che tutti li Religiosi abbiano avuto un tal ricorso e fatta instanza d'una direzione di governo spirituale ai magistrati secolari i quali hanno proceduto molto meglio che non si poteva quasi aspettare da loro. *Id., ibid.*

[1] *Livre des fondations.* Manuscrit du grand couvent, t. I, p. 345. — *Chroniques de l'Ordre des Carmélites*, t. II, p. 71. Il s'est glissé une grave erreur dans l'impression de ce récit; on dit que les Religieuses se retirèrent dans un faubourg de Tréguier qui dépendait du diocèse de Caen. Outre que Caen n'a jamais été le siége d'un évêché, il y a bien des diocèses entre celui de Tréguier et celui de Bayeux; c'est évidemment Saint-Brieuc qu'il faut lire. — L'affaire de Morlaix est racontée d'une manière fort incomplète par le P. Louis de Sainte-Thérèse. 1° Il ne dit pas ce qu'affirme M. de Marillac et ce que prouve la suite de l'affaire, que dans les lettres du 20 mai 1619 à M. de Tréguier et du 10 janvier 1620 aux habitants de Morlaix, et dans ses lettres patentes du mois d'avril, le Roi entendait que le nouveau monastère fût semblable aux anciens et que les Religieuses fussent prises dans les autres monastères du Royaume; les copies collationnées des lettres patentes du 25 avril existent aux Archives nationales (L. 1047, cote B, pièce 2). 2° Il passe sous silence la persévérance des Carmes et des Carmélites de Morlaix à poursuivre leur œuvre. Parlant de la lettre de l'évêque de Tréguier en date du 17 mars 1620 : « Cela fit », dit-il, « que l'Ordre abandonna cette fondation, et que non- » seulement les Religieuses qui estoient venues de Flandre pour fonder y » retournèrent, mais aussi sept autres Religieuses qui avoient fait profes- » sion sous elles en sept ans qu'elles avoient demeuré en France. » (*Annales des Carmes déchaussés de France*, liv. I, ch. LIII, p. 135). Ainsi le récit des

Ce n'était là qu'un commencement. Bientôt le P. de Bérulle apprit, sans grand étonnement peut-être, que des désordres plus graves que ceux de Morlaix venaient de se produire à Bordeaux.

Le couvent de Saint-Joseph était gouverné par une prieure d'une grande capacité et d'une admirable vertu, la Révérende Mère Marie de la Trinité, professe de Rouen. Depuis longtemps malade, elle avait dû, en 1616, sa guérison aux prières du P. de Bérulle; mais cette grâce, accordée par Dieu à son serviteur, ne devait prolonger que de quelques années une vie déjà pleine de mérites. La Mère Marie de la Trinité avait trente ans à peine, lorsqu'au mois de mars 1620 elle quitta, pour le ciel, objet de tous ses désirs, la terre qu'elle était digne de ne plus habiter. Le P. de Bérulle, dont le séjour prolongé à Bordeaux, pendant l'automne de l'année précédente, avait été attristé par bien des craintes, put prévoir, en apprenant cette mort, tous les maux qui la suivraient. Au noviciat de Saint-Joseph s'étaient rencontrées trois jeunes femmes, appartenant aux premières familles de Bordeaux : l'une était mademoiselle de Bernet, dont le père siégeait au Parlement de Guienne, et qui prit le nom de Sœur Jeanne du Saint-Esprit; l'autre était la veuve d'un conseiller, M. Leblanc de Carignan, que l'on appela Sœur Antoinette de Saint-Joseph; la troisième, veuve du marquis de la Trènes, avait échangé joyeusement tous ses

Chroniques est bien exact : quoique sans bref de Rome, sans permission de l'évêque, sans autorisation du Roi pour fonder, les Religieuses de Flandre, soutenues par les Carmes, reçurent à la profession des Religieuses et continuèrent leur œuvre jusqu'en 1626.

titres contre le nom de Madeleine de Jésus. Les trois novices, ayant lu dans les Constitutions de sainte Thérèse que les Religieuses seraient soumises aux Révérends Pères Carmes déchaussés, demandèrent à la Mère Isabelle des Anges, alors prieure, pourquoi cette disposition n'était point observée. Elle leur répondit qu'une bulle de Clément VIII, antérieure à l'établissement en France des Religieux déchaussés, donnait pour supérieurs aux Carmélites trois prêtres séculiers, mais qu'en Espagne, en Italie et ailleurs, les Carmélites étaient gouvernées par les Pères du même Ordre. Cette réponse donna à penser aux jeunes Religieuses, et sans autre conseil que leurs propres désirs, elles se promirent d'employer toute leur autorité, si jamais elles en avaient quelqu'une, à replacer les couvents des Carmélites sous le gouvernement des Carmes déchaussés [1]. Elles gardèrent si bien leur secret, que lors de la fondation du second monastère de Bordeaux, le P. de Bérulle n'avait fait nulle difficulté d'en nommer prieure la Sœur Antoinette du Saint-Esprit, et lorsqu'il s'agit d'ériger un couvent à Saintes, de placer à sa tête la Sœur Madeleine de Jésus. Toutes trois d'ailleurs n'osaient peut-être pas engager ouvertement la lutte contre la Mère Marie de la Trinité. Mais la mort de cette dernière, survenue au moment où les entreprises des Carmes en Bretagne préoccupaient tous les esprits dans le Carmel, laissait le monastère de Saint-Joseph sans direction, et permettait à la Sœur Jeanne du Saint-Esprit de joindre ses efforts à ceux de la Sœur Antoinette et de la Sœur Madeleine de Jésus [1]. L'ancien con-

---

[1] *Chroniques de l'Ordre des Carmélites*, t. II, p. 435. On trouve la vie ou plutôt le panégyrique de ces trois Religieuses dans les *Fleurs du Carmel,*

fesseur du monastère de Saint-Joseph, ce prêtre flamand du nom de Smith, auquel le P. de Bérulle, après de longs efforts, avait enfin fait retirer ses pouvoirs, n'en continuait pas moins à voir les Carmélites et à exciter contre le P. de Bérulle celles qui n'étaient déjà que trop disposées à contester son autorité. Comme à un tel homme tous les moyens étaient bons, il leur persuada que le Bref en vertu duquel le supérieur de l'Oratoire s'intitulait visiteur de l'Ordre était subreptice, et que dès lors elles avaient non-seulement le droit, mais encore le devoir de s'insurger contre un pouvoir si odieusement usurpé [1]. D'accord avec Smith, leur intermédiaire, elles résolurent néanmoins de ne rien entreprendre sans en avoir informé M. de Sourdis ; soumission plus apparente que réelle, car elles connaissaient ses dispositions. Circonvenu par le P. Denis de la Mère de Dieu et par le P. Bernard de Saint-Joseph, le cardinal s'était tout d'un coup épris pour les Carmes du plus vif enthousiasme : ils avaient eu l'habileté de lui demander conseil. D'un trait de plume, l'archevêque de Bordeaux avait résolu la question : « Les deux familles sortent d'une » même souche, donc il faut que partout les Carmélites » soient soumises aux Religieux [2]. » En s'adressant à M. de Sourdis, les Carmélites étaient donc sûres de

par le P. Pierre de la Mère de Dieu, ouvrage cité plus haut. — *Vie de la Mère Jeanne du Saint-Esprit*, p. 495 ; — *de la Mère Antoinette de Jésus*, p. 483 ; — *de la Mère Magdeleine de Jésus*, p. 614.

[1] Lettres autographes du P. de Bérulle.

[2] Tanquam ab uno fonte exortos inspicimus... nobis videre magis consentaneum rationi esse, imo necessarium prædictas moniales Carmelitas ubique existentes Ordini Religiosorum Carmelitarum reformatorum subesse ac subjici debere. (*Histoire du cardinal F. de Sourdis*, par Ravenez ; Bordeaux, 1867, ch. xxiii, p. 423.)

réussir. A peine eut-il lu leur supplique, que, sans se donner le loisir de conférer avec le P. de Bérulle, sans prendre connaissance des brefs et bulles des Papes, sans s'être fait aucunement renseigner sur les pouvoirs accordés par eux aux supérieurs français [1], il rendit promptement une ordonnance déclarant que les Carmélites observeraient « de » point en point les Constitutions de leur Ordre », puis, en sa qualité de délégué du Saint-Siége, il déclara que lesdites « Religieuses et couvents étaient sous la juridiction, supé- » riorité et visite des Carmes déchaussés de la première » règle; qu'à cet effet, le général serait promptement averti » de cette déclaration, et qu'en attendant que le provincial » fût réellement en exercice de sa charge, il prenait lesdits » couvents sous sa conduite, direction et juridiction [2]. »

Avec l'ordonnance de M. de Sourdis, la lutte entre les Pères Carmes et les supérieurs français prenait un nouveau caractère, dont le P. de Bérulle reconnut aussitôt le danger. C'était du reste contre lui qu'était dirigé le fort de l'attaque, c'était lui que depuis longtemps l'on cherchait à renverser. Une vaste trame était ourdie contre sa personne, il le savait. Tandis qu'à Rome, pour décourager ses protecteurs, on répandait le bruit que le nonce Bentivoglio lui était opposé [3], à Paris, on gagnait un des commis de

---

[1] On en verra la preuve plus bas. — Il cardinale di Sordis è uomo, come V. S. Illma sa, molto ardito (per non dir temerario)... Il detto cardinale è però sì stravagante... Di Sordis è molto più stravagante ancora il cardinale di Guisa. (BENTIVOGLIO, t. II, p. 341.)

[2] Ordinavimus prædictas Religiosas et earum conventus esse sub jurisdictione, superioritate, visitatione, directione, Fratrum Carmelitarum discalceatorum primitivæ Regulæ. (*Id., ibid.*) M. Ravenez dit que l'ordonnance est du 20 mai 1620. M. de Marillac assigne cette date à la requête des Religieuses, ch. ix, p. 138. Le point est du reste peu important.

[3] Lettre autographe du P. de Bérulle au P. Bertin, en date du 14 février

M. de Puysieux, lequel écrivait, à l'insu du Roi, de fausses dépêches toutes favorables aux entreprises des Carmes. En même temps qu'on attaquait ainsi le visiteur des Carmélites, on suscitait mille embarras au supérieur de l'Oratoire, relativement à la fondation de Saint-Louis des Français. Pour faire triompher ses droits, ce n'eût pas été trop au P. de Bérulle de tout son temps, de toute sa liberté d'esprit; on vint l'arracher encore à sa double famille. Le traité d'Angoulême était déjà violé de part et d'autre; il s'agissait de réconcilier pour la seconde fois le fils avec la mère, sous peine de voir la guerre civile éclater de nouveau.

Le P. de Bérulle n'ignorait pas la vivacité du mécontentement de la Reine mère, depuis sa retraite à Angers. Il se rappelait ses instances pour que la délivrance du prince de Condé[1] parût accordée à sa prière, et au lieu d'y avoir égard dans la déclaration donnée par le Roi en faveur de ce prince, on avait fait retomber sur elle l'odieux de tous les troubles suscités pendant la minorité de Louis XIII. A cette cause d'irritation s'en joignaient bien d'autres. Le colonel d'Ornano venait d'être nommé gouverneur du plus jeune fils de Marie de Médicis, sans qu'elle eût été consultée. Parmi les soixante-quatre nouveaux chevaliers du Saint-Esprit créés par le Roi (1er janvier 1620), on ne comptait pas un ami de la Reine. « Avoir juré sa ruine » étoit la meilleure preuve de noblesse » que pussent pro-

1620 (Arch. nat., M. 216, n° 66). Le P. de Bérulle répond au P. Bertin qu'on le trompe, et que le nonce lui est très-favorable. Nous savons par les dépêches maintenant publiées de Bentivoglio, que le P. de Bérulle était dans le vrai.

[1] 20 octobre 1619.

duire bon nombre d'entre eux, disait Richelieu. Bien loin
de diminuer, la faveur du duc de Luynes allait toujours
croissant ; il n'y avait place à la Cour que pour ses créatures. Louis XIII néanmoins insistait toujoursauprès de sa
mère pour qu'elle y revînt. La Reine, avant d'y reparaître,
exigeait une déclaration en sa faveur, pour l'opposer à celle
qu'avait obtenue le prince de Condé ; on la lui refusa formellement.

L'horizon s'assombrissait. Le duc de Luynes s'en aperçut
et se prépara à l'orage. Par ses ordres, le Parlement se
hâta de vérifier les lettres de duc et pair du maréchal de
Lesdiguières, un des chefs de la religion réformée ; mesure
habile qui surprit les protestants et les désarma. Il en était
temps, car leur assemblée de Loudun commençait à causer
de sérieuses inquiétudes. Mais à la Cour les divisions ne
tardèrent pas à renaître. Le 29 mars, le duc de Mayenne
quitta Paris, « pour se mettre », écrivait-il au Roi, « hors
» de péril et à l'abri des desseins qui se préparaient contre
» lui ». Les ducs de Vendôme et de Nemours l'imitè-
rent ; enfin, le comte de Soissons, sa mère et le chevalier de Vendôme se retirèrent aussi (30 juin). Tous ces
princes, avec leurs amis, prenaient la même route, celle
d'Angers.

Des négociations étaient depuis longtemps entamées
avec la Reine : il fallait en finir. A la place de M. de Blain-
ville, le Roi résolut d'envoyer vers sa mère le duc de Montbazon, le duc de Bellegarde, frère du baron de Termes
et grand écuyer, l'archevêque de Sens, du Perron, neveu
du célèbre cardinal, et le président Jeannin. Quoique
munis des instructions les plus larges, les quatre ambassa-

deurs comptaient peu sur le succès de leur démarche, et ne dissimulèrent leurs inquiétudes ni au cardinal de Retz ni à Bentivoglio [1].

Cependant M. de Luynes, effrayé, songeait à négocier secrètement avec la Reine, dans l'espoir sans doute de sauvegarder sa fortune, si Marie de Médicis se décidait à rentrer à la Cour. Il s'ouvrit de son dessein au P. de Bérulle, qui manifesta d'abord la plus vive répugnance à se charger d'une pareille mission. Outre son désir de vivre retiré et solitaire [2], il ne voyait qu'un expédient capable de triompher des préventions de la Reine mère, et cet expédient lui semblait si périlleux, qu'il osait à peine le proposer; c'était de placer le duc d'Anjou à Angers, pendant que la Reine séjournerait à la Cour. Le duc d'Anjou, il est vrai, n'avait que douze ans; mais déjà il était passionné et habile; il savait feindre, et nul, en le voyant avec le duc de Luynes ou M. le Prince, ne se serait douté de la haine qu'il nourrissait contre eux. Les mécontents ne pourraient-ils pas se serrer autour de lui à Angers, et tenter la formation d'un nouveau parti [3]? Si peu d'espoir qu'il eût dans l'heureux succès de ses efforts, le P. de Bérulle, redoutant toujours les entreprises des protestants, finit par céder aux instances du favori.

Avant de quitter Paris, il prit, d'accord avec M. du Val, les mesures qui lui semblaient le plus propres à ramener la paix dans le Carmel. L'un et l'autre furent d'avis d'en-

---

[1] Dépêche du 9 juillet 1620. (*Lettere diplomat.*, t. II, p. 340.)

[2] *Poichè esso Berul se ne mostrava molto renitente principalmente per desiderare egli di viver ritirato come è suo solito.* (BENTIVOGLIO, dépêche du 9 juillet 1620. *Lettere diplomat.*, t. II, p. 341.)

[3] *Id., ibid.*, p. 340 et 341.

voyer à Bordeaux quelques Religieuses dont la vertu, la capacité, la fidélité pussent en imposer aux rebelles, et pour prieure ils choisirent l'admirable fille de madame Acarie, la Mère Marguerite du Saint-Sacrement, alors à la tête du monastère de Tours. Pressentie depuis trois mois par M. du Val, elle avait accepté sans hésiter la difficile mission qu'on lui confiait. « Nous sommes attendant l'obé-
» dience », écrivait-elle à M. de Marillac. « Toutes choses
» sont disposées de Dieu pour l'avancement des âmes, à qui
» sçait se soumettre et s'élever par-dessus soy aux choses
» divines. Je crains bien de manquer de stabilité à me lier
» à ces choses dans le regard fixe et immobile de l'Estre
» divin et incréé [1]. » Cette Religieuse, qui attendait son obédience comme l'officier sur le champ de bataille attend son ordre de combat, toute prête à la lutte, et le regard fixé sur Dieu, venait d'avoir trente ans ! Le 9 juillet, elle partit de Tours.

Deux jours plus tôt, tandis que le Roi faisait ses adieux à sa bonne ville de Paris, le P. de Bérulle s'en éloignait aussi, mais dans le plus grand secret. On ne voulait pas que le prince de Condé, qui redoutait « la partialité du général de
» l'Oratoire pour la Reine mère », fût informé de son départ à temps de pouvoir encore s'y opposer [2].

Sans autres compagnons que le P. Dugué et un frère servant, le P. de Bérulle semblait heureux d'échapper par la nécessité du voyage aux distractions et au bruit de la ville. Silencieux, absorbé dans une méditation pro-

---

[1] *La Vie de la Vénérable Mère Marguerite Acarie, dite du Saint-Sacrement.* Paris, A. Vuarin, 1669, ch. IX, p. 112.

[2] BENTIVOGLIO, dépêche du 9 juillet 1620, p. 341.

fonde, il n'en sortait que pour dicter, dès qu'on arrivait dans quelque hôtellerie, les grandes pensées que Dieu lui avait données chemin faisant. On eût dit qu'il ne s'occupait des choses de la terre que dans le conseil du Roi ; hors de là, son esprit ne quittait pas le ciel et ses mystères. Il n'en était que plus charitable et plus humble. Un jour qu'il paraissait plus fatigué que de coutume par la longueur du trajet et l'écrasante chaleur de juillet, le P. Dugué le conjura de s'étendre sur un lit ; le saint voyageur n'y voulut jamais consentir, mais avisant un coffre, il se jeta dessus et s'endormit. A son réveil, il aperçut le frère servant qui, debout à la porte de l'hôtellerie, était entouré de pauvres enfants et les catéchisait. « Voyez », dit alors le P. de Bérulle au P. Dugué, « la belle leçon que ce frère nous donne ; mais je n'étais » pas digne de faire cette œuvre de charité. » Et sur cela, il dit des choses admirables du zèle dont les prêtres doivent être remplis pour les âmes, et de l'emploi scrupuleux qu'ils doivent faire de leur temps, répétant à plusieurs reprises les paroles du Maître : « La nuit approche, pendant laquelle nul ne peut plus travailler [1]. »

A la tête de sa petite armée, Louis XIII, pendant ce temps, s'avançait en Normandie. Rouen abandonné par le duc de Longueville, Caen mal défendu par le lieutenant du chevalier de Vendôme, capitulèrent sans coup férir. De toutes parts arrivaient au Roi les plus agréables nouvelles. Le duc de Montmorency et le parlement de Toulouse se portaient garants de la fidélité du Languedoc : Bassompierre

---

[1] *Venit nox, quando nemo potest operari.* (Joann., IX, 4.) — Le P. MATHU- RIN DUGUÉ, *Mémoires manuscrits.* (Arch. nat., M. 232.)

lui mandait la prise de Dreux et la prochaine arrivée d'un renfort considérable : à Laigle, les députés du parlement de Bretagne se présentaient pour lui offrir les hommages de cette grande province. Trois semaines après son départ de Paris, il arrivait sous les murs du Mans. La Reine mère, dans le dessein de s'emparer de cette ville, était partie d'Angers avec huit mille hommes de pied, douze cents chevaux et six pièces de canon; elle avait même pris le château de la Flèche; mais à Sainte-Suzanne, elle trouva la Varenne. Il fallut rebrousser chemin et rentrer dans Angers.

Le P. de Bérulle avait rejoint les négociateurs envoyés par le Roi. Il était chargé pour l'évêque de Luçon d'une lettre du duc de Luynes, pleine des plus pacifiques assurances, mais qui ne manquait pas d'une certaine hauteur. « Monsieur », disait le favori du Roi au favori de la Reine, « si nous pensions en vous envoiant la châsse de sainte » Geneviève vous pouvoir toucher le cœur, nous le ferions, » tant nous auons de désir du repos public..... Si vous » considériez l'importance de cette affaire, vous n'auriez » d'autre pensée et par conséquent d'autre action que de » donner tout votre temps à la finir. Il n'y a plus de pré- » texte. Le Roy a vingt ans, il ne se laissera nullement » ôter le pain de la main. C'est un vieux proverbe qui » veut dire que, qui arme dans son État arme contre lui. » Pour moi », ajoutait hardiment M. de Luynes, « après » avoir fait ce que j'ay fait, j'en suis quitte devant Dieu, » justifié devant mon Roy, et hors d'accusation devant » les hommes [1]. »

[1] Citée par le P. BATTEREL, liv. III, n° 78.

Au moment où le P. de Bérulle remit cette lettre à l'évêque de Luçon, celui-ci se trouvait dans une situation dont il avait déjà mesuré tout le péril. La marche victorieuse du Roi, l'inaction des protestants désarmés par la faveur accordée au maréchal de Lesdiguières, les divisions chaque jour croissantes que l'ambition et la cupidité faisaient naître parmi les partisans de la Reine, la défection imminente de plusieurs, tout démontrait avec la dernière évidence que Marie de Médicis allait être réduite à traiter. Richelieu le sentait, et il avait énergiquement plaidé pour la paix. « En toute affaire, avant d'y entrer, il faut considérer » comment on en pourra sortir [1] », ne cessait-il de répéter. Malheureusement, il n'était pas seul à donner des conseils, et les siens, par leur modération même, souriaient moins à la Reine que les vues intéressées du comte de Soissons, des Vendôme, des puissants seigneurs dont elle était entourée. Dans la crainte de passer pour un traître, Richelieu n'insista pas, et sans enthousiasme, sans espoir même, il se rallia à une opinion dont il ne pouvait triompher, tout en continuant à suivre attentivement du regard, à favoriser secrètement les tentatives d'accommodement [2].

Le bon vouloir de Richelieu, l'estime dont la Reine mère faisait profession pour le P. de Bérulle, ne purent d'abord avoir raison de ses résistances. Elle refusait de

---

[1] *Mémoires de Richelieu*, édit. Petitot, t. II, p. 63.

[2] Voyez sur la conduite de Richelieu à Angers le travail de M. Avenel (*Revue des questions historiques*, Vᵉ année, t. IX, p. 102 et suiv.) — Il est à remarquer que Richelieu, qui avait parlé du P. de Bérulle aussi peu que possible dans le récit des événements relatifs à la paix d'Angoulême, ne le nomme même pas ici. Le parti pris contre le P. de Bérulle est évident.

voir les envoyés de son fils, tant qu'il ne se serait point engagé à arrêter sa marche sur Angers. Lorsqu'elle céda enfin, le P. de Bérulle fit tous ses efforts pour la convaincre qu'en continuant la guerre, elle courait à sa perte ; qu'en déposant les armes, elle servait à la fois sa cause, celle de la France et celle de l'Église [1]. Le nonce Bentivoglio venait de lui écrire dans des termes analogues [2]. Par religion, par crainte de l'avenir, elle écouta le supérieur de l'Oratoire avec plus de calme qu'il n'était en droit de l'espérer : elle consentit même à prendre l'avis de son conseil sur les propositions des envoyés du Roi. Le P. de Bérulle, cependant, redoublait de prières afin de mettre dans ses intérêts les Saints du ciel. Plein de dévotion pour Marie-Madeleine, il espérait obtenir la paix par l'intercession si puissante de la sainte amie de son Dieu. Le 22 juillet, jour de sa fête, il se retira dès le matin dans une église, où il demeura jusqu'au soir sans prendre aucune nourriture et presque toujours à genoux [3]. Mandé bientôt par la Reine, il en reçut l'ordre d'aller trouver, avec l'archevêque de Sens, le Roi son fils, tandis qu'elle garderait les autres députés auprès de sa personne [4]. Le P. de Bérulle, en compagnie de M. du

---

[1] Le P. BATTEREL (liv. III, n° 80), l'abbé GOUJET (*Vie manuscrite*), TABARAUD (t. I, liv. IV, ch. I, p. 312), font tenir au P. de Bérulle un assez long discours. Mais le P. Batterel avoue que n'ayant trouvé nulle part le discours tenu à la Reine par le P. de Bérulle, il a cru pouvoir lui prêter les arguments renfermés dans une lettre de l'archevêque de Sens M. du Perron à Richelieu, parce que l'archevêque et le P. de Bérulle agissaient de concert dans cette négociation. Je ne trouve pas cette raison suffisante.

[2] BENTIVOGLIO, dépêche du 9 juillet 1620.

[3] P. MATHURIN DUGUÉ, *Mémoires manuscrits.* (Arch. nat., M. 232.)

[4] *Histoire du règne de Louis XIII*, par le P. H. GRIFFET, de la Compagnie de Jésus. Paris, 1758, in-4°, t. I, p. 204.

Perron, se rendit donc au Mans. Il exposa au Roi les dispositions de sa mère, laquelle se déclarait prête à signer la paix, à la condition toutefois que tous les seigneurs qui s'étaient déclarés pour elle seraient compris dans le traité, et qu'on lui laisserait le temps nécessaire pour les déterminer à entrer dans ses vues pacifiques. A cette ouverture, le Roi répondit qu'il aurait toujours le cœur et les bras ouverts pour recevoir la Reine sa mère ; qu'il ne se lasserait point de la prier de se rendre auprès de lui, ni de la faire honorer dans sa Cour et par tout son royaume ; mais qu'à l'égard des brouillons qui opprimaient ses sujets, et qui voulaient partager son autorité par leurs factions, il n'y avait point de péril auquel il ne s'exposât pour les chasser de ses États, ou les réduire à son obéissance. Le prince de Condé et le duc de Luynes tinrent au P. de Bérulle et à M. du Perron le même langage que leur maître.

On attendait avec une inquiétude extrême, à Angers, le retour des deux commissaires. Richelieu ne croyait pas à la paix. « Le Roy est au Mans avec ses trouppes et faict » estat de nous venir épousseter comme il faut ; toute l'es- » pérance de traitter est rompue », écrivait-il à l'archevêque de Sens. Il se disait même « résolu de faire ce que doib- » vent faire des gens à qui la nécessité apprend à se def- » fendre », et il ajoutait, avec cette ironie qui lui était familière : « Je me promets que vous voudrez estre de la » feste [1]. » Le retour du P. de Bérulle et de l'archevêque de Sens lui rendit-il quelque espoir ; voulut-il seulement

---

[1] *Lettres du cardinal de Richelieu*, t. I, p. 653, lettre du 2 août 1620.

se donner à leurs yeux le mérite de se montrer conciliant jusqu'à la fin? Toujours est-il qu'il fit une suprême tentative en faveur de la paix [1], et que son conseil prévalut. La Reine envoya de nouveau au Roi le P. de Bérulle, l'archevêque de Sens et le duc de Bellegarde [2]. Elle les avait chargés de déclarer sa volonté de vivre désormais à la Cour; elle demandait seulement à quitter avec honneur le parti où elle était engagée. C'est ce dernier article qui faisait toute la difficulté, le Roi se refusant à entrer en compromis avec des sujets rebelles, et la Reine ne pouvant se décider à abandonner les seigneurs qui l'avaient suivie.

Le P. de Bérulle et les deux autres commissaires n'eurent pas à faire un long voyage : le Roi se rapprochait toujours; il était maintenant à la Flèche, treize lieues seulement le séparaient d'Angers. On conclut le traité, et les députés s'en retournèrent pour le soumettre à l'approbation de la Reine; le duc de Bellegarde devait le rapporter au Roi, avec la signature de sa mère.

Par un malheur inexplicable, les députés ne purent être reçus par Marie de Médicis le soir même de ce jour, qui était le jeudi 6 août; et le lendemain, à onze heures du matin, ils ne l'avaient pas jointe encore. Tous ces retards donnèrent le temps au jeune Roi de venir camper à une portée de canon du Pont-de-Cé. Le soin avec lequel Louis XIII voulut examiner lui-même les intervalles des ba-

---

[1] M. Avenel l'affirme, *loc. cit.*, p. 105. J'incline à le croire, quoique la lettre du 2 août n'indique guère cette tendance pacifique, à moins qu'on ne lui donne la tournure ironique que je pense devoir lui attribuer.

[2] P. GRIFFET, *Op. cit.*, p. 266.

taillons et des escadrons, la place des Suisses et de sa cornette blanche, ses propos judicieux et guerriers, sa bonne grâce sous l'armure, donnaient du cœur aux soldats. Aussi lorsqu'il ordonna aux troupes du marquis de Créquy et du comte de Bassompierre de pousser une reconnaissance jusqu'aux remparts, il ne fut plus possible de les arrêter. Devant cette attaque vigoureuse, le duc de Retz jugea prudent de faire sonner la retraite, et le duc de Vendôme, lâchant pied, vint annoncer lui-même à la Reine sa défaite, en lui protestant qu'il voudrait être mort : vœu facile à accomplir s'il eût été sincère, car on se battait toujours.

Tant de lâcheté chez les serviteurs de la Reine indigna la fierté de Richelieu. Quoiqu'une si facile défaite lui enlevât tout espoir d'obtenir une paix avantageuse, il conjura cependant Marie de Médicis de ne pas désespérer de sa cause, de se jeter dans des barques, de passer la Loire, et d'aller rejoindre le duc d'Épernon à Angoulême avec toute sa cavalerie. Ce projet séduisit la Reine; déjà elle avait pris ses pierreries sur elle, lorsque la comtesse de Soissons et MM. de Vendôme vinrent la conjurer de traiter. Elle vit bien que « la peur étoit absolument maîtresse des cœurs, et céda. » Le P. de Bérulle, l'archevêque de Sens et M. de Bellegarde reçurent ordre de retourner auprès du Roi. Louis avait passé la journée à cheval, et montré la bravoure qui sied à un Bourbon. Bien que sûr de la victoire, car devant la canonnade que l'on entendait encore, le château de Cé ne pouvait tenir longtemps, il ne changea rien aux conditions arrêtées la veille, et le duc de Luynes se montra aussi favorable que son maître à la conclusion de la paix. Le samedi au matin, le

P. de Bérulle alla porter cette heureuse nouvelle à la Reine,
qui députa vers son fils l'évêque de Luçon et le cardinal de
Sourdis pour signer les articles, mission dont ils s'acquittèrent, après bien des pourparlers, le lundi 10 août 1620[1].
L'oubli du passé, la restitution de tout ce qui avait été
pris, sauf les gouvernements des villes dont on avait disposé, l'amnistie accordée aux partisans de la Reine,
la promesse d'exécuter fidèlement le traité d'Angoulême,
furent les principales bases de la réconciliation. Trois
jours après, le fils et la mère eurent au château de Brissac
une entrevue faite pour émouvoir ceux qui n'avaient pas
été témoins l'année précédente des mêmes larmes et des
mêmes protestations. Selon l'usage, le Roi ne tarda pas à
publier une déclaration par laquelle il reconnaissait sérieusement que « tout ce qu'avoient fait sa mère et ceux qui
» s'étoient joints à elle, n'avoit eu d'autre but que le bien de
» son service et de son État (16 août). » Le duc d'Épernon
s'empressa de désarmer : le duc de Mayenne en fit autant.
Quant au comte de Soissons et à la comtesse sa mère, ils ne
demandaient qu'à rentrer en grâce. Louis leur fit remettre
par le P. de Bérulle une lettre qui contenait ces seuls
mots : « J'envoie vers vous le P. de Bérulle, pour vous
» faire entendre de ma part ce dont je l'ai chargé. Vous le
» croirez donc comme moi-même [2] » : tout se bornait à
exiger d'eux dans l'avenir une complète fidélité. Il avait

[1] Le P. GRIFFET, p. 268, suppose que le P. de Bérulle fut présent à
l'entrevue du 9. Mais Richelieu ne parle que du cardinal de Sourdis et de
lui-même (*Mémoires manuscrits*, t. II, p. 94). Le traité de paix se
trouve dans Bentivoglio, avec cette indication : « Expédition du P. de Bé-
» rulle. » (BENTIVOGLIO, t. II, p. 269 et suiv.)

[2] Cité par le P. BATTEREL, *Vie manuscrite*, liv. III, n° 86.

suffi d'une escarmouche, suivant la remarque de du Plessis-Mornay, « pour dissiper le plus grand parti qui eût été en » France depuis plusieurs siècles, et avec peu d'apparence » de se pouvoir rallier [1]. »

Bentivoglio n'eut pas plutôt appris la conclusion de la paix, qu'il écrivit au P. de Bérulle pour le féliciter de la part qu'il y avait eue. Il profitait de l'occasion pour insinuer un autre projet dans lequel il désirait fortement que le P. de Bérulle voulût entrer : c'était de déterminer le Roi à tourner ses armes contre les calvinistes, qui ne cessaient de troubler le royaume, en particulier contre ceux du Béarn [2]. Sommés plusieurs fois de restituer aux catholiques les biens ecclésiastiques dont ils s'étaient emparés par violence, ils s'obstinaient à les conserver. Édits du Roi, déclarations, lettres de jussion, se succédaient sans produire sur eux aucun effet : ils avaient poussé l'audace jusqu'à insulter le commissaire envoyé par le Roi pour enregistrer les édits.

Depuis longtemps, on sollicitait le duc de Luynes d'employer à une si juste cause les forces dont il disposait. L'assemblée du clergé, réunie à Tours au mois de mai 1619, avait adressé à Louis XIII une supplique, et le clergé et la noblesse du Béarn avaient député Jacques de Marca à la Cour, pour obtenir l'exécution des édits [3]. Luynes voyait

1 BAZIN, *Histoire de France sous Louis XIII*, t. I, liv. V, ch. IV, p. 369.

2 *Opere del cardinal Bentivoglio*, in Parigi, Redelichvysen, 1645, in-fol., p. 627.

3 Voyez *Louis XIII et le Béarn*, par M. l'abbé PUYOL. Paris, de Soye, 1872, ch. X, p. 476; ouvrage plein de faits et de documents intéressants, dont plusieurs inédits. Je me permettrai seulement une réserve. J. de Marca ne put trouver Luynes à Paris au mois de juillet : le favori quitta la capi-

en ce moment devant lui des ennemis qu'il était plus urgent
de combattre : la paix d'Angoulême n'était pas conclue
encore, et la prudence l'obligeait à ménager les protestants. Maintenant la situation était tout autre. Le P. de
Bérulle, qui, par son ami M. de Salette, évêque de Lescar,
connaissait le déplorable état des catholiques du Béarn,
acquiesça d'autant plus volontiers au désir du nonce,
que depuis longtemps il nourrissait le même dessein. Il
vit le Roi, et lui représenta que puisque Dieu venait de
remettre la paix dans sa famille, il devait, par reconnaissance, rétablir le culte catholique dans un pays d'où
l'hérésie avait banni depuis soixante ans le libre exercice de la seule véritable religion. Les conseillers du Roi
n'étaient point opposés aux vues du P. de Bérulle, et
celui-ci put écrire au nonce ces lignes sobres et prudentes,
où l'espoir disparaît presque, au souvenir de l'inconstance
des résolutions passées : « Nous désirons que les armes du
» Roi soient employées à un meilleur usage, et nous l'es-
» pérons. Si Dieu bénit cette pensée, ce sera assurément
» un singulier effet de sa providence divine en faveur de ce
» royaume, que d'avoir préparé et tant approché les armes
» vers un but si différent de celui auquel à présent on les
» destine. Le Roi s'en va à Poitiers, et il a convoqué la
» Reine et le conseil à Tours ; en peu de jours, on verra si
» l'inconstance de nos esprits est capable de quelque
» bonne et sainte résolution pour cet État [1] ».

tale avec son maître le **7** mai **1619**, et ne rentra à Paris ou plutôt à Compiègne qu'en septembre. M. de Marca vit-il le P. de Bérulle à Tours ou
à Angoulême au passage, c'est ce qu'il m'est impossible d'établir.

[1] Lettre du P. de Bérulle au nonce, sans date, dans BENTIVOGLIO,
Lettere diplomatiche, vol. II, p. 367.

22.

Tant et de si graves préoccupations n'empêchaient point le P. de Bérulle de soutenir les intérêts du Carmel et les droits des supérieurs français. Il en était besoin, car les Pères Carmes, selon son expression, ne voyaient dans ses efforts pour la conclusion de la paix qu'une occasion propice de lui faire plus vigoureusement la guerre [1].

Ce fut en effet pendant son séjour à Angers que le P. de Bérulle apprit la persistance apportée par ces Religieux dans l'affaire de Morlaix. Le Roi ayant expédié des lettres patentes en faveur du visiteur général des Carmélites, conformément au bref papal de 1614, ils s'opposèrent à leur enregistrement par le Parlement de Rennes ; opposition dont les magistrats s'empressèrent de profiter pour appeler comme d'abus du bref de Sa Sainteté, et qui causa un véritable scandale dans toute la Bretagne. En même temps que le P. de Bérulle était informé de ces faits par le doyen de Nantes, il recevait de Bordeaux des nouvelles non moins déplorables. La Mère Marguerite du Saint-Sacrement s'était vu refuser l'entrée du monastère de Saint-Joseph, et avait dû se retirer avec ses deux compagnes dans une maison où le président de Gourgues, fondateur du couvent, lui offrit l'hospitalité.

Les intérêts de l'État avaient rapproché à Angers le P. de Bérulle, envoyé par le Roi, et M. de Sourdis, appelé par la Reine. Le P. de Bérulle crut pouvoir entretenir le cardinal de l'accueil fait à la Mère Marguerite du Saint-Sacrement : M. de Sourdis promit aussitôt d'envoyer au monastère de Saint-Joseph l'ordre exprès de la recevoir.

[1] Lettre du P. de Bérulle au P. Bertin, du 7 septembre 1620. Copie. (Arch. nat., **M. 216**, l. c.)

Encouragé par les bonnes dispositions où il trouvait l'archevêque, il s'enhardit à lui parler alors de sa sentence du 20 mai, et de la peine que lui et les deux autres supérieurs en avaient ressentie; puis il lui donna à lire le bref du Pape, où étaient énumérés tous les pouvoirs du P. de Bérulle, de M. du Val et de M. Gallemant. Le cardinal lut le bref, affirma qu'il en ignorait l'existence, et promit de remettre toutes choses en l'état où elles étaient auparavant [1].

Mais tandis que du côté de Bordeaux la paix semblait prête à renaître, à Bourges elle était gravement troublée. La prieure, Sœur Isabelle de Jésus-Christ, inspirait depuis longtemps des inquiétudes au P. de Bérulle. Mélancolique, inquiète, tenace dans ses opinions, elle se croyait prévenue de grâces miraculeuses. Comme elle était d'origine flamande, que son père avait occupé une position importante à Anvers, elle eût désiré vivement être envoyée dans cette ville lorsqu'on y fonda un couvent de Carmélites. Le P. de Bérulle jugea que toute sa famille étant protestante, elle-même ayant été élevée dans l'hérésie, il était plus sage de la garder en France. Elle en conçut pour son supérieur une certaine aversion, entretenue par les Pères Carmes, dont elle suivait aveuglément les conseils [2]. Le 19 juillet de cette année (1620), suivant l'exemple des

----

[1] BENTIVOGLIO, dépêche du 10 août 1620, t. II, p. 358 et 359.

[2] Sur la Mère Isabelle de Jésus-Christ, voyez *Mémoire du P. de Bérulle au nonce Bentivoglio*, sans date, mais joint à une copie de sa main des conditions accordées à la Reine mère, et datée du Pont-de-Cé, le 10 août 1620. *Lettere diplom.*, t. II, p. 372. J'ai vainement cherché dans les *Fleurs du Carmel* une notice sur cette Religieuse. Elle y a été prudemment omise.

deux monastères de Bordeaux, elle avait présenté requéte à l'archevêque de Bourges, M. Frémiot, frère de sainte Chantal. Celui-ci, statuant sur ce que les Religieuses affirmaient n'avoir point de visiteur, ce qui était faux, les avait prises sous sa juridiction et conduite, défendant aux Pères Carmes de s'y ingérer, et ordonnant aux Religieuses appelantes de se pourvoir au plus tôt « par devers nostre » Sainct-Père [1] » : commandement auquel s'empressa d'obéir la Mère Isabelle, qui, pleine de confiance dans le sieur Smith, l'agent des Carmélites de Bordeaux, le fit venir à Bourges, lui donna sa procuration, et le chargea de défendre ses intérêts en cour de Rome.

A de si graves sujets de sollicitude, le P. de Bérulle aurait pu joindre des inquiétudes personnelles. Ceux qui aspiraient à lui ravir l'autorité dont il était revêtu, ne reculaient devant aucun moyen pour ruiner sa réputation. Lui qui ne parlait des Pères Carmes qu'avec une retenue dont le nonce Bentivoglio rendait témoignage [2], était ouvertement décrié par ces Religieux à Paris et à Rome, dans les couvents et dans le public. Ils allaient jusqu'à lui faire un crime de son intervention dans les affaires de l'État, à l'heure même où après avoir travaillé si efficacement à la conclusion de la paix, réalisant enfin un projet depuis longtemps mûri, il excitait le Roi à réduire les religionnaires, et à rétablir dans tous ses droits l'Église dépouillée et persécutée. Et cependant, ainsi qu'il le disait, loin

---

[1] MARILLAC, *De l'érection et institution...*, ch. 139-140.

[2] « Il padre Berul ed i suoi colleghi all' incontro non parlano di loro « (dei Padri scalzi) se non con quell' onore che si conviene. » (BENTIVOGLIO, dépêche du 10 août 1620, t. II, p. 359.)

de chercher à prolonger son séjour à la Cour, ses négociations aussitôt terminées, il se hâtait de revenir à ses travaux ordinaires, « comme les anciens Romains à leur » charrue [1] ».

Le lendemain du jour où, de Poitiers, il écrivait ces mots au P. Bertin, on put voir de quelle utilité était sa présence à la Cour. A la nouvelle des succès du Roi, de son dessein de venir jusqu'en Béarn, les églises de la province, effrayées, s'assemblèrent et nommèrent deux députés chargés de protester de leur soumission au Roi, et surtout de lui démontrer l'inutilité d'une expédition en Béarn [2]. Le 8 septembre, les députés furent reçus à l'audience du Roi, et s'acquittèrent si habilement de leur mission, que M. de Luynes et Louis XIII lui-même parlaient déjà de renoncer à l'expédition projetée contre les religionnaires, quand le P. de Bérulle prenant la parole, demanda justice au nom de l'Église, avec plus de vigueur que jamais. Les cardinaux de Retz et de la Rochefoucauld, le P. Arnoux, le nonce, qui, pour ce motif sans doute, venait d'arriver à Poitiers [3], l'appuyèrent. Combattus par la Reine mère, qui redoutait que le duc de Luynes ne profitât de l'éloignement de son fils pour accroître sur lui son empire, mais soutenus par le prince de Condé, les partisans de la guerre l'emportèrent, et il fut décidé en conseil que le Roi pousserait d'abord jusqu'à Bordeaux et attendrait en cette ville les preuves de soumission promises par les Béarnais. Cette

---

[1] Lettre du P. de Bérulle au P. Bertin, du 7 septembre 1620. Copie. (Arch. nat., M. 216, l. c.)

[2] *Louis XIII et le Béarn*, par M. l'abbé Puyol, ch. x, p. 483.

[3] Dépêche de Bentivoglio, 21 août 1620, t. II, p. 375.

réponse fut transmise aux députés, et dès le lendemain, 9 septembre, après avoir fait ses adieux aux deux Reines, le Roi quitta Poitiers, et se rendit à Blaye, d'où, remontant le fleuve, il arriva à Bordeaux par cette entrée magnifique que lui fait la Garonne [1].

Pendant ce temps, le P. de Bérulle allait à Saintes. Les Carmélites de cette ville, à l'instigation de leur prieure, la Mère Madeleine de Jésus, s'étaient mises sous la conduite et juridiction de leur évêque, Mgr Michel Raoul [2]. Il suffit au P. de Bérulle d'un court entretien avec ce prélat pour le convaincre de la légitimité des pouvoirs exercés par les supérieurs français, et Mgr Raoul s'empressa de révoquer son ordonnance. Aussi peu soumises à leur évêque qu'à leurs supérieurs, les Carmélites protestèrent contre la nouvelle ordonnance, refusèrent l'entrée de leur monastère au P. de Bérulle, et écrivirent au cardinal de Sourdis, le conjurant d'avoir pour agréable qu'elles se plaçassent sous sa juridiction. C'était une de ces prières que l'archevêque de Bordeaux exauçait toujours. Sans se donner le temps de la réflexion, il répondit aux Religieuses de Saintes que, dans le but de pourvoir à leur tranquillité et au repos de leur conscience, sur le refus de l'Ordinaire et en attendant le jugement à intervenir, il les prenait sous sa protection, et défendait à toute personne de s'immiscer en rien dans la direction de leur maison [3].

Quelque habitué que fût le P. de Bérulle aux variations

---

[1] Le Roi arriva à Bordeaux le 18. (*Mercure françois*, t. VI, 1620, p. 345.)

[2] Évêque de Saintes, du 18 mars 1618 au 14 septembre 1630. (*Dictionaire de statistique religieuse*, t. II, p. 92.)

[3] *Histoire du cardinal de Sourdis*, par RAVENEZ, ch. XXIII, p. 424, 425.

de M. de Sourdis, il ne pouvait s'attendre à un aussi brusque revirement. Six semaines ne s'étaient pas écoulées depuis cette longue conversation, à la suite de laquelle le cardinal avait promis de revenir sur son ordonnance du 20 mai, et d'accorder sa protection à la Mère Marguerite du Saint-Sacrement, et déjà oublieux de sa parole, il encourageait hautement les Religieuses d'un troisième monastère à se soulever contre l'autorité de leur visiteur et de leurs supérieurs légitimes ! Pour se rendre un compte plus exact des dispositions de l'archevêque, le P. de Bérulle vint à Bordeaux. La Cour s'y trouvait encore. Rien n'était plus facile au P. de Bérulle, qui venait de conquérir de nouveaux titres à la faveur du Roi, que de l'intéresser à sa cause : le duc de Luynes, le garde des sceaux, les membres du conseil lui offraient leur appui. Le succès était d'autant plus assuré, que M. de Sourdis était assez mal vu à la Cour, où l'on connaissait son caractère difficile et impérieux. A toutes les instances de ses amis, le général de l'Oratoire opposa constamment la même réponse : « Il faut attendre » en patience le remède par la voye de Dieu et du Saint- » Siége [1]. »

M. de Sourdis ne se montra nullement touché d'un procédé si délicat et si humble. Pendant quinze jours, il refusa obstinément au saint prêtre l'autorisation de visiter les Carmélites, et ne la lui accorda enfin que pour la lui retirer presque aussitôt, sous prétexte que sa présence ne servait qu'à envenimer les esprits. M. Claude de Gélas, évêque et comte d'Agen, se trouvait alors à Bordeaux. Le

---

[1] Lettre autographe au P. Bertin, du 27 octobre 1620. (Arch. nat., M. 216, n° 60.)

P. de Bérulle eut recours à ses bons offices. Par son entremise et devant lui, il eut une conférence avec le cardinal, et put croire même que l'issue en serait heureuse [1]. Il suffisait en effet que M. de Sourdis voulût un accommodement et cessât de s'opposer à l'exécution du bref. Dans les deux couvents révoltés, les Religieuses soumises à l'autorité des supérieurs étaient les plus nombreuses [2], mais si cruellement opprimées, « que par l'espace de » quatre moys on leur avoit souuent refusé l'absolution, » et à une mesme à l'article de la mort, pour ne vouloir » désauouer les supérieurs auxquels elles auoient fait leurs » vœus [3] » ; dans le conseil de l'archevêque, on était ouvertement favorable au P. de Bérulle; dans tout Bordeaux, on savait en quelle estime il fallait avoir le supérieur que M. de Sourdis venait de donner aux Carmélites, M. Moisset, un étranger qui n'avait pu rester chez les Pères Jésuites, qui s'occupait de banque plus que de théologie, et qui avait déjà porté la discorde dans mainte communauté [4]. De son côté, le P. de Bérulle se prêtait à toutes les concessions. « Pour oster (aux Religieuses abusées) la crainte de tomber » entre les mains de ceux qu'elles ont offensés », il allait jusqu'à leur promettre de ne plus faire la visite lui-même, et d'en charger tel prêtre de tel Ordre religieux qui leur plairait. Il n'exigeait d'elles qu'une seule chose, la reconnaissance de son autorité et de celle des deux autres supé-

---

[1] *Histoire du cardinal de Sourdis*, par RAVENEZ, *loc. cit.*

[2] Lettre du P. de Bérulle à M. de Marillac du 26 octobre 1620. Copie. (Arch. nat., M. 216, L. C.)

[3] Lettre autographe du P. de Bérulle au P. Bertin, 27 octobre. (Arch. nat., M. 216, n° 60.)

[4] *Id., ibid.*

rieurs. Sur ce point, rien ne pouvait le faire fléchir. « Je
» ne suis point attaché à cette autorité que le bref me
» donne », écrivait-il le 27 octobre au P. Bertin, « et il a
» pleu à Dieu par sa grâce me disposer à refuser de plus
» grandes charges, et dès longtemps et depuis peu, ie suis
» contraint de le dire pour respondre à l'accusation d'ambi-
» tion que me fait le P. Denis. Mais cette contestation estant
» eslevée et estant publique, et en France et à Rome, et
» mesme estant fondée sur calomnies et blasmes, ie suis à
» mon advis intéressé et obligé à la conserver, et ie prie
» Dieu qu'il soustienne s'il luy plaist mon innocence pour
» l'engaiement encores que la Congrégation y a[1]. » Mais
c'était précisément l'autorité du P. de Bérulle que les
Carmélites ne voulaient point reconnaître. Les Pères Carmes, le sieur Smith, avant son départ pour Rome,
M. Moisset, qui demeurait jusqu'à minuit pour exciter ces
pauvres filles à la rébellion et rédiger avec elles des mémoires à consulter, ne cessaient de leur répéter que l'autorité du P. de Bérulle était usurpée et nulle de plein
droit[2]. De Flandre, ce qui est plus étrange, on les entretenait dans la même illusion. La Mère Anne de Saint-
Barthélemy, à laquelle on avait certainement caché le
bref de 1614 et les pouvoirs qu'il conférait au P. de Bérulle, non contente d'écrire dès le 3 juin 1620 au cardinal
de Sourdis pour le remercier de prendre sous sa protection
les Religieuses appelantes, exhortait celles-ci par ses
lettres à la persévérance dans la lutte. Toutes, grâce aux

---

[1] Lettre du P. de Bérulle au P. Bertin, du 27 octobre. (M. 216, n° 60).

[2] Lettre du P. de Bérulle à M. de Marillac, du 26 octobre 1620. Copie.
(Arch. nat., M. 216, l. c.)

allégations des Carmes, en se révoltant contre les supérieurs nommés par le Pape, s'imaginaient lui plaire, et au plus fort de la rébellion, s'estimaient des martyres de l'obéissance religieuse [1].

Cependant, au commencement de novembre, M. de Sourdis changea tout à coup d'opinion. Le marquis d'Hallwyn, son frère, lui ayant représenté le tort qu'il se donnait, madame de Sourdis, sa mère, de laquelle les Pères Carmes avaient obtenu des lettres de recommandation auprès du cardinal, sans la prévenir de l'usage qu'ils en voulaient faire, lui ayant écrit pour se plaindre de la conduite déloyale de ces Religieux, il ouvrit les yeux et ne rêva plus qu'accommodement. Le P. de Bérulle n'avait point d'autre désir. Il s'empressa donc de proposer au cardinal de « surseoir à l'exécution du bref de la visite, » iusques à ce que Sa Sainteté ayt déclaré sa volonté sur la » requeste de ces filles. » Ravi de l'expédient, M. de Sourdis fit prévenir les Carmélites par le grand vicaire que son désir était qu'elles se soumissent à leur visiteur légitime, et sans faire encore d'acte public, « il donna sa » parole » au P. de Bérulle. Dans la ferveur de son retour, le prélat voulut même le retenir huit jours à Bordeaux, et ne le laissa partir qu'après avoir obtenu du saint prêtre la promesse d'y commencer au plus tôt l'établissement de l'Oratoire [2]. En même temps, l'évêque de Limoges, suivant l'exemple de l'évêque de Saintes, assurait le P. de

[1] Les lettres de la Vénérable Mère Anne de Jésus se trouvent dans l'*Abrégé de l'Establissement des Carmélites de France* (par le P. LOUIS DE SAINTE.THÉRÈSE), sect. II, ch. LI, p. 145.

[2] Lettre au P. Bertin, 8 novembre 1620, autographe. (Arch. nat., M. 216, n° 58.)

Bérulle qu'il ne s'entremettrait pas dans cette cause, et l'archevêque de Bourges, mieux éclairé, cherchait un moyen de révoquer la sentence qu'il avait donnée en faveur de la Mère Isabelle de Jésus-Christ. Saint François de Sales enfin, dont l'autorité était si grande dans toute l'Église de France, se déclarait tout à fait opposé aux entreprises des Pères Carmes : « M'est advis », écrivait-il à une supérieure de la Visitation, « que ces bonnes » filles ne sçavent ce qu'elles veulent, si elles veulent attirer » sur elles la supériorité des Religieux, lesquels, à la vérité, » sont des excellens serviteurs de Dieu ; mais c'est une » chose touiours dure pour les filles, que d'estre gouver- » nées par les Ordres qui ont coutume de leur oster la » sainte liberté de l'esprit » [1].

Les nouvelles de Rome n'étaient pas moins favorables. Dans le principe, les calomnies que le P. Denis était venu répandre en personne à Rome même ; les mensongères affirmations de Smith, qui avait présenté requéte au Pape, au nom, disait-il, de tous les monastères de France, réclamant le gouvernement des Carmes déchaussés [2], tandis

[1] *OEuvres complètes de saint François de Sales*, édit. Vivès, t. VI, lettre CLXXVII, p. 456. — Au lieu *de par les Ordres* qui est dans toutes les éditions, le nouvel éditeur propose de lire *par les hommes*. Il est dans l'erreur, et sa correction n'aurait aucun sens. La lettre de saint François de Sales n'est pas datée. Mais le P. de Bérulle la connaissait le 25 février 1621, puisqu'il écrivait au P. Bertin : « Peut-estre que M. de » Geneve s'emploira volontiers en l'affaire des Carmélites. Son sens est » éloigné des desseins des Carmes. Il en a ainsi escrit à une Religieuse de » France. » (Autogr. Arch. nat., M. 216, nº 52.) Je place ici cette lettre, quoique le P. de Bérulle n'en parle que cinq mois plus tard, parce que d'après le contexte elle me semble antérieure au jugement rendu par Paul V et Grégoire XV.

[2] MARILLAC, *Discours sommaire*, Paris, 1623, p. 10.

que cinq seulement lui avaient accordé leur confiance ; l'appui moral que prêtait à ce malheureux M. Torivio Man-çanas, propre neveu de la Mère Anne de Jésus, et avocat, avec Smith, des Religieuses appelantes, l'habileté et l'audace des ennemis du P. de Bérulle en avaient un peu imposé aux cardinaux chargés de l'examen de la cause, MM. Millini et de Sainte-Suzanne. Il ne leur fallut pas beaucoup de temps pour voir le cas que l'on pouvait faire des allégations et de la personne de Smith, qui ne rougissait pas de continuer à Rome la vie qu'il menait en Flandre. Outré de ce scan-dale, l'ambassadeur de France écrivit à la prieure de Bourges afin de la prévenir « des mauvais comportemens » de son procureur » [1]; démarche inutile auprès d'une femme du caractère de la Mère Isabelle ; « le plus fort » esprit et difficile à vaincre de tous », affirmait le P. Co-ton [2]. Dans son indignation, le cardinal de Bonni, après un bel éloge du P. de Bérulle, alla jusqu'à dire : « E ch'era » una vergogna di soffrire che un certo pietto e flamengo » calunniarlo ; e che il Papa lo dovrebbe castigare severa-» mente [3]. » Cet homme n'en était pas moins payé par les Carmes, soutenu par eux, et si sûr du succès, qu'il se vantait « de faire verser au P. de Bérulle et à M. du Val » des larmes de sang [4] ».

---

[1] Lettre autographe du P. Bertin au P. de Bérulle, 31 octobre 1620. (Arch. nat., M. 234.)

[2] Lettre autographe du P. Coton au P. de Bérulle, avril 1621. (*Les Carmélites de France et le P. de Bérulle.* Pièces justificatives, n° II, 6, p. 102.)

[3] « C'était une honte de supporter que ce piètre Flamand le calomniât et » que le Pape le devrait châtier sévèrement. (P. BERTIN, lettre de Rome, du 15 septembre 1620, à M. de Marillac. BATTEREL, liv. III, n° 20.)

[4] Lettre du P. de Bérulle à M. de Marillac, 26 octobre 1620. Copie.

L'affaire s'instruisait cependant. Le sieur Smith, représentant « les Religieuses de Bourges et consorts », demanda qu'elles fussent placées sous la juridiction des Carmes déchaussés.

A l'appui de ses prétentions, il alléguait que les Carmélites ne pouvaient être obligées de se soumettre au pouvoir de visite donné au P. de Bérulle, « pour ce qu'elles ne » l'avoient découvert que depuis six mois. » — Que c'était « une translation perpétuelle de leur Ordre » faite contre leur gré et contre leurs vœux, citant à cette fin la formule de leur profession et le livre « De la manière de » recevoir les Religieuses », imprimé à Lyon. — Qu'elles avaient fait leurs vœux suivant la bulle de Clément VIII, qui les plaçait sous la juridiction des Carmes déchaussés. — Que telle avait été leur intention lors de leur profession, tel l'enseignement reçu de leurs fondatrices. — Que « sainte Thérèse, leur mère, déclaroit, exhortoit, vouloit, » commandoit, statuoit que ses filles vécussent sous le » gouvernement desdits Pères Carmes ». — Que les Constitutions de l'Ordre portaient tout au commencement que les Religieuses sont sujettes au général de l'Ordre des Carmes déchaussés.

Réfuter l'argumentation de Smith n'était pas chose difficile. Ainsi que le remarqua Lorenzo Marcello, procureur des supérieurs français, la bulle de Clément VIII invoquée par les adversaires ne parlait que du général de l'Ordre, résidant en Espagne, et non du général de la Congrégation de Saint-Élie, duquel dépendaient les Pères Carmes établis

(Arch. nat., M. 216, l. c.) — Lettre autographe du même au P. Bertin, 31 janvier 1621. (Arch. nat., M. 216, n° 53.)

en France; dans le huitième article de la bulle d'érection de la Congrégation de Saint-Élie (13 novembre 1600), il était en effet défendu expressément aux Religieux de cette observance de prétendre au gouvernement des Religieuses, même de leur Ordre. Clément VIII n'avait donc pu vouloir soumettre en 1603 les Carmélites à des Carmes, auxquels il interdisait trois ans plus tôt d'accepter tout gouvernement de cette nature. En outre, la bulle de Clément VIII avait été révoquée, en ce qui touchait la visite, par le bref du 8 septembre 1606. Enfin, les Pères Carmes, le jour de la Chandeleur 1611, avaient déclaré eux-mêmes, de vive voix et par écrit, que non-seulement ils ne prétendaient pas au gouvernement des Religieuses, mais qu'ils avaient même défense de leur général d'en prendre ni accepter aucun. Prétendre, comme le faisaient les Religieuses, qu'elles avaient l'intention, lors de leur profession, d'être soumises aux Carmes, était chose inadmissible, car elles étaient entrées dans l'Ordre depuis la révocation par le Saint-Siége du bref de Clément VIII. Elles ne pouvaient davantage alléguer leur ignorance du pouvoir de visite donné à d'autres qu'aux Carmes; car la Mère Isabelle, lorsqu'elle était à Amiens, avait vu M. Gallemant d'abord, puis M. de Bérulle, faire la visite, et elle savait bien que les actes s'en trouvaient dans les registres du monastère. La même Mère Isabelle ignorait-elle aussi que le monastère de Bourges avait été fondé par contrat passé avec l'un des supérieurs dont elle contestait maintenant l'autorité, le 22 septembre 1617? Il n'était pas vrai, ajouta M. Marcello, que par le pouvoir accordé au P. de Bérulle, il se fit une translation perpétuelle de leur Ordre, « lequel demeuroit toujours le même,

»bien qu'il y eût différence au visiteur », ce que M. Marcello prouva par plusieurs exemples et raisons. Quant à ce qu'on alléguait des volontés de sainte Thérèse, il déclara que la sainte réformatrice du Carmel n'avait jamais commandé que ses Religieuses fussent dépendantes de la conduite des Carmes en toutes choses. Mais alors même qu'elle l'aurait dit, ce qui n'était pas, pouvait-elle donc lier les mains au Pape, et empêcher qu'il n'en ordonnât autrement, ainsi qu'il a fait à Rome même et en la Franche-Comté, où les monastères sont gouvernés par des prêtres séculiers? Enfin, le procureur des supérieurs français affirma que le premier article des Constitutions, qui déclarait les Religieuses sujettes au général des Déchaussés, « étoit faux et avoit » été falsifié en la traduction françoise, comme il appert » par l'original espagnol » [1].

Les parties ayant en toute liberté « déduit, écrit, » produit leurs moyens », et les cardinaux instruit l'affaire, le Pape entendit le rapport de ces derniers dans le consistoire du 12 octobre. Après quoi il prononça son jugement, par lequel il débouta les Religieuses rebelles de leur demande et conclusion, leur enjoignit d'obéir à leurs supérieurs, et ordonna au général des Carmes, résidant à Rome, d'imposer silence à ses Religieux en France. C'était le troisième bref que Paul V donnait en faveur du P. de Bérulle. Le cardinal Borghèse, neveu du Pape, écrivit immédiatement au nonce que l'intention de son oncle était de voir ce bref exécuté dans toute son étendue, et il manda au cardinal de Sourdis d'avoir à suspendre sa sentence.

[1] Marillac, *Discours sommaire*, p. 11 et suiv. Paris, E. Martin, 1625, in-8°.

Nonobstant une décision si formelle, le procureur des
Carmes écrivait de Rome aux Religieux de France dans les
termes les plus propres à les exciter à la lutte. Il affirmait
que les choses continuaient à demeurer en suspens, qu'on
n'en viendrait pas à prononcer une sentence, parce que,
dans ce cas, elle serait contraire au P. de Bérulle. Après
avoir informé sa Cour de ces nouvelles, Bentivoglio ajoutait [1] : « On voit par là que jusqu'à présent, ou bien l'on
» n'a pas donné au général les ordres indiqués par V. S.
» Ill. dans sa lettre, quoique vous m'ayez prévenu que ces
» ordres avaient été donnés ; ou bien que le général n'a
» pas voulu encore les notifier à ses Religieux, ou bien enfin
» que là-bas comme ici ils ne savent se résoudre à se plier
» à la résolution prise par Sa Sainteté. En attendant, on se

1 *Lettere diplom.*, t. II, p. 400. « La lettera del procurator è delli 24
del passato, se ben mi ricordo, ed il contenuto è che le cose tuttavia res-
tavano sospese, che non si verrebbe a sentenza, perchè in tal caso
sarebbe stato sentenziato contro il Padre Berul, che quel prete inviato di
qua avrebbe trattato di nuovo con Nostro Signore e fatte gagliarde repliche.
Questo in sostanza scrive il detto procurator generale. Dal che si vede che
sin allora o non erano stati dati al generale gli Ordini accennati da V. S.
Illma nella sua lettera ancorchè ella m'avvisi che s'erano dati, o che il
generale non aveva ancora voluto notificargli a questi Religiosi, o che
finalmente e là e qua non sanno risolversi ad acquetarsi alla risoluzione
presa da Nostro Signore. Intanto, si può tener per certo che qua i Padri
scalzi faranno intender tutto il contrario di quel che ho fatto intender io
in nome di S. S. Il che quanto sia a proposito e di quanta edificazione lascio
che dalla S. S. e da V. S. Illma sia considerato. E fra questi andamenti sarà
impossibile che non seguan maggiori scandali anche nei primi, e che al fine
non s'abbia ricorso ai Parlamenti con quella diminuzione d'onore e di ris-
petto alla S. S. ch'io di già tante volte ho rappresentato : nè io di qua ho
altra sorte di rimedio a tali disordini, che questo solo di rappresentarli. Il
che fo di nuovo con questa mia sperando che sia per giungere a tempo con
l'altre. Questi buoni Padri Carmelitani scalzi, tanto è lontano che abbian
voluto acquetarsi all' ordine inviatomi da V. S. Illma in nome di Nostro
Signore, che anzi hanno pubblicato per tutto che quello è un ordine estorto,
e che le Religiose non ne devono far conto alcuno ; e che in breve da Roma
sarebbero comparsi ordini del tutto contrarii. (Dép. 17 septembre 1620.)

» peut tenir pour assuré que les Pères Carmes feront entendre
» tout le contraire de ce que j'ai fait entendre moi-même à
» Sa Sainteté. Je laisse Sa Sainteté et V. S. Ill. juger de la
» convenance et de l'édification de ce procédé. A travers
» toutes ces manœuvres, il sera impossible que de plus
» grands scandales ne se produisent encore et qu'à la fin on
» n'ait recours au Parlement, ce qui entraîne, comme je l'ai
» tant de fois représenté, diminution d'honneur et de res-
» pect envers le Saint-Siége. D'ici, je ne saurais apporter
» à ces désordres d'autre remède que de les indiquer.
» C'est ce que je fais de nouveau par la présente lettre,
» espérant qu'elle arrivera à temps avec les autres. Ces
» bons Pères Carmes sont si loin d'avoir voulu s'apai-
» ser d'après l'ordre qui leur a été envoyé par V. S. au
» nom du Saint-Père, qu'ils vont au contraire publiant
» partout que cet ordre est un ordre extorqué, et que les
» Religieuses n'en doivent tenir nul compte, et que sous
» peu on fera paraître de Rome des ordres absolument
» contraires. »

Un tel parti pris de désobéissance chez des Religieux
étonnait Bentivoglio : «Je dois répéter à Votre Seigneurie»,
écrivait-il le 31 janvier, « que jusqu'ici on ne s'aperçoit
» d'aucun effet produit sur les Pères Carmes par les ordres
» qui ont dû leur être donnés de Rome par leurs supé-
» rieurs, ni de ceux que vous me fîtes venir, lesquels re-
» présentaient les commandements de Sa Sainteté elle-
» même. Cela est un sujet de scandale pour tous les gens
» de bien : car les Pères ont eu connaissance desdits or-
» dres de V. S. Ill., et montrent ainsi le peu d'estime qu'ils
» font de l'autorité de Sa Sainteté. Je demeure chaque

» jour plus confondu de la manière dont procèdent ces Re-
» ligieux en cette affaire, et de la passion qu'ils y apportent.
» Je suis convaincu que si Sa Sainteté ne tranche pas la
» question par un autre bref, fait avec toutes les décla-
» rations nécessaires, on n'en viendra jamais à bout; et les
» inconvénients et scandales qui en naîtront seront chaque
» jour plus grands [1]. »

Tandis que Bentivoglio écrivait cette dépêche, Paul V
mourait (28 janvier 1621), et sa mort rendait inutile le bref
qu'il avait donné en faveur du P. de Bérulle.

Le P. de Bérulle était alors de retour à Paris. D'accord avec MM. du Val et Gallemant, il se pourvut par-
devant le nouveau Pape. C'était Alexandre Ludovisio,
élu depuis le 9 février sous le nom de Grégoire XV. Comme
s'il avait pressenti la courte durée de son pontificat, Grégoire ne laissait languir aucune affaire [2]. Dès le 20 mars,
il confirma le jugement de son prédécesseur, et fit expédier
le bref nécessaire pour l'autoriser. On y lisait ces mots :

[1] « Quanto al negozio dei Religiosi scalzi di questo regno, debbo replicare a
V. S. Illma che fin ora non si vede qua alcun effetto non solo degli
ordini che dovevano esser dati loro da Roma dai loro superiori; ma nè
anche di quelli che furon dati da lei a me, che venivano a rappresentare i
comandamenti di S. S. medesima, il che è seguito con scandalo di tutti i
buoni, ed hanno avuto notizia dei detti ordini di V. S. Illma, e con poca
stima dell' autorità di S. Beatitudine, restando io ogni giorno con maggior
meraviglia della passione, e del modo con che si vede che questi Religiosi
procedono in questo negozio. Onde non è dubbio, se la S. S. non viene a
terminarlo con un altro breve fatto con tutte le dichiarazioni necessarie,
non se ne verrà mai a fine; e sempre saranno maggiori gli inconvenienti
e gli scandali che ne nasceranno. » Dépêche du 31 janvier 1621. (*Lettere*,
t. II, p. 409.)

[2] Sur Grégoire XV, voyez RANKE, *Histoire de la Papauté aux seizième
et dix-septième siècles.* Paris, Bray, 1848, t. III, liv. VII, ch. II, p. 76-77,
et le *Dictionnaire encyclopédique de la théologie catholique*, traduit par
GOSCHLER, t. X, p. 97.

« Nous approuvons et confirmons par ces présentes les
» susdites lettres (le bref de Paul V), et toutes et chacunes
» les choses contenues en icelles. Commandons en vertu
» de la saincte obéyssance aux Religieux et à toutes et
» chacunes les abbesses ou prieures et Religieuses des-
» chaussées dudit Ordre, qu'ils n'ayent à oser ou présumer
» venir en quelque sorte que ce soit contre le contenu
» auxdites lettres : mais au contraire que toutes et cha-
» cunes lesdites abbesses ou prieures et Religieuses, obéys-
» sent et entendent selon le contenu auxdites lettres audit
» Pierre, présent Supérieur de l'Oratoire et à ses succes-
» seurs en ladite charge et aux deux autres susdits, comme
» à leurs supérieurs [1]. »

L'affaire ne fut pas pour cela terminée. L'agent des
Carmélites, qui avait intérét, s'il ne gagnait leur cause, à
prolonger du moins le procès, puisqu'il était entretenu à
leurs frais, présenta au nom de ces Religieuses un nouveau
Mémoire. Elles y demandaient avec les plus vives instances
« à étre délivrées de la tyrannie du P. de Bérulle, dont
» elles étoient si accablées qu'elles aimeroient mieux mou-
» rir que de vivre sous sa conduite [2]. » Le cardinal de
Sourdis, encore à Rome où il était venu pour le dernier con-
clave, avait eu le temps, depuis quatre mois, de modifier
ses opinions. Oubliant donc la parole donnée au P. de
Bérulle, les injonctions faites de sa part aux Religieuses
dyscoles par son grand vicaire, il se mit de nouveau à la
remorque de Smith et des Pères Carmes, et avec plus

---

[1] MARILLAC, *De l'érection*, etc., ch. x, p. 175.

[2] Lettre du P. Bertin du 10 mars 1621. Smith avait eu vent du bref et
avait protesté avant même qu'il fût publié.

d'ardeur que jamais, multiplia les pas et les démarches afin de décider le Pape à changer son bref. Il ne put y réussir; mais à force d'importunités, il obtint une lettre de surséance, laquelle fut envoyée aussitôt par le cardinal-neveu au nonce de France [1].

Mgr Bentivoglio n'était plus le représentant du Saint-Siége. Rappelé à Rome où l'attendait le chapeau, il avait pour successeur, à Paris Mgr Corsini, archevêque de Tarse. Celui-ci, non moins bien disposé que son prédécesseur pour le P. de Bérulle, fut peiné de la commission dont il était chargé. « Je me suis extraordinairement » affectionné au P. de Bérulle, dont le mérite m'étoit déjà » connu à Rome, et dont j'ai conçu ici une opinion plus » avantageuse encore », écrivait-il en date du 7 juin. Puis parlant du bref et de la lettre qu'il venait de recevoir, il ajoutait : « Je contribuerois volontiers à étouffer le scan- » dale qui résulte de la persécution qu'on lui fait. Mais » il faut vous dire que comme je pensois mettre les mains » à l'œuvre, je me les suis vues tout à coup liées par des » lettres de Rome qui m'ordonnent de surseoir. Ce sera » une œuvre de votre zèle si vous obtenez qu'on me délie, » afin que je montre l'estime que je fais dudit Père [2]. »

Au moment où le nonce manifestait de si bienveillantes dispositions, M. de Sourdis dépêchait de Rome au Roi un courrier pour lui faire connaître que l'affaire n'était pas jugée, et qu'elle serait déjà décidée contre le P. de Bérulle si l'on n'avait point abusé du nom de Sa Majesté en fa-

---

[1] 3 mai 1621. (MARILLAC, ch. xi, p. 178.)
[2] La lettre originale est aux Archives nationales, M. 216, liasse C.

veur du supérieur de l'Oratoire [1]. Si fausses que fussent
les allégations de M. de Sourdis, elles trouvèrent un certain crédit à la Cour. M. de Puysieux, circonvenu par le
commis Barrat, qui avait déjà rendu de fort mauvais offices
au P. de Bérulle et intercepté plus d'une de ses lettres, s'y
laissa prendre aussi bien que le P. Arnoux [2]. Ceci était
grave. Sous le nouveau pontificat, les Pères Jésuites, dont
le cardinal-neveu était l'élève et le protecteur, exerçaient
une grande influence [3]. Assez peu favorables au P. de Bérulle, ils étaient contenus par le confesseur du Roi : celui-
ci une fois gagné à la cause des Carmes, ils allaient très-
probablement les soutenir, peut-être les faire triompher.
Cédant aux instances de son entourage, Louis XIII écrivit
au marquis de Cœuvres, son ambassadeur, qu'il n'entendait
en aucune sorte étouffer le droit des parties, ni empécher
qu'elles fussent ouïes et représentées soit à la Congrégation
des réguliers, soit à toute autre à laquelle Sa Sainteté voudrait renvoyer l'affaire [4]. La dépéche était datée du camp
sous Saint-Jean d'Angély, trois jours après la capitulation
de la place (27 juin). Depuis deux mois le jeune Roi était
en campagne, occupé à réduire les réformés, qui, par leur
fameux manifeste de la Rochelle, établissant une république
au sein de la monarchie, avaient justifié toutes les appréhensions du P. de Bérulle et attiré sur eux, selon ses conseils,
les armes victorieuses de Louis. Pendant ce temps, retiré à

---

[1] MARILLAC, ch. XI, p. 190.

[2] Lettre autographe du P. de Bérulle au P. Bertin, 19 août 1621. (Arch.
nat., M. 216, n° 47.)

[3] RANKE, *Histoire de la Papauté aux seizième et dix-septième siècles,*
loc. cit.

[4] MARILLA , *De l'érection,* etc., ch. XI, p. 191.

Paris, le fondateur de l'Oratoire s'y voyait poursuivi par les Carmes avec un acharnement et une persévérance incroyables. Tantôt on s'efforçait de gagner M. du Val en lui promettant qu'il demeurerait supérieur, quand bien même la visite serait confiée aux Religieux : proposition qu'il avait du reste écartée aussitôt par cette ferme et loyale réponse : « Si M. de Bérulle quitte la charge aujourd'hui, demain je » quitterai la France[1]. » Tantôt on venait annoncer au P. de Bérulle, en toute hâte, qu'il avait perdu son procès à Rome, et qu'on y poursuivait ses écrits, entachés, ajoutait-on, d'hérésie. Peu sensible aux injures qui n'attaquaient que sa personne, il était fort affligé de la défaveur qui en rejaillissait sur sa Congrégation. Les ennemis de l'Oratoire ne laissaient point échapper une si belle occasion de nuire au nouvel institut : ses progrès se ralentissaient manifestement. L'année 1620 n'avait vu commencer que deux nouvelles maisons, Joyeuse et Amiens : en 1621, il n'était question d'en fonder aucune. A tant de peines intérieures se joignaient pour le P. de Bérulle les souffrances du corps. Depuis les premiers jours du printemps, il était affligé d'une fluxion et d'un catarrhe sur les yeux[2]. En un moment où il devait sans cesse expédier les lettres et les mémoires les plus confidentiels, il se voyait condamné à ne point écrire ; et la lecture, sa grande ressource, lui était interdite. Tout s'unissait pour le retenir à Paris, où il trouvait du moins auprès de la

---

[1] Lettre du 31 mars. (Arch. nat., M. 216, n° 50.)

[2] Lettre autographe du **P.** de Bérulle au **P.** Bertin, 12 avril. (Arch. nat., M. 216, n° 49.) — Lettre du 16 mai 1621, dictée et signée. (Arch. nat., M. 233.)

Mère Madeleine de Saint-Joseph, de la Mère Marie de
Jésus et de leurs filles, la plus douce consolation que pût
ambitionner son âme; néanmoins lorsqu'il connut les intrigues qui se tramaient à la Cour contre lui et les deux autres
supérieurs, il pensa que le plus sûr moyen de confondre
ses adversaires était de se montrer. Sa résolution prise,
rien ne put en arréter l'exécution, ni la longueur du
voyage, ni les difficultés de la route sillonnée par des
bandes armées, ni le péril d'exposer ses yeux malades aux
rayons d'un soleil de juillet, et il partit.

Il lui fallut pousser jusqu'à Bergerac pour rejoindre la
Cour [1]. Une nombreuse noblesse, impatiente de signaler
sa valeur, allant au feu comme à un ballet, en pourpoint
de soie, se pressait autour du fils de Henri IV. Fière
de combattre sous les yeux de son jeune Roi, qui payait
de sa personne et par des mots heureux savait relever le
moral du soldat, l'armée n'aspirait qu'à poursuivre la campagne brillamment inaugurée par la prise de Saint-Jean
d'Angély. Bientôt le Roi s'avança suivi de son artillerie,
à travers les riches et fertiles vallons qui avoisinent
Tonneins, où il dressa son camp. On tint aussitôt conseil,
et il fut décidé qu'on ferait le siége de Clairac, petite place à
deux lieues de Tonneins, dont les garnisaires s'intitulaient
fièrement « soldats sans peur, défendant une ville sans
» Roi [2] ».

Au milieu de cette vie guerrière, le P. de Bérulle ne

[1] Lettre autographe du P. de Bérulle, 19 août 1621. (Arch. nat.,
M. 216, n° 47.)

[2] Pour tous ces détails, voyez *Mercure françois*, t. VII, p. 620 et suiv.
— FONTENAY-MAREUIL, *loc. cit.* — P. GRIFFET, *Histoire de Louis XIII*,
in-4°, t. I, p. 295 et suiv.

perdait point de vue la cause qui l'avait amené auprès du Roi. Celui-ci était poursuivi par les sollicitations de la partie adverse. Lors de son passage à Barbezieux (le 6 juillet), on lui avait encore remis une protestation des Religieuses de Bourges, Limoges, Saintes et Bordeaux, conçue dans des termes analogues à la dépêche de M. de Sourdis; on y affirmait que l'affaire était pendante à la Congrégation des réguliers, et que c'était le P. de Bérulle qui empêchait le jugement du procès. « Les occupations » des voyages et du camp ne permettoient pas de négocier » aysément[1]. » Néanmoins, le P. de Bérulle n'eut pas de peine à faire revenir le P. Arnoux, qui, désolé d'avoir été induit en erreur, écrivit de lui-même « une forte dépêche » au R. P. Balthasar, assistant des Jésuites, afin qu'il éclairât le cardinal-neveu sur l'origine de la lettre datée de Saint-Jean d'Angély; le nonce, de son côté, manda à Rome qu'elle serait bientôt révoquée. Ni le P. Arnoux ni Mgr Corsini ne s'étaient trompés. Le P. de Bérulle, dès qu'il put avoir audience du Roi, l'assura que, durant tout le cours de cette affaire, M. de Puysieux n'avait jamais rien écrit à M. de Cœuvres en faveur des supérieurs français que par ordre exprès des cardinaux de la Rochefoucauld et de Retz, tous deux de son conseil, tous deux pleins de probité et de zèle pour la justice, et en qui il se fiait pour des affaires beaucoup plus importantes; qu'il n'y avait donc eu dans cette négociation rien de contraire à l'équité; mais que ce qui était opposé à toutes les règles, c'était d'arrêter le jugement rendu par deux Papes, après

---

[1] Lettre autographe du 19 août 1620. (Arch. nat., M, 216, n° 47.) — MARILLAC, *De l'érection...*, etc., ch. XI, p. 92.

deux ans et demi de contestations, sur le rapport de deux cardinaux romains, dont l'un même était le protecteur des Carmes, et sur les instances de tous les cardinaux français, le seul cardinal de Sourdis excepté ; qu'entretenir une division si affligeante dans de pareilles circonstances, c'était bien plus réellement intéresser la justice et la conscience de Sa Majesté que de faire cesser un tel désordre, en autorisant les brefs de Paul V et de son successeur.

Louis XIII aimait à entendre parler raison. Il trouva justes les représentations du P. de Bérulle, et donna ordre d'écrire dans ce sens à Rome. Il fit plus : indigné que la calomnie s'attaquât à un homme dont il avait tant de fois déjà admiré la loyauté et la vertu, il « réclama qu'on » châtiât ceux qui osoient accuser sa doctrine et ses » mœurs ». Le P. de Bérulle n'en demandait pas tant.

Le canon grondait toujours du côté de Clairac, dont la garnison se défendait avec vaillance et vendait chèrement sa capitulation. Elle coûta la vie à un des plus brillants maréchaux de camp du Roi, le baron de Termes; frappé aux approches de cette ville d'un coup d'arquebuse, il mourut le lendemain à Tonneins, entre les bras du P. Arnoux. Le P. de Bérulle connaissait le frère de M. de Termes, le duc de Bellegarde, un des négociateurs d'Angers. Il s'associa au deuil de la Cour et du soldat, qui aimait ce « brave sei- » gneur au cœur de lion et à la parole douce [1] ».

Clairac pris, le Roi se dirigea vers Agen, dont l'évêque

---

[1] *Mercure françois*, t. VII, p. 641. — FONTENAY-MAREUIL (Coll. Michaud et Poujoulat, 2ᵉ série, t. V, p. 161.). — MORÉRI, art. *Bellegarde*. — Voy. dans la *Revue des Questions historiques*, deux lettres du P. Arnoux sur la mort de M. de Termes. J'en ai trouvé une troisième aux Archives des Affaires étrangères : elle est autographe, datée de Tonneins, 24 juil-

était M. de Gélas, le même qui s'était efforcé d'opérer un rapprochement quelques mois plus tôt entre M. de Sourdis et le visiteur des Carmélites. Rien ne le retenant plus à la Cour, le P. de Bérulle prit congé du Roi [1]. Il lui tardait d'arriver à Toulouse.

let 1621, et adressée sans doute à Richelieu. Moréri écrit *Thermes* et *Termes*, avec et sans *h*. Cette dernière orthographe est celle du temps.

[1] Je suppose que le P. de Bérulle ne quitta la Cour qu'à Agen, parce que, dans sa lettre si souvent citée, il parle de la dépêche qui ne fut expédiée qu'à Clairac, et parce qu'en outre il semble naturel qu'il ait préféré voyager le moins possible sans escorte. Le Roi était à Agen le 10 août. (*Mercure françois*, p. 656.)

CHAPITRE X.

LES MONASTÈRES OPPOSANTS.

1621-1623.

D'Agen à Toulouse. — Nouvelle maison de l'Oratoire. — Visite aux Carmélites. — Le P. Dominique de Jésus-Maria à Montauban. — Le P. de Bérulle à Lyon. — Conseils qu'il donne aux Oratoriens. — Une prophétie. — Le monastère de Notre-Dame de la Compassion. — Le P. de Bérulle se rend à Dijon. — La Mère Marie de la Trinité. — M. Zamet, évêque de Langres. — Le Bienheureux Pierre Fourier. — Le P. de Bérulle rentre à Paris. — Succession du duc de Luynes. — Le P. de Bérulle et Richelieu. — Continuation des troubles dans le Carmel. — Lettres patentes du Roi (22 novembre 1621). — M. Miard, grand vicaire de Bordeaux. — Exécution du bref du Pape (28 décembre). — Le président de Bernet. — Lettres de M. Miard. — Bref suspensif (14 janvier 1622). — Violences de M. Miard. — Désordres à Saintes. — La Sorbonne est consultée. — Lettre du P. Coton. — Les ennemis du P. de Bérulle essayent de circonvenir le nonce, Mgr Corsini. — Factums contre le P. de Bérulle. — Lettre du Roi au Pape (12 juillet 1622). — Bref de Grégoire XV (12 septembre). — Affaire de la bulle. — Mort de la Sœur Catherine de Jésus (19 février). — Fidélité de la Mère Madeleine de Saint-Joseph au P. de Bérulle.

Ce n'était pas chose facile que de se rendre, au mois d'août 1621, d'Agen à Toulouse. Bien que le duc de Mayenne eût reçu ordre de « nettoyer le pays [1] », et se fût bien acquitté de sa commission, il restait assez de huguenots pour inquiéter les voyageurs désarmés, les ecclésiastiques surtout. Montauban se préparait à opposer une vigoureuse résistance aux efforts des troupes royales

[1] *Mercure françois*, t. VII, p. 656.

qui s'approchaient, et dans ces campagnes d'ordinaire si fertiles et si belles, au lieu des calmes travailleurs, on ne rencontrait plus que des bandes en armes, qui, dociles à la voix de M. de Rohan, couraient s'enfermer dans la ville rebelle. Le P. de Bérulle n'eut pas à en souffrir, et gagna sans accident la capitale du Languedoc.

La réputation laissée par le P. Metezeau dans les chaires de Toulouse, où on le redemandait avec instance, l'impression produite déjà par la vertu austère et le profond savoir du P. Bourgoing, avaient rendu facile le succès des Oratoriens. Vivement sollicité de doter la ville d'un second établissement, le P. de Bérulle y avait consenti, et s'occupait depuis quelque temps de fonder une maison d'institution [1], où les ecclésiastiques du Languedoc, de l'Agenais, du Bigorre, pussent se former à la science et aux vertus de leur état ; où, sans faire le voyage de Paris, les clercs et les prêtres désireux d'entrer à l'Oratoire, eussent la facilité de connaître les règles et l'esprit de la Congrégation. A son arrivée, le P. de Bérulle, trouva la maison déjà achetée et s'occupa, avec les protecteurs de son institut, d'assurer l'avenir de cet important établissement. Il visita en même temps le monastère des Carmélites. Les calomnies et les outrages dont on abreuvait leur supérieur n'étaient point épargnés aux Religieuses fidèles : la Mère de la Trinité et ses filles en faisaient la journalière expérience ; mais ces âmes fortes et oublieuses d'elles-mêmes connaissaient le prix de la croix, et le P. de Bérulle leur

---

[1] Lettre du P. de Bérulle au P. Metezeau, supérieur des Prêtres de l'Oratoire à Lyon, 19 janvier 1621, autographe. (Arch. nat., M. 233.)

parlait leur propre langage, lorsqu'il les assurait que Jésus-Christ « la portoit avec elles et en elles [1] ».

Les ennemis du P. de Bérulle n'étaient point en effet découragés. De Paris et du camp sous Montauban, on le tenait au courant de leurs démarches. Dans l'espoir de détruire l'impression produite par ses derniers discours sur l'esprit du Roi, les protecteurs des Carmes, le commis de M. de Puysieux, M. Barat en tête, avaient eu la pensée de faire venir à la Cour un de ces Religieux dont on célébrait la sainteté et les miracles, le P. Dominique de Jésus-Maria. L'année précédente, au fort de la guerre entre les États de Bohême et l'armée impériale, il avait conseillé de livrer la bataille devant Prague, le jour de l'octave de la Toussaint, en promettant aux Impériaux la protection du ciel : les Impériaux avaient remporté la victoire. Admiré depuis lors comme un prophète et vénéré comme un saint, le P. Dominique de Jésus-Maria s'était dirigé vers Paris, où l'attendait un accueil enthousiaste. Persuadé qu'il lui restait une mission à remplir, il demanda lui-même à venir en Cour, ce qu'on lui accorda après un premier refus ; car le Roi n'avait point désiré recourir à ses conseils, disait le P. Arnoux au P. de Bérulle. Dès qu'il fut arrivé au camp, on l'interrogea sur les moyens de réduire la place ; il pensa qu'on devait tirer quatre cents coups de canon contre la ville, après quoi elle se rendrait

---

[1] Expression du P. de Bérulle dans une belle lettre adressée à la prieure et aux Religieuses du monastère de Toulouse, et dont je dois la bienveillante communication à la Révérende Mère prieure de ce couvent. La lettre n'est pas datée, et fut écrite probablement en janvier **1622** ou **1623**. La Mère de la Trinité allait être attaquée publiquement dans les libelles que je citerai plus bas.

infailliblement. Le 19 septembre, qui était un dimanche, Bassompierre reçut ordre du Roi de tirer les « quatre cens » coups de canon : ce qu'il fit ; mais les ennemis ne se » rendirent pas pour cela ». Le P. Dominique quitta le camp, et on en revint aux conseils des capitaines [1].

Presque en même temps, le P. de Bérulle s'éloignait de Toulouse pour continuer la visite de ses maisons, et il arrivait bientôt à Lyon.

L'Oratoire y était prospère. Avec des hommes tels que le P. Metezeau, le P. Bence, le P. Thiersault, l'amour des sciences ecclésiastiques et le culte de la vie intérieure, bien loin de se nuire, se prêtaient un mutuel appui, et déjà on pouvait admirer les fruits d'une si nécessaire alliance, dans les sujets formés à cette forte et religieuse école. Par ses exemples et ses paroles, le P. de Bérulle ne cessa d'exciter chez ses disciples un zèle plus vif encore de la perfection sacerdotale.

Pauvreté, gravité, humilité, charité, telles étaient les vertus qui éclataient en toute occasion chez le saint fondateur. Un jour, certains supérieurs des maisons voisines, lesquelles étaient fort mal rentées, celle de Mâcon en particulier [2], vinrent lui exposer leur situation, non sans

---

[1] *Journal de ma vie, Mémoires du maréchal de Bassompierre*, édition de la Société de l'Histoire de France. Paris, Renouard, 1873, in-8°, t. II, p. 316. — Lettre du P. de Bérulle au P. Bertin, de Toulouse, 19 août 1621 (Arch. nat., M. 216, n° 47). — *Mercure françois*, t. VII, p. 864. — A. BAZIN, *Histoire de France sous Louis XIII*, t. I, liv. VI, ch. II, p. 398. Le P. Griffet ne dit rien du P. Dominique. — On trouve l'éloge de ce pieux Religieux dans les *Annales des Carmes déchaussés de France*, par le R. P. LOUIS DE SAINTE-THÉRÈSE. Paris, Angot, 1666, in-fol., liv. I, ch. LIV, p. 136.

[2] Lettre autographe du P. de Bérulle au P. Thiersault. Langres, 17 janvier 1622. (Arch. nat., M. 234.)

quelques plaintes. « Eh! mon Dieu », leur répondit-il,
« vous vous plaignez de ce qui apportera bénédiction tant
» aux maisons qu'aux particuliers, et à vous ouvrir fran-
» chement mon cœur, je n'appréhende rien tant pour la
» Congrégation que les richesses et l'abondance qui seules
» ont causé, si l'on n'y prend garde, le relâchement de
» l'observance régulière dans tous les cloîtres, et la ruine
» complète de l'ordre en tant de communautés [1]. »
Une autre fois on lui demanda si, pour se récréer, il
n'était point permis aux Pères de l'Oratoire de jouer
entre eux à quelques jeux innocents, ainsi qu'on le pratiquait dans d'autres maisons religieuses : « Non », répondit
le P. de Bérulle, « parce que notre état est beaucoup plus
» parfait que le leur »; entendant par là rappeler à ses
disciples les écrasantes grandeurs du sacerdoce, et les
devoirs qui en découlent; puis il ajouta que ceux de la
Congrégation devaient suivre à la lettre l'avis de l'Apôtre :
« Rachetez le temps, car les jours sont mauvais [2] », et
s'en montrer si avares qu'ils n'en perdissent pas une
seule minute : il leur fit observer encore qu'étant une
société d'ecclésiastiques libres et jouissant de leurs biens,
si une fois on laissait introduire parmi eux l'usage du jeu,
il était à craindre que l'amour du gain ne s'y mêlât, et
que d'une simple récréation on ne fît une affaire sérieuse.
Décision pleine de sagesse et d'autant plus nécessaire,
qu'un certain nombre d'ecclésiastiques qui entraient à
l'Oratoire n'y restaient pas, mais après s'être formés dans

---

[1] P. FARDEL, *Mémoires historiques sur la Congrégation*, n° 58. (Cités
par BATTEREL, *Vie manuscrite*, liv. III, n° 102.)

[2] *Redimentes tempus, quoniam dies mali sunt.* (Eph., v, 16.)

son sein, en sortaient pour accepter des fonctions sacerdotales. A cette occasion même, quelques-uns de ses disciples se plaignirent au P. de Bérulle de ce que, grâce à la liberté qu'il laissait de quitter l'Oratoire, on perdait un grand nombre de sujets : « Et moi j'en suis bien aise », leur repartit-il, « la Congrégation n'étant établie que pour » fournir de dignes ministres et de bons ouvriers à » l'Église [1] ». Cette humilité, qui ne lui permettait jamais de chercher les intérêts de la Congrégation aux dépens de ceux de l'Église, se trahissait dans toutes ses réponses. Un comte de Saint-Jean de Lyon, tel était le titre que l'on donnait aux membres du chapitre noble de cette église [2], étant venu le visiter, lui montra une prophétie de saint Vincent Ferrier qui annonçait une Compagnie de prêtres consacrés à Jésus, et destinés à produire de grands fruits dans l'Église, et il voulait appliquer sa prédiction à l'Oratoire; mais le P. de Bérulle s'en défendit constamment, et n'oublia rien pour convaincre son interlocuteur qu'à tous les traits de la prophétie il était facile de reconnaître la Compagnie de Jésus [3]. Il se rendit à la maison des Jésuites, où il fut accueilli avec le plus religieux respect. Dans le cours de la conversation, l'un des Pères lui ayant demandé quelles étaient les épreuves et la durée du noviciat à l'Oratoire: «Je n'en ai point établi »,

---

[1] Le P. FARDEL, *Mémoires historiques*, n° 109.

[2] « Plusieurs historiens ont nommé votre auguste chapitre *la pierre de touche de la noblesse*, par le privilége que vous avez de ne recevoir parmi vous que des gentilshommes. » *La Nouvelle Méthode raisonnée du blason...*, par le P. B. F. MÉNESTRIER, de la Compagnie de Jésus. Lyon, Bruyset, 1750, in-12. Dédicace.

[3] P. FARDEL, *Op. cit.*, n° 54.

répondit-il, « parce que l'état de prêtrise dont doivent
» faire profession ceux qui aspirent à être des nôtres, exige
» un noviciat continuel : c'est un état où il faut acquérir
» une perfection chaque jour croissante, jusqu'à la consom-
» mation qui s'en fera dans la gloire [1]. »

Durant son séjour à Lyon, le P. de Bérulle poussa jusqu'à Notre-Dame de Grâce, en Forez. Le P. Bence, qui
s'entendait infiniment mieux à la direction spirituelle
qu'à l'administration temporelle, avait accepté assez im-
prudemment de desservir ce pèlerinage, la maison étant
sans fonds et sans revenus. Néanmoins, après avoir passé
deux heures en oraison dans le pieux sanctuaire, le P. de
Bérulle ratifia la promesse du P. Bence, heureux de consacrer une fois de plus le zèle sacerdotal de ses disciples
au service de la très-sainte Vierge.

Dans la ville de Lyon, la Sainte Vierge était honorée
par les Carmélites sous l'un des titres les plus touchants
qu'on puisse lui donner, celui de Notre-Dame de la Compassion. La Mère Madeleine de Saint-Joseph avait désiré
que ce monastère honorât, au nom de tous les Carmels de
France, les douleurs causées à Marie par la mort de
son divin Fils. En faisant la visite, le P. de Bérulle put
se convaincre que la Mère Madeleine avait laissé parmi
les Religieuses de Lyon des héritières fidèles de son esprit,
des imitatrices généreuses de ses vertus. Sorties du grand
couvent dont elles étaient professes, la Mère Thérèse de
Jésus, la Sœur Marie de Saint-François et leurs compagnes

---

[1] Status perfectionis acquirendæ majoris semper et majoris usque ad
consummationem illius quæ solum fiet in gloria. (BATTEREL, *Vie manuscrite*, liv. III, n° 104.)

prouvaient par leur vie combien l'obéissance aux supérieurs légitimes favorisait l'essor de la perfection religieuse [1]. « Si Dieu vous donne facilité, vous pourriez
» voir quelquefois la Mère Prieure : c'est une âme de plus
» grande vertu et lumière qu'il ne semble ; ie la cognois
» dès longtemps [2] », écrivait le P. de Bérulle au P. Metezeau. Le dévouement de la Mère Thérèse de Jésus à ses
supérieurs lui donnait en ce moment une large part à leur
croix.

Cependant le P. de Bérulle était réclamé à Dijon, où se
préparait une nouvelle fondation faite par un pieux maître
des comptes de la ville, M. Charot. Ce magistrat désirait
établir les Carmélites à Châtillon-sur-Seine, et il avait déjà
obtenu à cet effet des lettres patentes du Roi, leur enregistrement au Parlement, et la permission de l'évêque de
Langres. Seul M. de Bérulle hésitait, à cause des troubles
dont l'Ordre était agité. Mais lorsqu'il fut arrivé à Dijon,
ayant appris que M. Gallemant avait donné sa parole, il
ne balança plus. Il nomma sur-le-champ les Religieuses qui
devaient se rendre à Châtillon, et mit à leur tête la Mère
Marie de la Trinité (mademoiselle d'Hannivelle), alors à
Dijon avec la Mère Anne de l'Incarnation, qu'elle avait
amenée de Troyes. On eût dit qu'au lendemain et à la
veille d'un si rude combat, Dieu avait ménagé cette heureuse rencontre à son serviteur afin qu'il pût puiser une

-----

[1] *La Vie de la Mère Madeleine de Saint-Joseph*, par un prestre de
l'Oratoire de Jésus-Christ Notre-Seigneur, nouv. édit. Paris, Pierre le
Petit, 1670, in-4°, liv. I, ch. XXII, p. 128 et suiv. — *Chroniques de
l'Ordre des Carmélites*, t. III, p. 159 et suiv.

[2] Lettre autographe du P. de Bérulle au P. Metezeau, 5 mars (l'année
manque). (Arch. nat., M. 233.)

force nouvelle auprès de la Mère Marie de la Trinité. Le
P. de Bérulle, à qui elle confiait les secrets de son âme,
en connaissait les richesses : tout en lui écrivant des lettres
admirables de doctrine, et où il se montrait dans toute
son autorité de directeur et de Père, il ne craignait pas
de s'avouer souvent son disciple, de prendre même ses
conseils [1]. Son affection pour cette grande Religieuse
lui fit surveiller avec un soin paternel les apprêts du
voyage. Le matin du départ, qui fut le jour de saint
Jean, il voulut dire la messe, à laquelle les Carmélites
communièrent. Puis il fit appeler au parloir celles que
l'on destinait à la nouvelle fondation et leur lut l'obédience, qu'elles entendirent à genoux [2]. Il vint ensuite avec
elles à la porte de clôture, afin de les faire lui-même
monter en carrosse et de s'assurer que ses chères filles ne
manquaient de rien.

La nouvelle d'un accident qu'il n'avait pu prévoir vint
presque aussitôt affliger son cœur. Deux lieues avant Châtillon, le carrosse versa, et la Mère de la Trinité se blessa
grièvement à la tête. Pendant plusieurs jours, on fut
inquiet des suites d'une chute si fâcheuse. « Ie suis en
» peine de votre blessure », lui écrivit-il la semaine suivante,

---

[1] Je dois à l'obligeance de M. de Beaurepaire, conservateur des Archives
de la Seine-Inférieure, la communication de six lettres autographes du
P. de Bérulle adressées à la Mère de la Trinité et actuellement conservées
à la préfecture de Rouen. On trouvera la plus importante aux Pièces justificatives, n° III.

[2] *Chroniques de l'Ordre des Carmélites de France*, t. III, p. 566 et
suiv. — Les obédiences originales signées du P. de Bérulle, en date de
Dijon, 11 janvier 1622, se trouvent au monastère d'Autun, d'où l'on m'en
a envoyé la copie. Le départ des Religieuses ayant eu lieu le jour de saint
Jean, il est à croire que le P. de Bérulle leur envoya leurs obédiences, au
lieu de les leur remettre.

« et de ce que ie crains que le lieu où vous estes ne soit
» pas fourny ni de personnes, ny de remedes propres à
» vostre mal. Ie vous prie d'auoir soing de vostre santé et
» de vous considérer comme chose qui n'est point à vous,
» mais à Jésus Notre-Seigneur, et ie veux que Sœur Anne
» de l'Incarnation ou Sœur Angélique ait soing de ce qui
» vous concerne [1]... » En même temps il se mettait en prière.
La sainte prieure guérit bientôt, et ses compagnes ne dou-
tèrent pas qu'elles ne fussent redevables aux supplications
de leur supérieur du prompt rétablissement de leur Mère [2].

De Dijon, le P. de Bérulle se rendit à Langres,
appelé dans cette ville par la maison que l'Oratoire
y possédait depuis plusieurs années [3], et surtout par
l'évêque, qui professait pour lui une tendre vénération.
C'était Sébastien Zamet, le fils du fastueux financier, de
l'ami trop facile de Henri IV. Poussé par son père dans
l'Église, d'abord aumônier de la Reine, puis évêque de
cour, il avait été touché de la grâce dans une grande maladie, et s'était résolu à se donner complétement à Dieu.
Confident de son généreux dessein, le P. de Bérulle
l'avait engagé à suivre les conseils spirituels d'un Père de
l'Oratoire. Le prélat obéit, et le P. de Bérulle, durant son
séjour à Langres, put reconnaître aux œuvres de M. Zamet
la sincérité de sa conversion : il remplissait avec un zèle
infatigable tous les devoirs de sa charge, faisait à pied

---

[1] Lettre du 10 janvier 1622, copie. (Arch. nat., M. 216.)

[2] *Chroniques de l'Ordre des Carmélites en France*, t. III, p. 588 et
suivantes.

[3] Lettre autographe du P. de Bérulle au P. Thiersault, datée de Langres, 17 janvier 1622. (Arch. nat., M. 234, D. 3.) La maison de Langres
avait été fondée en 1616.

la visite de son diocèse, et passait de longues heures de
jour et de nuit à pleurer devant Dieu sa vie passée[1].

Si Langres avait offert au P. de Bérulle le beau spectacle d'un évêque pénitent, Nancy lui montra, en la personne du Bienheureux Pierre Fourier, l'image d'un
apôtre. Il méritait ce titre, l'homme qui, non content
de conquérir à Jésus-Christ petites gens et grands seigneurs, prêtres et princes, avait pris l'enfance sous sa
protection, et lui préparait de sages et chrétiennes maîtresses par l'institution hardie alors de la Congrégation
de Notre-Dame. Le nouvel institut venait d'être doulou-
reusement éprouvé par la mort de la Vénérable Mère Alix
Leclerc, quand le supérieur de l'Oratoire arriva à Nancy.
Quelques années auparavant, lors d'un voyage de la Mère
Alix à Paris, le P. de Bérulle, consulté par elle sur sa
vocation, lui avait montré le chemin qu'elle devait suivre.
Il connaissait donc les vertus de celle dont tout Nancy
pleurait la mort, et pouvait mieux mesurer l'étendue d'une
telle perte ; mais il n'était point nécessaire d'un deuil commun pour rapprocher les deux grands serviteurs de Dieu.
Supérieurs de Religieuses l'un et l'autre, ils poursuivaient
en même temps avec passion la réforme du clergé : car

---

[1] *Mémoires touchant la vie de M. de Saint-Cyran*, par M. Lancelot.
Cologne, 1738, t. I. *Recueil de pièces*, pièce I, p. 397. — *Histoire générale
de Port-Royal*. A Amsterdam, 1755, t. I, liv. V, p. 141. Dom Clémencet,
auteur de cette histoire, suppose que M. Zamet se convertit en 1622
ou 1623 ; Lancelot dit vers 1622. Je suis convaincu que ce fut plus tôt.
Dès le 12 mai 1621, M. Zamet donnait son approbation aux vœux et élévations dont il sera parlé plus bas. Or, le P. de Bérulle n'aurait pas choisi
pour patron un prélat dont la vie eût donné un démenti à ses actes. —
Sainte-Beuve, dans *Port-Royal* (liv. I, ch. XII, p. 329), traite fort mal
M. Zamet ; mais il ne faut pas oublier que toutes ses préférences sont pour
Saint-Cyran, qui supplanta à Port-Royal l'évêque de Langres.

dès lors Pierre Fourier se préparait à faire revivre la discipline ecclésiastique dans son pays. Pendant son séjour à Nancy, le P. de Bérulle vint souvent visiter le P. Fourier. Il le quitta, très-frappé de ce qu'il avait vu et entendu, et disant hautement que « si l'on voulait d'une seule œillade envisager toutes les vertus, il fallait venir en Lorraine, et qu'on les trouverait unies en la personne du » Père de Mattaincourt [1]. »

Après une courte halte à Metz, où le P. de Bérulle prépara sans doute le prochain établissement des Carmélites [2], il reprit la route de Paris, et, vers la mi-février, après neuf mois d'absence [3], il revit enfin sa chère maison de la rue Saint-Honoré.

Le Roi venait de rentrer dans sa capitale, où il avait été reçu en triomphe, malgré l'échec éprouvé par ses armes devant Montauban [4]. Les bourgeois comme les grands étaient heureux d'ailleurs de ne plus voir dans son cortége l'homme dont la prodigieuse fortune les exaspérait, le connétable de Luynes, mort misérablement durant le siége de Monheurt. Le P. de Bérulle se trouvait encore à Dijon, lorsque lui parvint la nouvelle de ce grave événement : il n'en fut pas surpris. Depuis longtemps il pensait que

---

[1] *Le Bienheureux Pierre Fourier*, par madame la vicomtesse DE FLAVIGNY. Plon, 1873, in-8°, ch. VIII, p. 120-121.

[2] La fondation de Metz fut faite l'année suivante (13 avril 1623) par le grand couvent. (*Chroniques*, t. III, p. 599.) On ne peut plus nommer sans une religieuse et patriotique douleur ce monastère de Metz, si fervent, si fidèle à ses origines, aujourd'hui si cruellement éprouvé.

[3] Lettre autographe du P. de Bérulle au P. Bertin, du 20 février 1622. (Arch. nat., M. 216, D. 85.)

[4] Louis XIII rentra à Paris le 28 janvier 1622. — Le connétable de Luynes était mort le 15 décembre 1621. (*Mercure françois*, t. VII, p. 930.

« Dieu ne voudroit pas se servir d'un si mauvais instru-
» ment » pour réduire les huguenots ; il avait même eu au
sujet de la mort de M. de Luynes des pressentiments dont
se ressouvenait Richelieu. Un jour, la Reine mère ayant
laissé paraître devant le supérieur de l'Oratoire sa crainte
que le connétable, à son retour, ne lui fît plus de mal
encore que par le passé, « il s'en moqua, disant que Dieu
» ne le permettroit pas, et que cette année étoit un an de
» miracles [1] ». Le miracle s'était accompli. Le P. de Bérulle,
auquel M. de Luynes témoignait de l'estime et de la confiance, y avait répondu en s'efforçant bien des fois de
l'éclairer, et d'obtenir de cet ambitieux insatiable des concessions aussi nécessaires à sa propre fortune qu'au bien
de l'État. Il n'avait pas craint de dire en propres termes
au favori « qu'il commençoit d'être temps qu'il appliquât
» son esprit au bien du royaume, sans plus le tenir dans
» le seul dessein de son intérêt, et qu'il lui conseilleroit de
» se prescrire à lui-même un terme auquel il voulût borner
» sa fortune, afin qu'y étant arrivé il se donnât tout entier
» au public. » A quoi le connétable « avoit répondu avec
» larmes qu'il savoit bien que c'étoit un conseil de sagesse
» et de piété, mais qu'il n'étoit pas en sa puissance de le
» faire [2]. » La mort seule devait mettre un terme à l'avidité
de ses désirs. Maintenant que le connétable reposait jusqu'au jour du jugement dans sa terre de Maillé, l'important, ainsi que l'écrivait de Dijon le P. de Bérulle à Richelieu, était de « tirer profit de ce coup de justice et de

---

[1] *Mémoires du cardinal de Richelieu*, publiés par M. Petitot. Paris,
1823, in-8º, t. II, p. 165 et suiv.

[2] *Mémoires du cardinal de Richelieu*, ibid.

» miséricorde tout ensemble [1] ». Mais dès son arrivée à Paris, le supérieur de l'Oratoire vit bien que, sous Louis XIII, la place de favori ne pouvait rester vacante [2]. Le prince de Condé la convoitait, et, comme de Luynes, il ne cherchait qu'à éloigner la Reine mère de la Cour. Dans ce but égoïste, il excitait le jeune Roi à prendre de nouveau les armes et à marcher contre les Réformés.

Le prétexte était spécieux, le P. de Bérulle ne s'y laissa pas prendre [3]. Il regardait comme un péril immense la division de la famille royale, il était plein d'aversion et de dégoût pour le règne des favoris. Il jugea, non pas comme Richelieu, qu'il fallait renoncer pour le moment à s'embarquer dans une nouvelle guerre, les intérêts de l'Église pesaient d'un trop grand poids dans son esprit pour qu'il les sacrifiât jamais; mais, prenant un parti mitoyen, il estima que l'on pouvait rentrer en campagne sans que le Roi se mît à la téte de ses troupes [4]. Par la marquise de Maignelay, il s'efforça de ramener à son avis le frère de cette dernière, le nouvel archevéque de Paris, M. de Retz [5],

---

[1] Lettre du P. de Bérulle à Richelieu, du 26 décembre 1621. Cet autographe était à vendre il y a quelques mois chez M. Charavay, qui a bien voulu m'autoriser à en prendre copie.

[2] L'expression est de M. Avenel. (*Lettres de Richelieu*, t. I.)

[3] « Ie vous supplie très-humblement me permettre de vous représenter » que le R. P. ne seroit utile à Bordeaux en ces nouuelles rencontres » ou à Paris si on y reuient. Si vous estes de mesme aduis, il seroit » bon de le tirer hors des pensées de la guerre contre les huguenots » pour le présent, car il y a d'autre chose à faire maintenant. Je ne crains » que cela en Monseigneur le Cardinal de Retz. Car ie lay tousiours veu » fort affeccionné au seruice du Roy, au bien de l'Estat et à la réunion des » esprits séparez. Mais ce dessein de guerre peut seruir de suiet et de prae- » texte à plusieurs choses qui ne sont pas à propos en cette saison. » Lettre du P. de Bérulle à Richelieu, citée à la note 2.

[4] BAZIN, *Op. cit.*, liv. VI, ch. III, p. 408.

[5] BATTEREL, *Vie manuscrite*, liv. IV, n° 3.

mais en vain. Le prince de Condé l'emporta au conseil, et le 20 mars, Louis XIII, dans son ardent désir de réduire les huguenots et peut-être d'échapper à sa mère, quitta Paris à l'improviste, plutôt en équipage de chasseur que de conquérant, disait Richelieu. La Reine mère se mit bientôt à sa poursuite et le rejoignit à Nantes ; mais là elle tomba malade, et fut contrainte de se rendre à Pougues afin d'y prendre les eaux.

De loin, le P. de Bérulle travaillait toujours au maintien de la bonne harmonie entre la mère et le jeune Roi. Ne pouvant, malgré l'appui de Richelieu, faire bannir de la Cour, où l'avait trop bien accueilli M. de Luynes et où le prince de Condé ne lui ménageait pas les caresses, le misérable Ruccelaï, il s'efforçait du moins d'obtenir que cet Italien manifestât à Marie de Médicis, si indignement trahie par lui, un véritable repentir. Mais la Reine s'estimait jouée de nouveau, et il était malaisé de contenir sa colère. « Ie » croy que nous perdrons nostre latin en l'affaire que vous » sçavez », écrivait Richelieu au P. de Bérulle ; il l'encourageait cependant à tenter de nouveaux efforts auprès de l'intrigant Italien, mais sans lui donner grand espoir de succès [1]. Dans les circonstances actuelles, l'évêque de Luçon n'était nullement porté à se compromettre auprès du Roi par quelque démarche trop accusée en faveur de la Reine. L'ambassadeur de France à Rome sollicitait pour lui le chapeau de cardinal. Un mot imprudent de sa part, et un honneur si désiré passait sur une autre tête.

[1] Lettre autographe de Richelieu au P. de Bérulle, datée d'Orléans, 26 mars 1622. (Arch. nat., M. 232, n° 18.)

Tandis que le P. de Bérulle poursuivait avec tant de persévérance au sein de la famille royale le rétablissement de la paix, le calme était loin de renaître dans les monastères troublés du Carmel. Le visiteur des Carmélites avait espéré qu'en s'éloignant de Bordeaux, qu'en laissant à M. du Val et aux commissaires nommés par les cardinaux, le soin de procéder à l'exécution des ordres du Pape, il ferait tomber les préventions de ses ennemis. Les nouvelles qu'il reçut durant son voyage et depuis son retour à Paris le détrompèrent bien vite. Lui seul était presque toujours mis en cause, et la gravité de la situation s'accroissait chaque jour.

On se rappelle que le 6 novembre 1621, le Roi avait donné des lettres patentes pour faire exécuter le bref du 20 mars, et confié ce soin aux cardinaux de Retz et de la Rochefoucauld. Loin de se soumettre, les Religieuses présentèrent requête au parlement de Bordeaux et formèrent opposition à l'exécution du bref qui venait de leur être signifié. Non-seulement le Parlement admit leur opposition, mais il alla jusqu'à défendre de faire aucun usage du bref, sous peine de dix mille livres d'amende. Le Roi, alors à Nérac, rendit un arrêt par lequel il se réservait la connaissance de cette affaire et l'interdisait à toutes les Cours, nommément à son parlement de Bordeaux [1]. Ces ordres réitérés ne firent point d'impression sur les Religieuses. En l'absence de M. de Sourdis, toujours à

---

[1] MARILLAC, *De l'érection...*, ch. XII, p. 210 et suiv., 27 novembre 1621. Extrait des registres du Conseil d'État. Arrêt contre le parlement de Bordeaux pour l'exécution des lettres patentes du 6 novembre. (Arch. nat., L. 1047, 2ᵉ liasse, cote C.)

Rome, elles se voyaient publiquement soutenues par son grand vicaire, M. Miard. Celui-ci s'était efforcé d'obtenir de M. de Retz, dès son arrivée à Bordeaux, que le bref favorable au P. de Bérulle ne fût pas aussitôt exécuté. « Il » n'y a rien qui presse », disait le grand vicaire, désireux de laisser à son archevêque le temps de gagner sa cause à Rome. « Si la volonté du Saint-Père est aujour- » d'hui que M. de Bérulle soit supérieur des Carmélites, » aussi bien le sera-t-elle d'ici à trois mois. » Mais le cardinal de Retz ne se laissa point jouer. Il répondit poliment que depuis cinq mois il avait reçu le bref : que le Roi et le nonce le pressaient de l'exécuter, et que, quant à lui, il entendait en finir.

Le nonce, en effet, se montrait fort mécontent de l'opposition que rencontrait à l'archevêché de Bordeaux l'exécution des ordres du Pape. M. Miard n'avait pas craint de convoquer les supérieurs de tous les couvents de la ville, afin de prendre leur avis sur la conduite à tenir en cette circonstance. Parmi eux se trouvait le P. Coton, alors recteur de la maison des Jésuites : il déclara que ni lui ni un seul de ses Religieux ne se rendrait à une assemblée où on délibérait sur les ordres du Pape, et il se hâta d'avertir le nonce, qui fit défense à tous les supérieurs d'accepter l'invitation du grand vicaire. C'eût été faiblesse que d'attendre davantage pour agir [1].

Le 23 décembre, sur les neuf heures du matin, M. de Machault, conseiller du Roi et maître des requêtes, et

____

[1] Lettre autographe de M. Miard, du 24 décembre 1621. (Archives diocésaines de Bordeaux.)

M. Boutineau, vicaire général, délégué par M. de Retz, se transportèrent au couvent de Saint-Joseph, accompagnés du capitaine du guet et de ses hallebardiers. Ils trouvèrent tout fermé. Aucune Religieuse ne paraissant au parloir ni au tour, il fallut enfoncer les portes du couvent. Les huit premières Carmélites qui se présentèrent étaient soumises aux supérieurs : on mit provisoirement à leur tête, en attendant une élection, la Mère Marie de Jésus-Christ, belle-mère du président de Gourgues. Puis, pénétrant plus avant, les commissaires trouvèrent les Religieuses opposantes, auxquelles ils signifièrent les ordres du Pape et du Roi ; après quoi, « ces Messieurs se retirèrent pour leur » laisser le tems de prendre leur repas et de faire leurs ré- » flexions [1]. »

De leur côté, les parents des Religieuses opposantes se donnaient beaucoup de mouvement. Le frère de la prieure de Saint-Joseph, M. de Bernet, président au Parlement, ayant obtenu audience du Roi, supplia, dans « un » long et éloquent discours », Sa Majesté de ne pas permettre l'exécution du bref, ou du moins d'accorder une surséance de quatre mois, après lesquels les Religieuses

---

[1] Le P. LOUIS DE SAINTE-THÉRÈSE (*Annales des Carmes déchaussés de France*, liv. I, ch. LXXXV, p. 223) trouve très-légitime l'assemblée convoquée par M. Miard pour délibérer sur un bref du Pape. Il oublie que le bref de Rome était exécutoire nonobstant appel. — Il parle des « violences inouïes racontées en l'histoire, des portes du couvent brisées », etc., etc. Que signifierait le recours au bras séculier, permis par le Pape, si on ne s'en servait pas précisément pour briser les portes, quand on ne peut les ouvrir ? — Inutile d'ajouter que le P. Louis de Sainte-Thérèse ne parle ni du refus du P. Coton, ni de l'intervention du Parlement, ni de la promesse hypothétique des Religieuses de se soumettre. En revanche, il raconte à la page précédente des paroles que sainte Thérèse « dit (à la Mère Jeanne — une des Religieuses opposantes —) en son intérieur ».

promettaient d'obéir, si pendant cet intervalle elles
n'avaient pu obtenir un bref révocatoire. Le Roi s'étant
retiré afin de prendre l'avis de son conseil, M. de Retz et
M. de Schomberg insistèrent pour qu'on ne temporisât pas
davantage ; il se rangea à leur avis, et donna ordre de procéder à l'exécution immédiate du bref. A cette nouvelle,
les Religieuses opposantes promettant toujours de se soumettre dans quatre mois, demandèrent à être conduites
au second couvent. On le leur accorda : on leur permit
même de dresser protestation, à la seule réserve qu'il fût
loisible aux Religieuses du deuxième couvent qui voudraient se soumettre au bref, de venir au monastère de
Saint-Joseph. De ce dernier, neuf opposantes sortirent,
et les trois Carmélites du couvent de l'Assomption, qui
avaient toujours persévéré dans l'obéissance aux supérieurs, revinrent à Saint-Joseph. Le Roi, qui avait voulu
être instruit de toutes les circonstances de cette exécution,
approuva ce qui avait été fait. M. le nonce alla visiter
les Religieuses restées au premier monastère, y dit solennellement la sainte messe, les communia, et leur donna
la bénédiction au nom de Sa Sainteté.

Le jour même, 24 décembre, M. Miard écrivait à M. de
Sourdis dans les termes les plus propres à le surexciter. Il
lui parlait de la Mère Marguerite du Saint-Sacrement,
l'admirable fille de madame Acarie, qu'il confondait avec
la Mère Marie de Jésus (madame Séguier d'Autry, si digne elle aussi de vénération), comme d'une ambitieuse
maintenant parvenue à ses fins. Toutes les difficultés, à
l'en croire, venaient des menées souterraines et victorieuses du P. de Bérulle : « La chair et le sang ont en-

» gendré tant de scandale. Car cette Mère » (il voulait parler de madame d'Autry) « est belle-mère de Monsieur » le premier président et tante de M. de Bérulle. » Il ne manquait pas enfin de lui signaler les mauvais offices du P. Coton. « Jugez de là », ajoutait-il amèrement, « en » quel état est l'affaire et quels sont Messieurs les Jésuites, » gens du monde s'il y en eust iamais et qui ne réuèrent » Vostre Seigneurie, sinon quand ils en peuuent tirer du » profit[1]. » Il n'en fallait pas tant pour faire perdre toute mesure à l'irascible cardinal. Ayant rencontré à Rome le P. Bertin, il s'emporta jusqu'à lui dire « qu'il avoit ordonné » qu'on mist frère Edmond en une bonne et estroite » prison, et qu'on luy donnast une demie douzaine de » bastonnades »[2]. Le pauvre frère n'était pourtant coupable d'autre crime que d'avoir porté à Bordeaux les lettres du Pape et celles du Roi. Non content d'intimider les cardinaux et l'ambassadeur de France par sa hauteur, sa certitude du succès, son mépris affecté pour ses adversaires, M. de Sourdis ne craignit pas de faire entendre au Pape que le désir de Louis XIII était que l'affaire fût examinée de nouveau[3]. Urbain VIII, ne pouvant soupçonner une telle intrigue, crut sur parole l'archevêque de Bordeaux, et revint sur sa première décision par un bref en date du 14 janvier 1622. M. de Sourdis se hâta de le faire imprimer, et dès le 21 janvier il l'envoyait à son vicaire général

[1] Lettre autographe de M. Miard, du 24 décembre 1621. (Archives diocésaines de Bordeaux.)

[2] Lettre autographe du P. Bertin à M. de Marillac, du 21 décembre 1621. (Arch. nat., M. 216.)

[3] Lettres du P. Bertin, du 13 février et du 4 juin 1622. (Arch. nat., M. 216.) — Voyez plus bas les lettres patentes du Roi.

M. Miard, avec tous ses pouvoirs, y compris celui d'excommunier les Religieuses qui refuseraient de lui obéir, «*inobe-
» dientes et rebelles gladii Ecclesiæ mucrone compescere* [1]. »
Le 11 février, le bref de Sa Sainteté fut notifié aux Carmélites fidèles, réunies au monastère de Saint-Joseph, avec ordre de comparaître par procureur devant le vicaire général, pour donner acte de leur acceptation [2]. Mais celles-ci, la Mère Marie de Jésus et la Mère Marguerite du Saint-Sacrement à leur tête, ne crurent pas pouvoir reconnaître par leur soumission la validité d'un bref surpris et obtenu sur un faux exposé [3], en sorte que M. Miard, cinq jours après, lança contre elles l'excommunication, déclarant le monastère de Saint-Joseph interdit, défendant à toute personne ecclésiastique tant séculière que régulière, de quelque condition qu'elle fût, de leur administrer les sacrements, ordonnant la publication de ladite sentence « ez portes des églises de la présente ville », enjoignant enfin aux curés et prédicateurs « de la publier en leurs » prônes et prédications, et faire sçauoir au peuple [4]. »
Ni la Mère Marie de Jésus ni la Mère Marguerite du Saint-Sacrement ne se laissèrent ébranler. Elles firent signifier à M. Miard un appel comme d'abus au conseil

[1] Acte original imprimé. (Archives diocésaines de Bordeaux.)

[2] Archives diocésaines de Bordeaux. Acte de citation. Pièce originale.

[3] *La Vie de la Vénérable Mère Marguerite Acarie, dite du Saint-Sacrement...* Paris, 1689, in-8º, ch. x, p. 121. — Voyez Marillac, *De l'érection*, ch. xvi, p. 367 et suiv. Dans le bref du 12 septembre 1622, le Pape déclare que le bref du 14 janvier n'a pas été exécuté complétement, et cela par son ordre.

[4] Archives diocésaines de Bordeaux. Pièce originale imprimée. Il en existe quatre exemplaires, au bas desquels les curés ont certifié avoir publié l'excommunication.

privé du nouveau bref et de la sentence d'excommunication.

Le vicaire général était inquiet. Il regrettait de s'être embarqué dans cette fâcheuse affaire, mais s'abritait avec raison derrière les ordres formels de M. de Sourdis. Sa grande consolation était de faire retomber sur M. de Bérulle la responsabilité d'un conflit déplorable qui, sans la protection accordée par l'archevêque de Bordeaux aux rebelles, eût été cependant depuis longtemps terminé. « Il » me semble », écrivait le grand vicaire un peu embarrassé de son rôle, « que l'affaire ne se finira pas sans que » le Pape parle encore par Monseigneur le nonce au Roy. » Car le P. de Bérulle a tant d'intelligence et dapuy qu'il » déguisera, à l'acoustumé, la vérité. Je vous prie de noter » cette subtilité du P. de Bérulle [1]. Il a si bien fait, qu'il » a fait entendre au Pape que le Roy veut qu'il soit supé- » rieur, et au contraire il a fait entendre au Roy que c'est » le Pape qui le demande et le veult, de manière qu'aupa- » rauant que le Pape donnast ce dernier bref de suspension » quand l'on luy présentoit la plainte de ces Religieuses, il » disoit que le Roy le pressoit au contraire, et quand on » faisoit le semblable au Roy, il disoit que c'estoit le Pape » qui le pressoit. » M. Miard s'efforçait d'avoir, lui aussi, des intelligences dans le conseil [2]. Il n'en voyait pas moins sa sentence d'excommunication regardée comme nulle et non avenue par la plupart des gens de bien de la ville. Le

---

[1] Il me paraît curieux de mettre en face de cette accusation de M. Miard l'éloge tracé par Bentivoglio. « Il Padre Berul, dit-il, morirebbe piuttosto che fingere la verità. » (Le P. de Bérulle mourrait plutôt que d'altérer la vérité.)

[2] Archives diocésaines de Bordeaux. Lettre autographe de M. Miard, en date du 15 février 1622, sans suscription, mais probablement adressée à l'évêque de Maillezais.

prieur de Gourgues allait dire la messe dans le monastère, et toute la famille du premier président y assistait [1]. Désespéré de cette résistance, M. Miard essaya un mémoire justificatif, dans lequel il parlait « des grandes sub- » tilités des PP. de Bérulle, Gallemant et du Val, soy- » disant supérieurs des Carmélites ».

Le P. de Bérulle rentrait à Paris [2], lorsqu'il y reçut la nouvelle de l'excommunication lancée contre sa chère fille la Mère Marguerite du Saint-Sacrement et contre ses compagnes. D'accord avec MM. Gallemant et du Val, il joignit son appel comme d'abus à celui de la Mère Marie de Jésus, sans se laisser beaucoup intimider par une assignation à comparaître devant Mᵉ Jacques Miard, qui lui fut signifiée le 2 mars.

A Saintes, l'attitude des Religieuses opposantes était la même qu'à Bordeaux. Là aussi, tous les efforts de conciliation devaient échouer devant leur opiniâtreté. L'évêque, le gouverneur de la ville, le recteur des Pères Jésuites, tentèrent successivement de leur faire entendre raison. Rien n'y fit. Les commissaires voulurent entrer dans le monastère : tout était fermé. Pendant ce temps, le peuple s'ameutait, et il fallut que M. d'Autry, conseiller du Roi, intendant de la justice en Saintonge, envoyât requérir le grand prévôt de l'armée, alors campée sous la Rochelle, et ses archers. On enfonça le tour ; on passa par-dessus des amas de pierres, de tonneaux et de fascines, et on se trouva

---

[1] M. Miard l'affirme. M. de Marillac dit au contraire que la sainte messe ne fut pas dite au monastère de Saint-Joseph. .

[2] Lettre autographe du 20 février 1622, au P. Bertin. (Arch. nat., M. 216, D. 83).

enfin, dans une chambre haute, en présence de la prieure
et de sept de ses Sœurs, liées les unes aux autres par
des chaînes d'argent [1]. Cet appareil théâtral, peu séant à
des personnes religieuses, n'empêcha point les commissaires de leur signifier le bref du Pape et les ordres du Roi.
Elles refusèrent absolument de s'y soumettre. Plusieurs
jours de réflexion n'ayant changé en rien leur résolution,
on les conduisit à Bordeaux, non sans avoir pris des pré-
cautions pour éviter des désordres, car les parents de ces
Religieuses parlaient de « repousser la force par la force [2]. »

Cependant, à Paris, les docteurs de Sorbonne, consultés
sur la validité de la sentence d'excommunication fulminée
contre les Carmélites fidèles, répondirent sans hésiter dès
le 17 février, que la sentence du docteur J. Miard était nulle
et sans effet. Onze jours après, le nonce écrivit au R. P. Dom
Marc-Antoine de Saint-Bernard, prieur des Feuillants,
à Bordeaux, « que le Pape luy auoit fait mander qu'il
» auoit concédé ce bref, à condition de ne s'en point servir
» ès lieux auxquels le premier auoit esté exécuté ; que la
» procédure faite contre ces Religieuses estoit précipitée ;
» qu'il mist leurs esprits en paix, leur faisant connoistre
» iusques où se doit entendre la crainte d'une excommuni-
» cation fulminée contre l'intention certaine de Sa Sain-
» teté [3]. » Le 6 mars, le cardinal Ludovisio expédia au
nonce une dépêche plus explicite encore, bientôt suivie de
l'envoi d'un nouveau bref, daté du lendemain même de

[1] Le P. Louis de Sainte-Thérèse (*Op. cit.*, p. 223) dit que les chaînes
étaient de fer. Bien entendu, il approuve la résistance des Religieuses, et
cite soigneusement les différentes maisons où elles se cachèrent à Bordeaux.

[2] M. DE MARILLAC, *De l'érection*, t. I, ch. xv, p. 274 et suiv.

[3] M. DE MARILLAC, *De l'érection*, p. 368.

la canonisation de sainte Thérèse. Grégoire y déclarait n'avoir jamais eu la volonté et intention que le bref du 14 janvier dernier fût exécuté contre les Religieuses soumises à la visite, correction et supériorité du général de l'Oratoire.

Traîner les affaires en longueur est souvent le moyen le plus sûr pour qu'elles empirent. Le mal grandissait et prenait les proportions prévues dès l'origine par Bentivoglio. « L'affaire des Carmélites », écrivait le P. Coton à M. de Marillac, « est un orage que quelque archidémon a » excité en vengeance des victoires que tant de bonnes » âmes ont rapportées sur luy et contre l'enfer. Car pour » vray il y a plus que de l'ordinaire, *in genere tentationum,* » *ita ut in errorem inducantur etiam si fieri possit electi,* et » l'illusion est si forte qu'elle fait faction, soudain qu'elle » s'est emparée d'un esprit, et faction presque irrémédiable, » qui est un signe évident de l'opération du malin. *Non enim* » *in turbine aut commotione Dominus,* et quand on veut ra- » mener les esprits seulement à modération ou indifférence, » on est suspect, et, si dire se peut, mal voulu. Guelphes et » Gibelins, Ligueurs et Réalistes, Servinistes et Jésuites, » Richéristes et Duvalistes, Bérullistes et Clémentinistes [1], » sont lignes parallèles mises en antithèses. » Dans cette lettre, très-circonstanciée, le P. Coton, avec sa loyauté ordinaire, ne dissimulait pas les difficultés qu'il rencontrait autour de lui. « J'ay fait ce que j'ay peu à Bordeaux et » mon prédécesseur en toute la province à l'endroit de ceux » que vous me marquez..., et ce avec plus de danger de

---

[1] Ceux qui s'appuyaient sur la bulle de Clément VIII pour soutenir les prétentions des Carmes.

» rupture que d'amendement; tout ce que j'ay peu faire a
» esté d'empescher que l'on ne mordist à la pome de dis-
» corde que Sathan jettoit entre nous [1]...» Ce qui semblait
non moins grave que les dispositions signalées par le P. Coton
chez ses confrères de la Compagnie, c'était l'hésitation
qui se manifestait chez le nonce, Mgr Corsini, lequel, nouvellement arrivé en France, devait être par là même plus
accessible aux poursuites dont il était l'objet. On se demandait devant lui quel grand intérêt avait le P. de Bérulle au
gouvernement des Carmélites, et pourquoi il montrait à
s'y maintenir tant de souplesse et tant d'opiniâtreté. On
s'étonnait qu'il espérât s'acquitter à la fois de deux charges
dont chacune suffisait à occuper une vie, la charge de général de l'Oratoire et celle de supérieur des Carmélites.
Comment trouverait-il le loisir de les visiter? et s'il devait
déléguer son pouvoir, pourquoi ne pas l'abandonner? D'ailleurs, il n'était pas si bien vu de toutes les Religieuses que
le prétendaient ses amis : beaucoup souffraient avec peine
le joug qui pesait sur elles. On allait jusqu'à accuser le saint
prêtre d'avoir manqué aux règles en passant une nuit dans
l'intérieur d'un monastère; calomnie rebattue et depuis
longtemps réduite à néant. Mais ce qu'on répétait surtout
avec insistance, c'est que son esprit était particulier et
différent de celui de sainte Thérèse; qu'il se plaisait à introduire dans l'Ordre des dévotions nouvelles, subtiles et
dangereuses, excédant ainsi complétement ses pouvoirs et
transformant les Carmélites en Oratoriennes [2].

[1] Lettre à M. de Marillac du 26 mars 1622. (Voyez *les Carmélites de
France et le cardinal de Bérulle, Courte réponse à l'auteur des Notes historiques*. Pièces justificatives, nº II, p. 104.)

[2] Lettre du P. Coton à M. de Marillac, citée plus haut.

Ces objections et ces reproches que le nonce confiait au
P. Coton, et dont celui-ci rendait un compte exact à M. de
Marillac, se trouvaient du reste formulés tout au long dans
un factum d'une quarantaine de pages, intitulé *Defense
pour certains couvents de France des Religieux déchaussés
de l'Ordre de Notre-Dame du Mont-Carmel, selon la réforme
de la Bienheureuse Mère Thérèse de Jésus*. OEuvre d'une
discussion déloyale, mais habile, d'une passion qui ne
reculait devant aucune insinuation, que n'effrayait aucun
sophisme [1], ce pamphlet, vif, mordant, clair, se faisait
lire, qualité nécessaire, mais inconnue à l'auteur également
ment anonyme de la « *Véritable narration de l'affaire des
Carmelines* [2] », en réponse à l'avis des principaux docteurs
de Sorbonne sur la procédure du sieur Miard. « La
» procédure » y était, bien entendu, pleinement justifiée.
M. Miard était-il lui-même l'auteur de ce plaidoyer? Tou-

---

[1] Deux exemples : « La troisiesme plainte, qu'il entroit dans les couvents
» tout seul, et qu'il y demeuroit longtemps et iusques à une heure de nuict
» et davantage. Ce qu'il pouvoit bien faire avec innocence (on ne veut
» pas douter de son honnesteté et on est bien assuré de celle des filles) »
(p. 15) : voilà l'insinuation. Pour le sophisme, je me borne à celui-ci : on
objectait aux entreprises des cinq monastères appelants, la fidélité de
tous les autres. « Cinq couvents qui se plaignent », répond l'auteur anonyme, « et deux ou trois qui n'osent dire mot, mais qui ne sont pas aussi
» pour ces messieurs, sont plus considérables que vingt qui prennent pa-
» tience » (p. 29). Jusque dans le Carmel la glorification des minorités ! —
Il existe un exemplaire de ce factum à la Bibliothèque nationale.

[2] Voici le titre complet de ce pamphlet, dont on possède un exemplaire à
la Bibliothèque nationale : « *Véritable narration de l'affaire des Carmelines,
avec les raisons canoniques des censures jetées sur les Religieuses et couvent
de Saint-Joseph de Bordeaux, par* M. Miard, *chanoine et archidiacre de
Cernez, en l'église métropolitaine de Saint-André, vicaire général de Monseigneur le cardinal de Sourdis en son archevêché de Bordeaux, concernant
l'exécution du bref de Sa Sainteté du mois de janvier* 1622 *contre l'écrit
intitulé* : « *Avis des principaux docteurs de Sorbonne sur la procédure
« dudit sieur vicaire général* ». (S. L.) 1622, in-8°.

jours est-il qu'il en possédait un en manuscrit, beaucoup plus vif, et qui eût obtenu plus de succès. « Quoi! » y lisait-on, « faire retenir les appellations des innocentes par- » devant le Saint-Siége, au conseil d'État du Roy, et leur » faire défendre de passer l'Apennin! Sommes-nous en » Turquie? La liberté n'est-elle pas en France [1]? » et le reste du même style. La *Véritable narration* ne se permettait pas ces écarts d'éloquence. C'était une lourde pièce, difficile à manœuvrer, et dont les coups ne portèrent pas.

Cependant, le nonce, qui ne cherchait que la vérité, éclairé par le P. Coton et par les événements, revint à sa première impression, toute favorable au P. de Bérulle. De son côté, le Roi, non content de demander la révocation du bref suspensif, donna ordre à M. de Sillery, son ambassadeur, de solliciter du Pape un nouveau bref en forme de bulle, qui confirmât celui du 20 mars 1620 et tranchât définitivement la question en faveur des trois supérieurs, ce qui « causeroit un grand bien, non-seule- » ment à l'Ordre, mais à toute l'Église en général. » Le Roi recommandait à M. de Sillery de prendre en main les intérêts de M. de Bérulle. « Je l'aime et affectionne gran- » dement », disait-il, « tant pour sa piété, vie et doctrine, » que pour ses autres recommandables vertus ; et pour le

[1] *Mémoire contre l'imposture et mensonge intitulé Aduis des principaux docteurs de Sorbonne sur l'affaire des Carmelines.* (Archives diocésaines de Bordeaux.) Ce mémoire est incomplet. J'incline à croire qu'il est dû à la plume de M. Miard, parce qu'on y retrouve presque textuellement des phrases extraites de ses lettres, celle-ci par exemple : « Une seule Religieuse » qui a le P. de Bérulle, son nepveu, a ietté l'argument de ceste tragédie. Le » nepveu veult sa tante supérieure, et cette tante son nepveu pour supérieur » visiteur. O que le sang cause de maux! » Le pauvre Frère Edmond de Messa, « homme lay, agent du P. de Bérulle », est représenté « comme un » pharisien exterminé ».

» fruit que luy et ceux de sa Congrégation font et conti-
» nuent journellement au bien et salut des âmes, dont ie
» sais que vous avez bonne connoissance. C'est pourquoy
» vous me ferez service très-agréable de vous y employer
» d'affection, et de témoigner à Sa Sainteté qu'elle ne peut
» en autre occasion faire chose qui me tourne à plus
» grand contentement, ni qui soit si utile au bien et pro-
» spérité de la religion [1]. »

En écrivant cette lettre, de Castelnaudary, le 12 juillet,
Louis XIII s'inspirait sans doute des conseils du cardinal
de Retz. Peu de jours après, le P. de Bérulle apprenait
la mort de son zélé et puissant protecteur, décédé à Béziers.
Heureusement que Louis XIII avait désormais les yeux
ouverts sur la conduite de M. de Sourdis, et du camp de
Lunel, Phélypeaux écrivait le 16 août au remuant archevêque que : « Sa Majesté n'avoit pu agréer le changement
» qu'il avoit faict aux Carmelines contre l'ordre qu'il y
» avoit apporté sans l'en avoir adverty, Sa Majesté esti-
» mant que cela regardoit son autorité [2]. »

Grégoire XV se rendit aux désirs du Roi, et le 12 septembre il accorda un nouveau bref. Après y avoir déclaré « qu'il a suffisamment ouï les procureurs des Reli-
» gieuses et derechef examiné pleinement les droits pré-
» tendus par les Pères Carmes, il déboute les Religieuses
» (de Bordeaux, Saintes, Limoges et Bourges) de leur
» opposition aux brefs précédents, leur enjoint d'obéir à
» leurs supérieurs et visiteurs ordinaires, et commet

---

[1] AUBERY, *Mémoire sur le cardinal de Richelieu*, in-fol., t. I, p. 205.

[2] Pièce originale. Archives diocésaines de Bordeaux, Carton C. *Couvents de femmes.*

» MM. les cardinaux de la Rochefoucauld et de la Valette,
» ou l'un d'eux, pour faire exécuter ce jugement par eux
» ou par tels autres commis de leur part, avec pouvoir de
» contraindre par les censures et autres peines ecclésias-
» tiques, nonobstant l'appel, tous ceux et celles qui refu-
» seront d'y obéir[1]. » On communiqua le bref, avec toutes
les pièces qui l'avaient occasionné, à la Sorbonne. La
Faculté l'examina, et, le 31 octobre suivant, déclara que
les Religieuses étaient obligées d'y déférer, sous peine
de commettre un péché mortel et d'encourir les censures[2].

Par ce jugement solennel du 12 septembre 1622, tout
semblait terminé, lorsque parut, datée du lendemain, une
bulle qui ne faisait aucune mention du bref de la veille
et que les amis des Carmes se hâtèrent de faire imprimer
et distribuer. Ils y avaient inséré trois ou quatre lignes non
comprises dans l'original, et par le moyen desquelles ils
laissaient entendre que le bref du 12 était révoqué[3].

Grande fut à cette nouvelle la joie des Religieuses rebelles; mais une victoire si malhonnête méritait d'être éphé-
mère, et le fut en effet. Bientôt instruit de la fraude, le Pape
s'en montra indigné. Il révoqua la bulle falsifiée par un
bref en date du 3 janvier 1623, et afin de donner un

---

[1] *Discours sommaire de l'établissement de l'Ordre des Religieuses de
Notre-Dame du Mont-Carmel selon la réformation de sainte Thérèse en
France, des différends mus devant le Saint-Siége Apostolique pour raison
de la conduite, visite et supériorité de cet Ordre, des jugements donnés
sur ces différends par nos Saints Pères les Papes Paul V et Grégoire XV à
présent séant, et de l'exécution de ces jugements faite au monastère du
même Ordre en la ville de Bourges* (par M. DE MARILLAC). Paris, E. Martin, 1623, in-8º, p. 24.

[2] *Id.*, p. 89.

[3] *Id.*, p. 74 et suiv.

exemple á ses ministres et d'empêcher qu'un scandale pareil ne se reproduisît jamais, il destitua le dataire, chef des expéditionnaires. Mais les esprits étaient trop profondément émus pour que le bref du 3 janvier rétablît le calme aussitôt. Avec l'habitude prise par les Religieuses opposantes de traiter de subreptice et de supposé tout bref qui ne leur était pas favorable, il devenait d'ailleurs presque impossible de faire exécuter immédiatement les ordres du Souverain Pontife.

Pendant cette année d'épreuves, le P. de Bérulle était resté à Paris. Il y trouvait une force toujours nouvelle dans les exemples, les conseils, la douce et incomparable énergie de la Mère Madeleine de Saint-Joseph. Depuis longtemps, prévoyant la tempête, elle s'était aguerrie contre ses coups. Soutenue miraculeusement par les apparitions les plus consolantes, éclairée d'en haut, elle était, pour ceux que touchaient les intérêts du Carmel, un appui toujours sûr. Les amis du P. de Bérulle, M. de Marillac, et M. de Lezeau, conseiller d'État, M. le cardinal de Retz, évêque de Paris, et la marquise de Maignelay, n'agissaient qu'après avoir pris ses ordres. De son petit couvent de la Mère de Dieu, qu'elle conduisait alors, unie à la prieure du grand couvent, sa chère et sainte amie, Marie de Jésus (madame de Bréauté), elle entretenait le courage des défenseurs, la fidélité des Religieuses, l'obéissance des monastères de province. C'est à elle que M. Cospeau confiait son admiration pour l'invincible fermeté de la Mère Marguerite du Saint-Sacrement [1]; à elle qu'écrivaient de Lyon,

---

[1] *Vie de la Mère Marguerite Acarie*, déjà citée, ch. x, p. 119.

de Toulouse, de Troyes, d'Orléans, de Tours, ces grandes Religieuses, qui, formées autrefois par ses soins, n'avaient jamais cessé de la vénérer comme leur mère. Aussi les Carmes, qui la regardaient à bon droit comme leur principal adversaire, mirent-ils tout en œuvre pour l'attirer à leur parti. Aveuglés par la passion, ils eurent l'étrange audace de lui proposer tel couvent de l'Ordre qu'elle voudrait choisir pour en être supérieure pendant sa vie, à la seule condition de se séparer de ses Sœurs et de ne plus s'intéresser à leur cause. « Pour obtenir de moi ce que l'on » me demande », répondit-elle avec l'accent humble et fier des Saints, « il me faloit plutost offrir de me délivrer de » charge; car c'est purement par obligation et non par in- » clination que j'y suis; et Dieu sçait que, si l'obéissance » ne m'y contraignoit, j'aimerois infiniment mieux obéir » que commander : mais quant à l'affaire dont il s'agit, » la cause en est si juste, que je n'en quitteray le soin » qu'avec la vie, que je m'estimeray heureuse de perdre » en servant l'Ordre de la Sainte Vierge [1] ».

Des Carmélites formées par la Mère Madeleine et qui, en si grand nombre, dirigeaient des monastères de province, aucune n'avait faibli. A Paris, elle était entourée de filles et de Sœurs qui, soutenues par son courage, la charmaient par leur fidélité. Mais nulle en ce moment ne causait une joie plus intime à son cœur que Catherine de Jésus. Lorsque cette angélique créature redescendait sur la terre, car elle ne semblait pas y habiter, c'était pour répandre autour d'elle, avec une paix céleste, les plus douces espérances.

---

[1] *Vie de la Mère Madeleine de Saint-Joseph,* liv. I. ch. xxvi, p. 157.

Un jour que la Mère Madeleine l'entretenait des tristes divisions de l'Ordre, la Sœur Catherine l'interrompant, lui dit avec une gravité pénétrante : « Le commencement » de cet Ordre a été très-bon, le milieu encore meilleur, et » la fin sera plus sainte. » Propos qu'elle répéta par plusieurs fois en regardant sa chère prieure, et en ajoutant : « Dieu » m'oblige à vous le dire, mais je n'en sais pas davantage. » Une autre fois, la Sainte Vierge lui apparut, étendant, disait-elle naïvement, « son manteau sur tout l'Ordre ». La certitude de la victoire n'empêchait point que la Sœur Catherine ne souffrît plus qu'il ne se peut dire des outrages dont on abreuvait le P. de Bérulle et les deux autres supérieurs : quand elle les voyait, elle, si dure pour elle-même, se prenait à pleurer. Souvent on l'entendait s'écrier : « O mon Dieu, seroit-il bien possible que les esprits malins » qui combattent sans cesse la grâce que nous recevons par » (nos supérieurs) eussent puissance de nous les ôter, et » l'union que tous nos monastères doivent avoir avec eux ! » (Serait-il possible) qu'ils puissent nous retirer de la » puissance de ceux que Dieu nous a donnés ; qui tiennent » lieu de luy pour nous en la terre ; car en vérité, ils nous » conduisent selon Dieu..., et vostre esprit est en eux, ô » mon Dieu ! »

Les jours de Sœur Catherine étaient désormais comptés. Cette jeune Religieuse, qui honorait par une pureté merveilleuse l'enfance de son Sauveur, en même temps que par des souffrances surnaturelles elle communiait aux anéantissements de Jésus sur la Croix, acquérait d'heure en heure, sous le regard ému de son saint directeur, une perfection, reflet anticipé du Soleil de l'éternité. Victime innocente, elle s'oubliait elle-même, pour ne songer qu'à la conversion des pécheurs, à la pacification du Carmel, au bien de l'Église et de l'État. Il lui sembla, un jour, que Notre-Seigneur lui demandait de se charger des besoins de la patrie : « Bien, mon Dieu », lui dit-elle aussitôt avec une familiarité charmante, « j'aurai soin de » la France et vous aurez soin de moi ». Si, en effet, elle s'oubliait, Dieu se souvenait d'elle, et récompensait par des faveurs célestes une vertu qui n'était plus de la terre. Son regard, éclairé par une lumière miraculeuse, découvrait en toutes choses une telle plénitude de Dieu, que la vue d'une fourmi suffisait pour la ravir : elle entendait de délicieuses harmonies : les Saints descendaient pour l'entretenir des joies de l'heureux séjour où habitait déjà son cœur ; souvent elle s'écriait avec l'accent d'une allégresse tendre et naïve : «J'aperçois les Vierges qui m'appellent. » Elle ne devait plus tarder à les suivre. Le 17 février, on la porta au chœur, où elle voulut recevoir, prosternée, la dernière visite de son Dieu. Ce fut un suprême effort. Le surlendemain, qui était un dimanche, à deux heures du matin, elle s'envolait au ciel. Sa prière avait été exaucée : la terre ne l'avait pas retenue plus longtemps que son Époux. Comme Jésus, Sœur Catherine mourait âgée de trente-trois ans.

Depuis l'entrée de la Sœur Catherine au Carmel, le P. de Bérulle s'était consacré à sa conduite : il voulut célébrer ses obsèques [1]. Tandis qu'il offrait pour elle le saint sacrifice, sa douleur dut céder devant une inexprimable

[1] *La Vie de la Sœur Catherine de Jésus,* Religieuse de Notre-Dame du Mont-Carmel. Paris, Fiacre Dehors, 1628, in-8°, p. 123-125, et *passim.*

joie, celle de savoir une telle âme entrée actuellement dans la béatitude, et de pouvoir se dire que pendant tant d'années il avait été l'écho fidèle qui lui répétait les ordres de Dieu. Ainsi le ciel, en s'ouvrant pour recevoir ces admirables Religieuses formées à la sainteté par le P. de Bérulle, le consolait d'injures et de calomnies dont la mesure n'était point encore comblée.

Si soumise que fût la Mère Madeleine de Saint-Joseph à la volonté de Dieu, elle ne pouvait penser sans douleur aux persécutions inouïes dont le P. de Bérulle était l'objet. « Faut-il », dit-elle un jour à ses Religieuses en soupirant, « qu'un si grand serviteur de Dieu souffre tant pour la » charité qu'il rend à l'Ordre de la Sainte Vierge ! » A quoi ses Sœurs effrayées lui ayant répondu : « Ma Mère, » nous craignons bien que si tant de puissances se ban- » dent contre lui, il ne nous quitte. — Non, mes Sœurs », reprit-elle aussitôt, « ne craignez pas cela ; Dieu l'a obligé » à la conduite de l'Ordre par des voyes trop saintes, et il » est trop fidelle à suivre ces voyes pour y manquer en » nous quittant par luy-mesme [1]. »

La Mère Madeleine ne se trompait pas. Nommé supérieur et visiteur des Carmélites par le Pape, le P. de Bérulle prétendait n'être relevé de sa charge que par le Pape. Quant à espérer de l'intimider en lui prodiguant les outrages et les menaces, c'était mal le connaître. Il avait une de ces consciences intrépides que rien n'épouvante quand elles se croient en présence d'un devoir.

1 *Vie de la Mère Madeleine de Saint-Joseph*, p. 159.

CHAPITRE XI.

LE LIVRE DES GRANDEURS DE JÉSUS ET LA LETTRE A RICHELIEU.

1622-1623.

Les *Élévations à Jésus et Marie.* — Approbation du P. Coton et du P. Suffren. — Assemblée de Bordeaux. — Les *Élévations* condamnées par les Universités de Louvain et de Douai, et par le P. Lessius. — Lettre de M. Cospeau, évêque de Nantes, au P. Lessius. — Réponse du P. Lessius. — *R. D. H. Cospeani pro R. P. Berullio Epistola apologetica.* — Lettre du docteur du Val. — *L'ami de Vérité.* — *Le disciple de Vérité.* — Persécution contre le P. de Bérulle. — Il se décide à écrire. — *Discours de l'estat et des grandeurs de Jésus.* — Analyse de ces discours. — Leur caractère original et traditionnel à la fois. — Le P. de Bérulle thomiste. — Les approbations en France et à Rome. — Le P. Suffren et l'évêque de Nantes. — Les Pères Jésuites et le livre *Des grandeurs de Jésus.* — Le P. Garasse. — C. Jansenius et M. l'abbé de Saint-Cyran. — Résistance des Carmélites de Bourges. — Le livre du P. Bauny. — Fin du schisme à Bourges. — Lettre du P. de Bérulle à M. de Sourdis (18 juin 1623). — M. Louytre à Bordeaux. — Tentatives auprès du visiteur des Carmélites. — Mort de Grégoire XV (8 juillet 1623). — Élection d'Urbain VIII (6 août). — La calomnie. — Lettre du P. de Bérulle (4 octobre 1623). — Mémoire du supérieur de l'Oratoire au cardinal de Richelieu (23 décembre). — Réponse des RR. PP. Jésuites. — Affaire de Limoges (juin 1624). — Fondations du Carmel. — Part que prend le P. de Bérulle à ces fondations. — Nouvelles maisons de l'Oratoire. — Sujets distingués qui y entrent. — Bref d'Urbain VIII. — Lettre du P. Coton. — Fin des troubles dans le Carmel.

De toutes les douleurs qui, au milieu de ces luttes, assiégeaient, sans la faire fléchir, l'âme de M. de Bérulle, la plus poignante était de voir contestée et livrée aux sarcasmes d'un public ignorant et profanateur la dévotion qu'il prêchait au Verbe incarné. Que ses chères filles souffrissent, son cœur de Père ressentait tous leurs maux, mais il savait de quels mérites se couronnait leur vie : que ses disciples fussent attaqués, il en gémissait, avec l'austère espoir cependant qu'une cause marquée à ses débuts de la croix obtiendrait par ce signe la victoire ; qu'il fût lui-même méconnu, calomnié, traîné dans la boue, il se rappelait que tel est le sort des Saints, et il s'en réjouissait. Mais que l'on contestât le culte qu'il voulait rendre au Verbe incarné ; qu'on traitât de nouveauté une dévotion qui lui paraissait la conséquence naturelle des promesses du saint baptême, à plus forte raison de la profession religieuse ; qu'on osât taxer d'hérésie une doctrine enseignée par tous les Pères et par tous les théologiens, voilà ce qui affligeait, plus qu'il ne se peut dire, ce prêtre dont Jésus-Christ était l'unique amour.

Tel était depuis bien des années le prétexte des persécutions soulevées contre le P. de Bérulle. Le regard toujours fixé sur le mystère qui résume tous les autres, celui de l'Incarnation, il avait composé une formule d'élévation à Jésus-Christ, pleine des conceptions les plus hautes sur les rapports du Verbe incarné avec Dieu son Père et avec nous. Comme cet écrit était fort au-dessus de l'intelligence du commun des fidèles, il ne l'avait communiqué qu'à quelques Oratoriens, plus avancés dans les voies de la perfection, puis à quelques Carmélites d'une piété éminente, mais avec la plus grande discrétion. Selon son invariable coutume de ne jamais séparer la Mère de son divin Fils, à cette première élévation il en avait joint une seconde, dans laquelle il rendait hommage aux grandeurs de la très-sainte Vierge et se vouait à son service. Le P. Coton et le P. Suffren, « personnes assez cognuës et

» assez recommandables en la France et pour leur doctrine
» et pour leur piété signalée », consultés par le P. de Bérulle, lurent attentivement cet écrit, et loin d'y trouver
rien à reprendre, en adressèrent à l'auteur le plus complet
éloge [1]. Tous cependant ne partagèrent pas l'avis des deux
Pères Jésuites : M. Gallemant, M. du Val s'en émurent,
et on se rappelle qu'ils avaient essayé d'amener à leur
sentiment la Bienheureuse Marie de l'Incarnation. M. du
Val s'en était expliqué fort librement dans ses lettres à
quelques Religieuses, et avait employé même des expressions dont les derniers événements lui avaient fait sans
doute regretter la sévérité et l'amertume. Peut-être aussi
certaines Carmélites, certaines prieures, consolées et fortifiées par cette dévotion, mirent-elles à la propager un
zèle que la prudence ne tempérait pas suffisamment [2].
Quoi qu'il en soit, les amis des Pères Carmes, attentifs à
tout ce qui se passait derrière les grilles du Carmel, ne
tardèrent pas à savoir quelque chose de ces tiraillements
et de leur cause. Dans leur désir de posséder le papier incriminé, ils essayèrent même de le faire soustraire à une

[1] *Narré de ce qui s'est passé sur le subiet d'vn papier de déuotion dressé
en l'honneur de J. C. N. S. et du mystère de l'Incarnation*, à la suite du
Traité des grandeurs, 3ᵉ édit., chez A. Estienne, 1629, in-8º, p. 701. — Il
est très-difficile de fixer exactement la date de la composition de l'écrit
incriminé. Dans le narré imprimé en 1623, mais rédigé à la fin de 1622,
le P. de Bérulle dit: « Je dressai il y a dix ou douze ans un petit mémorial. » Dans le factum intitulé : « *Jésus-Maria, Avis salutaire sur un certain
quatrième vœu de religion, composé par un bon ecclésiastique et introduit
dans un Ordre d'autorité propre et privée* (S. L. N. D.), in-4º, pièce dont
il existe un exemplaire à la Bibliothèque nationale, la formule d'élévation
transcrite est datée de février 1616. — J'ai trouvé aux Archives nationales
(M. 234) l'original écrit de la main du P. de Bérulle. Cette pièce rappelle
l'écriture de ses premières années; mais elle ne porte pas de date.

[2] Si l'on peut ajouter foi aux lettres publiées dans l'*Avis salutaire*.

personne qui le possédait[1]. Repoussés de ce côté, ils par-
vinrent par une autre voie, plus droite sans doute, à se
procurer une copie de l' « Élévation. » Bientôt il ne fut plus
bruit dans les monastères du Carmel et dans le public que
de ce petit écrit. Dénaturant à la fois le fond, qu'ils représentaient comme hérétique ; la forme, qu'ils affirmaient être
obligatoire, les adversaires du P. de Bérulle lui donnèrent
le ridicule et l'odieux de parler de matières sublimes qu'il
n'entendait pas et de vouloir imposer aux Religieuses Carmélites un « quatrième vœu de religion. » Pour réprimer
cet « hérétique », cet « antipape », ainsi le nommaient-ils,
il fallait une condamnation authentique. Ils tentèrent de
l'obtenir dans une assemblée tenue chez les Pères Jésuites à Bordeaux. Par bonheur, Philippe Cospeau, alors
évêque d'Aire, y assistait. Sans savoir que l'écrit discuté fût l'œuvre du P. de Bérulle, il le trouva si solide et
si beau, il prit avec tant d'autorité et de vigueur la défense de la doctrine et des expressions employées par
l'auteur, que les contradicteurs se virent forcés à mettre
bas les armes[2]. M. de Sourdis lui-même, dans un mouvement d'effusion bientôt réprimé, voulait approuver
l'écrit du P. de Bérulle, ce que celui-ci, avec trop de
modestie peut-être, refusa alors[3]. Battus à Bordeaux,
les Carmes se tournèrent du côté de la Flandre. Ils
obtinrent le 12 janvier 1621 de l'Université de Louvain
une censure souscrite par le recteur et sept profes-

---

[1] *Narré*, nº VIII. Le P. de Bérulle affirme ici qu'il est en mesure de
prouver le fait.

[2] Lettre autographe du P. de Bérulle au P. Bertin, du 20 février 1622.
Arch. nat., M. 216. D. 83.)

[3] *Id.*

seurs; et le 18 juillet de la même année une autre de l'Université de Douai[1]. En même temps ils s'adressaient au R. P. Lessius, théologien justement célèbre de la Compagnie de Jésus, lequel venait de couronner alors tous ses travaux par son beau livre sur les perfections divines[2]. Trompé, comme les professeurs de Louvain et de Douai, par une des fausses copies que faisaient circuler les Carmes, croyant que l'auteur de l'écrit incriminé, dont on lui avait caché le nom, prétendait imposer ce vœu aux Religieuses commises à sa garde, le P. Lessius joignit sa censure aux deux autres. C'était une erreur de fait.

Le recours des Pères Carmes à Louvain, à Douai, au P. Lessius était d'autant plus étrange qu'ils savaient parfaitement que la Sorbonne, bien loin de les soutenir, se montrait absolument opposée à leurs prétentions; que douze de ses principaux docteurs avaient approuvé l'écrit du P. de Bérulle; que quatre évêques enfin, Philippe Cospeau, évêque d'Aire, Henri-Louis de la Rocheposaie, évêque de Poitiers, Jean-Pierre Camus, évêque de Belley, et Sébastien Zamet, évêque de Langres, se rendaient garants de l'orthodoxie de la formule[3]. La censure du P. Lessius étonna M. Cospeau; il crut utile d'apprendre au pieux et savant Jésuite dans quel piége il

[1] Ces censures de Louvain, de Douai et du P. Lessius, sont imprimées dans l'*Avis salutaire*.

[2] *De perfectionibus moribusque divinis*. Anvers, 1620. Voyez la dernière édition. Friburgi Brisgoviæ, 1861, in-8°.

[3] Dans sa lettre au P. Bertin en date du 20 février 1622 (Autog., Arch. nat., M. 216, D, 83), le P. de Bérulle parle de douze docteurs et de quatre évêques qui depuis plus d'un an ont approuvé la formule. L'approbation de M. Zamet n'est que du 22 mai 1621. Il entend peut-être alors celle de M. d'Estampes, qui n'est pas datée (p. 814). Édit. in-8° des *Grandeurs*.

était fort innocemment tombé. « Comment avez-vous pu
» vous persuader », lui écrivit-il, « que l'auteur ait été ca-
» pable d'avancer de pareilles absurdités et moi évêque de
» les approuver ? Non, je puis vraiment vous jurer, mon
» savant maître, que le P. de Bérulle n'a rien écrit ni dit
» de ce que vous avez jugé digne de censure, et que nous
» n'avons rien approuvé de tel. Ce qu'on vous a déféré
» n'est ni sa doctrine ni la nôtre. On l'a si fort altérée, on
» l'a tellement changée, que ni lui ni moi nous ne pou-
» vons la reconnoître.... S'il vous avoit été donné de
» vivre seulement pendant trois mois dans la familia-
» rité du P. de Bérulle, vous témoigneriez hautement
» et devant tous, qu'il seroit bien plus aisé de rencontrer
» dans mes écrits que dans les siens de telles absur-
» dités, et vous ne craindriez pas d'ajouter, mon Père,
» que de votre vie vous n'avez rien vu de plus saint, rien
» de plus modeste que ce prêtre, qui, à l'exemple de son
» Maître, ne rend point malédiction pour malédiction,
» mais au contraire ne cesse de prier pour ses persécu-
» teurs [1]. »

A cette lettre pressante, le P. Lessius répondit qu'en
effet on l'avait trompé ; qu'il était affligé de se trouver en
contradiction avec d'illustres évêques, que s'il avait été
instruit de leur sentiment, il ne se serait jamais avisé de
donner le sien ; qu'au surplus, ce qu'il avait principalement
condamné c'était l'obligation à laquelle l'auteur astrei-
gnait, disait-on, les Religieuses, en leur faisant regarder
cette formule comme un quatrième vœu. Il ajoutait que

---

[1] BATTEREL, *Vie manuscrite*, liv. III, n° 107.

si le prélat voulait lui communiquer l'écrit en question, tel qu'il avait été composé par l'auteur, il promettait de l'examiner de nouveau, et il se prononçait énergiquement contre l'abus que l'on faisait de sa signature [1].

Si la rétractation du P. Lessius réjouit M. Cospeau et les amis du P. de Bérulle, elle ne changea rien aux dispositions des Carmes. Sous l'empire de la passion, oublieux de toutes les règles, ces Religieux publiaient des factums anonymes, sans approbation, sans date, sans indication de lieu, et les répandaient à profusion dans les couvents de la ville et de la province, à la cour et chez les grands. Ils y imprimaient en toutes lettres la censure des Facultés de Louvain et de Douai, et celle du P. Lessius dont ils ne faisaient point connaître le désaveu; ils y affirmaient que l'écrit du P. de Bérulle avait été condamné par le Saint-Siége; ils extrayaient même de la formule de vœu quatre propositions qu'ils prétendaient entachées d'hérésie.

Tant d'audace de la part de « gens de si peu de science et de nom [2] », indigna M. Cospeau. Il prit la plume, et en quelques pages pleines de sens, d'esprit, de raison, d'éloquence même, il vengea son ami : son opuscule, qu'il intitula : *Pro Reverendo Patre Berullio Epistola apologetica* [3], était dédié au cardinal Bentivoglio. Après s'être plaint

---

[1] *Facile omnis impostura detegetur si inspiciatur ipsa schedula et responsum mea manu scriptum.* Lettre autographe du P. Lessius à M. Cospeau, évêque de Nantes, du 26 septembre 1621. Le P. Lessius mourut le 15 janvier 1623, au moment où paraissait le livre des *Grandeurs de Jésus.*

[2] Lettre autographe du P. de Bérulle au P. Bertin, du 20 février 1622. (Arch. nat., M. 216, D. 83.)

[3] *Rev. Domini Philippi Cospeani Nannetensium Episcopi ad illustrissimum Cardinalem Bentivolium Galliarum protectorem, pro Reverendo Patre Berullio Epistola apologetica.* Parisiis A. Stephanus, 1632, in-8º.

gravement qu'un homme tel que le P. de Bérulle, dont le cardinal du Perron disait qu'il n'en connaissait pas de comparable à opposer aux hérétiques [1], fût calomnié par des moines ignorants ou passionnés, l'évêque de Nantes (M. Cospeau venait d'être transféré en Bretagne), réduisait à néant leurs accusations. Des quatre propositions censurées par eux, l'une n'avait jamais été avancée par le P. de Bérulle ; les trois autres, qui portaient sur l'union des natures en Jésus-Christ, sur le principe de ses actions humaines, sur la grâce sanctifiante répandue en lui, étaient, en quelques mots clairs, précis, solidement justifiées. « En vérité », concluait M. de Nantes, « n'est-ce point » une folie, Éminence, que deux petits Frères, dont la » vocation est non d'enseigner, mais de faire pénitence, » selon le conseil de saint Jérôme, et qui, pour ne rien » dire de plus grave, ignorent jusqu'aux éléments de la » théologie, s'érigent en docteurs des docteurs, et, comme » d'une chaire plus élevée, osent bien imprimer à des » évêques la note infamante d'hérésie [2] ! »

Cette franche et vigoureuse attaque étonna les Pères Carmes, sans les rendre plus modestes. L'un d'eux, toujours sous le voile de l'anonyme, essaya de répondre en français à la lettre latine de l'évêque de Nantes. Comme il était gêné par le rang qu'occupait dans l'Église son con-

---

[1] Tanta etiam in frangenda hæresi, felicitate, ut nihil in hoc genere superius totos jam viginti annos Gallia habuerit : id enim sæpissime mihi asseravit Illust. C. Perronius.

[2] Quid vero isthæc est dementia, Cardinalis illustrissime, duos Fraterculos, quorum est, ut ait Hieronymus, non docere sed plangere, quique, ut nihil dicam deterius, rerum omnium theologicarum sunt imperitissimi, doctorum doctores agere et, velut e cathedra sublimiori, impietatis hæreticæ damnare episcopos ?

tradicteur, il eut recours à une ruse mal déguisée, celle d'attribuer la lettre apologétique à un faussaire assez hardi pour se couvrir du nom et de l'autorité de M. Cospeau. Ceci dit, il se donnait carrière, signalant à son public les « injures atroces, les calomnies puantes, les » ignorances grossières desquelles cette épistre estoit » faite »; l'auteur, à l'en croire, était « un calomnia- » teur, un menteur, un diffamateur, un asne brayant, un » corbeau croassant, un estre qui ne se servoit de la raison » que pour estre plus beste que les bestes ». Le moine ano- nyme ne craignait pas de se poser en aristarque, et, dans un français aussi lourd et vulgaire qu'incorrect, de déclarer M. Cospeau un « impertinent qui débitait des tripes de » latin tirées de Plaute et d'Apulée [1] ». La théologie du Frère Carme était digne de son style et de sa charité. Revenant sur les quatre propositions extraites de M. de Bérulle et dont M. Cospeau avait démontré la rigoureuse orthodoxie, il prétendait convaincre le prélat lui-même d'erreur et d'hérésie. C'était « un nouveau Genevois, un » nouveau huguenot, un nouveau Calvin ». Ainsi discutait le Religieux qui s'intitulait l'« Ami de vérité [2] ». En même temps, on colportait des fragments de lettre de M. du Val,

---

[1] *Récapitulation des injures, calomnies et ignorances contenues dans une épître imprimée à faux titre, ainsi que l'on doit croire, sous le nom de Monseigneur le révérendissime évêque de Nantes, dédiée au même révérendissime seigneur. Par l'ami de Vérité. Jouxte la copie imprimée à Paris* (S. D.), in-8º. La Bibliothèque nationale en possède un exemplaire.

[2] *Aduis salutaire sur un certain quatriesme vœu de religion...,* cité plus haut. La mauvaise foi de ce pamphlet est inouïe. On y cite trois lettres écrites à différentes dates par M. du Val et où celui-ci affirme que le Pape a déclaré le vœu nul et de nulle obligation. En tête de ces fragments de lettres qui se rapportent à un même fait, on a mis en italique : 1re Condamnation; 2e Condamnation, 3e Condamnation. Le reste est à l'avenant.

où le confrère du P. de Bérulle dans la supériorité des
Carmélites semblait donner tort et au P. de Bérulle et à
M. Cospeau. Aussitôt, l'évêque de Nantes prit la plume.
« Ces jours passés », dit-il, « i'ai reçu d'un de mes amis un
» autre libelle diffamatoire contre mon épistre, où l'autheur
» n'a oublié aucune vilainie que son nom. Cela, Monsieur,
» ne m'affaicte (*sic*) aucunement, tenant à honneur d'estre
» iniurié à de telles gens pour une telle cause, mais ce qui me
» peine et ce que ie ne puis dissimuler, c'est que l'on
» employe contre moy ceux à qui i'ay plus voué de service
» et que l'on tire de vous, Monsieur, la seule pièce qui
» peut nuire à la cause de tant de saintes filles, dont vous
» estes en Nostre Seigneur le vrai Père. Ces bonnes gens
» qui nous attaquent crient et escriuent partout que vous
» avez escrit que le feu Pape Paul V auoit condamné ceste
» prière mesme comme contenant des erreurs contraires à
» la foy [1] ». A la question nettement posée par M. Cospeau, le 25 mai, M. du Val répondit le 16 juin : « Mon-
» seigneur,... il m'est bien aisé de (vous) satisfaire, pour-
» veu que vous ne m'imputiez pas le mauvais usage
» qu'ont faict de mes lettres ceulx qui les ont et baillées
» et divulguées de mauvaise foy, pour essaïer de mettre
» diuision entre le P. de Bérulle et moy, ou faire croire
» qu'il y en eust, ce qui n'a point esté et n'est point, Dieu
» merci, et sommes demeurés bien unis ensemble comme
» l'effect le monstre, et mes lettres mesmes font voir que
» i'ay tousiours approuué son authorité de visite comme
» aussi sa grande piété et rare doctrine, et ne puis excuser

____

[1] Lettre autographe de M. Cospeau, évêque de Nantes, à M. le docteur
du Val. (Arch. nat., M. 234.) Voyez Pièces justificatives, n° IV.

» de grief péché ceulx qui ont ainsi publié mes dictes
» lettres sans au préalable m'en avoir adverti, ce que i'eusse
» fortement empesché. » Il ajoutait ensuite que tout ce
qu'il avait écrit concernait non l'élévation à Notre-Seigneur, dont il était question et qu'il ne connaissait pas,
mais l'élévation en l'honneur de la Sainte Vierge ; qu'en
outre, il ne parlait que de la validité de cette oblation
« comme vœu solennel et obligatoire, et qu'il n'enten-
» dait point blamer par là son auteur, le P. de Bérulle ne
» l'ayant jamais proposé comme vœu solennel [1]. » Les
Carmes et leurs amis ne se montraient point difficiles
dans le choix de leurs armes.

Tandis que M. du Val donnait ces explications claires et
loyales à M. Cospeau, un ecclésiastique de la maison de
l'évêque de Nantes entreprenait de venger son maître. Spirituelle, incisive, d'un style clair et précis, ralentie seulement dans sa marche par de trop fréquentes réminiscences
de l'antiquité, la réponse « du disciple de vérité à l'ami de
vérité » démasquait, avec les erreurs, les menées des ennemis du P. de Bérulle. Après avoir démontré péremp-
toirement « à l'ami de vérité » la pauvreté de ses arguments, on l'engageait charitablement, lui et ses confrères,
à considérer que « Dieu ne leur ayant point encores
» présenté le moyen pour esclatter en France, ni en-
» voyé des personnes signalées en doctrine pour donner
» lustre à leur Ordre, ils devoient se maintenir dans l'hu-

[1] Lettre autographe de M. du Val à M. l'évêque de Nantes, du 16 juin
1622. (Arch. nat., M. 234.) Voyez Pièces justificatives, n° IV. Cette lettre
montre clairement que la question du gouvernement des Carmes n'avait
point été agitée dans l'entrevue de Pontoise. (Voyez plus haut, ch. VII.)

» miliation conforme à leur estat, attendant la récompense
» dans la glorification des cieux et se proposant tousiours
» ces belles paroles de saint Paul, digne devise de toutes les
» ames vrayment religieuses : Mortui estis, et vita vestra
» est abscondita cum Christo in Deo; sed cum apparuerit
» Christus, vita vestra; tunc et vos apparebitis cum ipso in
» gloria [1]. »

Bientôt après parut une réponse moins mordante, mais
plus solide encore, aux attaques et aux injures des Religieux
Carmes. Elle avait pour auteur le P. Louis de Morainvilliers
d'Orgeville, de la maison et société de Sorbonne. Docteur
en théologie depuis 1610, il avait été touché, croit-on, de
la retraite de M. de Harlay-Sancy, son neveu, et quelques
mois plus tard, suivant son exemple, il était entré à l'Oratoire (avril 1620). Son livre, dédié au cardinal Bentivoglio,
montrait un homme profondément versé dans la connaissance de la théologie scolastique et des Pères, et depuis
longtemps familiarisé avec les questions les plus difficiles.
Son style était simple, grave, exact, et sa modération parfaite [2]. « Cette réponse », écrivait le P. de Bérulle au P. Bertin, « est sans injures, mais forte en raison [3]. »

---

[1] Coloss., III, 3. — *Le disciple de Vérité à l'ami de Vérité, ou la réfutation d'un libelle fait contre l'honneur et la doctrine d'un grand prélat par
certains Religieux; par F. G., serviteur du même prélat, étudiant en
Sorbonne, sous MM. de Gamaches et Isambert.* (S. L. N. D.) In-8°.

[2] *Response à un libelle diffamatoire faict sous le nom de l'ami de vérité
contre la lettre de Monseigneur le Révérendissime évesque de Nantes à
Monseigneur l'illustrissime cardinal Bentivoglio, comprotecteur de France,
adressée au même illustrissime cardinal Bentivoglio,* par LOYS DE MORAIN-
VILLIERS, docteur en théologie à la Faculté de Paris, et prestre de l'Oratoire de Jésus. A Paris, par A. Estienne, 1622, avec approbation des
docteurs. — Il en existe un exemplaire à la Bibliothèque nationale.

[3] Lettre autographe du P. de Bérulle au P. Bertin, du 9 août 1622.
(Arch. nat., M. 216, D. 43.)

Était-ce bien le moyen de la faire lire? Quel qu'en fût le mérite, d'ailleurs, au point où en étaient les choses, l'écrit d'un simple docteur ne suffisait plus. Les Pères Carmes répétaient à qui voulait l'entendre, et jusque dans le cabinet du Roi, que le général de l'Oratoire » était excommunié du Pape, cité à Rome pour y faire son » procès, et en chemin d'y aller », encore que l'on sût parfaitement qu'il était à Paris. On pouvait craindre que, ne reculant devant aucun moyen, ils ne parvinssent, sinon à faire condamner la doctrine de « l'élévation », du moins à obtenir l'interdiction de son usage dans le Carmel, ce qui eût été très-grave, et ce dont ils se flattaient hautement. Les cardinaux n'avaient rien trouvé à redire à la doctrine du vœu, mais le mot d' « esclavage » voué à Jésus-Christ et à sa très-sainte Mère leur plaisait d'autant moins, qu'en ce moment même on postulait l'approbation du Saint-Siége pour une confrérie ou congrégation « d'Esclaves de la » Vierge, lesquels pour marque portoient une chaisne au » col et une au bras », et que le Saint-Père s'y refusait. Les cardinaux, auxquels on avait laissé entendre que le P. de Bérulle se servait de cette formule comme d'un moyen de gouverner, redoutaient en outre qu'il prît ainsi trop de pouvoir sur les Religieuses [1]. On n'eut pas de peine à éclairer des hommes qui ne cherchaient que la lumière. La formule ne fut pas condamnée, et l'on n'interdit point aux Carmélites de s'en servir.

La persécution n'en continuait pas moins en France. Le P. de Bérulle y était l'objet de toutes les conversa-

---

[1] Lettre du P. Bertin à M. de Marillac, du 20 octobre 1620. Copie. (Arch. nat., M. 216.)

tions, le point de mire de toutes les attaques : on le montrait du doigt dans les rues, on le poursuivait de lettres anonymes, ou d'épîtres injurieuses que leurs auteurs ne rougissaient pas de signer. Il lisait ou écoutait ces satires avec le même plaisir que les gens du monde entendent leurs panégyriques. Le Frère Edmond de Messa, qui connaissait par hasard le contenu d'une lettre de ce style, la lui ayant remise, observa avec curiosité l'impression produite par cette lecture sur le saint prêtre. Aucun mouvement sur son visage ne trahit la moindre émotion de son âme. Au milieu de luttes si pénibles, laissant un jour son âme s'épancher, il écrivit ces belles paroles : « I'ay appris » du grand cardinal du Perron que le grand cardinal Ba- » ronius, estant accusé par quelque invention maligne, » s'escrie et commence ainsi sa iustification : *Deus, laudem* » *meam ne tacueris*; ne vous taisez pas et parlez de ma » louange, ô mon Dieu! Ie pourrois imiter l'exemple de ce » grand cardinal; il a esté de l'Oratoire comme moy, ie » suis calomnié comme luy; et la parole de ce Roy, de ce » saint, de ce prophète, nous est mise à tous en la bouche » pour nous en servir aux besoins de nostre ame et aux » usages de cette vie, mais i'ayme mieux, en cet endroit, » suivre une autre version et dire : *Deus laudis meæ, ne* » *tacueris*; ô Dieu, qui estes l'objet de ma louange, ne vous » taisez pas : que Dieu soit ma louange : que mon office soit » de le louer. Pour moy, ie ne veux de luy, pour toute louange » et pour toute gloire, que le bonheur d'être honoré de » ses miséricordes [1]. » Non content de prier lui-même

____

[1] Psalm. cviii, 2.

Jésus-Christ, il le faisait prier par de saintes âmes, afin d'obtenir de son Sauveur de demeurer dans cette bonté jusqu'à la mort, si la gloire de Dieu y était intéressée. Il ne voulait même pas que ses amis s'affligeassent trop vivement de son épreuve ; et trouvant quelque excès dans la douleur de l'un d'eux, il le lui reprocha comme une faiblesse d'âme, ajoutant qu'il ne fallait pas s'occuper de si peu de chose qu'une créature telle que lui, mais réserver pour Jésus-Christ ses affections et ses sentiments [1].

Toujours fidèle à imiter son Sauveur, il aurait voulu garder un éternel silence, sans se mettre en peine de confondre ceux qui le persécutaient. Aussi résista-t-il longtemps aux prières de ses disciples et de plusieurs prélats qui le conjuraient de prendre la plume ; enfin ils lui représentèrent si vivement la différence qu'il fallait faire entre des accusations purement personnelles et celles qui atteignent le ministère et la doctrine ; ils insistèrent avec tant de vigueur sur le devoir où il était de ne pas garder pour lui seul des dons et des grâces que Dieu lui avait donnés afin de les communiquer, qu'il se décida à leur obéir [2]. Sa résolution une fois prise, rien ne l'arrêta plus. Malgré les affaires qui l'accablaient, les douleurs de son âme, une faiblesse des yeux qui ralentissait ses recherches et l'obligeait de recourir fréquemment à la main d'autrui, il lui suffit de quelques semaines pour mettre en ordre ses pensées et écrire son Traité des Grandeurs de Jésus. Dès le

---

[1] BATTEREL, liv. III, n° 2.
[2] HABERT DE CERISY, liv. II, ch. x.

mois de mai 1622, les huit premiers discours étaient approuvés des docteurs et livrés à l'impression. Lorsqu'on lui apportait les feuilles pour les corriger : « Hélas! faut-il » que nous fassions imprimer!» disait-il. « Le Fils de Dieu » n'a jamais escrit que quelques mots sur la terre, encore » ne sçait-on ce que c'est; et néanmoins il auoit tant de » choses à nous dire [1]! » L'impression avançait cependant rapidement : la prudence retarda seule de quelques mois la publication du livre. On fit observer au P. de Bérulle que ses contradicteurs étant si puissants et si nombreux, il importait de leur en imposer par le nombre et l'autorité de ses approbateurs. Il retarda donc la publication de son travail afin de soumettre son écrit à plusieurs évéques et à plusieurs docteurs, et profita de ce loisir pour ajouter quelques autres discours à ceux qui étaient déjà imprimés. Ce furent les quatre derniers, les plus excellents. Enfin, vers la mi-février de 1623 [2], l'ouvrage parut. Il avait pour titre : *Discours de l'estat et des grandeurs de Jésus par l'union ineffable de la Divinité avec l'Humanité, et de la dépendance et seruitude qui luy est due et à sa très-sainte Mère ensuite de cet estat admirable.* Les discours étaient précédés d'une dédicace au Roi et suivis d'un « *Narré de* » *ce qui s'est passé sur le sujet d'un papier de déuotion icy* » *inséré avec ses approbations.* »

Les ennemis du P. de Bérulle critiquaient amèrement la propriété des termes dont il usait, tournaient en dérision

---

[1] HABERT DE CERISY, liv. II, ch. x, p. 460. — Allusion aux paroles de saint Jean. *Jesus autem..., digito scribebat in terra.* (JOAN. VIII, 6.)

[2] Le 22 février 1623, le P. de Bérulle écrit au P. Bertin: « Mon liure « n'a peu vous estre enuoyé par cette voye encore qu'il soit achevé d'im- » primer et mesme affiché. » (Arch. nat., M. 216. D. 37.)

sa prétendue science, le représentaient comme un esprit téméraire et sans consistance. Ils affirmaient surtout que le « vœu de servitude » était une subtile, dangereuse et insupportable nouveauté. A ces attaques passionnées, le livre des *Grandeurs de Jésus* offrait une calme et magistrale réponse. Il suffisait d'en lire de bonne foi quelques pages pour être convaincu de la science profonde de l'auteur, de l'exactitude de son langage, de son long commerce avec l'antiquité. Il était impossible d'achever ce traité sans conclure à la légitimité de ce vœu de servitude qui n'était, dans le fond, qu'une ratification solennelle du serment de fidélité juré à Jésus-Christ par tout chrétien au jour de son baptême.

Le P. de Bérulle avait trop vécu dans l'intimité du Verbe incarné pour ne pas savoir combien sa pensée, si grande qu'elle fût, était inférieure à l'objet infini de sa contemplation ; combien cette pensée elle-même trouverait une expression froide et décolorée dans sa parole. Aussi, après une sorte d'introduction générale sur l'Incarnation, « ce divin mystère qui est comme le centre de l'être créé et » incréé », s'adresse-t-il à Dieu dès son second discours, sous la forme d'une élévation. Tant chez lui, alors même qu'elle s'avance entourée de toutes les distinctions scolastiques, la connaissance a hâte de s'en dégager pour s'élever plus haut et plus droit, transformée en amour, vers un Dieu dont l'esprit ne comprendra jamais les anéantissements en l'Incarnation, s'il ne demande au cœur quelques-unes des lumières dont seul il est le foyer !

Entrant ensuite dans le vif de son sujet, il consacre le troisième et le quatrième discours à l'étude de l'unité de

Dieu dans ce mystère. L'unité, loi suprême de l'être et des opérations de Dieu qui vit en unité d'essence, opère en unité de principe, règne en unité d'amour; l'unité triomphe également au mystère de l'Incarnation. C'est une œuvre excellemment une, puisque la nature humaine et la nature divine y subsistent dans l'unité d'une seule personne, celle du Fils de Dieu. C'est une œuvre unique, puisqu'elle est le centre auquel tout se rapporte dans le monde de la nature, de la grâce et de la gloire, et un centre qui ne sera jamais déplacé, car il n'y aura jamais qu'un Homme-Dieu. Aussi, pour concilier sa bonté qui veut se répandre, avec son unité qui se concentre en Jésus-Christ, Dieu opérera-t-il le grand miracle par lequel l'unité, sans se diviser, se multiplie, l'Eucharistie. Cette unité de Dieu en l'Incarnation, le P. de Bérulle ne se lasse pas de la regarder, et il ne s'arrache à sa contemplation qu'après avoir admiré comment le Père, qui produit tout hors de soi par son Verbe incréé en la création, ramène tout à soi par ce même Verbe humanisé en l'Incarnation.

Les quatre discours suivants traitent de la communication de Dieu en ce mystère. Ce sont les plus difficiles à entendre. Mais ils contiennent sur les secrets de la vie divine, sur l'éternelle génération du Verbe, sur le triple état de Jésus dans la Trinité, dans l'Incarnation, dans l'Eucharistie, des aperçus dont il est impossible de contester la largeur et la beauté. Pour faire comprendre ce qu'il y a d'admirable dans la communication de Dieu au mystère de l'Incarnation, M. de Bérulle remonte jusqu'au Saint des Saints, et après y avoir contemplé la résidence substantielle et essentielle de la divinité du Père en la personne du Fils par sa génération éternelle, il adore la résidence substantielle et personnelle de la même divinité du Fils de Dieu en son humanité par sa génération temporelle, résidence qui a sa raison d'être dans la première. Ne convient-il pas, en effet, que comme le Fils est la personne qui reçoit la première du Père la divinité, ce soit lui qui vienne l'apporter au monde plutôt que le Saint-Esprit, les missions des Personnes divines suivant l'ordre de leurs processions? Dans une analyse aussi élevée que profonde, le P. de Bérulle, examinant toutes les communications divines qui se peuvent réaliser, montre ce qu'il y a d'incomparable en celle qui s'opère dans l'Incarnation. Là, ce n'est plus une simple présence de Dieu, par nature ou par grâce. C'est une communion si intime et si complète, que la même subsistance convient à la divinité et à l'humanité, de telle sorte que les actions de Jésus sont divinement humaines et humainement divines, et, par une admirable conséquence, ne sont imputables qu'à la seule personne du Verbe, à l'exclusion même du Père et du Saint-Esprit. Aussi Jésus est-il naturellement dans l'état de la gloire, et un miracle de son amour, à chaque instant renouvelé, en suspend seul les effets, afin qu'il puisse souffrir, mourir et sauver le genre humain.

Ce que le P. de Bérulle ajoute dans le neuvième discours sur l'amour de Dieu en ce mystère, achève ce qu'il avait commencé dans les discours précédents. S'emparant des paroles du Sauveur : « C'est ainsi que Dieu a aimé le » monde [1] », il ne lui est pas difficile de prouver la gran-

[1] JOAN., III, 16.

deur de cet incomparable amour. A la violence qu'il fait à Dieu, l'abaissant jusqu'à l'homme ; à l'honneur qu'il fait à l'homme, l'élevant jusqu'à Dieu ; à l'intimité qu'il crée entre l'humanité et la divinité subsistant désormais en une même personne ; à l'indissolubilité d'une union qui n'aura pas de fin, puisque l'Homme-Dieu aura la même durée que Dieu même ; à des caractères si éclatants et à jamais uniques, comment ne pas reconnaître la grandeur de l'amour divin ?

Dans ses trois derniers discours, le P. de Bérulle traite des trois naissances de Jésus. Sa naissance dans le sein de son Père à la vie éternelle ; sa naissance dans le sein de la Vierge à la vie temporelle ; sa naissance dans le sépulcre à la vie immortelle. Le docte et pieux auteur s'y est surpassé. Quand il parle de cette triple naissance à laquelle il rattache justement tout ce que nous sommes et tout ce que nous pouvons être dans le temps et dans l'éternité, puisque nous devons à la première notre être naturel, à la seconde notre vie surnaturelle, et que nous attendons de la troisième notre résurrection glorieuse, le P. de Bérulle ne peut contenir les élans de son âme. Le discours sur la génération du Verbe est un chef-d'œuvre.

Le discours consacré à la naissance temporelle du Verbe est digne du précédent. Revenant à l'idée mère que l'Homme-Dieu est le centre de toutes les opérations de Dieu hors de lui-même, le P. de Bérulle s'efforce de développer les grandeurs de cette bienheureuse naissance. Il montre comment, en ce mystère, la nature humaine est élevée au plus haut degré de gloire possible par son union avec la nature divine dans l'unique personnalité du Verbe ;

27.

comment la personne humaine se trouve portée au-dessus
de toutes les grandeurs créées par l'auguste privilége de la
maternité divine, laquelle confère à Marie le pouvoir incomparable de donner à Jésus une vie plus sainte que celle
qu'elle en reçoit : car la vie qu'elle reçoit est une vie de
grâce, et celle qu'elle donne est une vie divinement humaine et humainement divine. Puis, s'élevant encore, le
P. de Bérulle adore dans la naissance de Jésus en Marie
et par Marie, la plus sublime manifestation de la vie
divine. Jusqu'alors, en effet, Dieu était connu par les
créatures dans ses propriétés essentielles : on le révérait
comme Créateur. Mais il n'était point adoré en sa propriété
personnelle ; il n'était point adoré comme Père, et comme
Père engendrant éternellement un Fils en tout semblable à
lui. Cette paternité est révélée au monde par l'Incarnation. Et en même temps, le domaine sur lequel s'étend la
providence de Dieu se trouve prodigieusement agrandi :
au lieu qu'elle ne s'exerçait jusqu'à ce jour que sur des
créatures, elle agit maintenant sur un Dieu ; car, par son
humanité, Jésus devient le sujet de celui dont par sa
divinité il est l'égal.

On sent déborder dans le dernier discours une grande
et éloquente émotion. A la pensée du triomphe de son
Maître, le P. de Bérulle ne sait pas dissimuler son bonheur.
Mais là encore, voulant montrer jusqu'à quel excès Jésus-
Christ a poussé l'amour pour les hommes, il trouve sur les
caractères, contraires à première vue, de l'amour en Dieu
et de l'amour en Jésus, le premier agissant par union, le
second par séparation, des considérations d'une beauté
rare, et qui achèvent de prouver avec quelle grandeur se

manifestent, au mystère de l'Incarnation, l'unité, la bonté, la fécondité, l'amour de Dieu.

Dans sa marche vers les hauts sommets, souvent retardée par l'admiration des objets qu'il rencontre sur le chemin qui y conduit, le P. de Bérulle n'oublie pas cependant son point de départ. On dirait que parfois de la plaine arrivent jusqu'à son oreille les clameurs de ses ennemis. Absorbé dans sa pensée, il continue sa route : il a suffisamment entendu pour pouvoir répondre, mais de loin, et sans que son regard fixé sur Jésus-Christ s'en détourne. Célébrer, comme il le fait les adorables, grandeurs de Jésus-Christ en son Incarnation ; montrer, non plus seulement dans les actions du Sauveur, mais dans ce que saint Paul appelle par excellence le mystère du Christ, *mysterium Christi* [1], l'œuvre à laquelle tout se rapporte dans l'ordre de la nature et dans l'ordre de la grâce ; l'œuvre où reluisent du plus vif éclat les perfections de Dieu ; l'œuvre qui réalise la liaison la plus étroite qui se puisse concevoir entre Dieu et l'humanité ; prouver comment ce Jésus, cet Homme-Dieu, devient, au mystère de l'Incarnation, le Maître et le Seigneur de l'humanité, par un pouvoir nouveau, et par une liaison si intime que nulle créature n'a l'être de la grâce et n'aura celui de la gloire, sinon en union avec lui, en dépendance de lui, parce qu'il est la substance de la sainteté dont les Saints ne sont que des accidents : exposer ces vérités sublimes comme la révélation, incontestables comme elle, avec la double autorité de la science et de la vertu, n'était-ce

---

[1] Coloss., iv, 3.

pas établir clairement qu'un chrétien a le droit de protester de sa servitude vis-à-vis de Jésus-Christ, et de « lier
» son âme à Celuy qui est au sein du Père et qui a voulu se
» lier auec nous par le mystère de l'Incarnation » ?

Sous la plume du P. de Bérulle, d'ailleurs, les conséquences morales suivent toujours de près les considérations dogmatiques. La vie du chrétien, qui est un état
stable, et non point une succession sans logique et sans
lien d'actes passagers, trouve à ses yeux son exemplaire
dans l'union indissoluble du Verbe avec l'humanité au mystère de l'Incarnation ; et c'est encore une vue profonde sur
ce mystère qui lui révèle les conditions de l'union de l'âme
avec son Dieu. De même, en effet, que l'humanité n'entre
en communication avec la nature divine et n'est élevée à
la gloire de subsister en la personne même du Verbe que
parce qu'elle est dénuée de sa propre personnalité, ainsi
faut-il qu'au mystère de sa sanctification, sans perdre, il
est vrai, sa personnalité, mais par une donation complète
le lui-même à Jésus-Christ, « le moi » humain du chrétien
disparaisse devant les victorieux envahissements de la vie
du Verbe : *Vivo autem, jam non ego, vivit vero in me Christus* [1]. Or ce renoncement, toujours le même en son fond
mais varié à l'infini en ses formes, et qui est la condition
de toute vertu et de toute vie chrétienne ; cette union à
Dieu par une subordination nécessaire et que notre volonté doit rendre indissoluble, n'est-ce pas la servitude
préchée par Jésus-Christ, qui s'est fait le serviteur de son
Père et le nôtre, afin de nous donner l'exemple ; réalisée

[1] GALAT., II, 20.

par les Apôtres, qui la regardent comme un titre de gloire
et promise à Dieu par tout chrétien au jour de son baptéme?

Non content de cette grande et fière réponse à ses
adversaires, le P. de Bérulle y joignit un «narré» de ce qui
s'était passé au sujet des élévations à Jésus et à Marie. Là,
il discute pied à pied les objections qui remplissaient les
libelles, arrache, avec l'indignation de l'homme de bien,
le masque dont se couvraient ses ennemis, et, victorieux
de toutes les subtilités de la dialectique, sème à pleines
mains de belles et fécondes idées.

Il ne faudrait pas croire pourtant que le P. de Bérulle
se permette des nouveautés téméraires. Sa seule hardiesse
est d'avoir cherché une nourriture pour la piété dans les
spéculations de la plus profonde métaphysique, de la plus
haute théologie ; d'avoir uni à un degré rare les lumières de la science aux clartés supérieures de l'amour,
contrôlant, si l'on peut dire, les unes par les autres, et après
s'être assuré qu'elles viennent du même foyer, les unissant
en un seul faisceau pour qu'elles éclairent et échauffent
davantage. Héritier des Pères, il n'avance rien qu'il ne
puisse justifier par leur autorité. Aussi quel respect pour la
sainte antiquité ! Il ne cite pas un seul de ces illustres auteurs sans qu'un mot parti de son cœur exprime sa vénération. Pour nul cependant elle n'est aussi complète que pour
saint Augustin, « l'oracle de son siècle, le plus excellent
» des docteurs, le docteur choisi par le Fils de Dieu pour
» la défense de sa grâce, qui est l'effet et la fin de son In-
» carnation : le grand maistre du prince de l'Escole »,
saint Thomas. Le P. de Bérulle est en effet un disciple

de saint Thomas, et un disciple d'une fidélité surprenante.
On aurait pu croire qu'avec les idées sublimes qu'il se faisait du mystère de l'Incarnation, l'auteur des *Grandeurs de
Jésus* se serait laissé entraîner à la voix de Scot sur les
traces des Pères grecs. L'hypothèse du Verbe s'incarnant,
alors même que la chute n'eût pas précipité l'humanité
au-dessous d'elle-même ; venant dans une chair glorieuse
remplir les fonctions d'un médiateur de religion, parmi
les hommes demeurés assez purs pour ne pas réclamer le
sang d'un médiateur de rédemption, cette hypothèse, dont
la solution entraîne des conséquences théologiques d'une
incontestable gravité, aurait dû, il semble, séduire l'intelligence et le cœur du P. de Bérulle. Mais non, saint Thomas est là, avec cet article célèbre où il réfute, presque
en hésitant, la thèse de Scot et d'Alexandre de Hales ;
le P. de Bérulle se borne à transcrire son argument[1],
non pas qu'il ignore les raisons avancées par ses adversaires, mais leur opinion ne lui semble pas suffisamment
fondée dans la tradition ; il n'en faut pas davantage pour
l'éloigner.

Ce n'est pas seulement la tradition qu'il a étudiée :
Suarez et Vasquez ne lui sont pas moins familiers que saint
Denis ; Baronius et le P. Richeome, que saint Jean Damas-
cène. Les philosophes eux-mêmes lui fournissent parfois
des armes. Il cite Sénèque avec éloge, et ne craint pas de

---

[1] *Grandeurs de Jésus*, discours IX, III, p. 212. — Voyez Suarez
(édit. Vivès, t. VIII). *Quæst. I*, a. IV. disp. V, sect. VI, p. 263.
Suarez adopte une opinion mitoyenne. Thomassin, comme le P. de Bérulle
son maître, soutient la thèse thomiste et y donne de grands développe-
ments. (*Dogmata theologica*, t. III, liv. II, ch. V à XI.) — M. Olier,
dont la doctrine est si conforme à celle du P. de Bérulle, se sépare de
lui sur ce point, et embrasse le sentiment des scotistes.

l'appeler « un des plus grands maîtres en la doctrine des
» mœurs ». Toutefois Platon obtient sa préférence, et à
sa suite les Platoniciens. Plus il est convaincu de la grandeur du mystère de l'Incarnation, plus il croit à l'étendue
de son rayonnement, et aime à chercher partout quelque
lueur lointaine de cet astre divin, pour l'y rattacher.
Malgré ce déploiement de science, la citation longue est
rare. Le P. de Bérulle s'est pénétré de la doctrine des Pères,
et s'il invoque parfois leur autorité, c'est pour donner crédit
à ses propres paroles, non pour copier les leurs. Il est
arrivé à ce moment où l'homme qui a mûri sa pensée est
maître de sa science, et, sûr de sa doctrine, la répand aisément. Il le fallait pour qu'il pût écrire d'une main si ferme
de tels discours, durant de longs et difficiles voyages, au
milieu de graves et incessantes préoccupations, sans cesse
interrompu, sans cesse ramené sur la terre par les trames
qu'on y ourdissait contre lui.

Ainsi s'expliquent des défauts que l'on ne saurait nier
au point de vue de la composition dans cet ouvrage.
C'est le résumé des méditations profondes d'un penseur
et d'un saint ; ce n'est point un livre complétement fait. On
y trouve une telle abondance d'idées, que le lecteur éprouve
quelque difficulté à s'orienter, au milieu de tant d'étoiles,
vers celle qui le conduira plus directement au Verbe incarné. Le P. de Bérulle a pour la vérité, objet constant de
ses pensées et de son amour, un culte si passionné, qu'a-
près l'avoir contemplée sous une de ses faces, il ne craint
pas de revenir pour la regarder et l'adorer encore sous un
aspect qui lui paraît nouveau, qui n'est point complétement le même, mais que le lecteur moins épris ou moins

attentif aurait quelque peine à distinguer du premier. Aussi sa phrase, chargée d'incidences qui toutes mériteraient examen et réflexion, s'avance-t-elle péniblement parfois. Son style cependant est toujours digne du sujet : il est ample, il est sévère et mâle : « Le fruit principal de ces » pensées est d'avouer et reconnoître que le Dieu des chré- » tiens est grand [1] », avait dit le P. de Bérulle. Son souhait fut rempli. Il avait traité avec la grandeur qui leur convient des grandeurs de Jésus.

On n'était point habitué à entendre la théologie parler en français un tel langage [2]. Les contemporains en furent frappés ; et les approbateurs le dirent en se rendant garants de l'orthodoxie de l'auteur. Parmi tous ces témoignages d'estime, d'admiration même, signés de neuf évêques, des premiers docteurs de la Faculté de Paris, des Religieux les

---

[1] *Grandeurs de Jésus*, discours VI, p. 169.

[2] Il y aurait un parallèle intéressant à établir entre le *Traité de l'Amour de Dieu* de saint FRANÇOIS DE SALES publié en juillet 1616, et le *Traité des Grandeurs de Jésus*. Le Bienheureux évêque de Genève remportera toujours la palme de la délicatessse et de la grâce. Mais s'il ne faut pas chercher ces qualités exquises en M. de Bérulle, ne trouve-t-on pas chez lui une solidité, une gravité, une précision dans les termes, qui a bien aussi ses difficultés, son mérite et son charme austère? On rencontre des perles dans ce livre des *Grandeurs de Jésus*, il ne leur manque que d'être enchâssées. Avant Pascal, auquel on en fait honneur, le P. de Bérulle avait dit de Dieu : « Il est » une sphère intellectuelle de laquelle le centre est partout et la circonfé- » rence nulle part. » Phrase qu'il me semble, à la vérité, avoir lue dans saint Bonaventure et dans le P. Lessius (*De moribus divinis*), mais que le P. de Bérulle a toujours eu le mérite de faire passer le premier dans notre langue. Du reste, il faudrait comparer au *Traité des Grandeurs de Jésus* des livres du même genre, venus même beaucoup plus tard, pour mieux apprécier le mérite du premier. Je n'en citerai ici que deux : *la Théologie affective*, par M. LOUIS BAIL, prestre, docteur en théologie, in-fol., 1654 ; et surtout le *Traité des trois estats différens du Fils de Dieu, en sa Génération, dans son Incarnation, et au Saint-Sacrement*, par le R. P. HYACINTHE LEFÈVRE, Récollet. Paris, Thierry, 1681, in-4°, ouvrage plein de doctrine, mais dont l'auteur n'a pas su rester lui-même.

plus renommés alors par leur science, chez les Feuillants, les Capucins, les Dominicains, on remarquait, placée en téte de toutes les autres, une approbation singulièrement louangeuse. Il y était dit que dans ce *Traité des Grandeurs de Jésus*, de faibles colombes recevaient l'aliment des aigles : *imbelles hic columbas aquilarum alimento refici;* que les mystères les plus cachés s'y trouvaient mis à la portée de l'intelligence humaine ; que, chose rare en un livre plein de science ! le cœur n'y était nullement sacrifié à l'esprit ; que la pureté de l'œuvre démontrait victorieusement la pureté de son auteur, et qu'ainsi on pouvait prédire à un si bel ouvrage l'immortalité; *typis nunquam morituris, semper victuris mandandum censemus.* Au bas de cette approbation on lisait la signature du nouveau proviseur de Sorbonne : « *Armandus, cardinalis de Richelieu*[1], *provisor Domus Sorbonæ.*

[1] Richelieu fut élu proviseur de Sorbonne le 2 septembre 1622. (*Histoire de l'Université de Paris aux dix-septième et dix-huitième siècles,* par C. JOURDAIN. Paris, 1862, in-fol., liv. I, ch. v, p. 102.) Il fut promu au cardinalat le 5 septembre. (*Lettres du cardinal de Richelieu,* publiées par M. Avenel, in-4º, t. I, p. 730, note.) — Cette approbation de Richelieu est grave. 1º Elle prouve que Richelieu, lorsqu'il n'était pas encore l'antagoniste du P. de Bérulle, ne le trouvait pas un aussi petit esprit qu'il le dit dans ses Mémoires. « Son erreur n'étoit pas vice de volonté, mais » d'entendement, qui croyoit volontiers voir dans les secrets de la Provi- » dence divine ce qu'il ne voyoit pas. » (*Mémoires,* édit. PETITOT, t. V, liv. XX, p. 76), et le reste du même ton. 2º L'approbation de Richelieu renverse une affirmation hasardée comme tant d'autres par le P. Rapin. (*Histoire du Jansénisme...,* publiée par l'abbé DOMENECH. Paris, Gaume, in-8º, liv. III, p. 151 et 152.) Ce Père prétend qu'il fut question de censurer en Sorbonne le livre des *Grandeurs de Jésus.* Il confond le désir qu'en purent avoir les Carmes, avec la chance qu'ils avaient de réussir. Richelieu, prudent et habile comme il était, ne se serait pas avisé d'approuver dans des termes aussi laudatifs un livre que la Sorbonne, dont il venait d'être élu proviseur, aurait vu de mauvais œil. Ajoutons que Richelieu ne put attendre, pour se prononcer, que les docteurs opposés au P. de Bérulle et que ne nomme pas le P. Rapin, se fussent calmés. Il donna son approba-

L'effet produit à Rome par la publication du livre des *Grandeurs de Jésus* ne fut pas moindre qu'en France. Un Dominicain que l'on regardait comme un prodige de science et qu'on nommait pour cette raison « *il Padre* » *monstro* », le P. Nicolas Richard, depuis lors maître du Sacré Palais, approuva par un écrit authentique l'œuvre du fondateur de l'Oratoire[1]. Nombre de cardinaux s'empressèrent d'envoyer au P. de Bérulle l'expression de leur sympathique admiration. Le cardinal Bentivoglio fut des premiers. « Je vous confesse », écrivit-il à son ami « n'avoir jamais vu un ouvrage d'une plus profonde doc- » trine et d'une plus noble éloquence, et je bénis Dieu » d'avoir permis les contrariétés et les calomnies dont on » vous a voulu noircir sur l'article de la doctrine, puis- » qu'elles ont donné lieu à une si belle et si riche produc- » tion[2]. »

Le P. de Bérulle ne s'y trompait pas cependant. L'apparition du *Traité des grandeurs de Jésus* avait étonné ses détracteurs, mais sans les abattre. Déjà on tournait contre son livre la guerre commencée contre sa personne ; et l'évêque de Nantes, en le prévenant des dispositions peu bienveillantes des Pères Jésuites, ne lui apprenait rien. Ce prélat s'était plaint, avec sa vivacité et sa franchise ordinaires, au P. Suffren de la nouvelle prise d'armes de ses confrères. Le Père lui avait répondu aussitôt par les dé-

---

tion aussitôt qu'il eut pris connaissance du livre. Les dates le prouvent avec évidence. J'aurai à revenir, du reste, sur les insinuations du P. Rapin, d'autant plus dangereuses que le ton en est plus doucereux.

[1] L'original est aux Archives nationales. (M. 234.)

[2] *Io confesso con verita di non haver vedutto opera di maggior dottrina, né di maggior eloquenza.* (Lettre autographe du 25 avril 1623.)

clarations les plus formelles et les plus rassurantes. « Eh!
» que sauroit-on dire contre ce livre», répétait par plusieurs
fois le confesseur de la Reine ; « je l'ai lu presque tout du
« long, il ne se peut rien faire de mieux. Je ne sais si on
« l'aura dit au P. de Bérulle, mais j'ai prié quelques-uns
» de mes amis de lui témoigner que j'attendois avec impa-
» tience que la deuxième partie parùt. Pour Dieu», ajouta-
t-il, « ne croyez pas que ce que l'on vous a dit des nôtres
» soit vrai. Je sais trop le regret que nous a causé le livre
» du P. Bony et les sérieuses défenses qui ont été faites à
» nos Pères (d'écrire) rien de semblable. Le livre du P. de
» Bérulle est, au jugement de tous ceux qui l'entendent, tel
» que je le reconnois moi-mème, excellent et aux choses et
» aux paroles : je n'ai vu personne en notre Compagnie qui
» écrivit comme cela sur cette matière. » Mais l'évêque de
Nantes maintint son affirmation. « Si est-ce pourtant,
» mon Père», dit-il au confesseur de la Reine, « que je sais
» très-bien que quelques-uns des vôtres en ont parlé très-
» désavantageusement, entre autres le P. Disnet, lequel a
» dit qu'il rasoit l'hérésie, et M. d'Orléans me l'a rapporté[1]. »

Malgré les dénégations bienveillantes du P. Suffren,
M. Cospeau était malheureusement dans le vrai. On avait
répandu partout le bruit que les Pères Jésuites répondraient
au *Traité des grandeurs de Jésus* : on avait même donné si
exactement le titre du libelle, que nombre de curieux couraient déjà le demander chez les libraires : au P. Garasse,
disait-on, était confié le soin d'attaquer, sous le masque

---

[1] Lettre de M. Cospeau au P. de Bérulle. (BATTEREL, liv. III, nº 114.)
— Il sera parlé plus bas du P. Bauny et du P. Disnet. — M. d'Orléans
était M. de l'Aubespine, dont le nom a déjà paru dans cette histoire, et
qui fut évêque d'Orléans du 28 mars 1604 au 15 août 1630.

de l'anonyme, l'œuvre de M. de Bérulle. Le P. Garasse
se tut, et fit sagement. Cet homme, vraiment bon, mais
qui, la plume à la main, emporté par sa verve audacieuse et
bouffonne, devenait un pamphlétaire impitoyable, ne savait guère manier la langue du théologien. Capable d'écrire
sans sourciller qu'au mystère de l'Incarnation, « quand la
» personnalité humaine a été comme entée ou mise à
» cheval sur la personnalité du Verbe, elle ne s'est peu
» plaindre, d'autant qu'on luy a faict plus d'honneur
» qu'elle ne méritoit, et qu'elle a perdu une obole pour
» gagner des pistoles[1] », le P. Garasse n'était point de taille
à lutter contre « l'apôtre du Verbe incarné ».

S'il s'abstint d'écrire, ses confrères ne s'abstinrent pas
de parler. D'où venait, chez des Religieux si sincères en
leur piété, si édifiants par leurs vertus, cet éloignement pour
un livre où il n'était traité que des mystères les plus augustes, dans le langage le plus exact? Comment expliquer
cette opposition à une spiritualité dont l'objet et le principe
étaient la sainte humanité du Sauveur, chez les disciples
d'un homme épris pour elle d'un tel amour, que, vers la

---

[1] Mémoire du P. de Bérulle au cardinal de Richelieu. (Appendice
nº V.) Cette proposition du P. Garasse se trouve dans *la Somme théologique des vérités capitales de la religion chrétienne*, Paris, S. Crappelet,
1625, in-fol., liv. III, traité II, sect. VI, p. 649; livre auquel Saint-
Cyran répondit en 1626 par la *Somme des fautes et faussetés capitales
contenues en la Somme théologique* de F. GARASSE. Joseph Bouillerot, 1626,
in-4º. Le P. d'Orléans, de la Compagnie de Jésus, traitait fort sévèrement le P. Garasse en 1687, ce qui lui vaut une rude monition de la
part du P. Carayon. (*Histoire des Jésuites de Paris*, Lecureux, 1864,
in-8º, Introduction, p. XLVIII et suiv.) — Il ne faut pas oublier que le
P. Garasse se réconcilia avec presque tous ceux qui avaient écrit contre lui;
et qu'il fit une mort héroïque à Poitiers, où il s'était enfermé dans l'hôpital pour soigner les pestiférés. M. Sainte-Beuve lui-même lui rend hommage. (*Port-Royal*, t. I, liv. I, ch. XII, p. 320.)

fin de son admirable vie, il versait des larmes de joie à la seule pensée de contempler le corps ressuscité de son Dieu [1]? Cela tenait à plusieurs causes dont le P. de Bérulle se rendait compte aisément.

La multiplicité des Ordres religieux, au sein de l'Église, a sa raison d'être dans les besoins multiples des âmes. Or, parmi les âmes, les unes, portées vers Dieu par un vol puissant, aiment à le contempler en lui-même, ou dans l'œuvre de ses œuvres qui est Jésus-Christ, et ne le voient que dans cette lumière ; les autres, inclinées à se regarder elles-mêmes, cherchent surtout à connaître les défauts et les vices qui les déparent, et les vertus dont elles se doivent orner pour plaire à Dieu. De là deux écoles de spiritualité, l'une plus théologique, l'autre plus morale ; l'une qui part de la spéculation pour descendre à la pratique, l'autre qui de la pratique monte jusqu'à la spéculation ; l'une qui donne à la grâce autant qu'il est possible, sans porter atteinte à la liberté, l'autre qui compte sur la liberté autant qu'il est permis de le faire, en respectant la grâce divine. Ce sont comme deux grands fleuves qui, sans doute, sous peine de ne rien féconder, doivent mêler leurs eaux, mais qui cependant conservent leur caractère distinctif, tout en se subdivisant eux-mêmes en mille canaux.

Venus dans le monde à une heure où le vieil édifice catholique était battu en brèche par les réformés, les Pères Jésuites, non contents de se fortifier contre les assauts de l'ennemi, firent contre lui d'incessantes et victorieuses sorties. Sur toute la ligne, ils opposèrent à leurs négations

---

[1] Cité par Mgr Isoard. (*Prières recueillies et mises en ordre.* Paris, Plon, 1873, in-18, p. 179.)

une affirmation. Les réformés niaient l'autorité du Pape ; les Jésuites lui firent un vœu spécial d'obéissance. Les réformés exaltaient la grâce jusqu'à imputer à Dieu les péchés des hommes ; les Jésuites maintinrent les droits du libre arbitre, jusqu'à les exagérer peut-être. Les réformés supprimaient les touchantes et fécondes pratiques de la dévotion catholique ; les Jésuites multiplièrent les prières vocales, les associations et les vœux. C'est ainsi qu'à l'époque du P. de Bérulle, jusque dans leur piété, se révélait leur mission belliqueuse. On eût dit que l'héroïque capitaine qu'un boulet de canon français avait conquis à l'Église, au lieu de déposer son épée, s'était contenté de la lui offrir, et se survivait, toujours soldat, dans ses enfants.

Les origines et la vocation de l'Oratoire étaient tout autres. Le P. de Bérulle n'avait jamais porté l'armure ; sa famille était de robe ; sa jeunesse s'était formée dans le silence et l'étude, sous les grands arbres de Serilly et sur les bancs de l'Université. Condamné à la lutte, car telle était alors la destinée de tout fils dévoué de l'Église, on sentait, jusqu'au ton de sa polémique, l'homme habitué à contempler les mystères dans leur foyer le plus intime et dans leur rayonnement le plus éloigné. Comme leur fondateur, sortis de la Sorbonne, nourris des Pères, vivant dans une étude continuelle des états, de la vie, de la personne du Verbe incarné, ne cherchant pas ailleurs qu'en la sublimité du sacerdoce chrétien, la raison et la grâce des vertus exigées par leur profession, pénétrés pour la sainte hiérarchie d'un respect qui était une doctrine, les disciples du P. de Bérulle offraient à la piété des

fidèles un aliment différent de celui que leur dispensaient les
Pères Jésuites. Il eût été sage et chrétien de laisser chacun
suivre en liberté son attrait. Pour satisfaire aux besoins du
peuple chrétien, ce n'eût pas encore été trop du zèle de tous
les prêtres qu'ils appartinssent à la Société de Jésus ou à
l'Oratoire de Jésus; mais il est bien rare qu'on ne s'ha-
bitue pas à considérer les idées que l'on prêche comme les
seules vraies, la route où l'on marche comme la seule sûre,
la grâce dont on est le dépositaire comme la seule efficace.
La dévotion toute dogmatique de l'Oratoire fut combattue
par les partisans de la dévotion toute pratique de la Compagnie. Si dans la ville de Rouen, en pleine chaire, le
P. Phélipeaux dénonçait la doctrine en honneur chez les
Oratoriens; si à Bordeaux les Jésuites avaient tenté de
faire condamner la formule des vœux, on conçoit qu'uu
livre qui en était l'exposé et la justification ne fût pas
chaleureusement accueilli parmi ces Pères.

A ce premier motif de froideur s'en joignait un autre. Pour
compter de nombreux et puissants protecteurs, la Compagnie de Jésus ne laissait pas que de sentir autour d'elle des
adversaires redoutables. Ce n'étaient point seulement les
magistrats, toujours en garde contre ses doctrines sur le
temporel des rois; les docteurs de l'Université, jaloux de
ses succès dans l'enseignement; c'étaient aussi des évêques,
qui, tout en rendant justice au zèle des fils de saint
Ignace, s'inquiétaient des restrictions imposées à leur autorité, déjà si peu respectée, par les priviléges d'une société
toute-puissante. Ainsi toujours sur la défensive, les Jésuites
voyaient avec crainte la réputation et l'influence du P. de
Bérulle grandir, et des hommes dont ils suspectaient la

bienveillance à leur endroit, en témoigner une si grande pour l'Oratoire. Les noms des approbateurs placés en tête du *Traité des grandeurs de Jésus* leur donnèrent évidemment à penser. L'évêque de Nantes, M. Cospeau, se montrait trop ouvertement l'ami du P. de Bérulle pour qu'ils l'estimassent le leur. M. Camus, évêque de Belley, par son énergie à soutenir les droits de l'épiscopat et du clergé séculier, par sa vigueur à réformer les abus dans les cloîtres, s'était attiré l'opposition des Religieux, et les treize panégyriques de saint Ignace de Loyola qu'il avait déjà prononcés et qu'il venait de faire imprimer, ne suffisaient pas pour rassurer complétement les Pères Jésuites[1]. L'évêque de Poitiers, M. de la Rocheposaye, avait eu avec eux des différends, maintenant apaisés, mais dont le souvenir leur inspirait peu de confiance en un prélat si ferme à faire respecter son autorité. Deux signatures surtout effrayèrent les Pères, celle d'un docteur de l'Université de Louvain, qu'on nommait Cornélius Jansénius, et celle d'un ecclésiastique pourvu depuis peu de l'abbaye de Saint-Cyran en Bresse, et qui s'appelait M. du Vergier de Hauranne[2].

---

[1] *Homélies panégyriques de sainct Ignace de Loyola,* fondateur de la Compagnie de Jésus, dédiées aux Pères de la Compagnie de Jésus. Lyon, 1623, in-8º. Sur M. Camus, évêque de Belley, voyez la Notice de Mgr Depéry placée en tête de *l'Esprit du Bienheureux François de Sales.* Paris, Gaume, 1840, t. I, p. xxi et suiv.

[2] Les commencements de du Vergier de Hauranne sont peu connus et difficiles à connaître. M. Sainte-Beuve ne les a pas entièrement éclaircis. J'ai eu recours à l'*Histoire du Jansénisme* du P. Rapin, de la Compagnie de Jésus. Paris, Gaume, in-8º, livre d'une grande partialité contre Saint-Cyran; puis à l'*Histoire ecclésiastique du dix-septième siècle* (par Dupin), ouvrage d'une partialité plus grande encore en faveur de Saint-Cyran, Paris, Pralard, 1614, t. II, p. 68 et suiv., complété par les autres écri-

M. de Saint-Cyran était déjà bien connu des Pères Jésuites. Après avoir eu pour condisciple en Sorbonne un
jeune étudiant qui devait être une de leurs gloires, Denis
Petau, il était parti pour Louvain, et avait achevé avec
éclat dans leur maison ses études théologiques. Mais soit
qu'à Louvain même, où la lutte était alors engagée entre
l'Université et la Compagnie de Jésus, il eût pris quelque
impression fâcheuse contre ses maîtres, soit qu'il subît
l'influence de son ami Cornélius Jansénius, qui ne par-
donnait aux Jésuites ni leurs opinions sur la grâce, ni,
ajoutaient-ils, leur refus de l'admettre parmi eux [1], M. de
Saint-Cyran était revenu à Bayonne, sa patrie, fort indisposé contre les Pères. Aussi son évêque, M. Bertrand
Deschaux, ayant songé à leur confier le collége de sa ville
épiscopale, il s'y opposa de tout son pouvoir. Appelé
bientôt à Poitiers par M. de la Rocheposaye, ami de
M. Deschaux, lequel venait d'être nommé au siége de
Tours, il se trouva presque aussitôt mêlé à un différend
d'une extrême gravité entre son nouvel évêque et les
Pères Jésuites. Bien que ceux-ci ne se fissent pas faute
de rendre responsable de la lutte engagée contre eux
M. de Saint-Cyran, sa réputation en avait si peu souffert, qu'à cette époque même, déjà ami de l'évêque
de Luçon, Richelieu [2], il se liait étroitement avec un des
plus grands serviteurs de Dieu qui fussent alors en France,

vains qui ont donné sa biographie. Lancelot parle peu de cette première
époque. Sur les affaires de M. de la Rocheposaye, on trouve quelques détails dans l'*Histoire du cardinal de Sourdis,* par Ravenez, ch. xxiii, p. 400.

[1] P. Rapin, liv. I, p. 8.

[2] J'ai trouvé aux Archives des affaires étrangères une lettre autographe
de Saint-Cyran à Richelieu, en date du 19 mai 1615. Elle prouve quelle
était, à cette époque, leur intimité.

le P. de Condren, supérieur de l'Oratoire à Poitiers. Le disciple préféré du P. de Bérulle eût été en situation de connaître mieux que personne le caractère et la vie de M. du Vergier de Hauranne, alors même que sa science profonde de la religion, sa vertu consommée, le don si rare et si précieux du discernement des esprits, ne l'eussent pas protégé contre l'illusion. Il vit M. de Saint-Cyran, l'estima et l'aima. Il admirait en lui un réel savoir, une connaissance de la philosophie et de la théologie au-dessus du commun, une grande lecture des Pères, un esprit vif et laborieux, une gravité tout ecclésiastique. Déjà, il est vrai, dans deux petits écrits de circonstance, M. de Saint-Cyran s'était montré sous un jour singulier : amateur du paradoxe, et capable de le pousser à l'extrême [1]. Déjà on voyait poindre en lui un goût étrange pour l'action dans l'ombre, l'habitude d'envelopper de mystère sa pensée et sa personne, ce zèle amer et dur d'où l'orgueil est rarement absent [2]. Mais ces défauts étaient comme perdus dans de si belles qualités, qu'on pouvait espérer le triomphe de celles-ci. Le P. de Condren le pensa; aussi s'empressat-il, lors du passage à Poitiers du P. de Bérulle en 1619, de lui présenter M. de Saint-Cyran. La liaison fut bientôt étroite, et M. du Vergier de Hauranne, apprenant que les

[1] *La Question roïale* et l'*Apologie pour l'évêque de Poitiers.* Dupin (*loc. cit.*) en donne une longue analyse et n'en fait aucun blâme. Qu'eût-il dit si un Père Jésuite s'était permis de pareilles déclamations?

[2] Bossuet écrivait à madame Cornuau (14 mai 1695) : « J'oublierois toujours, ma fille, à vous répondre sur les lettres de M. de Saint-Cyran, si je ne commençois par là. Elles sont d'une spiritualité sèche et alambiquée; je n'en attends aucun profit pour la personne que vous savez; je ne les défends point, mais ne les ai jamais ni conseillées ni permises. » (*OEuvres complètes,* édit. Vivès, t. XXVII, p. 575.)

Pères Jésuites avaient essayé de condamner à Bordeaux la formule des vœux, fut un des premiers à lui donner son approbation. Il fit plus. Les ennemis du P. de Bérulle étaient parvenus, on se le rappelle, à faire condamner les Élévations par plusieurs docteurs de la Faculté de Louvain. Obtenir à Louvain même une réparation, était chose désirable. M. de Saint-Cyran s'en chargea, et Cornélius Jansénius lui envoya bientôt l'approbation des *Élévations* et du livre des *Grandeurs de Jésus* [1].

Tels étaient les motifs principaux de l'accueil plus que froid fait au livre du P. de Bérulle par les Pères Jésuites. N'eût-ce pas été se déjuger d'ailleurs que d'approuver la doctrine d'un homme dont on s'efforçait à l'heure même de saper l'autorité?

Les lettres que le P. de Bérulle recevait de Bordeaux lui apprenaient en effet que les Pères de la Compagnie, contenus non sans peine par le P. Coton, étaient, depuis son départ, revenus à leurs vrais sentiments. L'archevêché n'avait qu'à se louer du concours actif qu'ils lui prêtaient. La Mère Marguerite du Saint-Sacrement, quoique fille de madame Acarie, et la Mère Marie de Jésus, quoique sœur du président Séguier, leur protecteur, avaient été abandonnées par eux. Depuis le départ des deux saintes

---

[1] M. l'abbé Maynard traite fort mal « Bérulle », comme il l'appelle à l'occasion de ces approbations. Inutile d'ajouter qu'il ne dit pas un mot des moyens employés par les ennemis du fondateur de l'Oratoire pour obtenir auparavant sa condamnation. (*Histoire de saint Vincent de Paul*, liv. V, ch. I, nᵒ 4, p. 224.) M. l'abbé Maynard ne va pas toutefois aussi loin que le P. Rapin, qui se donne sur ce sujet libre carrière (*Histoire du Jansénisme*, liv. III, ch. cxxxiv.) — Dans le troisième volume de cette histoire, j'examinerai plus en détail les rapports du P. de Bérulle avec M. l'abbé de Saint-Cyran.

Religieuses, les autres Carmélites demeurées fidèles au
P. de Bérulle s'étaient vues en butte aux attaques des
Pères Jésuites, devenus les lieutenants de M. de Sourdis[1].
Tant d'injustice chez ceux qui, par leur profession et par le
rang qu'ils occupaient dans l'Église, n'auraient dû travailler qu'au triomphe de la vérité et du droit, attristait
profondément M. de Bérulle. « Vous souffrez », écrivait-
il à ses chères filles de Bordeaux, « pour ne pas recevoir
» pour pasteur celuy qui ne l'est pas et ne l'a iamais
» esté, et qui, nonobstant ses prétentions, a receu ordre
» de Sa Sainteté de ne s'y point ingérer… Il a tort et
» vous auez raison ; car en l'Église, qui est le royaume du
» ciel, et l'Estat du Fils de Dieu, tout doit estre fait,
» non par violence, mais par obéyssance ; non par entre-
» prise, mais par authorité légitime, remontant par degrés
» iusques à l'authorité suprême, diuine et incréée, de
» laquelle tout dépend et à laquelle tout doit estre soumis
» pour iamais…. » Et faisant allusion à la conduite des
Pères de la Compagnie que lui avaient signalée les Carmélites, il ajoutait ces fortes paroles : « Si ceux que vous
» me nommez appuyent ces efforts et violences, dites-
» leur qu'ils ne voudroient pas les souffrir en leur Ordre,
» et qu'ils ne doivent pas les authoriser en un Ordre
» différent du leur. Dites-leur, et de ma part, qu'ils le font
» pour des raisons qui ne sont pas de théologie, et pour
» des desseins qui ne sont pas de religion, et qu'ils chan-

---

[1] Mémoire du P. de Bérulle à Richelieu. (Pièces justificatives, nº VI.)
— Lettre autographe du P. de Bérulle à M. du Val, citée plus bas. —
La Mère Marguerite du Saint-Sacrement et la Mère Marie de Jésus-Christ
(madame d'Autry) quittèrent Bordeaux vers la mi-août 1622. (*Vie de la
Mère Marguerite du Saint-Sacrement*, ch. xi, p. 129.)

» gent leurs maximes, qui dès longtemps me sont connues,
» pour donner du changement, s'ils peuvent, à ce que Dieu
» a bien estably et sçaura bien conserver par les voyes
» mesmes préparées à la ruine. (Dites-leur) que les grands
» vents enracinent les grands arbres, et que les grandes
» agitations affermissent les grandes âmes et les commu-
» nautés naissantes. Enfin, dites-leur qu'ils n'ont pas seuls
» le don de science et de conseil en l'Église de Dieu. »
Après quoi, il entraînait ses filles à sa suite loin du théâtre
de ces tristes combats, ne leur parlant plus que des anéantissements auxquels, par amour pour elles, Jésus-Christ
s'est réduit au mystère de l'Incarnation [1].

A Bourges, l'attitude des Pères Jésuites était la même
qu'à Bordeaux. Le P. Niquel, recteur du collége, le P. Rabardeau [2] et ses confrères, soutenaient ostensiblement les
Carmélites rebelles au Pape et ne se cachaient pas pour
décrier en toute circonstance le P. de Bérulle. Quelques
dames de qualité qui passaient par Bourges, s'étant montrées
« fort étonnées et mal édifiées de semblables discours »,
s'entendirent traiter de « bérullistes, de femmes ensor-
» celées de M. de Bérulle [3] ». Le provincial, chose plus
grave, avait autorisé l'impression d'un factum destiné à
justifier la conduite des Carmélites réfractaires. Dans ce
libelle, intitulé : *Response à la demande de M. de Marillac,*

---

[1] P. de Bérulle, *OEuvres*, édit. de 1657, in-fol., p. 785 et suiv.

[2] Voyez la lettre du P. Coton au P. de Bérulle, du 27 novembre 1624.
(Arch. nat., M. 234, D. I.) Le nom du P. Niquel ne se trouve pas dans le
P. Backer.

[3] Pontificem hic audire Carmelitanis vi voti non necessarium. (*Response,*
p. 7.) Non nisi ridicule ergo ac inepte Carmelitanas a SS. Domino nostro
ad obsequendum brevi suo mortali negamus obligatas esse scelere.

conseiller du Roy en ses conseils d'Estat et priué, par un très-docte Père et professeur en théologie de la Compagnie de Jésus, suivant le commandement de son supérieur sur le faict des Carmélines de Bourges, on soutenait que ces Religieuses étaient en sûreté de conscience, par le droit et par le fait. Par le droit, l'excommunication lancée contre elles étant nulle, puisqu'elles en avaient interjeté appel avant qu'elle fût prononcée; par le fait, attendu qu'elles n'étaient point obligées d'obéir à un Bref où l'intention du Pape n'était pas suffisamment expliquée, qui d'ailleurs lui avait été extorqué, et sur lequel enfin elles n'avaient point été entendues: maximes destructives de toute obéissance[1]. Puis on développait la *Réponse* dans des conversations, et les commentaires étaient plus désastreux encore que le texte; ainsi, on entendait des hommes du monde et même des femmes, instruits en cette école, dire hardiment que Grégoire XV était un bon vieillard sans grande portée, et qui se laissait conduire par le P. de Bérulle et ses amis; qu'il avait excédé ses pouvoirs en prétendant changer l'état des Religieuses, que l'interdit et l'excommunication prononcés contre les Carmélites étaient absolument nuls aussi bien que l'ordonnance de l'archevêque,

---

[1] In-4° de 12 pages, portant la date de 1623. (S. L.) Toute la réponse est en latin, sauf le titre et l'avis au lecteur, où on lui apprend prudemment que la présente réponse est imprimée — contre l'intention de l'auteur et de ses supérieurs — pour aider à combattre le sieur de Bérulle, « lequel » soubs prétexte de certain Bref collusoirement et par subreption obtenu, » veut usurper et s'attribuer la supériorité et visite de toutes les Carmélines » de France..., forcer et violenter de pauvres et innocentes âmes à changer » de vœu. » Ce très-docte Père est, croit-on, le P. Bauny (Étienne), né en 1564, mort en 1649. Tabaraud le dit (t. I, p. 113), et la conversation du P. Suffren citée plus haut confirme cette assertion. Voyez *Bibliothèque des écrivains de la Compagnie de Jésus*, par le P. A. DE BACKER. Liége, 1869, in-fol., t. I, p. 466.

tendant à faire observer l'un et l'autre ; du reste, ajoutait-
on, au dire de bons casuistes, il suffit qu'un bon auteur
ou un bon confesseur, « celuy est bon lequel ils estiment »,
soient d'avis qu'on n'est pas tenu en certains cas d'obéir
aux lois des supérieurs, pour qu'on puisse s'y soustraire
en effet ; or, dans la circonstance présente, un auteur
grave, « un très-docte Père et confesseur de la Compagnie
» de Jésus soutenant que le Bref n'oblige pas, on peut en
» toute sécurité suivre son sentiment. » Un des plus chauds
défenseurs de la Mère Isabelle, s'entretenant avec le
P. Gibieuf, qui préparait alors l'établissement de l'Oratoire à Bourges, alla jusqu'à prétendre que le Pape
n'étant pas infaillible, on ne se trouvait jamais dans l'o-
bligation absolue d'acquiescer à ses décisions ; à quoi le
P. Gibieuf, fort étonné, s'était empressé de répondre que
la différence était grande entre une autorité infaillible et
une autorité légitime, et qu'il suffisait de reconnaître au
Pape cette dernière, pour qu'il fût nécessaire de se soumettre à ses décisions [1].

Se voyant si énergiquement soutenues, les Carmélites
de Bourges déclarèrent persister dans leur rébellion. L'archevêque, de son côté, ayant refusé de lever l'interdit jeté
par M. Louytre sur leur monastère, elles lui demandèrent
la permission de consulter les théologiens de Douai ou de
Louvain. Roland Hébert, qui avait remplacé depuis quelques mois M. Frémyot sur le siége de Bourges, était docteur de Sorbonne : il trouva « impertinente » la requête
de ces filles, auxquelles les lumières de leur archevêque,

---

[1] Lettre du P. Gibieuf, du 3 avril 1623. (Arch. nat., M. 216.)

théologien renommé, ne suffisaient pas, et il leur fit savoir pour toute réponse que leur demande était « malséante à » des cœurs françois. » Mais comme il n'avait d'autre désir que de les voir ouvrir les yeux à la vérité, il vint, en compagnie de madame la Princesse, visiter ces Religieuses égarées et tenter auprès d'elles un dernier effort. Tout fut inutile. Après avoir constaté derechef leur obstination, il fit publier de nouveau sa sentence par toutes les paroisses de la ville. Sur ces entrefaites, M. le Prince, de retour de son voyage en Italie, arriva à Montrond. L'archevêque, les députés du clergé, du présidial et de la maison de ville, s'y rendirent pour le saluer. M. Louytre était présent. Le prince de Condé raconta alors comment il s'était entretenu avec le Pape de l'affaire des Carmélites, qu'il s'était même risqué à soutenir leur cause, mais que Sa Sainteté, bien loin de partager ce sentiment, lui avait démontré que la résistance de ces Religieuses était vraiment intolérable. Convaincu et obligé de se rendre à la volonté du Pape, il entendait que tous, dans son gouvernement, s'y soumissent également; et apercevant M. Heurtaut, conseiller au présidial de Bourges et ami des Carmélites, il le chargea de leur faire connaître sa volonté, et de leur dire qu'il n'y avait pas de milieu entre obéir et vider immédiatement la ville. Elles firent répondre qu'elles voulaient rester, tandis qu'avec une duplicité que l'on ne devait pas s'attendre à trouver chez des âmes religieuses, elles faisaient transporter dans différentes maisons les meubles tant du monastère que de la sacristie, enlevant tout, « iusques aux nappes de l'autel où estoit le Saint-Sacre- » ment », et le lendemain (14 mars), ayant emprunté

des carrosses, elles s'en allèrent hors de Bourges, en
la maison de madame de Montigny. Puis de là, sans
obédience (elles avaient refusé celle que leur offrait l'archevéque), elles se dirigèrent vers la Flandre et allèrent
se fixer à Anvers, où elles eurent beaucoup de peine à
s'établir, parce que leurs sœurs de Bruxelles les regardaient comme excommuniées [1]. Le 16 du méme mois,
l'archevêque, assisté de M. Louytre, introduisit dans le
couvent la Mère Marguerite de Saint-Joseph et les Religieuses nommées par les supérieurs. Là, du moins, le
schisme était vaincu. Mais les adversaires du P. de Bérulle
n'étaient point réduits au silence. Instruit par le P. Gibieuf
des propos que l'on tenait sur son compte, le supérieur
de l'Oratoire lui répondit en ces termes : « Les bruits que
» vous me mandez de Flandre sont faux. Vous auez suiet
» de supplier Monseigneur le Prince de ne donner aucune
» créance à leurs discours sur nostre Congrégation ; de luy
» remontrer qu'ils y font paroistre tant d'animosité, que,
» n'étoit la charité et la patience chrétienne, on se croi-
» roit obligé de les faire dédire solennellement et en jus-
» tice. Depuis le commencement jusqu'à la fin, ce n'est
» que fausseté et calomnie atroce. Aucun de la Congréga-
» tion n'a été à Bruxelles, ni pour persécuter ces Reli-

---

[1] Il est à remarquer que ni le P. Louis de Sainte-Thérèse dans son
Abrégé de l'establissement des Carmélites de France, ni le P. Pierre de la
Mère de Dieu dans ses *Fleurs du Carmel du parterre des Carmes déchaus-
sés de France,* Anvers, 1670, ne parlent soit de la prieure, soit des
Carmélites de Bourges. Les détails de cette déplorable histoire sont dans le
*Discours sommaire de l'establissement de l'Ordre des Religieuses de Notre-
Dame du Mont-Carmel* (par M. DE MARILLAC). Paris, édit. Martin, 1628,
in-8°. — Voyez aussi *Chroniques des Carmélites de France,* t. III. p. 216
et suivantes.

» gieuses, ni pour aucun autre sujet. Il est vrai que l'In-
» fante n'a pas voulu qu'elles fussent reçues aux Carmélites
» de cette ville, qu'elles logent au dehors avec les tou-
» rières, que les autres couvents de filles les traitent d'ex-
» communiées et ne les ont pas voulu recevoir, et que le
» nonce de Flandre a écrit au Pape pour savoir ce qu'il en
» fera. Je le sais du nonce de France, mais je n'ai point de
» part à tout cela [1]. »

Le schisme éteint à Bourges, le P. de Bérulle fit une
nouvelle tentative pour obtenir à Bordeaux le même résultat. Lors des cérémonies du sacre de M. de Gondi,
premier archevêque de Paris, dont il était le consécrateur,
M. de Sourdis [2] avait pu voir de près l'estime dont jouissait à la Cour et dans le clergé M. de Bérulle. Madame de
Maignelay, M. de Gondy lui-même, avaient certainement
cherché à l'éclairer. Le général de l'Oratoire crut le moment propice, et le 18 juin, il écrivit à l'archevêque de
Bordeaux qu'il offrait aux Religieuses l'oubli du passé,
qu'il s'engageait à ne jamais user, sans son agrément, du
droit de visite, qu'il ne mettait à la conclusion de la paix
qu'une seule condition, la reconnaissance par les Carmélites rebelles de leurs supérieurs légitimes : « Si, en l'hon-
» neur du Dieu de paix, dont vous êtes le ministre, vous
» vouliez bien encore faire cette charité à l'Ordre des Car-
» mélites que de vous rendre autheur de cette réconcilia-

---

[1] Lettre du P. de Bérulle au P. Gibieuf, citée par le P. BATTEREL,
liv. IV, n° 22.

[2] Le sacre de Jean-François de Gondy eut lieu le 19 février 1623, à
Notre-Dame. L'évêché de Paris, avait été élevé au rang d'archevêché par
une bulle de Grégoire XV, en date du 20 octobre 1622. (*Rituale Parisiense*,
1839, in-4°, p. xxv.)

» tion, nulle des parties ne pourroit douter de la certi-
» tude des paroles données de part et d'autre, vous en
» ayant pour garant. » Puis haussant le ton, il finissait
en ces termes : « Que si, malgré toutes ces avances, les
» Carmélites ne rentrent pas dans l'esprit de soumission
» et de paix, Monseigneur, Dieu est sévère dans ses
» jugements; il sait abréger nos jours dans sa rigueur
» pour avancer ses jugements sur nous, et par là nous
» faire porter les effets de cette effroiable parole : *Me-*
» *mor esto unde excideris et prima opera fac : sin autem*
» *venio tibi et movebo candelabrum tuum de loco suo;* pa-
» role qui doit nous faire tous trembler, si nous ne contri-
» buons à sa gloire et n'emploiions ses dons selon ses vo-
» lontés. Le pouuoir que vous auez, Monseigneur, vient
» de Dieu, vous étes son ministre en terre dans cette
» grande province. Prenez garde de ne pas faire seruir
» son authorité, qu'il a mise entre vos mains, à troubler
» son Église, et à y maintenir l'esprit de division [1]. »

M. de Sourdis fut-il un moment touché de cet énergique
appel à sa foi? Toujours est-il que lorsque M. Louytre
arriva à Bordeaux, il se vit d'abord bien accueilli. Le cardinal, qui venait d'établir l'adoration des Quarante heures
dans le monastère de Saint-Joseph, s'y rendit aussitôt. Il
exhorta les Religieuses à se conformer aux volontés du
Roi [2]. Mais ces tentatives n'eurent aucun succès. Les Carmélites espéraient toujours une réponse favorable à une
lettre signée de trente-six d'entre elles, et par laquelle

---

[1] De cette letre, reproduite par BATTEREL, liv. IV, n° 13, l'édition de
1657 ne donne qu'un fragment, p. 768.

[2] *Histoire du cardinal de Sourdis*, par RAVENEZ, ch. xxv, p. 456.

elles suppliaient le Saint-Père de les écouter encore et de leur envoyer quelqu'un à qui elles pussent communiquer de vive voix tous leurs griefs. Grégoire XV se montra fort mécontent de cette lettre, et après en avoir conféré avec le cardinal de Sainte-Suzanne, il fit répondre au député des Religieuses qu'il entendait être obéi. Il commençait à être fatigué de l'obstination de ces filles : « Les Carmélites » de France ! elles me donnent plus de souci que toutes les » affaires de mon pontificat ensemble », dit-il un jour [1]. Aussi, de guerre lasse, eût-il été bien aise que le P. de Bérulle renonçât aux couvents rebelles ; dans ce cas, on les aurait placés sous la juridiction des ordinaires, à l'exclusion expresse des Carmes. Le cardinal de Sainte-Suzanne, qui avait reçu quelques mois plus tôt une belle et éloquente lettre du P. de Bérulle [2], et qui se montrait d'ailleurs favorable à ses droits, ne laissait pas que d'insinuer cet expédient au P. Bertin, mais à mots couverts et avec toute la prudence italienne : l'ambassadeur de France, M. de Sillery, inclinait, lui aussi, pour un accommodement : il trouvait « qu'on » étoit peut-être un peu trop roide dans cette affaire, et » qu'on feroit aussi bien d'abandonner une direction où il » n'y avoit rien à gagner pour l'Oratoire et tant à souffrir » de la part d'esprits si mutins, et de ceux qui les ameu- » toient [3]. » La confidence du cardinal de Sainte-Suzanne et celle de l'ambassadeur s'étaient suivies de trop près pour que le P. Bertin ne soupçonnât pas un plan arrêté. Lui-même, d'ailleurs, accablé par les difficultés que les Pères

____

[1] BATTEREL, liv. IV, n° 14.

[2] 22 février 1623. (Arch. nat., M. 216, D. 37.)

[3] Lettres du P. Bertin, des 14 et 27 mai 1623. (*Apud* BATTEREL, liv. IV, n° 16.)

Jésuites soulevaient à Rome contre l'établissement de l'O-
ratoire en l'église Saint-Louis des Français, trouvait prudent de ne point s'engager plus longtemps dans une seconde et si périlleuse négociation : il le dit franchement
au P. de Bérulle, qui lui répondit : « Ie vous remercie
» très-humblement de l'aduis que vous me donnez en l'af-
» faire des Carmélines. Iy ay plus de croix que d'intérest ;
» et ceus qui vous en parlent ne cognoissent guères mon
» humeur ny mon procédé. Ie ny fais rien, i'y laisse faire
» l'Ordre et les autres supérieurs ; c'est eux qui agissent et
» non pas moy, ny à Bourges, ny à Bordeaux, ny ailleurs.
» Ie n'ay rien voulu signer ny requérir de messieurs les
» exéquuteurs ; à peine en ay-ie parlé à Mgr le cardinal
» de la Valette une fois ou deux, iamais à Mgr le cardinal
» de la Rochefoucaut... » Et après quelques détails sur la
guerre qu'on lui faisait en France, il concluait : « Ie ne
» lairé pour mon particulier de faire ce qui me sera mandé
» de vos quartiers, aymant mieux faillir par obéissance
» que bien faire par mon propre sens, en une affaire qui
» me concerne ; mais si c'estoit vne autre sorte d'affaire à
» laquelle ie n'eusse point d'intérest apparent, ie serois
» fort contraire à cet aduis et expédient : et pour le Saint-
» Siége, et pour le bien de l'affaire, et pour l'esgard de
» ceux qui y participent. Mais ie demeureré en silence, en
» obéissance de ce qu'il plaira à Dieu ordonner en ce
» suiet. » Au moment où le P. de Bérulle répondait par une
déclaration si nette et si ferme aux propositions du P. Bertin, Grégoire XV n'existait plus [1].

[1] Lettre du P. de Bérulle au P. Bertin, du 31 juillet 1623, autographe.
(Arch. nat., M. 216, D. 79.) — Grégoire XV était mort dès le 8 juillet.

La nouvelle de la mort du Pape rejeta de nouveau M. de Sourdis dans le camp des Carmélites rebelles. Il convoqua en toute hâte une commission à l'effet d'examiner si les pouvoirs de M. Louytre n'étaient pas suspendus par le décès de celui qui les lui avait confiés. Sans attendre les décisions de la commission, M. Louytre jugea qu'il conservait tous ses pouvoirs, somma les Carmélites de les reconnaître, et sur leur refus les déclara rebelles au Saint-Siége et excommuniées *ipso facto*. La commission ayant alors terminé l'examen de la question et conclu à la nullité des pouvoirs de M. Louytre, le cardinal lui fit défense, à lui ou à toute autre personne, de troubler les Carmélites en aucune manière ; il prescrivit de notifier son ordonnance au délégué et de la faire afficher dans tous les lieux publics et endroits accoutumés [1]. Les Religieuses ne laissèrent pas échapper cette occasion d'en appeler à Urbain VIII, nouvellement élu, des décisions de son prédécesseur [2].

C'est pendant que les adversaires du P. de Bérulle poursuivaient la lutte contre lui auprès du Saint-Siége, qu'une calomnie atroce, trop facilement accueillie par les Pères Jésuites, vint ajouter encore à toutes les douleurs dont il était déjà accablé.

Une jeune personne, parente assez éloignée de M. de Bérulle, s'étant rendue coupable d'une grande faute,

---

[1] *Histoire du cardinal de Sourdis*, ch. xxv, p. 457. L'auteur affirme que M. Louytre consulta l'archevêque sur l'étendue de ses pouvoirs, et que ce fut alors que M. de Sourdis convoqua une congrégation. M. Louytre put faire une démarche de soumission ; mais il était homme à savoir l'étendue de ses pouvoirs. L'absence de toute citation ne permet malheureusement pas de contrôler les allégations de M. Ravenez.

[2] Urbain VIII fut élu le 6 août 1623.

espéra que l'ombre du cloître pourrait cacher son dés-
honneur. Elle vint trouver M. du Val, qui la fit entrer
chez les Carmélites de Pontoise. Par bonheur, ces Religieuses furent presque aussitôt averties de ses antécédents, et la prévinrent de se retirer immédiatement. Ni ses
supplications ni les démarches de sa famille ne purent
empêcher qu'on ne la congédiât. Cette déplorable histoire aurait eu peu de retentissement, si, à peine connue,
elle n'était devenue une arme aussi terrible qu'odieuse
entre les mains des ennemis du P. de Bérulle. A les en
croire, la malheureuse n'était entrée que par son influence
à Pontoise, et ce n'était point par pure charité qu'il lui
avait ouvert les portes du Carmel.

La calomnie faisait son chemin. Déjà, de France, elle
avait passé jusqu'à Rome, lorsque le P. de Bérulle, alors
à Dieppe, où il visitait les Oratoriens et les Carmélites de
cette ville, apprit, par une lettre de la prieure de Tours,
l'infamante histoire qui se débitait contre lui. Indigné de
tant d'audace, mais trop humble pour ne pas voir sous la
main de ses ennemis celle de Dieu qui l'abaissait, le P. de
Bérulle répondit en ces termes à la Religieuse qui l'avait
averti :

« La grâce de Jésus-Christ Nostre-Seigneur soit auec
» vous pour iamais. Ie vous remercie du soing que vous
» auez eu de nous advertir de la calomnie qui court contre
» nous en vos quartiers. Ie dois plus louer Dieu en ses mi-
» séricordes sur nous de nous avoir préserué par sa grâce
» du mal dont on nous accuse, que me mettre en peine de
» l'accusation qu'on en fait. Il a par sa bonté dissipé les

» calomnies præcédentes, en son temps il dissipera celle-
» cy qui a peu de fondement, si ce nest en la malignité de
» lesprit qui depuis quelques années a permission de Dieu
» de susciter ces divisions. Cette personne dont on vous
» parle nous est à la vérité alliée, mais d'une branche
» fort éloignée. Or d'ailleurs elle mest incognue, et ne lay
» iamais veüe ni elle moy que ie sache. Il y a plus de vingt-
» cinq ans que ie nay veu monsieur son père ny madame
» sa mère. Si ie la voyois, ie ne la cognoistrois nullement.
» Ie nay iamais parlé à elle ny à aucun de ses parents sur
» son entrée en religion. Ie ne sçavois pas quelle fut re-
» ceüe à Ponthoyse que par une lettre que ie viens de rece-
» uoir (avec ou avant) la vostre, qui madvertissant de cette
» nouuelle tempeste contre moy, madvertit aussy du lieu
» de sa réception..... Et comme la calomnie nest pas
» tousiours accompagnée de conduitte, après que les
» libelles semés à Tours y ont voulu faire croire une
» division de M. du Val contre moy, on me fait main-
» tenant, à Tours, si puissant sur son esprit, que ie fais
» receueoir à Ponthoyse et en sa présence une per-
» sonne de la condition que vous me mandez et après
» auoir offensé Dieu auec elle. Par la grâce de Dieu,
» ie nay pas vescu de la sorte dedans le monde que
» messieurs de Tours doiuent aysiément croire de moy
» chose semblable, ny autres aussi..... M. du Val y es-
» tant meslé, c'est à luy à parler de cela. Et ie désire
» me contenter de pâtir et prier Dieu qu'il me face la
» grâce de bien user de ce nouuel exercice qu'il lui plaist
» de m'envoyer; et de me donner quelque part à la croix

» et aux opprobres de son Fils unique, Jésus-Christ Nos-
» tre-Seigneur [1]. »

En même temps que le P. de Bérulle recevait la lettre
de la prieure de Tours, on lui en remettait une autre
signée de M. du Val, qui lui dénonçait les origines de la
calomnie. Le P. Dinet, de la Compagnie de Jésus [2], ayant
raconté la scandaleuse aventure de Pontoise, et avec les
commentaires que l'on sait, à une personne de qualité et
faisant profession de piété, celle-ci n'avait trouvé rien de
mieux que de la répandre à son tour jusque dans le Conseil du Roi. A entendre M. du Val, le P. de Bérulle aurait
dû prendre à partie les calomniateurs. Il ne fut pas de cet
avis. Sa réponse à la prieure de Tours ne contenait point un
seul mot contre les Pères Jésuites. Tout ce qu'il consentit
à faire fut d'écrire au président Séguier, en laissant à
M. du Val le soin de lui remettre sa lettre. « Aussi bien »,
mandait-il à ce dernier, « est-il nécessaire que vous trait-
» tiez avec luy et preniez son aduis pour le regard des
» Pères Jésuites qui le voyent fort, et auquel ie nay iamais
» rien dit de leurs excès, violences et calomnies contre
» nous, contre l'Ordre, contre ma tante, sa sœur, à Bor-
» deaux, et à ce que vous me mandez encore en cette af-

1 Le P. de Bérulle ajoute en *post-scriptum* : « Si vous trouuez a propos
de faire coppier et veoir la presente, ou parler dicelle, ie le laisse à votre
prudence. Ie ne sçay pas pourquoy on mimpute ce que fait monsieur du
Val : pourquoy on maccuse de ses actions et on ne laccuse pas, sinon que
l'esprit de calomnie m'en veut et ne luy en veut pas. » Lettre autographe,
en date de Dieppe, 4 octobre, avec la suscription : *A la Mère Prieure des
Religieuses Carmélites de Tours, à Tours.* (Archives nationales, M. 216,
D. 11.)

2 Jacques Dinet, né à Moulins en 1580, devint confesseur de Louis XIII
et de Louis XIV, et mourut en 1653. (*Bibliothèque des écrivains de la
Compagnie de Jésus,* par le P. BACKER, t, I, p. 1599.)

» faire par le P. Dinet. » M. de Bérulle acceptait l'opprobre, mais il ne pouvait contenir son dégoût contre de
telles manœuvres. Il trouvait étrange, d'autre part,
qu'après lui avoir enlevé toute influence sur le monastère
de Pontoise, on le rendit encore responsable de ce qui s'y
passait : il le fit sentir à M. du Val, en lui déclarant que
« s'il ne désiroit point ériger autel contre autel, ny pa-
» roistre rechercher les bonnes grâces de celles qui y font
» difficulté », il entendait aussi se renfermer plus que jamais dans ses fonctions de visiteur, où il était « seul agissant
» et répondant de ses actions et en France et à Rome [1] ».
Puis il se tut.

Mais on comprend l'émotion que ce fait, venant après
plusieurs autres, dut causer aux disciples du P. de Bérulle.
Aussi, vers la fin de l'automne, les rapports étaient-ils
fort pénibles entre l'Oratoire et la Compagnie de Jésus.

Le cardinal de Richelieu se trouvait alors à Paris. La
pensée lui vint de s'interposer entre les deux Sociétés,
dans l'espoir d'arriver à un accommodement. Il avait
souci de l'honneur de l'Église, de la réforme du clergé,
du salut des âmes, et il voyait de si grands intérêts compromis par ces désastreuses discussions. Bien décidé d'ailleurs à ne point s'arrêter sur la route des honneurs, il
mettait un soin extrême à se faire des créatures. Or, à une
époque où il attendait tout du Roi, dont les confesseurs
étaient des Jésuites, mais où il avait besoin de la protection de la Reine, dont le P. de Bérulle était le conseiller,
il jugeait utile à sa fortune de se concilier des amis dans la

---

[1] Lettre autographe du P. de Bérulle à M. du Val, du 4 octobre 1623;
(Arch. nat., M. 216, D. 12.)

Compagnie et dans l'Oratoire. Richelieu demanda donc au P. de Bérulle de lui exposer par écrit les reproches qu'il croyait devoir adresser aux RR. PP. Jésuites [1]. Le 23 décembre, il recevait une lettre qui commençait par ces mots : « l'aymerois mieux, Monseigneur, vous satis- » faire en tout autre suiet, et vous rendre compte d'autres » affaires. Aussy, ie ne le fais que par obeissance et néces- » sité, et le plus tard qu'il m'est possible. Car ie voudrois » bien plustost employer le temps à demander à Dieu la » grâce et la patience pour faire un bon usage de sembla- » bles accidents, que de l'employer à nous plaindre de » ceux qui nous intéressent, encores qu'ils soient extré- » mement diserts et abondans à se plaindre deuant tous, » et à toutes rencontres, et à faire valoir fort peu de » choses, et qu'ils soient fort diligents à répandre leurs » plaintes iusques dans les prouinces étrangères, comme » s'ils vouloient que ceux qui sont cognus pour innocens » où ils sont, soient tenus pour coupables où ils ne sont » pas. » Après avoir rappelé tout ce qu'il avait fait pour les Pères Jésuites avant la fondation de l'Oratoire, le P. de Bérulle affirmait que, depuis l'établissement de sa compagnie, il avait refusé des colléges à Rouen, à Orléans, à Troyes, à Alençon, afin d'introduire les Pères dans ces différentes villes. A un tel procédé de sa part, comment avaient-ils répondu? En ne négligeant rien pour

---

[1] On a souvent reproché au P. de Bérulle ce *Mémoire*. Je prie le lecteur de remarquer : 1º Qu'il lui fut demandé par Richelieu, dont les demandes étaient des ordres; 2º que les Pères Jésuites dressèrent contre l'Oratoire un *Mémoire* comme le P. de Bérulle en avait rédigé un contre eux. — On trouvera l'un et l'autre parmi les Pièces justificatives de ce volume, nº IV.

empêcher les Oratoriens de s'établir à Rome, à Dieppe, à Rouen, à Bordeaux, à Bourges; en soutenant par leurs actes et leurs écrits les cinq couvents des Carmélites révoltées contre leurs supérieurs et le Pape; en décriant le livre des *Grandeurs de Jésus,* dans lequel, à les en croire, il serait facile de trouver bien des hérésies. Ce Mémoire court, rempli de faits précis, sans phrases, mais non sans émotion, se terminait par ces mots : « J'aime mieux finir » que rechercher dauantage leurs excès envers nous, vous » suppliant, Monseigneur, de considérer que leur conduite » est fort élevée, leur esprit peu defférent, et leur humeur » fort difficile, et qu'il est notoire comme ils ont de la » peine à vivre en Italie avec les Théatins, en Espagne » avec les Dominicains, en France avec les Capucins, en » Angleterre avec tout le clergé, surtout avec les Reli- » gieux; et partant il n'est pas raisonnable de nous im- » puter s'ils ont de la peine à vivre avec nous, puisque ce » malheur nous est commun avec tout le reste de l'Église » au regard d'eux. Je supplie le Dieu de paix d'étendre sur » nous sa grâce et sa conduitte, pour nous rendre tous » enfants de paix et anges de paix, et en cette qualité, » être dignes d'annoncer comme eux, en la terre, la gloire » à Dieu et la paix aux hommes de bonne volonté. »

Les Pères Jésuites, de leur côté, envoyèrent un Mémoire au cardinal de Richelieu. Ils y énonçaient leurs griefs contre l'Oratoire, puis cherchaient à se disculper de ceux dont les chargeait le P. de Bérulle.

Leurs griefs contre l'Oratoire étaient d'avoir été empêchés, par son influence, de s'établir dans l'ancien hôtel de la Monnaie, ce qui était inexact; de s'être vus frustrés

du prieuré du Val des Écoliers dans Paris, autrement dit
de la Couture, affaire traitée entre l'évêque de Digne, Louis
de Boulogne et le P. de Harlay-Sancy, lequel avait été
leur bienfaiteur; d'avoir excité contre eux l'évêque de
Poitiers : or, pour tous ceux qui savaient que le supérieur de l'Oratoire était le P. de Condren, l'accusation
tombait d'elle-même. Où le Mémoire pouvait avoir quelque
raison, c'est dans la plainte qu'il formait contre les propos
tenus par des Oratoriens sur des Pères Jésuites. Il est difficile, en effet, de ne pas s'échapper en paroles, et il est
à croire que, sur ce point, les disciples du P. de Bérulle
n'étaient pas tous aussi fidèles que le supposait leur supérieur, à la discrétion et au silence. Toutefois, le Mémoire
avouait qu'un Oratorien s'étant permis, à Poitiers, de
parler en chaire contre un Jésuite, le P. de Bérulle, averti,
avait fait lui-même des excuses à ce dernier, et expulsé
de l'Oratoire celui qui s'était permis un tel abus de parole.
Ni le P. Rabardeau, ni le P. Bauny, ni le P. Dinct, ne
s'étaient vu infliger le même traitement.

La réponse des Pères Jésuites aux griefs de l'Oratoire
n'était pas très-solide. Ils essayaient de disculper leurs
confrères de Bourges, dont bientôt ils allaient être obligés
de décider l'éloignement. Ils contestaient la vérité des
faits reprochés aux Jésuites de Bordeaux; ce n'était pas
l'avis du P. Coton, dans ses lettres à M. de Bérulle. Au
sujet du livre du P. Bauny, ils se rejetaient sur ce qu'on
ne devait y voir que l'opinion d'un particulier, oubliant que
ce particulier avait été sollicité par son supérieur d'écrire
le livre, et qu'il n'avait pu l'imprimer sans l'approbation
de plusieurs théologiens de la Compagnie.

Avant de terminer, le rédacteur du Mémoire revenant à nouveau sur les entreprises des Oratoriens, insistait sur les fondations qu'ils se permettaient en France et à l'étranger, et enfin, comme accusation suprême, dénonçait au cardinal de Richelieu une grande assemblée secrète entre les principaux de l'Oratoire, quelques évêques et quelques membres du parlement de Paris. Là, il avait été arrêté que « lesdits Pères de l'Oratoire prendroient la charge » d'enseigner dans toutes les villes qu'ils pourroient pour » contre-quarrer les Jésuites, à cause que leurs doctrines et » leurs mœurs ne s'accordent pas bien avec les libertés de » l'Église gallicane, ni avec le gouvernement politique de » l'État, mais bien les maximes et les façons de faire de » ces messieurs-là [1]. » Accusation déjà formulée dans ce Mémoire, qui imputait ailleurs aux Oratoriens le dessein de rendre « les évêques dans leurs diocèses comme au- » tant de Papes, avec un notable intérêt non moins de » l'État que de l'Église » : accusation étrange de la part de ceux qui, à cette heure même, soutenaient dans leur désobéissance au Pape les Carmélites rebelles.

La lecture des deux Mémoires put convaincre le cardinal qu'entre les deux Compagnies, quelque sincères que fussent de part et d'autre les résolutions de bon accord, il fallait s'attendre à voir surgir de temps à autre des démêlés semblables à celui dont il était le témoin. Riche-

---

[1] On voit qu'à cette époque les Pères Jésuites étaient manifestement inquiets. C'est deux ans plus tôt qu'ils placent le fameux Projet de Bourg-Fontaine. Voyez *la Naissance du Jansénisme découverte*, par le S. DE PRÉVILLE (le P. Penthereau). Paris, 1654, in-4º, et *la Réalité du Projet de Bourg-Fontaine, démontrée par l'exécution*. Paris, chez les libraires associés, 1787, 2 vol. in-8º.

lieu savait qu'il est une chose plus difficile pour un homme, que le renoncement à son intérêt propre : c'est la modération dans la poursuite des intérêts d'une société dont il a accepté les lois, l'esprit, le nom, et pour laquelle il craint d'autant moins la richesse et le pouvoir, que personnellement il s'est condamné à l'obéissance et à la pauvreté. A cet amour si naturel pour leur famille religieuse, se joignait, chez les Pères Jésuites et chez les Pères Oratoriens, une rivalité fondée sur la similitude des œuvres. Confesseurs, prédicateurs, instituteurs de la jeunesse, ils se rencontraient sans cesse, et pouvaient croire souvent qu'ils étaient mutuellement un obstacle au bien que chacun croyait trop exclusivement sans doute réservé aux efforts de sa compagnie ; illusion d'autant plus compréhensible, que leur esprit était plus dissemblable. L'institution de l'Oratoire était une conception profondément originale. La pensée de former des prêtres dans le but de donner aux évêques des coopérateurs pleinement soumis à leur autorité, semblait à juste titre une nouveauté. Il est bien vrai que le Saint-Siége l'avait consacrée, que les nonces constataient ses heureux fruits. Il n'en restait pas moins difficile, à des hommes dont la vie avait pris une direction toute différente, de se convaincre de son utilité. Aussi, à la première imprudence commise par un Oratorien, le mot était trouvé pour le perdre lui et sa compagnie : c'était un gallican ! Les Carmes le disaient déjà du nonce Bentivoglio, parce qu'il ne soutenait pas leurs prétentions. Les Jésuites le répétaient du P. de Bérulle, parce qu'il entravait quelques-uns de de leurs desseins ; et avec d'autant plus d'ensemble, qu'en ce moment même ils se croyaient plus sérieusement menacés dans leur influence, dans leur existence même.

Les deux Mémoires une fois réunis entre les mains du cardinal, chacun resta convaincu que les torts n'étaient point de son côté, et qu'en se taisant il offrait un sacrifice à la concorde. A partir de ce moment, les rapports devinrent plus faciles entre l'Oratoire et la Compagnie de Jésus. On eût dit les préliminaires de la paix.

Elle ne devait pas tarder à être rétablie définitivement dans le Carmel. Le 20 décembre 1623, le Pape Urbain VIII déclara qu'après avoir entendu les procureurs des parties et mûrement pesé leurs raisons, il confirmait tout ce qui avait été réglé par ses prédécesseurs, nommément par Grégoire XV, dont il inséra le Bref dans le sien, voulant qu'il servît de règle et de loi, et fût exécuté dans toute sa teneur. Le Pape ordonnait aux Religieuses Carmélites de France [1], « et à tous et chascuns les autres mo- » nastères desdites Religieuses Carmélites deschaussées, qui » seront érigez au temps aduenir à perpétuité audit » royaume..., de vivre sous le gouvernement, régime, » administration et supériorité desdits Jacques, André et » Pierre.... et sous la visite, correction et supériorité » (c'est à sçavoir quant à la visite) dudit Pierre, général » de ladite Compagnie, et de ses successeurs. » Le Saint-Père enjoignait aux archevéques et évéques, sous les peines les plus graves, « et à tous les supérieurs desdits

---

[1] Dans l'énumération qu'il fait des Carmels, ce bref passe sous silence Bordeaux, Limoges, Bourges, Saintes et Morlaix. Je vois cependant que ces Religieuses furent obligées par le Pape de se soumettre aux supérieurs français, puisque celles qui s'y refusèrent durent quitter la France.

» Religieux, et auxdits Religieux deschaussez sous les
» mesmes peines, que, sous quelque couleur, prétexte ou
» subtilité recherchée que ce soit, ils ne s'entremeslent en
» façon quelconque au régime, soin et gouvernement
» desdits monastères, Religieuses, biens et appartenances
» d'iceux, et n'entreprennent d'exercer sur iceux aucune
» juridiction, supériorité, visite et correction…, réprimant
» tous contredisans et rebelles, par sentences, censures
» et peines ecclésiastiques, et autres remèdes convenables
» de fait et de droit, nonobstant l'appel, implorant aussi
» pour cet effect, si besoin est, le secours du bras sécu-
» lier ». Répondant aux allégations des Carmes, le Pape
parlait dans ce bref « des Constitutions observées jusques
» à présent auxdits monastères et approuvées par le Sainct-
» Siége Apostolique ». Il déclarait en outre qu'il concédait
aux « prieures, Religieuses et personnes desdits monas-
» tères, qu'elles puissent librement et licitement jouir de
» tous et chacuns les priviléges, grâces et indults, tant
» spirituels que temporels, et en la mesme manière dont
» usent et jouissent les autres monastères de Religieuses
» dudit Ordre, et les abbesses ou prieures, Religieuses et
» personnes d'iceux, qui sont subjets aux Religieux dudit
» Ordre [1]. » Pour les Religieuses rebelles, il ne restait plus
qu'un double parti possible : quitter la France ou se soumettre. A Limoges, la Mère Isabelle des Anges, trompée elle
aussi par les Pères Carmes et soutenue par les Pères Jésuites,
avait accordé sa confiance à Smith, et protesté contre

---

[1] On trouvera ce bref, si important pour l'histoire du Carmel, reproduit
in extenso dans *les Carmélites de France et le Cardinal de Bérulle, courte
réponse à l'auteur des Notes historiques.* Paris, Plon, **1873**. Pièces justificatives, nº I, p. **85**.

les événements de Bordeaux ; c'était même sur sa requéte qu'était intervenue la fameuse bulle du 12 septembre 1622, si audacieusement interpolée, et révoquée solennellement par le bref du 3 janvier de cette année[1]. Néanmoins le P. de Bérulle, pénétré pour la Mère Isabelle d'une vénération profonde, ne voulut pas employer contre elle les moyens dont il disposait, et préféra tout attendre de la douceur. Les circonstances vinrent en aide à ses désirs. Le P. Coton se trouvait à Limoges, et le comte de Schomberg, frère de la marquise de Maignelay, passait dans cette ville capitale de son gouvernement le temps de sa disgrâce. M. de Schomberg, lié personnellement avec le supérieur de l'Oratoire, et au fait, comme toute la Cour, des troubles du Carmel et de leurs causes, ne demanda pas mieux que de travailler à un accommodement. On vit donc ce vaillant capitaine redouté des huguenots, ce seigneur dont l'épée avait failli quelques mois plus tôt, dans un duel célèbre, faire mordre la poussière au comte de Candale [2], venir négocier la paix entre des Carmélites et leur supérieur. M. Benoît de Comprégnac, fondateur du monastère, entra dans les vues du gouverneur, et partit pour Paris afin de s'entretenir avec le P. de Bérulle. Le visiteur des Carmélites aurait eu le droit d'incidenter sur quelques-unes des demandes de la Mère Isabelle [3] : car le

---

[1] Le P. Louis de Sainte-Thérèse, qui cite cette bulle comme ayant force de loi, passe complétement sous silence le bref du 3 janvier 1623, qui la révoque. On ne peut pousser plus loin l'oubli de toutes les règles. (*Abrégé de l'establissement des Carmélites de France*, ch. LII, p. 149.)

[2] BAZIN, *Histoire de France sous Louis XIII*, liv. VI, ch. IV, p. 431.

[3] Je ne connais ces demandes que par le P. Louis de Sainte-Thérèse. (*Abrégé de l'establissement*, ch. LII, p. 149-150.) La Mère Isabelle aurait exigé, avant de se soumettre au bref, outre la liberté de se confesser elle

bref était formel; mais il préféra lui accorder ce qu'elle
réclamait, et, en la confirmant dans son office de prieure,
rendre la paix au monastère de Limoges. Il ne voulut pas
laisser à M. de Comprégnac le soin de remercier M. de
Schomberg. « C'est un bonheur à l'Ordre », écrivit-il au
gouverneur, « que vous vous soyez rencontré en ce lieu,
» et à moy un malheur de vous avoir occasionné cette
» peine : et c'est un effet de vostre bonté de vous estre
» abaissé à ouyr ces petites âmes, à recueillir leurs larmes,
» à effacer leurs peines, qui sont les derniers efforts de la
» division. Ie n'ay point eu à délibérer sur ces articles
» qu'il vous a plu me proposer. Il est iuste de soulager
» leurs faiblesses, de porter leurs petitesses, de condes-
» cendre à leurs appréhensions : mais quand il ne le seroit
» pas, il est plus que raisonnable de satisfaire à vostre in-
» tention. Ie vous supplie très-humblement de receuoir la
» parole que ie vous en donne et de vous en asseurer [1]. »

Le P. Coton avait eu grande part à cette réconciliation.
Il s'occupa avec non moins de zèle, lui et le P. de Les-
trade, de hâter l'établissement à Limoges d'une maison de
l'Oratoire dont le fondateur était un chanoine de Saint-

---

et ses Religieuses aux Pères Carmes, l'assurance *que les Constitutions de
sainte Thérèse fussent observées sans aucun changement.* Cette dernière condition ne tient pas devant l'énoncé du bref du 3 décembre 1623; le bref
dont parle le P. Louis est donc celui du 12 septembre 1622. Mais alors la
Mère Isabelle aurait donc accepté ce bref, qui fut révoqué par la bulle
interpolée du lendemain 13 septembre, c'est-à-dire qu'elle aurait reconnu
la fausseté de la bulle sur laquelle s'appuie le P. Louis. Quel dédale d'affirmations contradictoires!

[1] 4 juin 1624. (*OEuvres imprimées du cardinal de Bérulle*, édit. de
1637, in-fol., p. 367.) La suscription porte : *A Mgr le mareschal de
Schomberg.* C'est une erreur de l'éditeur. M. de Schomberg ne reçut le
bâton que l'année suivante, au mois d'août.

Martial, M. de Sahuguet. Très-touché de la conduite de son ami : « I'ai cru de mon devoir », écrivit le P. de Bérulle au P. Coton, « de répandre aussitost la nouvelle de cette » obligation que nous vous avons à vous et au R. P. de » l'Estrade, afin qu'il paroisse que s'il y a quelques-uns » qui travaillent à la division, il y en a d'autres qui tra- » vaillent à la réunion. » Pour la cimenter autant qu'il était en son pouvoir, il demandait au P. Coton de lui désigner l'un de ses confrères auquel pût être confiée la charge de confesseur des Carmélites de Limoges et de Bordeaux. Il le faisait seulement souvenir que le P. Suffren, auquel il s'était adressé autrefois pour un choix analogue à Bourges, avait eu la main si peu heureuse, que le confesseur désigné par lui s'était montré un des fauteurs de tous les désordres arrivés dans cette ville ; il le suppliait donc de se montrer fort prudent en une affaire si délicate. C'est de Bordeaux, où il était venu au sortir de Limoges, que le P. Coton répondit à son ami : « A quoy faire donc user de remerciments entre nous qui » deuons toutes choses l'un à l'autre, puisqu'il plaît ainsy » à l'auteur de vraye charité et qui est la charité mesme? » Je verrai en qui l'on se peut confier, estant vraye la re- » marque que V. R. a faitte. Le P. Jacques Lespaulard, » recteur de ce collége, va bien maintenant. Mais il me » semble qu'il suit un peu le temps. Le P. Michel Ca- » main est fort asseuré, mais il est absent. A son retour, » les bonnes Mères pourront prendre leur confiance en » luy. (Par à) présent je n'en spécifierai point d'autres, » afin d'y mieux penser. » Puis après des détails sur M. Smith, « qui fut à Rome contre V. R. et les bons mo-

» nastères (et qui était) devenu insensé. » Le P. Coton
ajoutait : « Les réfractaires du petit monastère [1] ont esté
» sur le point de se desguizer et s'en aller en certain
» prioré qui est au diocèse d'Acqs [2]. Monsieur le cardinal,
» qui l'a dit à Monsieur le premier président, les a me-
» nacées de prison et de les faire suiure dans les landes, ce
» qui les a un peu arrestées, *sed nondum statim finis*.
» Après l'hérésie, ie ne veis iamais un tel aveuglement [3]. »
Mais le Pape avait parlé, et l'heure enfin était venue où
les monastères de Bordeaux allaient rentrer dans l'obéissance, la règle et la paix.

Il en était temps, car le P. Coton avait bien dit : « Après
» l'hérésie, on ne vit jamais un tel aveuglement [4]. »

---

[1] Les Carmélites qui refusèrent de se soumettre au bref (celles du monastère de Saint-Joseph et celles de Saintes) avaient été réunies au petit
monastère (celui de l'Assomption, le deuxième de Bordeaux).

[2] C'est ainsi qu'on écrivait Dax.

[3] Lettre autographe du R. P. Coton au P. de Bérulle, Bordeaux, 23 juin
1524. (*Les Carmélites de France et le cardinal de Bérulle*. Pièces justificatives,
n° II, pièce 15.) Voici le passage concernant Smith, que je n'ai pas cru
devoir insérer dans le texte : « Le P. Smith, qui fut à Rome contre V. R.
» et les bons monastères, est devenu insensé, et se promena hier longtemps
» tout nud dans nostre sale après sestre laué d'eaue béniste, se disant pape et
» se voulant faire adorer. Nous eusmes de la peine à le faire sortir du coll[c].
» Despuis il est aucunement reuenu à soy, mais il n'est entierement guéri.
» Il auoit fait auparavant sa confession générale au P. Charles. Mais ie
» doute s'il estoit de sens rassis. Il faut prier Dieu pour luy et pour ceux
» qui ont exercé les serviteurs et servantes de Dieu. »

[4] Les Religieuses réfractaires, comme les appelle le P. Coton, partirent de Bordeaux pour la Flandre le 25 novembre de cette année 1624.
(*Chroniques des Carmélites*, t. II, p. 438.) J'ai trouvé aux Archives
diocésaines de Bordeaux (*Carmélites*, carton G.) : 1° La requête adressée
par les vingt-six Carmélites (et non vingt-quatre, comme disent les *Chroniques*) à M. de Sourdis et signée par elles, pour obtenir leur permission
de départ; arguant d'un bref de Grégoire XV (du 11 janvier 1623), qui
« leur permet se retirer hors le royaume de France ès monastères de leur
» Ordre. » 2° Leur sommation à M. Louytre, en date du 14 novembre 1624.

CHAPITRE XII.

DÉPART POUR ROME.

1624.

Nouveaux monastères du Carmel. — Établissement de l'Oratoire à Notre-
Dame des Vertus, à Vendôme, à Saint-Magloire. — Projet de mariage
entre Henriette de France et le prince de Galles. — Politique d'Urbain VIII. — Ce que pense le P. de Bérulle de cette négociation. —
L'Église d'Angleterre. — La maison de Madame. — Articles accordés par
Kensington au cardinal de Richelieu. — Le P. de Bérulle est chargé
d'aller demander la dispense à Rome. — Ses instructions. — Affaire
de la Valteline. — Préparatifs de départ. — Le confrère de Coligny. —
Discours d'adieu du P. de Bérulle. — Il passe par Dijon, Lyon, Turin,
Ferrare. — Sa visite à Mgr Ubaldini. — Pèlerinage à Lorette. — Grâces
qu'il y reçoit (13 septembre). — Première entrevue avec le cardinal de
Béthune, le cardinal de la Valette et M. de Marquemont.

L'été de 1624 voyait donc la paix renaître dans le
Carmel. Délivré de toute inquiétude, le P. de Bérulle
espérait pouvoir se consacrer sans réserve aux deux
grandes communautés dont le Souverain Pontife lui avait
confié le gouvernement. Il en était besoin. Depuis dix-huit
mois environ, le zèle, un instant refroidi par les déplorables événements de Bordeaux et de Bourges, s'était ra-
nimé, et de toutes parts s'élevaient de nouveaux monastères de Carmélites, de nouvelles maisons de l'Oratoire.
A Marseille, la Mère Thérèse de Jésus, prieure de Lyon,
érigeait un couvent sous un titre qu'on eût dit inspiré par
le P. de Bérulle : celui de Sainte-Madeleine au pied de la

Croix [1]. A Metz, la Mère Catherine du Saint-Esprit, sœur de la Mère Madeleine de Saint-Joseph, dédiait au mystère de l'Incarnation sa fondation préparée par le P. de Bérulle [2]. Un ami du P. de Bérulle (qui lui avait déjà donné son fils), Charles de Coligny, marquis d'Andelot, gouverneur de Champagne [3], attirait à Chaumont les filles de sainte Thérèse. Au fond du Languedoc, dans la cité de Lectoure, une des plus chères filles du visiteur des Carmélites, la Mère Marie de la Trinité (mademoiselle Sevin), s'établissait avec plusieurs de ses Sœurs [4]. La petite ville de Morlaix elle-même, où s'était d'abord formé l'orage qui avait failli détruire de fond en comble le Carmel, réclamait maintenant des Religieuses fidèles, et elles y arrivaient conduites par la Mère Marguerite de la Trinité, la sainte amie de la Mère Marguerite du Saint-Sacrement [5].

En même temps, l'Oratoire acquérait de nouvelles maisons. La tendre dévotion du P. de Bérulle pour la très-sainte Vierge lui faisait regarder comme un grand honneur d'être employé dans les sanctuaires consacrés à son culte. Aussi avait-il été heureux de se charger de la cure de Notre-Dame des Vertus, au village d'Aubervilliers, dont M. Gallemant s'était démis en faveur de la Congrégation,

---

1 19 mars 1623. (*Chroniques des Carmélites*, t. III, p. 585.)

2 13 avril 1623. (*Id., ibid.*, p. 599.)

3 7 septembre 1623. (*Id., ibid.*, p. 604). M. de Coligny entra à l'Oratoire vers la même époque.

4 Ce monastère fut érigé sous le titre *de la Sainte Mère de Dieu et de saint Joseph*, 8 septembre. (*Id., ibid.*, p. 608.) Lectoure était alors un évêché.

5 Le monastère de Morlaix prit le titre de *Notre-Dame du Mont-Carmel*, 5 mars 1624. (*Id., ibid.*, p. 614.) — *Vie de la Mère Marguerite du Saint-Sacrement*, ch. VII, p. 82.

dès l'année 1616 ; mais Gilles de Souvré, évêque de Com-
minges, éleva, en sa qualité d'abbé de Saint-Florent-lez-
Saumur, qui lui assurait, disait-il, la nomination à la cure
d'Aubervilliers, des difficultés qui ne furent tranchées que
par une bulle de Grégoire XV. Ce fut une douce consolation pour le P. de Bérulle de voir ses disciples appelés à
desservir une église où tant de fois dans sa jeunesse il
avait prié avec madame Acarie, où tant de fois il s'était
offert à Jésus et à Marie, ne se proposant dans l'établissement du Carmel et dans l'institution de l'Oratoire d'autre
but que l'accomplissement des desseins du Verbe incarné
et de sa très-sainte Mère [1].

Il crut leur obéir en acceptant vers la même époque un
nouveau collége, quoiqu'il eût peu de goût pour ce genre
d'établissements. César de Vendôme le sollicitait d'envoyer
quelques-uns de ses Pères dans la jolie ville dont il portait
le nom. Il leur cédait la Maison-Dieu, « à charge de (donner)
» mille livres au 1ᵉʳ novembre et au 1ᵉʳ mars par moitié
» chascun an, pour l'entretien et subsistance des pauvres de
» l'Hostel-Dieu…, et de fournir pour l'instruction de la
» jeunesse cinq classes d'humanité et une de philosophie,
» soit des sujets de ladite Congrégation ou d'autres [2]. »

Tandis que le P. de Bérulle, répondant à l'appel du
fils de Henri IV, s'établissait sur les bords si riants du
Loir, une autre fondation, plus conforme à ses goûts, le

<hr>

[1] Piganiol de la Force, *Description de Paris*, t. VIII, p. 288. — *Notre-
Dame de France*, par M. le curé de Saint-Sulpice. Paris, 1861, Plon,
in-8°, t. I. *Diocèse de Paris*, ch. iv, p. 100.

[2] 19 avril. *Copie collationnée du contrat de l'establissement des Prestres
de l'Oratoire de Vendosme*. Je dois communication de cette pièce à l'obligeance de M. de Fleury, archiviste du département de Loir-et-Cher.

ramenait sur les hauteurs du faubourg où le Carmel et l'Oratoire avaient eu leur berceau. A peu de distance de Notre-Dame-des-Champs se trouvait l'abbaye de Saint-Magloire, contiguë à l'église paroissiale de Saint-Jacques du Haut-Pas. Comme elle avait été sécularisée et dépendait de l'évêché de Paris, M. de Gondy résolut d'y établir un séminaire, et en confia la direction aux prêtres de l'Oratoire dès 1620. Mais les Religieux, qui se voyaient dépossédés, firent une opposition si grande, qu'au mois de janvier 1624 [1] seulement les Oratoriens purent prendre possession de cette demeure, où « dans l'air le plus pur et » le plus serein de la ville tant d'ecclésiastiques devaient « respirer l'air encore plus pur de la discipline cléricale [2]. »

Dieu avait tellement béni l'œuvre de son serviteur, qu'en cette année 1624 l'Oratoire possédait déjà quarante maisons, sans compter celles de Provence [3]. Il était temps de donner à une société si nombreuse et établie en tant de lieux, une forme fixe et certaine, de déterminer la nature et l'exercice de son gouvernement, de faire succéder aux usages des statuts et des lois. Le P. Bertin, esprit solide et pratique, revenait souvent sur ce sujet dans ses lettres à son supérieur; il le lui rappelait par l'intermédiaire d'amis communs [4]. Convaincu de la nécessité du

---

[1] BATTEREL, liv. IV, n° 32. — PIGANIOL, *Description de Paris*, édit. de 1742, t. V, p. 317 et suiv. — LEBEUF, *Histoire de la ville de Paris*, édit. Cocheris, 1865, t. II, p. 159. C'est dans les bâtiments du séminaire de Saint-Magloire que furent établis les Sourds-Muets en 1792 : ils occupent encore aujourd'hui le même emplacement.

[2] BOSSUET, *Oraison funèbre du P. Bourgoing,* 2e point. Édit. Vivès, t. XII, p. 655.

[3] BATTEREL, liv. IV, n° 53.

[4] Lettre du P. Bertin à M. de Marillac, du 20 octobre 1620.

travail que l'on réclamait de lui, le fondateur de l'Oratoire avait déjà jeté sur le papier un plan qu'il se proposait de développer, lorsque de nouveau il fut réclamé pour le service du Roi.

Les relations du P. de Bérulle avec la Cour étaient trop suivies pour qu'il ignorât ce qui l'agitait alors ; l'amour qu'il portait à l'Église était trop ardent pour qu'il ne suivît pas d'un regard inquiet une négociation où les intérêts de la Religion étaient si gravement engagés. Il ne s'agissait de rien moins que du projet de mariage de la sœur du Roi, Henriette de France, avec l'héritier présomptif du trône d'Angleterre, Charles, prince de Galles.

L'idée n'était point nouvelle ; en l'adoptant peu de temps avant sa mort, M. de Luynes ne faisait que revenir au plan de Henri IV. Mais ni le comte de Tillières, « Nor- » mand sensé et méfiant [1] », alors ambassadeur ordinaire auprès de Jacques Ier, ni le maréchal de Cadenet, ambassadeur extraordinaire, dont la fatuité blessa l'orgueil britannique, n'avaient pu se faire écouter. Le roi Jacques, le prince de Galles, le fastueux favori du père et du fils, Buckingham, étaient alors à de tout autres pensées : ils ne rêvaient qu'alliance espagnole. Comme bien d'autres, le P. de Bérulle avait été instruit de la romanesque aventure du prince Charles, courant à franc étrier de Boulogne aux Pyrénées pour aller conquérir à Madrid la main et le cœur de l'infante. Les partisans de l'alliance anglaise ne s'étaient point laissé décourager par une expédition dont ils prévoyaient la déplorable issue. Il suffit de

[1] *Un projet de mariage royal*, par M. GUIZOT. Hachette, 1863, in-12, t. XI, p. 231.

quelques mois pour leur donner raison. Charles quitta
Philippe IV, impatient de manquer aux serments qu'il venait de prêter, et de diriger les flottes de l'Angleterre
contre cette Espagne où il était allé chercher le bonheur
dans un mariage comme les princes n'en font pas. La
Cour de France avait aussitôt commencé à se tourner
vers Jacques, et la Cour d'Angleterre vers Louis. A la fin
de janvier 1624, la rupture avec l'Espagne étant chose
décidée à Londres, on vit arriver à Paris lord Kensington,
gentilhomme de la chambre du prince de Galles et ami de
Buckingham. Dès sa première lettre au comte de Villiers[1],
il parlait de Madame en homme prévoyant qui dans la
fille de Henri IV saluait déjà sa future Reine. « Milord »,
disait-il, « j'en jure devant Dieu, c'est une jeune, douce
» et aimable créature[1]. » M. de la Vieuville accueillit favorablement les avances de lord Kensington, et le secrétaire d'État nouvellement chargé des affaires d'Angleterre, M. de la Ville-aux-Clercs, donna ordre au comte de
Tillières de montrer au prince les avantages qu'il pouvait
se promettre d'une alliance avec la France et de l'amitié
des princes catholiques. « Faites sentir à ceux qui vous
» parlent que de deçà la raison seule gouverne, et que
» par elle, sans précipitation, tous les conseils seront pris
» auec dignité et gloire pour Sa Majesté, et avantage pour
» ses alliés[2]. » Richelieu était à la porte du conseil : on
eût dit qu'il en inspirait déjà le langage.

Il n'était plus permis à Jacques de prolonger davantage

[1] GUIZOT, *Op. cit.*, t. X, p. 261.
[2] **17** février 1624. (Archives des affaires étrangères de France.

les hésitations où se complaisaient son esprit retors et sa
probité douteuse. Du moment où il voulait pour son fils une
fille de roi, et pour la Grande-Bretagne une alliée sur
le continent, tout étant rompu avec l'Espagne, il fallait se tourner résolûment du côté de la France, et c'est
ce qu'il fit. Vers la fin d'avril, lord Kensington fut rejoint
à Paris par le comte de Carlisle, gentilhomme moins élé-
gant que Kensington, plus froid, mais plus digne, indé-
pendant de caractère, et universellement considéré dans
sa patrie. Le Roi nomma pour traiter avec les deux ministres anglais quatre commissaires : le cardinal de Richelieu, le garde des sceaux d'Aligre, le marquis de la Vieuville, surintendant des finances, et M. de la Ville-aux-
Clercs, secrétaire d'État. Les conférences s'ouvrirent le
3 juin à Compiègne, où se trouvait la Cour. Richelieu s'y
montra habile, sans petite finesse, posant avec fermeté
ses conditions, prêt à reculer sur des points de peu de valeur, intraitable sur ceux qui lui semblaient importants.
Dès le 19 juin, le mariage était décidé en principe. Mais
ce n'était pas tout ; avant d'en arriver à l'exécution, il
fallait obtenir une dispense que le Pape seul pouvait accorder. Or le Pape semblait absolument opposé à ce mariage.
Le P. de Bérulle savait qu'il avait adressé au Roi et à la
Reine mère deux brefs pleins de représentations sur ce
sujet. La crainte d'Urbain VIII était de voir se nouer
entre la France et l'Angleterre une alliance qui aurait
pour résultat de déposséder du Palatinat et de l'Électorat
le duc de Bavière, prince catholique, au profit d'un prince
protestant, le gendre du roi Jacques. Il lui semblait plus
naturel et plus profitable à l'Église que don Carlos, frère

du roi d'Espagne, épousât Henriette de France. Philippe IV était si désireux de cette union, à en croire le nonce Spada, que pour la favoriser il assurerait à don Carlos la souveraineté des Pays-Bas, à la mort de l'infante Isabelle. Grâce à ce mariage, le Pape espérait aussi une solution pacifique au différend qui divisait la Cour de France et la Cour d'Espagne, relativement à la Valteline. Mais ni le Roi ni la Reine mère, ni la jeune Reine ni le cardinal, ne prêtèrent l'oreille aux propositions du nonce, témoin attristé des succès croissants du comte de Carlisle.

Pas plus que Mgr Spada, le P. de Bérulle n'était partisan des alliances protestantes ; mais dans celle qui se négociait à Compiègne, il croyait voir de si grands avantages pour l'Église, qu'il en était arrivé à la désirer. Les réformés affaiblis en France par un traité qui leur enlevait l'appui de leur protecteur le plus puissant, le roi Jacques, intéressé désormais au succès du Roi Très-Chrétien ; les catholiques recouvrant en Angleterre, par l'arrivée d'une fille de France, la paix et la liberté : tels étaient les deux résultats immenses que le P. de Bérulle se promettait du mariage de la fille de Henri IV avec le fils de Jacques Ier. Depuis longtemps il réunissait dans un même amour l'Église d'Angleterre à l'Église de France. Non content de prier lui-même, et de faire prier pour elle ses pieuses Carmélites, il s'occupait activement de ses intérêts. Une grande question préoccupait alors les catholiques anglais. Leur Église était privée d'évêques, ils en demandaient un à Rome, et le clergé avait désigné au Saint-Siége, comme candidats à l'épiscopat, deux prêtres que le P. de Bérulle connaissait depuis longtemps, MM. Bishops et Smith. Il écrivit au P. Bertin

pour qu'il appuyât la requête des catholiques d'Angleterre.
« Il n'y a rien à adiouster », lui mandait-il, « à un tes-
» moignage si public de leur nation, lequel ihonore
» dautant plus qu'il me semble que ie veoys en cela une
» renaissance de l'usage ancien de l'Église primitive en
» l'élection des évesques par les suffrages du peuple ; si
» i'estois de leur pays, i'y adiousterois le mien sans deli-
» bérer, estimant que la voix du peuple est la voix de
» Dieu, ce que nous debuons à plus forte raison estimer
» d'une Église souffrante et persécutée [1]. » Depuis dix-
huit mois que cette lettre était écrite, l'Angleterre demeurait toujours sans évêque, bien que le cardinal de
Richelieu appuyât la candidature de M. Smith, et que le
comte de Tillières assurât qu'il « n'en trouvoit pas un
» en qui les deux qualités d'homme de bien et de bon
» Françoys résidassent plus puissamment qu'en la per-
» sonne de M. Smith » [2].

Le sort de la religion en Angleterre, tel était donc
l'objet bien défini que le P. de Bérulle envisageait dans le
mariage dont on poursuivait la conclusion à Compiègne.
Aussi s'intéressa-t-il vivement à un détail qui dans les
circonstances présentes avait une importance majeure :
la formation de la maison ecclésiastique de la future
reine d'Angleterre. Les amis des Pères Jésuites désiraient
ardemment qu'on leur confiât cette mission difficile : ils
assuraient même que la Reine mère faisait de leur pré-

[1] Lettre autographe du P. de Bérulle au P. Bertin, 6 septembre 1622.
(Arch. nat., M. 232, D. 8.)

[2] Dépêche du comte de Tillières à M. de la Ville-aux-Clercs, du 14 mai
1624. Autographe. (Archives des affaires étrangères.)

sence auprès de sa fille une condition absolue de son consentement au mariage. Le P. Jacquinot avait été appelé
à Paris ; on le disait déjà nommé par le conseil : de
son côté, le P. Coton écrivait au P. de Bérulle, dès
le 24 juin 1624, que l'on songeait à lui [1]. C'était se bercer
de bien grandes illusions. Le choix de Pères Jésuites pour
confesseur, prédicateur et aumônier de la jeune Reine,
n'aurait jamais eu l'agrément du roi d'Angleterre ; il
n'était même pas indiqué par la plupart des catholiques
anglais, trop désireux du rétablissement de la hiérarchie
ecclésiastique pour conseiller d'augmenter encore dans la
Grande-Bretagne le nombre des Religieux qui mettaient le
plus d'obstacle à la nomination d'un évêque. Comme le
P. de Condren, comme Vincent de Paul, le P. de Bérulle
croyait à la vertu de M. de Saint-Cyran ; aussi lorsque Richelieu, qui le traitait alors en ami, lui eut proposé la charge
de confesseur et de premier aumônier de Madame, le P. de
Bérulle le pressa vivement d'accepter, mais en vain [2].

---

[1] Lettre du P. Coton au P. de Bérulle, 24 juin 1624. Autographe.
(Arch. nat., M. 234, 38, D. 1.) Il faut lire dans le P. Garasse (*Histoire
des Jésuites de Paris...*, publiée par le P. Carayon. Paris, Lieureux, 1864,
in-8°, p. 9 et suiv.) ce qu'il dit à ce sujet.

[2] *Mémoires touchant la vie de M. de Saint-Cyran*, par M. LANCELOT. Cologne, 1738, t. I, p. 38, note. — *Histoire du Jansénisme*, par le R. P. RAPIN,
Paris, Gaume, liv. IV, p. 171 et suiv. Lancelot place la proposition faite
à M. de Saint-Cyran en 1625, c'est-à-dire après la conclusion du mariage :
le P. Rapin en 1624, dès le mois de mai. La lettre du P. Coton à M. de
Bérulle, où il lui dit : « Quelques-uns ont proposé de m'envoyer en Angle-
» terre pour confesseur et prédicateur de Madame si elle espouse le prince
» de Galles » (de Bordeaux, 1624), prouve clairement qu'avant la conclusion des conférences de Compiègne on s'occupait déjà de former la maison
ecclésiastique d'Henriette. Je crois donc devoir placer à cette date les
instances du P. de Bérulle. Ajoutons qu'en 1625 il était désigné lui-même
pour la charge de confesseur de la jeune Reine, et que dès le mois de janvier,
avant son départ de Rome, le Saint-Père lui avait fait un devoir d'accepter.

Par les soins qu'il donnait à la formation de la maison de Madame, le Roi semblait laisser entendre qu'il ne doutait pas de l'issue des négociations engagées, et pourtant de sérieuses difficultés étaient soulevées à Compiègne. Richelieu ayant demandé au comte de Carlisle et à lord Kensington de représenter les onze articles dont le roi Jacques était convenu avec l'Espagne, ils commencèrent par le refuser; puis, lorsqu'ils y consentirent, ce fut en exceptant trois articles, dont l'un promettait la liberté de conscience aux catholiques anglais, l'autre une église publique pour les officiers de Madame, et le troisième portait que les enfants qui naîtraient de ce mariage demeureraient jusqu'à l'âge de douze ans accomplis entre les mains de leur mère, afin d'être élevés par elle dans sa religion. Le cardinal insista pour la liberté de conscience en faveur des catholiques anglais. Mais lord Carlisle répondit que le Roi son maître ne pouvait, sans violer les lois de son royaume, sans s'exposer aux reproches, peut-être même à la révolte de ses sujets, accorder aux catholiques la liberté qu'on sollicitait, et qu'il se verrait contraint de rompre la négociation, si la France faisait dépendre le mariage de cette condition. Le cardinal dut céder. Il réclamait du moins une église publique, où non-seulement Madame et les officiers de sa maison, mais encore les catholiques anglais, pussent assister au service sans être inquiétés. Les ambassadeurs rejetèrent encore cet article comme contraire aux lois du pays : ils offrirent seulement une promesse par laquelle le roi d'Angleterre s'obligerait à traiter les catholiques aussi favorablement qu'il lui serait possible, à condition qu'elle ne serait point insérée daus le contrat, et que l'on se contenterait d'une simple lettre du roi d'Angleterre et du prince de Galles. Pour le troisième article ils se montrèrent plus accommodants. La grande difficulté était donc la forme de la promesse. Le cardinal observait qu'une lettre pouvait être désavouée quand on voudrait; que d'ailleurs la promesse publique ayant été faite au roi d'Espagne, on ne voyait pas pourquoi on la refuserait au roi de France; qu'enfin elle était absolument nécessaire pour obtenir du Pape la dispense, sans laquelle le mariage ne pouvait être conclu. Comme rien n'aboutissait, le marquis de la Vieuville, qui haïssait le comte de Tillières, profita de l'occasion pour le remplacer par le marquis d'Effiat; mais celui-ci, malgré ses succès de cour auprès du Roi et de Buckingham, n'en obtint pas davantage [1].

Si le roi d'Angleterre se montrait difficile, le Pape, on devait s'y attendre, le serait bien plus encore. La situation faite à la jeune princesse n'était point rassurante au point de vue religieux, et fournissait un prétexte tout naturel au Saint-Père pour refuser une dispense qu'il ne pouvait accorder sans s'attirer la haine de l'Espagne, mortellement blessée dans sa fierté par l'impardonnable conduite du prince de Galles. « Si le Pape accorde une dispense pour le » mariage avec la France, » disait le duc d'Olivarès, « le » Roi mon maître ira à Rome avec une armée et la mettra à » sac. » Bravade castillane, mais qui révélait bien l'état des esprits. L'Espagne d'ailleurs trouvait un autre motif d'irritation dans ses démélés avec la France au sujet de la

<hr>

[1] *Histoire du règne de Louis XIII*, par le P. H. GRIFFET, de la Compagnie de Jésus. Paris, 1758, in-4°, t. 1, p. 421 et suiv.

Valteline, affaire grave et compliquée qui causait au Saint-Père autant d'ennuis que de mécontentement. Obtenir d'Urbain VIII la dispense n'était donc pas chose aisée, et s'en remettre uniquement d'une négociation si compliquée à un ambassadeur nouvellement arrivé à Rome et incapable de répondre à des objections théologiques, ne paraissait guère prudent.

Sous l'empire de cette double pensée, Louis XIII jeta les yeux sur le P. de Bérulle, et lui fit savoir qu'il s'apprêtât à partir pour Rome.

Il n'y avait qu'à obéir. Des instructions détaillées furent remises au supérieur de l'Oratoire. Le rédacteur anonyme, sans doute Richelieu, tenait à persuader le Saint-Père que le « zèle du Roy à la gloire de Dieu et à l'aduancement » de la religion catholique, apostolique et romaine », était le premier mobile qui le poussait à désirer cette union ; — que « Sa Maiesté, mémoratiue qu'une fille de France avoit » amené à la cognoissance de Jésus-Christ les Angloys, » espéroit qu'une autre pourroit plus facilement remettre » au bon chemin les desuoyés et rendre à l'Église catho- » lique ce grand Estat ; — que par l'influence de Madame sur son époux, et par les bons offices du Roi Très-Chrétien, les pauvres fidèles de l'Église d'Angleterre respireraient plus librement ; — que « ledit Roy et le prince attachez à » Sa Maiesté déféreront à ses conseils qui les empeschera » de fomenter la hayne que les protestans portent aux » catholiques, lesquels, affoiblis du plus puissant d'entre » eux, seront plus modérés » ; — qu'enfin « par ceste union » l'ennemy commun, qui est le Turcq, oseroit moins songer » à entreprendre » . On insinuait habilement qu'il ne fallait pas songer à obtenir davantage de l'Angleterre, et que si les Espagnols semblaient avoir été plus heureux dans leur négociation, c'était apparence, mais non réalité. Les instructions ajoutaient que lorsque les bulles auraient été demandées solennellement au Pape par l'ambassadeur, M. de Bérulle ne manquerait pas « de presser vifuement le » Saint-Père de jour à autre, pendant lesquels il seroit soi- » gneux descrire à Sa Maiesté ce quil recognoitroit des inten- » tions de Sa Sainteté, et ce que lon pourroit espérer, se » seruant à cet effect du chiffre qui luy avoit esté baillé ». Enfin, de peur que l'Espagne ne traversât les desseins de la France, il était enjoint au P. de Bérulle de tenir sa mission secrète, « Sa Maiesté ne desirant pas que cette » affaire (fît) esclat que le plus tard qu'il se pourra [1] ».

Ces instructions, d'un détail fort minutieux en ce qui concerne le mariage d'Angleterre, ne disaient mot de l'autre affaire, non moins épineuse, pour laquelle le P. de Bérulle avait reçu cependant des ordres secrets : la négociation relative à la Valteline.

La Valteline est une vallée ou plutôt une gorge longue, étroite et fertile, située à l'extrémité de l'Italie, entre le Tyrol, le Milanais, les États de Venise, et que dominent les hauts sommets des Alpes. La souveraineté de ce petit pays appartenait aux Grisons ; mais comme, en leur qualité de protestants, ils maltraitaient les Valtelins catholiques, ceux-ci se jetèrent dans les bras de l'Espagne, qui

---

[1] *Instruction baillée à Mons* de Bérulle, gñal de la Congrégation de Loratoire, s'en allant à Rome de la part du Roy pour obtenir la dispense du mariage. De Sainct Germain, du der* juillet 1624. (Archives des affaires étrangères.)*

les reçut avec joie. Depuis longtemps, en effet, elle convoitait la possession de ce défilé, par lequel on pouvait aisément faire passer des troupes de l'Allemagne dans la Péninsule : « Pour donner des fers à l'Italie », ne cessait de répéter le comte de Fuentès, gouverneur du Milanais, « il faut se rendre maître de Monaco, de Finale et » de la Valteline. » Mais la France, non moins que l'Espagne, avait intérêt à se ménager un passage en Italie. Aussi, lorsque les Grisons vinrent implorer contre les Valtelins révoltés le secours de Louis XIII, ils furent bien accueillis. Le comte de Bassompierre, envoyé auprès de Philippe IV, en obtint que la Valteline serait déposée entre les mains du Pape; qu'il mettrait des garnisons dans toutes les places et demeurerait le maître du pays, jusqu'à ce que l'on eût pourvu par un arrangement définitif à la sûreté de la religion des Valtelins[1]. Par malheur, le Saint-Père nomma gouverneur un officier tout dévoué au Roi Catholique, le marquis de Bagni, lequel remplit les places fortes de soldats dont la plupart étaient sujets de ce prince; en même temps, on obtenait à Rome du commandeur de Sillery, qui avait succédé au marquis de Cœuvres comme ambassadeur de France, la promesse verbale de signer un traité par lequel les Espagnols conserveraient la liberté des passages. Ces deux faits rapprochés causèrent le plus vif mécontentement à Louis XIII. Le commandeur de Sillery fut rappelé, et le comte de Béthune envoyé à sa place, avec des ordres fort sévères. Il devait presser for-

---

[1] Le traité de Madrid « quy depuis a tant cousté de part et d'autre pour » le faire ou effectuer ou rompre », avait été signé le 25 avril 1621. (BASSOMPIERRE, t. II, p. 274.)

tement le Pape de se prêter à une paix avantageuse pour la France, et le menacer, en cas de refus, d'une irruption des troupes du Roi dans la Valteline. Plus pacifique était la mission du P. de Bérulle. Il fut chargé d'assurer Urbain VIII que Louis XIII se prêterait à un accommodement, pourvu que l'on ne touchât point à ses droits et à ceux de ses alliés, lesquels il était décidé à soutenir les armes à la main.

Entre les deux négociations confiées au P. de Bérulle, il y avait en réalité un lien étroit. Dans le mariage d'Angleterre, dans la protection accordée aux Grisons, la Cour de France poursuivait l'abaissement de sa rivale, la Cour de Madrid. Un moment épouvantée de voir l'Espagne triompher à la fois en Angleterre par le mariage de l'infante, en Italie par la possession des passages de la Valteline, en Allemagne par les victoires du duc de Bavière sur le prince palatin, la France reprenait peu à peu, prudemment mais avec une vigueur soutenue et une suite rare, les plans de Henri IV. Pour conjurer le péril où la jetait l'extension de l'influence espagnole, la France se montrait favorable aux alliances protestantes, et, chose étrange, c'était surtout depuis l'entrée aux affaires d'un cardinal déjà tout-puissant.

Richelieu, qui avait inspiré, s'il ne les avait pas dictées, les instructions remises au P. de Bérulle le 31 juillet, poursuivait dans le conseil une complète révolution. Le marquis de la Vieuville, qui, quelques mois plus tôt, aidait à sa nomination de ministre d'État, le gênait maintenant, et il profita d'une démarche compromettante faite auprès du comte de Holland par le surintendant, pour obtenir la disgrâce de ce ministre indiscret, tracassier et remuant, que Louis XIII fit arrêter à Saint-Germain en Laye par M. de Termes, capitaine des gardes. En même temps[1], le comte de Schomberg rentrait au conseil, et on nommait trois directeurs pour administrer les finances, M. de Marillac, M. Bochart de Champigny, et M. Molé, procureur général au parlement de Paris, qui refusa. M. de Schomberg, M. de Marillac et M. de Champigny, étroitement liés avec le P. de Bérulle, étaient des hommes de travail, de conscience, de foi. Avec eux, et sous la direction du cardinal, les affaires allaient prendre une tournure nouvelle.

Pendant que ces graves changements s'accomplissaient dans le ministère, le P. de Bérulle, dont ils retardaient le départ[2], mais qui savait bien que Richelieu tenait plus encore que M. de la Vieuville au mariage d'Angleterre, ne négligeait rien de ce qui avait trait à sa mission. Il voyait le comte de Carlisle assez pour se convaincre qu'on n'obtiendrait aucune concession de cet esprit froid, secret, maître de lui-même. Il confiait à la Mère Madeleine et recommandait à ses prières la négociation nouvelle dont il se voyait chargé[3]. Il tâchait enfin d'obvier aux inconvénients de son absence en plaçant à la tête de la Congrégation un homme d'un rare mérite et qui joignait à un grand savoir et aux plus solides vertus l'art du gou-

1 *Mercure françois*, t. IX, p. 671. — BASSOMPIERRE, *Journal de ma vie*, année 1624.

2 « La disgrâce du marquis de Vieuville... arrêta le P. de Bérulle, qui « étoit sur le point de partir. » (*Histoire d'Angleterre*, par M. RAPIN DE THOYRAS. Nouv. édit. A la Haye, 1749, in-4º, t. VIII, p. 261.) En effet, les instructions avaient été signées dès le 31 juillet, et le P. de Bérulle ne partit que le 13 août.

3 Lettre autographe au P. Gibieuf, du 4 octobre, citée plus bas.

vernement, le P. Gibieuf, alors supérieur à Bourges [1].

Cependant, quel que fût le secret gardé par le P. de Bérulle sur sa mission, le bruit en vint jusqu'aux oreilles du marquis d'Andelot. Celui-ci désirait vivement que son fils, le confrère de Coligny, accompagnât à Rome le supérieur de l'Oratoire. Le marquis faisait valoir les services que pourrait rendre le jeune Oratorien, lequel connaissait déjà l'Italie, où il avait fait campagne, et proposait même de se charger de tous les frais du voyage. Mais le P. de Bérulle ne put s'y résoudre. Il craignit de tirer vanité de la présence parmi les siens du petit-fils de l'amiral de Coligny, et il choisit pour compagnon le P. Guy du Faur, de la famille de Pibrac [2].

Tout étant ainsi disposé pour le départ, le P. de Bérulle réunit sa communauté le 13 août, et lui adressa les paroles suivantes : « Mes Pères et confrères en Notre-Seigneur » Jésus-Christ, ie crois que vous estes advertis du voyage » que ie dois faire hors de ce royaume, et que vous en savez » même le suiet, qui est de grande importance. Il a plu à » Dieu se servir de moy dans cette occasion, et ie lui dois » obéir. I'étois de ma part si éloigné de me séparer si loin » de vous, que ie n'en avois pas seulement la pensée. Cette » commission m'a été donnée inopinément. Ie ne l'ai point, » ni personne de nous, recherchée [3], et ie ne m'en doutois » même pas, voire même i'avois une pensée toute contraire

[1] Lettre autographe du P. de Bérulle au P. Gibieuf, du 11 août 1624. (Arch. nat., M. 232, C. 2.)

[2] P. Lerat, *Vie manuscrite*, liv. III, ch. iii. Le P. du Faur était frère de madame du Faur, abbesse de Saintes. (Habert, liv. II, ch. xi, p. 469.)

[3] « Cest enuoy (du P. de Bérulle) se faict auec grande répugnance du » personnage proposé. » M. d'Herbault à M. de Béthune, 2 août 1624. (Bibl. nat.. Mss. Béthune, 3666, fol. 91.)

» comme plusieurs d'entre vous le savent, puisque ie m'étois
» préparé pour faire la visite de toutes nos maisons. Mais
» le iour même que ie devois partir, il me survint une nou-
» velle infirmité à laquelle il fallut remédier, en sorte que
» je fus contraint de demeurer, et deux iours après, le Roy
» me manda pour être employé à l'affaire que vous savez.
» Et il semble que cette incommodité qui m'arréta ait été
» ordonnée par la Providence, qui vouloit m'envoyer ailleurs.
» Ie ne serai que le moins de temps que ie le pourrai, séparé
» de vous, n'ayant aucune intention de faire un plus long
» séjour au delà du tems que cette affaire requiert, et ne
» voulant pas rester un seul moment davantage, afin de
» m'employer ici tout entier à l'œuvre qu'il a plu à Jésus-
» Christ de me confier. Mais i'ai été bien aise avant de
» partir de m'entretenir un peu de temps avec vous,
» afin de vous laisser quelques avertissements qui me
» semblent vous estre nécessaires dans mon absence. »
Ensuite il leur recommanda instamment de ne point s'entretenir entre eux, moins encore avec les personnes du
dehors, de l'honneur que le Roi faisait à lui et à la Congrégation dont il était le chef, en le choisissant pour cette
négociation. « Une conduite opposée », leur dit-il, « seroit
» pure vanité. C'est affaire aux mondains de se relever tant
» qu'ils peuvent et non à ceux qui font profession d'avoir
» renoncé à l'esprit et aux maximes du monde. D'ailleurs,
» si vous savez juger des choses selon leur prix, la plus
» petite fonction de votre état à laquelle l'exercice de votre
» ministère vous appelle est infiniment plus relevée que
» l'affaire que je vais traiter et que tout ce qu'on appelle
» affaires d'État, puisque dans tout ce que font les prêtres

» en exerçant leurs fonctions, ils peuvent dire comme
» saint Paul avec vérité, qu'ils sont les ambassadeurs de
» Jésus-Christ même, et que Dieu parle par leur organe. »
De là, prenant occasion de leur recommander la prière et
le sacrifice, il paraphrasa en quelques mots pénétrants ces
trois versets tirés du Cantique des enfants dans la fournaise.
Benedicite, sacerdotes Domini, Domino; benedicite, servi Domini, Domino; benedicite, sancti et humiles corde, Domino[1];
leur représentant que c'est aux prêtres à bénir Dieu, non-
seulement en leur propre nom, mais comme chargés de
cet office par toute la terre; que l'état de servitude, si
essentiel à la créature vis-à-vis de son Créateur, est propre
et spécial aux ministres des autels; et enfin que la sainteté
éminente exigée par leur caractère ne peut s'élever à la perfection de la charité que sur les fondements d'une humilité
très-profonde. Le discours achevé, le P. de Bérulle les
bénit tous et partit [2].

Il prit sa route par Dijon, où l'Oratoire possédait depuis
peu un établissement. Il se proposait d'y entretenir le
P. Hersent, dont la vocation lui donnait des inquiétudes;
il voulait essayer une dernière fois de faire plier sous le
joug cette nature indocile. Le P. Hersent ne s'y trouva
pas [3]. A Lyon, qu'il ne fit que traverser, il alla saluer le
gouverneur de la ville, le duc de Villeroy. Celui-ci, plein
de vénération pour la personne de M. de Bérulle, ne voulut

----

[1] DAN., III, 84.

[2] Le P. HERVÉ, *Vie manuscrite*, liv. III, ch. II. (Arch. nat.)

[3] Lettre autographe du P. de Bérulle au P. Gibieuf, du 6 octobre 1624.
Le P. Hersent n'est désigné dans la lettre que par ses initiales. Il sortit de
la Congrégation bientôt après, et composa même un libelle contre l'Oratoire.

jamais lui permettre de rentrer à l'Oratoire à pied comme il était venu, et le fit reconduire dans son carrosse [1].

Les instructions du P. de Bérulle lui enjoignaient de passer par Turin. Il devait s'enquérir de l'état de la princesse de Savoie, et si, comme on le disait, elle avait l'espoir d'un héritier, l'en complimenter au nom du Roi de France, son frère, et « souhaiter à la maison de Savoie toutes sortes » de félicitez et de grandeurs ». Ces démonstrations d'amitié ne devaient point empêcher le P. de Bérulle de se tenir continuellement sur ses gardes. Charles-Emmanuel, duc de Savoie, alors régnant, était intelligent, brave, adoré de ses sujets, auxquels il persuadait qu'ils étaient un grand peuple. Mais d'une ambition remuante et sans dignité, tâchant de faire ses affaires par tous les moyens, une main dans tous les partis, promettant son amitié tantôt à la France, tantôt à l'Espagne, il avait réussi, conformément aux traditions de sa maison, à n'obtenir en Europe l'estime ni la confiance de personne [2]. Le duc de Savoie fit le plus courtois accueil au P. de Bérulle ; il voulut même le retenir et le loger dans son palais. Mais le supérieur de

---

[1] Le P. LEBAT, *Vie manuscrite.* — Nicolas de Neufville, quatrième du nom, plus tard pair et maréchal de France, avait été reçu en survivance gouverneur de Lyon dès l'an 1615. La sœur de la Révérende Mère Marie de Jésus (Charlotte de Harlay-Sancy, marquise de Bréauté) avait épousé, le 11 février 1596, Charles de Neufville, marquis d'Alincourt, seigneur de Villeroy, père de Nicolas. Ce dernier était donc le propre neveu de la Mère Marie de Jésus.

[2] Né le 12 janvier 1562, il mourut le 26 juillet 1630, âgé de soixante-neuf ans. Son fils, Victor-Amédée, avait épousé Christine de France. « Les Instructions baillées à M. de Bérulle » montrent le peu de confiance qu'on avait dans Charles-Emmanuel, et le *Mercure françois*, qui en fait un portrait fort curieux et que l'on dirait inspiré par Richelieu, ne le traite pas plus favorablement. (Année 1624, p. 40.)

l'Oratoire s'en excusa sur l'invitation que lui avait déjà faite un noble Génois, autrefois ambassadeur en France, « le seigneur Mariny » . Heureux d'avoir trouvé un si honnête prétexte pour se soustraire aux questions curieuses de Charles-Emmanuel, il prit congé de lui, et se rendit chez son hôte. Pendant le dîner, un petit chien auquel la tendresse de madame Mariny accordait bien des licences, sauta sans façon sur la table, réclamant sa part du repas. L'ambassadeur, un peu confus, voulait s'excuser : « Eh ! pourquoi, «repartit le P. de Bérulle, « priver de la nourriture les animaux qui,
» étant plus innocents que nous, en sont plus dignes? Ils
» nous font honte, quand nous les voyons si soumis à
» l'homme pour un morceau de pain, pendant que l'homme
» est si peu soumis à Dieu qui le nourrit si abondamment,
» et qui le comble de tant d'autres biens; ils donnent lieu
» au Créateur de nous faire à toute heure ce reproche qu'il
» fit autrefois aux Juifs : J'ay nourry des enfans et ils mont
» mesprisé; le bœuf et l'asne ont connu leur Seigneur et
» leur maistre; mais Israël, mais mon peuple ne m'a point
» connu [1]. »

Dès le lendemain de son arrivée à Turin, le P. de Bérulle se disposa au départ. Il n'était pas prudent de passer par le Milanais; les Espagnols, sur le moindre soupçon de l'objet de son voyage, auraient cherché à enlever le négociateur français; il se décida à s'embarquer sur le Pô. Le duc de Savoie avait mis gracieusement à sa disposition une galère pourvue de toutes les provisions nécessaires au voyage. Se rendre de Turin à Ferrare, en remontant le

[1] HABERT, liv. II, ch. XI, p. 469.

cours du fleuve, n'était point chose facile : la peste sévissait dans le pays, et des bureaux de santé établis sur les rives forçaient continuellement le bateau à faire escale. Un jour que les mariniers, pour tromper les ennuis de la route, appâtaient des pigeonneaux, le P. de Bérulle se prit à les regarder, puis s'adressant au P. du Faur : « Entre tous les animaux », lui dit-il, « i'ayme » particulièrement les agneaux et les colombes; ceux-là, » parce qu'ils sont la figure de Jésus; et celles-cy, parce » qu'elles sont le symbole du Saint-Esprit. Elles sont d'ail- » leurs l'image de la simplicité, surtout lorsqu'elles sont » encore petites, et elles nous apprennent que comme elles » n'ont de bec que pour receuoir la nourriture de leur » mère, les Chrestiens, qui doiuent toute leur vie estre » de petits enfants, ne doiuent receuoir leur pasture spi- » rituelle que de leur Mère qui est l'Église, et non de » leur fantaisie ou de leur propre raison...... Ha! que » l'ame auanceroit à grands pas et deuiendroit parfaite, si » elle adheroit tousiours aux mouuements de la grâce [1]. »

Enfin, au bout de six jours de navigation, le P. de Bérulle débarqua dans la plaine marécageuse au milieu de laquelle s'élève Ferrare. Sans s'y arréter, il gagna Bologne, où il arriva le 3 septembre [2].

Il ne comptait point y séjourner. Mais les instances de l'archevêque, Mgr Ubaldini, furent si pressantes, qu'il dut remettre son départ au lendemain. Ubaldini, lors de sa nonciature en France, s'était montré peu favorable aux

---

[1] HABERT, liv. II, ch. XI, p. 471.
[2] Lettre du P. de Bérulle.

projets d'alliance avec l'Angleterre [1]. Parla-t-il de lui-
même à l'envoyé du Roi? Avait-il reçu de Rome la
mission secrète de le préparer aux difficultés qui l'attendaient? Ce qui est certain, c'est qu'après s'être entretenu
avec l'archevêque, le P. de Bérulle, attristé, écrivait au
P. Gibieuf : « Iapprens que nostre affaire est beaucoup
» plus difficile qu'on ne le croyoit, et que les intérests
» humains sont grands en ces quartiers, et occuppent les
» espris de ceux qui ont le plus de puissance. Cela oblige
» à un plus grand soing de prier Celuy qui est par-dessus
» tous, et qui sçait bien faire accomplir ses volontés, sans
» quon luy puisse résister. Ie vous prie tenir cecy secret
» et nen donner part qu'à la Mère Magdeleine et à celles
» quelle sçait auoir soing particulier de nous deuant
» Dieu [2]. »

La prière était en effet son grand secours, et il ne cessait par ses supplications d'intéresser les Saints à sa cause.
Il profita des courtes heures qu'il passait à Bologne pour
aller s'agenouiller auprès de la tombe célèbre où le ciseau
de Nicolas de Pise, de Niccolo de Bari, de Michel-Ange,
a forcé le marbre à exprimer la gloire immortelle de
saint Dominique [3]; il dit la messe chez les Frères Pré-
cheurs, et voulut invoquer saint Pie V dans « ce char-

---

[1] Ubaldini avait été nonce de Paul V auprès de Louis XIII, et en
1613 il s'était vivement opposé au projet de mariage entre Charles,
deuxième fils de Jacques (Henri, l'aîné, venait de mourir), et Christine,
sœur de Louis.

[2] Lettre autographe du P. de Bérulle au P. Bertin, 4 septembre. (Arch.
nat., M. 232, C. 5.)

[3] HAUERT, liv. II, ch. xi, p. 472. — Le P. LACORDAIRE, *Vie de saint
Dominique*, ch. xviii, p. 602, 603. (1re édit.) — VASARI, *Histoire des
peintres*. — LERAT, *Vie manuscrite*, liv. III, ch. iii.

» mant monastère de Bosco », bâti par lui [1]. Au couvent des Clarisses, il eut la consolation de vénérer le corps de sainte Catherine de Bologne ; et il admira comment ses restes précieux échappaient, depuis plus de cent soixante ans, à la corruption du tombeau [2]. Puis il se rendit au palais des Campeggi, pour y visiter la salle où en 1547 les évêques, chassés de Trente par la peste, se réunirent, avant de tenir leur session sous les voûtes inachevées de San Petronio [3].

Ses pieuses visites achevées, il ne songea plus qu'à continuer son voyage. Quatre jours de marche le séparaient encore de Lorette. Enfin, le mardi 9 septembre, il aperçut, éclairée par le soleil du matin, sur le sommet de la colline d'où elle domine la mer, la belle et imposante église qui sert comme de reliquaire à la sainte maison. Ce jour et les deux suivants, il eut le bonheur de produire par sa parole le Verbe incarné dans le lieu même où Marie eut la gloire de le concevoir [4] ; et sentant bien, à la joie et à la paix qui inondaient son âme, que la très-sainte Vierge, en un tel lieu, ne pouvait rien lui refuser, il ne mit point de bornes à ses demandes. Il la conjura d'abord d'agréer de nouveau l'offrande qu'il lui faisait, ainsi qu'à son divin Fils, de sa Congrégation, ne

[1] Correspondance du R. P. Lacordaire et de Madame Swetchine, 3e édit., p. 294.

[2] HABERT, *loc. cit.* — *Vie des Saints*, par ALBAN BUTLER et GODESCARD, nouv. édit. Lille, 1856, in-4°, t. I. p. 561.

[3] HABERT, *loc. cit.* — PALLAVICINI, *Histoire du Concile de Trente* (édit. Migne), t. II, liv. IX, ch. XX, p. 418.

[4] Sur la sainte maison de Lorette, voyez BENOIT XIV (*De festis B. Mariæ Virginis*, ch. XVI. *De festo Translationis Sanctæ Domus Lauretanæ.*) — Plus tard, la Mère Madeleine de Saint-Joseph éleva un Oratoire sous ce vocable dans le grand couvent.

lui désirant d'autre bien que l'accomplissement sur elle
des desseins de Jésus et de Marie. Puis se tournant du côté
de saint Joseph et de sainte Madeleine, de saint Michel et
de saint Gabriel, il les pria d'être ses protecteurs auprès du
Fils et de la Mère. Il exposa ensuite au Verbe fait chair les
besoins de son âme, requérant de lui la grâce de s'humilier toujours aussi bas que l'exigeaient le néant de son
être, les péchés de sa vie passée, et les grandeurs souveraines de son Seigneur et de son Dieu. Enfin, il remit
complétement entre les mains de Jésus-Christ et de sa très-
sainte Mère la conduite de sa négociation, n'en attendant
le succès que du ciel [1]. Plein de confiance dans le pouvoir
de Marie et dans ses bontés, il se sentit pressé de lui
demander la grâce « qu'à l'heure de la mort il fust retiré
» et expirant en Jésus son Fils et en Elle », et il lui sembla que sa prière était exaucée. Il lui fallut se faire violence
pour quitter un sanctuaire où il avait été favorisé de tant
de grâces, et il ne s'en éloigna qu'avec l'espoir d'y revenir
un jour achever sa vie au service et aux pieds de la Mère
de Dieu [2].

Le 11 septembre, il prit la poste. Son désir, il l'avait
écrit de Bologne au P. Bertin, était d'arriver incognito,
et après avoir rendu ses hommages aux saints Apôtres, de
venir loger à Saint-Louis des Français [3]. M. de Béthune
n'y consentit pas. A une lieue de Rome, le P. de Bérulle
trouva le carrosse de l'ambassadeur qui l'attendait. Il

[1] P. DU FAUR, *Relation manuscrite*. (P. BATTEREL, liv. V, n° 6.)

[2] Sœur MARIE DE SAINT-JÉRÔME, *Mémoires manuscrits*. (Arch. nat.,
M. 233.) — HABERT, liv. II, ch. XI, p. 473.

[3] *Nolo ambulare in magnis, cum sim minimus.* Lettre au P. Bertin,
datée de Bologne, autographe. (Arch. nat., M. 232, C. 4.

y monta en compagnie du P. Bertin et d'un gentilhomme français. La nuit était venue [1]. Tandis qu'elle étendait ses ombres sur la campagne et sur la Ville éternelle, le serviteur de Dieu songeait à cette lumière qui ne connaît pas de déclin, et dont Rome sera toujours le foyer [2].

A peine arrivé à l'ambassade de France, le P. de Bérulle s'empressa de remettre à M. de Béthune la lettre du Roi. Elle était destinée à calmer les susceptibilités de l'ambassadeur en lui laissant croire que l'envoi du P. de Bérulle, « personnage de peu d'esclat », avait pour motif de ménager la dignité du représentant de Sa Majesté, en cas d'échec; que d'ailleurs le nouveau négociateur ne devait prendre aucune décision sans en avoir conféré avec lui [3]. La précaution n'était point inutile. Pour la seconde fois, M. de Béthune se voyait adjoindre dans une négociation délicate le supérieur de l'Oratoire, et il craignait fort qu'il ne lui arrivât à Rome le même désagrément qu'à Angoulême, où il avait été éclipsé par lui. Tandis que l'archevêque de Lyon, M. de Marquemont, communiquait à Richelieu les réflexions qu' «aucuns faisoient sur l'enuoy de ce person- » nage peu nécessaire et donnant un peu d'atteinte à ceulx » qui seruent icy le Roy [4] », plus fier et moins franc, le comte de Béthune affectait une grande joie d'avoir à héberger « un si bon hôte ». Mais il se plaignait habilement à M. d'Herbault des retards que souffrait l'arrivée de M. de

---

[1] 13 septembre 1624. *Mémoires* du P. DU FAUR.

[2] « Rome, la lumière du monde. » (M. de Bérulle, lettre autographe du 4 mars 1604. Arch. nat., M. 216.)

[3] Sa lettre est du 31 juillet. (Archives des affaires étrangères.)

[4] Dépêche de M. de Marquemont au cardinal de Richelieu, 27 août 1624, autographe. (Archives des affaires étrangères.)

Bérulle et de la publicité donnée à sa mission [1]. La lettre
du Roi mit quelque baume sur les blessures du comte; et
le P. de Bérulle, sans songer à sa propre fatigue, voulut
s'entretenir aussitôt avec lui de l'objet de sa négociation.

Un long examen n'était point nécessaire pour se convaincre de l'impossibilité d'appliquer à Rome les règles
tracées à Saint-Germain. Dans les instructions données au
P. de Bérulle, on supposait que son voyage serait tenu
secret : hypothèse commode, mais détruite par les faits.
On connaissait au Vatican le départ du P. de Bérulle avant
que M. de Béthune en eût reçu avis, ce qui lui avait attiré d'un prélat de la maison du Pape, Mgr Magalotti, ce
mot légèrement ironique : « Qu'en France, rien n'estoit
» secret [2]. » Il fallait donc que les négociateurs suivissent
une ligne de conduite qu'eux seuls pouvaient se prescrire.
D'accord avec M. de Béthune, il fut convenu que le cardinal de la Valette et M. de Marquemont seraient invités à
venir le lendemain à l'ambassade. Dans l'intervalle, le
P. de Bérulle pourrait leur rendre visite, leur remettre
les lettres du Roi, et par son humilité et sa courtoisie effacer les dernières traces de leur mécontentement.

M. de la Valette professait du reste une haute estime pour
le P. de Bérulle, lequel de son côté appréciait à leur valeur

---

[1] Raimond Phélypeaux d'Herbault, l'un des secrétaires d'État des affaires
étrangères. Dépêche de M. de Béthune, chiffrée et signée, 28 août 1624.
(Archives des affaires étrangères.)

[2] Dépêche chiffrée et signée, Rome, 18 août 1624. (Archives des affaires
étrangères.) Phélypeaux écrivait de Saint-Germain, le 2 août 1624 : « Cet
» enuoy (du P. de Bérulle) est tenu fort secret, et néantmoins ie crois que
» Monsieur le nonce en a esté bien informé par autre voye que la miénne.
» Iestime qu'il sera bientôt sceu à Rome. » (Bibl. nat., Mss. Béthune,
8666, fol. 91.)

les grandes qualités qui brillaient dans le fils du duc d'É-
pernon. « Il a très-bon sens », disait-il, « il est fort plein
» d'honneur et d'amitié; fermé en ses parolles, constant
» en ses affections, et tel que si Dieu luy auoit donné les
» sentiments de piété que ie luy souhaitte, ie nen voy
» point en France qui luy fust comparable [1]. » M. de Marquemont connaissait déjà le P. de Bérulle par ses œuvres,
car l'Oratoire et le Carmel étaient florissants à Lyon; aussi
le pieux négociateur triompha-t-il facilement de ses préventions.

Le 16, à midi, les quatre plénipotentiaires se réunirent. M. de la Valette, prenant la parole, fit observer que
tout Rome savait l'arrivée du P. de Bérulle et le motif de
son voyage; que le Pape en avait été instruit des premiers,
et s'était même empressé de lui dire : « Pour quelque
» cause que ce soit, je ne me résoudrai à donner la dis-
» pense qu'après qu'il en aura été délibéré en une congré-
» gation. » Tout espoir d'obtenir du Pape cette dispense
proprio motu était superflu. Il n'y avait plus dès lors aucun avantage à se cacher : il fallait agir à ciel ouvert. On
convint donc que le lendemain le P. de Bérulle, conduit
par M. de Béthune, se rendrait au Vatican, pour exposer
au Pape l'objet de sa mission.

[1] Lettre autographe du P. de Bérulle au P. Bertin, du 31 juillet 1623.
(Arch. nat., M. 216, D. 79.)

CHAPITRE XIII.

SÉJOUR A ROME ET RETOUR EN FRANCE.

1624-1625.

Portrait d'Urbain VIII. — Le P. de Bérulle au Vatican. — Son discours
au Pape. — Le Saint-Père défère la demande à une congrégation de
cardinaux. — Ses confidences sur l'Espagne à M. de Béthune. — Son
entretien avec le P. de Bérulle. — Lettre de celui-ci à M. de la Ville-
aux-Clercs. — Une dépêche interceptée. — Les cardinaux membres de
la congrégation. — Magalotti. — Le P. de Bérulle chez les cardinaux.
— Réponses qu'il fait à leurs difficultés. — Fâcheuses nouvelles d'Angleterre. — Première séance de la congrégation (21 octobre). — Mécontentement de M. de Béthune. — M. Smith promu à l'épiscopat. — La
marquise de Maignelay dame d'honneur. — Indisposition du cardinal
Bandini. — Le P. de Bérulle à *San Pietro in Montorio.* — Nouvelle
séance de la congrégation (20 novembre). — Troisième et dernière séance
(1er décembre). — Affaire de la Valteline. — Inquiétude du Pape. —
Confiance que lui inspire le P. de Bérulle. — Désintéressement du supérieur de l'Oratoire. — Son départ de Rome (10 janvier 1625). — Pèlerinage à la Sainte-Baume. — Arrivée à Paris (10 février). — François
Barberini, légat en France. — Lettre que lui écrit le P. de Bérulle. —
Promesses du roi d'Angleterre et déclaration du roi de France. — Mémoire du P. de Bérulle. — La dispense est accordée. — Cérémonie du
mariage (11 mai). — Le cardinal Barberini à Saint-Magloire. — Ses
entretiens avec le P. de Bérulle. — Le P. de Bérulle est nommé confesseur de la reine d'Angleterre.

Maffeo Barberini, qui, sous le nom d'Urbain VIII, occupait depuis un an le siége de saint Pierre, avait l'intelligence ouverte, la parole abondante, le conseil prompt,
la volonté énergique. C'était un prince équitable, quoique
enclin au népotisme, laborieux, habitué à tout voir et
à beaucoup faire par lui-même; capable d'entendre la vé-

rité pourvu qu'elle fût tempérée de respect; facile même à revenir sur ses résolutions, pour peu qu'elles lui parussent contraires à la raison ou à la justice. Ami et protecteur des lettres, qu'il cultivait avec talent[1], il unissait aux qualités de l'homme d'État la piété et les vertus du prêtre. Sixte-Quint, qui lui avait ouvert la porte des honneurs en l'élevant à la prélature dès l'âge de dix-neuf ans, demeurait à ses yeux le modèle des Pontifes. Comme lui, rêvant pour la papauté un grand rôle politique dans le monde, il voulait avant tout assurer sa liberté, et veillait avec un soin jaloux à l'indépendance de l'Italie. Aussi la voyant sans cesse menacée par l'Espagne et trouvant dans la maison de Bourbon une rivale naturelle de la maison d'Autriche, avait-il des inclinations toutes françaises, fortifiées encore par le souvenir des marques d'estime dont l'avait comblé, lors de sa nonciature à Paris, le plus séduisant des politiques, Henri IV. Dès lors il devait être favorable et au projet de mariage du prince de Galles avec la princesse Henriette, lequel enlevait à l'Espagne l'amitié de l'Angleterre, et au dessein bien arrêté de Louis XIII de ne point abandonner les défilés de la Valteline aux Espagnols, toujours prêts à en user pour asservir l'Italie. Il ne semble même pas qu'il repoussât absolument les alliances protestantes, si grâce à elles il pouvait tenir en respect l'Empire et l'Espagne coalisés[2]. D'où venaient alors ces hésitations appa-

---

[1] On a inséré dans le Bréviaire romain huit hymnes dont Urbain VIII est l'auteur. (*Du saint office au point de vue de la piété*, par un directeur du séminaire de Saint-Sulpice. Paris, Poussielgue, 1867, note V, p. 451.)

[2] Plus tard il devait, comme Richelieu, favoriser Gustave-Adolphe contre Wallenstein. (Voyez l'article URBAIN VIII dans le *Dictionnaire encyclopédique de théologie catholique*, par WETZER et WELTE, t. XXIV, p. 382.)

rentes, ces froideurs momentanées, ce refus d'accéder aux demandes de Louis XIII qui étonnaient le P. de Bérulle, et dont M. de Béthune ne se rendait pas un compte exact? D'une cause que les ambassadeurs vénitiens avaient déjà signalée à leur gouvernement et M. de Marquemont à sa Cour, d'un sentiment très-développé chez Urbain VIII, celui de son autorité. Dans l'affaire de la Valteline, le Roi Très-Chrétien ne s'en était pas remis assez complétement à son intervention; dans la négociation pour le mariage d'Angleterre, il lui demandait une dispense comme à un souverain spirituel, non des conseils comme à un arbitre : Urbain était blessé. En retardant l'expédition de la dispense, il forçait la Cour de France à compter avec lui et en apparence, il ménageait l'Espagne, dont il souhaitait avec passion l'abaissement, mais dont il redoutait la puissante inimitié [1].

Telles étaient les dispositions d'Urbain VIII, lorsque le mercredi 18 septembre le P. de Bérulle, conduit par l'ambassadeur de France, se rendit au Vatican. Après les salutations d'usage, il remit au Pape la lettre du Roi. Le

[1] Il est vrai que le Pape aurait d'abord désiré l'alliance d'Henriette de France avec don Carlos; mais dans ce cas les intérêts de l'Italie se trouvaient sauvegardés, et l'affaire de la Valteline se terminait à l'amiable. Quelques-uns affirment que, par crainte de l'Espagne, Urbain VIII fit échouer le projet de mariage entre le fils de Jacques et l'infante. Ceci ne ne me semble pas prouvé. (*Dictionnaire encyclopédique,* cité plus haut.) Sur Urbain VIII, voyez RANKE, *Histoire de la papauté pendant les seizième et dix-septième siècles.* Paris, Sagnier et Bray, 1848, t. III, liv. VIII, ch. IV, p. 146 et suiv. Ranke est bien sévère. La *Biographie universelle* de Michaud, Moréri qui s'inspire de Racine, en l'abrégeant et en l'adoucissant, sont plus équitables. Racine lui-même (*Abrégé de l'hist. ecclés.,* t. X. Cologne, 1754), malgré son ton acerbe, reconnaît les grandes qualités d'Urbain VIII. On trouve un portrait curieux de ce Pape dans le *Sommaire ou extraict des négociations de M. de Marquemont, archevesque de Lyon, à Rome.* (Arch. nat., KK. 1383, p. 70.)

fils aîné de l'Église s'exprimait dans les termes de la plus filiale soumission, et suppliait le Saint-Père d'avoir « en- » tière créance » dans le nouveau négociateur qu'il lui envoyait, « homme vraiment religieux », capable « de luy » représenter l'importance d'une telle affaire », et par « sa » bonne vie, ses mœurs et sa suffisance, donner du poids » à ses raysons [1]. »

Lorsque le Pape eut achevé la lecture de cette lettre, le P. de Bérulle prit la parole; et sans se laisser troubler par la solennité de la circonstance, il s'exprima avec une franchise égale à son respect. Il dit au Pape qu'il lui portait les vœux de deux puissantes couronnes, l'une triomphante de l'hérésie, l'autre qui, gémissant depuis longtemps sous son joug, après tant de sang répandu pour la foi, aspirait enfin à quelque repos et à quelque liberté par une alliance avec la maison de France. Cette alliance, déjà approuvée dans le conseil du Roi Très-Chrétien, par deux cardinaux, M. de la Rochefoucauld et M. de Richelieu, dont le zèle connu pour les intérêts de la religion n'aurait pas toléré un projet capable d'y porter atteinte, ne pouvait causer ni trouble ni préjudice à personne, et l'on devait s'en promettre les plus heureux fruits. Il est vrai que l'Espagne avait longtemps ambitionné la même alliance; mais après la rupture survenue si inopinément entre la Cour de Madrid et celle de Saint-James, rupture à laquelle la France était restée étrangère, pouvait-on faire un reproche à celle-ci de rechercher une union qui lui avait été primitivement offerte? Au surplus, le mariage du prince de Galles avec l'infante n'eût pas été d'un grand

1 Saint-Germain en Laye, 3 août 1624. (*Apud* BATTEREL, liv. V, 8.)

secours pour la Religion, à cause du génie si opposé des Anglais et des Espagnols. Ceux-ci possédaient des théologiens scolastiques d'un grand mérite : ils n'en avaient pas qui se livrassent à la controverse; en outre, dans toute leur conduite, les Espagnols cherchaient plutôt à dompter les hommes par la force qu'à les gagner par la charité : deux défauts graves en Angleterre, où le parti de l'hérésie était plus puissant et plus savant qu'en tout autre pays, et où il fallait se donner bien de garde de paraître imposer par autorité ses doctrines au peuple du monde le plus jaloux de son indépendance. De si sérieux inconvénients n'étaient nullement à craindre dans l'alliance qu'il proposait. Tout portait à croire que le sang de saint Louis, employé si généreusement à planter la foi parmi les barbares, fructifierait encore davantage dans une nation polie et autrefois si fidèle à l'Église; que la princesse qui devait être le lien de cette alliance, constante dans ses croyances, y serait encore affermie par le nombreux clergé dont elle devait être environnée, et par les officiers catholiques dont se composerait sa suite; qu'elle pouvait être un jour régente, voir au moins quelques-uns de ses enfants catholiques, peut-être même gagner à l'Église le prince son époux; qu'ainsi une pareille union, chaste et chrétienne, était capable de réunir au bercail du souverain pasteur une nation estimable, qu'une autre union impure et illégitime en avait séparée depuis près d'un siècle.

Comme le P. de Bérulle s'était arrêté un instant pour reprendre haleine, le Pape se tourna vers l'ambassadeur de France. « Il faut », dit-il, « aviser aux deux cardinaux » destinés à remplacer le cardinal Ubaldini et moi, qui

» étions de la Congrégation réunie pour le mariage d'Es-
» pagne. » M. de Béthune pria le Saint-Père de vouloir bien entendre le P. de Bérulle jusqu'au bout. « Peut-
» être », ajouta-t-il, « ce qu'il dira décidera Votre Sainteté
» à accorder par sa volonté propre ce qu'il a charge de
» vous demander au nom du Roi. » Le Pape ne répondit
pas, et fit signe au P. de Bérulle de continuer.

Celui-ci, suppliant alors le Pape de bien peser les
avantages qu'il venait d'énumérer, lui exposa combien il
était digne de sa charité pastorale de faciliter à l'Angleterre, par une prompte expédition de la dispense, le
moyen de rentrer dans l'unité. L'autorité du Saint-Siége y
gagnait, puisque le premier des articles convenus entre les
deux rois portait que le mariage ne se ferait qu'après la
dispense; de telle sorte que le roi d'Angleterre semblait tacitement consentir à recevoir des mains du
Pape l'épouse de son fils. En se prêtant à cette alliance,
le Saint-Siége acquérait en un moment, au milieu même
de l'Angleterre protestante, une reine, un prélat et un
clergé catholique, c'est-à-dire un grand nombre de personnes faisant profession publique d'être dévouées à ses
intérêts, heureux présage de ce qu'on pouvait attendre
pour l'avenir. Après tout, en accordant la dispense, Sa
Sainteté ne ferait rien que de légitime en soi, rien qui ne
se fît journellement pour de simples particuliers; et par
une concession de ce genre, bien mieux que par un exercice trop sévère de son autorité, elle rétablirait partout la
foi et l'obéissance au successeur de saint Pierre. Se laissant
alors dominer par l'ardeur de son zèle: « Très-Saint-Père »,
s'écria le P. de Bérulle, « ne perdez pas cette gloire que

» Dieu présente à votre siècle et à votre pontificat. C'est de
» l'Angleterre et pour l'Angleterre que je parle. Ses dou-
» leurs et ses gémissements me contraignent de hausser la
» voix, et me font supplier Votre Sainteté de me pardonner
» si j'entreprends de dire ce que la compassion de ses mi-
» sères me force de pousser hors de mon sein. La lance
» d'Achille l'a blessée, il faut que la lance d'Achille la
» guérisse ; l'*inclémence* du siècle passé l'a jetée et pré-
» cipitée en ce malheur, il faut que le bonheur et la clé-
» mence de ce siècle l'en retirant, ensevelissent l'hérésie,
» et que cette bonté et cette *urbanité* nées en votre esprit,
» portées et publiées par tout l'univers, en vos œuvres, et
» gravées même heureusement en votre nom, apportent
» le remède à un mal qui est venu d'une trop grande ri-
» gueur. J'ose m'expliquer plus clairement : la prompti-
» tude d'un Pape l'ayant blessée, il faut que la promptitude
» d'un Pape la guérisse. C'est ce qui est attendu du Roi,
» espéré de tous, et digne de la piété et de la gloire de
» Votre Sainteté [1]. »

Urbain VIII, qui avait écouté fort attentivement le discours du P. de Bérulle, ne parut nullement blessé de la
franchise de l'orateur, mais il ne fut point ébranlé par ses
raisons. « Nous ne pouvons changer de résolution », dit-il
à M. de Béthune, « ni même donner l'assurance que vous
» demandez au nom de Sa Majesté, mais bien celle que
» nous apporterons pour faciliter (les choses) autant qu'il
» sera en notre puissance. » — « S'il en est ainsi », répliqua aussitôt l'ambassadeur, qui savait combien le Saint-

---

[1] HABERT DE CERISY, *Vie du cardinal de Bérulle.* Paris, Sébastien Huré,
1646, in-4° ; liv. II, ch. XI, p. 475 et suiv.

Père aimait à agir par lui-même, « je puis assurer dès cette
» heure le Roi mon maître de la dispense, puisque les in-
» clinations des cardinaux suivront celle de Votre Sain-
» teté, chacun d'eux désirant lui complaire. » — « Non »,
répondit le Pape, « je ne vous donne pas pouvoir d'assurer
» le Roi de la dispense, ne nous pouvant pas déclarer jus-
» que-là, mais bien (de lui dire) que nous désirons le pou-
» voir faire et lui donner contentement, et pour confirma-
» tion de quoi je vous dirai une chose que j'ai intention de
» faire, et que lors de celle d'Espagne on ne fit point, qui
» est que nous ferons faire la congrégation devant nous. »
Il ajouta qu'il imposerait aux membres de la congrégation le secret le plus absolu, sous peine d'excommunication. Puis, après avoir recommandé au P. de Bérulle et à
M. de Béthune de ne parler à personne dans Rome de ce
qu'il venait de leur confier, pas même à son neveu ni à
M. Magalotti, il les congédia [1].

Le jour suivant, M. de Béthune s'étant rendu à l'audience du Pape, le Saint-Père demanda s'il ne pouvait lui
confier par écrit les articles que le P. de Bérulle avait
exposés de vive voix, afin qu'il les comparât avec ceux que
proposait l'Espagne, « et se fortifiast des raisons qui pour-
» roient faire passer par-dessus le deffault qui se trouveroyt
» en (ceux de France). » A quoi M. de Béthune s'empressa
de répondre que les articles lui seraient immédiatement
envoyés. Le Pape exprima aussi le désir que le clergé
catholique d'Angleterre lui adressât une supplique, afin
que lorsqu'il viendrait à accorder la dispense, il pût,

---

[1] Dépêche de M. de Béthune au Roi, chiffrée et signée, 24 septembre
1624. (Archives des affaires étrangères.)

à l'aide de ce document, fermer la bouche à ceux qui seraient tentés de le blâmer. Le P. de Bérulle s'attendait à
cette demande; il écrivit sur l'heure en Angleterre, afin
qu'on lui expédiât sans retard la pièce réclamée par le
Saint-Père.

M. de Béthune ayant reçu le 26 un courrier, demanda
aussitôt audience au Pape; celui-ci voulait attendre,
avant de s'engager davantage, des dépêches plus explicites du nonce de France. M. de Béthune, qui s'en dou_
tait, mit d'autant plus d'insistance dans sa demande; mais
le Pape lui ayant fait répondre qu'il n'était pas **encore**
informé du contenu des dernières lettres, l'ambassadeur
dut attendre jusqu'au dimanche avant d'être reçu au
Vatican.

Cependant, le P. de Bérulle, et M. de Béthune, qui
écrivait maintenant force compliments sur le nouvel envoyé du Roi[1], s'étaient convaincus qu'insister davantage
pour obtenir du Pape la dispense *proprio motu*, serait le
fatiguer et user leurs forces en pure perte. Il était impossible d'échapper à une congrégation; ce qu'il importait
désormais, c'était qu'elle fût composée de cardinaux favorables à la France, et réunie dans des conditions telles
qu'on pût en espérer promptement la réponse désirée.
Ainsi fixés sur la tactique à suivre, les deux plénipotentiaires se rendirent à l'audience du Pape, porteurs des

---

[1] « Monseigneur, personne ne pouuoit estre choisi par Sa Magesté (*sic*)
» pour estre amployé an lafaire pour laquelle le R. P. Bérule a esté
» anuoyé icy qui san aquitast mieux quil fera, ni duquel la conuersation et
» communication me fust plus chère que est et sera la siène. » Lettre autographe de M. de Béthune au cardinal de Richelieu, 27 septembre 1624.
(Archives des affaires étrangères.) On a dans ces quelques lignes un
exemple de l'orthographe de M. de Béthune.

onze articles concertés entre les deux couronnes par rapport à la religion. Ils avaient charge d'affirmer que le roi de la Grande-Bretagne et le prince de Galles promettraient par écrit tout ce qui y était contenu. Le Pape se montra très-bien disposé. Il répéta les promesses qu'il avait faites dès la première audience au sujet de la composition de la congrégation et sur le secret qui y serait gardé. Il exprima même le désir d'être bien informé de l'affaire auparavant, afin qu'étant président de la congrégation, il pût lui-même répondre aux objections des cardinaux. Voyant le Saint-Père en de si favorables dispositions, le P. de Bérulle et M. de Béthune insistèrent sur la gloire qu'apporterait à son pontificat la conversion de l'Angleterre, assurée, croyaient-ils, par ce mariage. A quoi Urbain leur répondit qu'il « le désiroit grandement pour l'avantage de » la religion, et aussi parce que, par une telle alliance de » ces deux royaumes, les Espagnols seroient tenus plus en » bride. » Car « encore qu'il n'ignorât pas la puissance » du Roi Très-Chrétien et de son royaume pour y avoir » assez séjourné, néantmoins aussi il sçavoit que du » temps des guerres de l'empereur Charles V et du roy » François, l'union de ces deux couronnes avoit esté » grandement nuisible aux desseins et prétentions des » Espagnols, ce qui feroit le mesme effet encore. » M. de Béthune ayant alors entamé le sujet de la Valteline, le P. de Bérulle prit congé du Pape et sortit. Mais Urbain VIII, préoccupé par ce qu'il venait d'entendre et de dire, continua à entretenir M. de Béthune du même objet. Il avoua qu'en ce qui concernait l'église publique que le Saint-Siége désirait voir accordée aux catholiques dans

Londres, l'Espagne elle-même n'avait pu l'obtenir. Puis, comme une confidence en entraîne une autre, il ajouta que les Espagnols étaient fort peinés d'avoir manqué l'alliance anglaise; qu'ils faisaient extérieurement bonne contenance; mais que lui savait bien ce qu'il fallait en penser. Il rappela les menaces du comte d'Olivarès, la conduite hautaine des Espagnols à Rome même, et s'indignant à cette pensée : « Je ne les crains point », s'écria-t-il. M. de Béthune se retira plein d'espoir [1].

Dès le lendemain, Urbain VIII fit mander le P. de Bérulle, qui se rendit au palais vers les quatre heures du soir. Il était à peine entré dans le cabinet où Mgr Magalotti travaillait avec le Pape, que le Saint-Père le chargeait de demander le silence à M. de Béthune sur leur conversation, parce qu'en examinant de plus près les Mémoires, il s'était aperçu, dit-il, de son erreur au sujet de l'église publique. Le P. de Bérulle comprit aussitôt que les idées du Pape s'étaient modifiées depuis la veille. Urbain se mit en effet à comparer les articles accordés par l'Angleterre à l'Espagne avec ceux qu'elle concédait à la France, faisant remarquer soigneusement combien les premiers étaient plus avantageux à l'Église que les seconds. Ce n'était pas contestable, et le P. de Bérulle se rejeta d'abord sur ce que le prince de Galles était comme prisonnier des Espagnols quand il fit ces promesses. « Non », reprit Urbain, » il était sorti de Madrid [2]. — Sorti ou non, il pouvoit pro-

---

[1] Lettre de M. de Béthune au Roi, en partie chiffrée et signée, 3 octobre 1624. (Archives des affaires étrangères.)

[2] Lettre du P. de Bérulle à M. de la Ville-aux Clercs, 2 octobre 1624. Copie du temps, Bibl. nat., *Mss. de Brienne*, 48, p. 32, et *British Museum*, manuscrit de Georges IV, t. III, p. 97-107. Je prie M. Gustave

» mettre ce qu'il vouloit », répliqua le P. de Bérulle, « d'au-
» tant qu'il estoit fort résolu de ne rien observer. » — « Et
» qui peut assurer la France », poursuivit avec vivacité le
Saint-Père, « qu'il n'ait les mêmes desseins, devant avoir un
» parlement nouveau en Angleterre au mois de novembre
» prochain ? » Et comme preuve de la duplicité de Jacques :
« Ne sçavez-vous pas, Père, que traitant avec la France,
» le Roy d'Angleterre a tasché d'avoir la fille du duc de
» Savoie [1], lequel a répondu de ne pas voulloir la donner
» à un calviniste ? » A ces mots, le P. de Bérulle, malgré le
respect dont il était pénétré pour le Saint-Père, ne put
s'empêcher de hausser les épaules [2] : « Si nous faisons
» comme en Espagne », s'écria-t-il avec fermeté, « comme
» en Espagne nous perdrons tout [3]. » Le Pape, frappé de
cette parole, demeura court, « ce qui ne lui étoit pas or-
» dinaire », et regarda fixement Magalotti, premier auteur
de ces objections. Profitant de cet instant de silence : « La
» question n'est pas (de savoir) », affirma le P. de Bérulle, « si les articles de France sont plus amples que ceux

Masson, dont le nom est bien connu des lecteurs de la *Revue des questions
historiques*, de trouver ici l'expression de ma vive gratitude. Je lui dois la
connaissance de plusieurs lettres très-importantes du P. de Bérulle dont
les copies sont conservées au *British Museum*. Il a même bien voulu les
transcrire lui-même.

[1] Dépêche du cardinal Barberini au nonce de France, du 2 octobre 1624.
Cette dépêche ayant été interceptée, fut traduite, et la traduction se
trouve aux Archives des affaires étrangères. Le mot *Savoie* est fort difficile à lire dans l'original.

[2] Dépêche du cardinal Barberini du 2 octobre.

[3] Dépêche du P. de Bérulle à M. de la Ville-aux-Clercs, du 2 octobre.
Le P. de Bérulle ajouta sans doute, dans les audiences particulières qu'il
eut du Pape, bien des renseignements sur la conduite des ambassadeurs
espagnols à Londres. M. de Tillières, dans sa dépêche du 17 février 1624,
donne des détails navrants sur leur immoralité personnelle et la conduite
de leurs aumôniers. (Archives des affaires étrangères.)

» d'Espagne, mais s'ils sont suffisans à la dispense et utiles
» à la religion. »

De ces considérations générales, l'envoyé du Roi passa
à chacun des articles en particulier. Il fit observer que le
premier, par lequel Louis XIII s'obligeait à obtenir la dispense, était conçu dans des termes plus respectueux envers
le Saint-Siége que celui d'Espagne, puisqu'on y exprimait
clairement que le mariage ne pouvait se faire en conscience
sans cette dispense, ce dont l'autre ne disait rien. Le
deuxième et le troisième exigeaient que Madame fût fiancée
au prince de Galles, en la forme usitée dans l'Église catholique, apostolique et romaine, et que le mariage fût
célébré comme l'avait été celui du feu Roi avec la reine
Marguerite. Le P. de Bérulle fit remarquer ensuite avec
quel soin le Roi avait stipulé que la ratification solennelle
du contrat, en présence de Madame et de la Cour d'Angleterre, aurait lieu dans le palais de la princesse, et sans
aucune cérémonie du rit anglican : par le quatrième
article, le libre exercice de la religion était assuré à Madame et à sa maison, uniquement composée de catholiques : par le huitième, on accordait la célébration de
la messe, tous les offices et usages du rit romain, jusqu'aux indulgences et aux jubilés, et un cimetière particulier. Revenant alors sur le principal objet de la contestation, l'église publique dans Londres, désirée par Sa
Sainteté et obtenue par les Espagnols, le P. de Bérulle
avoua bien que les Anglais n'accordaient plus qu'une chapelle, mais il fit observer que Madame pourrait en avoir
une dans tous les châteaux où elle se rendrait, et assez
vaste pour contenir tous les catholiques qui voudraient s'y

rassembler sans bruit ; que du reste la célébration de l'office public dans Londres aurait pu entraîner de graves désordres, dont on aurait pris prétexte pour ravir aux catholiques la liberté qu'on s'efforçait de leur assurer. Le pieux négociateur convainquit aisément le Saint-Père des grands avantages qu'offraient les cinquième et sixième articles. Ils assuraient à Madame une maison religieuse beaucoup plus nombreuse que celle qui avait été accordée aux Espagnols. Elle pouvait avoir jusqu'à vingt-cinq chapelains : le grand aumônier placé à leur tête devait être évêque, avoir pleine et entière juridiction sur les clercs, avec le pouvoir complet de procéder contre eux selon les canons et pour toutes sortes de fautes, excepté le cas privilégié et les crimes d'État, pour lesquels il serait tenu, selon les usages de France, de livrer les coupables au bras séculier, après les avoir dégradés. Par le dixième article, on avait obtenu, le P. de Bérulle ne manqua pas d'en faire la remarque, que les princes et princesses fussent élevés et nourris auprès de Madame jusqu'à l'âge de treize ans, au lieu qu'on ne les laissait à l'infante que jusqu'à dix.

Deux points préoccupaient beaucoup l'esprit du Saint-Père. L'un concernait les nourrices ; on n'avait pas stipulé qu'elles seraient catholiques, ce que les Espagnols avaient expressément déclaré ; l'autre, le baptême des enfants : on avait omis d'indiquer qui les baptiserait. Le P. de Bérulle répondit que la princesse ayant seule le droit de les élever, et étant remplie d'un si grand zèle pour la religion de ses pères, on devait croire qu'elle veillerait à ce qu'ils fussent baptisés et nourris par des catholiques ; que les Anglais s'y attendaient, mais qu'il était superflu et dan-

gereux d'en exiger une déclaration authentique. « Aux af-
» faires grandes et difficiles comme celle-ci », dit-il, « c'est
» prudence de ne pas tout prévoir ni pourvoir à tout; il
» faut commettre beaucoup de choses à Dieu et à sa provi-
» dence; il y a quelquefois une sainte et heureuse oubliance
» qui conserve les affaires, au lieu qu'une trop exacte
» prévoyance les embarrasse et quelquefois les ruine. » Le
Pape conclut par quelques mots qui permirent au supérieur de l'Oratoire de supposer que Sa Sainteté, en
soulevant toutes ces difficultés, s'était surtout proposé
de trouver les réponses qu'elle devrait y faire dans la
congrégation [1].

De retour à l'ambassade, le P. de Bérulle écrivit le récit
de son entrevue à M. de la Ville-aux-Clercs : « Toute cette
» Cour », lui faisait-il observer, « a sa conduite et ses prin-
» cipes un peu différents de ce que l'on jugeroit sans
» l'avoir éprouvé soi-même, et je confesse en avoir plus
» appris en peu d'heures sur ce lieu que ce que j'en savois
» par tous les discours qui m'en avoient été faits. La pro-
» portion de France, d'Italie, d'Espagne, est le cadran
» qu'ils regardent continuellement; leur réputation aux
» affaires, l'usage et l'accomplissement de leur autorité,
» sont les points qui les conduisent dans les conseils, qui
» me semblent y avoir plus de poids que beaucoup de
» raisons de théologie, et comme sur la mer il faut suivre
» le vent pour naviguer, aussi faut-il suivre le vent qui

---

[1] Dépêche de M. de Béthune citée plus haut. — En rendant compte de
sa conversation avec le Pape à M. de la Ville-aux-Clercs (Dépêche du
2 octobre), le P. de Bérulle lui proposa d'ajouter à l'article X, De l'éduca-
tion des enfants, qu'ils seraient nourris et élevés auprès de Madame *dès
leur naissance :* ce qui plut au Pape et fut adopté par le Roi.

» souffle en cette Cour pour y réussir par leurs principes [1]. »
Ce qui est certain, c'est que l'entourage d'Urbain VIII,
qui ne partageait guère ses sympathies pour la France et
inclinait vers l'Espagne, cherchait à traîner en longueur
l'affaire de la dispense. Le cardinal Barberini écrivait au
nonce de France d'avoir l'air d'ignorer que le Pape eût
promis de réunir et de présider une congrégation : si on
lui affirmait en avoir reçu l'assurance, il devrait témoigner
grande peine à le croire, et faire ses efforts pour démontrer que cela n'était vraiment pas possible, tout en
s'étendant fort au long sur « la bénignité de Sa Sainteté
» envers la France [2] ». Par malheur, la dépêche fut interceptée, et Richelieu put se convaincre de la petite guerre
que l'on faisait à sa politique. Au lieu d'en croire M. de
Marquemont, qui lui écrivait par le même ordinaire « que
» les variétés et changemens ne sont pas crises mortelles
» en ces quartiers [3] », il se demanda si le P. de Bérulle
n'agissait point avec trop de mollesse. Tant il s'étonnait
déjà qu'on osât résister à ses volontés [4] !

---

[1] Dépêche du P. de Bérulle à M. de la Ville-aux-Clercs, du 2 octobre.

[2] C'est la dépêche dont il a été question plus haut.

[3] 2 octobre 1624. Autographe. (Archives des affaires étrangères.)

[4] Ou bien ne fut-ce que plus tard qu'il accusa M. de Bérulle, lorsqu'il
eut cru découvrir en lui un rival? «(M. de Bérulle) fut employé pour la
» dispense du mariage d'Angleterre qu'il estimoit devoir être utile pour
» l'État et pour l'Église. M. de Béthune a dit au cardinal que des cardinaux
» de Rome lui ont dit qu'en la sollicitant comme envoyé à cet effet, il la tra-
» versoit sous main et leur conseilloit de tenir bon. » (*Mémoires*, édit. Petitot,
t. V, liv. XX, p. 62.) Il n'est pas étonnant que M. de Béthune ait tenu un
tel langage; mais il est étonnant que Richelieu, qui écrivait : « Béthune est
» extraordinairement jaloux et chatouilleux » (*Lettres*, t. II, p. 86), et
qui connaissait son aversion pour le P. de Bérulle, s'appuie sur son autorité. Les dépêches que je cite, et en particulier celle du cardinal Barberini, prouvent clairement la fausseté de l'assertion de Richelieu. Ce

Cependant le temps marchait. Le Pape ne pouvait différer davantage de désigner les membres de la congrégation chargée de répondre à la demande de Louis XIII. Ce choix ne laissait pas que d'être embarrassant. Le Saint-Père se refusait à nommer les cardinaux trop ouvertement dévoués à la France, tels que Bentivoglio, qui s'y était concilié de puissants amis ; Ubaldini, qui en était revenu avec le titre et la pension de conseiller d'État ; M. de la Valette, allié aux premières familles du royaume ; le cardinal de Savoie, qui, peu fidèle aux conseils de saint François de Sales, toujours dans la gêne, n'avait pas honte de tendre la main au roi de France [1]. M. de Béthune, de son côté, récusait les cardinaux de la faction espagnole, persuadé que tous leurs efforts tendraient à faire échouer la mission du P. de Bérulle. Enfin le Saint-Père se décida. Les sept membres de la commission étaient Bandini, Mellini, de Sainte-Suzanne, Scaglia, Barberini, Magalotti et Pio.

A l'ambassade de France, on ne fut pas mécontent de ces choix. Le cardinal Pio, de Savoie, d'une noble famille de Ferrare, « avoit bon esprit », écrivait M. de Béthune au Roi, « et désiroit obliger Sa Majesté ». Didier Scaglia, en sa qualité de Frère Prêcheur, se préoccupait plus du côté théologique que de la face politique de la question, et avait été choisi par l'ambassadeur lui-même. Mellini et Sainte-Suzanne étaient connus du P. de Bérulle, qui devait au

---

qui est vrai seulement, c'est que le P. de Bérulle, là où les intérêts de la religion étaient mêlés à ceux de la politique, y regardait de plus près que Richelieu.

[1] Il écrivait au Roi, le 2 mars de la même année : « Le grand besoin que » iay que (V. M.) me face ressentir les effets de sa libéralité, sans laquelle » il est impossible que ie puisse plus guère subsister. » (Lettre autographe, Archives des affaires étrangères.)

premier la préparation de la bulle d'institution de l'Oratoire, et qui avait trouvé dans le second un protecteur
lors des tristes démélés du Carmel. François Barberini,
neveu du Pape, venait de recevoir le chapeau. D'autant
moins à craindre qu'il avait moins à désirer, il était flatté
de la lettre que le P. de Bérulle lui avait remise au nom
du Roi. Octave Bandini, originaire de Florence, prélat
éloquent, politique rompu aux affaires, auxquelles il s'était
trouvé mélé sous neuf pontificats, connaissait la France,
dont il maniait bien la langue, et quoique favorable,
croyait-on d'abord, à l'Espagne, non-seulement n'avait
point d'engagement vis-à-vis d'elle, mais manifestait
ouvertement son désir d'être agréable à Louis XIII. De
tous les cardinaux, le plus influent était Laurent Magalotti.
Vice-légat à Bologne au temps où le cardinal Maffeo Barberini en était légat, il expédiait les affaires avec autant
d'intelligence que de promptitude, ayant toujours le bon
goût d'en abandonner l'honneur à son maître. Devenu
Pape, le cardinal n'avait point oublié son fidèle ministre :
il venait de le décorer de la pourpre, et lui témoignait la
plus entière confiance. Il le préférait même à François
Barberini, son neveu, dont il ne pouvait se dissimuler la
médiocrité [1]. Toutefois, Urbain VIII n'était point homme
à se laisser conduire, et M. de Béthune, faute d'avoir su
deviner, sous les apparentes hésitations du Pape, la persévérance de ses desseins, s'exagérait certainement l'importance de Magalotti. Aussi ne négligea-t-il rien pour le
gagner à ses intérêts, s'efforçant de lui faire comprendre,

[1] M. de BÉTHUNE, dépêche au Roi, du 7 octobre 1624, chiffrée et signée.
(Archives des affaires étrangères.)

avec infiniment de grâce et de courtoisie, qu'au lieu de toucher une pension du roi d'Espagne, il ferait bien mieux de la recevoir du roi de France : ce que Magalotti repoussa, le Pape venant de défendre expressément aux cardinaux d'accepter, sous forme de pension, un traitement des puissances [1].

Le P. de Bérulle, cependant, employait des moyens plus honorables pour gagner les esprits. Avant que la congrégation se réunît, il alla, conduit par M. de Béthune, visiter les cardinaux et remettre à chacun une lettre du Roi ; puis il revint seul les trouver, afin de répondre plus librement à leurs difficultés, et de bien préciser l'objet de sa mission. Pour les engager à ne pas traîner les choses en longueur, et surtout à ne refuser point ce qu'on leur demandait, il leur montra dans le recours du Roi son maître au Saint-Siége, une preuve éclatante de sa déférence; car, à en croire des casuistes tels que les Jésuites Azor et Sanchez, et le célèbre Augustin Navarre [2], dont ils révéraient l'autorité, une dispense n'était pas nécessaire dans les pays où les hérétiques se trouvaient mêlés avec les catholiques, comme en France. Tel était le sentiment du savant P. Serrarius, de la Compagnie de Jésus, qui, dans son livre sur cette matière, citait en sa faveur les plus célèbres professeurs de théologie de Rome [3]. Sa Majesté,

---

[1] M. de BÉTHUNE, dépêches des 10 et 13 août, et lettre chiffrée en partie. (Archives des affaires étrangères.)

[2] Sur Jean Azor et Thomas Sanchez (morts en 1698 et 1610), voyez *Nomenclator litterarius recentioris theologiæ catholicæ*, auctore Hurter, S. J. OEniponti, in-12, t. I, nos 112 et 113, p. 411 et suiv. Petrus de Navarra, de Tolède, vivait encore en 1594.

[3] Sur Nicolas Serrarius, né dans le diocèse de Metz en 1558, mort en 1609, voyez *Biblioth. des aut. eccl. du dix-septième siècle*. Paris, 1708, t. I,

ajoutait le P. de Bérulle, ne pouvait voir sans un sensible déplaisir qu'on payât sa déférence d'un refus ou d'un long délai : moins le Pape contentait le Roi au sujet de la Valteline, plus il devait s'efforcer de le satisfaire sur un objet aussi facile que celui de la dispense : plus Sa Sainteté favorisait les Espagnols dans leurs intérêts politiques, moins il devait les encourager dans une affaire où ils n'en avaient point d'autre que de contredire les Français.

Les cardinaux n'en soulevaient pas moins de sérieuses difficultés. Il avait été convenu que les articles concernant la religion seraient signés par le roi d'Angleterre et le prince de Galles. Peu rassurés par la parole des Anglais, les cardinaux, pour la garantir, exigeaient celle du roi de France. Le P. de Bérulle leur représenta combien cette marque de défiance allait indisposer les Anglais. Était-ce une conduite habile vis-à-vis du roi Jacques, de tous les souverains protestants le moins éloigné de la vraie religion ? Non content de permettre à l'archevêque d'Embrun, envoyé à la Cour de Saint-James par Louis XIII, de donner la confirmation à tous ceux de ses sujets qui se présenteraient, Jacques avait même déclaré à cet archevêque son intention d'accorder, aussitôt après le mariage, la liberté de conscience à tous ses sujets ; de faire tenir auparavant une conférence publique pour en prouver la nécessité, et d'envoyer ensuite le même prélat à Rome, pour traiter des moyens de le réconcilier avec l'Église. De

p. 122., et *Nomenclator litterarius*, t. I, nº 97, p. 356. Le P. de Bérulle n'aurait jamais conseillé à Louis XIII de profiter de l'opinion de ces théologiens, quoiqu'elle fût suivie en Angleterre, en Allemagne et en Pologne. (D. CHARVON, *Histoire des Sacrements; histoire du sacrement de mariage*, ch. XIII, col. 1119. Ap. Migne, *Theol. Cursus completus*, t. XX.)

ces espérances trop facilement accueillies sur la parole de
M. d'Embrun, le P. de Bérulle concluait qu'on se pouvait
fier au serment de Jacques, sans exiger la garantie du roi de
France. Les cardinaux restèrent assez froids et maintinrent
leur demande. Ils se défiaient des dispositions du roi de la
Grande-Bretagne, et voyaient en cela plus juste que le
P. de Bérulle. D'ailleurs, puisque Jacques ne s'était pas
formalisé de ce que le roi d'Espagne avait accordé sa
signature, pourquoi se blesserait-il que le roi de France
donnât la sienne? Le P. de Bérulle comprit qu'il fallait
céder, et il manda à M. de la Ville-aux-Clercs que : « La
» promesse du Roy envers Sa Sainteté, pour gaige et assu-
» rance des conditions arrestées entre les deux Roys, étoit
» absolument nécessaire ».

Une seconde condition posée par les cardinaux avait
pour but, dans leur pensée, de sauvegarder l'indissolubilité des liens contractés par Henriette de France. Lors
du projet de mariage entre le prince de Galles et l'infante
d'Espagne, il avait été réglé que ce prince et le Roi son
père « donneroient leur parolle d'honneur et de Roy, que
» pour quelque cause que ce fût, le mariage ne pourroit
» être dissous ». La raison, et on ne pouvait en contester
la valeur, était que « l'hérésie tenoit les mariages disso-
lubles ». Mais pour obtenir une telle promesse, il fallait
entamer de nouvelles négociations avec l'Angleterre, et
sans grand avantage, pensait le P. de Bérulle. « I'ai sup-
» plié les cardinaux », écrivit-il à M. de la Ville-aux-Clercs,
» de considérer que cet intérét regarde le Roy et non pas
» eux ; que la dispense doibt estre pure et simple pour
» beaucoup de raisons, qu'il semble mesme qu'il vault

» mieux supposer de bonne foy l'indissolubilité du mariage
» que de l'appuyer d'un si faible moyen ; que le prince
» espouse la sœur du Roy en la face de l'Église, selon les
» lois et l'intention de l'Église en laquelle le mariage est
» sacrement et indissoluble ; qu'en France, l'hérésie n'a
» jamais publié ny pratiqué ceste doctrine de la dissolu-
» bilité des mariages : que peult-estre elle est incogneue
» aussy en Angleterre, et que la meilleure caution est la
» qualité de sœur du Roy, et la puissance et proximité de
» Sa Maiesté qui ne souffrira pas ce tort estre faict à une
» personne qui luy est si conioincte. » Le P. de Bérulle
proposa alors de remplacer ces mots : « Le mariage se
» fera en la forme usitée en l'Église », par ceux-ci : « se-
» lon l'usage et les lois de l'Église », ce qui suffit pour
contenter les cardinaux. Mais il avait été évidemment
frappé de leur observation, car en mandant ces détails à M. de la Ville-aux-Clercs, il ajoutait : « Nous
» avons estimé à propos d'arrester icy ceste difficulté ; c'est
» à vous, Monsieur, à faire entendre au Roy et à Mes-
» sieurs de son conseil, de considérer si pour l'égard et
» l'intérêt du Roy il a besoin d'avoir quelque assurance
» particulière de la part du prince et du Roy de la Grande-
» Bretagne. Car ce qui suffit icy pour les contenter, ne
» suffit pas pour arréter la question, et il fault juger s'il
» est mieux de supposer cette vérité que de la révoquer en
» doubte en l'appuyant par la seule parolle et promesse du
» prince et du Roy son père. »

Ce n'est pas tout. Les cardinaux, jugeant l'occasion
favorable, se proposaient de dresser un formulaire de serment destiné à remplacer ceux qu'on exigeait des catholi-

ques depuis Élisabeth, le nouveau serment dit de *supré-matie*, en particulier [1]. Là encore il fallut lutter. Le P. de Bérulle représenta aux cardinaux qu'il valait mieux abandonner aux deux Rois le soin de se concerter sur cette difficulté; que le Saint-Père serait toujours consulté en semblable matière ; que peut-être même le roi de la Grande-Bretagne « vouloit couvrir et ensevelir les » autres serments dans le silence; qu'en tout cas il trou- » veroit aysément et à doubter et à redire de recevoir de » ses suietz un serment qui auroit esté prescrit par Sa » Sainteté, estant en l'estat auquel il est et en l'opinion » qu'il déclare avoir, par ses livres, du Saint-Siége. »

Tandis que par ces raisons le P. de Bérulle s'efforçait de ramener les cardinaux, l'ambassadeur d'Espagne ne négligeait rien pour les effrayer, et la chose était malheu-reusement facile. Les nouvelles d'Angleterre étaient dé-plorables. La persécution continuait, et l'on se demandait quel pouvait être le but de Jacques en traitant si cruelle-ment les coreligionaires de la princesse Henriette. A Rome, le bruit courait même que ni le roi d'Angleterre

---

[1] On appela ainsi le serment introduit sous Henri VIII, par lequel on était tenu de reconnaître dans ce souverain temporel le chef suprême de l'Église, *supremus in Ecclesia*. Exigé par Élisabeth dès 1553 des fonction-naires de l'État et de l'Église, le serment de suprématie fut étendu en 1562 à deux nouvelles catégories, d'abord à tous les membres de la chambre des communes, à tous les maîtres d'école, aux avocats, aux avoués, aux notaires; ensuite à tous les ecclésiastiques sans exception, et à tous les laïques qui blâmeraient ouvertement la nouvelle doctrine et qui se montreraient partisans de l'ancienne foi en assistant à la messe, en un mot, à tous les catholiques. Les personnes de la première catégorie qui refuseraient une première fois de prêter serment devaient être punies d'un emprisonnement perpétuel. Celles de la seconde classe devaient, après un second refus, être punies de mort. Voyez *Dictionnaire encyclopédique* des D. Wetzer et Wette, t. XXII, p. 28.

33.

ni son fils n'avaient encore approuvé les conditions dont le Saint-Siége avait tant de peine à se contenter. On savait en outre que le parlement allait s'ouvrir; que le Roi n'était pas maître d'y faire prévaloir ses volontés, et qu'on pourrait y casser ce qui aurait été arrêté entre le Pape et le roi de France. Le cardinal Magalotti avait fait sur ce sujet « un grand discours » à M. de Bérulle, lequel lui répondit « qu'il trouvoit sa considération très-bonne » pour estre représentée au Roy et pour faire que le Pape » admonestât Sa Maiesté d'y prendre garde, mais que cela » ne devoit pas retarder la délibération, ny la délivrance » de la dispense, l'intérêt du Roy estant si grand et si » évident en ce point. » Le cardinal se rendit, et assura que la dispense serait accordée [1].

Telles étaient les dispositions des cardinaux, lorsque la congrégation tint sa première séance le 21 octobre au matin. Elle dura près de cinq heures. Par respect pour le Pape, qu'une indisposition retenait à Frascati, les cardinaux s'étaient engagés à garder un profond secret. Néanmoins, M. de la Valette put savoir les difficultés qui y avaient été soulevées, et les répéta aux négociateurs français. Ces longueurs irritaient M. de Béthune, qui ne dissimula pas son mécontentement à Richelieu. « Il sera, » selon mon advis, à propos de parler à Mgr le nonce, en » conformité de ce que iay dict icy, qui est que le Roy a » obtenu tout ce qu'il pouvoit, et qu'il ne se fault attendre » à de plus grandes conditions, ny à les mesurer à l'aune » d'Espagne, et que iay défense de despecher aucun

---

[1] Tous ces détails sont tirés de la dépêche du P. de Bérulle à M. de la Ville-aux-Clercs, du 22 octobre 1624. (Arch. nat., M. 232, Copie.)

» courrier, que pour donner advis de la concession de la-
» dicte dispense. Car autrement on iroit demandant après
» une chose une autre [1]. » Plus rassuré, le P. de Bérulle
manda au Roi qu'il avait beaucoup « de sujet de bien
» espérer et de croire qu'en deux assemblées ceste affaire
» seroit résolue au contentement de Sa Majesté ». « A mon
advis », confiait-il à M. de la Ville-aux-Clercs, il y a quelque
» chose de Dieu qui les dispose à se laisser vaincre...; le
» bon ange d'Angleterre opère sur leurs esprits [2]. »

La solution que reçurent à ce moment deux affaires qui
se rattachaient à la négociation principale dont le P. de
Bérulle était chargé, le confirma dans ses espérances.

On se rappelle que le clergé d'Angleterre avait depuis
plusieurs années demandé au Saint-Siége pour évêque
M. Richard Smith. Le P. de Bérulle, alors à Paris, avait
écrit en sa faveur au P. Bertin [3]; plus tard, le cardinal de
Richelieu avait donné ordre à M. de Béthune de soutenir
auprès du Pape les intérêts du docteur anglais. Néanmoins
la question restait pendante, et Urbain VIII répondait par
des fins de non-recevoir à toutes les sollicitations de l'ambassadeur, lorsque, au mois de septembre, tout s'expliqua.
« J'ay descouvert », écrivit celui-ci à M. d'Herbault, « que
» ceste difficulté venoit de l'opposition que faisoient (à
» M. Smith) les Jésuites, qui allèguent qu'il ne les ayme
» point. Mais, en effet, c'est qu'ils ne veulent point en ceste

[1] Dépêche autographe de M. de Béthune au cardinal de Richelieu, du
22 octobre. (Archives des affaires étrangères.)

[2] Dépêches du P. de Bérulle au Roi et à M. de la Ville-aux-Clercs, du
22 octobre 1624. (Arch. nat., M. 232. Copie.)

[3] Lettre autographe du P. de Bérulle au P. Bertin, du 6 septembre 1622
(Arch. nat., M. 232, D.)

» place d'homme vigoureux... Aussy mérite-t-il (l'épisco-
» pat), pour estre entre tous ceux qui en sont capables
» celuy qui l'est le plus, et de tous lesquels comme de luy
» les Jésuites se contentent aussi peu. Cette partialité qui
» est entre les uns et les autres, porte grand préjudice à
» l'avancement de la religion catholique en Angleterre »,
concluait M. de Béthune[1]. Enfin, vaincu par ses instances et par celles du P. de Bérulle, le Saint-Père nomma
M. Smith, mais avec une telle crainte du mécontentement
qu'il allait causer à plusieurs, qu'il interdit, sous peine
d'excommunication, à l'ambassadeur et au supérieur de
l'Oratoire d'en parler et d'en écrire, si ce n'est au Roi et
au cardinal de Richelieu[2].

A cette nomination qui était une visible concession à la
France, le Saint-Père joignit une décision qui montrait
bien son dessein d'accorder la dispense. Comme on s'oc-

[1] Dépêche de M. de Béthune à M. d'Herbault, du 9 septembre 1624.
Pièce originale, chiffrée et signée. (Archives des affaires étrangères.) Richelieu soutenait énergiquement la candidature de M. Smith. Dès le 14 mai
1624, le comte de Tillières, écrivant à M. de la Ville-aux-Clercs, lui parlait
avec un grand éloge de M. Smith, « duquel », ajoutait-il, « M. le cardinal
» de Richelieu vous pourra mieux esclaircir que personne comme celui qui a
» esté depuis longtemps et est encore son domestique. » (Archives des
affaires étrangères.) Et le 8 novembre, Richelieu mandait au P. de Bérulle :
« Ne doutant point que les considérations que vous me tesmoignés avoir
» représentées sur ce sujet à Sa Sainteté ne soient assez fortes pour sur-
» monter les calomnies que l'on y apporte, pour tascher d'en empêcher
» l'effect, je ne vous prie point de continuer à y contribuer vostre soing,
» sachant que vous n'y obmettrés rien de tout ce que vous estimerés y estre
» nécessaire pour faire que l'on en ayt le contentement qu'on désire,
» puisque, outre le bien que vous savés qui en peut revenir à l'Église, c'est
» chose que j'affectionne particulièrement. » (Lettres du cardinal de Richelieu, t. VII, p. 554.) Richelieu dans ses *Mémoires* s'est tellement complu
à représenter le P. de Bérulle comme un ennemi des Pères Jésuites, qu'il
importe de montrer les ordres qu'il lui donnait et qui étaient si fort
opposés, comme on le voit, aux intérêts de la Compagnie.

[2] Lettre du P. de Bérulle au Roi, 22 octobre 1624. (Arch. nat., M. 232.)

cupait déjà à Paris de former la maison de la future princesse de Galles, on avait jeté les yeux sur la marquise de
Maignelais, que sa naissance, sa distinction, sa rare
vertu désignaient naturellement pour la charge de dame
d'honneur. Le P. de Bérulle la pressait d'accepter, d'autres amis l'engageaient à refuser, et elle penchait de ce
côté. « En ce doute et perplexité », le supérieur de l'Oratoire se rendit chez le Saint-Père, et lui exposa les anxiétés
de la sœur du cardinal de Retz. Urbain VIII répondit sans
hésiter qu'elle pouvait faire « un bien notable en ce pays, et
» qu'il lui commandoit comme Pape d'y aller. » Au sortir
de cette audience, le P. de Bérulle écrivit à madame de
Maignelais : « Un Pape vous a tirée du cloître, et un autre
» Pape vous envoye en Angleterre. L'un et l'autre est pa-
» role de croix pour vous, mais c'est parole de celuy qui
» porte la plus grande autorité de Jésus-Christ sur la terre,
» et que vous devez suivre en patience, en humilité, et en
» assurance que celuy qui vous y envoye par la voix de
» son lieutenant, vous y confortera par sa grâce [1]. »

La conviction du P. de Bérulle était donc que la dispense finirait par être accordée, mais il voyait, non sans
peine, surgir continuellement de nouvelles causes de retard. Richelieu s'en étonnait. « Je ne croy pas que le Pape [2]
» puisse faire difficulté en ceste affaire, et véritablement,
» s'il y en faisoit, je croy que la chrétienté y trouveroit
» quelque chose à redire. Je juge très-difficile d'obtenir de

[1] 5 novembre 1624. (Arch. nat., M. 232, G. 9.) Madame de Maignelais
avait voulu entrer au couvent; le P. de Bérulle l'en avait dissuadée, et
le Pape Paul V le lui avait interdit. (*La Vie admirable de la marquise de
Maignelais*, par le P. M. C. P. Paris, 1666, in-12, ch. xi, p. 176.)
[2] Pièce ni datée ni signée, commençant par ces mots : « A M. de
» Bérulle, que iay reçu ses lettres..... (Archives des affaires étrangères.)

» l'Angleterre plus que ce que nous avons. » Néanmoins le
P. de Bérulle insistait auprès du cardinal pour qu'il tâchât
d'obtenir des sûretés plus grandes. « Les Anglois », lui
mandait-il le 6 novembre, « ont fait insérer dans le dernier
» article deux parolles : esquelles ie ne puis deviner leur
» intelligence et intention. Mais leur soing à les y glisser
» doit estre suspect, et il me semble à propos de vous
» proposer s'il ne seroit point utile de vous informer des
» Anglois, mesme de leurs desseins et intelligences en
» semblables suiets, que l'expérience de leurs perséquutions
» leur fait entendre [1]. »

Malgré ces difficultés, le P. de Bérulle espérait que, les
congrégations se succédant sans trop d'intervalle, l'expédition de la dispense ne se ferait plus attendre. Un inci-
dent fâcheux vint tout retarder. Le cardinal Bandini
tomba malade. Il était le chef de la congrégation, « très-
» capable, très-affectionné à la France et à l'Angleterre,
» très-bien disposé envers l'affaire » . M. de Béthune pensa
sagement qu'il valait mieux attendre que de se priver de
son appui et peut-être le blesser. Le P. de Bérulle fut du
même avis [2]. Il profita de ce délai pour représenter aux
cardinaux qu'on pouvait apporter à une dispense deux
sortes de conditions : les unes qui étant essentielles à la
sûreté de la personne, devaient précéder la dispense ; les
autres qui étant simplement utiles, pouvaient seulement la
suivre. A l'égard des premières, les articles convenus entre
les deux couronnes avaient pourvu à tout. Les secondes

---

[1] Lettre autographe du P. de Bérulle au cardinal de Richelieu. Rome,
6 novembre. (Du cabinet de M. Feuillet de Conches.)

[2] Lettres du P. de Bérulle à M. de Loménie, des 4 et 19 novembre.

pouvaient tout au plus être l'objet d'un mémoire particulier auquel le Roi ne manquerait pas de satisfaire. Cette distinction, qui permettait aux cardinaux d'indiquer tous les avis qu'ils jugeraient convenables, sans en embarrasser la dispense, leur plut aussi bien qu'aux ministres du Roi à Paris et à Rome. On approchait de la solution. Pour le P. de Bérulle, ce n'était point dans les expédients suggérés par la prudence humaine qu'il mettait son espoir, mais dans la protection divine, à laquelle il recourait sans cesse. Depuis deux mois qu'il habitait Rome, il y était si connu, qu'on disait communément : « Qui veut trouver le P. de Bérulle, le doit » chercher aux églises et aux tombeaux des martyrs. » Ces catacombes que l'on commençait à déblayer alors, et où sa foi entendait les chants des premiers chrétiens, assistait à leurs assemblées, vénérait leurs ossements sacrés ; ces temples muets, mais éloquents témoins du triomphe de Jésus-Christ sur le paganisme ; ces antiques basiliques où retentit si souvent la voix des Léon, des Grégoire, et de leurs immortels successeurs ; ces riches églises, où l'art de tous les âges s'est donné rendez-vous pour perpétuer le souvenir et le culte des Saints ; tous ces sanctuaires qui font de Rome la vraie patrie des âmes, voyaient continuellement agenouillé sous leurs voûtes le pieux fondateur de l'Oratoire. Un jour, il s'était dirigé vers la colline célèbre où saint Pierre souffrit le martyre ; entré dans la belle église élevée par la piété de Ferdinand et d'Isabelle à la gloire du premier des Papes, il n'avait songé à admirer ni la Transfiguration de Raphaël, placée alors sur le maître autel, ni la Flagellation, œuvre de Michel-Ange et de Sébastien del Piombo, ni les sculptures des maîtres. Prosterné dans la prière, il se rappelait la foi et l'amour de celui dont il était fier de porter le nom. Tout à coup, il lui sembla entendre la voix de saint Pierre qui lui disait : « Et moi, je veux que tu sois de mon » Église. » Troublé de cette parole : « Eh quoi! grand » Saint », répondit-il humblement, « ne suis-je point dans » l'Église? Serait-il possible que ce qu'on a dit de moi » pendant les persécutions passées fût véritable? Serait-il » possible que je fusse en effet un hérétique et un schis- » matique, et faut-il que je travaille à réformer mes senti- » ments et ma doctrine, aussi bien que mes mœurs et » mes actions [1]? » Peu à peu cependant, le calme rentra dans son âme, mais il ne comprit pas le sens de ce mysté- rieux avertissement. Il était réservé au Carmel de lui en donner l'intelligence, et de lui prédire, d'accord avec saint Pierre, sa promotion au cardinalat.

Pendant que le P. de Bérulle occupait si saintement les loisirs forcés que lui faisait la maladie du cardinal Bandini, celui-ci se rétablissait, et le 20 novembre il convoquait la congrégation dans son palais [2].

Le cardinal, le secrétaire d'État Magalotti, le Saint-Père, avaient assuré le P. de Bérulle de leur désir d'abréger l'affaire et de satisfaire le Roi. On avait même retardé la congrégation du Saint-Office, « encores que ce soit une des » plus importantes congrégations qui soit à Rome et des » plus occupées », afin de donner place à celle qui devait se prononcer sur la dispense. Néanmoins, dans cette nouvelle

---

[1] HABERT, liv. II, ch. XI, p. 489 et suiv. — LERAT, liv. III, ch. IV.
[2] Lettre du cardinal de la Valette à M. d'Herbault, du 19 novembre. (Archives des affaires étrangères.)

séance, à laquelle le P. de Bérulle assista, rien ne fut conclu.

Le 1er décembre, les cardinaux se réunirent pour la troisième et dernière fois. Le P. de Bérulle était là, prét à répondre à leurs doutes et à leurs objections. Mais leur parti était pris, et la dispense fut résolue. « Enfin il a » plu à Dieu de terminer l'affaire au contentement de Sa » Majesté », écrivit aussitôt le P. de Bérulle à M. de la Ville-aux-Clercs. « MM. les cardinaux députés en ceste » affaire ont tous tesmoigné, en toutes les congrégations, » grand désir de donner contentement à Sa Maiesté, et à » mon advis ils se sont rendus fort considérant les raisons » qui leur estoient présentées, et fort faciles à s'y rendre, » et si un peu de temps s'est escoulé, ce n'a point esté à » dessein d'alonger ceste affaire ny de la traverser, mais » par la condition de ceste Cour qui ne peult pas s'assem- » bler souvent, et veult considérer à loisir les plus petites » difficultés qui se peuvent rencontrer dans une affaire..... » Ils travaillent à revoir et à transcrire tout ce qui a esté » escrit et arresté; car c'est leur forme et usage, pour en » donner advis à M. le nonce, et luy prescrire ce qu'il » doibt observer en donnant la dispense, laquelle luy doibt » estre envoyée pour la délivrer au Roy en recevant les » promesses de Sa Maiesté, selon la forme et teneur que » Mgr l'ambassadeur envoiera par le premier courrier [1]. »

Cette dépêche se croisa avec une lettre que Richelieu écrivait au P. de Bérulle. Il lui annonçait l'envoi des articles « accordés et signés sous le bon plaisir de Sa Sain- » teté »; il le conjurait « de veiller très-soigneusement »

---

[1] Lettre autographe du P. de Bérulle à M. de la Ville-aux-Clercs, du 3 décembre 1624. (Arch. nat., M. 232.)

à la prompte expédition de la dispense. Et en homme qui confond habilement les intérêts de l'Église et de l'État avec ceux de sa fortune, le cardinal ajoutait, de ce style moitié familier, moitié hautain qui lui était naturel : « Ie ne suis » pas assez bon courtisan pour faire valoir ce que ie fais, » principalement quand ie cognois qu'il n'en vault pas la » peine. Cependant, puisque vous avez désir de voir ce » qui se passe entre moy et l'Angleterre, je vous envoye » les lettres que le roi de la Grande-Bretagne et le prince » de Wuales m'ont escrites, et les responses que i'y ay » faites. Vous verrez que le Roy me fait l'honneur de m'es- » crire avec tous les titres qu'on donne aux cardinaux, et » plus de civilité que tous les autres roys n'ont accoutumé » de leur en faire. Sa Sainteté ne sera pas faschée, il » m'assure, de le voir, vous les luy monstrerez s'il vous » plaist, et à quelques-uns de MM. les cardinaux comme » de vous-mesme [1]. » Richelieu était aise que le Pape sût de quel pouvoir il disposait en France, quelle influence il exerçait à l'étranger : il espérait couper court ainsi aux difficultés que pourrait soulever la rédaction de la dispense, et amener le Saint-Père à se montrer moins favorable aux desseins de l'Espagne sur la Valteline.

« Si l'affaire de la Valteline étoit vidée », écrivait précédemment le cardinal au P. de Bérulle, « nous pourrions » faire de bonnes choses pour l'Église et pour l'Estat [2]. » Par ces mots discrets, Richelieu caressait le désir du P. de Bérulle de voir le Roi Très-Chrétien tourner ses armes

----

[1] Lettre autographe de Richelieu au P. de Bérulle, 26 novembre 1624. Lettres de Richelieu, t. VII, p. 554.

[2] Pièce originale, citée plus haut, p. 29.

contre les calvinistes et les réduire à l'obéissance. C'était lui montrer un but religieux dans la négociation à laquelle il se trouvait mêlé depuis deux mois.

Le rôle du P. de Bérulle n'était pas le même que celui de M. de Béthune. Il n'avait cessé de répéter au Pape que le Roi était très-disposé à se prêter à un accommodement, pourvu toutefois que cela ne préjudiciât ni à ses droits ni à ceux de ses alliés. Voyant que les protestations pacifiques ne produisaient pas leur effet, il avait donné connaissance au Pape d'une lettre assez vive de M. de Marillac, dans laquelle le surintendant des finances assurait « que le Roy se trouvoit » en état de poursuivre avantageusement ses desseins et » de ne pas souffrir qu'on lui fasse la loy », puis énumérait « tous les millions qu'il avoit entre les mains [1] ». Malgré ces ouvertures, propres à faire réfléchir le Saint-Père, M. de Bérulle n'arrivait à rien gagner sur l'esprit d'Urbain VIII. Il avait dû en informer à Paris, et M. de Marillac lui avait immédiatement répondu : « Le » Roy et la Cour ont été fort fâchés des nouvelles que vous » nous avez écrittes touchant la manière dont notre propo- » sition a été reçue. Je vous ay déjà mandé l'état où se » trouve le Roy pour poursuivre avantageusement ses des- » seins ; et ce sera un reproche honteux au pontificat du » Saint-Père, d'avoir laissé allumer ce feu qu'il ne sera pas » si aisé d'éteindre [2] ».

Au Vatican, on n'ignorait pas que le marquis de Cœuvres levait des troupes parmi les Suisses et parlait d'envahir la Valteline ; mais on ne voulait voir dans ces

---

[1] M. de Marillac au P. de Bérulle, 4 octobre 1624. (BATTEREL, liv. V, n° 21.)
[2] M. de Marillac au P. de Bérulle, 9 octobre 1624. (BATTEREL, *ibid.*)

préparatifs qu'une simple démonstration destinée à intimider le Pape. Aussi Urbain continuait-il à traîner l'affaire
en longueur. Richelieu perdit patience. Le 10 décembre,
six jours après que la dispense du mariage eut été accordée,
M. de Cœuvres entra dans la Valteline et se saisit de plusieurs forteresses, sans que le marquis de Bagni, général
des troupes du Pape, osât seulement paraître en campagne.
Cette nouvelle causa une vive irritation au Saint-Père :
à ses yeux, l'envahissement de la Valteline était une insulte
faite au Saint-Siége, un attentat auquel il ne devait pas
s'attendre de la part d'un prince pour lequel il avait eu,
disait-il, les plus grands ménagements, et qui s'appelait le fils aîné de l'Église. Sa famille, très-favorable à
l'Espagne, ne lui parlait de rien moins que de lancer les
foudres du Vatican. Urbain n'eut garde de commettre ainsi
son autorité ; il se contenta de se plaindre aux ministres du
Roi qui résidaient auprès de sa personne. Le P. de Bérulle
fut un de ceux à qui il s'ouvrit avec le plus de confiance,
et ce fut lui aussi qui le consola davantage. Le Saint-Père
appréhendait que l'entrée du marquis de Cœuvres dans la
Valteline ne fût le signal d'une grande guerre. Déjà il voyait
les armées des deux Rois fondant sur l'Italie. Le P. de Bérulle s'efforça de le tranquilliser. Sans lui dissimuler que
le Roi ne se relâcherait pas de ses droits ni de ceux de
ses alliés, il l'assura du moins que les hommes les plus
graves et les plus influents du conseil, préoccupés avant
tout de réduire les protestants, n'éprouvaient nul désir de
se jeter dans les hasards d'une guerre avec l'Espagne ; que
tel était en particulier l'avis de la Reine mère ; et que, du
moment où Sa Sainteté engagerait le roi d'Espagne à satis-

faire le roi de France, celui-ci, toujours plein de respect et de déférence pour le Saint-Siége, lui donnerait aussitôt satisfaction ; que le Roi n'avait d'ailleurs nullement l'intention d'enlever à l'Église les forts dont son armée s'était emparée, mais seulement de les soustraire à l'Espagne, qui les avait donnés en dépôt au Saint-Siége, le Saint-Siége en étant dessaisi quand nos troupes y étaient entrées, puisque le temps de ce dépôt était expiré. Le Pape fut touché de ce discours. Il savait quel fond il pouvait faire sur le P. de Bérulle, et il le crut sur parole. Depuis trois mois, il avait eu le temps de l'étudier, et il s'était laissé séduire par sa foi profonde, ses vertus sacerdotales, l'austère et respectueuse liberté de son langage. « Il semble », lui avait dit un jour le fondateur de l'Oratoire, « que le Fils » de Dieu ait épuisé sa puissance pour vous faire grand ; » mais aussi vous êtes obligé de faire un grand usage d'une » grâce si abondante ». A ces mots, prononcés avec autant d'émotion que de zèle, le Pape n'avait pu retenir ses larmes [1] ; et peu de temps après il disait au P. Bertin : « Le P. de Bérulle n'est pas un homme, c'est un ange. » Aussi, persuadé qu'un si grand serviteur de Dieu ne trahirait jamais les intérêts du Saint-Siége, il résolut de les remettre entre ses mains, et lui donna ses pleins pouvoirs pour traiter de la paix. Il le chargea de deux brefs, l'un pour le Roi, l'autre pour la Reine mère. Dans tous les deux, louant la piété du P. de Bérulle et sa grande prudence, il conjurait le Roi et la Reine de croire à toutes ses paroles, lorsqu'il ferait entendre à leurs oreilles les prières de l'Église et les désirs de son chef, et traiterait avec eux de cette si

____

[1] LEBAT, *Vie manuscrite*, liv. III, ch. IV.

grave affaire. *Ei ergo gravissimum hoc negotium disserenti fidem habere poterit majestas tua* [1].

Des hommes moins détachés que le P. de Bérulle eussent trouvé naturel, en une telle conjoncture, de demander quelque faveur pour eux ou pour leur Congrégation. Bien loin de rien solliciter, il poussa la délicatesse jusqu'à éviter de parler de l'Oratoire soit au Pape, soit aux cardinaux. Le Saint-Père ayant daigné lui offrir le premier des grâces pour son institut, il eut d'abord la pensée de proposer une légère modification à la bulle de fondation de l'Oratoire. Il y renonça, et se contenta d'exprimer le désir de voir approuver le bel office des *Grandeurs de Jésus* qu'il venait de composer [2]. Non content d'exaucer sa prière, Urbain VIII lui accorda pour l'Oratoire de France la participation à tous les priviléges et indulgences dont jouissait l'Oratoire de saint Philippe de Néri [3].

Un mois s'était déjà écoulé, cependant, depuis que la dispense était accordée, et le P. de Bérulle attendait toujours qu'on en eût fini avec « les escritures et expédi- » tions ». Enfin, le jour des Rois, il put annoncer à Riche- lieu son prochain départ de Rome. « Mon retardement », lui disait-il, « ne provient point d'aucune altération ou » changement de volonté en Sa Sainteté, ny en aucune

[1] Mentem nostram declaravimus dilecto filio Religioso sacerdoti Berullo quem benevolentia tua commendatum et singulari instructum prudentia, paterni doloris et desiderii nostri conscium facimus... (Bref au Roi, du 30 décembre 1624.) ...Ut ad regias aures ejus voce perferri velimus, in hoc Italiæ concussæ motu, preces Ecclesiæ et desideria Pontificis. (Bref à la Reine mère, même date, dans Batterel, t. I, liv. V, n° 36.)

[2] Ce bref, obtenu par M. de la Valette, n'approuvait l'*Office des Grandeurs de Jésus* que pour le diocèse de Toulouse. Plus tard, Alexandre VII l'approuva, ainsi que la *Solennité de la sainte Vierge*, pour tout l'Oratoire.

[3] Batterel, liv. V, n° 35.

» de Messeigneurs les cardinaux de la Congrégation envers
» la France et l'Angleterre. Car le Pape a tousiours té-
» moigné grande affection vers le Roy et vers cette affaire.
» Mais c'est la condition des esprits qui sont exacts et res-
» pectueux les uns envers les autres, mesme aux plus pe-
» tites choses, et ne veulent rien résoudre que tous ensem-
» blement [1]. » Le P. de Bérulle n'attendait que la copie du
Bref. Il fit ses préparatifs, et prit congé des membres du
sacré collége. On le chargea, pour le Roi, le cardinal et les
ministres de France, de lettres remplies de son éloge. « Le
» P. de Bérulle », disait M. de Marquemont à Richelieu,
« laisse ceste Court toute parfumée de sa suffisance, pru-
» dence et piété [2] » . Le cardinal Barberini, dans sa lettre au
tout-puissant ministre, rendait témoignage au zèle et à la
sagesse du pieux négociateur [3]. M. de la Valette tenait un
langage plus élogieux encore [4]. Seul, le comte de Béthune
dissimulait mal, sous des formes courtoises, la blessure
toujours saignante qu'avait faite à son orgueil la présence
du général de l'Oratoire. Enfin, le 6 janvier 1625, sans
se laisser arrêter par la crainte « des neiges et des monta-
» gnes, des bandits et des armées [5] », le P. de Bérulle
quitta cette ville de Rome si chère à sa foi, où il eût aimé
vivre, et qu'il ne devait plus revoir.

[1] Lettre autographe du P. de Bérulle au cardinal de Richelieu, du
6 janvier 1625. (Archives des affaires étrangères.)

[2] Lettre autographe du 13 janvier. (Archives des affaires étrangères.)

[3] *Con pari sollicitudine e prudenza.* (Archives des affaires étrangères.)

[4] « En ceste affaire, M. de Bérulle a seruy de telle sorte qu'il a surmonté
» les difficultés et ouvert les expédiens qui ont esté suivis par le Pape et
» les cardinaux de la congrégation. » Lettre du cardinal de la Valette à
M. d'Herbault, 3 décembre 1624, autographe. (Archives des affaires étrangères.)

[5] Lettre autographe du P. de Bérulle, du 10 janvier, déjà citée.

Il prit sa route par Florence, Gênes et Turin, partout accueilli comme un Saint. Les seigneurs les plus qualifiés envoyaient au-devant de lui ou y venaient eux-mêmes, et le suppliaient de leur accorder la faveur de loger dans leurs palais. Arrivé à Marseille, le P. de Bérulle se détourna de sa route pour aller visiter, dans l'antique église de Saint-Maximin, le tombeau de Madeleine, et gravir ensuite les sommets escarpés qui ont conservé la mémoire immortelle de sa pénitence[1]. Là, sans se laisser un seul instant distraire par le spectacle splendide que la nature offrait à ses yeux, absorbé dans les souvenirs de Béthanie, du Calvaire, du séjour de la sainte amie du Sauveur sur la terre de France, il ne songea qu'à Madeleine; « il ne vit que Iésus et » amour en son désert », et il la conjura de lui obtenir, avec le pardon de ses péchés, le goût de la retraite, la séparation du monde et de lui-même, la pureté du cœur, et cette blessure inguérissable de l'amour divin qui fait sur la terre tout le bonheur et tout le tourment des Saints[2].

Le 10 février, le P. de Bérulle arriva à Paris, et se rendit aussitôt à la Cour. Il apportait à Richelieu la seule faveur spirituelle que le cardinal eût sollicitée du Pape, la dispense nécessaire à un prince de l'Église pour pouvoir prendre part aux délibérations du conseil du Roi lorsqu'on y traiterait des causes criminelles. Le P. de Bérulle était surtout pressé de saluer le Roi et la Reine, de leur re-

---

[1] HERVÉ, *Vie manuscrite*, liv. III, ch. vi. — *Monuments inédits sur l'apostolat de sainte Marie-Madeleine en Provence* (par M. Faillon), Migne, 1848, in-4º, t. I, IIᵉ partie, ch. iv, p. 478.

[2] *Élévation à Jésus-Christ Notre-Seigneur sur la conduite de son esprit et de sa grâce vers sainte Magdeleine... par le P. DE BÉRULLE.* (Dans les OEuvres complètes, édit. de 1657, p. 369 et suiv.)

mettre les brefs dont le Saint-Père l'avait chargé, et de conférer avec eux des affaires de la Valteline.

Depuis un mois que le P. de Bérulle avait quitté Rome, la situation s'était encore aggravée. Dès les premiers jours de janvier, le marquis de Cœuvres était entré dans le comté de Bornio, s'en était rendu maître ainsi que de Chiavenne, de sorte que les Espagnols ne possédaient plus que le fort de Rive dans toute la Valteline. En même temps, Richelieu, qui ne voulait pas s'engager dans une guerre générale contre la maison d'Autriche, à cause des inquiétudes que lui donnaient Soubise et les huguenots, mais qui entendait chasser à tout prix les Espagnols de la Valteline, les obligeait, par une habile diversion, à partager leurs forces, en envoyant des troupes au duc de Savoie contre la république de Gênes. Pour lutter plus sûrement, le roi d'Espagne songeait à former une ligue contre la France avec le grand-duc de Toscane, les ducs de Modène et de Parme[1]. Effrayé à la pensée d'une guerre générale, et craignant que le crédit du P. de Bérulle ne fût pas assez grand pour conjurer l'orage, le Saint-Père résolut d'envoyer en France, puis en Espagne, un légat chargé de négocier la paix entre les deux couronnes, et après quelques hésitations son choix s'arrêta sur François Barberini, son neveu. La mission était difficile, le négociateur jeune et inexpérimenté ; on lui conseilla de s'ouvrir au P. de Bérulle. « Le cardinal Barberini », écrivait le cardinal de la Valette au supérieur de l'Ora-

---

[1] *Histoire du règne de Louis XIII*, par le P. Griffet, de la Compagnie de Jésus, in-4°, t. I, p. 338-441.

toire [1], « m'a parlé de vous plusieurs fois avec des témoi-
» gnages d'une estime particulière, et il m'a dit ce matin
» qu'il alloit dans le dessein de se confier en vous et en
» espérance d'en recevoir beaucoup de secours. Le Pape
» et le cardinal Magaloty sont dans la même satisfaction
» de vous qu'ils étoient à votre départ, ils me deman-
» dent continuellement si je ne sais pas le temps que
» vous arriverez à Paris, et témoignent d'avoir impa-
» tience que vous y soyez. » De son côté, le cardinal Bentivoglio, pour encourager le cardinal-neveu à suivre les
avis du P. de Bérulle, ne craignait pas de lui dire que
« s'il avoit fait quelque chose de bon dans sa nonciature
» en France, il en étoit principalement redevable à sa liai-
» son avec le supérieur de l'Oratoire [2]. »

Avant même d'être arrivé à Paris, le légat suivit
les conseils qu'on lui avait donnés à Rome. Étant encore
en route, il écrivit au P. de Bérulle pour apprendre de lui
quelles étaient les dispositions du Roi relativement à la
paix, et quel fruit il pouvait raisonnablement se promettre
de sa légation. Le P. de Bérulle lui répondit, en date du
24 mars, qu'il avait conféré avec le Roi et la Reine mère,
dont les dispositions étaient si favorables que le cardinal
de Richelieu avait reçu ordre de terminer le différend.
Toutefois, pour arriver à une paix solide et durable, il
fallait, ajoutait-il, deux choses : d'abord obtenir du roi
d'Espagne de pleins pouvoirs pour conclure, sans quoi on
perdrait le temps en négociations inutiles ; ensuite remettre

<hr>

[1] Lettre du cardinal de la Valette au P. de Bérulle, du 10 février 1625.
(BATTEREL, liv. V, n° 38.)
[2] Lettre du P. Bertin au P. de Bérulle, du 10 mars 1625. (BATTEREL,
liv. V, n° 38.)

sans plus de délai au roi de France, qui l'attendait impatiemment, la dispense accordée par le Saint-Siége [1].

Le P. de Bérulle insistait d'autant plus sur la prompte délivrance de la dispense, qu'il avait été informé à Rome des longueurs que le nonce d'Espagne avait mises à expédier celle qu'il avait reçue, et qu'il voyait le nonce de France, M. Spada, manifester les mêmes intentions [2]. En agissant de la sorte, l'archevéque de Damiette espérait amener Richelieu à se montrer plus accommodant au sujet de la Valteline : il ne le connaissait guère. Prévenu par M. de Marquemont et par le P. de Bérulle, le cardinal était sur ses gardes, et s'irritait d'attendre. Sous prétexte de mettre en latin les articles qui dévaient se trouver en tête de la dispense, on les étendait, on les modifiait même quelque peu. Cette traduction fut communiquée au roi Jacques par le marquis d'Effiat, notre ambassadeur en Angleterre. Il l'examina, et répondit article par article dès le 9 mars.

Le premier portait en français « que le Roi Très-Chré-» tien, pour s'acquitter de ce à quoi sa dignité et sa religion » l'obligent, se chargeait d'obtenir la dispense du Pape. » Comme on avait assez longuement paraphrasé ces paroles, Jacques dit qu'il n'approuvait dans cette traduction que l'invocation de la sainte Trinité par laquelle elle commençait; que le reste ne le concernant pas, il ne jugeait point à propos d'en parler. On avait ajouté au deuxième article

---

[1] P. de Bérulle, lettre autographe au légat Barberini, 14 mars 1625. (BATTEREL, liv. V, n° 59.)

[2] Lettres autographes de M. de Marquemont au cardinal de Richelieu et à M. d'Herbault, de Rome, 6 janvier 1625. (Arch. des affaires étrangères.)

que le mariage serait contracté indissolublement. Jacques répondit qu'il ne l'avait jamais entendu autrement. Les trois articles suivants, qui regardaient les chapelles, l'évêque et le clergé, ne soulevèrent pas de graves objections, sauf que le Pape voulait que l'évêque seul eût juridiction sur ses clercs, tandis que le roi Jacques persistait à exclure les cas privilégiés, selon l'usage de France ; il aurait désiré aussi que les ecclésiastiques, s'ils étaient clercs réguliers, ne portassent point l'habit de leur ordre ; mais Rome ayant insisté sur cet article, il le laissa passer. Il consentit pareillement à ce qu'on leur assignât une certaine somme pour leur entretien. Le sixième article fit plus de difficulté. Le Pape exigeait la parole du roi d'Angleterre qu'il ne solliciterait jamais les domestiques de la princesse à changer de religion. Tout en protestant que son intention n'était pas d'en venir jamais à ce que le Pape paraissait craindre de lui, il refusa de prêter ce serment. Dans le septième article on lisait que Madame choisirait elle-même les personnes placées auprès de ses enfants, et qu'elles jouiraient, comme les autres domestiques de sa maison, d'une entière liberté religieuse. Le roi Jacques osa taxer cet article de précaution superflue. Le neuvième article concernait la liberté de conscience promise aux catholiques [1]. A Rome, on eût souhaité que la promesse du Roi fût publique et promulguée en bonne forme ; et certes les cardinaux, en insistant sur ce point,

---

[1] Batterel, *Vie manuscrite*, liv. V, n° 41. Goujet, *id.*, copié ici comme d'ordinaire par Tabaraud (t. I, liv. IV, ch. III, p. 349 et suiv.). Ces auteurs ont le double tort de trouver superflues toutes les garanties exigées par le Saint-Siége, et de professer pour le roi Jacques une estime et un respect vraiment naïfs.

faisaient acte de sagesse. Ils savaient, par le nonce
Spada, avec quelle amertume lord Carlisle s'était plaint
que « dans l'écrit secret admis après une longue délibéra-
» tion des deux gouvernements, *le mot infâme de li-*
» *berté,* appliqué aux catholiques romains, eût été subrep-
» ticement introduit par les suggestions et l'artifice de
» M. de la Ville-aux-Clercs [1]. » C'est cependant à cet écrit
secret, si déprécié par lord Carlisle, que le roi Jacques,
dans sa réponse, déclarait s'en tenir, affirmant qu'il ne
pouvait faire davantage. En ce qui concernait les signatures et les serments qu'on lui demandait, il renvoya aussi
au même écrit : « Je m'y suis assez clairement expliqué »,
dit-il, « et j'ai toujours la même volonté de tenir inviola-
» blement la parole que j'ai donnée. »

Cet écrit, dont une copie fut remise entre les mains du
P. de Bérulle, toujours mêlé aux moindres détails de cette
longue et pénible négociation, était ainsi conçu : « Le Roi
» Jacques et son fils le prince de Galles promettent et ju-
» rent sur les Évangiles de ne tâcher par quelque voie que
» ce puisse être, de faire renoncer Madame à sa religion,
» ni de la porter à chose quelconque qui y soit contraire,
» de permettre à leurs sujets catholiques romains de jouir,
» en ce qui regarde leur religion, de plus de liberté et fran-
» chise qu'ils n'eussent fait en vertu d'articles quelconques
» accordés par le traité de mariage fait avec l'Espagne,
» ne voulant pour cet effet que leursdits sujets catholiques
» puissent être inquiétés en leurs personnes et biens pour
» faire profession de leur religion, pourvu toutefois qu'ils

---

[1] 16 (26) février 1525. HARDWICKE, *State Papers,* t. I, p. 551-555, cité
par M. GUIZOT, *Un Projet de mariage royal,* p. 319.

» en usent modestement, en rendant l'obéissance que de
» bons et vrais sujets doivent à leur Roi, lequel, par bonté,
» ne les astreindra à aucun serment contraire à leur re-
» ligion [1]. »

A ces promesses assez peu rassurantes, il faut l'avouer,
Louis XIII joignit une déclaration solennelle. « Sur sa foy
» et sur sa parole de Roi, il promettoit à N. S. P. le Pape
» Urbain VIII, et au Saint-Siége apostolique, et juroit sur
» les saints Évangiles, que de tout son pouvoir et en tant
» qu'en luy seroit, le contenu ez dits articles concernant
» la religion seroit gardé et accomply [2]. » Par un écrit
signé de sa main, Madame s'engageait également, si Dieu
bénissait son union, à ne mettre que des catholiques auprès
de ses enfants [3].

Toutes ces pièces furent envoyées par un courrier qu'on
dépêcha exprès au Pape. On le suppliait de s'en contenter,
et pour la délivrance de la dispense, de s'en rapporter à
l'avis des cardinaux français, qui, « sur un plein pouvoir
» de Sa Sainteté et aidés du conseil d'un des professeurs
» de Sorbonne, du confesseur du Roi et du P. de Bérulle,
» examineroient et décideroient ce point sans délai. » Par
le même courrier, le P. de Bérulle adressa un mémoire

---

[1] Traité de Bolsten, entre le roi Jacques Ier et M. d'Effiat, parmi les
papiers du P. de Bérulle, cité par GOUJET, *Vie manuscrite;* par TABARAUD,
t. I, liv. IV, ch. III, p. 35.

[2] Pièce originale du 20 mars 1625, sur parchemin, signée et contre-
signée. Il y en a aussi une autre du surlendemain 22 mars. (Archives des
affaires étrangères.)

[3] La lettre de Madame au Pape est datée du 6 avril. Dans la minute conservée aux Archives des affaires étrangères, la lettre se terminait par ces
mots : « Vre tres-humble et plus deuotte fille. » On a raturé « très-humble »,
et laissé seulement « très-dévote ». Louis XIII écrivit au Saint-Père deux
jours après, le 8 avril.

clair et pressant. Tant que le nonce aurait les mains liées
sur la dispense, le succès du mariage courait grand risque,
car les puritains ne cessaient de presser le roi Jacques
de le rompre. Cette rupture serait le signal d'une persécution terrible contre les catholiques d'Angleterre, en même
temps qu'elle relèverait en France les espérances du parti
huguenot, à la veille d'être définitivement abattu. Est-il
possible que Sa Sainteté, « un des plus religieux Papes
» qui aient iamais esté, des plus grands politiques qui puis-
» sent estre », se laisse arrêter par une simple formalité,
à savoir que le roi Jacques n'a pas signé quelques articles
latins? Mais outre qu'il a signé un écrit français où la substance des articles se trouve, le roi de France garantit de
la manière la plus solennelle l'exécution de tous les articles latins. En terminant ce Mémoire, où il répétait avec
force les arguments les plus propres à triompher des hésitations d'Urbain VIII, le P. de Bérulle lui représentait
respectueusement la nécessité de se hâter; car le roi de
France, pour calmer le roi d'Angleterre porté à croire
qu'on se jouait de lui, avait promis que l'affaire serait terminée dans un mois. Que le Saint-Père daigne donc avoir
égard à la nouvelle preuve d'obéissance que Sa Majesté
lui donne en envoyant derechef vers lui; « nonobstant
» l'empressement de ses affaires, et l'aduis de plusieurs
» qui luy disent qu'elle peut et doit passer outre, ce qu'elle
» est retenue de faire par le respect qu'elle veut rendre au
» Saint-Père, chose qui mérite d'estre bien considérée[1] »

Impressionné par la lecture de ce mémoire qu'appuyait

---

[1] Arch. nat., M. 232, 6. Il m'est difficile de ne pas trouver dans ce
Mémoire la trace des pensées et peut-être de la main même de Richelieu.

fortement M. de Béthune, Urbain VIII envoya au nonce de France tous les ordres nécessaires, et la dispense fut délivrée. Pendant ce temps, Jacques était mort, et le prince de Galles lui avait succédé sous le nom de Charles Ier. Le contrat fut signé au Louvre le jeudi 8 mai. Le dimanche suivant, en présence du Roi, des Reines, des cours souveraines, de toute la noblesse de France, Madame, la couronne sur la tête, s'avança dans le parvis Notre-Dame, magnifiquement décoré. Le duc de Chevreuse, assisté des comtes de Carlisle et de Holland, reçut alors la princesse des mains du Roi et de « Monsieur » son frère, et l'épousa au nom de Charles Ier. Pour son malheur, Henriette de France était désormais reine de la Grande-Bretagne.

Les fêtes, accompagnement obligé d'un mariage royal, duraient encore, et le P. de Bérulle, de sa maison de la rue Saint-Honoré, entendait les témoignages bruyants de l'allégresse parisienne, quand on vint lui annoncer que le légat du Pape était aux portes de la capitale.

Ce fut le 21 mai au soir que Mgr Barberini fit son entrée par le faubourg Saint-Jacques. Arrivé devant la porte de l'église de Saint-Magloire [1], il descendit de carrosse, et, conduit par le duc de Nemours, il se rendit dans l'église que l'on avait ornée avec les tapisseries du Roi. Les Pères de l'Oratoire entonnèrent le *Te Deum*, et quand ils l'eurent achevé, le P. de Bérulle [2] adressa une courte harangue au légat, qui répondit par sa bénédiction. Le duc de Nemours mena alors dans son appartement Mgr Barberini, d'où,

---

[1] *Mercure françois*, t. XI, p. 625. C'est par erreur qu'on y parle toujours de Saint-Jacques du Haut-Pas au lieu de Saint-Magloire.

[2] Le *Mercure françois* dit « l'un desdits Pères ». Ce fut évidemment le P. de Bérulle.

après avoir dîné, il vint dans la cour de Saint-Magloire.
Là, assis « en une chaire de velours cramoisy incarnat,
» laquelle estoit sous un riche dais », il reçut les compliments de tous les Religieux et de tout le clergé de Paris,
de Messieurs de l'hôtel de ville, des cours souveraines.
Monsieur étant arrivé, le légat monta sur une mule dont
« tout l'enharnachement estoit d'escarlate et les ferrements
» dorez d'or de ducat » ; les six corps de marchands portaient au-dessus de la tête du cardinal un dais de satin
blanc. Il descendit ainsi, suivi de trente prélats, d'une
foule de gentilshommes, entouré de la plus brillante escorte, la rue Saint-Jacques, dont toutes les boutiques et
les fenêtres étaient envahies depuis le matin par les seigneurs les plus qualifiés et les dames les plus élégantes de
la Cour. Reçu à Notre-Dame par M. de Gondy, il suivit le
prélat à l'archevêché, où était préparé son logement.

Cependant le P. de Bérulle, rendu à la solitude et au
silence, se demandait, non sans crainte, quelle serait
l'issue de cette nouvelle négociation. Le cardinal Barberini n'était pas de taille à se mesurer avec le cardinal de
Richelieu. Or celui-ci voulait bien se montrer prodigue,
envers le nonce du Pape, d'honneurs, de réjouissances
et de démonstrations, mais il était décidé à ne rien
accorder qui pût contenter sérieusement l'Espagne. Dans
l'audience qu'il eut du Roi, le 24 mai, Barberini demanda la restitution des forts de la Valteline et une suspension d'armes pour l'État de Gênes. Le Roi lui déclara
qu'il s'en tiendrait au traité de Madrid, et qu'il ne pouvait
même se dispenser d'envoyer des troupes au duc de Savoie, son allié. Lors de sa seconde audience, le légat ayant

représenté que le roi d'Espagne emploierait probablement toutes ses forces à défendre les Génois si l'on continuait à les attaquer : « J'ai pris soin jusques à présent », lui répondit le Roi, « d'éviter tout ce qui pourrait causer une guerre » ouverte entre les deux couronnes : si le roi d'Espagne » prend le premier les armes contre moi, je serai le dernier à les quitter [1] ». Après quoi Louis XIII nomma trois commissaires pour traiter avec le légat, qui furent le cardinal de Richelieu, le comte de Schomberg, et Philippe d'Herbault, secrétaire d'État. Barberini, qui n'avait que vingt-quatre ans, qui était inexpérimenté, qui n'osait se trouver seul en présence des trois commissaires, recourut au P. de Bérulle. Il savait que le fondateur de l'Oratoire désirait sincèrement la paix, et était bien loin d'avoir pour l'Espagne la haine que lui avait vouée Richelieu. Aussi, bien que le saint prêtre se montrât fort énergique à défendre les droits du Roi son maître, le légat se promettait-il un heureux résultat de son intervention, lorsqu'il dut y renoncer. Le Roi venait de donner ordre au P. de Bérulle d'accompagner Madame en Angleterre.

[1] *Histoire de Louis XIII*, par le P. GRIFFET, t. I, p. 446.

CHAPITRE XIV.

LE PÈRE DE BÉRULLE SUPÉRIEUR.

1625.

Le P. de Bérulle publie son *Mémorial de quelques points servant à la direction des supérieurs.* — Analyse de ce traité. — Vertus du P. de Bérulle dans le gouvernement de l'Oratoire. — Sa parfaite dépendance de Dieu et de Jésus-Christ. — Son renoncement à son propre esprit. — Son indifférence. — Manière dont il comprend ses devoirs vis-à-vis des supérieurs. — Son respect pour les personnes. — La liberté des opinions à l'Oratoire. — Humilité du P. de Bérulle. — Combien il recommande cette vertu. — Exemples qu'il en donne. — Sa charité. — Ses soins pour la santé des Pères, pour les malades et les mourants. — Son zèle pour la perfection de ses disciples. — Comment il les reprend. — Vue continuelle de Jésus-Christ. — Résumé.

Tout se préparait pour le départ de la jeune Reine, et le P. de Bérulle, à peine de retour au milieu des siens, allait être obligé de les quitter. Il laissait sa compagnie nombreuse, fervente, fidèle à l'amour de Jésus-Christ et aux maximes de son sacerdoce. Mais le fondateur de l'Oratoire, condamné à de continuels voyages, retardé par la nécessité de publier pour sa défense le livre des *Grandeurs de Jésus,* mêlé aux négociations les plus importantes, n'avait pu dresser encore les constitutions de sa Société. Il voulut du moins lui rappeler son esprit. Depuis plus d'un an, il avait rédigé sur ce grave sujet un court mais substantiel traité. Il mit si bien à profit les quelques semaines qui s'écoulèrent entre son arrivée de Rome et son départ pour Londres, qu'il put faire imprimer et distribuer cet excellent écrit où il expose aux supérieurs de l'Oratoire, avec la sublimité de leur mission, la grandeur des vertus qu'elle leur impose.

Invisible comme son auteur, spirituelle comme lui, destinée à vivre éternellement dans sa société et dans sa vue, l'âme humaine est le plus grand des ouvrages du Créateur, et l'on peut dire que régir une âme, c'est régir un monde : tant l'esprit, même dans l'ordre purement naturel, est supérieur à la matière ! Mais depuis que l'âme a été rachetée par le sang d'un Dieu, instruite par sa parole, nourrie de sa chair, illuminée de son esprit, depuis que par son union avec la sainte humanité du Sauveur, elle est devenue « une portion saincte et sacrée de Jésus sur la » terre [1] » ; la régir, c'est exercer un pouvoir plus élevé que celui des Anges et dont la grandeur est vraiment ineffable. A quoi se terminent en effet les travaux, les mouvements d'un supérieur? A former Jésus-Christ. De toute éternité le Père engendre dans son sein, sans autre principe que lui-même, sa Parole, son Verbe, son Fils bien-aimé, en tout son égal; puis, à l'heure marquée dans ses conseils, communiquant à une humble Vierge sa fécondité, il produit en elle et par elle le Verbe incarné. Maintenant, associant les prêtres à sa divine paternité, il leur donne le pouvoir d'engendrer avec lui son Fils dans les esprits et dans les cœurs. Tel est le mystère de la sanctification. Ce que Dieu fait éternellement dans son ciel, ce que Marie a fait un jour sur la terre, les prêtres l'opèrent sans cesse et partout dans les âmes.

[1] *Mémorial de quelques poincts seruans à la direction des supérieurs en la Congrégation de l'Oratoire de Jésus.* Paris, Fiacre Dehors, 1632, in-32, iv, p. 26. *Mémorial,* viii, p. 43. — *Filioli, quos iterum parturio mei, donec formetur Christus in vobis.* (Galat., iv, 19.)

Voilà l'idée sublime que tout supérieur de l'Oratoire doit concevoir de sa charge. A quelles vertus ne l'oblige-t-elle pas?

La première de toutes sera une dépendance continuelle et universelle de Dieu, le Père des esprits, des lumières et des miséricordes, afin de n'agir que par lui et pour lui, de ne se considérer jamais que « comme instrument et in- » strument de Dieu, ce qui dit en deux paroles, choses » grandes » [1].

La seconde vertu que le P. de Bérulle recommande à ses frères est une abnégation profonde [2]. Plus le supérieur est convaincu de l'excellence de son ministère, de son origine surnaturelle, de son pouvoir divin, de ses fruits éternels, plus il lui est facile et nécessaire de s'anéantir lui-même. Comment ne point sentir que cette vérité qu'il prêche, il l'a reçue et non pas découverte? Comment ne pas comprendre que pécheur il ne peut donner la sainteté, qu'homme il ne peut communiquer la divinité? Que lui reste-t-il, sinon de s'abîmer dans son néant et de conjurer Celui dont il est le ministre de ne point permettre aux eaux de la grâce de passer sans cesse par son canal sans y laisser quelques gouttes?

Ainsi dépendant de Dieu et anéanti en soi-même, le supérieur connaîtra plus parfaitement les desseins de Dieu, et il sentira tout à la fois son cœur se dilater et son esprit s'étendre [3].

Car le gouvernement des âmes exige avant tout un grand

1 *Mémorial*, xix, p. 116.
2 *Id.*, xx, p. 117.
3 *Id.*, xxii, p. 136 et suiv.

cœur, c'est plus encore un acte d'amour que d'autorité. Dans les profondeurs de l'Être divin, le Père et le Fils produisent, en union de principe, l'Amour substantiel et personnel qui est le terme heureux de la très-sainte Trinité, et entre ces personnes adorables, il y a ordre, origine, émanation, mais non point autorité, parce qu'elles sont en tout égales. L'Oratoire doit imiter un si bel exemplaire. Le peu d'autorité dont le supérieur dispose sera transformé et comme anéanti par l'amour. La charité, répandue également dans le cœur de ceux qui commandent et de ceux qui obéissent, opérera cette merveille.

Si par la charité le supérieur participe à l'amour de Dieu pour les âmes, il faut que par une certaine étendue d'esprit il entre en communion de l'universalité de ses desseins sur elles. « Sans se laisser limiter à soy- » mesme, à son institut, à sa voye particulière », il doit honorer et approuver tout ce qui est de Dieu : il doit, faisant violence « à la petitesse de la nature, l'étendre, l'ap- » pliquer à tous et à tout », et adorer « les voies infinies » ordonnées dans l'Église et dans les âmes» par « cet agent » universel et infini » qui est Dieu[1]!

Pour produire ainsi Jésus-Christ dans les âmes, il importe d'en être rempli soi-même. C'est parce que le Père se contemple qu'il produit son Fils, et c'est en contemplant son Fils qu'il produit son Esprit. Ainsi ce sera par la contemplation de Jésus-Christ que le supérieur se rendra capable de le donner aux âmes. De là le devoir pour lui d'avoir sans cesse devant les yeux Jésus-Christ : Jésus-Christ se faisant homme au mystère de l'Incarnation, afin

[1] *Mémorial*, xxiii, p. 141.

de rendre les hommes participants de sa divinité; Jésus-Christ devenant, au jour de sa Passion, la victime des hommes, afin de les réconcilier avec Dieu ; Jésus-Christ prenant une nouvelle vie en sa résurrection, et par l'Eucharistie et la grâce, la communiquant au genre humain délivré. Alors, en s'occupant des âmes, il pensera plus à Jésus qu'aux âmes ; en usant de l'autorité de Jésus, il oubliera la sienne, et s'élevant jusqu'au sein du Père, y adorant les productions divines et éternelles opérées par la connaissance et par l'amour, il ne redescendra sur la terre que pour y répandre la connaissance et l'amour du Dieu trois fois saint.

Dans ce portrait d'un supérieur de l'Oratoire, tous les disciples du P. de Bérulle reconnurent leur vénéré fondateur. Il n'était point une seule des vertus recommandées par lui dont il ne leur eût d'abord donné l'exemple.

Instrument docile entre les mains de Dieu et de Jésus-Christ, il s'efforçait de vivre dans une dépendance continuelle de leur volonté. Il n'était point de ces supérieurs qui, confondant une activité toute naturelle avec le zèle des intérêts de Dieu, et une certaine expérience des choses humaines avec la prudence dont le Saint-Esprit seul est l'auteur, peuvent donner des décisions sans réfléchir, et entreprendre des œuvres sans compter. Pour lui, avant de commencer aucune affaire, de résoudre aucun doute, il demeurait dans le silence jusqu'à ce qu'il l'eût recommandée à Dieu. Un Oratorien le pressait de se décider en une circonstance qui paraissait de peu d'importance : « Quoy ! » s'écria l'humble supérieur, « sans que Jésus-Christ me donne aucune » pensée pour cela ! Ah ! non, ie croirois faire une entre-

» prise dans son Estat [1] ». D'autres fois, le ciel, malgré ses supplications, restait fermé, et son âme sans lumières ; alors il disait simplement : « Dieu ne m'a encores rien » montré ; il faut le luy demander et attendre en patience [2]. » Et il attendait. A l'époque où les lettres d'établissement de sa Compagnie furent présentées au parlement de Paris, plusieurs personnes éminentes en prudence et en piété le pressèrent de lui donner le titre de Congrégation de l'Oratoire. Le P. de Bérulle leur répondit « que Jésus-Christ ne » lui donnant rien ni pour le faire, ni pour l'empêcher, il » se sentoit obligé d'en abandonner le succès à la provi-« dence de Dieu ». Ce fut en effet le parlement qui appela le nouvel institut la Congrégation de l'Oratoire, et le pieux fondateur se contenta d'ajouter à ce titre le nom de Jésus, toujours présent à son cœur [3]. S'agissait-il de dédier quelque maison à l'un des mystères de la vie de Jésus-Christ? Tant qu'il n'avait point ressenti intérieurement le mouvement de la grâce, il refusait de se prononcer. On lui proposait d'acheter une maison et de bâtir une église, ce qui était comme la suite nécessaire de l'œuvre que lui avait confiée la Providence. Néanmoins, n'ayant aucune assurance que Notre-Seigneur le désirât, il se contenta de répondre à ceux qui le pressaient : « Ie ne scay » pas si Dieu le demande de moy ; son Fils mesme n'a point » eu de maison, et ne lui a pas fait bâtir de temple pendant » le séjour qu'il a fait en la terre [4]. » Le saint prêtre portait cette disposition dans les moindres détails du gouverne-

[1] Habert, liv. III, ch. viii, p. 745.
[2] Id., ibid., p. 745.
[3] Id., ibid., p. 739.
[4] Id., ibid., p. 742.

ment de l'Oratoire. Lorsqu'il dressait le catalogue des Saints pour lesquels sa société devait professer une particulière dévotion, il y mit Abraham, et omit David. Un des Pères ne put s'empêcher de lui en témoigner son étonnement. « Ce prince », observait-il, « n'est pas moins des » aïeux de Jésus-Christ que ce patriarche : l'Écriture sainte » appelle également le Sauveur fils d'Abraham et fils de » David ; et d'ailleurs, on remarque en la Vie de sainte Thé- » rèse, qu'en quelques églises d'Espagne on célèbre sa » feste. » — « Ce que vous dites est fondé en raison et en » exemple, repartit le P. de Bérulle, mais ce n'est pas assez » pour nous le faire faire. Il faut l'application de la part » de Notre-Seigneur. Car », ajouta-il avec un grand sens, « il ne demande pas de nous toutes les dévotions et toutes » les bonnes œuvres qui sont fondées en exemple et en » raison. Ce sont choses qu'il départ selon qu'il lui plaist » à ses serviteurs et aux Ordres qu'il a establis en son » Église ; et il applique les uns à une sorte d'œuvre et de » deuotion, et les autres à une autre [1]. »

Grâce à une si parfaite soumission, il trouvait aisée une chose plus difficile encore que le renoncement continuel à son propre esprit : c'était l'abandon d'une résolution quoique bonne et inspirée du ciel, du moment où il jugeait que Dieu lui-même exigeait ce sacrifice ; et Dieu, qui ne peut changer en lui-même, mais dont la liberté sollicite les âmes par des attraits qui quelquefois semblent se combattre, dans le but de les assouplir et de les réduire à un plus entier dénûment de leur volonté, conduisait son serviteur par cet âpre chemin. A n'écouter que les premières

---

[1] HABERT, liv. III, ch. VIII, p. 742.

inspirations de la grâce, que sa raison et son inclination naturelle, le P. de Bérulle n'eût point accepté d'abord un grand nombre de maisons. Mais la volonté de Dieu lui parut si manifeste, qu'il n'hésita pas à revenir sur ses précédentes résolutions. Éclairé comme il l'était, il voyait bien quoi ces changements, si opposés d'ailleurs à la netteté et à la persévérance de son esprit, l'exposaient dans le jugement des hommes. On le traitait d'inconstant, de visionnaire prêt à prendre les chimères de son esprit pour des desseins et des ordres de l'Esprit divin. Tout ce qu'on pouvait dire le mettait peu en peine : il ne croyait pouvoir acheter jamais trop cher la gloire d'obéir parfaitement à Jésus-Christ, et c'eût été mal connaître cet amateur si fervent de l'humilité que d'espérer le détourner d'une résolution en lui montrant la honte qui pouvait en résulter pour lui [1].

A la dépendance continuelle de la volonté de Jésus-Christ, le P. de Bérulle savait unir des qualités qui lui conciliaient, avec l'obéissance et la vénération de ses disciples, leur affection filiale. Dans le gouvernement des esprits et des âmes, nul ne le savait mieux que lui, il est facile de venir se heurter à un double écueil. Tantôt, oubliant la faiblesse humaine, le supérieur se croit la grâce de tout voir, de tout contrôler, de tout faire par lui-même, et à force de tout concentrer entre ses mains, rend les inférieurs incapables d'exercer jamais aucune autorité. Tantôt, s'imaginant respecter la liberté, poussé peut-être par la crainte secrète de se compromettre, le supérieur abandonne à eux-mêmes ses subordonnée, et les laisse

[1] HABERT, liv. III, ch. VIII, p. 747, 749.

sans direction et sans boussole. A l'Oratoire, on formait des hommes en même temps que des prêtres, et loin de redouter les caractères accusés et énergiques, on aimait à s'en entourer. Dans les lettres que le P. de Bérulle écrivait, dans les conseils qu'il donnait de vive voix à ses disciples, on sentait un double désir : celui de préparer des supérieurs revêtus d'une autorité réelle, et celui de demeurer néanmoins responsable de leurs actes. Ainsi ses coopérateurs jouissaient d'une sérieuse et nécessaire liberté, ils étaient eux-mêmes dans le gouvernement de leurs maisons ; et ils savaient en même temps qu'ils pouvaient compter sur les lumières du P. de Bérulle pour les diriger, sur sa fermeté pour les défendre.

Cette large et évangélique notion de la supériorité était soutenue, chez le P. de Bérulle, par un respect religieux pour les âmes dont le ciel lui avait confié la conduite. « Honorez un chacun dans sa condition », écrivait-il à un de ses confrères, « par hommage à l'honneur que Dieu » mesme a voulu rendre à ceste nature en l'élevant à sa » dextre par l'union hypostatique et à sa gloire par les » mérites de son Fils [1]. » Si telle était sa révérence pour les fidèles, on conçoit ce qu'elle était pour les prêtres, en qui il vénérait l'autorité du Fils de Dieu, le pouvoir d'annoncer sa doctrine, de répandre sa grâce, de consacrer sa chair et son sang. Convaincu que le respect ne doit pas seulement monter, qu'il doit descendre aussi ; se rappelant que Dieu lui-même, au dire des saints Livres, traite avec respect sa créature [2], il entendait que le supé-

---

[1] *Lettres aux Prestres de l'Oratoire.* Lettre V, p. 738.
[2] Cum magná reverentiá disponis nos. (Sap., xii, 18.)

rieur entrât dans les mêmes dispositions vis-à-vis de ses inférieurs. Si ceux-ci doivent adorer Jésus-Christ présent dans le supérieur pour régir et commander, le supérieur doit adorer aussi Jésus-Christ présent dans ses sujets, pour se soumettre et obéir. Belle et féconde doctrine, qui seule a le secret de relever l'obéissance, sans énerver l'autorité! L'Oratoire, on peut le dire, était une grande école de respect.

Et aussi quelle soumission! Quand le P. de Bérulle avait dit : « Voudriez-vous bien prendre cette peine », ou encore : « Il me semblerait à propos que vous fissiez telle » ou telle chose », il n'en fallait pas davantage, il était aussitôt obéi; et des hommes, comme le P. Gault, imitant les exemples des Religieux de la Thébaïde, pour courir plus vite où les appelait l'obéissance, laissaient une lettre à moitié formée [1].

On ne respectait pas seulement chez les Oratoriens la dignité des personnes, on y respectait encore la liberté des opinions.

A la lumière de l'Écriture et de la tradition, avec les dogmes révélés pour principes et la raison humaine pour instrument, un travail scientifique se poursuit depuis deux mille ans au sein du catholicisme, sous le nom de théologie. L'Église surveille ce travail, elle le dirige, et non contente de définir ce qui est de foi, elle signale avec une sollicitude toujours en éveil ce qui est faux, dangereux, téméraire, ce qui logiquement pourrait conduire au schisme ou à l'hérésie. Mais du moment où une doctrine ne mérite aucune des notes qu'elle seule a le droit et le devoir

[1] P. Cloysault, t. I, p. 358.

d'infliger, l'Église laisse ses enfants libres de discuter, elle les encourage, par tous les moyens dont elle dispose, à ce noble usage de leur raison ; elle bénit ces luttes pacifiques d'où jaillit la lumière et qui préparent aux âges futurs une connaissance plus étendue et plus approfondie du dogme chrétien. Ainsi l'on est libre de penser, comme le Docteur angélique, que sans la chute du premier homme le Verbe ne se fût jamais incarné, ou avec Scot, « le Docteur sub-» til », que même dans l'état d'innocence, le Fils de Dieu serait descendu sur notre terre pour s'y faire l'adorateur de son Père et le médiateur de toute notre religion : ainsi, sur la grâce, selon que l'on est plus sollicité de mettre dans tout son jour le souverain domaine de Dieu ou la liberté de l'homme, on peut prendre saint Augustin et saint Thomas pour guides, ou leur préférer Molina et Suarez.

Ces grands courants d'opinion qui ont leur source dans les écrits de quelques docteurs fameux, sont presque toujours gardés et entretenus par un Ordre religieux. Saint Thomas est le maître des Dominicains ; Scot, commenté par saint Bonaventure, celui des Franciscains ; Molina et Suarez sont fidèlement suivis par les Jésuites. Ce qui est libre dans l'Église, cesse donc en un certain sens de l'être dans les Ordres religieux. En prenant l'habit de saint Dominique, de saint François ou de saint Ignace, on est naturellement amené à embrasser des opinions qui sont comme la tradition domestique et toujours respectée de ces grandes familles religieuses.

Il n'en est point ainsi à l'Oratoire. Le P. de Bérulle n'impose point de doctrine particulière à sa société, il ne contraint aucun de ses membres à embrasser et à défendre telle ou telle opinion. La raison de sa conduite est simple : tout ce que l'Église catholique elle-même a laissé libre, doit l'être également dans une Congrégation dont l'esprit est l'esprit même de l'Église, et dont les premiers membres, formés à l'une des plus fameuses écoles théologiques de la chrétienté, la Sorbonne, ont appris d'elle à respecter la liberté de la science et à ne jurer en aucun cas sur la parole d'autrui [1].

Aussi, bien que le P. de Bérulle fît état de suivre en tout points la doctrine de saint Augustin et de saint Thomas, il cherchait peu par ses paroles à convaincre ceux de ses disciples dont les opinions différaient des siennes. Un jour, pendant la récréation, quelques Pères s'entretenaient devant leur saint fondateur des difficiles matières de la grâce : le P. Bertin énonça quelques principes qui semblaient par trop restreindre l'action divine au profit de la liberté humaine. « Vous n'aimez point assez le bon Jésus. » Telle fut l'unique réfutation de son système que se permit

[1] « Qui primus nobis author et institutor præivit Berullius, qui illi merito successit Condrenus, qui duo primi sub hoc Præposito generali coaluere generales conventus, illi nos solemniter sanxêre absolutos esse debere hujusmodi sive servitute, sive opinionum necessitate. Id nuperrimi quoque duo generales confirmavere conventus, quidquid in Ecclesia catholica liberum et arbitrarium, idipsum et apud nos fore : nos Cleri alumnos, nos Sorbonicæ maxime scholæ admiratores, eadem opinandi et sentiendi libertate, eadem usuros modestia, nulli adstrictos parti, nullius in verba juratos. » Thomassin ajoute : « Hac opinionum libera et versatili licentia quæ uni se Ecclesiæ catholicæ, uni fidei orthodoxæ regulæ adstringi sinit, nihil ad pacem, nihil ad animorum concordiam alendam, nihil ad veritatem ubi latet adhuc explorandam, ubi caligat, elucidandam, accommodatius est. (*Dogmata theologica*, édit. Vivès, in-4°, t. I, præf., xix, xx, p. xi.) Voyez aussi *l'Oratoire de France aux dix-septième et dix-neuvième siècles*, par le P. Adolphe Perraud, de l'Oratoire, IIIe part., ch. ix, p. 487.

le P. de Bérulle : parole plus profonde en pareille circonstance, qu'elle ne paraît de prime abord, et qui, sérieusement méditée, suffit pour modifier les opinions de
l'Oratorien.

Une manière si réservée de combattre les sentiments
opposés aux siens, était d'autant plus méritoire chez le
P. de Bérulle, que ses convictions théologiques étaient
plus arrêtées; et comment ne l'eussent-elles pas été? Sa
science était fille de l'oraison, et ses lumières venaient du
même foyer où s'allumait son amour. Mais toujours en
garde contre l'illusion, il ne les acceptait qu'après avoir
cherché dans les écrits des Pères et des Docteurs ce que le
ciel lui donnait directement. On comprend quelle certitude elles acquéraient à ses yeux de cette confirmation
traditionnelle. Néanmoins, vis-à-vis de ses disciples, il se
taisait et attendait. Plus il se faisait une haute idée de la
grâce, plus il comptait sur elle pour modifier des opinions
qui enlevaient quelque chose à sa divine efficacité. Pourvu
que l'amour de Jésus régnât en maître dans le cœur de ses
frères, il se tenait assuré que leur esprit reconnaîtrait
bientôt tous ses droits.

Tant de respect pour la liberté des âmes était le fruit
non-seulement de la dépendance qu'il professait vis-à-vis
de Jésus-Christ, mais encore des humbles et bas sentiments qu'il avait de lui-même.

Ses lettres, ses exhortations, son *Mémorial pour la
direction des supérieurs,* prouvent à quel point le P. de
Bérulle était convaincu de la nécessité de l'humilité.
Sans elle, le ministère du prêtre sera frappé de stéri-
lité; car Jésus-Christ, dit-il, « n'admet que les hum-

» bles et les simples en son eschole, ce sont eux qu'il régit » dans les voyes intérieures, et il ne veut point d'autres » disciples en son académie, et il n'adresse qu'à eux son » esprit, sa grâce et ses paroles[1]. » Il recommande aux supérieurs de se faire petits, « de s'abaisser continuelle- » ment devant Dieu, de se dépouiller de leur suffisance » et industrie naturelles, de s'estimer un néant devant » luy[2]. » Et ce qu'ils s'estiment devant la majesté de Dieu, ils doivent le croire encore quand ils se comparent au pro- chain, quelque infirme qu'il soit. Le P. de Bérulle insiste pour que les supérieurs s'humilient grandement à la vue des défauts de leurs frères. Car, sans une grâce qui a pré- venu leurs mérites, ne seraient-ils pas eux-mêmes désho- norés par des vices plus grands encore, et un supérieur plus habile et plus saint n'aurait-il pas déraciné à leur place des imperfections dont ils deviennent ainsi respon- sables[3]? Son culte pour l'humilité l'avait même poussé à solliciter le Souverain Pontife de marquer, dans la bulle d'institution, cette vertu préférée de Jésus-Christ comme une de celles que devaient travailler à acquérir avec le plus d'ardeur les membres de la nouvelle Société[4].

Mais ce qui était plus éloquent que ses paroles, c'était son exemple. L'humilité se montrait dans tous les détails de sa conduite, dans tous les actes de son gouvernement. Quelque habitué qu'il fût à recevoir du ciel de grandes et surnaturelles clartés, il craignait toujours de se décider par lui-même, et sollicitait sans cesse l'avis de ses confrères.

[1] *Mémorial*, ch. x.
[2] *Id.*, ch. xiv.
[3] *Mémorial.*
[4] *Religiose vivere et in humilitatis spiritu.*

Le P. Gibieuf, le P. Bertin, le P. de Condren, le P. Bourgoing, consultés par lui en maintes circonstances, savaient avec quelle liberté ils pouvaient répondre à ses demandes et proposer leurs conseils[1]. Éclairé sur les mystères les plus sublimes de la foi d'une manière qui tenait du miracle, il n'en parlait cependant qu'avec une extrême retenue, que par l'esprit et le mouvement de Jésus-Christ, tant il craignait de faire servir à sa propre gloire des lumières qui ne lui étaient données que pour procurer la gloire de son Dieu! Il allait plus loin, et, par une générosité héroïque, il offrait à Jésus-Christ ces lumières pour en être privé, s'il lui semblait bon. Quelquefois, agréant son offrande, Notre-Seigneur prenait plaisir à le laisser dans les ténèbres, non pour qu'il s'égarât, mais pour que, craignant de s'égarer, il s'attachât encore plus fortement à lui. Mais son humilité se montrait alors si profonde, il reconnaissait avec un amour si soumis qu'il n'avait nul droit aux faveurs dont le ciel le comblait habituellement, qu'elles lui étaient bientôt rendues[2].

Il apportait du reste un soin extrême à ne laisser point soupçonner à ses confrères les grâces dont il était prévenu, et s'il confiait quelque chose des communications divines à ceux de la Congrégation les plus familiarisés avec la théologie, c'était dans l'unique but de contrôler son sentiment par le leur. Sans la nécessité de répondre à ses adversaires et l'obligation de conscience que lui firent des amis de prendre la plume, il ne se serait jamais décidé, on

---

[1] C'est ainsi que le P. de Bérulle soumit au P. Gibieuf son *Mémorial* avant de le faire imprimer.

[2] HABERT, liv. III, ch. x, p. 780.

se le rappelle, à écrire le livre des *Grandeurs de Jésus*.
Plus ses pensées étaient hautes sur les mystères de la foi,
plus il se sentait indigne de les exprimer.

A mesure qu'il avançait dans la sainteté, son humilité
prenait un nouvel accroissement. « Hélas ! » s'écriait-il
souvent en gémissant, « que je suis éloigné de la vie que
» les Saints ont menée sur la terre ! Que je suis rempli de
» manquements et d'offenses ! Que je suis peu fidèle aux
» conseils de Dieu [1] ! » Non content de s'accuser, il cherchait partout des accusateurs, et priait tous ceux de la
maison, jusqu'aux frères servants, de le vouloir avertir de
ses fautes. La louange lui était insupportable. Quand les
convenances le permettaient, il imposait silence à ses ad-
mirateurs : sinon, il s'efforçait de leur démontrer le peu
de droits qu'il avait à leurs hommages. Quelqu'un l'entretenant un jour de l'établissement de la Congrégation, lui
dit que c'était une œuvre singulièrement utile pour le salut
des âmes et pour le renouvellement de l'état ecclésiastique,
et qu'on lui en devait de grandes actions de grâces. « Il
» me semble véritablement que l'œuvre est de Dieu »,
lui répondit le P. de Bérulle, « mais je le supplie qu'il
» suscite pour la conduire un autre à qui il donne son
» esprit et qui ait toute autre capacité et grâces que
» je n'ai, car je vous assure que je fais plusieurs fautes,
» étant tel que je suis ; mais on ne me connaît pas [2]. »
Jamais on ne put obtenir de lui qu'il prît la qualité de
général. « Ie vous prie, et le P. Bertin aussi », écrivait-
il au P. de Soulfour, « de ne me point nommer au-dessus

---

[1] *Mémoire de la Mère Marie de Saint-Jérôme.* (Arch. nat., M. 233.)
[2] *Mémoire manuscrit de la Sœur Marie de Jésus.* (Arch. nat., M. 233.)

» de vos lettres *Général de la Congrégation,* et de ne point
» parler de nous en ceste qualité : ie n'ai pas assez d'hu-
» milité pour la porter. Il suffit de nous qualifier simple-
» ment supérieur de l'Oratoire [1]. » Il n'acceptait même ce
dernier titre qu'avec peine, et il eût souhaité qu'on ne lui
donnât point d'autre nom que celui de son baptéme, ainsi
qu'on avait essayé de le pratiquer d'abord à l'Oratoire.

Dans sa conviction qu'il était le dernier de sa Compagnie et que sa charge lui imposait vis-à-vis des siens une
véritable servitude, il cherchait toutes les occasions de
s'humilier devant eux. Souvent, à l'exemple de Jésus-
Christ qui a servi ses Apôtres, il servait à table ses disciples, il se prosternait la face contre terre en plein réfectoire et s'y accusait publiquement de ses fautes [2]. Quand
ils revenaient de la campagne, où ils étaient allés pour
prêcher ou pour faire le catéchisme, il se réservait
la charge de les débotter et de leur laver les pieds. Il
trouvait un plaisir singulier à rendre cet honneur aux
pieds sacrés de ceux qui évangélisaient Jésus-Christ. Le
P. Jean-Baptiste Gault, ayant reçu la prêtrise à Troyes,
vint à Paris; pénétré de respect pour sa sainteté, le P. de
Bérulle alla au-devant de lui, et après l'avoir conduit dans
l'église pour saluer le Très-Saint Sacrement, selon la coutume de l'Oratoire, et de là dans sa chambre, il se mit à
genoux et le déchaussa [3]. Le confrère de Coligny, petit-
neveu de l'amiral de ce nom, racontait avec une confusion

---

[1] Lettre du 21 mai 1618.

[2] Le P. Lerat, *Vie manuscrite,* liv. III, ch. ix.

[3] *La Vie de Messire J. B. Gault,* évèque de Marseille, par François
Marchetty, prestre. Paris, Sébastien Huré, 1650, in-4°, liv. I, sect. xi,
p. 34.

extrême que, lors de son entrée dans la Congrégation, le saint fondateur en avait agi ainsi envers lui. Durant ses voyages, le P. de Bérulle ne traitait pas autrement les frères qui le servaient. Au sortir d'Angoulême et de Tours, où il avait reçu du Roi, de la Reine et des grands, les témoignages de la plus profonde vénération, descendu dans quelque auberge de village, il nettoyait les souliers du frère qui l'accompagnait. A Paris, il balayait souvent l'église et même la maison [1], et plus d'une fois des princes qui venaient le demander pour s'entretenir avec lui des affaires de l'État, des évêques désireux de recevoir ses avis pour la conduite de leur diocèse, durent attendre au parloir que le serviteur de Dieu eût achevé de laver à la cuisine la vaisselle de la communauté [2].

Si l'humilité le poussait à remplir de si bas offices, la charité les lui rendait faciles. Ne voyant que Jésus-Christ en ses frères, c'est lui qu'il servait et qu'il aimait en eux.

Cette charité vraiment universelle lui inspirait pour le bien-être même matériel de ses disciples une vigilance dont on n'aurait pas cru capable cet homme si mortifié, si dur à lui-même. Il voulait que sans s'affranchir jamais de la stricte modestie et de l'aversion pour le superflu qui convient aux prêtres de Jésus-Christ, les siens fussent à l'abri du besoin et de cette existence précaire qui trop souvent enlève au caractère sa dignité et son indépendance. Aussi, quand il apprenait que quelqu'une de ses maisons était dans la gêne, en souffrait-il, et d'autant plus qu'il n'en

---

[1] *Recueil des statuts de la Congrégation de l'Oratoire de Jésus.* Paris, Roulland, t. 1, ch. VI, A. VIII, p. 251.

[2] P. LEBAT, *Vie manuscrite,* liv. III, ch. IX.

était pas personnellement atteint. « Une peine me reste »,
écrivait-il à un supérieur de l'Oratoire, « qui est le peu
» d'accommodement que vous avez en la maison. Ie (le)
» ressens d'autant plus, que ie ne suis pas pour en porter
» ma part [1]. » Mais, toujours sage, il recommandait dans
les dépenses un si exact tempérament, qu'en « pourvoyant
» aux justes nécessités de ceux qui honorent Dieu et qui
» travaillent pour sa gloire », on ne dissipât point un bien
qu'il considérait comme la propriété de Jésus-Christ et le
patrimoine des pauvres [2].

La santé des prêtres de l'Oratoire était l'objet de la
continuelle sollicitude de leur charitable fondateur. Ayant
appris que le P. Gault se livrait à des austérités capables de
ruiner ses forces, il lui écrivit dans les termes les plus
pressants, et l'obligea de se modérer [3]. « Souvenez-vous »,
mandait-il à un autre supérieur, « que vous êtes à Jésus
» et à Marie et non plus à vous, et que par ainsi vous n'a-
» vez aucun pouvoir de disposer de vous... Ils veulent que
» vous vous conserviez, et que vous travailliez non-seule-
» ment pour eux, mais encores par eux... Partant ne vous
» laissez pas emporter à votre zèle. Il ne vous doit pas con-
» duire, mais vous le devez mettre aux pieds et au pouvoir
» de Jésus et de Marie. Que ce soient eux qui vous portent
» et modèrent selon leur volonté [4]. » Et à un autre : « I'ay
» esté aduerty des excès de vostre charité, et me sens
» obligé selon Dieu de vous prier de les modérer. Il faut
» seruir plus qu'une année et plus qu'en un lieu », et il

1 *Lettres aux Prestres de l'Oratoire.* Lettre XV, p. 743.
2 Lettre CXXVIII. (Dans la 1re édition.)
3 Lettre autographe appartenant aux PP. de l'Oratoire, à Paris.
4 *Lettres aux Prestres de l'Oratoire.* Lettre XIII, p. 750.

ajoutait ces consolantes paroles : « Il faut honorer Dieu » non-seulement par bonnes actions, mais encore par privation de bonnes actions. Pesez ce terme, s'il vous plaist, » et en demandez humblement l'intelligence à Jésus et à » Marie, en l'honneur des priuations admirables et ineffa- » bles qui se retrouuent en la vie, en l'enfance et en la » souffrance de Jésus [1]. » Lorsque ses disciples étaient malades, le P. de Bérulle les veillait, les consolait, les servait, comme s'il eût été l'infirmier de la maison. Le soir, en rentrant de la ville, souvent las et préoccupé, il trouvait toujours quelques moments à leur consacrer ; et se permettant ce qu'il défendait à tous, il s'attardait volontiers auprès de ceux que l'on jugeait atteints de quelque mal contagieux. Pères et frères servants étaient sûrs de le voir à leur chevet quand approcherait l'heure suprême. Il leur administrait l'extrême-onction, demeurait auprès d'eux, veillant et priant, et ne les quittait point qu'ils n'eussent rendu le dernier soupir [1].

Sa charité pour les corps n'était rien en effet auprès de celle dont il était rempli pour les âmes. Dévoré de l'amour de Jésus-Christ, voyant autour de lui des prêtres nombreux, fidèles, remplis du désir de faire connaître et aimer le Verbe incarné, il ne cessait de les y pousser avec une ardeur toujours croissante. Il travaillait sans repos, sans relâche, à attiser en leurs cœurs le feu que Jésus-Christ lui-même est venu apporter à la terre. Aucune fatigue ne lui coûtait ; il ne connaissait plus d'obstacles, quand il s'agissait de reculer les limites de l'empire de Jésus-Christ : « Ce n'est

----

[1] *Lettres aux Prestres de l'Oratoire.* Lettre XXV, p. 750.
[2] HABERT, liv. III, ch. IX, p. 760-761.

» pas assez de continuer, il faut augmenter », leur disait-il [1],
et le plus grand privilége de notre vie mortelle était à
ses yeux cette possibilité de grandir, par un progrès incessant, dans la grâce et dans l'amour. A ces âmes vail-
lantes il ne ménageait ni de vive voix, ni par écrit, les
avis, les prières, les sollicitations les plus pressantes, parfois d'austères mais de paternels reproches. S'oublier, se
renoncer, mourir à soi pour vivre à Jésus et pour Jésus,
tel était, sous des formes variées, le fond immuable de ses
enseignements. Comme il les excite à mépriser les difficultés que tout homme de bien rencontre sur son passage !
« Délivrez votre esprit de ces choses; elles sont trop pe-
» tites pour vous arréter... Oubliez ces traverses, et vous
» contentez des actions, sentiments et passions du Fils de
» Dieu. *Annuntia inter gentes studia ejus* [2]. » Avec quelle
vigueur il les anime à souffrir la pauvreté, la persécution,
par amour pour Jésus-Christ ! « Il faut pâtir, et après tout
» se fait. Combien plus d'incommodités le Fils de Dieu a
» portées, et en l'Égypte durant son enfance, et en Judée
» dans le temps de ses prédications, ses Apostres égrenant
» les épis parmy les champs pour viure !... O que les Saints
» des siècles passés et ceux encores de ce temps dans les
» terres nouuelles y plantent l'Évangile auec plus de croix
» et de pauureté ! Et il nous la présente dans la France et à
» nostre porte, et nous ne la sçauons pas prendre [3] ! » « O
» mon Père », écrivait-il à un autre de ses disciples, « est-
» il possible que nous ayons Jésus-Christ si souuent en
» nos mains, en nos cœurs, en nos bouches, et que nous

[1] *Lettres aux Prestres de l'Oratoire.* Lettre XXV, p. 750.
[2] *Id.* Lettre XLIII, p. 761.
[3] *Id.* Lettre XIX, p. 745.

» l'ayons honorant, remerciant et appliquant sa mort
» très-saincte et très-diuine, et que la mort d'un Dieu
» nous fasse si peu mourir à nous-mesmes? Que ce re-
» proche sera grand à l'heure de la mort et de nostre ju-
» gement! Que ie me sens coulpable en cette pensée, et
» que ie vous tiens coulpable aussi : car partout nous
» viuons à nous-mesmes, et partout nous deurions mourir
» à nous-mesmes et à toutes choses [1] ! »

Mais, si ardent que fût son zèle, il était prudent et modéré. Ce qu'il recommandait à un supérieur : « Disposez
» suauement les âmes à ce qui leur est conuenable, auant
» de le leur proposer [2] » ; il le pratiquait constamment. Il
examinait avec soin les aptitudes de chacun; il consultait
leur attrait surnaturel, avant de les employer à un ministère plutôt qu'à un autre : il condescendait même à leur
faiblesse, lorsque par la douceur de sa conduite il espérait les gagner. Attentif aux desseins de Dieu, sachant
quel péril on court lorsque l'on essaye de prévenir le moment de la grâce et de demander aux âmes des sacrifices
auxquels elles ne sont pas préparées, il attendait : grande
et rare science, difficile pour un homme habitué au commandement, mais singulièrement précieuse; car elle
épargne bien des fautes, bien des démarches périlleuses
ou stériles.

On comprend ce qu'avec une telle charité le P. de Bérulle devait souffrir quand il fallait reprendre. Aussi ne le
faisait-il que comme forcé. Encore n'était-ce jamais sans

---

[1] *Lettres aux Prestres de l'Oratoire.* Lettre XXXVIII, p. 759.
[2] *Id.* Lettre XXIV, p. 748.

avoir prié, sans avoir renoncé à sa volonté et à son esprit propres. Alors il prenait à part celui auquel il se proposait d'adresser quelque reproche : il l'embrassait tendrement, et traçant sur son front le signe de la croix, il lui signalait avec une fermeté tempérée de la plus paternelle douceur, les manquements qui lui faisaient peine dans sa conduite [1]. « Ne reprenez iamais », écrivait-il à un supérieur, « qu'après quelque récollection précédente pour » dissiper les effets de la nature en vous et en autruy, et » pour attirer la grâce de Dieu et sa conduite sur votre » correction [2]. » Et à un autre : « Je vous prie de vous » rendre sérieux et doux en la répréhension. C'est la grâce » et non la nature qui doit opérer en cette action, et ce » doit estre plus un effet de charité que d'autorité [3]. » Malgré ces avis, il répétait souvent : « Reprenez peu..., » exhortez beaucoup. Soyez plus père que supérieur [4]. » Sa douceur était si grande, qu'un de ses amis lui en fit un jour des reproches ; à quoi il se contenta de répondre « qu'il aimoit mieux estre repris de Dieu pour auoir été » trop doux, que pour s'estre montré trop seuere. D'ail- » leurs », ajoutait-il, « Notre-Seigneur et Maître étant sur » la terre et conversant avec les pécheurs, ne nous a en- » seigné de parole et d'action que la charité et douceur ; » et les actes de sévérité n'ont été dans sa vie que de rares » exceptions [5]. »

---

[1] *Le Missionnaire de l'Oratoire*, par le P. Jean LE JEUNE, IVe partie. Tolose, 1667. Sermon CXXXIX, p. 1246.

[2] *Lettres aux Prestres de l'Oratoire.* Lettre XXIV, vii, p. 749.

[3] *Id.* Lettre V, p. 738.

[4] *Id.* Lettre XXIV, p. 748.

[5] *Mémoire manuscrit de la Révérende Mère Marie de Jésus.* (Arch. nat., M. 233.)

Sa douleur, quand il devait renvoyer quelqu'un des siens, était extrême. Il gémissait de la rigueur à laquelle sa conscience le condamnait, et ne pouvait souvent proférer un seul mot[1]. C'est alors que sa charité se montrait dans tout son jour. Écrivant à un supérieur qui avait dû prier un confrère de quitter l'Oratoire : « Ie vous recommande », lui disait le P. de Bérulle, « qu'on ayt soin de prier pour luy » et qu'on ne parle pas de luy, ny dedans ny dehors la com- » munauté. Puisque nous n'auons plus à rendre compte de » luy ny de ses actions, laissons à d'autres à en iuger. Qu'on » ne le trauerse aucunement, au contraire, si on le peut » seruir en quelque chose selon Dieu, il le faut faire. » S'il a de l'animosité, il ne nous en faut point auoir. » S'il médit de nous, il ne faut pas médire de luy, en » l'honneur de Celuy qui *cum malediceretur, non maledi-* » *cebat.* Ie supplie derechef qu'on ne luy rende aucun dé- » plaisir, et qu'il ne parte des nostres une seule parole qui le » puisse tant soit peu intéresser[2]. »

Sa charité, ses disciples l'éprouvaient journellement, s'étendait à tout. Ils en savaient, pour l'avoir appris de lui-même, le motif et le principe. En tout, il voyait Jésus-Christ, et il voulait que, par lui, à tout s'étendît l'action de Jésus-Christ. De même, disait-il, que la sainte Humanité du Sauveur est l'instrument du Verbe, ainsi le supérieur doit être l'instrument de Jésus, attaché à lui, le regardant, ne vivant, ne subsistant qu'en lui ; et toujours dominé par la grande vue du mystère de l'Incarnation : « En » Jésus-Christ », continuait-il, « l'âme et le corps, toutes

---

[1] LEBAT, *Vie manuscrite*, liv. III, ch. IX.
[2] Lettre CXXIII. (1re édition, 1644, p. 1249.)

» les parties du corps, toutes les facultés de l'âme sont
» remplies du Verbe. Il faut qu'il en soit de même du su-
» périeur. Il doit être tellement rempli de Jésus, que ses
» plus petites et plus communes actions, vis-à-vis de ses
» frères, soient conduites et opérées par l'esprit de
» Jésus [1]. »

Le P. de Bérulle est arrivé à l'âge où l'homme, toujours
susceptible de progrès dans l'ordre intérieur et divin, a
donné humainement et extérieurement la mesure de ce
qu'il est capable de produire. De ce point culminant de la
vie, il peut regarder les treize années qui se sont écoulées
depuis la fondation de l'Oratoire. Elles ont été fécondes
pour l'Église, pour la France et pour lui.

En 1625, l'Oratoire possède déjà près de cinquante maisons, où de vrais prêtres honorent la Congrégation par la
régularité de leur vie et le désintéressement de leur zèle.
Sans doute, ce n'est point assez pour satisfaire aux besoins
immenses de l'Église de France, pour réparer toutes ses
ruines, pour relever le clergé du juste mépris où il est tombé ;
mais c'est beaucoup. A la vue de ces prêtres qui, tout en
conservant l'habit de leur état, en demeurant soumis aux
évêques, édifient le peuple par leur éloignement du
monde, leur esprit de religion, leur amour pour Jésus-
Christ, nombre d'ecclésiastiques reconnaissent enfin la
possibilité de se sanctifier, sans se lier par des promesses
qu'ils ne se sentent pas la force ou la grâce de faire, sans
prendre d'autre esprit que celui de l'Église. Ils viennent à
ces maisons de l'Oratoire, où ils sont sûrs d'être accueillis

---

[1] *OEuvres de piété.* CXC, iv, éd. de 1657, p. 722.

avec une charité délicate et indulgente, avec un zèle prudent et respectueux. En même temps, les Oratoriens, par la liberté qui leur est laissée d'accepter des cures, des aumôneries, des bénéfices, vont porter le contagieux exemple de leur vie sacerdotale au milieu du clergé; ils le relèvent à ses propres yeux par leur parole, ils l'entraînent par leur charité. Plongé dans la contemplation de Jésus-Christ, le P. de Bérulle regarde peu ses œuvres. Comment, à certaines heures cependant, n'éprouverait-il pas une inexprimable joie, en songeant que grâce à lui, le clergé sortant enfin de l'ornière où il se traînait misérablement, on a vu des prêtres, qui n'étaient point des Religieux, prêcher la vérité dans un langage grave et pathétique, se montrer au tribunal de la pénitence pères aussi tendres que juges éclairés, et à l'autel, centre de toute la religion, recevoir Jésus-Christ dans des mains pures et dans des cœurs dignes de lui!

Ce qu'une si grande œuvre lui a coûté, le P. de Bérulle le sait. L'ennemi de tout bien, qui ne craint rien tant en ce monde qu'un clergé rendu invincible par ses vertus, a tout fait pour détruire l'ouvrage du P. de Bérulle. Il est parvenu à soulever contre lui la plus furieuse tempête. Jusque-là, les monastères du Carmel étaient les séjours de la prière, de l'obéissance et de la paix; quelques-uns sont devenus tout à coup des centres d'agitation, de révolte. Des esprits emportés, de misérables intrigants abusant de la piété de quelques Carmélites, les trompant sans pudeur, ont spéculé sur la passion religieuse, si facile à enflammer, si difficile à éteindre. Depuis près de dix ans, il n'est aucun outrage dont on n'ait accablé le P. de Bérulle en

France, aucune calomnie dont on n'ait essayé de le noircir en Cour de Rome. Toutes ces manœuvres ont échoué. L'Oratoire, qu'on espérait détruire en ne semblant attaquer que le Carmel, prend un puissant développement, et le Carmel, par le départ des Religieuses rebelles à leurs supérieurs et au Saint-Siége, a retrouvé la paix. De ses trente-quatre monastères [1] monte vers le ciel une prière continuelle pour obtenir que la vie de Jésus se répande dans les âmes, que l'Église triomphe et que la France soit sauvée.

Car le salut de la France a été mis en question pendant les années difficiles de la minorité du Roi, et si maintenant non-seulement elle respire, mais laisse deviner déjà le rôle qu'elle va jouer dans la chrétienté, le P. de Bérulle n'est point étranger à cette résurrection. La Cour lui fait honneur de l'heureux rapprochement du Roi et de la Reine. Par cette réconciliation achetée au prix de tant de fatigues, il n'a pas seulement mis terme à un grand scandale, il a espéré désarmer la noblesse et réduire les protestants. Ses vœux commencent à être exaucés. Ainsi, jusque dans les négociations politiques, le but qu'il poursuit est toujours le même : le règne de Jésus-Christ.

Et pendant ces treize années si utiles à l'Église et à la France, lui, il a grandi.

Cet homme qu'on accusait de déloyauté et de despotisme, cette âme angélique dont on avait eu l'infamie d'attaquer la vertu, ce penseur dont de petits esprits

---

[1] La trente-quatrième fondation est celle de Blois, du 7 mai 1626. Les fondations de Sens, d'Aix et de Saint-Denis, eurent lieu cette même année, mais plus tard. J'en parlerai dans mon troisième volume.

rabaissaient le génie, ce serviteur de Dieu qu'on avait traduit comme un criminel à la barre du Saint-Siége, il est absous. Rome l'a vengé de la France.

Vengé avec un tel éclat, que le Roi, ayant à obtenir du Saint-Père une grâce importante, dans des circonstances délicates, n'a cru pouvoir choisir un négociateur plus agréable au Pape que le P. de Bérulle, et qu'après trois mois de séjour à Rome, pendant lesquels maintes fois il a tenu aux membres du Sacré Collége, au Vicaire de Jésus-Christ lui-même, un langage dont la liberté étonne, Urbain VIII lui confie ses intérêts les plus chers. Il était arrivé à Rome comme ambassadeur du Roi Très-Chrétien, et il rentre à Paris, sinon avec le titre au moins avec les fonctions d'ambassadeur du Pape. Ses adversaires l'ont bien servi.

Mais si sa réputation s'est accrue devant les hommes, son âme surtout s'est développée devant Dieu. Pour vivre à Dieu, il faut mourir à soi. Toutes les épreuves par lesquelles il a passé ont opéré en lui cette mort nécessaire et féconde. Il a immolé successivement aux pieds de son Sauveur cette dignité si légitimement chère au fils et au neveu des Séguier, cette réputation d'orthodoxie dont sa foi devait être avide, et jusqu'à l'honneur, de tous le plus précieux à son cœur, celui d'avoir gardé une inviolable fidélité aux joyeuses et éternelles promesses de son sacerdoce. Il a porté tant d'humiliations sans faiblir. Pendant qu'il se sentait anéanti dans l'esprit des hommes, il s'est réfugié dans le sein de Dieu, il s'y est caché, et dans le silence intérieur et l'opprobre apparent, il a puisé à sa source la véritable vie.

Voilà pourquoi, profondément humble, il est étonnamment fort, d'une force que rien ne lasse. Sa persévérance paraît même, à ceux qui le connaissent peu, de l'obstination. La grandeur d'âme contracte en lui avec l'humilité cette union difficile célébrée par saint Thomas, son maître. Sa charité croit tout comme le veut l'Apôtre, sans que sa prudence se laisse séduire ni tromper. Son cœur, plein de pardon pour ses ennemis, n'aveugle jamais son esprit sur leurs embûches, et tout en s'avouant digne des mépris et des persécutions des hommes, il ne cache pas son insurmontable dégoût pour les manœuvres dont il est la victime. Humble et grand, charitable et juste, il s'efforce chaque jour de ressembler davantage à Jésus-Christ, dont il est l'hostie aussi bien que le prêtre.

Et maintenant, il le sait, de nouvelles persécutions l'attendent. Il s'y prépare en priant et en faisant prier. Qu'a-t-il à craindre? Il emporte en Angleterre son Dieu avec lui.

1873, en la fête de l'Immaculée Conception
de la Sainte Vierge.

PIÈCES JUSTIFICATIVES

***

N° I.

LISTE DES MANUSCRITS QUI ONT SERVI POUR LA COMPOSITION
DE CETTE HISTOIRE.

La plupart des pièces manuscrites dont j'ai donné le titre dans
mon premier volume, p. 522, ont également servi à la composition
du second : le lecteur me permettra de l'y renvoyer, afin de ne pas
me répéter inutilement. Je me borne donc à signaler les documents qui n'ont été ni cités ni employés dans *Monsieur de Bérulle
et les Carmélites de France.*

I. BIBLIOTHÈQUE NATIONALE. Département des manuscrits.

    A. *Recueil des vies de quelques Prêtres de la Congrégation
de l'Oratoire de Jésus-Christ Notre-Seigneur,* par le
P. E. CLOYSAULT, 3 vol. in-fol. (Fr. 20942.)

    B. *Bibliothèque des écrivains de l'Oratoire, ou Histoire
littéraire de cette Congrégation,* par M. ADRY, de l'Oratoire, 1790, 7 vol. in-4°. (Fr. 25681-25687.)

    C. *Manuscrits de Béthune,* 3665, 3667, 3668.

    D. *Manuscrits de Brienne,* 47.

II. ARCHIVES NATIONALES.

    A. Dans la série M., tous les cartons concernant l'Oratoire.

    B. Dans la série MM.

        1. *Jesus-Maria, Annales de la maison de l'Oratoire éta-
blie rue Saint-Honoré, proche le château du Louvre.*
1 vol. grand in-fol. (MM. 623.) *Annales de la maison de
l'Oratoire* (MM. 623 et 624.)

        2. *Mémoires pour servir au Journal historique* (MM. 626.)

        3. *Discours sur le premier siècle de l'Oratoire,* par le
P. BATTEREL, grand in-4°. (MM. 645.)

C. Dans les séries S. et L., j'ai également compulsé tous les cartons où je pouvais espérer trouver des documents sur l'Oratoire et le Carmel.

III. Archives du ministère des affaires étrangères. Tous les volumes des séries *Angleterre, France et Rome*, contenant les dépêches des années où le P. de Bérulle s'est trouvé mêlé aux négociations politiques, ont été vus par moi avec le plus grand soin. J'y ai trouvé de nombreuses lettres du P. de Bérulle, ses *Instructions* au moment de son départ pour Rome, la correspondance de M. de Béthune, de M. d'Herbault, de M. de la Ville-aux-Clercs, de M. de Tillières, de M. de Marquemont, du cardinal de Richelieu; c'est donc toujours d'après les originaux que je cite.

IV. *Archives départementales.* Je ne crois pas nécessaire de surcharger cette liste des noms de toutes les archives de province où j'ai fait des recherches. Je dois cependant signaler les Archives diocésaines de Bordeaux, qui m'ont été ouvertes avec la plus parfaite obligeance et où j'ai découvert des documents d'un grand intérêt, puis les archives départementales de la Seine-Inférieure, riches d'autographes du P. de Bérulle et de papiers concernant l'Oratoire à Dieppe.

V. M. Feuillet de Conches a bien voulu me confier un précieux volume, intitulé *Négociation du cardinal de la Rochefoucault et du comte de Béthune, envoyés par le Roi Louis XIII vers la Reine sa mère, en 1619.* Ce volume in-folio contient vingt-huit pièces originales et fort importantes pour l'histoire de la paix d'Angoulême.

Cette énumération est très-sommaire, parce que, ayant indiqué soigneusement au bas des pages les sources auxquelles j'ai puisé, rien ne sera plus facile au lecteur que d'y recourir.

N° II.

BULLE D'INSTITUTION DE L'ORATOIRE [1]. (Chapitre ii, p. 48.)

Institutio Congregationis piorum sacerdotum Oratorii Jesu Christi Domini nostri nuncupatæ, in regno Franciæ, ab Henrico Episcopo Parisiensi et Maria Francorum Regina ad restituendam augendamque fidem catholicam promotæ.

PAULUS EPISCOPUS,

Servus servorum Dei, ad perpetuam rei memoriam.

Sacrosanctæ Romanæ Ecclesiæ, quam Dei unigenitus Jesus Christus Dominus noster auctor ipse piorum operum fundavit, regimini supremâ dispositione præsidentes, pro nobis commissi gregis dominici prospero statu et animarum salute solliciti esse compellimur, et ea sincere tenemur amplecti quæ ad incrementum religionis pertinent, et ad virtutum spectant ornamentum, ac ut piæ Christifidelium Congregationes instituantur, et exinde uberiores fructus bonorum operum, in illis locis præsertim ubi id magis expedire dignoscitur, in dies per pia et spiritualia exercitia accrescant, et iis exercitiis devotæ ac Domino famulantes personæ, animarum suarum salutem, eodem Domino miserante, facilius consequi, cæterisque Christifidelibus vitæ ac morum exemplo proficere valeant ad salutem.

§ 1. Sane exhibita nobis nuper pro parte venerabilis fratris nostri Henrici, episcopi Parisiensis, ac charissimæ in Christo filiæ Mariæ, Francorum Reginæ, petitio continebat, quod aliàs cùm ipsa Maria Regina pio devotionis zelo ducta, ut aliquo devotionis suæ monumento immensarum gratiarum munera quibus eam bonorum omnium largitor optimus decoravit testari possit, disciplinam ecclesiasticam, undique fere in regno Franciæ hæresum bellorumque præteritorum injuriâ, tum in religione, tum etiam in moribus non parum·depravatam ac corruptam, in primævum et pristinum suum statum, devotionisque et pietatis splendorem salubri aliqua ratione restitui plurimum desideret, et id reipsâ in consultatione cum viris gravibus et piis, ac præsertim cum D. Henrico episcopo pluries habitâ, mature discussâ, utilius et fructuosius quam ex institutione alicujus congregationis piorum sacerdotum, quorum studium et officium ad munus

---

[1] On trouve cette bulle dans le *Gallia christiana,* t. VII, *in Append., Instrum.,* p. 163, mais la division par paragraphes a été négligée. et des fautes nombreuses rendent le texte très-difficile à comprendre. Je reproduis ici la constitution *Sacrosanctæ* d'après le *Bullarium Romanum,* Augustæ Taurinorum, Vecco et sociis, edit. 1867, in-4°, t. XII, p. 205.

sacerdotale, juxta sanctum atque pium illius institutum debite exsequendum et adimplendum sit omnino directum, instituendæ, exsequi posse non videatur; ipsaque Maria Regina unam devotam ac piorum ac probatæ vitæ sacerdotum, quorum principale institutum singulas actiones Ordini sacerdotali convenientes et essentiales amplecti existat, congregationem in ipso Regno et præsertim in civitate Parisiensi, ubi illa non parum desiderari videtur, erigi et institui, curamque erectionis et institutionis hujusmodi dilecto filio Petro de Berulle presbytero Parisiensi, cujus ministerium felici progressui et directioni ipsius Congregationis maxime profuturum esse in Domino confidit, per nos committi et demandari summopere desideret; pro parte eorumdem Henrici episcopi et Mariæ Reginæ nobis fuit humiliter supplicatum quatenus Congregationem piorum ac probatæ vitæ sacerdotum perpetuo erigere et instituere, illiusque curam dicto Petro committere et demandare, ut præfertur, ac alias de Apostolicæ potestatis providentia consulere dignaremur.

§ 2. Nos igitur (quibus cura et sollicitudo cordi semper insidet fidem et religionem catholicam propagare, divinique cultus augmentum, et ut Christifideles singuli per viam salutis in hoc sæculo gradientes, ad cœlestia Regna pervenire mereantur procurare, præsertim ubi catholicorum principum vota id exposcere, ac in Domino salubriter conspicimus expedire), considerantes hujusmodi institutionem sacerdotes, aut personas ad sacerdotalem statum aspirantes, vel saltem eorum ministerio necessarias, ad Jesum Christum Dominum nostrum sacerdotalis dignitatis immediatum institutorem tangere et respicere, æquum maxime et rationi consentaneum judicamus, ut qui hujusmodi institutum aggrediuntur ultra communem fidelium devotionem speciali et particulari devotioni Jesu Christi Domini nostri addicantur, qui est sacerdos in æternum secundum ordinem Melchisedech, et fons sacerdotii in Ecclesia christiana. Hinc (pio et salubri dictæ Mariæ Reginæ desiderio favorabiliter annuere, ac ipsum opus pium muneris Sedis Apostolicæ consolatione confovere, necnon Christifideles ad pia, meritoria et salutaria opera exercenda, ecclesias quoque et sacra Dei templa devotionis causa visitanda, æternis præmiis ac spiritualibus muneribus et peccatorum remissione invitare volentes; necnon Henricum episcopum et Petrum prædictos, ac eorum quemlibet, a quibusvis excommunicationis, suspensionis et interdicti, aliisque ecclesiasticis sententiis, censuris et pœnis, a jure vel ab homine, quavis occasione vel causâ latis, si quibus quomodolibet innodati existunt, ad effectum præsentium dumtaxat consequendum, harum serie absolventes, et absolutos fore consentientes), hujusmodi supplicationis inclinati (dicto

Petro, apud nos de religionis zelo, vitæ ac morum honestate, aliisque probitatis et virtutum meritis multipliciter commendato, nostram et dictæ Sedis benedictionem impertientes), ad laudem et gloriam omnipotentis Dei Patris et animarum salutem unam sub nomine Oratorii Jesu Christi Domini nostri congregationem, in honorem orationum quas in diebus carnis suæ fudit, ut ii qui congregationem istam ingredientur eumdem Jesum Christum pro nobis in oratione positum et pernoctantem revereantur, atque etiam instituti ad quod vocati sunt moneantur, et præsertim semper hanc præcipuam omnibus communem et omni tempore congruentem officii eorum partem, quæ in orationibus pro populo, ac in Dei laudibus celebrandis versatur, habeant, apostolica auctoritate, tenore præsentium perpetuo erigimus et instituimus.

§ 3. Dictumque Petrum in institutorem et præpositum generalem hujus piorum sacerdotum, nulli antea religionis voto solemni addictorum, necnon et aliorum ad presbyteratus ordinem promoveri cupientium, et reliquorum ad familiaria officia necessariorum congregationis Oratorii Jesu Christi Domini nostri nuncupandorum, qui simul et in societate religiose vivere, et in humilitatis spiritu et piæ vitæ studiis Altissimo famulatum exhibere et impendere studeant, quorum principale ac præcipuum institutum sit perfectioni status sacerdotalis totaliter incumbere, singulasque actiones ordini sacerdotali proprie et essentialiter convenientes, sibi a locorum Ordinariis ubi stabilita fuerit præscribendas, et non alias, amplecti; sacerdotum insuper aliorum ad sacros ordines aspirantium instructioni, non circa scientiam, sed circa usum scientiæ, ritus et mores proprie ecclesiasticos se addicere.

§4. Cum plenâ et omnimodâ facultate, potestate et auctoritate eidem Petro (per nos ad id assumpto, et a dictâ Mariâ reginâ summopere commendato) prædictam Congregationem hujusmodi, tam in civitate Parisiensi, quam in omnibus aliis civitatibus, oppidis, terris et locis, ad quæ a locorum episcopis vocatus fuerit, et non alias instituendi, ac demum, pro felici statu et directione personarum ac bonorum spiritualium et temporalium ejusdem Congregationis seu Congregationum sic erigendarum (tum circa receptionem et admissionem, numerum, ætatem et qualitates in ipsâ Congregatione recipiendorum et admittendorum, eorumque instructionem et disciplinam quam circa exercitia, ac modum et formam divinorum officiorum, precum et orationum, aliorumque suffragiorum recitandorum, et alia ipsis Congregationibus utilia atque necessaria) quæcumque statuta, ordinationes et capitula (licita et honesta, sacrisque canonibus et constitutionibus apostolicis, necnon Concilii Tridentini decretis minime contraria, a sancta Sede Apostolicâ postmodum approbanda, confirmanda, ac per ipsarum Congregationum præpositum, presbyteros, officiales, ministros, et coadjutores, sub pœnis in eis apponendis, adimplenda et observanda) faciendi, edendi et condendi; factaque, edita et condita (quoties pro illorum, ac rerum et temporum qualitate et vicissitudine, seu alias, videbitur) corrigendi, limitandi, immutandi, alternandi; ac etiam alia (ut præfertur, examinanda et approbanda, ac etiam, ut præfertur, adimplenda et observanda) ex integro faciendi et condendi; aliaque omnia et singula (a similium Congregationum, necnon quorumcumque Ordinum approbatorum constitutoribus, aut aliis superioribus etiam generalibus, de jure vel consuetudine, sive ex privilegio, aut aliàs quomodocumque fieri et exequi solita) faciendi et exequendi dicta auctoritate deputamus et assumimus.

§ 5. Omnesque aliàs, ad instar supradictæ per nos sic erectæ, canonice erigendas Congregationes (quas ab eâ Parisiensi, et a dicto præposito generali ubicumque locorum stabilitatæ fuerint, in omnibus dependere volumus et intelligimus), ex nunc, prout postquam auctoritate prædicta erectæ fuerint, eisdem auctoritate et tenore, perpetuo approbamus et confirmamus.

§ 6. Ita tamen quod Congregatio Parisiensis saltem duodecim presbyteris constare, et tot redditus annuos habere debeat, ex quibus unicuique presbytero hujusmodi portio annua quadraginta quinque ducatorum auri de camerâ obvenire possit. Ceteræ vero Congregationes decem ad minus presbyteros, ac eosdem redditus annuos (vel quos Sedis prædictæ legatus, aut pro tempore existens nuncius apostolicus, et episcopus loci, ac dictæ Congregationis sic erectæ præpositus generalis, pro loci qualitate sufficere judicaverit) habere debeant.

§ 7. Et postremo eisdem Congregationibus ex nunc, prout etiam postquam institutæ et erectæ fuerint, ut præfertur pro illarum dote et dicti Petri necnon præpositi generalis, et presbyterorum eorumdem pro tempore existentium sustentatione, onerumque illis incumbentium supportatione, omnia et singula, res, bona, fructus, redditus et legata ac eleemosynas, tam per dictam Mariam Reginam, quam alios quoscumque Christifideles dictis Congregationibus quomodolibet relinquenda, donanda et elargienda (ita quod liceat dicto Petro, vel alii præposito generali, et presbyteris dictarum Congregationum pro tempore existentibus, illorum omnium corporalem, realem et actualem possessionem, per se, vel alium, seu alios, dictarum Congregationum nomine, libere apprehendere, et perpetuo retinere, fructus quoque, redditus et proventus, jura, obventiones et emolumenta quæcumque eorumdem percipere, exigere, levare, recuperare, ac in dictarum Congregationum usus et utilitatem convertere Diœcesani loci, vel cujusvis alterius licentia desuper minime requisitâ) etiam perpetuo applicamus.

. § 8. Non obstantibus apostolicis, ac in universalibus, provincialibus, et synodalibus conciliis editis, generalibus vel specialibus, constitutionibus et ordinationibus, ac statutis et consuetudinibus, privilegiis quoque, indultis, ac litteris apostolicis, quibuscumque superioribus et personis, sub quibuscumque tenoribus et formis, ac cum quibusvis, etiam derogatoriarum derogatoriis, aliisque efficacioribus et insolitis clausulis, necnon irritantibus et aliis decretis, in genere vel in specie, per quoscumque Romanos Pontifices prædecessores nostros, et Sedem prædictam, ejusque legatos, quavis causâ et occasione, etiam motu proprio, et ex certâ scientiâ ac de Apostolicæ potestatis plenitudine, ac etiam consistorialiter, et aliàs quomodolibet, etiam iteratis vicibus, concessis, approbatis et innovatis : quibus omnibus, etiamsi de illis eorumque totis tenoribus specialis, specifica, expressa et individua mentio habenda aut aliqua alia exquisita forma ad hoc servanda esset, tenores hujusmodi, ac si de verbo ad verbum, et formâ in illis traditâ observatâ, nihilque penitus omisso inserti forent, præsentibus pro expressis habentes, illis alias in suo robore permansuris, hac vice dumtaxat specialiter et expresse derogamus, cæterisque contrariis quibuscumque.

§ 9. Ceterum ad augendam fidelium devotionem, animarumque saluti consulendum, et ut Christifideles ad hujus instituti exercitium animentur atque invitentur, de omnipotentis Dei misericordiâ, ac Beatorum Petri et Pauli Apostolorum ejus auctoritate confisi, omnibus et singulis presbyteris, qui perpetuis futuris temporibus dictam Congregationem ingredientur, et in eâ recipientur, eorumque coadjutoribus et oblatis, aliisque ministris, die eorum et cujuslibet ipsorum ingressus, receptionis ac professionis, ac in mortis articulo, si pœnitentes et confessi, ac sacrâ communione refecti fuerint, plenariam indulgentiam, et omnium peccatorum suorum remissionem, eisdem auctoritate et tenore misericorditer in Domino concedimus et elargimur. Postremò eisdem præposito, presbyteris, coadjutoribus, oblatis, et aliis ministris prædictis, qui congregationibus publicis vel secretis pro quocumque opere pio exercendo interfuerint, aut pium aliquod opus circa functiones suas exercuerint, toties pro quolibet præmissorum piorum operum, ut magis ad sui instituti opera animentur et suavius ad ea invitentur, sexaginta dies de injunctis eis vel aliàs quomodolibet debitis pœnitentiis, etiam Apostolicâ auctoritate et tenore hujusmodi misericorditer relaxamus ; nenon tam ipsis, quam omnibus aliis Christifidelibus, qui etiam vere pœnitentes et confessi ac sacrâ communione refecti eorumdem presbyterorum ecclesias aut oratoria (in sanctissimi

Corporis Christi, et Assumptionis Beatæ Mariæ Virginis festivitatum, ac in quo ecclesiæ seu oratoria dictorum presbyterorum in unaquaque diœcesi seu loco primâ vice populo aperientur, diebus) devote visitaverint, simili Apostolicâ auctoritate, tenore præsentium, etiam indulgentiam plenariam et omnium peccatorum suorum remissionem concedimus et elargimur, præsentibus perpetuis futuris temporibus duraturis. Nulli ergo, etc. Si quis autem, etc.

Datum Tusculi, anno a nativitate D. N. J. C. 1613, sexto idus maii.

N° III.

LETTRE INÉDITE DU P. DE BÉRULLE [1]. (Chapitre VII, p. 253.)

(Archives de la Seine-Inférieure.)

JESUS † MARIA.

La grace de Jesus-Christ Nostre-Seigneur soit avec vous pour jamais. A mon retour de la visite en Touraine j'ay reçeu vostre lettre, pour responce a laquelle je vous diré que nous avons resolu de prendre *deus Religieuses de vostre mayson pour servir à la fondation de Nantes* avec celles qui doivent y aller de Tours. Si une pouvoit estre sous-prieure il seroit fort a propos; lautre doit estre vertueuse, car aus fondations il ne faut pas avoir esgard a descharger les maysons que *pour le nombre* e non pas pour la condition des espriz. Cest une faute qui a esté pratiquée par le passé, dont il nous faut donner garde a ladvenir. Pour Sœur..., si vous pressez M. Duval, il assignera sur Ponthoise une pension pour elle a vostre mayson, ce qui me semble très-juste eu esgard a vostre pauvreté [2]. Vous mescrirez ce quil vous plaira, ou de vos besoins intérieurs, ou des autres sujets de la mayson, dont vous desireez mon avis particulier. Je ne desire nullement vous manquer, ne le pensez pas sil vous plaist : et il me semble que jy ai quelque obligation interieure, e ne mesurez pas ladvenir par le passé. Nos divers voyages nous ont empesché de recevoir vos lettres a temps, Mesme je considere le moyen de vous approcher par quelque nouvelle fondation sitost que Dieu en preparera quelqune, et soit proche soit esloignée, je desire rendre a vostre Ame toute lassistance que Nostre-Seigneur et sa très-sainte Mère vous disposeront a desirer de nous. Cherchez Dieu par les voyes interieures qui vous ont esté proposees, e par celles quil luy plaira ouvrir de nouveau a vostre Ame. Souvenez-vous quil est : 1° la *source de vostre* estre ! 2° la perfection de vostre estre ! 3° la béatification de vostre estre ! 1° Adorez-le ; 2° adhérez lui ; et 3° aspirez à lui : en suitte e hommage de ces trois qualitez et relations vers vous rendez lui ces trois affeccions e dispositions interieures vers luy ! O quelle adoration et quel retour vers luy, luy devons nous côme estant *source* e *telle source* de nostre estre ! quelle adhærence

---

[1] Cette lettre est adressée sûrement à Mademoiselle d'Hannivel (Marie de la Trinité), alors prieure de Rouen, car les Religieuses destinées à Nantes étaient : une de Paris, deux de Tours, et deux de Rouen. Or le P. de Bérulle parle à la prieure des deux Religieuses de sa maison qui doivent rejoindre celles de Tours. La fondation eut lieu le 12 octobre 1618. Voyez les *Chroniques*, peu claires d'ailleurs (t. III, p. 424-426).

[2] A la suite du mot *pauvreté*, six lignes raturées dans l'original.

e union de nostre esprit devons nous a cet esprit Incréé : qui est la perfeccion e *telle perfeccion* de nostre estre ! O quelle *inclination,* quel *amour* e *aspiration* devons nous avoir vers luy, qui est la *seule* beatification e *telle beatification* de nostre estre ! Des a *present,* il est la *perfeccion* e seul la *perfeccion* de nostre estre : des a present aussi il faut adhærer a luy e *nadhærer* qua luy ; e nous separer de tout et de nous mesme, pour nadhærer qua luy, e entrer en lestat declaré par lApostre en ces parolles : *Qui adhæret Deo, unus spiritus est cum eo,* etc. Mais il y a difference entre *perfeccion* e *beatification* de nostre estre. Le premier est present, e le second regarde ladvenir. Cest pourquoy il nous faut entrer en lun comme present, e tendre e aspirer a lautre comme estant a advenir, et vous devez reputer a grand heur destre obligée par vostre profession de vie dentrer en cet estat, cest a dire en Dieu qui est la *perfeccion de vostre estre* e dadhærer a luy des a present e pour jamais. Ainsi Dieu est *tout en vous est tout.* Ainsi Dieu regarde tous les temps e les différences de vostre estre, pour le *passé* e lors que vous nestes point, il est la source et lorigine de vostre estre ; pour le present *il est la perfeccion de ce mesme estre ;* e pour ladvenir il est la beatification de vostre estre ! Ainsi, et *il est* tout ! et *il vous est tout !* et il vous environne toute e de toute part ! Soyez aussi *toute à luy ;* e ne sortez pas hors de luy ! et demeurante en luy, regardez *en luy mesme son fils unic,* Jesus-Christ Nostre-Seigneur, fils de Dieu et Dieu mesme : *Dieu de Dieu* selon vostre symbole, e Dieu en Dieu selon l'Evangile ! *Ego in Patre et Pater in me !* Regardez donc son Fils en luy ! e adorez le en sa double essence *divine* et *humaine :* adorez le en ces deux estats de *jouissance* e de *souffrance.* Unissez vostre ame a son ame déifiée e a ses pensées, ses conseils e ses voyes sur vous e a *toute lestendue de ses conseils e de ses voyes sur vous ;* sans difference, e sans *limitation* de vostre part. Vostre Ame doit estre plus *en* Jesus-Christ que ny *en* ce corps quelle habite ; ny en *elle mesme* ! Jesus est *la* vie e il est *vostre* vie, il est *la voye* e *vostre* voye ! Soyez donc en Jesus comme en la vie e en vostre vie ; e ne soyez point en vous mesme ! e au lieu des deus demeures que par nature lame a : en soy mesme pour tousjours, en ce corps, tandis quelle est en cette voye sur la terre ! que *la grace* change en vous ces deux demeures e habitations que la nature vous a données ; e que vostre Ame, par *intention,* par *affeccion,* par *aspiration,* par intime application, soit non en elle mesme, mais en *Jesus* comme en sa vie ! soit non *en ce* corps, mais en Jesus comme *en sa* voye : suyvant *les pas* de cette voye divine, e non les appetitz *de ce* corps perissable ; suyvant les instincts e les operations de cette vie divine e non les sentimens de cette Ame miserable e imparfaitte sur la terre ! Soyez donc *toute en Jesus* et a Jesus. Vivez *en* luy ; vivez *de* luy ; vivez *pour* luy ; vivez *par* luy. O quelle vie de vivre *par* Jesus ! O *que ce dernier* article comprend de choses ! O que nous sommes eloignez de ce point la ! Mais il faut le proposer pour ladmirer e pour nous abaisser en nous voyant si loing de chose si grande et importante : cestoit le propre de la tres sainte Vierge de vivre non seulement *en* Jesus mais aussi *par* Jesus. Jesus estoit sa vie en cette manière tres-particulière ! Jesus estoit la vie de sa vie, lame de son ame, e occuppoit le fond de son essence : voyez et honnorez Jesus en la Vierge comme faisant *partie principale* en la Vierge ! O comme Dieu fait partie de nous mesme, *pars mea* Deus in æternum ! Aussi Jesus fait partie de la Vierge e ne doit estre separé de la Vierge ! Soyez au *Fils* e a *la Mère* pour jamais, e desirez que lun e lautre soit vostre part e vostre heritage pour jamais ! Je suis,

Vostre plus affectionné en Jesus-Christ Nostre-Seigneur, e en sa tres sainte Mère.

Pierre de B.,

Prestre de Loratoire de Jesus.

N° IV.

DOCUMENTS RELATIFS AUX ÉLÉVATIONS. (Chap. XI, p. 404 et suiv.)

I.

LETTRE DU P. LESSIUS A M. COSPEAU, ÉVÊQUE DE NANTES.

(26 septembre 1621.)

(Archives nationales. M. 234. Autographe.)

PAX CHRISTI.

Reverendissime Domine,

Valde sane indolui cum ex litteris vestris intellexi isthic a quibusdam jactari formulam vovendi a Reverendissimis Episcopis aliisque viris doctissimis et sanctissimis probatam a nobis improbari. Id enim a mente nostra longe fuit alienissimum adeo ut ne suspicio unquam ulla subierit animum illi rei se aliquem istorum miscuisse. Allata nobis fuit schedula quædam gallice scripta si recte memini, ab aliquo viro ecclesiastico, religioso an seculari non memini; petiit an talis formula vovendi obliget et valde rogavit ut meam adscriberem sententiam. Talia in dies et mihi et aliis proponuntur ab exteris in hac universitate, quibus non solemus id officii negare, etiamsi nihil inde commodi reportemus; perlecta schedula scripsi meum judicium, utrum seorsim an in eadem scheda non memini. Puto eundem etiam petiisse judicium facultatis theologiæ. Respondi eidem ea quæ fuere proposita, quæ mihi ab aliquo bono religioso videbantur concepta, sed pluraque non videbantur idonea materia voti. Non solemus interrogare de quo monasterio agatur vel quis sit ille superior, qui talia proponit suis monialibus; hoc enim pertineret aliquo modo ad infamiam monasterii et superioris. Itaque non est quod aliquis nobis indignetur, quasi nos judicium virorum reverendissimorum et doctissimorum improbaverimus. Facile omnis impostura detegetur si inspiciatur ipsa schedula et responsum mea manu scriptum præsertim si in eadem schedula contineatur. Quid autem de re tota sentiam solide non possum exponere nisi formulam videam legitimam. Quare si reverendissima dignitas tua curare dignetur ut exemplar authenticum ad me mittatur, libenter subscribam meum judicium. In hujusmodi enim formulis singula diligenter ponderanda. Porro ut quisque se cogitet esse Dei mancipium et coram Deo quotidie vel ex animo profiteatur, et offerat se ad omnia quæ Deus illi immittere vel permittere in illum voluerit summo opere probo; sicut alias multas considerationes quæ illa formula continentur;

sed novum voti vinculum (de quo rogatus sum) non judico imponendum alicui religiosæ per superiorem, præsertim in materia obscura et quæ varios sensus et interpretationes potest admittere. Vale, reverendissime domine, diu felix et vegetus ad Ecclesiæ bonum memor mei apud Deum, et me apud reverendissimos episcopos aliosque apud quos traductus sum excusa. Testis enim mihi est Dominus me penitus fuisse ignarum alicujus approbationis ab illis vel ab aliquo viro docto factæ.

Lovanii, 26 sept. 1621.

Reverendissime Domine V.,

Servus in Christo.

Leonardus Lessius.

Reverendissimo Domino D. Philippo Cospeano Episcopo Nanetensi dignissimo Parisios [1].

II.

LETTRE DE M. COSPEAU, ÉVÊQUE DE NANTES, A M. DU VAL.

(25 mai 1622.)

(Archives nationales. M. 234. Autographe.)

Monsieur,

J'escrivis il y a quelque temps à Monseigneur le cardinal Bentivolio une lettre apologeticque pour le révérend père de Berulle, respondant à un libel imprimé sans nom d'autheur ni d'imprimeur qui accusoit d'hérésie ou au moins de grandes erreurs en la foy une prière faicte par ce bon père en forme de veu à Jésus Christ Nostre Seigneur et à la bienheureuse Vierge sa Mère; laquelle j'ay avec plusieurs de messieurs les évesques et célèbres docteurs approuvée non-seulement comme catholicque, mais encores comme très-sainte, et ces jours passés j'ai receu d'un de mes amis un autre libel diffamatoire contre mon épistre où l'autheur n'a oublié aucune vilainie que son nom.

Cela, Monsieur, ne m'affaicte aucunement, tenant à honneur d'estre injurié et de telles gens pour une telle cause; mais ce qui me presse et ce que ne puis me dissimuler, c'est que l'on employe contre moy ceux à qui j'ay plus voué de service et que l'on tire de vous, Monsieur, la seule pièce qui peut nuire à la cause de tant de saintes filles dont

---

[1] Il existe dans ce même carton une autre lettre non moins explicite du P. Lessius au P. Étienne Binet, de la Compagnie de Jésus, à Paris, en date du 1er octobre 1621.

vous estes en Notre-Seigneur le vrai père. Ces bonnes'gens qui nous attacquent crient et escrivent partout que vous aves escrit que le feu pape Paul V avoit condamné ceste prière mesme comme contenant des erreurs contraires à la foy. Ils transcrivent à ceste fin quelques clauses de lettres qu'ils disent avoir esté escriptes par vous, par lesquelles vous le mandes ainsi à celles à qui vous escrivés. Je ne veus pas m'arrester, Monsieur, à montrer que ce que l'on publie comme vostre ne porte pas ce que l'on infère, car je ne me veus esclairer de cela qu'avec vous, et vostre amitié m'oblige à en user ainsi. Je vous supplie donc, Monsieur, si vous aves escrit ces lettres, quelle condamnation vous aves voulu dire avoir esté faicte par le Pape de ceste double prière en forme de veu et quel fondement vous aves eu de le dire. Je me promes que vous ne me refuseres pas de me donner cest esclaircissement, ayant comme vous cognoissés assés, Monsieur, non-seulement quelque droit mais obligation de vous le demander, et la justice voulant que vous me le donniez, veu mesmes que l'on se sert de vostre doctrine et réputation pour me blasmer comme si nous estions contraires es choses les plus importantes de la théologie. Je prie Dieu qu'il vous continue ses bénédictions et suis en lui, Monsieur, vostre très-affectionné serviteur. P. E. de Nantes.

De Nantes, ce 25 de may.

Monsieur, j'ay oublié en ma lettre de vous dire qu'ayant escrit à feu Monsieur le cardinal de Bonzi et de Sainte Suzanne dudit veu et ayant receu leur responce, numquam vel verbo significarunt damnatum a quoquam Romæ fuisse, quo fit ut in suspicionibus adducar mentiri prorsus ut solent bonos istos viros qui non minus in te quam in nos furiunt, ubi abs te hæc de quibus queror scripta jactant. Libera me hac suspicione, vir magne, et memento cum quibus res nobis sit, numquam certe ego vocis illius tuæ obliviscar qua....., coram marchionissa, domno de Marillac et me testatus es ut eorum hominum partes ulla in re tuereris nimis tibi esse notos, atqui nulla re..... magis, mi domine quam tuo illo testimonio [1]. Fac ergo ut deinceps de illis abuti non liceat. Vale.

Au dos :

A Monsieur, Monsieur du Val, docteur et professeur en la saincte théologie, à Paris.

---

[1] J'ai indiqué par des points la place de plusieurs mots illisibles dans le texte.

III.

RÉPONSE DE M. DU VAL A M. COSPEAU (16 juin 1622).

(Archives nationales. M. 234. Autographe.)

Monseigneur, j'ay receu celles qu'il vous a pleu m'escrire du 25 du mois passé touchant les extraicts que l'on a faict imprimer de certaines lettres que j'ay escrites à quelques Religieuses de l'Ordre des Carmélines où vous vous plaignez de ce que le Pape a condamné un veu pour la deffence duquel vous avez doctement et solidement escrit et déclaré l'avoir approuvé avec plusieurs de messieurs les évesques et grand nombre de célèbres docteurs, et sur cela désires que je vous esclareisse de ce que j'ay escrit à ce que l'on ne croit pas qu'ayant eu l'honneur d'estre eslevé en la mesme escole que vous, il y ait entre nous de la contrariété sur la doctrine et en matière si importante. A quoy par la grace de Dieu il m'est bien aisé de satisfaire selon vostre désir, pourveu que vous ne m'imputeres pas le mauvais usage qu'ont faict de mes lettres ceulx qui les ont et baillées et divulguées de mauvaise foy, pour essaier de mettre division entre le Père de Bérulle et moy, ou faire croire qu'il y en eust, ce qui n'a point esté et n'est point, Dieu merci ; et sommes demeurés bien unis ensemble comme l'effect le montre ; et mes lettres mesmes font voir que j'ay tousjours approuvé son authorité de visite comme aussi sa grande piété et rare doctrine, et ne puis excuser de grief péché ceulx qui ont ainsi publié mes dictes lettres sans au préalable m'en avoir adverti, ce que j'eusse fortement empêché, si j'en eusse eu la moindre congnoissance. Je vous dirai doncques, Monseigneur, que les extraicts que l'on produit de mes lettres ne se peuvent rapporter à ce à quoy on les applique, car le subject sur lequel je veois la contestation, c'est sur quelques passages qui sont au veu et dévotion de Nostre-Seigneur Jésus-Christ, lequel veu je n'avois point veu lorsque ces lettres ont esté escrites, et celuy qui m'a dict ce que j'ay escrit de feu d'heureuse mémoire, Monsieur le cardinal Belarmin ne l'avoit non plus veu et ne l'avait point faict veoir audit seigneur, de sorte que jamais je n'ay parlé ni entendu parler de ce veu à Nostre-Seigneur. Quant à l'autre, qui est à la glorieuse Vierge Marie, si mes lettres sont bien considérées et entendues de bonne foy, on verra que tout ce que j'en ay dict se rapporte à la validité comme veu solemnel et obligatoire et qu'il ne pouvoit estre de ceste qualité que par l'authorité de nostre Sainct Père. Ce que j'ay escrit sur l'advis qu'un de mes amis m'a donné, que ledit seigneur cardinal Belarmin en avoit parlé en ces termes pour le vous faire mieux en-

tendre, je transcrirai les propres mots de la lettre de cet illustre seigneur dont ce mien ami m'envoia la copie : *Il voto mandatomi a
considerar non e valido et non se potera fare senza la lizenza
del Papa essendo solemni.* C'est ce que j'en ay appris et sur quoy
j'ay escrit ces lettres pour m'accommoder aux difficultés de quelques
esprits qui à mon advis, je le recongnois maintenant, estoient lors
meus d'aultres raisons que de scrupules, car je les croiois simples et
sincères et l'événement a bien montré que c'estoient des desseins pour
trouver des couleurs de parvenir à ce qu'elles ont faict depuis, le Père
de Bérulle ne l'ayant jamais proposé comme veu solemnel, et en tout
ce que j'en ay dict sur ce fondement de veu solemnel, encores n'ay-
je jamais parlé que du veu et dévotion à la glorieuse Vierge, et n'avois
veu que celuy-là, auquel je n'ai jamais dict ni escrit qu'il y eust aucune
erreur en la foy. Mais quant à celui qui s'adresse à Nostre-Seigneur
Jésus-Christ, sur lequel néantmoins sont ces contentions, je ne l'avois
pas encores veu lors et n'ay jamais entendu en parler. C'est pourquoy
il m'est bien aisé de satisfaire à la difficulté que vous avez eu sur ce subject et faire reconnoistre que je n'ay jamais eu aulcune contrariété avec
vous en la doctrine, car j'ay leu votre espitre que j'ay trouvée conforme
à la doctrine de l'Église et à ce que nous enseignons en nos escoles. A
Dieu ne plaise que je sois contraire à un prélat si célèbre, si docte et
si pieux, duquel je vouldrois apprendre toute ma vie et aux pieds duquel je vouldrois consacrer tout ce que je pourrois jamais faire comme
estant, Monseigneur, votre très-humble et très-affectionné serviteur,

A. Duval.

De Paris, ce 16 juin 1622.

A Monseigneur, Monseigneur de Nantes, à Nantes.

IV.

APPROBATION DU R. P. SÉGUIRAN, DE LA COMPAGNIE DE JÉSUS.

(Archives nationales, M. 234. Autographe.)

Ego Gaspar Seguiranus societatis Jesu presbyter, Regis Christianis-
simi a confessionibus et a concionibus, testor me non semel nec sine
voluptate perlegisse librum ab admodum Reverendo P. Dno de Bérule
editum cuius epigraphen est *Discours des Grandeurs de Jésus,*
cumque in eo nihil deprehenderim puritati fidei ac morum plane con-
trarium, multaque obseruarim docta, pia, limata, et quæ sensus
divinorum mysteriorum abstrusissimos quantùm mortali fas est lingua

sane erudita patefaciant ; censui hâc meâ syngraphiâ meum de eo
judicium publice , bono publico, aperiendum , ut constet omnibus
quanti ego, quoque merito faciam authoris celebris opus eximium et quo
in simili genere styloque vulgari priora sæcula non viderunt æquale.
Hæc mea mens, hoc meum judicium, et omnium qui de rebus sanis
et sanctis sane et sancte sentire nôrunt. Datum quarto die julii anni
millesimi sexcentesimi vigesimi quarti.

GASPAR SEGUIRANUS.

V.

APPROBATION DU R. P. RICARD, DOMINICAIN, PROFESSEUR DE THÉOLOGIE
A LA MINERVE.

(Archives nationales, M. 234. Autographe.)

Fr. Nicolaus Riccardius S. T. M. et Regens collegii Romani S. Th. sup.
Mineruam Or. Præd. summâ qua potui attentione atque maxima cum
animi voluptate iterùm atque iterùm legi Dissertationes has de Christi
Saluatoris nostri axiomatibus et triplici nativitate unâ cum votivâ ad
Christum et Deiparam oblatione quæ magno operi dedit originem quas
R. P. Bérul (*sic*) Cong. Orat. Gallicanæ Præpositus lucubrauit. Non
solùm per omnia orthodoxiæ et bonis moribus consonas, sed summâ
laude dignas iudico ut quæ priscæ (?) Ecclesiæ spiritum redoleant et
pietatem antiquorum Patrum undequaque sapiant. Viuat author et
sapientissimus et qui nobis de suo thesauro tam copiosè proferat nova
et vetera. Romæ, in S. Mariæ sup. Minerua. Kal. martis MDCXXV.

Fr. NICOLAUS RICCARDIUS.

Nº V.

I

Mémoire du R. P. de Bérulle sur les Pères Jésuites.

(Archives nationales, M. 234.)

Jaymerois mieus, Monseigneur, vous satisfaire en tout autre suiet, et vous rendre compte dautres affaires. Aussy ie ne le fais que par obéissance et nécessité, et le plus tard qui mest possible. Car ie voudrois bien plus tost employer le temps a demander a Dieu la grace et la patience pour faire un bon usage de semblables accidents que de lemployer à nous plaindre de ceux qui nous intéressent, encores quils soient extrêmement diserts et abondans à se plaindre deuant tous, et à toutes rencontres et a faire valoir fort peu de choses, et qu'ils soient fort diligents a respandre leurs plaintes jusques dans les provinces estrangères comme sils vouloient que ceux qui sont cognus pour innocens où ils sont, soient tenus pour coupables où ils ne sont point. Car cest leur procédé de parler tous en diuers lieus un mesme langage contre nous. Ainsy que ie lay de nouveau recognu et esprouué en ce dernier voyage, comme sils en auoyent des aduis communs et en tenoient registre, au lieu que pas un entre nous nest instruit de ces différens et nen parle ny en commun, ni en particulier. Sils estoient plus mémoratifs des bienfais que des offenses, ils se souuiendroient et auoueroient ingenuement que je les ay serui et en général et en particulier mesmes au temps que pas un de ce royaume ne losoit faire et ce par longues années, et durant le couroux d'un grand Roy sensiblement offensé : dont ie nay point considéré lindignation nonobstant le péril, pour considérer leur besoin, et leur faire charité dans loppression publique et lorsquils estoient abandonnés de tous : de mesme ceus que iay lhonneur dauoir pour parents ont esté presque les seuls qui les ont assistéz en leur affliccion et protégez mesmes auec péril tres grand, en laccident de Chastel qui tira les Pères Jésuites en ruine, comme lon scait et ceux qui les protégeoient lors : ce que ie dis est notoire en France à tous ceux qui sauent lhistoire du temps.

Ils se souuiendroient que le P. de Sancy les a obligés de la vie à Constantinople, et de ses moyens en France, depuis quil est de loratoire, et ils le recognoissent mal pour estre trop violents en leurs desseins, trop peu sensibles en leurs deuoirs et trop aueugles en leurs intérets.

Ils se souuiendroient que depuis auoir dressé loratoire, ie les ay

obligés à Rouen, à Orleans, à Troyes, à Alençon et en plusieurs
autres lieus.

A Rouan iay refusé la ville qui nous donnoit un collége pour nous
loger, encores que nous feussions sans aucun fonds, ni logement; et
ce pour satisfaire à leurs désirs et les déliurer de lombre quils auoient
que la ville ne saffectionast a nous pour la Régence plus qua eux. Et
après nostre refus une sainte famille religieuse na pas esté si respectueuse que nous, et sen est fort bien accommodée.

A Orléans, nous auons trauaillé à les introduire et refusé le collége
qui nous estoit offert, et un bon fond pour lentretenir, bien que nous
y fussions sans fond et sans moyen, et ce pour ne les pas exclure de
cette ville en laquelle ils nauoient prétexte dentrer que par cette voye. Et
après auoir disposé Monseigr lEuesq et plusieurs de la ville à les admettre
qui en estoient fort éloignés; sitost quils y ont esté receus, pour récompense de nostre charité, ils ont travaillé a les nous rendre contraires, e a y faire les mesmes offices quils ont fait a Bordeaus et
ailleurs.

A Troye, depuis 3 ans ou environ, le collége nous a esté aussy
offert par un qui est encores viuant et est de leurs amis, lequel leur
a tesmoigné comme nous lauions refusé en leur considération tellement quils ne le peuuent ignorer, le tesmoin estant viuant et de leurs
confidents; et la disposition de la ville fort esloignée de les en gra-
tiffier, et mesmes les nostres ont tasché de les introduire dans la bien-
ueillance de leurs amis.

A Allençon, depuis six mois un dentre nous seul curé, de la ville,
a disposé ses parroissiens a demander les Jésuistes dans la ville et par
acte public et particulier a porté leurs affaires comme les siennes propres.

Le P. de Sancy, depuis qu'il est de lOratoire, leur a fait don de
douse mil frans.

Encores que nous ayons assez de besoins pour recueillir la charité
des nostres en la grande retenüe que nous auons destre a charge a
personne, ie ne veux pas spécifier que iay fait appliquer daumosne
qui estoient en ma disposition a un de leurs colléges mil escus,
nayant pas voulu en appliquer un sol a aucune de nos maysons. Ie
ne le marque que pour leur faire cognoistre que nous nauons iamais
receu aucune assistance et libéralité de leur part.

Voilà nostre procédé envers eux; le leur enuers nous est bien aysé
a compter car Jesüiste na rien fait pour aucun prestre de lOratoire,
ni pour aucune maison de lOratoire.

Depuis dix ans quil a pleu à Dieu nous establir, ils nont omis aucune
occasion de pouuoir nuire directement ou indirectement sans y prendre
part. Mais iay pris peine doublier ces choses et non de les rémémorer,

de les cacher et non de les publier, et nos Pères nen ont rien sceu de moy, et ceux qui nous hantent ne sont iamais entretenus de ces plaintes et discours qui (sont) toutes fois leur entretien ordinaire auec leurs amis, ni ayant un seul de ceus qui les hantent qui ne soit pleinement informé des plus petits suiects dont ils soffensent, mestonnant que des ames religieuses soient si remplies de si peu de choses et en remplissent si souuent les autres. Ce dont ie me ressouuiens, puisque vous me le commandez, ie le vous exposeray sans rechercher dauantage.

A Rome, il y a six ans quils nous trauuersent en laffaire de saint Louis, publiquement par le P. Lorigni encores que cette affaire ne les regarde aucunement pour leurs interests particuliers, car ils ni peuuent rien prétendre et ils ont assez de maisons dans Rome, et ils nont aucun prétexte de sen mesler sinon en tant quils se veulent mesler de tout. Car cela passe leur pouuoir et leur cognoissance.

En France, le desir que iauois de vivre en charité auec eux mauoit fait mander par toutes les maisons quil a pleu a Dieu nous donner, quon les logeast par hospitalité toutefois et quantes quils passeroient. Mais ils ont bien mal usé de ceste charité sen seruant pour venir souuent à Dieppe sy loger chez nous sans aucun autre dessein que pour traitter auec ceus de la ville a nostre desceu et nous enleuer le collége que nous auons dès le commencement de nostre establissement en la ville et qui est plus fondé par nous que par la ville, et estant logés chez nous ils dressoient les mémoires chez nous mesmes qui y ont esté trouués depuis. Et messieurs de la ville lont auoüé quils en auoient traitté auec eus e dit pour excuse quils croyoient que ce fut de nostre consentement, parcequils estoient logés chez nous. Ce qui donna subiect a des personnes de grande puissance et qualité de mescrire exprès pour men aduertir et me faire plainte de la facilité e simplicité de nos Pères de Dieppe de se fier ainsy a eux.

Et se voyans exclus de ce moyen la ils nont cessé depuis dy conserver deus de leurs Pères, sans estre appellés ny désirés par la ville, sans estre fondés par M. larcheuesq, ny par aucun ; e sans y estre fort utiles y ayant des RR. (PP.) Cappeucins, des RR. PP. Minimes, e des prestres de lOratoire, qui est bien assés pour une petite ville ; e leur soing principal est de contrarier a ce que nous y faisons, de diminuer le collége en ce quils peuuent, den diuertir les escholliers pour les enuoyer ailleurs ; ce que nous supportons en patience et silence, reseruans à nous opposer si ils passent plus auant.

A Rouen, leur Père Philipeau a presché publiquement contre les deuotions de lOratoire, encor que la condition et du temps et de la ville qui est remplie de plusieurs hérétiques fasse assez recognoistre quil y a des choses plus dommageables et plus dignes dexercer son zèle. En estant aduerti iaymé mieux disposer nos Pères à le souffrir. Nous lauons souffert et sommes demeuré en silence et en patience sans aucune réplique, pour ne rien esmouuoir en un lieu assez plain de libertinage et de hérésie e ne pas faire le scandale que son zèle accompagné daussi peu de science que de prudence suscitoit, encor que il soit notoire que par la grace de Dieu nous ayons daussi bons docteurs que luy pour deffendre ces exercices de piété aussi bien comme il les pourroit attaquer. Au lieu de ces mauuais offices, souuent les nostres e en diuers lieus les ont loués en chaire.

A Bourges, outre les excès publics en laffaire des Religieuses Carmélites, un nommé le P. Ribardeau a dit des calomnies estranges et attroces de nous a Monseigneur le prince, et luy et les autres ont publié ces calomnies dans Bourges, en sorte que cestoit la creance du peuple. Quelques dames de qualité qui ont autre opinion de moy par la grace de Dieu, passant par cette ville et estant toutes estonnées et mal ediffiées de semblables discours, leur en firent des plaintes, mais elles neurent (que) deux autres responses quelles estoient des berullistes et quelles estoient ensorcelées de moy, parolles peu séantes en la bouche de Religieux et de supérieurs de religion. Et toutesfois le P. prouincial en estant informé les laissa dans la mesme ville, et ils y continuent les mauuaises semences et diuisions quils y ont establies.

A Bordeaus, ils auoient tramé le dessein de me taxer dhérésie a lassemblée publique sur le suiect dun papier de deuotion que iay esté obligé dimprimer depuis et qui a esté approuué de plusieurs prelats, docteurs et Religieux de grand nom et mérite. Mais ce coup leur ayant failly par larriuée inopinée de Monseigneur lÉuesque de Nantes, ils respandoient par les maisons priuées la mesme accusation, ce qui obligea mondit sieur de Nantes daller dans leur collége et leur faire entendre que sils ne cessoient de parler ainsy il se tenoit obligé layant approuué de monter en chaire pour soustenir publiquement, à lencontre deux, ce quil auoit approuué particulièrement.

Ce moyen de nous offenser leur estant osté par M. de Nantes pour estre cognu, et honoré dans cette ville la pour ses grandes parties ils se sont conuertis a dautres moyens si violens que iay honte de les rapporter.

La mesme, depuis peu de iours, un desprincipaux dentre eus a dit a des personnes de qualité en leurs parlant de moy : *Iste homo natus est adpessima.*

Cest en cette mesme ville de Bordeaus, par leurs mesmes aduis e conseils, que des Religieuses de grande piété e mérite et qui estant au monde les ont obligés en leur particulier ont esté indignement traittées, bien que la piété de lune et la qualité de lautre fut si éminente quelles mèritoient bien un autre traittement; lune est la Mère Marguerite que vous cognoissez, Monseigneur, et lautre madame Dautri, sœur de M. le président Séguier, leur vrai protecteur au temps de leur opprobre, belle-mère de M. le premier président de Gourgues, leur fondateur et leur singulier protecteur. Mais ils vouloient violer tous droits et tout respect pour violer les droits de lOratoire, et il falloit que les Religieuses nobeissant pas au conseil des Jesuistes pour obeir au Pape, a leurs superieurs et a leur Ordre, estoient (*sic*) dignes (*destre*) excommuniées, et celles qui suiuoient le conseil des Jesuistes et désobéissoient au Pape auec opprobre du Saint-Siége, ne fussent pas dignes destre excommuniées, qui est une bien nouvelle et dangereuse theologie.

Je ne vous puis rapporter tout ce quils ont fait a Bordeaus, a Xaintes, à Limoges et a Bourges. Je diray seulement que le desir que iauois de viure avec eux en esprit de charité me faisoit les introduire et employer et autoriser plus que moy-mesme dans tous les monasteres des Carmélités quil a pleu au Saint-Père de nous commettre[1], et ils se sont serui de cet acces que je leur donnois pour susciter contre nous cette division que vous savez. On estimeroit et on appeleroit cela dans le monde une prodition insigne fondée sur calomnies et encore pour (*une ligne illisible*)[2] qu'en fondant lOratoire par commandement de Sa Sainctcté, et ils ont maintenu ceste division et l'ont portée dans les extrémités qui sont connues a la France, a l'Italie, et a la Flandre, et les Pères Carmes se retirant pour obéir au Pape, eux qui estoient auparauant cachés sous leurs manteaux, ont paru lors publiquement, soutenant seuls les exces et les violences de ceste cause tant de fois condamnée par Sa Sainctcté.

Il m'est notoire qu'ils ont procuré cette division en tous les lieux ou cest Ordre est fondé, bien quils nayent pu réussir selon leurs intentions qua Bordeaux, Saintes, Bourges et Limoges.

Il mest notoire quils continuent leur mesme dessein en plusieurs lieus, et depuis peu de mois, trois dentr'eux et dans trois villes differentes, a Metz, a Lyon et Nepuers, y voyant de nouvelles superieures les ont esté trouver exprès pour les solliciter de recommencer ceste faction assoupie et espérant quelles seroient dun aduis différent aux supérieures précédentes..... (*mot illisible*). Ils ont essayé d'effraïer ces ames par des raisons de conscience et de théologie.

Ce qui est bien estrange apres tant dexces passes et est intolérable après tant de commandemens de Sa Sainteté ne receut point dexcuse

---

[1] Ici s'arrête la minute manuscrite du P. de Bérulle conservée aux Archives nationales. Le reste du Mémoire est la reproduction d'une copie du temps.

[2] Dans Tabaraud, à la place des mots que je n'ai pu lire, on trouve : « Une personne qui ne les a jamais desseruis qu'en..... »

et en des personnes de la condition de ceste affaire qui ne les touche
en rien. Car quel intérêt ont ils a sen mesler, sinon en tant quils
espèrent nuire a lOratoire, puisque ces âmes ne leur sont point commises. Quelle apparence de suyure ou de vouloir faire suyure leurs
pensées, après tant d'ordonnances de Sa Saincteté. Quelle violence
tesmoignent-ils, puisque les Pères Carmes, qui estoient seuls excu-
sables de sen mesler, deslaissent ceste affaire et eux qui nont aucun
droit de sen mesler recommencent plus que iamais cette poursuitte.
Quel prétexte ont ils puisque cest contre leur propre usage et
maximes, car ils publient partout que les Religieuses sont mieux hors
de la conduite des Religieux, et en Flandre, suiuant ces maximes, ils
sont cause que de cinq monasteres, deux se sont soubstraicts des
Carmes; et en France, ils les veullent donner toutes aux Carmes,
parce que le supérieur de l'Oratoire est un de ceux qui en ont le
soin et la conduite. Ils sont coulpables, et de grands prélats nous ont
aduertis de leur interdire du tout laccès de ces monastères, puisqu'ils
y trauaillent auec si peu d'obéissance enuers le Pape, et de si peu de
tranquillité enuers lOrdre, de si peu de conduitte (?) enuers nous, e
de si peu de charité enuers les ames, et puisquils continuent si persévéramment en leurs desseins et passions.

Outres les calomnies atroces contre moy et les conseils violens et
pernicieux en l'affaire des Carmélites, ils ont fait encore à Bourges ce
quils ont peu pour empescher nostre establissement, et ce par des voyes
indignes. Ils y ont presché publiquement contre les actions du P. Gibieuf, docteur de Sorbonne, homme graue, serieux, tres docte et tres
modeste; et il na point presché contre eux, même pour se deffendre, aimant mieux se garantir par modestie et par patience que par
répliques; ils y entretiennent encore les factions quils y ont suscitées,
et feroient pis si la presence de Mgr le prince et lauthorité de Mgr lar-
cheveque auquel ils sopposent, ne les empeschoit.

En tous lieus ils diuertissent publiquement leurs escoliers de sasso-
cier a nostre Congregation pour lesteindre en sa naissance et lestouffer
en son humilité (?) Ce qui nous a obligé prendre plustot et en plus de
villes que nous ne voudrions quelques colléges pour auoir une institution et une jeunesse indépendante de leur persuasion, qui serve de
seminaire a ceste Congregation.

Jomettois a dire, qu'un de ceux auec qui jauois tousjours vescu auec
respect et confiance particuliere, et des longtems, a sollicité M. du Val
de se separer dauec nous dans la cause des Carmelittes, afin de
donner plus beau jeu aux Pères Carmes par ce diuorce (a ce que ma
dict le mesme M. du Val de sa propre bouche), e que le P. Bonnis
a imprimé un livre contre moy, et reimprimé, faisant accroire que

cest a la requeste de Monsieur de Marillac, ce qui nest pas véritable, et par le commandement de son superieur, à quoy ie m'en rapporte.

Ce livre est jugé pernicieux a lauthorité du Saint-Siége par plusieurs persones graues et religieuses et pourroit esmouvoir une nouvelle contestation et seruir un jour de semence a une nouvelle rebellion contre les decrets de Sa Saincteté soit dans ceste affaire, soit dans autre, soit en la cause mesme, qui sagite maintenant des curés contre les Religieux : dautant plus que chacun sçait combien ceste compagnie est soigneuse d'estimer et conseruer les ourages des siens ; et il nous scroit par trop préjudiciable quil demeurast ainsi, ou sans désaveu ou sans réplique. Pour ces causes, un docteur de Sorbonne, et docteur plus qualiffié que le P. Bonnis, et qui a preché aux plus grandes chaires de France, et notamment à Nostre-Dame de Paris, a escript contre ce livre, et j'ay fait surseoir ceste impression pour laisser à leur choix ou de faire un désadueu public de ce livre, disans qu'il nest point de leur Compagnie et nen approuvent les maximes, afin de nous seruir de justification et garantie, ou de trouver bon que ceste réponse s'imprime, laquelle est forte et puissante contre les maximes de ce livre, soubtenant quelles sont dommageables à l'Église, cest à dire aux estats, aux familles, aux religions et aux Jésuistes mesmes.

Enfin, après tant d'animosités temoignées par eux si universellement et si persévéramment, après tant de libelles diffamatoires appuiez et mesmes donnéz et distribuéz par eux-mêmes (ils les portoient dans les compagnies, jusqu'à des billets qu'ils ont fait courir dans les maisons et entre les mains des princes), de grands prélats de ce roiaume m'ont obligé de faire un liure pour dissiper tous ces nuages, et arrêter les esprits. Il a plu à Dieu lui donner bénédiction et approbation publique. Les Pères Jésuites seuls et presque unanimement, sans respecter ceux qui l'ont approuué, ont tesmoigné leur aliénation perpétuelle mesme en ce subjet, et chacun d'eux diuersement ; les uns le déprimant extrêmement, les autres le blâmant excessivement, quelques-uns mesme disans qu'il frisoit lhérésie, qui est à la vérité un degré rabattu des accusations précédentes ; les uns se couurant dun profond silence dans les approbations publiques, les autres mesme faisans courir par le peuple qu'ils y répondoient, et le titre de la response s'est publié si fort soubs le nom d'un théologien qu'on l'a cherchée encore qu'elle ne fust poinct chez les libraires, afin que le monde crut qu'il y avoit ou qu'il y auroit une response, et que cela diminuât le poids et l'authorité du livre, artifice plus séant aux prophanes qu'aux Religieux, et le théologien qui devoit paroistre estoit le P. Garasse, leur escrivain ordinaire. Et ce mesme escrivain ayant faict un liure public et vanté

selon leur coustume avec excès, il est arriué que ce liure a esté uni-
uersellement improuué de tous et ce nonobstant, nous n'en parlons
point, nous ne feignons point de response bien qu'elle fut aussy aisée
à faire qu'à feindre, et nous demeurons dans les termes de notre deb-
voir et retenue, et eux en sortent à tout propos pouruu que ce soit au
préiudice de lOratoire.

Iaime mieux finir que de rechercher dauantage leur excèz enuers
nous, vous suppliant tres humblement, Monseigneur, de considérér
que leur conduitte est fort eslevée, leur esprit peu defferent, et leur
humeur fort difficile, et qu'il est notoire comme ils ont peine à vivre
en Italie, auec les Théatins ; en Espagne, auec les Dominicains ; en
France, auec les Capucins ; en Angleterre, auec tout le clergé, surtout
les Religieux d'Angleterre, et partant, il n'est pas raisonnable de nous
imputer s'ils ont peine à viure auec nous, puisque ce malheur nous
est commun auec presque tout le reste de l'Église au regard d'eux.

Ie supplie le Dieu de paix d'estendre sur nous sa grace et sa conduitte pour nous rendre tous enfans de paix et anges de paix, et en
ceste qualité estre dignes d'annoncer comme eux en la terre, la
gloire de Dieu et la paix aux hommes de bonne volonté [1].

II

Mémoire des Révérends Pères Jésuites sur l'Oratoire.

Monseigneur illustrissime et révérendissime,

C'est purement pour vous obéir qu'on dresse cet escrit plustost que
pour se plaindre ou demander quelque satisfaction.

La Compagnie est tant acoustumée d'estre battue de tout costez,
que ce luy est tantost naturel plustost que vertu, et partant elle ayme
mieux souffrir et louër Dieu, voyre seruir ceulx qui lui font du mal,
que perdre le temps à former des plaintes.

Elle qui est appellee pour seruir tout le monde et surtout les bons
seruiteurs de Dieu, ne sauroyt sentir desplaisir quasi plus sensible
que de voir quelqu'un se plaindre d'elle avec juste raison.

C'est pourquoy quelques personnages d'honneur ayant fait diuerses
plaintes et raporté à St Louys au P. prouincial qu'il seroit expedient de
sesclaircir mutuellement des ombrages et estouffer la zizanie qu'on
voulloit semer parmi ces deux corps, ledit P. prouincial auoyt em-

---

[1] Ce mémoire se trouve dans Tabaraud, tome I ; Pièces justificatives, nº VIII,
p. 445 et suiuantes. Mais Tabaraud s'est servi d'une copie inexacte ; plusieurs
phrases manquent ; des mots sont ajoutés, et l'orthographe n'est pas celle du
manuscrit.

38.

brassé cette ouverture et offert tout ce qu'on pouuoit désirer pour donner toute sorte de satisfaction aux RR. PP. de l'Oratoire.

A cet effet par trois diuerses fois on a esté a l'Oratoire pour prier de donner lieu, jour, heure et personnes pour esclaircir les espritz. Jamais ils ne l'ont voulu et mesme ont dit des parolles qui à la vérité n'ont pas esté agréables à ceux mesmes qui leur portoient parole, quoyquils fussent d'ailleurs personnages tres-sages et amis communs, qui ont iugé que cestoyent parolles de grand mespris.

On auoit offert d'entendre les griefs que eux ou leurs amis semoyent par la ville affin de les esclaircir de la vérité et au cas qu'on trouuast de la faute leur donner toute telle satisfaction qu'ils pourroyent desirer et leur offrir toute sorte d'amitié et de seruice et bonne intelligence pour seruir de concert Dieu, l'Eglise et la France. Sur le refus que tant de fois ils ont fait, nous estions en repos, croyant d'auoir fait ce que les personnes iudicieuses iugeroient estre plus que tres suffisant. La dessus est arriué vostre mandement, Monseigneur, ordonnant que de part et d'autre chacun dit ce qu'il pouuoit auoir de son costé, affin de terminer tout ce différend et enseuelir tout cela dans le sein de la charité, arrachant toutes les racines de désunion et mauuaises intelligences.

Je commenceray donc par vous dire que N. R. P. Général a escrit icy il y a plus d'un an, qu'il estoit fort estonné que de toutes pars, nos Peres de France lui escriuoyent que les RR. PP. de l'Oratoire faisoyent de tres-mauuois offices, non-seulement de bouche, mais même par effet. Or, de dire icy, à Paris, qu'ils ne sçauent que c'est qu'ils ny prennent point de part, ie le croys, puisqu'ils le disent, mais il ne laisse pas d'estre vray pour cela, que la creance générale de Paris est qu'ils ont esté cause que saint Loys na peu estre à la Monnoye. Car l'accord estoit fait, tout estoit passé, quand se iettant à la trauerse et la voulant auoir, ils ont esté cause que ny eux ny nous ne lauons pas eüe, et on ne croiroit pas le mauuois effet que cela a fait. Ils alleguent qu'ils en auoyent traitté auparauant; ceux mesme de la Monnoye l'ont nié tout naifuement.

Il est assuré que la compagnie auoit traitté de sainte Catherine deuant que l'Oratoire. Le feu Roy la voulu. Le Roy Très-Chrestien par plusieurs fois leur a dit qu'il l'auoit destinée aux Jésuites, que pour cet effet il leur auoit donné une abbaïe, ayant eu refus sur refus, ont aliéné en partie l'esprit de Monseigneur de Digne en mesme temps qu'il traittoit ceans, et enfin ont empesché le traitté qui seroit fait indubitablement sans eux, et ne faut alléguer que le sieur Euesque ne le voulloit pas ou qu'ils ne sçauoyent pas. Car Monsieur l'Euesque de Belley sçait le contraire et leur a dit qu'il ne falloit pas escouter cette

ouuerture et que cela ne se pouuoit faire sans blesser la charité;
nonobstant cela, ils ont passé outre, et chose assurée que leurs meilleurs amis et plusieurs mesme de l'Oratoire ne l'ont pas trouvé bon et
l'ont dit clairement.

La source de ceste grande tempeste sousleuée à Poittiers contre la
Compagnie et laigreur de Monsieur de Poittiers n'est venue qu'à leur
occasion pour voulloir emporter à toute force une maison, et d'autres
Prélats autrefois grands amys de la Compagnie, ont aussy este alienez
de la Compagnie depuis qu'ils ont esté parmi eux, et il y en a cinq
en particulier.

L'un deux par plusieurs fois, mais une fois particulièrement, a fait
une partie de son sermon à Poittiers contre un prédicateur de la Compagnie qui estoit bien suiui et fit comparaison du veau dor adoré, et
de luy, mais auec tant de scandalle qu'il ne peut se dire ; tellement
qu'à Nancy il plut au P. de Bérulle de prier ce Père de la Compagnie
d'oublier cette indiscrétion, et que celuy d'entre eux qui auoit fait
cette escapade sortiroit bientôt de l'Oratoire, comme il a fait depuis.

Ces propositions ont esté dittes non-seulement des Pères de l'Oratoire, mais dans l'Oratoire mesme, et ceux qui les ont ouyes les ont
reditdes : Que les Jésuites deuoyent estre tous mis en un nauire et
enuoyez en Canada comme estant pernicieux à la religion et à
l'Estat.

.Qu'ils aimoyent bien les vieux Jésuites, mais qu'il ny en auoit plus,
et que ceux de maintenant ne leur ressembloient pas.

Qu'il n'y avoit que ceux de l'Oratoire qui seussent prescher la
parolle de Dieu, que quand on les auroit goustez on quitteroit tous les
autres.

Que tous les prédicateurs des Capucins sont fols, et pour les Jesuites
ils ne preschent pas la parolle de Dieu, mais des humanitez et pé-
danteries.

Que les Jésuites pouuoient bien absoudre les ames des pechez
mortels et les ayder pour cela, mais que pour instruire à la vraye
spiritualité et pousser à la perfection il n'y auoit qu'eux.

Qu'il y a bien des religions, mais fort peu de Religieux, et que c'est
l'Oratoire qui a la vraye spiritualité et le moyen d'ayder les ames et
leur enseigner la vraye perfection.

Qu'il n'y a que deux Jésuites au monde qui ayment l'Oratoire,
et en ont encore retranché un, disant qu'il n'y en a plus qu'un seul.

Que les Jésuites ont beau faire, en quoy qu'ils fassent, l'Oratoire
emportera sainte Catherine.

Un deux a dit à Bourges, qu'il voudroit lui avoir cousté dix mille
escus, et qu'un Jésuite, nommé le P. Rabardeau, fust enuoyé aux gallères.

Que les Jésuites sont ignorans et pions de théologie.

Ont tasché par l'entremise de leurs amys de donner un confesseur au Roy, faisant de fort mauuois offices a la Compagnie et au Père qui a l'honneur de seruir le Roy.

Estants visitez plusieurs fois par les superieurs de la Compagnie pour les honorer et entretenir une bonne intelligence, ny à Paris ny en beaucoup d'autres lieux, n'ont pas daigné monstrer quelque retour d'amitié; quelques autres, à la vérité, l'ont fait.

Ils croyent fort aisement ce qu'on leur escrit de nous et contre nous, et cependant il est tres-assuré qu'on leur escrit des choses tres-faulces ou des discours et des conséquences, et eux-mêmes l'ont recogneu. Oncques si c'est à nous ou pour nous, ils ne le veullent croire aisément.

La Compagnie est en toutes les peines du monde en preschant ou parlant, car si l'on dit quelque proposition qui ne soit pas entièrement selon leur spiritualité, aussy tost on leur escrit que nous les indiquons (?), que nous combattons leur doctrine, que nous leur sommes contraires, que l'enuie nous fait parler. Or, l'Esprit de Dieu est plus grand que celui des hommes et il y a plusieurs chemins à la perfection; chacun a le sien propre et inspiré de Dieu, et chacun poussant le sien sans abattre ou mespriser les autres, ne fait tort à personne.

Le P. prouincial a protesté qu'il auoit trouué éuidamment faulse la plus grande partie des choses qu'on auoit escrit de Bourges, qui est le lieu où sont les deux Pères desquels ils se plaignent le plus, et nous n'auons garde d'excuser s'ils ont fait des fautes non plus que ce qu'ils disent qu'on leur a voulu enleuer le collége de Dieppes. Si iamais il y a eü chose aucune, ça esté Monsieur Veron, et sil la fait, il a tres-mal fait, et n'a iamais eu commission ny aduen de la Compagnie qui n'en a iamais rieu sceu que par les plaintes de l'Oratoire. Il est de Paris et à Paris, on pourra sçauoir de luy la vérité.

Un d'eux, nouuellement, parlant aux Filles de l'Annonciade, leur tint des propositions si désauantageuses à la Compagnie, que le R. P. supérieur de l'Oratoire fust contraint d'enuoyer un autre Père pour prier ces bonnes filles d'oublier cette indiscrétion.

Les plus jeunes d'entre eux parlent si hardiment des autres religions qu'on a esté contraint de leur en donner des réprimendes, mais souuent on n'en fait que soubsrire et passer le temps, et a esté dit en ces propres termes que de six Religieux à peine en trouvera-t'on un bon.

Disent qu'ils tireront leur honneur de la foiblesse de la Compagnie, qu'ils ne se fient pas à la parole des superieurs, qu'ils ont assez de pouuoir pour en venir a bout par force et autres tels discours.

Quon a fait un tres-mauuais escrit contre eux, et qu'à Bordeaux et

à Limoges les Jésuites soustiennent les rebelles des Carmelines. A la
vérité silz le font, ilz font tres-mal, mais on ne trouue pas que tout ce
qu'on en dit soit bien véritable ; car il y a bien des discours et des
conséquences et des apparences, mais souuent pas de solide vérité.

Pour l'escrit, pleut à Dieu que iamais il n'eust esté ny demandé ny
fait ; on en a donné un par une autre information, et a esté signé
authentiquement par le P. superieur de Sainct-Loys, qui est tout tel
qu'on le souhaittoit et dont ilz ont remercié eux-mêmes. Ilz voient
bien par là que ce n'est pas animosité du corps de la Compagnie, mais
ça esté une opinion d'vn particulier qui s'est enfoncé trop auant dans
la résolution d'vn cas qu'on luy auoit proposé.

Vn prelat de France disant que sils prenoyent vn certain benefice
ils incommoderoient bien fort les Jesuites, au rapport du même
prelat il fust respondu par leur amy que c'est pour cela que ledit
sieur Euesque le deuoit faire pour contrequarrer les Jesuites et pour
les mortiffier.

Sur quelque ouuerture qui fust faitte de quelque esclaircissement,
un des principaux d'entre eux respondit avec tant d'aigreur et tant
d'entiereté en sa résolution et auec telles parolles, que l'autre fust contraint de dire : « Si vous fussiez mort ces iours passés, veritablement
ie vous eusse honoré comme un Saint. Maintenant ie suis fort estonné
et esloigné de cela, voiant vos discours auec un accent si haut. »

Ils ont creu et publié beaucoup de choses de la Compagnie, comme
qu'on auoit fait un liure contre le liure du R. P. de Bérulle, où l'on
l'appelloit Huguenot, comme que le P. Rabardeau auoit dit a un
prince des parolles tres pernicieuses au mesme R. Pere, comme qu'vn
autre auoit voulu destourner monsieur du Val de l'Oratoire et le lier
auec les Peres Carmes et auec semblables, qui sont choses bien esloi-
gnées de l'intention de la Compagnie, cependant les ont publiées pour
vraies et nous ont donné mauuais bruit et bien de la peine.

Ils ont dit qu'ils ne voulloyent rien auoir a demesler auec des
Jesuites ny entrer en aucune conférence auec eux, et que si on auoit
affaire d'eux on les trouueroit en leur logis, et qu'ils ne vouloyent
ny arbitres ny autre chose, ne se fiant à la parole des superieurs des
Jesuites, et que leurs superieurs ne leur obeiroient pas, partant que
toute conference auec lesdits Jesuites seroit inutille.

Ils allèguent que le P. Cotton aiant eu commandement de se retirer
de la Cour a cause des changements arrivez au Louure, se retira chez
eux au faubourg Sainct Jacques, monstrant d'auoir du mécontentement
des Pères de Sainct Loys, et se confiant plus aux Pères de l'Oratoire
qu'à ceux de Sainct Loys. A la vérité le P. Cotton leur a une grande
obligation de ceste charité si grande, et la Compagnie aussy, mais il y

a tant de circonstance (?) en ce mauuais temps la, et l'impression d'un liure qu'il desiroit donner au iour deuant que de partir, et d'ailleurs la crainte qu'on ne le vist à Sainct Loys après le commandement de se retirer hors de Paris, de fasson que, quelque party qu'eust pris le bon P. Cotton, il eust esté en peine, et en eust donné a ceux de Sainct Loys : En mauuais affaire on ne fait tousiours ce qu'on voudroit et ce qu'on deburoit, mais ce que l'on peut.

Monsieur de Bérulle se souuiendra, sil luy plaist, qu'vn Père de la Compagnie preuoyant le tintamarre qui s'alloit souzleuant a cause de ce vœu, il le pria d'y mettre ordre de bonne heure et l'en coniura auec tant de zelle de sa reputation et du bien de l'Oratoire, que M. de Marillac, qui estoit présent, dit ces mesmes mots : Je ne scay s'il y a homme dans Paris qui se puisse imaginer qu'un Père Jesuite ayt tant à cœur le bien de l'Oratoire.

Si dun ou deux qu'on croit s'estre trop eschauffez auec indiscrétion on porte iugement de tous les Jesuites, pourquoy ne fera on de mesme de plusieurs qui ont essayé de rendre de tres bons offices a l'Oratoire et en rendront à toutes les occasions, les seruant de bon cœur?

Ouy, mais depuis ilz ont porté les RR. PP. Carmes contre eux. Nous n'alleguerons autres que les Carmes mesmes qui sont encore en vie. Les principaux diront et diront vray qu'un P. Jesuite entre autres leur a voulu persuader plusieurs fois qu'ils quittassent la pensée du gouuernement des Carmélites : de fait, quand elles eurent perdu leur procès ils enuoyerent dire cela audit Père, disant qu'ils sçauoyent bien qu'ils lui enuoyoient une nouvelle fort agreable et qu'il auoit souvent souhaitté. Est-ce la porter les Carmes contre eux? Si ailleurs quelquun les a portés mal à propos, il a tres mal fait, et jamais la Compagnie n'excusera les fautes. On a fait ce qu'il falloit enuers ceux qu'on a creu s'estre trop aduancez.

Mais le P. prouincial des Jesuites n'a pas fait ce qu'il leur auoit promis, si on croit à M. Louitres et à tout ce qu'il lui a plu escrire de Bourges. La verité est que le P. provincial n'a pas fait tout ce qu'on a souhaitté, mais ayant reconu qu'on escriuoit des choses si euidemment fausses des PP. Niquet et Rabardeau, il a fait ce qu'il a peu et ce qu'il a creu estre equitable, voiant la diuersité des lettres. Au reste, estant sur les lieux il a fait ce que M. le prince et Mgr l'Archeveque de Bourges ont iugé à propos et dont ils se sont dits contents deuant qu'il soit party de Bourges; mais tandis qu'on croira aisement aux lettres, et aux personnes ou ardantes ou mal affectionnées, il est impossible qu'il n'arriue mille ombrages et mille ialousies.

Pour l'escrit il a desia esté dit qu'il en a fait donner vn autre sur une autre information, et que iamais il na ny commandé ny consenty que l'autre escrit ait esté communiqué ny imprimé, ains la deffendu fort vigoureusement et repris fort aigrement ceux qui en auoyent donné la veüe du manuscript, qui par malheur a esté imprimé par des seculiers au grand regret de la Compagnie.

De plusieurs endroits on escrit qu'ils nous rendent de tres mauuais offices enuers nos seigneurs les prelats, disans quils sont venus au monde pour releuer et soustenir l'authorité des Prelats, abbattuë (?) et quasi opprimée par les Jesuites. De fait quelque uns qui aymoient grandement la Compagnie, depuis qu'ils ont esté de l'Oratoire ou hanté parmy eux, se sont bandés puissamment contre la Compagnie qui a desia souffert deux ou trois grandes tempêtes à cette occasion.

Beaucoup de personnes d'honneur sestans entremises pour assoupir tous les discours qui se faysoient par Paris et en oster toutes les occasions ou apparences, iamais ils ne l'ont voulu, disant qu'ils ne se pourroyent fier à la parolle des superieurs des Jesuites et qu'ils ne vouloyent point de conference auec eux. Response qui a grandement estonné les personnages qui se vouloyent mesler de cest affaire de leur propre mouuement et de leur charité.

Les superieurs de Caen et d'Amiens sestant mis en debuoir de uisiter M. de Bérulle à son arriuée, luy rendant lhonneur qu'il mérite, non seullement il ne les a pas voulu veoir, mais mesmes leur a fait dire qu'ilz ne prissent pas la peine de l'aller veoir, car il auoit trop d'affaires et ne les pouuoit pas veoir.

Quelques uns d'entre eux ont presché publiquement contre la Compagnie, comme à Dijon le P. Hersan, ainsy que des seculiers dignes de foy ont rapporté après l'auoir ouy eux mesmes.

On escrit d'Alençon et d'ailleurs, que toute la difficullé que fait Monseigneur de Sees pour l'establissement d'un college de la Compagnie ne vient que d'un curé qui est de l'Oratoire, qui s'oppose fortement nonobstant que du commencement il auoit esté d'aduis contraire et auoit fort contribué à l'establissement dudit collége.

Information d'un conseil tenu à Paris contre les Jesuites. — Vn conseiller de l'un des parlements de France qui honore la Compagnie de son amytié, en a donné l'aduis, l'ayant appris d'vn des chefs de l'entreprise, en présence de gens qui en pourroient tesmoigner si besoing estoit. Mais on iuge plus à propos de diuertir ce coup auec prudence, que de s'opposer ouuertement à ce dessein, si ce n'est qu'il vienne a esclater de soy-mesme.

Ce sont les prestres de l'Oratoire qui en un conseil tenu à Paris entre les principaux de leur Congrégaiion, ont resolu pousser a cela par quelques uns du Parlement de Paris et par quelques prelats de prendre la charge d'enseigner en toutes les villes qu'ils pourront pour contrequarrer les Jesuites, à cause, disent-ilz, que leur doctrine et leurs mœurs ne s'accordent pas bien auec les priuileges de l'Église gallicane, ny auec le gouuernement politic de l'Estat, mais bien les maximes et façons de faire de ces Messieurs là.

Ils enseignent desia en six ou sept endroits, pressent auec des artifices admirables d'auoir le college de Chaalons sur Saone, non obstant les patentes du Roy, qu'ont les Jesuites pour ce college la. On tient qu'ils poussent la roue des premiers à Troyes pour empescher que les Jesuites n'y enseignent, et pour en venir à bout plus aysement on veult rompre la residance et les chasser de la ville tout a fait soubs prétexte d'une certaine crainte de diuision et sedition dans icelle.

Ils empeschent ouuertement qu'ils n'ayent le college de Langres.

Leur intention est pour s'vnir dauantage auec les Prelats de prendre charge de tous les seminaires des Evesques de France tant qu'ils pourront : ils ont ja celuy de Mascons, ils sont après celuy de Chaalons, et ils se tiennent comme assurez de celuy de Langres.

Au conté de Bourgogne, ils font tout leur possible pour auoir le college de Salins et en Flandres celuy de Monts en Haynaut pour se faire planche en Flandres.

Tout fraischement ils ont passé en Espagne auec force lettres de recommandation, affin de s'establir en ce royaume la, par le moyen de la Reyne et de Monsieur l'ambassadeur, et ce fort couuertement de peur que les Jesuites et les Carmes dechaussez ne s'opposent à leurs desseins, déclarant leurs deportements en France.

Il y a de l'apparence qu'ils feront le mesme en Sauoye et Piedmont, par le moyen de Madame la princesse.

Vn Evesque qui est de leur party dit nagueres à un recteur de la Compagnie que bientost on entendroit de terribles mouuements en Italie, où ces Messieurs taschent aussy de s'aduancer et où ilz ont de grandes menées.

On leur a ouy dire que les bulles des Papes sont bonnes par delà, mais non par deça les monts; aussy voudroyent ils, ce semble, que l'authorité du Saint-Siége ne s'estendît point deça les Alpes, et que les Euesques fussent en leurs diocèses comme autant de Papes auec un notable interest non moins de l'Estat que de l'Eglise.

Vn des premiers et plus apparents d'entre eux dist il y a quelque temps, en presence de bonne compagnie qui en fust offensée, que les Jesuites auoyent bien eu des affaires en France, qui leur auoyent donné tout plain d'exercice, mais qu'ils leur preparoyent un duquel ils auroyent bien de la peine à se demesler.

Ce n'est plus maintenant soubs main, mais tout a descouuert qu'ils en veullent aux Jesuites, qui pour ce respect doiuent estre sur leur garde bien, vnis par ensemble, et surmonter auec prudence, patience et charité, le pouuoir et les desseins de leurs aduersaires.

Or de penser que parmy deux grands corps où il y a tant de sorte de personnes de tout aage et de toute sorte de complexions, tout le monde soit si sage que iamais aucun mot n'eschappe qui ne soit digéré, c'est une chose du tout impossible moralement. Il faut donc laisser tomber à terre plusieurs petites choses, ne pas croire aisément les rapports, s'entre-donner mutuellement les petites choses qui peuuent eschoir, et que les chefs s'entrentendent ensemblement et conseruent une bonne et forte amitié, s'auisant mutuellement des deffauts qui peuuent arriuer affin d'essayer d'y apporter du remède et donner à Jésus-Christ les offenses qu'on pouroit auoir receuës ; autrement iamais il ny aura paix ny bonne intelligence : chose qui seroit fort dommageable au bien des ames et empescheroit le seruice de Dieu.

NOTES

Chap. V, p. 110 : « Madame Acarie communia, puis M. de Bérulle reçut ses vœux en présence de la communauté. » Cette phrase demande une explication. Selon les *Constitutions des Carmélites*, ch. ii, 6, la profession ne doit pas se faire à la grille, mais au chapitre, sans qu'il s'y trouve aucune autre personne que les Religieuses de la maison, et le *Manuel* (édit. de Poitiers, IIe partie. ch. ii, p. 183) ordonne que la novice prononce trois fois la formule de ses vœux, ayant ses maius jointes dans celles de la prieure. Ce n'est donc pas à raison de la profession de la Bienheureuse que son lit fut porté dans une infirmerie ayant une grille sur l'église, mais afin qu'elle pût communier sans que l'on fît entrer le prêtre dans la clôture. On conçoit d'ailleurs très-bien que le P. de Bérulle ne se soit pas retiré après lui avoir donné Notre-Seigneur, et qu'il soit resté, heureux d'une circonstance qui lui permettait d'être témoin de cette profession qu'il receuait vraiment comme supérieur, puisqu'elle ne se faisait qu'avec son consentement nécessaire, — encore que la Bienheureuse s'adressât à la Mère Isabelle, en tenant ses mains dans celles de cette prieure.

CHAP. VII, p. 236, note 2. L'original de la lettre de Bentivoglio se trouve aux Archives nationales (M. 216).

CHAP. IX, p. 315, au bas de la page. «Les amis des Pères Carmes obtenaient, affirmaient-ils, que le Roi, par une lettre du 3 mars. » Ajoutez « 1619 ».

CHAP. XI, p. 434. De nos jours on écrit souvent, ainsi que nous l'avons fait, *la Rocheposaye*; la véritable orthographe, celle du temps, est de la Roche-Pozay.

TABLE DES MATIÈRES

CHAPITRE SIXIÈME.

RAPPORTS AVEC LA COUR ET LES PRINCES. 1616-1618.

CHAPITRE SEPTIÈME.

L'ORATOIRE ET LE CARMEL. 1618-1619.

CHAPITRE HUITIÈME.

TRAITÉ D'ANGOULÊME. 1619.

CHAPITRE NEUVIÈME.

TROUBLES DANS LE CARMEL ET NÉGOCIATIONS POLITIQUES. 1619-1620.

CHAPITRE DIXIÈME.

LES MONASTÈRES OPPOSANTS. 1621-1623.

CHAPITRE ONZIÈME.

LE LIVRE DES GRANDEURS DE JÉSUS ET LA LETTRE A RICHELIEU. 1622-1623.

CHAPITRE DOUZIÈME.

DÉPART POUR ROME. 1624.

CHAPITRE TREIZIÈME.

SÉJOUR A ROME ET RETOUR EN FRANCE. 1624-1625.

CHAPITRE QUATORZIÈME.

LE PÈRE DE BÉRULLE SUPÉRIEUR. 1625.

PIÈCES JUSTIFICATIVES.

FIN DE LA TABLE DES MATIÈRES.

TABLE DES GRAVURES.